Carsten Heinze, Stephan Moebius, Dieter Reicher (Hg.)
Perspektiven der Filmsoziologie

Carsten Heinze, Stephan Moebius,
Dieter Reicher (Hg.)

Perspektiven der Filmsoziologie

UVK Verlagsgesellschaft · Konstanz und München

Mit Unterstützung der Universität Graz und des Vizerektors für Forschung im Zusammenhang mit dem Forschungsschwerpunkt Kultur- und Deutungsgeschichte Europa.

Bibliografische Information Der Deutschen Bibliothek
Die Deutsche Bibliothek verzeichnet diese Publikation in der Deutschen Nationalbibliografie; detaillierte bibliografische Daten sind im Internet über <http://dnb.ddb.de> abrufbar.

ISBN 978-3-86764-366-5

MIX
Papier aus verantwortungsvollen Quellen
FSC® C006701

Einbandgestaltung: Susanne Fuellhaas, Konstanz
Einbandmotiv: © Roman Klug (Abteilung für Grafik und Layout der Karl-Franzens-Universität Graz)
Druck: CPI – Ebner & Spiegel, Ulm

UVK Verlagsgesellschaft mbH
Schützenstr. 24 · D-78462 Konstanz
Tel. 07531-9053-0 · Fax 07531-9053-98
www.uvk.de

Inhalt

Carsten Heinze, Stephan Moebius und Dieter Reicher

Perspektiven der Filmsoziologie. Vorwort

»Innerhalb großer geschichtlicher Zeiträume verändert sich mit der gesamten Daseinsweise der menschlichen Kollektiva auch die Art und Weise ihrer Wahrnehmung. Die Art und Weisc, in der die menschliche Wahrnehmung sich organisiert – das Medium, in dem sie erfolgt – ist nicht nur natürlich sondern auch geschichtlich bedingt.« (Walter Benjamin (1996 [1935/36]), *Das Kunstwerk im Zeitalter seiner technischen Reproduzierbarkeit* [2. Fassung], S. 317).

»Jedes Bild meint eine Einstellung, jede Einstellung meint eine Beziehung, und nicht nur eine räumliche. Jede Anschauung der Welt enthält eine Weltanschauung. Darum bedeutet jede Einstellung der Kamera eine innere Einstellung des Menschen. Denn es gibt nichts Subjektiveres als das Objektiv.« (Bela Balázs (2001 [1930]), *Der Geist des Films*, S. 30).

Die Soziologie ignoriert beharrlich eines der wichtigsten und gleichzeitig vielfach verwendeten Medien- und Kommunikationsformate moderner Gesellschaften: den Film. Sowohl theoretisch als auch methodisch und empirisch hat dieses globale Massenmedium als soziologischer Gegenstand kaum eine Tradition. Dies erstaunt umso mehr, da die Filmgeschichte etwa zeitgleich mit der Institutionalisierung der Soziologie in Frankreich und Deutschland beginnt und »Ansichten« (vgl. Gunning 1995) der modernen Gesellschaft auf unterhaltende oder informative Art und Weise vermittelt. Auch das soziale Sehen ist kurz nach der Verbreitung des Films und dessen Institutionalisierung im Kino ein anderes geworden: Obwohl etwa Georg Simmel niemals über Film schrieb, zeigen sich doch erstaunliche Parallelen zwischen seinen Beiträgen zur Individualisierung der modernen Gesellschaft und der Individualisierung des Zuschauerblicks im dunklen Kinoraum (vgl. Fritsch 2009). Auch ist die kulturhistorische Bedeutung und die damit einhergehende Zäsur einer visuellen Sichtbarmachung alltäglicher und außeralltäglicher Ereignisse für die Gesellschaft kaum zu unterschätzen. Auf die anthropologischen Grundlagen der Filmbetrachtung wies schon Edgar Morin (1958) hin und schuf gemeinsam mit Jean Rouch ein Meisterwerk des *Cinema Verité* (Chronique d'un été, 1961). Offenbar ist jedoch der Umgang mit Film zu selbstverständlich, Film als ästhetischer Gegenstand zu unsicher oder auf den ersten Blick zu banal, als dass sich die gegenwärtige Soziologie darum bemühte, Zugänge zu einem der wichtigsten und komplexesten Ausdrucksformen unserer Zeit zu finden.

Der Film ist Teil der modernen Gesellschaft und gleichzeitig ihr Beobachter (vgl. Winter 1992). Filme sind eingebettet in gesellschaftliche Rahmen- und Produktionsbedingungen (vgl. Prokop 1970), ihre Inhalte – selbst noch der Tod im Film bis hin zu gesellschaftlichen Utopien – handeln von sozialen Situationen (vgl. Mai/Winter 2006; Schroer 2007) und ihre Rezeptionsweisen sind ebenfalls – seien sie noch so kreativ, fiktiv und spontan – gesellschaftlich vermittelt (vgl. König 1965). Während der fiktive Film über ein breites Spektrum verschiedenster Genres verfügt, über die sämtliche gesellschaftliche Themenfelder kontrovers oder affirmativ verhandelt werden, wenden sich dokumentarfilmische Formate der Aufzeichnung, Beobachtung, Interpretation und Irritation außerfilmischer Wirklichkeiten zu. Film ist nicht nur ein Darstellungs-, sondern auch ein Selbstreflexionsmedium und erfüllt damit wichtige erkenntnistheoretische Qualitäten. Es handelt sich bei Filmen um Sinnkonstruktionen zweiter Ordnung. In den Grenzbereichen des Reality-TV entstehen gegenwärtig spannende Hybridformen zwischen Fakten und Fiktionen. Schließlich ist die filmische Aufzeichnung Teil des »objektiven« wissenschaftlichen Dokumentationsprozesses selbst und beeinflusst dadurch in verschiedener Weise die Hervorbringung ihrer Gegenstände (vgl. Reichert 2007). Es lässt sich kaum bestreiten, dass Filme vielfache Wirkungen auf die Gesellschaft haben können, bis hin zur Ausprägung bestimmter Körpertechniken der Gesellschaftsmitglieder (vgl. Mauss 1936).

Film hat also mit Gesellschaft zu tun und Gesellschaft mit Film. Filmsoziologie ist darum gleichsam »Gesellschaftsanalyse, die uns direkt zu den gesellschaftlichen Konflikten, Sinnstrukturen und Ideologien führt, die unser Handeln prägen.« (Mai/Winter 2006: 14) Angesichts der Bedeutung, die Filme für unseren Alltag haben (zumindest in den westlichen Gesellschaften), ist man verwundert, dass sich die Soziologie bislang kaum dem Film zugewandt hat. »Zur Institutionalisierung einer Filmsoziologie als spezieller Soziologie ist es nie gekommen«, konstatiert Markus Schroer (2007: 8) in seiner Einleitung zu *Gesellschaft im Film*, einem der wenigen Bände mit expliziten filmsoziologischen Untersuchungen. Dass es bislang nicht zu einer institutionalisierten Filmsoziologie gekommen ist, lässt sich auch nicht mit dem Hinweis, das Feld der Filmsoziologie sei eben von den *Cultural Studies* bereits (vor)weg genommen worden, hinreichend erklären. Denn bereits vor der Entstehung der *Cultural Studies* (vgl. Winter 2001; Moebius 2012) existierte mit den Studien von Siegfried Kracauer etwa eine (wenn auch rudimentäre) filmsoziologische Tradition, an die man ohne weiteres hätte anknüpfen oder aufbauen können. Die Anfänge der Kino- und Filmsoziologie reichen sogar noch weiter zurück und beginnen mit der frühen Studie von Emilie Altenloh, die im Rahmen einer Dissertation entstand, und sowohl die Produktions- wie auch die Rezeptionsseite des Films in den Blick nimmt (1914).[1]

War also eher die Kritik der und die Distanz zur Massenkultur, der einige der Soziologinnen und Soziologen anhingen und anhängen oder die vornehmliche Beschäftigung mit der Schriftkultur für die Distanz zum Film als soziologischem Forschungsobjekt verantwortlich (vgl. Schroer 2007: 9)? Oder, dass die von Max Weber, Georg Simmel, Émile Durkheim, Marcel Mauss, Karl Mannheim, Walter Benjamin oder Siegfried Kracauer vor dem 2. Weltkrieg etablierte Tradition der Kultursoziologie (vgl. Moebius 2009) allgemein bis in die sechziger Jahre wenig Anklang fand? Oder mangelte es an filmsoziologischen Forschungen wegen der Verdrängung jener Soziologen aus dem fachdisziplinären Kanon, die sich mit dem Film beschäftigten wie etwa Siegfried Kracauer, Marcel Mauss oder René König?

Ein weiterer Grund, der das bisher geringe Interesse der Soziologie für den Film erklärt, könnte an dem für das Fach schwierigen empirischen Zugang liegen. Zuschauereinstellungen oder Konsumverhalten mögen noch mit den herkömmlichen Mitteln der empirischen Sozialforschung untersucht werden können. Produktion und Distribution erschließen sich durch organisations- und wirtschaftssoziologische Ansätze. Die systematische Erforschung des Inhalts und der Sinnebenen von Filmen stellt jedoch eine besonders große Schwierigkeit dar. Im Film kommen nämlich viele Ebenen von Symbolsprachen gleichzeitig zum Einsatz. Die bewegten Bilder des Films sprengen oftmals den Rahmen der auf Einzelbildern basierten visualsoziologischen Ansätze. James Monaco (2009: 170ff.) hat recht, wenn er meint, dass der Film nicht als »Sprache« oder als »Text« wie das gesprochene oder geschriebene Wort zu behandeln ist. Signifkat und Signifikant im Film sind oft deckungsgleich. Die spezifischen Schwierigkeiten des empirischen Zugangs zu Filmen bringt es wahrscheinlich auch mit sich, dass die Filmanalyse in der Soziologie weitgehend auf narrative und epische Elemente beschränkt blieb und der Film oft weitgehend als »Text« im Sinne einer Autorenschaft verstanden wurde. Der Soziologie steht also auch auf dem Feld der empirischen Forschung von Filmen noch Pionierarbeit bevor.

Zusammengefasst: trotz intensiver Bemühungen einzelner Soziologen wie beispielsweise René König (1965)[2], Alphons Silbermann (1980), Rainer Winter (1992) oder Markus Schroer (2007) hat eine genuin filmsoziologische Perspektive im deutschsprachigen soziologischen Feld bislang kaum Fuß

---

[1] Auch wenn es heute angesichts der vielen kulturwissenschaftlichen Zugänge zum Film erstaunen mag, es war die Kultursoziologie, die sich innerhalb der Sozial- und Geisteswissenschaften als erste Disziplin mit dem Film beschäftigt hat und von deren Beschäftigung heute die Kulturwissenschaften profitieren.

[2] In diesem Zusammenhang sind auch René Königs zahlreiche Rezensionen zu ethnographischen und dokumentarfilmischen Festivals in der *Kölner Zeitschrift für Soziologie und Sozialpsychologie* (KZfSS) interessant (vgl. König 1967, 1971, 1972, 1980, 1988), etwas, was man heute wohl in der KZfSS vergeblich suchen würde.

gefasst.[3] Vor diesem Hintergrund haben die drei Herausgeber des vorliegenden Bandes im Frühjahr 2011 eine internationale Tagung an der Karl-Franzens-Universität Graz ins Leben gerufen, die sich unter dem Titel »Film zwischen Welt- und Regionalkultur« mit den aktuellen Perspektiven der Filmsoziologie beschäftigte. Einige der Resultate und Ergebnisse des intensiven und instruktiven Austauschs, den die Teilnehmerinnen und Teilnehmer dieser Tagung erleben durften, sind nun im vorliegenden Band zu finden. Dabei gliedert sich der Band folgendermaßen: In einem ersten Teil werden theoretische und methodologische Konzepte einer Soziologie des Films durch Beiträge von Markus Schroer, Rainer Winter, Fehmi Akalin, Carsten Heinze, Olaf Behrend und Paulo Menezes besprochen. Anschließend erschließen die Arbeiten von Robert Guggutzer/Moritz Böttcher, Dieter Reicher, Il-Tschung Lim und Anja Peltzer den Film als Vorlage zur Erforschung kollektiver Identitäten. Die Aufsätze von Eva Flicker/Irene Zehenthofer und Ulrike Wohler untersuchen die Gender-Perspektive anhand von soziologischen Filmanalysen. Die Beiträge von Lutz Hieber und Tina Weber/Patrick Schubert besprechen sowohl ästhetische wie auch kultursoziologische Aspekte der soziologischen Analyse von Filmen. Sebastian Haller lenkt den Blick auf die Filmsoziologie in der DDR. Eine kultur- und filmsoziologisch orientierte Ungleichheitsforschung verfolgt Oliver Berli in seinem Beitrag. Die Verbindung von Film und Ethnographie verdeutlicht Hermann Pfütze anhand des »Filmemacher-Ethnologen« (Behrend-Engelhart 1978: 1; Petermann 1984), ethnographischen Surrealisten und Mauss-Schülers Jean Rouch und dessen kongenialen Films über den Besessenheitskult der Hauka (Les maitres fous, 1954/55).

Wir wollen uns an dieser Stelle bei einer Reihe von Personen bedanken, ohne deren Hilfe und Unterstützung dieser Sammelband nicht hätte zustande kommen können. Zunächst wollen wir uns bei Herrn Univ.-Prof. Dr. Scherrer, Vizerektor für Forschung und Nachwuchsförderung der Karl-Franzens-Universität Graz, für die finanzielle Unterstützung bedanken. Ebenso bedanken wir uns für die freundliche finanzielle Unterstützung der Universität Hamburg, Fachbereich Sozialökonomie. Ganz herzlichst wollen wir uns auch bei Herrn Roman Klug von der Abteilung für Grafik und Mediendesign der Uni Graz für seine schönen Layouts bedanken. In einem besonderen Maß wollen wir die Leistung von Frau Sarah Zapusek hervorstreichen, der wir das Editieren und die sprachliche Korrektur dieses Bandes verdanken. Der Band ist eingebettet in den universitären Forschungsschwerpunkt der Uni Graz »Kultur- und Deutungsgeschichte Europas«.

---

[3] Dem wachsenden Interesse einer Stärkung der Filmsoziologie soll durch die Gründung eines Arbeitskreises innerhalb der DGS-Sektion Medien- und Kommunikationssoziologie Ausdruck verliehen werden, der gemeinsam mit Rainer Winter, Anja Peltzer, Tina Weber und Carsten Heinze im Herbst 2012 gegründet werden soll.

Literatur

Altenloh, Emilie (1914): *Zur Soziologie des Kinos. Die Kino-Unternehmung und die sozialen Schichten ihrer Besucher*, Jena: Eugen Diederichs.

Balázs, Bela (2001 [1930]): *Der Geist des Films*, Frankfurt/M.: Suhrkamp.

Behrend-Engelhardt, Heike (1978): »Vorwort«. In: *Kinemathek. Jean Rouch*, 15. Jhrg., Nr. 56, 1978, S. 1.

Benjamin, Walter (1935/36): »Das Kunstwerk im Zeitalter seiner technischen Reproduzierbarkeit [2. Fassung]«. In: Walter Benjamin (1996): *Ein Lesebuch*, hrsg. von M. Opitz, Frankfurt/M.: Edition Suhrkamp, S. 313-350.

Fritsch, Daniel (2009): *Georg Simmel im Kino. Soziologie des frühen Films und das Abenteuer der Moderne*, Bielefeld: transcript.

Gunning, Tom (1995): »Vor dem Dokumentarfilm. Frühe non-fiction-Filme und die Ästhetik der ›Ansicht‹«. In: Frank Kessler/Sabine Lenk/Martin Loiperdinger (Hg.): *KINtop4. Anfänge des dokumentarischen Films*, Frankfurt/M.: Stroemfeld/Roter Stern, S. 111-122.

König, René ([1962] 1965): »Das Massenmedium Film und die soziale Spontanität«. In: Dieter Prokop (Hg.): *Materialien zur Theorie des Films. Ästhetik, Soziologie, Politik*, München: Hanser, S. 195-202.

König, René (1967): »Australische Filmwoche. 8. Festival für den ethnologischen und soziologischen Film in Florenz v. 13-19.2.1967«. In: *Kölner Zeitschrift für Soziologie und Sozialpsychologie*, 19. Jhrg. 1967, S. 215-218.

König, René (1971): »Der Film als Dokument des Selbstausdrucks einer fremden Kultur«. In: *Kölner Zeitschrift für Soziologie und Sozialpsychologie*, 23. Jhrg 1971, S. 192-196.

König, René (1972): »XII. Internationales Festival des sozialen Dokumentarfilms«. In: *Kölner Zeitschrift für Soziologie und Sozialpsychologie*, 24. Jhrg 1972, S. 193-195.

König, René (1980): »XX. Internationales Festival des Dokumentationsfilms«. In: *Kölner Zeitschrift für Soziologie und Sozialpsychologie*, 32. Jhrg 1980, S. 199-202.

König, René (1988): »Zum XVIII. Festival für den ethnologischen und anthropologischen Film«. In: *Kölner Zeitschrift für Soziologie und Sozialpsychologie*, 40. Jhrg. 1988, S. 409-410.

Mai, Manfred/Winter, Rainer (2006): »Kino, Gesellschaft und soziale Wirklichkeit. Zum Verhältnis von Soziologie und Film«. In: Dies. (Hg.): *Das Kino der Gesellschaft – die Gesellschaft des Kinos. Interdisziplinäre Positionen, Analysen und Zugänge*, Köln: Halem, S. 7-23.

Mauss, Marcel (1936): »Les techniques du corps«. In: *Journal de Psychologie*, XXXII, Nr. 3-4, 1936, S. 271-293.

Moebius, Stephan (2009): *Kultur. Themen der Soziologie*, Bielefeld: transcript.

Moebius, Stephan (2012): »Cultural Studies«. In: Ders. (Hg.): *Kultur. Von den Cultural Studies bis zu den Visual Studies. Eine Einführung*, Bielefeld: transcript. (i.E.)

Monaco, James (2009): *Film verstehen. Kunst, Technik, Sprache, Geschichte und Theorie des Films und der Neuen Medien*, Reinbek bei Hamburg: Rowohlt Taschenbuch Verlag.

Morin, Edgar (1958): *Der Mensch und das Kino*, Stuttgart: Ernst Klett.

Petermann, Werner (1984): »Geschichte des ethnographischen Films. Ein Überblick«. In: Margarete Friedrich (Hg.): *Die Fremden sehen. Ethnologie und Film*, München: Trickster, S. 17- 53.

Prokop, Dieter (1970): *Soziologie des Films*, Darmstadt: Luchterhand.

Reichert, Ramon (2007): *Im Kino der Humanwissenschaften: Studien zur Medialisierung des wissenschaftlichen Wissens*, Bielefeld: transript.

Schroer, Markus (Hg, 2008): *Gesellschaft im Film*, Konstanz: UVK.

Silbermann, Alphons (1980): »Zur soziologischen und sozialpsychologischen Analyse des Films«. In: Ders. et al. (Hg.): *Filmanalyse. Grundlagen, Methoden Didaktik*, München: Oldenbourg, S. 13-32.

Winter Rainer (1992): *Filmsoziologie. Eine Einführung in das Verhältnis von Film, Kultur und Gesellschaft*, München: Quintessenz.

Winter, Rainer (2001): *Die Kunst des Eigensinns. Cultural Studies als Kritik der Macht*, Weilerswist: Velbrück.

Filme

Rouch, Jean (1954/55): *Les maitres fous* (35 min., color).

Rouch, Jean/Morin, Edgar (1961): *Chronique d'un été* (Chronik eines Sommers), Frankreich (85 Min, s/w).

Theoretische und methodologische Perspektiven der Filmsoziologie

Markus Schroer

Gefilmte Gesellschaft. Beitrag zu einer Soziologie des Visuellen

Von einer kontinuierlichen Auseinandersetzung der Soziologie mit dem Film kann keine Rede sein. Ganz im Gegenteil haben wir es mit einer nur sporadisch aufgenommenen Beziehung zu tun. Das ist insofern erstaunlich, weil in den wenigen Fällen einer systematischen Hinwendung stets davon ausgegangen wird, dass der Film eine unschätzbare Quelle für das Wissen über die Gesellschaft darstellt. So heißt es bei Siegfried Kracauer (1974: 249), dass Filme unsere Realität spiegeln; für Edgar Morin (2010: 85) stellen sie »eine einzigartige Ressource für die Kenntnis einer Gesellschaft« dar; Alphons Silbermann (1980: 18) zeigt sich davon überzeugt, dass »es dem Film auf seine Weise gegeben ist, das Gesamt der Realitäten einer Gesellschaft zum Ausdruck zu bringen« und für Norman Denzin (2003: 428) sind Filme »kulturelle und symbolische Formen«, die dazu genutzt werden können, »wichtige Merkmale des sozialen Lebens aufzudecken und zu beleuchten.« Wenn dem so ist, und daran soll im Folgenden nicht gezweifelt werden, stellt sich die Frage, warum die Beschäftigung mit dem Film ein so kümmerliches Dasein innerhalb der Soziologie führt. Einer der entscheidenden Gründe für die nur vereinzelt stattfindende Auseinandersetzung mit dem Film ist die weit verbreitete Distanz gegenüber den Produkten der Massenkultur, denen die Soziologie mit »Ekel und Verachtung« (Denzin 2008: 90) begegnet.

Neben diesem häufig thematisierten Urteil über den Film scheint aber noch ein weiterer, subtilerer Grund für die mangelnde soziologische Beschäftigung mit dem Film vorzuliegen. Soziologie, so die Argumentation des vorliegenden Beitrags, widmet sich dem Film deshalb nicht systematisch, weil sie in ihm keine nützliche Quelle für ihre eigene Forschung, sondern ein Konkurrenzunternehmen sieht, das seine Aufmerksamkeit auf den gleichen Gegenstand richtet wie sie selbst: auf die Gesellschaft. Beide widmen sich dem Ziel, die Gesellschaft zu erkunden und umfassend auszuleuchten. Während der Film sich dieser Aufgabe mit Hilfe der Kamera annimmt, erfindet die Soziologie eine ganze Reihe empirischer Methoden (Interview, teilnehmende Beobachtung usw.), um an die gesellschaftliche Wirklichkeit heranzukommen. Dahinter steht nicht zuletzt die Erwartung, sich gleichsam auf direktem Wege der gesellschaftlichen Realität nähern zu können, statt den Umweg über ein industriell hergestelltes Kulturprodukt gehen zu müssen, das unter dem Verdacht steht, Individuen zu manipulieren und von der Wahrnehmung ihrer wahren Bedürfnisse abzulenken. Nur in wenigen Ausnahmefällen hat sich die Soziologie über solche kulturkritischen Vorbehalte hinweggesetzt und auf den Film eingelassen. Dass sie es in großem Stil bis heute nicht tut, ist auch Ausdruck der »antitechnischen und antiästhetischen Haltung« (Eßbach 2001), die der Soziologie insgesamt anhaftet, ist doch Film immer zugleich ein Produkt der Technik wie der Kunst. Erst in jüngster Zeit – im Rahmen eines diagnostizierten »pictorial turn« (Mitchell 1997) – beschäftigt sie sich im Rahmen einer noch zu etablierenden visuellen Soziologie verstärkt mit visuellen Daten (vgl. Raab 2008). Dabei lassen sich drei Wege unterscheiden, wie Film zum Gegenstand sozialwissenschaftlicher Analyse gemacht wird: *Erstens* widmet sich die visuelle Soziologie dem von Laien selbst produzierten Filmmaterial als Quelle für die Analyse verschiedener sozialer Lebenswelten und kultureller Milieus. *Zweitens* beschäftigt sie sich mit dem Film als Produkt der Massenkultur und Teil der Massenmedien im Rahmen eines neu entfachten Interesses an der Etablierung einer Filmsoziologie (vgl. Denzin 1991; Winter 1992; Mai/Winter 2006; Schroer 2007a). *Drittens* setzt sie Foto, Film und Video »*als Erhebungsinstrument* der (sozial-) wissenschaftlichen Forschung« (Bohnsack 2011: 118) ein, nähert sich also selbst mit filmischen Mitteln der sozialen Wirklichkeit. Damit wird Soziologie Teil einer visuellen Kultur, in der nicht mehr wenige Filmproduzierende vielen Filmzuschauern gegenüberstehen, sondern es immer mehr Filmproduzierende gibt und kaum einer nur noch Zuschauer sein will. Die These des vorliegenden Beitrags besagt, dass wir in zunehmendem Maße in einer sich filmisch erfassenden und visuell darstellenden Gesellschaft, also einer gefilmten Gesellschaft leben, deren Produzenten und Konsumenten wir gleichzeitig sind.

In den ersten beiden Schritten des Beitrags geht es darum aufzuzeigen, dass Film und Soziologie das gemeinsame Ziel verfolgen, die gesellschaftliche Wirklichkeit zu erfassen. Der Film ebenso wie die Soziologie arbeiten daran, die Zone des Sichtbaren permanent zu erweitern, indem das bisher Unsichtbare sichtbar gemacht wird. In einem dritten Schritt geht es um die vom Zuschauer aufzubringende Aufmerksamkeit, die nicht immer weniger, sondern mehr und mehr gefordert zu sein scheint. Der lange Zeit als passiv geltende Zuschauer wird zu einem vielfältig geforderten Zuschauer, der sich dem Film mit allen Sinnen überlassen muss, wenn er seine angebotenen Möglichkeiten vollends ausschöpfen will. In einem vierten Schritt schließlich wird der Ausbruch des Zuschauers aus dem Zuschauerraum thematisiert, den wir gegenwärtig beobachten können. Anders als in Woody Allens *The Purple Rose of Cairo* (1984), steigen jedoch nicht die Figuren des Films aus der Leinwand herab in den Zuschauersaal, weil sie sich den immer gleichen Gesprächen mit dem immer gleichen Personal entziehen wollen, um in das »wahre Leben« einzutauchen. Vielmehr drängen die Zuschauer genau umgekehrt auf die Leinwand – wie in Buster Keatons *Sherlock Junior* (1924) –, um sich dort selbst als Akteure in einem Film zu erleben, den sie sich als

Zuschauer später ansehen können. Die ehemalig streng gezogene Trennlinie zwischen Filmproduzenten auf der einen und Filmrezipienten auf der anderen Seite verschwimmt in dem Sinne, dass sich der Exklusivanspruch auf die eine oder die andere Rolle nicht länger aufrecht erhalten lässt.

Gesellschaft erkunden – zur gemeinsamen Aufgabe von Film und Soziologie

In den wenigen soziologischen Arbeiten zum Kino wird den strukturellen Gemeinsamkeiten der Entwicklung von Soziologie und Film keine Beachtung geschenkt. Dabei lässt sich innerhalb der Geschichte der Soziologie als Wissenschaft ebenso eine arbeitsteilige Vorgehensweise erkennen wie bei der Entwicklung des Films. Die Soziologie differenziert sich im Laufe der Zeit in eine ganze Reihe so genannter spezieller Soziologien aus, der Film in verschiedene Genres. Während wir es in der Soziologie etwa mit der Arbeits- und Industriesoziologie, der Familiensoziologie, der Wissenschaftssoziologie, der Geschlechtersoziologie und der Sportsoziologie zu tun haben, werden im Film Genres wie der Western, der Horrorfilm, der Science-Fiction-Film und der Kriminalfilm unterschieden. Entsprechend dieser Einteilung, aber auch Genre übergreifend, lässt sich aus soziologischer Perspektive nach der Thematisierung der Familie, der Politik, des Sports, der Architektur und des Wohnens im Film fragen: Die Sportsoziologie findet ihr direktes Pendant im Sportfilm, während man die Wissenschaft vor allem im Science-Fiction- und im Horrorfilm thematisiert sieht (vgl. Schroer 2007a). Sowohl im Film als auch in der Soziologie kommt es darüber hinaus permanent zur Entstehung neuer spezieller Soziologien und neuer Genres, die sich eines bestimmten Themas exklusiv annehmen. Dabei sind in beiden Bereichen ähnliche Themenschwerpunktbildungen zu beobachten. In den letzten Jahren ist verstärkt der Körper in den Mittelpunkt soziologischer Aufmerksamkeit gelangt (vgl. Schroer 2005a). Eine ähnliche Orientierung lässt sich parallel dazu in vielen Filmen beobachten (*The Silence of the Lambs*, 1991, von Jonathan Demme; *L.A.Crash*, 2004, von Paul Haggis; *The Wrestler*, 2008, und *Black Swan*, 2010, beide von Darren Aronofsky).[1] Diese Hinwendung zum Körper

[1] Obwohl es auch in diesem Fall einige Vorläufer auszumachen gibt (vor allem die Filme des kanadischen Regisseurs David Cronenberg), stellt *The Silence of the Lambs* sicher eine Zäsur dar. Die intensive Betrachtung und Untersuchung der Körper, die Obduktion und das Ausweiden der Körper durch den kultivierten Kannibalen Hannibal Lector sind vielfach kopiert worden – bis hin zu den TV-Krimis, die ohne einen Pathologen nicht nur nicht mehr auszukommen scheinen, sondern diesen auch zum Hauptakteur machen (*Der letzte Zeuge* mit Ulrich Mühe oder auch der von Jan Josef Liefers gespielte Pathologe im Münsteraner Tatort). In der Krimiliteratur ist dieser Trend etwa mit den Scarpetta-Krimis von Patricia Cornwall eingeleitet worden. In einem bis dato kaum vorstellbaren Ausmaß werden darin und in seinen zahlreichen Ablegern und Nachfolgern tote Körper detailliert analysiert und beschrieben.

hat auch Auswirkungen auf die Filmtheorie, die den Körper stärker als bisher in den Fokus ihrer Aufmerksamkeit stellt (vgl. Elsaesser/Hagener 2007).

Durch alle Ausdifferenzierungen hindurch geht es hier wie dort um die Frage nach der Organisation sozialer Beziehungen, um Liebes-, Familien- und Arbeitsbeziehungen, um die Ängste und Träume einer Gesellschaft, um ihren sozialen Aufbau, um die Beleuchtung bestimmter Milieus, um entscheidende historische Augenblicke und Trendwenden. »Gerade weil er ein anthropologischer Spiegel ist, reflektiert der Film notwendig die praktischen und imaginären Realitäten, das heißt auch die Bedürfnisse, die Kommunikationsformen, die menschlichen Individualitätsprobleme seines Zeitalters.« (Morin 1958: 237) Soziologie und Film verbindet, dass sie sich dem selben Untersuchungsgegenstand verpflichtet sehen. Die mangelnde bzw. nur sporadische soziologische Beschäftigung mit dem Film könnte sich insofern auch aus dem Umstand erklären, dass wir es mit einem Konkurrenzunternehmen zu tun haben. Denn Filme liefern zweifellos einen zentralen Beitrag für das Verständnis der Gesellschaft: »Von anthropologischer Feldarbeit abgesehen kenne ich kein anderes, annähernd so gutes Mittel, um einer Gesellschaft unter die Haut zu blicken, als Filme anzusehen«, notiert der britische Filmsoziologe I. C. Jarvie in Übereinstimmung mit vielen seiner Kollegen (1974: 4, vgl. auch 125). Insofern ließe sich sagen: *Was wir über die Gesellschaft wissen, in der wir leben und gelebt haben, wissen wir nicht zuletzt durch den Film*. Entscheidend ist allerdings die von Jarvie betonte ähnliche Fähigkeit von Film und Anthropologie, die sich auf Soziologie übertragen lässt, der Gesellschaft ›unter die Haut zu blicken‹. Film muss dabei keineswegs zur überlegenen oder gar alleinigen Möglichkeit der Gesellschaftsanalyse überstilisiert werden. Sein Beitrag ist ohnedies beträchtlich. Was genau wir durch den Film über Gesellschaft erfahren, hat der Filmkritiker Michael Althen wie folgt beschrieben: »Mittlerweile sind wir wahrscheinlich vollständig verdorben, aber das macht nichts, weil wir im Kino ein zweites Leben gefunden haben, das viel besser ist als das unsere und ihm doch aufs Haar gleicht! Darin liegt die doppelte Natur des Kinos: dass es stets Auskunft gibt über das, was ist, und das, was möglich wäre, darüber, wer wir sind und wer wir gerne wären. Wie wir uns gefühlt und wovon wir geträumt haben. Wie die Autos aussahen und wie die Telefonzellen. Was man getragen und wie man sich frisiert hat. Und wenn wir für einen Moment die Augen schließen und uns dem Strom der Bilder überlassen, dann können wir uns in all dem wieder erkennen. Dann wissen wir, woher wir kommen, und vielleicht auch, wohin wir gehen.« (Süddeutsche Zeitung Nr. 110, 13. Mai 2011: 13) Auf den ersten Blick scheint es sich hier um eine treffende Beschreibung dessen zu handeln, was das Kino uns zu bieten hat. Das Kino erscheint als Spiegel, in dem wir uns und unsere Vergangenheit betrachten können. Filme können uns wieder zurückführen an – zumindest vorläufig – überwundene Stufen der gesellschaftlichen Entwicklung, an abgelegte Familienmodelle und überkommene Rollenbilder erinnern und damit sozialen Wandel sichtbar machen. Auf den zweiten Blick aber verfehlt die Beschreibung gerade das Wesentliche des Kinos. Die bloße Ansicht von Autos, Telefonzellen, Kleidungsstücken und anderen Dingen liefern uns auch Fotografien oder entsprechende Ausstellungsstücke in einem Museum der Alltagsdinge. Entscheidend für den Film ist aber vor allem, dass er uns zeigt, wie mit diesen Dingen umgegangen wurde, wie man in den Autos Platz nahm, wie man sich in den Kleidern bewegte und wie sich die Autos bewegten. Es geht nicht um die isolierte Vorführung von Dingen, sondern um die Beziehung zwischen Mensch und Ding, um den Gebrauch, den er von den Dingen macht und gemacht hat und damit um die Bewegungen, die Menschen und Dinge vollziehen.[2] Schließlich handelt es sich bei Bewegung um »das A und O des Mediums«, wie nicht nur Kracauer (1985: 216) meint. Auch Edgar Morin ist der Überzeugung, dass »jeder Film, selbst der banalste, [...] eine Kathedrale der Bewegung« (Morin 1958: 113) ist. Insofern lässt sich Bewegung über alle Schulen der Filmologie hinweg als »Grundtugend des Kinos« (Düllo 2007: 256) bezeichnen, was im Wort »Movie« besser zum Ausdruck kommt als in der deutschen Übersetzung. Bewegung kann dabei als eine der herausragenden Merkmale der Moderne gelten, auf die die Soziologie (vgl. Klein 2004) ebenso reagiert wie der Film. Zudem taugt der Film nicht nur als Informationsquelle, sondern vermag auch unser Verhalten stark zu beeinflussen, wobei es vor allem um »die mimetischen Wirkungen des Kinos auf die Zuschauer« im »Rahmen sekundärer Verhaltensweisen«, also um »das Imitieren von Manieren, Stilen des Auftretens, Redeweisen, Kleidern, Wohnungseinrichtungen« (Morin 2010: 86) geht: »Von der Art und Weise eine Zigarette zu rauchen bis zur Wahl der Unterwäsche, auf dem Umweg über die Kunst, das Glas so zu erheben, dass man seiner Partnerin in die Augen schaut, die Spaziergänge, die man bevorzugt, die Sprache und die Gesten des Flirts und der *Romance*: Überall hinterlässt das Kino seinen Stempel und prägt den Sitten seine ›patterns‹ auf, und es *standardisiert* sie dadurch auch.« (Ebd.) Wer hätte sich selbst noch nicht dabei erwischt, in der alltäglichen Interaktion ungewollt eine Filmszene nachzuspielen? Einmal ganz abgesehen von den gezielten Imitationen eines Schauspielers und seiner Gesten, von denen Woody Allen in *Play it again, Sam* (1972) erzählt.[3]

Über diese zentralen Leistungen des Films hinaus bekommen wir von ambitionierten Filmemachern wie Roberto Rosselini, Frederico Fellini, Ingmar Bergmann, Claude Chabrol, Rainer Werner Fassbinder, Stanley Kubrick, Woody Allen, Robert Altman, Ken Loach, Martin Scorsese, David Fincher, Michael Haneke und vielen anderen Gesellschaftsbilder, ja ganze Gesellschaftspanoramen geliefert, die einen genauen Blick auf die jeweiligen Prob-

---

[2] Auch in diesem Fall hätte die Soziologie viel vom Film lernen können. Wer sich die enge Verbindung von Akteuren und Dingen im Film vergegenwärtigt (vgl. Morin 1958: 76f.), kann auf die Idee ihrer Verbannung aus dem Sozialen gar nicht erst kommen. Insofern bietet der Film reichlich Anschauungsmaterial für das Unternehmen der Akteur-Netzwerk-Theorie.

[3] Vgl. dazu auch Jarvie (1974: 109) und Osterland (1970: 42.ff.).

leme, Konflikte, Träume und Befindlichkeiten der Gesellschaft eröffnen. Für die genannten Filmemacher ist dabei typisch, dass sie nicht nur einen durchgängigen Stil kreieren, der ihre Filme unverwechselbar macht, sondern dass sich in ihren Filmen auch wiederkehrende thematische Motive und Aussagen über die Gesellschaft auffinden lassen. In dieser Hinsicht können die Werke der Filmemacher mit den Werken von Gesellschaftstheoretikern wie Max Weber, Emile Durkheim, Niklas Luhmann oder Pierre Bourdieu zunächst durchaus verglichen werden. Auch in deren Büchern trifft man auf sich wiederholende thematische Motive und Aussagen über die Gesellschaft. Ähnlich wie in den Filmen von Michael Haneke die Themen Angst, Gewalt, Verdrängung und Schuld immer wieder kehren und Woody Allen immer neue Varianten über die Sinnsuche von Großstadtsingles und Paaren aus dem Künstlermilieu vorlegt, findet sich bei Durkheim durch sein ganzes Werk hindurch das Thema der sozialen Ordnung und des gesellschaftlichen Zusammenhalts bearbeitet, während sich Niklas Luhmann durchgängig für die Ausdifferenzierung sozialer Systeme und das Problem der Kontingenz in der modernen Gesellschaft interessiert. Und so wenig plausibel es wäre, den Schriften Pierre Bourdieus ihre mangelnde Ironie vorzuwerfen, so absurd wäre es, vom nächsten Woody Allen-Film einen Beitrag über die Banlieus und Ghettos dieser Welt zu erwarten.[4] Bei jedem Filmemacher ebenso wie bei jedem Gesellschaftstheoretiker sind – durch die Behandlung unterschiedlicher Stoffe hindurch – bestimmte sich wiederholende Inhalte, Argumente, Thesen usw. zu erwarten. Wie sehr Film und Soziologie dabei als Konkurrenzunternehmen wahrgenommen werden, unterstreicht die folgende Notiz: »Es sind Filme wie z.B. *Short Cuts* (1993) von Robert Altman oder *Fight Club* (1999) von David Fincher, die weit mehr über die moderne Gesellschaft und ihre Menschen aussagen als etwa die Abstraktionen der soziologischen Systemtheorie, die nur funktionale Differenzierungen, Autopoiesis oder Kommunikationsakte kennen.« (Mai/Winter 2006: 14) Hier werden Soziologie und Film in ihrem gemeinsamen Bestreben, Gesellschaft zu erkunden, nicht miteinander verglichen, sondern gegeneinander ausgespielt, die Aussagekraft zweier Filme über die einer Gesellschaftstheorie gestellt. So weit muss man nicht gehen.[5] Die eindeutige Parteinahme für den Film und gegen eine bestimmte Spielart soziologischer Theoriebildung lässt jedoch deutlich werden, worin sich Film und Soziologie, bei aller Ähnlichkeit, grundsätzlich unterscheiden: Filmemacher sind am Aufbau einer Theorie nicht interessiert. Fil-

---

[4] Das bedeutet allerdings keineswegs, dass solche Fragen nicht gestellt und solche Vorwürfe nicht erhoben würden. DER SPIEGEL (33/2011) hat eine Filmkritik mit diesem Tenor über Woody Allens Film *Midnight in Paris* veröffentlicht, und Günter Grass hat im ZEIT-Gespräch (DIE ZEIT Nr 49/1999) mit Bourdieu die fehlende Ironie in seinem Werk »Das Elend der Welt« bemängelt.

[5] Nur weil der Mensch nicht im Mittelpunkt der Systemtheorie steht, heißt dies keineswegs, dass diese Theorie über die moderne Gesellschaft und ihre Menschen nichts auszusagen in der Lage wäre. »Ökologische Gefährdungen, Anspruchsinflation und Exklusionsverkettungen« (Schimank 2000) sind nur drei Angebote aus einem reichhaltigen Angebot zeitdiagnostischer Überlegungen in Luhmanns Schriften.

me thematisieren, visualisieren und verdichten gesellschaftliche Themen und Probleme, liefern aber keine umfassende Theorie über das Funktionieren und den Aufbau von Gesellschaft und wollen dies auch gar nicht. Der Bezug zu einer Geschichte, die erzählt werden soll, vereitelt den Versuch, grundsätzlich zu werden. Zudem gibt es kein Bemühen um eine konsistente Argumentation über mehrere Werke hinweg, was in Gesellschaftstheorien zumeist durchaus angestrebt wird. Sehr wohl aber begegnen sich Film und Soziologie auf dem Feld der Entwürfe von Gesellschaftsbildern und Zeitdiagnosen. Und auf diesem Feld haben beide einiges zu bieten. Auf das Konto der Soziologie gehen eine ganze Reihe von Zeitdiagnosen, die in den letzten Jahren von sich Reden gemacht haben: Das Angebot reicht von den eher traditionellen Vorschlägen wie der Arbeits- und Industriegesellschaft, der Klassen- und der Massengesellschaft (Kneer u.a. 2001) bis hin zu neueren Labels wie der Risikogesellschaft, der Erlebnisgesellschaft oder der postmodernen Gesellschaft (Kneer u.a. 1997).

Zeitdiagnostisch orientierte Filme kommen meist nicht so plakativ daher als wollten sie den einen entscheidenden Trend der Gegenwartsgesellschaft schon im Titel auf den Nenner bringen und als seien sie als Gesamtaussage über Gesellschaft zu verstehen. Gleichwohl sind sie in der Lage, bestimmte gesellschaftliche Trends auf den Punkt zu bringen und ein gültiges Bild gegenwärtiger sozialer Beziehungsmuster und Umgangsformen abzuliefern. Filme wie die schon erwähnten *Short Cuts*, *Fight Club* und *L.A.Crash*, aber auch *American Beauty* (1999) von Sam Mendes, *Knallhart* (2006) von Detlef Buck oder *Le dieu du carnage* (2011) von Roman Polanski werden diesem Anspruch gerecht, schon weil sie sich selbst so verstehen und vom Regisseur auch so konzipiert sind. Jeder dieser Filme thematisiert auf seine Weise die Fragilität des zivilisierten Zusammenlebens, die Verunsicherung über den Wert und die Stabilität menschlicher Beziehungen, den Verlust des Glaubens an Konfliktlösung durch Kommunikation, das prinzipielle Nichtverstehen des anderen, die Erosion traditioneller Rollenbilder und die damit heraufbeschworenen Identitätskonflikte. Angesichts von Filmen dieser Güteordnung lässt sich sagen, dass nicht erst die Filmanalyse immer auch Gesellschaftsanalyse zu sein hat, sondern bereits die Filme selbst Gesellschaftsanalyse betreiben. Umgekehrt muss nicht jede Gesellschaftsanalyse bereits Filmanalyse sein oder gar wie ein Film daherkommen. Neben solchen, für die Gesellschaftsdiagnose einschlägigen Filmen gibt es jedoch auch Filme, die gesellschaftsdiagnostisch ebenfalls höchst aufschlussreich sind, diese Qualität aber auf weniger intendierte Weise erreichen. Für beide Formen gilt: »Die Leinwand zeigt keine Abziehbilder der Außenwelt. […] Und doch ist kein Film denkbar, dessen Bilder nichts verrieten über die Gesellschaft, in welcher er entstehen konnte und gesehen wurde, der nichts aussagt über seine Produzenten und Konsumenten. In diesem Sinne sind alle Filme ›realistisch‹.« (Lepenies 1972: 26) Filme müssen folglich nicht gewollt realistisch sein, sondern sind dies im Zweifelsfall auch entgegen ihrer Absicht. Insofern mag die These vom Film als Spiegel der Gesellschaft womöglich ein zu unmittelbares und mechanisches Verhältnis zwischen der Realität und seiner Abbildung im Film behaupten. Kaum bestreitbar aber ist, dass der Film sich der (selbst immer schon bearbeiteten und zugerichteten) Realität bedient, auf dieser aufbaut in dem Versuch, das Wesentliche an einem Thema verdichtet und zugespitzt zu visualisieren, um in dieser Variante gewissermaßen wieder in die Wirklichkeit zurückzufließen, dabei Deutungsmuster liefernd, die der Verarbeitung und Einordnung dieses Themas dienen können. Filme beeinflussen auf diese Weise unsere Vorstellungen darüber, wie es einmal war und heute ist, und prägen dabei entscheidend, welche Bilder von bestimmten Ereignissen sich in unser Gedächtnis festsetzen – zumal dann, wenn anderes Bildmaterial kaum vorhanden ist, was aber immer weniger der Fall zu sein scheint, denn es gibt immer mehr bereits von Laien erstellte Bilder, die über bestimmte Ereignisse existieren, so dass der Film sich heute sehr viel mehr gegenüber Konkurrenten zu behaupten hat als dies vor dem digitalen Zeitalter der Fall gewesen ist. Der viel beschworenen »Macht der Bilder« liegt ein Kampf um das jeweils gültige Bild für ein Ereignis zugrunde, das inzwischen aus den verschiedensten Quellen stammen kann.

Was Film und Soziologie weiterhin miteinander verbindet, ist der Versuch einer umfassenden Erfassung und Darstellung aller gesellschaftlichen Themen und Ereignisse. Es gibt wohl kaum ein Ereignis bzw. ein Geschehen, das nicht filmisch verarbeitet wird oder werden soll. Der Film unserer Gegenwart bearbeitet nahezu alle gesellschaftlichen Themen, die derzeit – oder immer wieder – diskutiert werden: Klimawandel (*2012*, 2009, von Roland Emmerich), Finanzkapitalismus (*Wall Street 1&2*, 1987&2010, von Oliver Stone; *Rogue Trader - High Speed Money*, 1999 von James Dearden, *Margin Call*, 2011, von J.C. Chandor), Kampf der Geschlechter (*The War of the Roses*, 1989, von Danny de Vito; *When Harry Met Sally*, 1989, von Rob Reiner; *Antichrist*, 2009, von Lars van Trier), das Leben in Slums, Favelas und Banlieus (*La Haine*, 1994, von Mathieu Kassovitz; *City of God*, 2002, von Fernando Meirelles; *Slumdog Millionaire*, 2008, von Danny Boyle), Amoklauf (*Falling Dawn*, 1993, von Joel Schumacher; *Elephant*, 2003, von Gus van Sant), Einfluss der Medien (*Network*, 1976, von Sidney Lumet; *Broadcast News*, 1987, von James L. Brooks; *Free Rainer*, 2007, von Hans Weingartner), Kunst (*Basquiat*, 1996, von Julian Schnabel; *Pollock*, 2000, von Ed Harris), Musik (*New York, New York*, 1977, von Martin Scorsese; *Last Days*, 2005, von Gus van Sant; *Control*, 2007, von Anton Corbijn)[6], Familie (*La Famigilia*, 1987, von Ettore Scola; *The Ice Storm*, 1997, von Ang Lee, *Sitcom*, 1998, von François Ozon), Krankheit, Tod und Sterben (*Le Temps qui reste*, 2005, von François Ozon; *Halt auf freier Strecke*, 2011, von

[6] Typisch für Musik-, Kunst- und Politik-Filme Hollywoods ist, dass es dabei weniger um Musik, Kunst und Politik als vielmehr um Musiker, Künstler und Politiker, also um Biographien geht. Das macht deutlich, dass sich das Kino in manchen Fällen durchaus schwer tut mit dem Sichtbarmachen.

Andreas Dresen; *Restless*, 2011, von Gus van Sant), Videoüberwachung (*Enemy of the state*, 1998, von Tony Scott; *Freeze Frame*, 2004, von John Simpson; *Red Road*, 2006, von Andrea Arnold), der Krieg im Irak (*Jarhead*, 2005, von Sam Mendes) oder in Bosnien (*In the Land of Blood and Honey*, 2011, von Angelina Jolie), Terrorismus (*Arlington Road*, 1999, von Mark Pellington; *Blown Apart*, 2008, von Sharon Maquire) und vieles mehr. Selbst der Fall von Kannibalismus in einem hessischen Dorf (*Rohtenburg*, 2005, von Martin Weisz) ist längst verfilmt. Der Fall des Josef Fritzl, der im Keller seines Hauses über 24 Jahre lang seine Tochter gefangen hielt, vielfach vergewaltigte und mehrere Kinder mit ihr zeugte, hat den österreichischen Filmemacher Ulrich Seidl zu einem Film über den Keller als Ort vielfältiger Abgründe motiviert, dessen Vorbereitung einem Forschungsprojekt gleicht (vgl. Süddeutsche Zeitung Nr. 269, 20./21. November 2010: 11). Die Rechte an der Verfilmung der Geschichte von Natascha Kampusch, die entführt und ebenfalls über viele Jahre eingesperrt missbraucht wurde, hat sich kurz vor seinem Tod der Produzent Bernd Eichinger gesichert. Insofern lässt der Film in der Tat »keinen Winkel der Gesellschaft unberührt« (Denzin 2008: 118) – nicht einmal die entlegensten und verborgensten. Gerade auch das Perverse und Monströse, das Unheimliche und Dunkle zieht dabei von jeher die Aufmerksamkeit des Films auf sich. Als Zuschauer wird man dabei mit Szenen konfrontiert, die kaum wieder aus dem Gedächtnis zu tilgen sind.

Unnötig anzumerken, dass es sich bei allen genannten Themen, mit denen sich der Film auseinandersetzt, um genuin soziologische Themen handelt. Neben den angesprochenen klassischen Themen (Familie, Migration, Krankheit, Tod und Sterben), widmet sie sich auch den neuen Themen wie etwa dem Amoklauf (vgl. etwa Eisenberg 2010) oder der Videoüberwachung (vgl. z.B. Hempl/Metelmann 2005). Peter L. Berger hat eindringlich darauf aufmerksam gemacht, dass die Soziologie bei der Auswahl ihrer Themen keine Tabus kennt: Der Soziologe, so Peter L. Berger (1977: 28) »vermutet hinter jeder Wand ein Stück menschliches Leben, das noch kein anderer entdeckt und verstanden hat. Er kümmert sich um Angelegenheiten, die anderen sakrosankt oder zu profan sind. Die Gesellschaft von Priestern oder Prostituierten ist ihm gleich lohnend. […] Ihn interessiert menschliches Zusammen- und Gegeneinanderwirken im Krieg, bei Entdeckungszügen im Urwald oder im Laboratorium, aber auch unter Kellnern, Gästen und kleinen Mädchen, die mit Puppen spielen. Das eigentliche Objekt seiner Leidenschaft ist dabei nicht der Sinn des menschlichen Handelns, sondern das Handeln selbst, als Fall unter Fällen aus dem unendlichen Reichtum der menschlichen Möglichkeiten.«

Der Film ebenso wie die Soziologie verfolgen das Ziel, Unsichtbares sichtbar, das Unvorstellbare vorstellbar zu machen und das bisher nicht Gesehene ans Tageslicht zu bringen – und dabei die Grenzen dessen zu überschreiten, was bis dato als zumutbar galt.

Unsichtbares sichtbar machen – Die Geburt des Films aus dem Geist der Wissenschaft

Am Beginn der Geschichte des Kinos steht der Wille, Unsichtbares sichtbar zu machen. Der Kinematograph ist zunächst als Forschungswerkzeug konzipiert (vgl. Morin 1958: 9ff.). Mit seiner Hilfe sollen Phänomene der Natur studiert werden können, die sich der Wahrnehmungsfähigkeit des menschlichen Auges aufgrund ihrer äußerst geringen Größe oder ihrer großen Schnelligkeit entziehen. Im Mittelpunkt des Interesses von Eadweard Muybrige und Etienne-Jules Marey, den Pionieren der Chronofotografie, stand die Erforschung von Bewegungsabläufen, die sie mit Hilfe ihrer berühmten Reihenfotografien sichtbar machen konnten. Das Ziel der filmischen Dokumentation von Menschen oder Tieren in Bewegung bestand dabei nicht darin, diese Bewegungen abbilden zu können, sondern in der Möglichkeit der Dekomposition des gefilmten Bewegungsablaufs in eine Vielzahl von Einzelbildern, die den genauen Bewegungsablauf etwa eines Pferdes im Galopp minutiös nachzuvollziehen erlaubte und damit zur Korrektur manch künstlerischer oder wissenschaftlicher Vorstellung über körperliche Bewegungsabläufe beigetragen konnte. Bewegung sichtbar machen – das ist das Vermächtnis, das der Kinematograph und seine vielen Vorläufer (dem Zoetrop bzw. »der Wundertrommel«, dem Praxinoskop bzw. »der Zaubertrommel«, der Laterna Magica usw.) dem Kino hinterlassen hat (vgl. Münsterberg 1996: 29ff.). Während in den Anfängen eine fest stehende Kamera mit einer starren Einstellung Bewegungen nur registriert, wird im Verlauf der historischen Entwicklung des Kinos die Kamera selbst immer beweglicher. Die Erfindung der Handkamera ermöglicht das Verlassen der Ateliers und die sukzessive Eroberung des Außenraums[7]: »Die Kamera schwingt sich auf den Sattel des Pferdes, den Motor des Flugzeugs, die Boje im stürmischen Meer, sie wird zum allgegenwärtigen Auge. Sie bestreicht ebenso sehr die submarinen Tiefen wie den gestirnten Nachtraum. Noch viel mehr: dieser neue, ferngeleitete, mit allen Fähigkeiten der Maschine ausgestattete Blick geht über die optischen Grenzen, die ›Schaumauer‹ hinweg, die das physische Auge nicht überschreiten konnte.« (Morin 1958: 229, vgl. auch ebd.: 73)[8]

Die Kamera erschließt aber nicht nur Welten, die für das menschliche Auge unerreichbar sind, sie konfrontiert uns auch mit anderen Gesellschaften, deren Zusammensetzung, Werten, Bräuchen und Konflikten: »Jeder von uns

---

[7] Damit verläuft die Geschichte der Kamera im Grunde umgekehrt zu der des Kinos, das zunächst mobil war und erst später sesshaft wird. Bevor die ersten ortsfesten Kinos gebaut wurden, gab es in der Zeit des Wanderkinos Filmvorführungen an diversen Orten wie etwa auf Jahrmärkten, in Gaststätten oder eigens dafür angemieteten Räumen, vgl. dazu Morat (2005).

[8] Als paradigmatisch für diese Entwicklung wird die Erfindung der »entfesselten Kamera« durch den Kameramann Karl Freund angesehen, der für Fritz Murnaus *Der letzte Mann* (1924) die Kamera an seinen Körper festschnallte, um dem Publikum die Bewegungen zu vermitteln, die von den Figuren im Film ausgeführt wurden.

erfährt aus ausländischen Filmen eine Unmenge von Fakten über andere Länder, – nicht nur, wie es dort aussieht, sondern auch etwas über die Denkweise der jeweiligen Nation und ebenso, dass sie allgemein menschlichen Fragen bisweilen ganz anders gegenübersteht als wir.« (Jarvie 1974: 113) Und diese visuelle Erschließung des Erdballs bleibt nicht ohne Folgen. So geht etwa René König (1965b: 338) davon aus, dass die über den Film vermittelte Konfrontation mit anderen Lebensformen zum Auslöser von sozialem Wandel werden kann, weil die dargestellte Welt zum Maßstab des eigenen Lebens auserkoren wird: »Bilder und Filme bringen die Informationen, wie andere Menschen leben, nicht nur in das isolierteste europäische oder amerikanische Dorf, sondern auch in das isolierteste unterentwickelte Land. Darum kann der Einfluß der Massenkommunikationsmittel auf das allgemeine Verlangen nach Entwicklung selbst in den rückständigsten Ländern gar nicht überschätzt werden. Nachdem die Menschen gesehen haben, wie andere Menschen leben, wollen sie ihre Lebensumstände im gleichen Sinne verwandeln.« Diese Erwartung geht von einer westlich geprägten Filmindustrie aus, die ihre Produkte an die entlegensten Orte der Erdkugel transportiert, dort die Attraktionen des westlichen Lebens verbreitet und damit sozialen Wandel auslöst (vgl. Morin 2010: 87). Entscheidender aber ist, dass die von Anbeginn universale Ausrichtung des Kinos auch diesen Regionen die Produktionsmittel für den Film an die Hand gegeben hat (vgl. auch König 1965b: ebd.), so dass wir es längst nicht mehr nur mit dem westlichen Blick auf die von ihm als exotisch vorgestellten Orte zu tun haben, sondern mit Filmen, die aus den Ländern stammen, die von König noch als isoliert wahrgenommen wurden. Im Zuge der Entwicklung, die wir uns angewöhnt haben, Globalisierung zu nennen, steigt die Chance, Filme sehen zu können, die nicht mit dem westlichen Blick auf die Welt gucken, sondern etwa von Südkorea, Afrika, der Türkei oder dem Iran aus. Dadurch können – mit Hilfe ungewohnter Bildsprachen, unbekannter Darsteller und nie zuvor gehörter Musik – ganz neue Sichtweisen auf längst bekannt geglaubte Sachverhalte generiert werden. Die ebenso irritierende wie lehrreiche Konfrontation mit dem Fremden ist auch über den Film erfahrbar. Trotz der immer noch anhaltenden Dominanz des amerikanischen Spielfilms, der sich zwar die unterschiedlichsten Schauplätze sucht und dabei global agiert, seine Geschichte aber zwangsläufig aus amerikanischer Sicht erzählt, hat die Möglichkeit, sich mit Filmen aus einer Vielzahl von anderen Ländern beschäftigen zu können, zugenommen. Dabei wird dem ursprünglichen Auftrag des Kinos, Unsichtbares sichtbar werden zu lassen, in hohem Ausmaß nachgekommen.

Doch selbst wenn wir durch das Kino mit fremden Welten in Berührung kommen, so dass sich der Eindruck einstellen mag, dass es kaum mehr etwas gibt, was man noch nicht gesehen hat, so wäre es doch ein Irrtum, aus der zunehmenden filmischen Erfassung des Globus auf einen stetig anwachsenden Zuwachs an Einsichten in ehemals unbekannte Gefilde zu schließen. Denn das Streben nach Sichtbarkeit wird von Anbeginn mit den Fragen begleitet: Wer darf was sehen? Was darf gezeigt werden? Was hat der Zuschauer noch nicht gesehen? Wie weit darf man gehen? Insofern lässt sich mit Georg Seeßlen (2005) behaupten: »Eine Gesellschaft [...] ist eine Gemeinschaft von Menschen, die sich darüber verständigt, was gesehen und gezeigt wird, was verborgen bleiben soll, und welche Ausnahmen es gibt. Macht fließt auf diese Weise durch die Bilder.« Dass nicht immer jeder alles überall sehen darf, zeigt schon die Einrichtung der FSK (Freiwillige Selbstkontrolle), die festlegt, ab welcher Altersstufe Filme gesehen werden dürfen (in der Bundesrepublik Deutschland gelten die Stufen ab 0, 6, 12, 16 und 18 Jahren). Am Anfang der Ausstrahlung von Filmen im Fernsehen heißt es deshalb regelmäßig: »Der folgende Film enthält Szenen physischer oder psychischer Gewalt, die für die Augen Jugendlicher unter 16 nicht geeignet sind.« Erwachsene dürfen also mehr sehen als Kinder und Teenager. Daneben wachen die meisten Ländern mit dem Instrument der Zensur streng darüber, was sie ihrer Bevölkerung meinen erlauben zu können oder meinen verbieten zu müssen. Während künstlerische Aktivitäten immer auch an der Überschreitung von Grenzen arbeiten, wird vor allem von staatlicher und kirchlicher Seite auf die Einhaltung der Grenzen Wert gelegt. Dadurch kommt es immer wieder zu Auseinandersetzungen um die Frage, was gezeigt werden darf und was nicht. Die zumindest in den westlichen Gesellschaften nur geringe Anzahl von Filmverboten zeigt jedoch, dass man dem »›bis auf Adam zurückreichenden fundamentalen und instinktiven Bedürfnis, Bilder zu schaffen und ihre Realität nachzuerleben‹« (Morin 1958: 38) auf die Dauer nicht Einhalt gebieten kann. Das unbedingte Sehenwollen, der Wille zum Sehen, ist eines der machtvollsten Antriebe menschlicher Existenz, denen vor allem in Kunst und Wissenschaft nachgegangen wird. Die Steigerung von *sehen – mehr sehen – alles sehen* setzt eine lange Geschichte der Erfindung technischer Produkte in Gang, die diesem Ziel dienen sollen. Dass sich Filme dabei in einem wahren Überbietungswettbewerb befinden, ist kaum von der Hand zu weisen. Das betrifft vor allem die mit Tabus belegten Bereiche Gewalt und Sex. Während in den Anfängen schon ein Filmkuss zum Problem werden konnte (wovon der Film *Cinema Paradiso*, 1988, von Giuseppe Tornatore, in nostalgisch-melancholischer Weise erzählt), scheinen im Laufe der Jahre nahezu alle Hemmschwellen gefallen zu sein. Zumal hinsichtlich der Darstellung von Gewalt kaum mehr Steigerungen vorstellbar sind. Dem »Torture-Porn-Genre« und dem »Splattermovie« zuzurechnende Filme wie *Hostel* (2005) und *Hostel 2* (2007) von Eli Roth sowie die *Saw*-Reihe (2004ff.) von James Wan u.a. schrecken vor keiner detaillierten Darstellung körperlicher Martern mehr zurück: Das Foltern und Schlachten von Menschen steht hier im Mittelpunkt des Geschehens. Aber auch jenseits dieser einschlägigen Gattungen haben Regisseure wie Pier Paolo Pasolini, David Fincher, Martin Scorsese, Quentin Tarantino, David Cronenberg, David Lynch, Brillante Mendoza oder Nicolas Winding Refn äußerst gewalttätige Filme abgeliefert. Die Auswahl der Namen zeigt schon an, dass es gerade den Innovatoren des

Kinos um die unbeschönigte Darstellung von Gewalt geht. Dabei wird zumeist argumentiert, dass das Leben gewalttätig ist und es deshalb kein Sinn mache, diese Bilder zu unterdrücken. Der Mainstream-Film dagegen verharmlose durch seine zurückhaltende Form der Darstellung die Gewalt und zeichne damit ein falsches Bild von der gesellschaftlichen Wirklichkeit.

Die Festung Sex scheint dagegen schwerer einzunehmen zu sein. Hier ist selbst die Darstellung des männlichen Geschlechtsteils, zumal in errigiertem Zustand, noch eine Sensation, wie sich an den Reaktionen auf *Intimacy* (2001) von Patrice Chéreau, *Der freie Wille* (2006) von Matthias Glasner und *Shame* (2011) von Steve McQueen ablesen lässt. Das Kino wäre jedoch nicht das Medium, das es ist, wenn es nicht auch diese Entwicklung selbst zum Thema machen würde. Die Möglichkeiten und Grenzen des Sehens und Beobachtens werden von den Anfängen bis in die Gegenwart vom Film thematisiert (vgl. Schroer 2007b). Sehen und dafür bestraft werden, dass man hinguckt, dieses Motiv wird im Kino immer wieder aufgenommen, etwa in *Rear Window* (1954) von Alfred Hitchcock oder in *Funny Games* (1997) von Michael Haneke. Während es im ersten Beispiel noch die Filmfigur ist, die gleichsam stellvertretend für den Zuschauer bestraft wird, wendet sich Haneke in seinem dezidiert medienkritischen Beitrag, der an die Grenzen des Erträglichen geht, direkt an den Zuschauer, dem in durchaus moralischer Absicht seine Rolle als Voyeur filmischer Gewalt verdeutlicht werden soll. Das Unbehagen, das dieser Film auszulösen versteht, resultiert aus der Rolle des Mittäters, die dem Zuschauer zugewiesen wird. Ohne dessen Lust an solchen Bildern, so die pädagogische Botschaft, gäbe es diese gar nicht.

Die damit formulierte Medienkritik mit Hilfe des Mediums selbst verweist auf eine zentrale Funktion, die dem Film (über das Sichtbarmachen gesellschaftlicher Wirklichkeit hinaus) ebenfalls zukommt und die er mit den Sozialwissenschaften teilt: Er übt Kritik! In einem nicht zu unterschätzenden Ausmaß werden im Film gesellschaftliche Zustände auch kritisiert. Jarvie (1974: 125) bescheinigt dem amerikanischen Film nicht nur die Fähigkeit, »jeden Aspekt der amerikanischen Gesellschaft mit nahezu klinischer Exaktheit wiederzugeben, vom ländlichen und städtischen Slum und Negerviertel über die Vororte bis zu den obersten sozialen Schichten«. Darüber hinaus betont er, dass es »im amerikanischen Film stets eine betont sozialkritische Richtung« gegeben habe, der »die Gesellschaft Amerikas unbarmherzig kritisiert, verurteilt, persifliert.« Und er fährt fort: »Gangstertum, politische Korruption, Lynchjustiz, Rassenvorurteile, Faschismus, Hexenjagd (früher und heute), der Krieg und die Bombe, sie bildeten das Thema kritischer Filme, die im Strom der Hauptproduktion des amerikanischen Filmes entstanden.« Die Liste ließe sich beliebig fortsetzen und bis in die Gegenwart hinein verlängern. Man denke nur an Filme wie *All the President's Men* (1976) von Alan J. Pakula, *Silkwood* (1983) von Mike Nichols, *China-Syndrom* (1979) von James Bridges, *Missisippi Burning* (1988) von Alan Parker, *Wag the Dog* (1997) von Barry Levinson, *Erin Brockovich* (2000) von Steven Soderbergh, *Good Night, and Good Luck* (2005) von George Clooney, *Borat* (2006) von Larry Charles und viele andere mehr. In all diesen Filmen werden gesellschaftliche Fehlentwicklungen, politische Fehlentscheidungen und soziale Missstände angeprangert. Zusammengenommen strafen sie das Bild der Verblödungsmaschinerie Hollywood, das in der Kulturkritik so gerne gepflegt wird, Lügen.

Entscheidende Voraussetzung und Teil der kritischen Praxis ist die Entlarvung und die Enthüllung, der Wille, hinter die Dinge zu sehen: »Schon als Kind«, berichtet der Regisseur David Fincher, »wollte ich herausfinden, was unter der Oberfläche und hinter den Fassaden liegt – der Menschen wie ihrer Häuser.« (DER SPIEGEL Nr. 16/2002: 168) Von diesem Impuls zehrt auch die Soziologie. Auch sie bemüht sich darum, Gesellschaft bis in die letzten Winkel auszuleuchten; auch sie wirkt daran mit, ehemals Unbekannte bekannt und ehemals Unsichtbares sichtbar zu machen; auch sie dringt in Welten vor, die nie ein Mensch zuvor gesehen hat. Bei Maria Jahoda heißt es beispielsweise ausdrücklich: »Ich glaube es ist die Aufgabe der Human- und Sozialwissenschaften, das nicht Sichtbare sichtbar zu machen. […] Das bedeutet auch, dass es notwendig ist, nach den zugrunde liegenden Mechanismen, Kräften, oder wie immer sie es nennen wollen, zu suchen. Das Offensichtliche – das, was man mit dem bloßen Auge sieht – darf man nichts so hinnehmen. Darin scheint mir die Hauptaufgabe der Sozialwissenschaften zu liegen.« (Jahoda 1992: 19) Im Werk Siegfried Kracauers laufen die gemeinsamen Anstrengungen von Film und Soziologie, gesellschaftliche Tatbestände zu enthüllen, insofern zusammen, weil er sich in seinen eigenen Arbeiten dem Ziel des Enthüllens und Entlarvens verschreibt und gleichzeitig dem Film diese Aufgabe zuweist (vgl. Schroer 2007c).

Obwohl Kino und Soziologie also zeigen, aufzeigen, immer mehr zeigen und dabei auch das zu Tage fördern wollen, das eigentlich unsichtbar hätte bleiben sollen, gibt es doch etwas, was der Film üblicherweise nicht zeigt, und das sind die technischen Mittel, die zur Fertigung des Films benötigt werden. Es erscheinen auf der Leinwand nur die von der Kamera aufgenommenen Darsteller, Räume, Landschaften und Dinge. Die Kamera selbst ist nicht sichtbar. Wir sehen als Zuschauer nur das Ergebnis der Kameraarbeit, nicht den Vorgang der Aufnahme selbst. Die Sichtbarkeit der Kamera im Filmbild würde ebenso wie ein in das Bild hineinragendes Richtmikrophon (was hin und wieder vorkommt) umgehend die vom Film aufgebaute Wirklichkeitsillusion zerstören, weil dem Zuschauer dadurch die Inszenierung des Geschehens deutlich wird, was ihn sofort in eine nicht mehr empathische, sondern distanzierte Haltung versetzen würde. Die Bilder müssen den Akt ihres Zustandekommens verleugnen, wenn sie als wahrhaftig gelten wollen. Durch die Unsichtbarkeit der Herstellungsmittel des Films wird oft vergessen, dass es sich beim Film nicht nur um den Schauspieler als Person, die von ihm verkörperte Figur und den Zuschauer geht wie im Theater, sondern darüber hinaus auch um die Kamera und den Projektor, die zwischen den Schauspieler und den Zuschauer treten. Die vom Zuschauer betrachtete Interaktion in einem Film wie eine beliebige Interaktion zu behandeln hieße vergessen machen, dass der Darsteller nicht direkt für den Zuschauer agiert wie im Theater, sondern nur mit Hilfe und durch die Vermittlung der Kamera. Der Schauspieler spricht mit seinem Gegenüber im Bewusstsein der Anwesenheit der Kamera. Er spricht mehr zu der Kamera als zu seinem Gegenüber. Das unterscheidet den Film grundsätzlich vom Theater. Dabei ist die Kamera nicht nur ein stummer Zeuge der von ihr gefilmten Interaktion. Im Sinne der Akteur-Netzwerk-Theorie (ANT) ist die Kamera vielmehr als ein selbständiger Akteur zu betrachten, der nahezu eigenständig agiert. Akteure zeichnen sich im Verständnis der ANT dabei nicht dadurch aus, dass sie ein Bewusstsein haben und intentional handeln, sondern dass sie andere in einer bestimmten Weise zum Handeln bringen. Mit einem solchen Akteursbegriff können dann auch technische Instrumente »Handelnde« sein (vgl. Latour 2007). Zwar gibt es den Kameramann, der die Bewegungen der Kamera festlegt und koordiniert, aber auch er muss stets überprüfen, wie die Kamera ihr Objekt aufnimmt. Zwar kann er dabei zwischen verschiedenen Kameras wählen, er kann zwischen zahlreichen Aufnahme- und Einstellungsmöglichkeiten wählen, er kann Objektive wechseln und mit Filtern arbeiten – er wird dabei jedoch immer mit einem gewissen Eigensinn der Kamera zu rechnen haben. Niemals dient sie ihm als bloßes Werkzeug, das er vollständig beherrscht und kontrolliert. Die Kamera ist nicht einfach eine Maschine zur Abbildung der Wirklichkeit. Vielmehr lässt sie Dinge und Personen auf eine bestimme Art erscheinen, die auch den Kameramann nicht selten überrascht.

Bleiben also die Herstellung der Illusion Film zumeist im Dunkeln und alle technischen Mittel unsichtbar, die das auf der Leinwand zu sehende Geschehen erst hervorbringen[9], hat das Kino dennoch ein eigenes Genre hervorgebracht, in dem der Film sein eigenes Zustandekommen reflektiert: der so genannte *Film im Film*. Damit sind Filme gemeint, die davon erzählen, wie ein Film gedreht wird. *8½* (1963) von Frederico Fellini, *La nuit américaine* (1973) von Francois Truffaut, *Stardust Memories* (1980) von Woody Allen oder *Der Stand der Dinge* (1982) von Wim Wenders sind berühmte Beispiele für diese Kategorie Film. Was sonst sorgsam vor dem Blick des Zuschauer

---

[9] Allerdings unterscheiden sich Regisseure danach, in wie weit sie Einblicke in das Gemacht-Sein des Films erlauben oder nicht: »Im Unterschied zu Howard Hawks, der sich rühmte, die Kamera immer in Augenhöhe seiner Personen zu halten, im Unterschied zu Ford, der seine ruhige, gleichmäßige Kamera zur objektiven Erzählung anhält und bei dem ein einzelner Schwenk daher eine sensationelle Signalwirkung provoziert, im Unterschied zu Billy Wilder, der es als ideal (und redlich) empfand, wenn der Zuschauer überhaupt nichts von der Kamera wahrnahm, die sich nicht selbst produzieren und aufspielen sollte – im Unterschied zu all diesen Regisseuren setzte Welles die Kamera in CITIZEN KANE mit extremer Wirkung ›propagandistisch‹ und ›manipulativ‹ ein: Also verzerrte eine extreme Untersicht die Figuren ins Überlebensgroße, also erzeugten ein Hallton, Spiegelreflexe und eine extrem Tiefenschärfe eine beängstigend imponierende Weite und Größe des Raums. Auf die Gesichter fielen, um sie zu verrätseln, die Schatten des Expressionismus, manchmal, bis sie zu Scherenschnitten wurden.« (Karasek 1994: 150)

verborgen wird, steht hier im Mittelpunkt der Handlung, das Film-making mit allem was dazugehört: dem penibel geplanten Ablauf eines Drehtages, der immer wieder revidiert werden muss durch zahllose Vorkommnisse, die nicht vorherzusehen waren und zur Improvisation zwingen, den Kameraschwenks und Kamerafahrten, Schauspielern, Doubles, Ausstattern, Script-Girls, der Maske, diversen Tricks, dem Ton, der Beleuchtung, Unterbrechungen und Wiederholungen der einzelnen Takes, das Warten und Herumstehen, bis alle auf ihren Plätzen sind, bereit zur nächsten Aufnahme, die Verhandlungen der Stars mit dem Regisseur über die Anzahl seiner Auftritte und die Größe ihrer Rolle, die Vorbereitung und Durchführung der Stunts usw.

Auch zu dieser speziellen Form des Films gibt es in der Soziologie eine Parallele: Die *Soziologie der Soziologie*, die sich wie der Film im Film bei der eigenen Entstehung zusieht, die sich bei ihrem Tun selbst beobachtet. Eine Soziologie der Soziologie gestattet wie der Film im Film einen Blick in die Werkstatt. In beiden Fällen aber gilt, dass sie damit nicht aufhören Film bzw. Soziologie zu sein, vielmehr auch der Film im Film ein Film ist, der sich die Inszenierung eines Films als Thema wählt, was mit der Dokumentation über das Zustandekommen eines Films im Sinne eines »Making-Ofs« nicht verwechselt werden darf, weil der Film im Film selbstverständlich selbst Ergebnis einer Inszenierung ist. Ebenso bleibt auch die Soziologie der Soziologie Soziologie, wenn sie im Vollzug ihrer Praxis diese Praxis zugleich reflektiert.

Trotzdem sich das Kino von seinem wissenschaftlichen Ursprung bei Muybrige u.a. weit entfernt zu haben scheint, indem es an die Stelle der Wissenschaft das Spektakel und die Unterhaltung setzt (vgl. Morin 1958: 11), hat es seine wissenschaftlichen Wurzeln nach der hier vorgestellten Perspektive nie gänzlich aufgegeben. Das Verhältnis von Wissenschaft und Kino ist nicht nur deshalb ein intensives, weil sich der Film in großem Maßstab Wissenschaft als Sujet wählt (vgl. Weingart 2007), sondern auch deshalb, weil der filmische Zugriff auf die Wirklichkeit ein wissenschaftlich vermittelter Zugang bleibt – und dies keineswegs nur im Falle des Dokumentarfilms, dem man die Nähe zur Wissenschaft vielleicht am leichtesten ansieht, sondern durchaus auch beim Spielfilm. Nicht wenige Filme gleichen einer soziologischen Studie über die Gesellschaft. Daneben geht jedem Spielfilm eine intensive Recherche voraus, in der soziologische Informationen keineswegs eine untergeordnete Rolle spielen. Die »Versozialwissenschaftlichung« des Alltags fließt selbstverständlich auch in Filme ein, die eben diesen Alltag zum Thema machen.

Doch es bleibt nicht dabei, dass sich das Produkt Film immer auch einem wissenschaftlichen Fundament verdankt. Auch der Zuschauer wird gegenwärtig vermehrt dazu eingeladen, sich nicht nur konsumierend, sondern auch analytisch dem Film zu widmen. Mit der immer noch zunehmenden Verbreitung und verbesserten Zugänglichkeit des Films wird der Zuschauer in die Lage versetzt, sich auf nahezu wissenschaftliche Weise mit dem Film und seiner Entstehung beschäftigen zu können. Der ehemals als passiv erscheinende Zuschauer hat längst ausgedient. Es stellt sich die Frage, ob es ihn in Reinform überhaupt noch gibt.

Das Kino als Aufmerksamkeitsmaschine: Vom passiven zum aktiven Zuschauer

Seit Beginn der Geschichte des Kinos wird auch über die Rolle des Zuschauers nachgedacht. Immer wieder ist dabei seine Passivität hervorgehoben und zumeist beklagt worden (vgl. Jarvie 1974: 78ff.). Der Zuschauer wird insofern als passiv vorgestellt, weil nicht vorgesehen ist, dass er in das dargebotene Geschehen eingreifen kann. Obwohl der Filmzuschauer dieses Schicksal mit allen Arten von Zuschauern teilt, weil gerade die Nichtteilnahme am Geschehen den Zuschauer ausmacht, wird diese Haltung insbesondere beim Film als Makel bewertet. Zwar kann er sein Missfallen bekunden oder seiner Begeisterung Ausdruck verleihen, indem er buht, Beifall spendet oder das Kino verlässt. Im Gegensatz zum Theaterzuschauer haben diese Reaktionen jedoch keinerlei Einfluss auf das Spielgeschehen auf der Leinwand. Zwischen den Darstellern und den Zuschauern gibt es keine Möglichkeit direkter Kommunikation. Der Film läuft ab, ohne dass er durch Zwischenapplaus oder Pfiffe gestört werden könnte. Der Kinozuschauer hat keine Möglichkeit, die Akteure im Film zu erreichen oder zu beeinflussen. Selbst wenn er aus Protest die Vorführung verlässt, unterbricht dies das Spielgeschehen nicht. Kein Akteur auf der Leinwand wird sich davon beeindruckt zeigen oder irritieren lassen. Insofern ist der Zuschauer einem Gefühl der Ohnmacht ausgesetzt.[10] Dementsprechend notiert Morin (1958: 111): »Der Zuschauer im dunklen Kinoraum ist […] ein passives Subjekt im reinsten Zustand. Er kann nichts tun, hat nichts zu geben, nicht einmal Beifall. Geduldig erträgt er alles. Überwältigt lässt er alles mit sich geschehen. Alles geht sehr fern vor sich, außerhalb seiner Reichweite.« Nur wenige Seiten später aber heißt es: »Der passive Zuschauer ist eigentlich sehr aktiv: er schafft […] den Film ebensosehr wie die Schauspieler.« (Ebd.: 117) Den Widerspruch zwischen einem passiven Zuschauer, der eigentlich aber doch sehr aktiv ist, versucht Morin mit Hilfe des Begriffs der »aktiven Passivität« (ebd.: 118) aufzulösen. Nachvollziehbar wird diese Argumentationsfigur eines sowohl passiven als auch aktiven Zuschauers aber erst dann, wenn man einen Begriff hinzunimmt, der bereits in der frühen Filmologie eine Rolle spielt. Es ist der Begriff der Aufmerksamkeit[11], den der Psychologe Hugo Münsterberg in seiner Studie über

---

[10] Als reinste Verkörperung des passiven Zuschauers gilt der Voyeur (vgl. Schroer 2010c), der nicht nur zum Handeln unfähig ist, sondern auch heimlich einem Geschehen beiwohnt, das eigentlich nicht für seine Augen bestimmt ist.

[11] Erste Beiträge zu einer in Arbeit befindlichen *Soziologie der Aufmerksamkeit* finden sich in Schroer 2005b, 2006, 2007b, 2007c, 2007d, 2010a, 2012.

das Lichtspielhaus von 1915 einführt (vgl. Münsterberg 1996). Morin spricht den Begriff im Grunde an, wenn er argumentiert: »Doch letzten Endes geht die Strahlung vom Zuschauer aus, die Quelle ist in ihm. Ohne sie bleibt der Film unverständlich, eine zusammenhanglose Folge von Bildern, ein Puzzle-Spiel von Licht und Schatten.« (Ebd.: 117) Was hier mit dem Begriff »Strahlung« nur unzureichend erfasst wird, meint nicht anderes als den Begriff des Aufmerksamkeitsstrahls, den der Zuschauer auf das Geschehen lenken muss, wenn er den Film vollständig erfassen und nicht bloß als Aneinanderreihung unzusammenhängender Teile wahrnehmen will. Demnach befindet sich der Zuschauer in einer durchaus aktiven Rolle. Doch eben dies ist immer wieder geleugnet worden (vgl. Jarvie 1974: 80).

Zur Klärung des passiven oder aktiven Status des Zuschauers ist die von Münsterberg (1996: 50) benutzte Unterscheidung von »willkürlicher und unwillkürlicher Aufmerksamkeit« hilfreich.[12] Die *willkürliche Aufmerksamkeit* bezeichnet die durch ein bestimmtes Interesse oder ein bestimmtes Ziel gesteuerte Aufmerksamkeit. Dieses sorgt für die selektive Wahrnehmung der Umwelt und ermöglicht damit die Konzentration auf eine bestimmte Sache bei gleichzeitiger Ausblendung aller übrigen Eindrücke. Während die Aufmerksamkeit hier in der Terminologie Münsterbergs von innen kommt, wird die *unwillkürliche Aufmerksamkeit* dagegen von äußeren Einflüssen hervorgerufen, die die Aufmerksamkeit des Subjekts geradezu zwangsläufig auf sich lenken: »Das Laute, Leuchtende und das Unübliche erregt unsere Aufmerksamkeit. Dem Ort einer Explosion müssen wir unser Bewußtsein zuwenden, grell aufleuchtende elektrische Zeichen müssen wir lesen.« (Münsterberg 1996: 51). Lenkt im ersten Fall das Subjekt seine Aufmerksamkeit souverän mal hierhin und mal dorthin, wird es im zweiten Fall zur Reaktion auf einen äußeren Reiz förmlich gezwungen. Während sich das Leben für Münsterberg als ein Kompromiss zwischen beiden Formen der Aufmerksamkeit darstellt, ist das Kino für ihn der Ort, an dem allein die unwillkürliche Aufmerksamkeit herrscht. In der Tat mangelt es dem Film nicht an Mitteln, um die Aufmerksamkeit des Zuschauers zu erregen. Die Besetzung der Rollen mit Stars[13], die Großaufnahme[14], dramatische Musik, überraschende Wenden in der Handlung u.v.m. sollen dazu beitragen, die Aufmerksamkeit des Zuschauers zu wecken und ein Abschweifen zu verhindern. Die Unaufmerksamkeit des Zuschauers wird gefürchtet. Dass der Zuschauer damit zur Aufmerksamkeit geradezu gezwungen wird, ist eines der Hauptgründe für die Vorbehalte gegenüber dem Film. Statt eines seine Aufmerksamkeit souverän

---

[12] Auch Alfred Schütz, dessen Schriften eine zentrale Quelle für eine Soziologie der Aufmerksamkeit bieten, unterscheidet ähnlich zwischen »freiwilliger Zuwendung und erzwungener Aufmerksamkeit« (Schütz/Luckmann 2003: 258).

[13] Zur Funktion des Stars als Aufmerksamkeitsgarant vgl. Schroer 2010b.

[14] Die Großaufnahme ist dabei von besonderer Bedeutung. Sie ist dazu in der Lage, die Aufmerksamkeit des Zuschauers auf unscheinbare Details zu lenken, die etwa dem Theaterzuschauer zwangsläufig entgehen müssten (vgl. Münsterberg 1996: 56f.). Zur Bedeutung der Großaufnahme vgl. auch Balázs 2001: 49ff.

einsetzenden Subjekts, das seine Blicke selbstbestimmt durch den Raum schweifen lässt und nur dort verharrt, wo sein eigenes Interesse ihn hinführt, haben wir es angeblich mit einem manipulierbaren Subjekt zu tun, dessen Aufmerksamkeit scheinbar beliebig gesteuert werden kann. Obwohl es sich in beiden Fällen um eine Lenkung handelt, die im einen Fall von innen und im anderen von außen stammt, gilt der Stein des Anstoßes allein der äußeren Lenkung: »Das Beste kommt nicht von außen.« (Münsterberg 1996: 51)[15]

Die Thematisierung der Rolle des Zuschauers ist für die Soziologie so aufschlussreich, weil sich das von ihr dauerhaft bearbeitete Problem über die Macht oder Ohnmacht des Individuums gegenüber der Gesellschaft in der Debatte um den aktiven und kreativen bzw. dem passiven und manipulierten Zuschauer konkretisiert. Neben dem Aspekt der mangelnden Eingriffsmöglichkeiten in das Geschehen auf der Leinwand ergibt sich der Vorwurf des passiven Zuschauers zusätzlich aus der ihm unterstellten Unbeweglichkeit, die in so deutlichem Kontrast zur auf der Leinwand stattfindenden Bewegung steht. Die Figuren des Films bewegen sich ebenso wie die Dinge, selbst die Kamera ist in Bewegung – nur der Zuschauer scheint zur Bewegungslosigkeit verdammt. Seine zur Unbeweglichkeit angehaltene Stellung im Kinositz steht in so krassem Gegensatz zu den vielfältigen Bewegungen auf der Leinwand, dass er geradezu als passiv erscheinen *muss*. Die vermeintliche Passivität des Zuschauers verdankt sich dabei gerade der hohen Aufmerksamkeit, die der Zuschauer den auf der Leinwand gezeigten Bewegungen entgegenbringt: »Wir können unsere Augen nicht von der Leinwand abwenden, wo die Bilder einander ablösen – nicht nur, weil wir sonst den Faden der Handlung verlieren und das, was folgt, nicht länger verstehen würden, sondern auch, weil in dem Fluß der sich folgenden Bilder etwas unsere Aufmerksamkeit, unsere Sinne, unsere Blicke dazu nötigt, nichts (von diesem Fluß) zu verlieren. Die Bewegung als solche ist anziehend und fesselnd.« (Hernri Wallon zitiert nach Kracauer 1985 [1960]: 216) Ist es also gerade die Bewegung, die die Aufmerksamkeit des Zuschauers fesselt, scheint er selbst zur Unbeweglichkeit gezwungen. Je höher seine Aufmerksamkeit ist, desto stärker scheint seine Unbeweglichkeit zu sein, denn in diesem Fall *starrt* der Zuschauer *wie gebannt* auf die Leinwand, *gefesselt* vom Ablauf des dort zu sehenden Geschehens. Wer sich anderen Beschäftigungen zuwendet, tut dies um den Preis, das Wesentliche zu verpassen. Insofern ist der Rettungsversuch des passiven Zuschauers durch Jarvie nur wenig überzeugend: »Ein Kinopublikum kann lärmend Partei ergreifen oder schlafen, kann ›petting and necking‹ betreiben, während der Vorführung etwas knabbern und vieles andere mehr.« (Jarvie 1974: 79) Während hier dem Vorwurf der Passivität des Kinopublikums mit dem Hinweis auf die im Kino ebenfalls möglichen Handlungen begegnet und

[15] Die Ablehnung der äußeren Lenkung ist ein weit über Münsterberg hinausgehender Topos innerhalb der Soziologie, die sich etwa bei Max Weber nachweisen lässt, aber auch in David Riesmans Unterscheidung von einem innengelenkten und einem außengelenkten Charakter (vgl. Riesman 1958) wiederkehrt.

dabei Passivität mit Unbeweglichkeit gleichgesetzt wird, geht es bei Jacques Rancières Studie über den emanzipierten Zuschauer (vgl. Rancière 2009) darum, den Unterschied zwischen Zuschauen und Handeln aufzuheben, indem das Zuschauen selbst zu einem aktiven Vorgang erhoben wird: »Die Emanzipation [des Zuschauers, M.S.] beginnt dann, wenn man den Gegensatz zwischen Sehen und Handeln in Frage stellt, [...] wenn man versteht, dass Sehen auch eine Handlung ist. Auch der Zuschauer handelt [...]. Er beobachtet, er wählt aus, er vergleicht, er interpretiert. Er verbindet das, was er sieht, mit vielen anderen Dingen, die er gesehen hat, auf anderen Bühnen und an deren Orten.« (Rancière 2009: 23)[16]

Hat man sich über viele Jahrzehnte den Rezipienten als das letzte Glied in der Nahrungskette vorgestellt, als Endverbraucher, der zu schlucken hat, was ihm vorgesetzt wird[17], scheint es heute mehr oder weniger Konsens zu sein, den Zuschauer als einen Aktivposten anzusehen. Insbesondere die Vertreter der Cultural Studies haben diese Position immer wieder energisch vertreten (vgl. Winter 2010). Über seine schöpferischen Fähigkeiten bei der Umsetzung des Films hinaus, wird der Zuschauer inzwischen bei Hollywood-Blockbustern auch mit einbezogen, wenn es um die Entscheidung geht, wie Rollen besetzt werden sollen oder Filme zu enden haben. Darüber hinaus wird der Rezipient mit Hilfe der neuen Zugänglichkeit zum Film potentiell zu einem versierten Cineasten erzogen, der nicht nur den Film sehen kann, sondern auch wissen will, wie er gemacht worden ist. Insofern geht die Aufmerksamkeit, die der Zuschauer für den Film aufbringen soll, über die einmalige Verfolgung des Geschehens weit hinaus. Angeblich aber lässt die Fähigkeit zur Konzentration und Aufmerksamkeit seit einiger Zeit nach. Im pädagogischen und psychologischen Kontext ist vom so genannten ADHS-Syndrom die Rede. Vor dem Hintergrund dieser Diagnose klagt der amerikanische Filmemacher Steven Soderbergh: »Das Kino erfordert eigentlich die volle Aufmerksamkeit, man schaut sich einen Film nicht nebenher an, und man kriegt Leute immer schwerer dazu, zwei Stunden lang in dieselbe Richtung zu starren, zu viele Reize buhlen um ihre Aufmerksamkeit.« (Süddeutsche Zeitung Nr. 255, 5. November 2009: 12) Wenn die konzentrierte Aufmerksamkeit jedoch so schwer zu fesseln ist, dann stellt sich die Frage, warum die Filme dennoch immer länger werden und warum neben den DVD's, die nur den Film enthalten, »Director's Cut«-Versionen mit zusätzlichen Szenen angeboten werden, die den Film oft nicht unbeträchtlich verlängern. Warum werden dann zusätzlich »Special Editions« angeboten, die ein reichhaltiges Angebot an nicht verwendeten Szenen, Zusatzmaterial rund um die

---

[16] Schon Erwin Panofsky hatte die Unbeweglichkeit des Zuschauers als eine rein äußerliche entlarvt: »Der Zuschauer [hat] einen festen Platz inne, aber nur äußerlich, nicht als Subjekt ästhetischer Erfahrung. Ästhetisch ist er in ständiger Bewegung, indem sein Auge sich mit der Linse der Kamera identifiziert, die ihre Blickweite und –richtung ständige ändert.« (Panofsky 1967/1934, zitiert nach Soeffner 2004: 273) Insofern haben wir es in der Tat mit einer Mischung aus Aktivität und Passivität zu tun.

[17] Vgl. dazu auch die aktuelle Debatte um den Kinogänger als »Allesfresser« (Rössel 2006).

Entstehung des Films, Interviews mit den Akteuren vor und hinter der Kamera enthalten?[18] Wenn die Aufmerksamkeit der Zuschauer als so defizitär angesehen wird, warum dann diese bemerkenswerten Längen und Zusatzausstattungen? Vorausgesetzt wird damit doch ein weit über das Bild eines Normalkonsumenten hinaus gehendes Interesse an einem Film, der mit einem so umfassenden Material versorgt wird, als würde jeder Konsument Informationen für eine professionelle Filmanalyse benötigen. Auf der Seite des Internetanbieters »Amazon« lässt sich mühelos nachvollziehen, dass es eine ganze Heerschar von Filmliebhabern gibt, die die Ausstattung einer DVD, das Bild- und Tonmaterial, die angebotenen Länge des Films und das Angebot an Extras einer strengen Prüfung unterziehen, um eine Bewertung vorzunehmen, die für jeden anderen Käufer einsehbar ist. Vom passiven Zuschauer fehlt in der heutigen Medienlandschaft insofern jede Spur.

Von der »Kinogesellschaft« zur gefilmten Gesellschaft

Auf den zurückliegenden Seiten wurde die enge Beziehung zwischen Soziologie und Film untersucht, die Bedeutung des Films für die Gesellschaftsanalyse veranschaulicht, den wissenschaftlichen Hintergrund der Kinematographie herausgearbeitet und die Wandlung in der Interpretation des Zuschauers nachgezeichnet. Dabei wurde argumentiert, dass der Film für die Soziologie besonders deshalb von zentraler Bedeutung ist, weil er sich als eine stetig sprudelnde Quelle des Wissens über Gesellschaft erwiesen hat. Filme »enthüllen, beleuchten und erforschen« die Gesellschaft und »dokumentieren historische Schlüsselmomente im Leben einer Gesellschaft.« (Denzin 2003: 425f.) Diese Funktion erfüllt der Film zweifellos auch weiterhin. Inzwischen aber ist Konkurrenz herangewachsen. Wir leben in einer Zeit, in der es eine ganze Reihe von Anbietern für die Dokumentation ›historischer Schlüsselmomente‹ einer Gesellschaft gibt. Dabei sind es die Menschen selbst, die Dokumente über ihr eigenes Leben und das Leben der Anderen anfertigen und diese Bilddokumente auch zunehmend über entsprechende Formate im Internet veröffentlichen. Sie sind mehr und mehr zur Stelle, wenn es historische Momente zu dokumentieren gibt und kommen damit den Journalisten, die beruflich damit betraut sind, im richtigen Moment zur Stelle zu sein, immer häufiger zuvor – ob nun beim Einsturz der Zwillingstürme in New York im Jahre 2001, beim Tsunami in Thailand 2004 oder bei den jüngsten Revolten im arabischen Raum seit 2010.

[18] Dabei drängt sich der Vergleich zum Buch auf: Während die einfache DVD, die ausschließlich den Film enthält, wie ein Reclam-Heft daher kommt, das ebenfalls nur das Drama, den Roman oder die Erzählung zu geringen Kosten zur Verfügung stellen will, erweist sich manche »Special Edition« wie das Pendant zur gediegenen Prachtausgabe mit Goldschnitt, die das Herz jedes Bibliophilen höher schlagen lässt: DVD's im Schuber mit Begleitheft und Zusatzmaterial, das eine Art historisch-kritische Ausgabe des Films enthält, die alle Varianten und entfallene Szenen des Films präsentiert. Zudem gibt es Gesamtausgaben des Werks einzelner Regisseure.

Aber es sind nicht nur diese herausgehobenen Momente, die nicht mehr länger nur von Profis, sondern im großen Umfang auch von Laien festgehalten und verbreitet werden. Es sind darüber hinaus gerade die alltäglichen Gegebenheiten, die scheinbar banalen Erlebnisse und Ereignisse, die filmisch festgehalten werden. Neu an der gegenwärtigen Form einer visuellen Kultur dürfte sein, das wir es nicht nur mit einer quantitativen Steigerung von immer mehr Bildern, sondern mit einem qualitativen und fundamentalen Umbruch zu tun haben, da ein Großteil der Weltbevölkerung nicht mehr länger in der Rolle des passiven Zuschauers verharrt, sondern sich selbst zum Produzenten und Sender visueller Botschaften macht. In einem bis vor wenigen Jahrzehnten noch unvorstellbaren Ausmaß ist ein jeder ebenso zum Bildobjekt wie zum Bildhersteller geworden. Was wir erleben ist die »Entfesselung des Zuschauers«, der nun selbst zur »filmischen Bilderzeugung« (Soeffner 2004: 281) in der Lage ist. Damit wiederholt sich eine Entwicklung, die auch für die Schriftkultur konstatiert worden ist: »Jahrhunderte lang lagen im Schrifttum die Dinge so, daß einer geringen Zahl von Schreibenden eine vieltausendfache Zahl von Lesenden gegenüberstand. Darin trat gegen Ende des vorigen Jahrhunderts ein Wandel ein [...], und es liegt heute so, daß es kaum einen im Arbeitsprozeß stehenden Europäer gibt, der nicht grundsätzlich irgendwo Gelegenheit zur Publikation einer Arbeitserfahrung, einer Beschwerde, einer Reportage oder dergleichen finden könnte. Damit ist die Unterscheidung zwischen Autor und Publikum im Begriff, ihren grundsätzlichen Charakter zu verlieren. [...] Der Lesende ist jederzeit bereit, ein Schreibender zu werden.« (Benjamin 1977: 155) Analog zur Auflösung der Unterscheidung von Autor und Publikum ist (spätestens) mit der Verbreitung der digitalen Fotografie auch die Unterscheidung von Bildproduzenten und Bildkonsumenten gekippt. Diejenigen, die sonst nur auf Fotos als Objekt zu sehen waren oder diese betrachteten, sind nunmehr jeder Zeit bereit, selbst zu Fotografen und Filmenden zu werden. Das Foto-Handy hat jeden einzelnen Besitzer eines solchen Geräts dazu in die Lage versetzt, Ereignisse, Personen und Gegenstände sichtbar zu machen, die sonst unsichtbar geblieben wären. Wenn die auf diese Weise angefertigten Dokumentationen über Internetportale wie »YouTube« verbreitet werden, erfahren sie eine Aufmerksamkeit, die ohne die verwackelten und verschwommenen Szenefetzen, die zur Glaubwürdigkeit der Bilder beitragen (vgl. Monaco 2000: 198), niemals zu erreichen gewesen wäre. An dieser Entwicklung partizipiert das Kino insofern parasitär, wenn es die von Amateuren hergestellten Filmaufnahmen wieder zu einem Kinofilm verarbeitet, wie dies Ridley Scott und Kevin MacDonald in *Life in a day* (2011) getan haben.

Vor dem Hintergrund dieser enormen Ausweitung der Sichtbarkeit von Personen und Ereignissen verstärkt sich der – für eine visuelle Kultur konstitutive – Eindruck, dass nur das existiert, was auf Fotos und Filmen festgehalten worden ist. Deshalb genügt es dem Zuschauer nicht mehr länger nur Aufmerksamkeit für die medialen Produkte der Anderen aufzubringen. Vielmehr fordert er Aufmerksamkeit für die von ihm selbst produzierten Bilder und damit vor allem für sich selbst. Spätestens damit leben wir nicht mehr in der »Kinogesellschaft« (Denzin 1995, 2008), die den Voyeur als vorherrschende Sozialfigur ansieht und damit weiterhin von der Passivität des Zuschauers ausgeht, sondern in der gefilmten Gesellschaft, die von den Akteuren nicht nur betrachtet, sondern zunehmend selbst hervorgebracht wird.

Literatur

Balazs, Béla (2001): *Der sichtbare Mensch oder die Kultur des Films* (1924), Frankfurt/M.: Suhrkamp.

Berger, Peter L. (1977): *Einladung zur Soziologie*, München: dtv.

Benjamin, Walter (1977): »Das Kunstwerk im Zeitalter seiner technischen Reproduzierbarkeit«. In: Ders.: *Illuminationen. Ausgewählte Schriften*, Frankfurt/M.: Suhrkamp, S. 136-169.

Bohnsack, Ralf (2011): *Qualitative Bild- und Videointerpretation*, 2. durchgesehene und aktualisierte Ausgabe, München: UTB.

Denzin, Norman (1995): *The Cinematic Society The Voyeur's Gaze*, London/Thousand Oaks/New Delhi: Sage.

Denzin, Norman K. (2003): »Reading Film – Filme und Videos als sozialwissenschaftliches Erfahrungsmaterial«. In: Uwe Flick (Hg.): *Qualitative Forschung. Ein Handbuch*, 2. Aufl., Reinbek bei Hamburg: Rowohlt, S. 416-428.

Denzin, Norman (2008): »Die Geburt der Kinogesellschaft«. In: Rainer Winter/Elisabeth Niederer (Hg.): *Ethnographie, Kino und Interpretation – die performative Wende der Sozialwissenschaften. Der Norman K. Denzin-Reader*, Bielefeld: transcript, S. 89-136.

DER SPIEGEL, Nr. 16 (2002).

DER SPIEGEL, Nr. 33 (2011).

DIE ZEIT, Nr. 49 (1999).

Düllo, Thomas (2007): »Wohnen im Film«. In: Markus Schroer (Hg.): *Gesellschaft im Film*, Konstanz: UVK, S. 356-392.

Eisenberg, Götz (2010): *Damit mich kein Mensch mehr vergisst. Warum Amok und Gewalt kein Zufall sind*, München: Pattloch.

Elsaesser, Thomas/Hagener, Malte (2007): *Filmtheorie zur Einführung*, Hamburg: Junius.

Essbach, Wolfgang (2001): »Antitechnische und antiästhetische Haltungen in der soziologischen Theorie«. In: Andreas Lösch u.a. (Hg.): *Technologien als Diskurse. Konstruktionen von Wissen, Medien und Körpern*, Heidelberg: Synchron, S. 123-136.

Hempl, Leon/Metelmann, Jörg (Hg, 2005): *Bild – Raum – Kontrolle. Videoüberwachung als Zeichen gesellschaftlichen Wandels*, Frankfurt/M.: Suhrkamp.

Jahoda, Marie (1992): »›Das Unsichtbare sichtbar machen‹. Ein Interview mit der Sozialpsychologin Marie Jahoda (Juli, 1985)«. In: A. Wacker (Hg.): *Die Marienthal-Studie 60 Jahre später. Marie Jahoda zum fünfundachtzigsten Geburtstag*, Bd. 2, Hannover: agis, S. 19-35.

Jarvie, I.C. (1974): *Film und Gesellschaft. Struktur und Funktion der Filmindustrie*, Stuttgart: Carl.

Klein, Gabriele (Hg, 2004): *Bewegung. Sozial- und kulturwissenschaftliche Konzepte*, Bielefeld: transcript.

Kneer, Georg/Nassehi, Armin/Schroer, Markus (Hg, 1997): *Soziologische Gesellschaftsbegriffe. Konzepte moderne Zeitdiagnosen*, München: UTB.

Kneer, Georg/Nassehi, Armin/Schroer, Markus (Hg, 2001): *Klassische Gesellschaftsbegriffe der Soziologie*, München: UTB.

Koebner, Thomas (2007): *Sachlexikon des Films*, Stuttgart :Reclam.

König, René (1965a): »Das Massenmedium Film und die soziale Spontanität«. In: Ders.: *Soziologische Orientierungen*, Köln: Kiepenheuer & Witsch, S. 542-551.

König, René (1965b): »Industrialisierung und Patriarchalismus und wirtschaftlich unterentwickelten Ländern«. In: Ders. *Soziologische Orientierungen*, Köln: Kiepenheuer & Witsch, S. 329-376.

Kracauer, Siegfried (1974): *Kino. Essays, Studien, Glossen zu Film*, Hg. von Karsten Witte. Frankfurt/M.: Suhrkamp.

Kracauer, Siegfried (1985 [1960]): Theorie des Films. Die Errettung der äußeren Wirklichkeit. Hg. von Karsten Witte. Frankfurt/M.: Suhrkamp.

Latour, Bruno (2007): *Eine neue Soziologie für eine neue Gesellschaft. Einführung in die Akteur-Netzwerk-Theorie*, Frankfurt/M.: Suhrkamp.

Lepenies, Wolf (1972): »Der Italo-Western – Ästhetik und Gewalt«. In: Karsten Witte (Hg.): *Theorie des Kinos. Ideologiekritik der Traumfabrik*, Frankfurt/M.: Suhrkamp, S. 15-38.

Mai, Manfred/Winter, Rainer (2006): *Das Kino der Gesellschaft – die Gesellschaft des Kinos. Interdisziplinäre Positionen, Analysen und Zugänge*, Köln: Halem.

Mitchell, William J.T. (1997): »Der Pictorial Turn«. In: Christian Kravagna (Hg.): *Privileg Blick. Kritik der visuellen Kultur*, Berlin: Id, S. 15-40.

Monaco, James (2006): *Film verstehen. Kunst, Technik, Sprache, Geschichte und Theorie des Films und der neuen Medien*, 7. Aufl., Reinbek bei Hamburg: Rowohlt.

Morat, Daniel (2005): »Das Kino«. In: Alexa Geisthövel/Habbo Knoch (Hg.): *Orte der Moderne. Erfahrungswelten des 19. und 20. Jahrhunderts*, Frankfurt/M., New York: Campus, S. 228-237.

Morin, Edgar (1958): *Der Mensch und das Kino*, Stuttgart: Klett.

Morin, Edgar (2010): »Das Kino aus soziologischer Sicht (1953)«. In: *montageAV, Zeitschrift für Theorie und Geschichte audiovisueller Kommunikation*, 19/2/2010, S. 77-89.

Münsterberg, Hugo (1996): *Das Lichtspiel. Eine psychologische Studie (1916) und andere Schriften*, Hg. von Jörg Schweintz. Wien: SYNEMA.

Osterland, Martin (1970): *Gesellschaftsbilder in Filmen. Eine soziologische Untersuchung des Filmangebots der Jahre 1949-1964*, Stuttgart: Enke.

Raab, Jürgen (2008): *Visuelle Wissenssoziologie. Theoretische Konzeption und materiale Analysen*, Konstanz: UVK.

Rancière, Jacques (2009 [2008]): *Der emanzipierte Zuschauer*, Wien: Passagen.

Riesman, David (1958): *Die einsame Masse. Eine Untersuchung der Wandlungen des amerikanischen Charakters. Mit einer Einführung von Helmut Schelsky*, Hamburg: Rowohlt.

Rössel, Jörg (2006): »Allesfresser im Kinosaal? Zur Übertragbarkeit des Konzepts der kulturellen Allesfresser auf Deutschland«. In: *Soziale Welt* 57, S. 259-272.

Schimank, Uwe (2000): »Ökologische Gefährdungen, Anspruchsinflation und Exklusionsverkettungen – Niklas Luhmanns Beobachtung der Folgeprobleme funktionaler Differenzierung«. In: ders./Ute Vokmann (Hg.): *Soziologische Gegenwartsdiagnosen I*, Opladen: UTB, S. 125-142.

Schroer, Markus (Hg, 2005a): *Soziologie des Körpers*, Frankfurt/M.: Suhrkamp.

Schroer, Markus (2005b): »Sehen, Beobachten, Überwachen. Beitrag zu einer Soziologie der Aufmerksamkeit«. In: Leon Hempel/Jörg Metelmann (Hg.): *Raum – Bild – Kontrolle. Videoüberwachung als Zeichen gesellschaftlichen Wandels*, Frankfurt/M.: Suhrkamp, S. 325-341.

Schroer, Markus (2006): »Selbstthematisierung: Von der (Er-)Findung des Selbst und der Suche nach Aufmerksamkeit«. In: Günter Burkart (Hg.): *Die Ausweitung der Bekenntniskultur – neue Formen der Selbstthematisierung?*, Wiesbaden: VS, S. 41-72.

Schroer, Markus (Hg, 2007a): *Gesellschaft im Film*, Konstanz: UVK.

Schroer, Markus (2007b): »Beobachten und Überwachen im Film«. In: ders. (Hg.): *Gesellschaft im Film*, Konstanz: UVK, S. 49-86.

Schroer, Markus (2007c): »Auf der Suche nach der verlorenen Wirklichkeit. Aufmerksamkeit und Dingwahrnehmung bei Siegfried Kracauer«. In: *Österreichische Zeitschrift für Soziologie* 32, H. 1, S. 3-24.

Schroer, Markus (2007d): »Defizitäre Reziprozität. Der Raum der Überflüssigen und ihr Kampf um Aufmerksamkeit«. In: Cornelia Klinger/Gudrun-Axeli Knapp/Birgit Sauer (Hg.): *Achsen der Ungleichheit. Zum Verhältnis von Klasse, Geschlecht und Ethnizität*, Frankfurt/M., New York: Campus, S. 257-270.

Schroer, Markus (2010a): »Das ausgestellte Selbst in der Kultur der Aufmerksamkeit«. In: *Zeitschrift für systemische Therapie und Beratung* 28, H. 2, S. 70-73.

Schroer, Markus (2010b): »Der Star«. In: Stephan Moebius/Markus Schroer (Hg.): *Sozialfiguren der Gegenwart*, Frankfurt/M.: Suhrkamp, S. 381-395.

Schroer, Markus (2010c): »Der Voyeur«. In: Stephan Moebius/Markus Schroer (Hg.): *Sozialfiguren der Gegenwart*, Frankfurt/M.: Suhrkamp, S. 451-462.

Schroer, Markus/Wilde, Jessica (2012): »Mit allen Sinnen. Die Stadt als Aufmerksamkeitsgenerator«. In: *Der Architekt. Zeitschrift des Bundes Deutscher Architekten*, Heft 2. (i.E.)

Schütz, Alfred/Luckmann, Thomas (2003): *Strukturen der Lebenswelt*, Konstanz.

Seeßlen, Georg (2005): »Die Lust und Last des Sehens«. In: *Aus Politik und Zeitgeschichte* 44, S. 7-15.

Silbermann, Alphons (1980): »Zur soziologischen und sozialpsychologischen Analyse des Films«. In: Ders./Michael Schaaf/Gerhard Adam (Hg.): *Filmanalyse. Grundlagen – Methoden – Didaktik*, München: Oldenbourg, S. 13-32.

Soeffner, Hans-Georg (2004): »Sehtechniken. Die Medialisierung des Sehens: Schnitt und Montage als Ästhetisierungsmittel medialer Kommunikation (mit Jürgen Raab)«. In: Ders.: *Auslegung des Alltags – Alltag der Auslegung*, Konstanz: UVK, S. 254-284.

Süddeutsche Zeitung Nr. 255, 5. November 2009, S. 12.

Süddeutsche Zeitung Nr. 269, 20./21. November (2010), S. 11.

Süddeutsche Zeitung Nr. 110, 13. Mai (2011), S. 13.

Weingart, Peter (2007): »Wissenschaft im Spielfilm«. In: Markus Schroer (Hg.): *Gesellschaft im Film*, Konstanz: UVK, S. 333-355.

Winter, Rainer (1992): *Filmsoziologie. Eine Einführung in das Verhältnis von Film, Kultur und Gesellschaft*, München: Halem.
Winter, Rainer (2010): *Der produktive Zuschauer. Medienaneignung als kultureller und ästhetischer Prozess*, Köln: Halem.

Rainer Winter

Das postmoderne Hollywoodkino und die kulturelle Politik der Gegenwart. Filmanalyse als kritische Gesellschaftsanalyse

Einleitung

Seit seinen Anfängen wurde dem Film die Fähigkeit zugeschrieben, die Welt zu erschließen und darzustellen, wie es vorher nicht möglich war. Mit seiner visuellen Kraft und seinen technologischen Möglichkeiten macht er nicht nur die materielle Wirklichkeit auf eine neue Art und Weise sichtbar, sondern auch den Menschen und seine soziale Wirklichkeit, wie Béla Balázs (1924/1982) in Absetzung zur begrifflichen Kultur des Buchdrucks programmatisch feststellte.

»Nun, der Film ist dabei, der Kultur wieder eine so radikale Wendung zu geben. Viele Millionen Menschen sitzen allabendlich da und erleben durch ihre Augen menschliche Schicksale, Charaktere, Gefühle und Stimmungen jeder Art, ohne der Worte zu bedürfen [...] Die ganze Menschheit ist heute schon dabei, die vielfach verlernte Sprache der Mienen und Gebärden wieder zu erlernen. Nicht den Wortersatz der Taubstummensprache, sondern die visuelle Korrespondenz der unmittelbar verkörperten Seele. *Der Mensch wird wieder sichtbar werden*« (ebd.: 53).

Der Film, der den Blick des menschlichen Auges inszeniert, verändert unsere Weise des Sehens, unsere Orientierungen, Einstellungen und Gefühle grundlegend. So hat der Hollywoodfilm aus den USA eine »cinematic society« gemacht, wie Norman Denzin (1995) zeigt. »Es entstand eine neue visuelle Bildung. Die Amerikaner lernten, hinzuschauen und Dinge zu sehen, die sie vorher nicht gesehen hatten« (Denzin 2008: 90). Die Bilder, Träume und Geschichten aus Hollywood veränderten nicht nur die amerikanische Gesellschaft, sondern in der Folge fast die ganze Welt. Sie wurden zum zentralen Referenzpunkt für die Kultur, die Gestaltung persönlicher Beziehungen und die Identitätsbildung (vgl. Winter/Eckert 1990: 70-86). »Moreover, films became a major force of socialization, providing role models and instruction in dress and fashion, in courtship and love, and in marriage and career« (Kellner 1999: 206).

Auch Erwin Panofsky (1973 [1959]: 107) hob früh hervor, dass der Film sein Publikum entscheidend beeinflusst, weil er Einstellungen, Verhalten, Sprache, Geschmack, Kleidung und Lebensstil prägt. Zudem dynamisieren die durch Bewegung im Raum gekennzeichneten visuellen Sequenzen diesen und verräumlichen gleichzeitig die Zeit (ebd.: 109). Der Film konfrontiert uns mit dem Konkreten, mit Körpern und Dingen in ihren kontextuellen und interaktiven Dimensionen. »Der Film und nur der Film wird jener materialistischen Interpretation des Universums gerecht, die – ob es uns gefällt oder nicht – unsere Gegenwart erfüllt« (ebd.: 121). In Filmen materialisiert sich der ›Geist‹ einer Epoche, wird das gesellschaftliche Leben kommentiert, stilisiert oder idealisiert. Filme sind Zeichen ihrer Zeit.

Franceso Casetti (2008) hält das Medium Film für das »Auge des 20. Jahrhunderts«, das idealtypisch die Erfahrung der Modernität und ihrer Gegenwart zum Ausdruck bringt. Die unterschiedlichen Blickformen der Kamera sind um Unmittelbarkeit, Nähe und Transparenz bemüht, stellen die Alltäglichkeit sowie die sich vollziehenden Transformationen im modernen Leben dar, fangen dessen Konflikte und Auseinandersetzungen ein. Filme können in der arbeitsteilig organisierten, sozial differenzierten und durch Abstraktionen geprägten Welt der Moderne die »äußere Wirklichkeit erretten« (Kracauer 1985 [1960]), indem sie sie darstellen und (wieder) sichtbar machen. »Seine Bilder gestatten uns zum ersten Mal, die Objekte und Geschehnisse, die den Fluss des materiellen Lebens ausmachen, mit uns fortzutragen« (Kracauer 1985 [1960]: 389). Kracauer zeigt, dass das Kino zum einen eine zentrale Technologie der Moderne, zum anderen das wichtigste Medium ist, das die Auswirkungen der Modernisierung zeigt, reflektiert, aushandelt sowie transfiguriert.

Diese Befunde haben aber nicht dazu geführt, dass die Soziologie dem Film bisher viel Aufmerksamkeit geschenkt hat. Dies überrascht gerade vor dem Hintergrund, dass auch die Soziologie ein Kind der Moderne ist, ohne die Erfahrung der Modernität und der Herausbildung der modernen Gesellschaft nicht denkbar wäre. Beide erkunden und erforschen auf unterschiedliche Weise die Gesellschaft, machen uns soziale Bereiche und Kulturen zugänglich, die uns sonst vielleicht verschlossen blieben. Sie zeigen Strukturen im menschlichen Zusammenleben auf, legen kulturelle Wertvorstellungen dar, reflektieren sowie problematisieren Erfahrungen und präsentieren uns idealisierte Formen gesellschaftlichen Lebens. Die Soziologie und der Film analysieren und interpretieren gesellschaftliche Prozesse. Dadurch helfen sie uns, unsere Welt besser zu verstehen und uns in ihr zurecht zu finden. Eine Erklärung für die Vernachlässigung des Films in der Soziologie könnte nun gerade darin liegen, dass er als Konkurrenz empfunden wird. Er reflektiert Gesellschaft und reagiert auf sie, aber er konstruiert sie auch. Auch Soziologen tun dies und gestehen sich dies manchmal ein, Filmemacher aber haben von vornherein mehr (fiktionale) Freiheiten und Möglichkeiten.

Deshalb ist der Film ein starker, visuell überzeugender Gegner, der anders als die Soziologie auch die »Massen« erreicht, dessen Bedeutung außer Zweifel steht und der großen Einfluss hat. Der Film ist ein wesentlicher Bestandteil der heutigen Medienkultur. So halten Boggs und Pollard (2003: 1) fest: »Viewed in historical terms, cinema occupies a space where the global forces of industrialism, consumerism, technology, and popular culture merge into a hegemonically powerful *ensemble*«. Denzin (1995) zeigt, dass die Kinogesellschaft die Fortsetzung und Intensivierung der von Foucault (1975) beschriebenen Überwachungsgesellschaft ist. Der panoptische Blick wurde durch die Erfahrung des Kinos alltäglich gemacht und verinnerlicht. Er kehrt wieder im Blick der SozialforscherInnen, JournalistInnen oder der FilmemacherInnen, die private Welten enthüllen und öffentlich machen. »Die Kino- und Überwachungsgesellschaft wurde bald zu einer disziplinarischen Struktur, in der es von Subjekten wimmelte, die sich als Voyeure gegenseitig obsessiv beobachteten und anstarrten« (Denzin 2008: 90). Der Kinoapparat möchte die Gesellschaft umfassend visuell erfassen, indem er ein Dispositiv der Macht errichtet. Sehen erweist sich als eine vereinnahmende und auch gewalttätige Form des Wissens, wie es idealtypisch in »Peeping Tom« (1960) zum Ausdruck kommt. Die Hauptfigur Mark »tötet, was sie zu verstehen versucht« (Denzin 1995: 194). Die Postmoderne schließlich stellt die Vollendung dieses Zustandes dar. »The postmodern is a visual, cinematic age; it knows itself through the reflections that flow from the camera's eye. The voyeur is the iconic, postmodern self. Adrift in a sea of symbols, we find ourselves, voyeurs all, products of the human gaze« (Denzin 1995: 1). So werden unsere Erfahrungen und unsere soziale Wirklichkeit durch Filme symbolisch vermittelt.

Filme als kulturelle und soziale Dokumente repräsentieren gesellschaftliche Wirklichkeiten. Hierzu stellt Denzin kritisch fest: »Ihre Repräsentationen sind keine objektiven und neutralen kulturellen Texte. Sie sind von Ideologie, Klasse, Nation, Geschlecht und Rasse beeinflusst und verzerrt und bringen deren jeweilige Bedeutung zum Ausdruck« (Denzin 2000: 417). In seiner Sicht stellen Filme Forschungsmethoden dar, die die Gesellschaft repräsentieren und erforschen.

Die »Gesellschaft im Film« (Mai/Winter 2006; Schroer 2008) ist Gegenstand der soziologischen Filmanalyse, die, so meine Argumentation, auch immer kritische Gesellschaftsanalyse sein sollte. Denn die sozialen Kämpfe um Gerechtigkeit und Anerkennung von kulturellen Identitäten, die Konflikte zwischen Gruppen, unterschiedliche Werte, Macht- und Herrschaftsstrukturen, Gefühle, Ängste sowie die Auseinandersetzungen um gesellschaftliche Transformationen werden in Filmen artikuliert und problematisiert. Daher dienen sie nicht nur der Unterhaltung, sondern sind auch ein wesentliches Element kultureller Politik (vgl. Ryan/Kellner 1988; Dörner 2000; Frymer et al. 2010). So stellt Henry Giroux (2002: 13) programmatisch fest:

»Films both shape and bear witness to the ethical and political dilemmas that animate the broader social landscape, and they often raise fundamental questions about how we can think about politics in light of such a recognition. Critique, as both a form of self-analysis and as a mode of social criticism, is central to any notion of film analysis that takes seriously the project of understanding just how cultural politics matters in the everyday lives of people and what it might mean to make interventions that are both critical and transformative«.

Filme lassen sich als eine Form von »public pedagogy« begreifen, die gesellschaftliche Diskurse, Ideologien und Muster artikuliert. Sie zeigen, wie eine Gesellschaft sich selbst sieht oder sehen möchte, und prägen diesen Prozess mit. Ihre Analyse und Dekonstruktion soll zu einer kritischen Medienbildung (vgl. Hammer/Kellner 2009) und zur Schaffung von »public spaces« führen. Auf diese Weise soll die Handlungsmächtigkeit des Publikums gestärkt werden. In diesem Zusammenhang plädiert Denzin (1991: xi) für Untersuchungen, die sowohl die mythische Durchdringung und Überhöhung des Alltagslebens durch Repräsentationen analysieren, als auch den Widerstand dagegen erforschen, der im Alltag der Postmoderne, so z.B. in Rezeptionspraktiken, gelebt wird.

Vor diesem Hintergrund werde ich im Folgenden bedeutende neuere filmsoziologische Studien diskutieren, die Filmanalyse als kritische Gesellschaftsanalyse betreiben und die die Intention einer interventionistischen Pädagogik teilen (S. 44-56). Es sind dies die Arbeiten *Images of Postmodern Society* (1991) von Norman K. Denzin, *A World of Chaos* (2003) von Carl Boggs und Tom Pollard sowie *Cinema Wars* (2010) von Douglas Kellner. Der Gegenstand dieser Studien ist der postmoderne Hollywoodfilm. Anschließend bestimme ich die Perspektiven und Aufgaben einer kritischen Filmsoziologie (S. 56-58).

Dekonstruktion des postmodernen Hollywoodfilms

Bilder der postmodernen Gesellschaft. Die Studie von Norman K. Denzin

Norman K. Denzin setzt in *Images of Postmodern Society* (1991) die postmoderne Sozialtheorie in Bezug zu erfolgreichen Hollywoodfilmen der 80er Jahre, die Schlüsselerfahrungen und -werte der Postmoderne zum Ausdruck bringen. Sein Interesse gilt dabei dem postmodernen Selbst und seinen Repräsentationen in den sozialtheoretischen Texten, im Alltag und in Filmen (ebd.: VII). Einerseits geht er von der Einsicht von Jean Baudrillard (1978) aus, dass die Gesellschaft der Postmoderne ein Wissen von sich primär durch mediale Repräsentationen gewinnt. Ihre Mitglieder seien Voyeure, die sich durch die Auseinandersetzung mit Film und Fernsehen definieren und verstehen würden. Zum anderen folgt er Charles Wright Mills, der gefordert hat, den Zusammenhang von persönlichen Problemen und öffentlichen Angelegenheiten in der Soziologie zu thematisieren und zu untersuchen. »Soziologisches Denkvermögen erlaubt uns, Geschichte und persönlichen Lebenslauf und ihre Verbindungen in der Gesellschaft zu erfassen« (Mills 1973: 38). Denzin möchte die existentielle Dimension wieder gewinnen, die in vielen postmodernen Texten, die sich mit der Analyse von Simulakra und hyperrealen Ereignissen beschäftigen, verloren gegangen ist. Deshalb fordert er eine interpretative Analyse der kulturellen Praktiken, mit denen die vielfältigen Anforderungen der Gegenwart im Alltag bewältigt werden (ebd.: 12). Hierzu soll, den Cultural Studies folgend, der Kreislauf von Kultur untersucht werden, der die Produktion, Distribution und Rezeption von Filmen mit der textuellen Analyse ihrer Bedeutungen und Praktiken sowie den gelebten Kulturen und Erfahrungen verbindet. Es soll Aufschluss darüber gewonnen werden, wie Lebensformen mit den kulturellen Praktiken verbunden sind, die ihre Erfahrungen strukturieren und repräsentieren. »At the level of lived experiences, a central problem becomes the examination of how interacting individuals connect their lives, during moments of upheaval and epiphany, to these ideological texts and make sense of their experiences in terms of their meanings« (Denzin 1991: 13). Denzin plädiert dafür, zwischen diesen Ebenen der Kulturanalyse je nach Fragestellung hin und her zu wechseln.

Im Zentrum seines Buches steht aber die Analyse und Interpretation des Hollywoodfilms der 80er Jahre, der sowohl modernistische als auch postmodernistische Züge hat. Zu den ersteren zählen die Orientierung an den Prinzipien des »auteur« sowie der sozialrealistischen Darstellung oder an Genreformeln wie Komödie, Thriller oder Abenteuerfilm, die sich zur Zeit der großen Studios entwickelt haben. Postmodernistische Elemente sind z.B. der Hang zur Nostalgie für frühere Filmklassiker, die zitiert, imitiert oder parodiert werden. Der Zuschauer wird dadurch in eine fortwährende Gegenwart versetzt, in der Bilder der Vergangenheit in der Gegenwart zirkulieren. So finden sich in *Play It Again Sam* (1971) von Woody Allen Einstellungen aus *Casablanca* (1942). Darüber hinaus verweist die Thematisierung von Gewalt, von (pornographischer) Sexualität und städtischem Zerfall auf die Dimension des »Undarstellbaren«, der in der Postmoderne vermehrt Aufmerksamkeit geschenkt wird. Sie überschneidet sich mit der des Realen bei Lacan (1978), das symbolisch nicht repräsentiert werden kann, weil es widerständig ist und so eine Herausforderung darstellt. Denzin (1991: 10) weist auch auf das selbstreflexive Kino hin, das seine eigenen Bilder zum Thema macht und sie kritisiert. Filme wie *The Conversation* (1974), *The Parallax View* (1974) oder *Broadcast News* (1987) sind Beispiele für eine Dekonstruktion des Kinoapparats bzw. der Kulturindustrie, die in der Hand einer mächtigen (und korrupten) Elite ist, durch Hollywood selbst.

Die Analyse von Hollywoodfilmen soll nun zeigen, wie das postmoderne Selbst inszeniert wird. »Such texts dramaturgically enact the epiphanal moments of postmodernism. They center their texts on larger-than-life persons. The biographical experiences of such individuals represent attempts to come to grips with the existential dilemmas of postmodernism« (Denzin 1991: 63). Am Beispiel seiner Analysen von *Blue Velvet* (1986) und *Wall Street* (1987) möchte ich Denzins Vorgehen im Folgenden illustrieren. Er folgt den Cultural Studies und geht davon aus, dass die Bedeutung eines Filmes nicht feststehend ist, sondern in einem Kampf von Interpretationen und Gebrauchsweisen bestimmt wird (vgl. Winter 1992).

Zweifellos ist *Blue Velvet* ein postmodernistischer Film und sein Regisseur David Lynch einer der wichtigsten Vertreter dieser Richtung. Gewalt, Sexualität, die Sehnsucht nach einer idealisierten Vergangenheit, der Genremix aus Melodram, Film Noir und Thriller sowie eine stark ausgeprägte Misogynie kennzeichnen den Film. Auch das Motiv des Voyeurismus spielt eine wichtige Rolle.

»Contemporary films like David Lynch's ›Blue Velvet‹ and ›Wild at Heart‹ may be read as cultural statements which locate within small-town America [...], all the terrors and simulated realities that Lyotard [...] and Baudrillard [...] see operating in the late postmodern period. A reading of such films should provide a deeper understanding of the kinds of men, women, and cinematic biographical experiences the late postmodern period makes available to its members« (Denzin 1991: 67).

Zunächst analysiert Denzin (1991: 68ff.) den Filmtext.[1] Er zeigt, dass Lynch intensiv Pastiche und Parodie verwendet, um die Grenzen zwischen Gegenwart und Vergangenheit zu transzendieren. Dieser Umgang mit der Darstellung von Zeit konfrontiert den Zuschauer mit dem bereits erwähnten Zustand kontinuierlicher Gegenwart. Zudem stellen die im Film gezeigten Formen sadistischer Gewalt und brutaler Sexualität Themen dar, die im modernistischen Hollywoodkino nicht darstellbar waren. Sie stellen Formen des Exzesses dar, die in der Postmoderne sowohl gefürchtet als auch begehrt werden. Interessanterweise werden diese Grenzüberschreitungen in einer Kleinstadt vollzogen. Sie werden kontrastiert mit auf den ersten Blick harmonischen Darstellungen kleinbürgerlichen Familienlebens, die wie eine Imitation früherer Filme von z.B. Frank Capra wirken und deren gefährdete Fundamente gleichzeitig offengelegt werden. So bekommt zu Beginn des Films der Vater der Hauptfigur bei der entspannten Arbeit im scheinbar idyllischen Garten einen Schlaganfall. Die Kamera zeigt dann in Großaufnahme das wilde, ekstatische Treiben von Insekten im Rasen. Die Sehnsucht nach der Vergangenheit wird auch durch die Verwendung populärer Musik der 50er und 60er Jahre ausgedrückt, die jedoch mit Psychopathologie, Gewalt und Selbstzerstörung assoziiert wird.

[1] Ich verzichte auf Inhaltsangaben der besprochenen Filme, da es sich in der Regel um sehr bekannte handelt. Im Internet gibt es außerdem viele Möglichkeiten, sich mit dem Inhalt dieser Filme vertraut zu machen.

Am Beispiel von Filmkritiken arbeitet Denzin (ebd.: 70ff.) anschließend verschiedene Lesarten heraus. Dabei geht er davon aus, dass ein Film auf zwei Ebenen Bedeutung gewinnen kann (Denzin 2000: 423ff.). Bei der realistischen Lesart wird der Film als eine visuelle Repräsentation der Welt und der in ihr ablaufenden Vorgänge aufgefasst. Ihm wird ein auf die Wirklichkeit bezogener Wahrheitsanspruch unterstellt, der in der Interpretation überprüft werden kann. Dagegen stellt die subversive Lesart die realistische in Frage. Das Dargestellte ist mehr als eine Repräsentation von X. Die realistischen Lesarten und der mit ihnen verbundene Wahrheitsanspruch werden in Frage gestellt. »*Subversive Lesarten* fordern realistische Interpretationen heraus. Sie gehen davon aus, dass der Realismus visueller Vorlagen immer schon durch Vorannahmen und Voraussetzungen gefiltert ist« (Denzin 2000: 424).

Bei den von Denzin untersuchten Filmkritiken dominieren die realistischen, hegemonialen Lesarten. So wird *Blue Velvet* als Parabel von Sünde und Erlösung, als eine Form religiöser Kunst, in der das Böse dargestellt wird, oder als pornographischer Kultfilm gelesen. Es gibt auch unterschiedliche Bemühungen, den Film in ein Genre einzuordnen. Er wird als Film Noir, als Trash, als Kleinstadtfilm, als surrealistischer Traumfilm oder als »murder mystery« betrachtet.

»At the hegemonic, realist (and negotiated) levels, two clusters of consensual meanings and interpretations emerge: The film is either high cinematic art or it is trash. It is a coming-of-age film and in its portrayal of evil, violence, and wild sexuality it leans towards an expansion of classic 1940s small-town films, or it is perversion and pornography, if not trash« (Denzin 1991: 74).

Für Denzin drückt sich in diesen zwei Formen ein latentes Bedürfnis der Postmoderne aus, nämlich mit dem Bösen konfrontiert und von ihm angezogen zu werden, gleichzeitig aber es zu fürchten und von ihm zurückgestoßen zu werden. Die moralisch eher konservativen Lesarten möchten Gewalt und Sexualität als zentrale Probleme und Themen der Postmoderne nicht wahrhaben und kritisieren ihre explizite Darstellung, die liberalen akzeptieren diese Seite des Films und bemühen sich ihn, in ein Genre bzw. die Filmgeschichte einzuordnen. Sie heben seine ästhetischen Qualitäten und die Bezüge zu anderen Kunstformen hervor. Diese einander widersprechenden Lesarten führen, so Denzin, auch dazu, dass *Blue Velvet* zum Kultfilm wurde.

In der subversiven Lesart ist der Film ein widersprüchlicher postmodernistischer Text. Denzin (ebd.: 75) zeigt, dass *Blue Velvet* ästhetisch durch einen Hyperrealismus geprägt ist, der die Kleinstadtwelt der Filme der 40er Jahre wieder auferstehen lässt. »This is a film which evokes, mocks, yet lends quasi-reverence to the icons of the past, while it places them in the present. The film has effaced the boundaries between the past and the present. Jeffrey, Sandy, Dorothy, and Frank move through the film as if they were dreaming« (ebd.). Des Weiteren zeigt Lynch, relativ unvermittelt, die Gewalt in der

Natur so z.B. durch die Großaufnahmen der Insekten im Vorgartenrasen zu Beginn des Films. Eine wichtige Bedeutung im Film nehmen insbesondere die sadomasochistischen Rituale zwischen Frank und Dorothy bzw. Dorothy und Jeffrey ein. »Violence, and the unpresentable, Lynch seems to be suggesting, are everywhere, not only in nature, but next door to the middle-class homes« (ebd.).

Lynch parodiert auch Freudsche Themen wie die Urszene, die in Jeffreys voyeuristischen Akten zum Ausdruck kommt. Zudem repräsentieren Sandy und Dorothy Frauentypen, die in Opposition zueinander stehen.

»Sandy's pure sexuality is contrasted to Dorothy's decadence, and her sick desire to be abused. By locating women within these opposing identities, and by unglamorously photographing Dorothy in her nude scenes, Lynch symbolically and simultaneously makes his film pro- und anti-woman [...] His treatment of women contains all the contradictions toward women that the decade of the 1980s produced« (ebd.: 76).

Abschließend diskutiert Denzin die Rolle der Rock'n'Roll-Musik, die eine zentrale Rolle im Film einnimmt. Die charakterlichen Deformationen von Frank und Stockwell scheinen damit zusammenzuhängen, dass sie immer noch deren Fans sind und in deren Traumwelten leben. Auch die »wilde Sexualität«, die Jeffrey durchlebt, wird als Verwirklichung der Träume der Rock'n'Roll-Musik dargestellt.

Denzin kommt zu dem Schluss, dass ein postmodernistischer Film wie *Blue Velvet* die Spannungen, Ambivalenzen und Widersprüche der 80er Jahre deutlich zum Ausdruck bringt. Lynchs *Wild at Heart* (1990) und seine Fernsehserie *Twin Peaks* (1992) schließen hier an. »Postmodern nostalgia texts locate strange, eclectic, violent, timeless worlds in the present. They make fun of the past as they keep it alive. They search for new ways to present the unpresentable, so as to break down the barriers that keep the profane out of the everyday« (ebd.: 79). Die Träume der Vergangenheit, die Schutz und Fluchtmöglichkeiten eröffnen, haben ihren festen Platz in der Gegenwart der Postmoderne, die von Angst und Unsicherheit geprägt wird.

Images of Postmodern Society enthält insgesamt sechs Fallstudien zu Filmen der 80er Jahre. Um Denzins Ansatz noch etwas näher zu beleuchten, möchte ich auch seine Analyse von Oliver Stones *Wall Street* (1987) kurz diskutieren. Eine realistische Lesart sieht in dem Film eine Kritik an der Korruption im Kasinokapitalismus und am Fehlen ethischer Maßstäbe. Bud, der von dieser Welt, ihren Karrieremöglichkeiten und Konsumversprechen fasziniert war, kehrt ihr mit Unterstützung seines Vaters und seiner Familie am Ende des Films den Rücken zu, als er ihre Abgründe und Amoralität kennengelernt hat. Deshalb wird ihm seine Schuld von seiner Familie vergeben.

Denzin (ebd.: 83) kritisiert nun, dass der Film nicht offenlegt, dass es im Marktkapitalismus keine ethischen Maßstäbe mehr geben kann. Daher wäre eine Kritik am System selbst angebracht, die jedoch weitgehend unterbleibt.

Stattdessen verschiebt der Film die Aufmerksamkeit auf das Verhältnis von Bud zu seinen beiden Vaterfiguren. Er hat einen leiblichen ›guten‹ Vater, Carl Fox, und einen ›bösen‹ korrupten, den Börsenmakler Gordon Gekko. Der verlorene und reuige Sohn kehrt schließlich in den sicheren Hafen der Familie zurück. In der Aktualisierung dieses Mythos drückt sich, so Denzin, das postmoderne Bedürfnis nach Nostalgie aus. Er stellt für das Publikum eine Fantasiestruktur bereit, die die destruktiven Kräfte des Spätkapitalismus verdeckt und imaginäre Lösungen anbietet.

»A subversive reading of the film's text suggests that the stories Hollywood tells the members of the popular culture about the problems its capitalist social structures are having are just that, fictions. These tales have become valuable commodities in a nostalgic age that has lost its footing, morally and aesthetically, in a swirling system of avarice and greed which knows only one ethic, the profit motive« (Denzin 1991: 83).

Denzin zeigt, dass diese oberflächlichen Lösungen, die *Wall Street* anbietet, typisch für das Hollywoodkino sind. Soziale Auseinandersetzungen und Problemlagen wie Klassenkampf, Rassismus oder Sexismus können durch individuelle harte Arbeit oder Glück überwunden werden, so die suggestive Kraft dieser Filme. Auch der Mythos von Ödipus ist weiterhin von zentraler Relevanz. Der Weg zu Glück und Erfüllung führt über die Erfahrung von Sexualität zu einem glücklichen Familienleben, wie *Blue Velvet* am Ende des Films, wenn auch etwas parodistisch, nahelegt. Denzin kritisiert die Erzählungen dieser Filme, weil sie für komplexe soziale Probleme vereinfachte ideologische Lösungen anbieten. Stattdessen plädiert er für schwule, lesbische, feministische und »african american« Filme, die die repressiven Dimensionen des ödipalen Mythos und des amerikanischen Traums offenlegen. Er favorisiert subversive Filme, die die postmodernen Bedingungen und ihre Widersprüche sowie den Einfluss der Medien und des Kinoapparats aufzeigen.

Es ist deutlich geworden, dass Denzin durch seine Fallanalysen Hollywoodfilme als Ausdruck und Träger der postmodernen Logik der Kultur (Jameson 1986) bestimmt. Er begreift sie als soziale Texte, die Einblick in die Kultur und Ideologien der Gegenwart geben. So spielen ihre Repräsentation von Klasse, Gender und Ethnie eine zentrale Rolle in deren Performance im Alltagsleben. Die alltägliche Kultur, das Netz von selbstverständlichen Bedeutungen, in denen wir leben, wird durch die kulturindustriellen Texte geformt. »The representations of human experience as given in the mass media, film, social sciences, novels, art, politics, and religion constitute a critical layer of materials to be interpreted« (Denzin 1991: 153). Deshalb fordert Denzin »A cultural studies which makes a difference« (ebd.: 152). Ein solcher Ansatz soll textuelle Praktiken dekonstruieren und aufzeigen, wie sie die Erfahrungen prägen, indem sie Strukturen und Subjekte reifizieren.

»A cultural studies which makes a difference [...] works to connect personal troubles to public issues within a radical and plural democracy [...] It seeks to give a voice to the voiceless, as it deconstructs those popular culture texts which reproduce stereotypes about the powerless. It studies the most popular of the popular [...], arguing that these productions take to the extreme and best embody the aesthetic, political, ideological, and moral meanings of the culture« (ebd.: 153f.).

Vor diesem Hintergrund fordert er am Ende seines Buches »a personal cinematic-ethnographic interpretive sociology« (ebd.: 157). Ausgehend von den eigenen Erfahrungen soll bestimmt werden, wie sie durch kulturelle Erzählungen, die uns hinterrücks beeinflussen, geformt werden. »Our most powerful effects as storytellers come when we expose the cultural plot and the cultural practices that guide our writing hands« (ebd.: 156). In seinen späteren Arbeiten verwirklicht er dieses Programm u.a. durch Performances und Autoethnographien (vgl. Winter/Niederer 2008). Der Bilder- und Simulationswelt der Postmoderne wird so ein Subjekt gegenüber gestellt, das sich aktiv und kreativ mit ihr auseinandersetzt. Spielerisch und widerständig soll ein Ausweg aus der Postmoderne gefunden werden, der die Ethik, die Hoffnung und die Utopie zurückbringt.

A World in Chaos (2003). Die Studie von Carl Boggs und Tom Pollard

Boggs und Pollard widmen ihr Buch der Analyse der Entstehung und Entwicklung des postmodernistischen Hollywoodkinos in einer Zeit der sozialen Krisen und des Chaos. Sie betrachten Filme in ihrer komplexen Interaktion mit gesellschaftlichen Entwicklungen und möchten ihre Rolle und Bedeutung in verschiedenen Bereichen (Ästhetik, Unterhaltung, Massenmedien, globale Kulturindustrie etc.) analysieren. Die postmoderne Wende wird aber keineswegs von allen Filmemachern vollzogen. Es gibt weiterhin modernistisch orientierte Sozialdramen bzw. Filme, die modernistische und postmodernistische Elemente miteinander verknüpfen. Das Hollywoodkino ist nicht monolithisch und homogen, wie es für Horkheimer und Adorno (1969 [1944]) den Anschein hatte, artikuliert nicht ausschließlich dominante Ideologien oder hegemoniale Werte, die der Herrschaft der multinationalen Konzerne und der Reproduktion des Bestehenden dienen.

Den Autoren geht es darum, ein differenziertes und komplexes Bild der amerikanischen Filmindustrie zu zeichnen. Nach ihrer Analyse hat sich das postmodernistische Kino in unterschiedlichen Formen entwickelt, so z.B. als Blockbuster- und Spektakelkino von *Star Wars* (1977ff.) zu *Titanic* (1997), als Kino der existentiellen Angst und Verzweiflung bei Woody Allen, als Kino des Niedergangs des amerikanischen Imperiums und des Verlusts seiner Unschuld bei Oliver Stone oder als Zelebration der Gewalt bei Quentin Tarantino. »What postmodern films share in common is an irreverence for authority and convention – a rebellious spirit, dystopic views of the future, cynical attitudes toward the family and romance, images of alienated sexuality, narrative structures deprecating the role of old-fashioned heroes, and perhaps above all, the sense of a world filled with chaos« (Boggs/Pollard 2003: IX).

Sie bescheinigen dem postmodernistischen Kino jedoch eine erneuernde Kraft im Bereich der kreativen Nutzung technologischer Möglichkeiten, der visuellen Gestaltung und der Entfaltung von Erzählstrukturen. Dieser bisweilen kulturelle Radikalismus wird aber, so ihre Auffassung, nicht von einem politischen Radikalismus begleitet. Es finden sich wohl Formen von Gesellschaftskritik. Diese wird aber nicht systematisch artikuliert und mit kollektivem Handeln oder politischen Utopien verbunden, ein Befund, wie er für die Postmoderne insgesamt typisch ist. Zudem ist das postmoderne Selbst, wie es in den Filmen dargestellt wird, inkohärent, dezentriert und fragmentiert. Boggs/Pollard (2003: 1ff.) schließen sich der Argumentation von Denzin (1995) an, dass wir in einer »new cinematic society« leben, einer Gesellschaft die durch Voyeurismus, Hyperrealität und Konsumismus gekennzeichnet ist. 9/11, die Spektakel des Terrors und des Krieges haben den Eindruck des Chaos und das Gefühl der Angst intensiviert und verstärkt. »The crisis of modernity, already dramatized in the cinematic legacies of noir and neo-noir, has now entered the lives of American citizens with a vengeance, mirroring a world of powerful, menacing forces veering out of control surely beyond the control of ordinary citizens« (ebd.: 12).

Die Autoren arbeiten heraus, wie das postmodernistische Kino an Elemente des Film Noir, insbesondere die Atmosphäre der Verzweiflung, der Doppelbödigkeit und der Ambivalenz, anknüpft. Ebenfalls zentral für seine Entwicklung ist New Hollywood mit seinen formalen, stilistischen und thematischen Innovationen, das gegen die Sterilität der Studioproduktionen rebellierte. Boggs/Pollard sehen darin die Voraussetzungen für die von ihnen konstatierte ›postmoderne Revolte‹ (ebd.: 75ff.). Filme wie *Blade Runner* (1982), *House of Games* (1987), *Casino* (1995) oder *American Beauty* (1999) repräsentieren eine düstere, korrupte, gewalttätige und hoffnungslose Welt. Es gibt keine Helden mehr, die sich für das Gute einsetzen, oder historische Subjekte, die Konflikte dauerhaft lösen und einen qualitativen Wandel der Gesellschaft herbeiführen können. Stattdessen wird in vielen Filmen, paradigmatisch in *Blade Runner*, ein städtisches Chaos, Inhumanität und eine dystopische Zukunft in einer ökologisch zerstörten Welt dargestellt. Wir erleben Menschen, die in existentiellen Krisen gefangen sind und Angst, Unsicherheit, Verwirrung sowie Ambiguität ausgesetzt sind. Die Protagonisten misstrauen und fürchten einander. So wird z.B. in *Basic Instinct* (1992) eine Welt vorgeführt, in der man niemandem trauen kann und die von emotional kalten, manipulativen Frauen bestimmt wird. »What we observe in postmodern settings is anything but the stability and order infusing modernist film culture, but rather corruption, brutality, lust, greed, violence, and destruction that is usually far more visible and graphic than in the noir tradition« (Boggs/Pollard 2003: 105). Gleichzeitig dekonstruieren die Filme dominante kulturelle Mythen wie die Vorstellung, durch Arbeitsethik, Fleiß und Motivation könne man sein Glück finden. Die prekären Bedingungen der sozialen Existenz und die Formen korrupter Politik in der Gegenwart werden schonungslos aufgedeckt und einer starken Kritik unterzogen. Zudem werden Familienstrukturen dargestellt, die zerrüttet, fragmentiert, entfremdet und voller Konflikte sind. »What sets postmodern cinema apart from its antecedents, however, is the relentless, harsh cynicism (and fatalism) it expresses regarding what has long been considered – at least on the surface – the most sacred institution of American society« (ebd.: 110). Insgesamt betrachtet, stellt das postmodernistische Kino, das sowohl an das modernistische Kino anschließt, als auch einen Bruch mit ihm markiert, eine zynische und trostlose Welt dar, aus der es kein Entkommen und für die es keine lohnenswerte Zukunft zu geben scheint.

Vertiefend unterziehen Boggs/Pollard dann wichtige ›Autoren‹ des postmodernistischen Kinos einer näheren Betrachtung. So zeigen sie z.B., dass Woody Allen ein typisch postmoderner Filmemacher ist, der die psychischen Befindlichkeiten, Neurosen und Probleme des Großstadtlebens eingehend und subtil darstellt. »He depicts a world in which ordered relationships and meanings have essentially collapsed, where stable definitions of sexuality, gender, family, and even friendship have eroded in the midst of a bleak, decadent social existence that seems to resist any coherent understanding« (ebd.: 140ff.). Wie sehr sich die Welt seiner Filme von der seiner Vorbilder Tolstoi, Dostojewskij oder Bergman unterscheidet, zeigt z.B. *Crimes and Misdemeanors* (1989). Einer der Protagonisten, ein verheirateter Augenarzt, lässt seine lästig gewordene Freundin umbringen und wird dafür nicht bestraft. Er begeht den perfekten Mord und wird sogar belohnt, weil er seine Ehe retten und wiederbeleben kann. Eine andere Hauptfigur, ein Fernsehproduzent, scheitert mit seinem Versuch, eine romantische Liebesbeziehung einzugehen. Wie in vielen anderen Filmen von Allen sind persönliche Beziehungen von Intrigen, Falschheit und Missverständnissen geprägt. Allen gelingt es überzeugend, die postmoderne Gefühlsstruktur zu beschreiben, die durch Entfremdung, existentielle Angst, ein moralisches Vakuum, Zynismus und Apathie geprägt ist. Boggs/Pollard (2003: 152) kommen zu dem Schluss: »[...] the entire body of Allen‘s work offers an incisive view into the decentered world of contemporary urban life in particular and the fragility of the human condition in general«.

Ein zweites Beispiel für das postmodernistische Kino, auf das ich kurz eingehen möchte, ist das Kino der Gewalt von Quentin Tarantino (ebd.: 163ff.). Die Autoren attestieren dem Hollywoodfilm der Gegenwart allgemein eine von Hobbes geprägte Ästhetik, in der nihilistische, äußerst brutale und wahllose Bilder der Gewalt eine zentrale Rolle einnehmen. Ein erbarmungsloser und rücksichtsloser Kampf um das Überleben in einer technologisch avancierten, großstädtischen Welt steht im Zentrum. Ethische Prinzipien, die auf eine Gemeinschaft verweisen, existieren nicht mehr. An ihre Stelle ist ein rauher und extrem gesteigerter Individualismus getreten, der sich nicht mehr an sozial verbindlichen Regeln, Normen oder Traditionen orientiert. Tarantions Kino, insbesondere *Reservoir Dogs* (1991/92) und *Pulp Fiction* (1993/94), ist hierfür ein herausragendes Beispiel.

In beiden Filmen töten die Protagonisten kaltblütig, ohne zu zögern und ohne Reue. Eine allgegenwärtige männliche Wut sowie eine gewalttätige Raserei schaffen eine Aura des Schreckens und des Terrors, in der die Verstümmelung und Zerstörung von Körpern hyperrealistisch inszeniert wird. Boggs/Pollard (2003: 171) kommentieren dies folgendermaßen: »It is cinema where virtually everything appears to be connected to violence: the family, mass media, adventure, lust, and romance. What emerges is an environment devoid of reason, trust, accountability, and ethical bounds, where serial killers [...] readily achieve celebrity status«. Mit Tarantino habe das postmodernistische Kino einen Endpunkt erreicht (ebd.: 172). Er präsentiere coole und hippe Kunstwerke ohne Inhalt, bei denen der Sinn und die Interpretation von Ereignissen in den Hintergrund treten. Die Protagonisten seien alles andere als sympathisch, eine Unterscheidung zwischen gut und böse mache keinen Sinn mehr.

Insgesamt gesehen, versuchen die Autoren den Nachweis zu führen, dass das postmodernistische Kino mit seiner Ästhetik die mehr und mehr fragmentierte, atomistische, anomische und chaotische Welt der Gegenwart reflektiert und zum Ausdruck bringt. Es reagiert auf die tief gehenden sozialen und kulturellen Transformationen einer postfordistischen globalen Welt (ebd.: 231), in der es weder eine funktionierende Öffentlichkeit, die ein Korrektiv zu wirtschaftlichen und politischen Machtstrukturen sein könnte, noch einen sozialen Träger eines möglichen Fortschritts mehr gibt. Pessimismus, Apathie und Resignation bestimmen nun das gesellschaftliche Leben. Boggs/Pollard fassen die Eigenschaften des postmodernistischen Kinos abschließend folgendermaßen zusammen: »disjointed narratives, rapid or chaotic camera movement, speedy flow of images, explosive special effects, themes revolving around social chaos, death of the hero, dystopic scenarios, and so forth« (ebd.: 228). Jede Vorstellung eines zentrierten und stabilen Selbst sowie einer funktionierenden sozialen Ordnung sind verloren gegangen. Stattdessen wird ein Universum im Sinne von Hobbes dargestellt, das von Antihelden, ziellosen Menschen, Verbrechern, Psychopathen, Außenseitern und Marginalisierten bewohnt wird.

Carl Boggs und Tom Pollard haben mit diesem Buch eine wichtige filmsoziologische Studie vorgelegt. Sie zeichnen ein düsteres und apokalyptisches Bild einer sich auflösenden Gegenwartsgesellschaft, das in den postmodernistischen Filmen reflektiert und artikuliert wird. Es stellt sich jedoch die Frage, ob es nur soziales Chaos und Verfall in der Gegenwart gibt. Entsteht gesellschaftlich nicht auch etwas Neues?

Soziologisch betrachtet, ist es von großer Relevanz, beispielsweise neue Formen der Gemeinschaftsbildung, der Konstitution des Selbst und sozialer Bewegungen, die heute auch vorkommen, zu analysieren. Außerdem kann der Niedergang der modernen Gesellschaft auch die Tür zu anderen Modernen öffnen. Hat Hollywood diese Phänomene nicht im Blick, oder sind Boggs und Pollard zu sehr durch ihre gesellschaftskritischen Vorannahmen beeinflusst? Vor dem Hintergrund dieser von den Autoren nicht erkannten bzw. unbeantworteten Fragen halte ich es für erforderlich, die Filmsoziologie reflexiv zu betreiben. Sie soll ihre gesellschaftstheoretischen Grundlagen reflektieren und auch in Auseinandersetzung mit anderen Theorien in Frage stellen. Je differenzierter ihr Instrumentarium ist, desto ergiebiger kann die Filmanalyse werden.

Cinema Wars (2010) von Douglas Kellner

Douglas Kellner hat zusammen mit Michael Ryan zunächst *Camera Politica* (1988) verfasst, eine umfangreiche Studie zur Politik und Ideologie des Hollywoodfilms der 70er und 80er Jahre. Sie betrachten diesen als ein sehr wichtiges Feld kultureller Repräsentation, auf dem die politischen Kämpfe der Gegenwart ausgetragen werden. Kulturelle Repräsentationen werden angeeignet und verinnerlicht. Sie bestimmen die individuelle Weltsicht und die soziale Konstruktion der Wirklichkeit. Die Aufrechterhaltung von Herrschaft bedarf der Produktion entsprechender kultureller Repräsentationen, die den bestehenden »common sense« unterstützen. Auch progressive Bewegungen benötigen aber kulturelle Repräsentationen zur Initiierung eines sozialen Wandels. So werden die soziale Geschichte und die Kämpfe der jeweiligen Epoche in Filmen transkodiert. »Films transcode the discourses (the forms, figures and representations) of social life into cinematic narratives. Rather than reflect a reality external to the film medium, films execute a transfer from one discursive field to another. As a result, films themselves become part of that broader cultural system of representations that construct social reality« (Ryan/Kellner 1988: 12ff.). Die sehr systematische und tief gehende Analyse der Hollywoodproduktionen von Ryan und Kellner zeigt eindringlich, wie sich als Reaktion auf die sozialen Proteste und den Kampf um Freiheit und Gleichberechtigung in den 60er Jahren im Film eine konservative Konterrevolution (ebd.: 37ff.) vollzieht, die auf die Bedrohung durch die neuen sozialen Bewegungen massiv und aggressiv reagiert, den Niedergang des Liberalismus alter Prägung einläutet und den Siegeszug der Neuen Rechten mit herbeiführt.

In *Cinema Wars* (2010) setzt Kellner methodisch und inhaltlich dieses Vorhaben fort und untersucht die Politik des Hollywoodfilms in der Bush/Cheney-Ära. Sein Bestreben ist es, Filme einer diagnostischen Untersuchung und Kritik zu unterziehen. Die Filmanalyse soll dazu dienen, die Konflikte, Ereignisse, Ängste, Hoffnungen und Wünsche einer Epoche zu identifizieren (vgl. Kellner 1995). »This approach involves a dialectic of text and context, using texts to read social realities and events, and using social and historical context to help situate and interpret key films« (Kellner 2010:

34ff.). In dieser Perspektive sind Filme eine wichtige Quelle des Wissens, die helfen kann, die Vergangenheit besser zu verstehen und die Zukunft zu antizipieren. So finden sich in Filmen oft Themen, Ideen und Figuren, die vorwegnehmen, worüber sich Menschen Gedanken und Sorgen machen, wovor sie sich fürchten und was sie sich wünschen werden. Kellner knüpft hier an Kracauers Studie *Von Caligari zu Hitler* (1979 [1947]) an, der schon früh, die allegorische Dimension von Filmen und ihre historisch-politische Bedeutung bestimmt hat. Filme kommentieren und erhellen die Probleme und Auseinandersetzungen ihrer Zeit. Ihre Analyse kann die »Mentalität einer Nation« (ebd.: 14), die von den Filmen reflektiert wird, enthüllen. Mehr als jedes andere Medium kann er, so Kracauer (ebd.: 12), Auskunft über »psychologische Dispositionen [...] vorherrschende Haltungen und weit verbreitete innere Tendenzen« geben.

Vor diesem Hintergrund setzt Kellner sich intensiv mit dem »Horror der Bush-Cheney Ära« (Kellner 2010: 51ff.) auseinander. Hierzu analysiert er sowohl fiktionale Filme als auch Dokumentarfilme. Während Dokumentarfilme eine erhellende Kontextualisierung von Ereignissen und eine Vertiefung des Wissens ermöglichen, können fiktionale Filme durch ihre dramatische Inszenierung oft emotional intensiver bewegen und so für wichtige Angelegenheiten sensibilisieren. Zunächst analysiert Kellner die dokumentarischen Repräsentationen des »gestohlenen Wahlsieges« im Jahre 2000 sowie der Skandale von Bush, Cheney und Co. Er kommt zu dem Schluss:

»While the mainstream media provided propaganda coverage of the Bush-Cheney administration actions from 9/11 well into the Iraq invasion and occupation, the documentaries described above revealed the unsavory and often frightening truth of the nature and consequences of the failed Republican policies« (Kellner 2010: 71).

Anschließend zeigt er wie Al Gores *An Inconvenient Truth* (2006) durch Animationsfilme und sozialapokalyptische Horror- und Fantasyfilme in seiner Kritik an der ökologischen Zerstörung der Erde ergänzt und unterstützt wird. So verkörpern *Land of the Dead* (2005) oder *Children of Men* (2006) soziale Desintegration und einen brutalen Überlebenskampf in einer Welt, wie sie Hobbes beschrieben hat. *The Resident Evil*-Filme (2002ff.) artikulieren auf allegorische Weise die Furcht vor einer unkontrollierten Biotechnologie und den durch sie bedingten tödlichen Bedrohungen. »While conservative catastrophe films show evil coming from sources external to the existing system or from more supernatural forces, a socially critical tradition [...] shows evil and monstrosity emerging from out-of-control aspects of the existing society« (Kellner 2010: 89). Diese Allegorien des Untergangs und der Katastrophe können aber sowohl die von rechten Politikern und Mainstreammedien geschürte Politik der Angst intensivieren, als auch den Marktfundamentalismus, die Inhumanität und den Militarismus der Bush/Cheney-Ära kritisieren.

Ein weiteres Kapitel seiner Studie widmet sich der politischen Kritik am Bush/Cheney-Regime in Thrillern, Satiren und Fantasy-Filmen aus Hollywood. So liest Kellner z.B. die *Star Wars*-Prequels als Anti-Bush/Cheney Allegorien. Er zeigt aber, dass es auch andere Lesarten gibt, die die mythisch-spirituelle Dimension der Filme hervorheben, die eher mit dem traditionellen Konservatismus verbunden ist. »The ›Star Wars‹ films are thus polysemic, inviting multiple readings. My reading presents a sociopolitical hermeneutic in which popular-cultural artifacts are articulated with political discourses and struggles and interpreted as commentary on contemporary events« (Kellner 2010: 182). *V for Vendetta* (2006) interpretiert er als Kritik an den faschistischen Tendenzen der US-amerikanischen Gesellschaft. Ein anderes Kapitel des Buches widmet sich den Formen der Repräsentation des Irakkrieges im Dokumentar- und Fiktionsfilm, die die von diesem hervorgebrachten Katastrophen eindringlich beleuchten und kritisch reflektieren. Abschließend kommt er zu der Einschätzung: »[...] it is laudatory that Hollywood has engaged with the issues in the Iraq War while it was still ongoing and a festering sore in the body politic that the corporate media and many politicians and citizens chose to ignore« (Kellner 2010: 233).

Douglas Kellner führt in *Cinema Wars* den Nachweis, dass Hollywoodfilme in der Bush/Cheney-Ära nicht nur befürwortende, sondern auch kritische Repräsentationen gesellschaftlicher Schlüsselereignisse, kultureller Dispositionen und vorherrschender Haltungen bereitstellen. »Hollywood has a tradition of documenting (as well as exhibiting) economic greed and corporation. Documentary and fiction films put on display the problems with the corporate economy, corruption and stupidity, and the misdeeds and utter incompetence of the Bush-Cheney regime« (Kellner 2010: 258). Mit dieser Studie ist es ihm überzeugend gelungen, die gesellschaftskritische Filmanalyse in der Tradition von Siegfried Kracauer fortzusetzen und einen differenzierten Einblick in die Mentalität der amerikanischen Nation zu geben.

Perspektiven und Aufgaben einer kritischen Filmsoziologie

Die drei vorgestellten filmsoziologischen Studien betreiben Filmanalyse als kritische Gesellschaftsanalyse. Der zeitgenössische Hollywoodfilm wird im sozialen und kulturellen Kontext seiner Entstehung betrachtet. So wird er als Ausdruck und als Element der Auseinandersetzungen der Gegenwart verstanden. Filme werden grundsätzlich als polysem betrachtet, sie sind in unterschiedlichem Maße offen für verschiedene Lesarten (Winter 1992; Mikos 2003). Es geht darum herauszufinden, welche Ideologien und Diskurse der Gegenwart in den Filmen in transkodierter Form vorkommen (Ryan/Kellner 1988; Kellner 2010). Filme beziehen Stellung, sind aber oft widersprüchlich, ambivalent und plural angelegt. Aufgabe der soziologischen Filmanalyse ist es, die verschiedenen Bedeutungsdimensionen von Filmen herauszuarbeiten.

Es soll gezeigt werden, welche gesellschaftlichen Ideologien und Diskurse in ihnen transkodiert sind. Dann soll herausgearbeitet werden, welche Position der Film in den Auseinandersetzungen der Gegenwart einnimmt. Diagnostisch soll er als Allegorie auf die Gesellschaft verstanden werden (Kellner 1995). Hierzu ist eine politische und kulturelle Interpretation erforderlich. Am Ende soll seine Effektivität und Bedeutung in seinem gesellschaftlichen Umfeld bestimmt werden. Die vorgestellten Studien tun dies spekulativ, wie es in den Cultural Studies üblich ist.

Die untersuchten Arbeiten verzichten auf Publikumsforschung. Diese wäre aber eine wichtige, wenn auch sehr aufwändige Ergänzung, um mehr über die (ideologische) Effektivität eines Filmes zu erfahren. Sie könnte Aufschluss über verschiedene Lesarten und Interpretationen in unterschiedlichen Kontexten geben (vgl. Winter 2010; Schenk et al. 2010). Dafür ist Medienbildung im Sinne einer kritischen Pädagogik bei den besprochenen Autoren immer mitgedacht. Die Bücher selbst, zumindest das von Boggs/Pollard und von Kellner, sind in der Absicht geschrieben, ein größeres Publikum zu erreichen und zur Diskussion sowie Reflexion über die untersuchten populären Filme beizutragen. Die diagnostischen Analysen sollen in kulturelle und gesellschaftliche Prozesse intervenieren und durch öffentliche Diskussion Veränderungen bewirken. Gleichzeitig sollen sie die Medienbildung des Publikums stärken, ihm helfen, Filme in ihrer polysemen Bedeutungsdimension zu erkennen und zu dekonstruieren sowie gleichzeitig als Allegorien auf gesellschaftliche Missstände, Krisen und Kämpfe zu verstehen. Medienbildung ist in der Sicht der behandelten Autoren auch immer politische Bildung. Nur wenn man dieses pädagogische Ethos versteht, kann man ihren Analysen gerecht werden.

Eine sinnvolle Ergänzung zu den vorgelegten Studien wäre vor allem die Feinanalyse einzelner Filme. Mit Rückgriff auf die Theorien und Methoden der Film Studies sollten multiperspektivische Mikroanalysen durchgeführt werden, die den Filmtext, seine Produktions- und Distributionsbedingungen sowie Rezeptions- und Aneignungskontexte untersuchen. Dieses Vorgehen könnte auch einen tieferen Einblick in die Gestaltung und das Wirken von Allegorien geben. Es sollte auch der Form von Filmen mehr Beachtung geschenkt werden, wobei das Verhältnis von Formanalyse und Gesellschaftsentwicklung tief gehend behandelt werden sollte.

Es geht also darum, die schon entfaltete Interdisziplinarität in der Filmanalyse weiter auszubauen, Film Studies mit Soziologie und Cultural Studies zu verschmelzen. In einem weiteren Schritt muss auch die soziologische Analyse der Gegenwart multiperspektivisch betrieben werden, indem verschiedene (kritische) Ansätze aufeinander und auf die zu untersuchenden Filme bezogen werden. Die soziologischen Interpretationen sollten in einen kritischen Dialog mit den Filminterpretationen treten. Gegenseitige Ergänzungen, Vertiefungen und Problematisierungen sollten die Folge sein. Ich plädiere also dafür, die soziologischen Möglichkeiten der Filmanalyse zu explorieren und auszuschöpfen. Es ist zu hoffen, dass die Filmsoziologie in der Zukunft die (wichtige) Rolle in der Disziplin bekommen wird, die ihr seit ihren Anfängen zusteht, aber bisher verweigert wurde.

Literatur

Balázs, Béla (1982): *Schriften zum Film, Erster Band, ›Der sichtbare Mensch‹, Kritiken und Aufsätze 1922-1926*, München: Hanser.

Baudrillard, Jean (1978): *Agonie des Realen*, Berlin: Merve.

Boggs, Carl/Pollard, Tom (2003): *A World in Chaos. Social Crisis and the Rise of Postmodern Cinema*, Lanham u.a.: Rowman & Littlefield.

Casetti, Francesco (2008): *Eye of the Century. Film, Experience, Modernity*, New York: Columbia University Press.

Denzin, Norman K. (1991): *Images of Postmodern Society. Social Theory and Contemporary Cinema*, London u.a.: Sage.

Denzin, Norman K. (1995): *The Cinematic Society. The Voyeur's Gaze*, London u.a.: Sage.

Denzin, Norman K. (2000): »Reading Film – Filme und Videos als sozialwissenschaftliches Erfahrungsmaterial«. In: Uwe Flick/Ernst von Kardorff/Ines Steinke (Hg.): *Qualitative Forschung. Ein Handbuch*, Reinbek: Rowohlt, S. 416-428.

Denzin, Norman K. (2008): »Die Geburt der Kinogesellschaft«. In: Rainer Winter/Elisabeth Niederer (Hg.): *Ethnographie, Kino und Interpretation – die performative Wende der Sozialwissenschaften. Der Norman K. Denzin Reader*, Bielefeld: transcript, S. 89-136.

Dörner, Andreas (2000): *Politische Kultur und Medienunterhaltung. Zur Inszenierung politischer Identitäten in der amerikanischen Film- und Fernsehwelt*, Konstanz: UVK.

Foucault, Michel (1975): *Überwachen und Strafen. Die Geburt des Gefängnisses*, Frankfurt/M.: Suhrkamp.

Frymer, Benjamin/Kashani, Tony/Nocella Anthony J. II/Van Heertum, Richard (Hg, 2010): *Hollywood's Exploited. Public Pedagogy, Corporate Movies, and Cultural Crisis*, New York: Palgrave/Macmillan.

Giroux, Henry A. (2002): *Breaking In to the Movies. Film and the Culture of Politics*, Oxford: Blackwell.

Hammer, Rhonda/Kellner, Douglas (Hg, 2009): *Media/Cultural Studies. Critical Approaches*, New York: Peter Lang.

Horkheimer, Max/Adorno, Theodor W. (1969 [1944]): *Dialektik der Aufklärung*, Frankfurt/M.: Fischer.

Jameson, Fredric (1986): »Postmoderne – zur Logik der Kultur im Spätkapitalismus«. In: Andreas Huyssen/Klaus F. Scherpe (Hg.): *Postmoderne. Zeichen eines kulturellen wandels*, Reinbek: Rowohlt, S. 45-102.

Kellner, Douglas (1995): *Media Culture*, London/New York: Routledge.

Kellner, Douglas (1999): »Culture Industries«. In: Toby Miller/Robert Stam (Hg.): *A Companion to Film Theory*, Oxford: Blackwell, S. 202-220.

Kellner, Douglas (2010): *Cinema Wars. Hollywood Film and Politics in the Bush-Cheney Era*, Oxford: Wiley-Blackwell.

Kracauer, Siegfried (1979 [1947]): *Von Caligari zu Hitler. Eine psychologische Geschichte des deutschen Films*, Frankfurt/M.: Suhrkamp.
Kracauer, Siegfried (1985 [1960]): *Theorie des Films. Die Errettung der äußeren Wirklichkeit*, Frankfurt/M.: Suhrkamp.
Lacan, Jacques (1978): *Freuds technische Schriften. Das Seminar von Jacques Lacan Buch 1 (1953-54)*, Olten und Freiburg: Walter Verlag.
Mai, Manfred/Winter, Rainer (Hg, 2006): *Das Kino der Gesellschaft - die Gesellschaft des Kinos. Interdisziplinäre Positionen, Analysen und Zugänge*, Köln: Herbert von Halem.
Mikos, Lothar (2003): *Film- und Fernsehanalyse*, Konstanz: UVK Verlag.
Mills, Charles Wright (1973 [1959]): Kritik der soziologischen Denkweise, Darmstadt und Neuwied: Luchterhand.
Panofsky, Erwin (1973 [1959]): »Stilarten und das Medium des Films«. In: Alphons Silbermann (Hg.): *Mediensoziologie Band 1 Film*, Düsseldorf und Wien: Econ Verlag, S. 106-122.
Ryan, Michael/Kellner, Douglas (1988): *Camera Politica. The Politics and Ideology of Contemporary Hollywood Film*, Bloomington/Indianapolis: Indiana University Press.
Schenk, Irmbert/Tröhler, Margrit/Zimmermann, Yvonne (Hg, 2010): *Film-Kino-Zuschauer. Filmrezeption*, Marburg: Schüren Verlag.
Schroer, Markus (Hg, 2008): *Gesellschaft im Film*, Konstanz: UVK.
Winter, Rainer (1992): *Filmsoziologie. Eine Einführung in das Verhältnis von Film, Kultur und Gesellschaft*, München/Köln: Herbert von Halem Verlag.
Winter, Rainer (2010): *Der produktive Zuschauer. Medienaneignung als kultureller und ästhetischer Prozess*, Zweite überarbeitete und erweiterte Auflage, Köln: Herbert von Halem Verlag.
Winter, Rainer/Eckert, Roland (1990): *Mediengeschichte und kulturelle Differenzierung*, Opladen: Leske u. Budrich.
Winter, Rainer/Niederer, Elisabeth (2008): »Die poststrukturalistische Transformation der Soziologie. Zur kritischen Analyse der Gegenwart im Werk von Norman K. Denzin«. In: Dies. (Hg.): *Ethnographie, Kino und Interpretation - die performative Wende der Sozialwissenschaften. Der Norman K. Denzin Reader*, Bielefeld: transcript, S. 271-290.

Fehmi Akalin

Film als Kommunikation. Soziologie des Films aus systemtheoretischer Perspektive

Einleitung

Wovon reden wir eigentlich, wenn wir über den Gegenstand Film reden? Den Gegenstand Film ›an sich‹ gibt es nicht. Es ist eine soziologische Grundeinsicht, dass ein und dasselbe Ding aus unterschiedlichen Perspektiven unterschiedlich beobachtet, unterschiedlich wahrgenommen werden kann. Einige alltägliche Beispiele aus unserem Gegenstandsbereich mögen dies illustrieren.

Beispiel 1: Von der Lektüre einer Spielberg-Biografie beflügelt, wollen Sie endlich Ihren lange geplanten Kurzfilm drehen, aber Ihr finanzieller Spielraum ist leider ziemlich eingeschränkt, also bitten Sie Ihre Oma, Sie bei Ihren ersten filmischen Gehversuchen mit einer kleinen Geldspritze zu unterstützen. Oder: Sie wollen sich den neuesten Film von Woody Allen anschauen und kaufen dafür eine Kinokarte. In beiden Fällen ›ist‹ Film offenbar ein ökonomisches Gut, eine Ware, bewegen Sie sich im Rahmen des Wirtschaftsfeldes – denn es geht hierbei in erster Linie um Geld.

Beispiel 2: Sie passen als Babysitter auf Ihre zehnjährige Nichte auf und wollen mit ihr einen Film auf DVD schauen. Sie fragen sie, welchen Film sie sich denn ansehen möchte; sie begutachtet daraufhin die DVD-Cover Ihrer enormen Film-Sammlung und entscheidet sich für den Splatterfilm *Saw 3D – Die Vollendung* (USA 2010), weil ihr das Coverbild gefällt. Wenn Sie daraufhin zu ihrer Nichte sagen: »Liebes, der Film ist indiziert, das heißt Jugendliche unter 18 dürfen den Film gar nicht sehen; ich würde mich strafbar machen, wenn ich dich den Film schauen lasse«, dann bewegen Sie sich innerhalb des Rechtskontextes, ganz gleichgültig, ob Sie diese Regelung nun befürworten oder nicht.

Wenn Sie diese Rechtsnorm zwar ablehnen, aber dennoch finden, dass der Film für Ihre Nichte ungeeignet sei, weil Sie befürchten, sie könne den Film nicht angemessen verarbeiten, würde sonst nachts Alpträume bekommen, oder das, was sie im Film sieht, an ihrem kleinen Bruder ausprobieren wollen, dann handeln Sie pädagogisch.

Wenn Sie zu Ihrer Nichte allerdings sagen: »Sehr schön, den Film wollte ich auch mal endlich schauen, denn ich habe alle vorangegangenen Folgen gesehen und finde, dass die Reihe immer besser wurde, egal was die Kritiker sagen«, dann – ich greife meinen nachfolgenden Ausführungen über den noch zu fokussierenden Status von Film an dieser Stelle voraus – schließen Sie auf den Film *kunstbezogen* an.

Teilt Ihnen Ihre Nichte allerdings eine Woche später mit, sie hätte in der Schule voller Begeisterung von dem Film geschwärmt, aber ihre Lehrerin, die das mitbekommen habe, sei darüber derart empört gewesen, dass sie erwäge, Sie wegen Verletzung der Aufsichtspflicht anzuzeigen, dann haben wir es erneut mit einem Anschluss an das Recht zu tun.

Beispiel 3 Sie sehen sich mit Ihrer Mutter im Fernsehen *Rambo II – Der Auftrag* (USA 1985) an, aber bereits nach 20 Minuten schaltet sie wütend das Fernsehgerät aus, da dies ein frauenverachtender, rassistischer und faschistoider Film sei – offenbar hat sie an den Film nicht kunstbezogen angeschlossen, sondern politisch.

Solche und ähnliche Beispiele ließen sich beliebig aufzählen, ich habe mich bewusst an die bekanntesten sozialen Felder der modernen Gesellschaft beschränkt, also das Wirtschaftssystem, das Rechtssystem, das Pädagogische System und das Politische System

Man kann also an ›Film‹ unterschiedlich anschließen, unterschiedlich darauf reagieren. Aber wenn diese Formen der Reaktion üblich bzw. die Regel wären, oder noch prekärer: wenn die Anschlüsse an eine bestimmte Kommunikationsofferte völlig willkürlich ausfielen, käme das System – in unserem Falle: das Kunstsystem – zum Erliegen! Denn wenn niemand an Kunst *als Kunst* anschließt, sondern mal ökonomisch, mal pädagogisch, mal rechtsförmig, mal politisch – dann könnte sich die Kunstkommunikation als *Kunst*kommunikation nicht mehr reproduzieren.

Was ›ist‹ Film?

Wir haben also die Frage geklärt, was filmische Kunst nicht ›ist‹, nämlich nicht ökonomisch, nicht pädagogisch, nicht rechtens, nicht politisch etc. Ungeklärt ist aber noch die Schlüsselfrage, was Kunst ›ist‹. Wenn man meinen bisherigen Ausführungen eine gewisse Plausibilität zugesteht, dann hoffe ich, dass man mir dann auch darin zustimmt, dass diese Frage nicht ontologisch, also nicht wesensmäßig beantwortet kann, indem man also sagt, ein Film sei dann Kunst, wenn das Werk diese und jene Eigenschaften bzw. Merkmale aufweise. Trotzdem hat es in der Vergangenheit an solchen Versuchen der substantialistischen Gegenstandbestimmung nicht gemangelt. Hier kommt einem zunächst die Literaturwissenschaft in den Sinn, aus der heraus sich die Film- und später die Medienwissenschaft entwickelt hat. Man hat hier versucht, objektive Eigenschaften am Werk, sei es in Buch- oder Filmform, ausfindig zu machen, an denen man den Kunstcharakter erkennen könne.

Ganz prominent ist hier beispielsweise das *Fiktionalitätskriterium*. Exemplarisch soll hier aus einem Einführungsbuch in die Filmanalyse zitiert werden, worin entlang der Unterscheidung von Medium und Inhalt der uns interessierende künstlerische Film als Spielfilm bestimmt wird:

»Zentral ist hier die Unterscheidung zwischen Film und Spielfilm. Der Film ist ein Medium, vergleichbar dem Buch, dem Radio, der Zeitung oder dem Fernsehen. Und ebenso wie bei all diesen Kommunikationsmedien oder Vermittlungskanälen kann man pragmatisch zwischen primär ästhetischen und primär informativen Werken unterscheiden: zwischen ›fiction‹ und ›non-fiction‹. Das Buch beispielsweise vermittelt sowohl fiktionale Literatur (z.B. den Roman) als auch Nicht-Fiktionales (z.B. Kochbuch, Sachbuch, Telefonbuch). Ähnlich gibt es im Radio fiktionale Werke (z.B. das Hörspiel) und nicht-fiktionale (z.B. die Börsennachrichten), ebenso in der Zeitung (z.B. die Kurzgeschichte bzw. den Kommentar), im Fernsehen (z.B. das Fernsehspiel bzw. die Tagesschau), undsofort.« (Faulstich 1995: 8f.)

Entsprechend wird für das Medium Film konstatiert: »Es vermittelt zum einen Fiktion im Sinne fiktionaler Literatur (z.B. im Spielfilm), zum anderen aber auch Nicht-Fiktionales (z.B. im Lehrfilm für Medizinstudenten über eine Herzoperation oder im informativen Kulturfilm über ein Reiseland).« (ebd.: 9) Bilanzierend wird als Unterscheidungskriterium von Kunst und Nicht-Kunst (bei Faulstich: Literatur und Nicht-Literatur) festgehalten: »Das Verständnis von ›fiction‹ […] ist hier also medienübergreifend.« (ebd.)

Bei allen Verdiensten der Medienwissenschaft, die Kopplung von Kunst bzw. Literatur an das ›Elite-Medium‹ Buch aufgelöst und einen wertneutralen Kunstbegriff promoviert zu haben – das Definitionsproblem wird hier mitnichten gelöst, sondern nur verschoben, denn die Frage, woran man Fiktionalität denn erkennen können soll, bleibt ungelöst. Ganz unabhängig davon, dass es unmöglich ist, allein am Text den fiktionalen oder nicht-fiktionalen Status einer Äußerung zu bestimmen (vgl. Searle 1982): Sie lesen einen Roman ja nicht *deshalb* oder sehen sich einen Film *deshalb* an, nur *weil* das Werk fiktional ist. Und analog: ein Autor schreibt nicht einen Roman oder dreht einen Spielfilm, nur *um* fiktionale Werke zu schaffen – warum auch? Dass man neben ›realen‹ Begebenheiten auch erfundene oder fiktive darbietet, hat ganz offensichtlich damit zu tun, dass Fiktionalität nicht Selbstzweck, sondern primär Mittel zum Zweck ist: Man ist dann nicht mehr strikt an die Vorgaben der ›Wirklichkeit‹, an das, was ›tatsächlich‹ passiert sein mag, gebunden, sondern hat jetzt unendlich viele und interessante Möglichkeiten, eine Geschichte zu erzählen, ein Werk zu formen.

In weiten Teilen der Philologie ist man inzwischen von dieser objektivistischen Kriteriensuche abgekommen. Man setzt entweder stillschweigend voraus, dass Literatur und (Spiel-)Film sich durch Fiktionalität definieren oder übergeht diese Problematik einfach – und betreibt Filmanalyse, indem man den *Film als Text* bzw. Zeichensystem definiert und Analysekategorien zusammenträgt, welche dann die Einzelfilmanalyse methodisch anleiten sollen (vgl. hierzu die einschlägige Einführungsliteratur in die Filmanalyse: Kuchenbuch 2005; Hickethier 2001; Kanzog 2007; Faulstich 2002; Korte 2004; Bordwell/Thompson 2001).

Der Film und seine ›message‹ – Filminterpretationen

Häufig dienen die Analysekategorien des Visuellen, des Auditiven, des Narrativen, des Schauspielens und Darstellens (vgl. Hickethier 2001) als Grundlage für weitergehende hermeneutische Filminterpretationen, die vom Erkenntnisinteresse geleitet werden, der Bedeutung, der ›*message*‹ einzelner Werke auf die Spur zu kommen. Diese Interpreten haben freilich ihren Sigmund Freud bzw. ihren Emil Staiger gelesen, und behaupten, »die« Bedeutung eines Werkes sei verborgen und nur ein »guter« Interpret, der die »Kunst der Interpretation« beherrsche, könne die latente Bedeutung eines Films erkennen und herausarbeiten. In aller Deutlichkeit wird diese privilegierte Position des wissenschaftlichen Interpreten von Faulstich (2002: 18f.) herausgestellt: »Das Ziel einer Filmanalyse besteht nicht etwa darin, Inhalte eines Films nachzuerzählen und mit eigenen Assoziationen anzureichern«, stellt er in einer die wissenschaftliche Interpretation gegenüber der vorwissenschaftlichen Bedeutungsgenerierung überhöhenden Rhetorik klar, sondern sie legitimiere sich erst dadurch, »etwas über den Film in Erfahrung zu bringen, das vorher nicht bekannt war.« Und: »Grundsätzlich ist davon auszugehen, daß in einem Spielfilm jedes Moment, jeder Baustein, jedes Bild, jedes Wort – schlichtweg alles funktional ist für die Bedeutung, den ›Sinn‹ dieses Films.« (ebd.: 19). Wenn eine Interpretation dies nicht leisten könne, wenn sie also nicht ›die‹ Bedeutung eines Films herauszuarbeiten vermöge, gebe es nur zwei Gründe dafür: »entweder ist der Filmwissenschaftler schlecht oder der Film« (ebd.).

Neben *werkimmanenten Interpretationsmethoden*, welche die Bedeutung eines Werkes ausschließlich aus der inneren Kohärenz heraus zu bestimmen versuchen, sind in der Filmanalyse auch *werktranszendente Interpretationsmethoden* beliebt, welche komplexe Überbautheorien heranziehen und die Werke nach deren Theorievorgaben interpretieren. Die Filminterpretation nach der psychoanalytischen Methode etwa fragt nach den Abwehrmechanismen, die in einem bestimmten Werk in maskierter Form thematisiert werden, reduziert die Dramaturgie nicht selten auf den Kampf zwischen dem Es und dem Über-Ich, etwa einer hedonistischen Figur mit den gesellschaftlichen Normen.

Oder man versucht den sozialpsychologischen Nachweis zu erbringen, ein Film sei deshalb so erfolgreich gewesen, weil er unsere kollektiven verdrängten Wünsche und Ängste zum Zeitpunkt seiner Entstehung exakt angesprochen habe, wie es etwa Ricarda Strobel beispielhaft für den Erfolg des Bestsellerfilms *Love Story* (USA 1970) und weiterer internationaler Erfolgsfilme der post-68er Zeit geltend macht (vgl. Strobel 1992).[1] Der Film *Love Story* sei entgegen seiner Selbstbeschreibung im Titel im Grunde gar kein Liebesfilm, die darin erzählte Liebesgeschichte sei lediglich die Oberfläche, unter der sich die eigentliche Geschichte abspiele: Der Konflikt des jugendlichen Protagonisten mit seinem autoritären Vater.

»Offensichtlich fand diese Thematik um 1970, der Zeit der weltweiten Studentenunruhen und Jugendproteste, ganz besonderes Interesse bei den Kinobesuchern aller Welt, denn ein Blick auf andere populäre Filme derselben Zeit zeigt immer wieder denselben latenten Gehalt. In Filmen ganz unterschiedlicher Genres geht es zentral immer wieder um die Konfrontation von Vätern und Söhnen, allgemeiner formuliert: um Autoritätskonflikte – mit dem Ergebnis der Aussöhnung der Gegensätze, der Wiederherstellung der Autorität.« (ebd.: 195)

Der Erfolg dieser Filme wird also nicht auf spezifisch filmische und ästhetische Faktoren zurückgeführt, sondern dezidiert auf die verschlüsselte Bearbeitung zeitspezifischer Sozialprobleme. Der Rezipient populärer Filme wird so unter der Hand zum pathologischen Fall erklärt, zum komplexbeladenen Patienten, der mit Hilfe von Filmen kollektive Abwehrarbeit leistet.

Es gibt noch eine Reihe weiterer werkexterner Interpretationsansätze, welche mit solchen bombastischen Überbauerklärungen hantieren, da ihres Erachtens die akademische Beschäftigung mit Film offenbar solcher sachfremder Legitimationen bedarf. Nur sind die Ergebnisse dieser Interpretationen häufig so beliebig, dass sie vermutlich auf die Hälfte aller Filme oder Bücher zuträfen, wahrscheinlich nicht nur auf künstlerische. Wie auch immer: das spezifisch Künstlerische an Filmen wird so jedenfalls nicht erfasst.

Gesellschaft im Film – Textualistische Filmsoziologie

Recht beliebt sind seit Ende der 1980er auch – quer durch alle sozialwissenschaftliche Disziplinen – *diskursanalytische Untersuchungen* von Einzelfilmen oder Filmsamples, die unter dem Etikett Filmsoziologie firmieren. Nun geht es nicht mehr darum, der Bedeutung *eines* bestimmten Films gerecht zu werden, seine latenten Bedeutungsschichten freizulegen, sondern Filme *generell* als zeitdiagnostisches Material zu betrachten, die soziologisch wichtige Einblicke in den Zustand einer Gesellschaft zu gewähren vermögen. Für Manfred Mai und Rainer Winter, die im Einleitungsaufsatz ihres Sammelbandes *Das Kino der Gesellschaft – die Gesellschaft des Kinos* die jahrzehntelange Vernachlässigung des Films durch die Soziologie beklagen und mit

[1] Weitere Referenzbeispiele, die hier aufgeführt werden, sind: *Der Pate* (USA 1971), *Und Jimmy ging zum Regenbogen* (BRD 1970) und *Schulmädchenreport: Was Eltern Nicht für möglich halten* (BRD 1970).

den in ihrer Publikation versammelten Beiträgen der Frage nachgehen wollen, »was Filme über die soziale Wirklichkeit aussagen können, welche Effektivität das Kino im Alltagsleben entfaltet und was die Soziologie von ihm lernen kann« (S. 7), sind viele Filmemacher sogar die besseren Soziologen: »Es sind Filme wie z.B. *Short Cuts* (1993) von Robert Altman oder *Fight Club* (1999) von David Fincher, die weit mehr über die moderne Gesellschaft und ihre Menschen aussagen als etwa die Abstraktionen der soziologischen Systemtheorie.« (S. 14)

In die gleiche Kerbe schlägt ein weiterer aktueller Reader mit dem bezeichnenden Titel *Gesellschaft im Film* worin ebenfalls dafür plädiert wird, *Filme als Quellen und Dokumente* einer Gesellschaft für die Soziologie fruchtbar zu machen. »Filme thematisieren«, betont Herausgeber Markus Schroer (2008: 7) in seiner Einleitung zu diesem Sammelband, »den Wandel in den sozialen Beziehungen, vermitteln Welt- und Lebensanschauungen, enthalten komplette Gesellschaftsbilder und behandeln alles, was im Leben von Bedeutung ist: Geburt, Familie, Gewalt, Krankheit. Liebe, Sexualität, Tod«. Die dort versammelten Beiträge widmen sich denn auch Themen wie *Jugend und Jugendlichkeit im Film* (Göttlich 2008), *Politik im Film* (Raab/Soeffner 2008), *Sport im Film* (Gugutzer 2008), *Sexualität, Körper und Geschlecht im Film* (Hoffmann 2008), *Wissenschaft im Spielfilm* (Weingart 2008), *Tod im Film* (Moebius/Weber 2008) und ganz klassisch: *Familie im Film – Die Familie im filmischen Wandel* (Albers/Grundmann 2008).

Problematisch ist hierbei zunächst, dass jede so durchgeführte Diskursanalyse einer »Illusion des autonomen Diskurses« aufsitzt, wie es bereits Dreyfus/Rabinow (1987) in Bezug auf den Textualismus Foucaults beanstandet haben (vgl. hierzu auch Reckwitz 2004: 285ff; Akalin 2011: 89ff,). Die Diskursanalyse geht nämlich stillschweigend davon aus, Texte (z.B. Filme) hätten eine Bedeutung ›an sich‹, könnten von sich aus ›sprechen‹. Material vorhanden sind jedoch nur Bilder, Bewegungen, Laute und Markierungen, denen Bedeutungen *zugewiesen* werden (müssen). Die Diskursanalytiker rekonstruieren denn auch nicht einmal die Bedeutungen, die Filmen von ihren Zuschauern zugewiesen werden, sondern sie verabsolutieren häufig ihre eigenen Beobachterkonstrukte und produzieren Forschungsartefakte. Das mag für eine Textwissenschaft legitim sein, Soziologie im Sinne einer doppelten Hermeneutik, das heißt im Sinne einer Rekonstruktion der Konstruktionen der an der filmischen Produktion und Rezeption beteiligten Teilnehmer ist dies gewiss nicht!

Ganz abgesehen davon also, dass es sich bei diesen Versuchen im Geltungsbereich des sog. *Textualistischen Paradigmas* um keine genuine Filmsoziologie handelt, welche die reale Handlung bzw. Kommunikation von Filmemachern und Filmrezipienten rekonstruiert, sondern Textanalyse hinter dem Rücken der Teilnehmer betreibt und filmische Texte als nichts anderes als Dokumente betrachtet, an denen man gesellschaftliche Beschreibungen eines Phänomens zu einem bestimmten Zeitpunkt an einem bestimmten Ort ablesen kann – das Familienbild einer Epoche, die Sexualität in einer bestimmten Ära etc. kann man aber eben nicht nur aus filmischen Texten herausdestillieren, sondern auch aus journalistischen, pädagogischen oder juristischen. Wenn dies aber nun der Fall ist, dann – ich wiederhole an dieser Stelle erneut meinen hier mehrmals geäußerten Einwand – erfährt man nichts über die *Spezifik* filmbezogener Handlungen bzw. Kommunikationen.

Wir haben also immer noch nicht erfahren, wie die Beziehung zwischen Produzenten und Rezipienten innerhalb des Kunstbereichs vonstattengeht, und zwar als kunstspezifische, nicht als rechtliche, nicht als religiöse, nicht als pädagogische oder wirtschaftliche, schon gar nicht als sozialwissenschaftliche.

Film als Handlung – Antitextualistische Filmsoziologie

Wenn Filmsoziologie als Soziologie sich von anderen Disziplinen, die sich ebenfalls mit Film beschäftigen, unterscheiden will, darf sie sich nicht damit begnügen, ihre Instrumentarien schlichtweg zu kopieren und diese philologischen, textualistischen etc. Anleihen als soziologische Analyse auszugeben, sondern sie muss genuin soziologische Theorien und Methoden zum Einsatz bringen. Gegenwärtig konkurrieren innerhalb der Soziologie zwei Paradigmen um die Vormachtstellung zur Erklärung des Sozialen. Je nachdem, ob Handlungen oder Kommunikationen als kleinste Einheit des Sozialen promoviert werden, beschreibt sich die rezente Soziologie entweder als Handlungswissenschaft oder als Kommunikationswissenschaft (vgl. Akalin 2011).[2]

So hat die sog. positivistische Kunst- und Literatursoziologie der 1950er und 1960er Jahre in einer dezidierten Absetzbewegung gegenüber der Kunstbzw. Literaturwissenschaft mit deren Fokussierung des Werks unmissverständlich betont, Gegenstand einer Soziologie könne nur die Erfassung und Auswertung empirischer Materialien sein, weshalb sich die Kunstsoziologie an die sozialen Tatsachen zu halten habe. Mithin gehörten nicht die künstlerischen Werke in ihrer ästhetischen Struktur zu ihrem Untersuchungsbereich, sondern allein der Mensch, wie er das Kunsterlebnis produziere oder konsumiere. »Die Literatursoziologie«, so Hans Norbert Fügen, einer der Propo-

[2] Ohne an dieser Stelle auf die Feinheiten und Details dieser Debatte einzugehen, soll als entscheidendes Differenzkriterium festgehalten werden, dass Handlungstheorien in der Nachfolge Max Webers Einzelindividuen und ihr sinnhaftes Sichverhalten als die kleineste Einheit des Sozialen und soziale Beziehungen als additive Kombination der sozialen Handlungen mehrerer Akteure bestimmen: so wie Akteur A sein Verhalten an dem Sinn, den die soziale Beziehung für ihn hat, orientiert, so verfährt Akteur B auf analoge Weise, indem er sein Verhalten an jenem Sinn orientiert, den die ›soziale Beziehung‹ zwischen ihm und A für ihn hat. Für die Kommunikationstheorie hingegen lässt sich das Soziale nicht aus der Verknüpfung der Handlungen einzelner Akteure bestimmen, das Soziale ist hier vielmehr eine emergente Ordnung, die weder in den Sinnsetzungen des alter, noch in den Sinnsetzungen des ego aufgeht (vgl. Akalin 2011: 77).

nenten dieser Richtung, »hat es demnach mit dem *Handeln* der an der Literatur beteiligten Personen zu tun; ihr Gegenstand ist die Interaktion der an der Literatur beteiligten Personen« (Fügen 1964: 14; Hervorh. von mir).

Mit den an der Kunst beteiligten Personen sind allen voran ihre Produzenten und Rezipienten gemeint. Erkenntnisinteresse dieser quantitativ orientierten empirischen Kunstsoziologie ist denn auch die Untersuchung der sozialen Herkunft und Stellung von Künstlern, ihrer ökonomischen Situation, und analog die quantitative Erhebung von demographischen Daten der Rezipienten (Alter, Geschlecht, Einkommen etc.) und ihre Nutzungsgewohnheiten (wer geht wie oft warum in welchen Film?) (vgl. Dörner/Vogt 1994: 97).

Als Besonderheit einer solcherart explizit antitextualistisch auftretenden analogen empirischen Filmforschung fällt auf, dass die Macherseite nahezu völlig vernachlässigt wird, was eventuell mit der arbeitsteiligen Produktionsweise beim Film zusammenhängen mag und was auch die primär ökonomische Analyse der Filmproduktion oder des Filmmarktes erklärt – diese Reduktion auf das Ökonomische rekonstruiert jedoch die wirtschaftliche Fremdbeobachtung des Films, nicht die Eigenlogik des künstlerischen/filmischen Feldes. Umso ›besser‹ erforscht ist hingegen die Zuschauerseite (vgl. exemplarisch Neckermann 2001), sofern man freilich bereit ist, sich mit der statistischen Erfassung demographischer Daten zu begnügen und jedweden Anspruch auf eine Rekonstruktion des *sinnhaften* Rezipientenhandelns preiszugeben.

Denn diese mit quantitativen Erhebungsmethoden operierenden Untersuchungen der Macher- wie der Publikumsseite stehen quasi zusammenhanglos nebeneinander. Die gegenseitige Orientierung zwischen Filmproduzenten und Filmrezipienten wird nicht eigens problematisiert: Und man darf wohl annehmen, dass dies unter anderem auch ihrem antitextualistischen Affekt geschuldet ist – das Bindeglied, der Bezugspunkt der »Interaktion« der an Film beteiligten »Personen« ist nun einmal der Text, ist der Film.

Oppositionelle Lesart und subversives Publikum – Die Politik der Cultural Studies

Die unter dem Label *Cultural Studies* firmierende Medien- und Filmforschung hat aus der Kritik der positivistischen Mediensoziologie nicht nur eine Abwendung von quantitativen Methoden und eine dezidierte Hinwendung zu qualitativen Methoden promoviert, sondern auch gegen die Vernachlässigung der Textseite opponiert und dieser eine zentrale Position in der Analyse der Populärkultur, zu der auch der Film gezählt wird, eingeräumt.

Programmatisch wird diese Stoßrichtung einer von den Cultural Studies inspirierten Filmsoziologie von Rainer Winter formuliert, der davon ausgeht, »daß der ›Konsum‹ von Filmen sich aus zahlreichen heterogenen Praktiken zusammensetzt, die eine oft unterschätzte Kreativität der Rezipienten und gerade keinen bloß passiven und eindimensionalen Konsum von Bildern belegen [...]. In der *Interaktion* mit dem Film schaffen die Rezipienten aktiv Bedeutungen.« (Winter 1992: 23) Zwar wird der Film in dieser Perspektive gut semiotisch als »Zeichensystem« bestimmt, aber es wird in Absetzung von textualistischen Ansätzen konzediert, dass filmische Texte keine fixen Bedeutungsträger sind, sondern vielmehr »Anlässe« für Bedeutungsproduktionen liefern, die erst vom Rezipienten vorgenommen werden müssen, wenn dieser Filme »aktiv aneignet« (ebd.: 24).

In Korrespondenz zur mehrdeutigen Struktur medialer Texte, ihrer *Polysemie*, wird auf Seiten der Rezipienten deshalb eine *Interpretationsvariabilität* angenommen, die darin besteht, gegenüber dem rezipierten Text unterschiedliche Aneignungsstrategien zur Anwendung zu bringen (ebd.: 71). Im Anschluss an Stuart Hall wird hierbei zwischen drei potentiellen Lesarten unterschieden: 1) der »Vorzugslesart«, bei der die Zuschauer sich der vom Text nahegelegten dominanten Ideologie voll und ganz anschließen; 2) der »ausgehandelte(n) Lesart« bei der die Zuschauer die vorgeschlagene Ideologie des Textes erkennen, verstehen und grundsätzlich akzeptieren, diese aber mit eigenen Deutungen anreichern; 3) der »oppositionelle(n) Lesart«, bei der die Rezipienten die vom Text bevorzugte ideologische Position total ablehnen und dieser eine konträre entgegensetzen (Winter 1995: 88f.). Zu den immer wieder gerne kolportierten Anekdoten des Cultural Studies-Mythos gehört etwa die in einer ethnographischen Studie von John Fiske und Robert Dawson als Paradebeispiel für eine oppositionelle Lesart apostrophierte Rezeption des Actionklassikers *Die Hard* (USA 1987) durch eine Gruppe obdachloser Männer in den USA:

»Während die Obdachlosen nun diesen Film anschauten, identifizierten sie sich enthusiastisch nicht, wie es die Struktur dieses medialen Textes nahelegt, mit Bruce Willis, sondern mit den Bösewichten, die für sie die eigentlichen Helden des Film waren. So johlten sie und klopften sich auf die Schenkel, als die Gangster die leitenden Beamten des Konzerns erschossen oder als sie einen Polizeiwagen samt Insassen in die Luft sprengten. Außerdem schalteten sie das Fernsehgerät ab, bevor der Held und die Polizei Recht und Ordnung wiederhergestellt hatte.« (Winter 1995: 89f.; Fiske/Dawson 1994)

Aber auch den Cultural Studies, die immer wieder als rühmliche Ausnahme auf dem Felde der qualitativen Rezeptionsforschung herausgestellt werden, ist es bislang mehrheitlich nicht geglückt, die Filmrezeption in ihrer Spezifik zu beschreiben. Letztlich werden die Erkenntnisgewinne des Ansatzes, die durch eine Distanzierung von der Annahme eines »autonomen Diskurses« des textualistischen Paradigmas einerseits, die Zurückweisung kulturkritischer Annahmen über die Manipulierbarkeit passiver Rezipienten andererseits erzielt werden könnten, durch Fixierung auf eine ausdrücklich politische Perspektivierung der Medienkommunikation schnell wieder verspielt. Sehr deutlich wird diese politische Übercodierung, wenn die Ebene der Text-Leser-Interaktion, die ja bereits vom Vokabular der Ideologiekritik imprägniert ist, auf die Kommunikation zwischen mächtigen Medienproduzenten (»the power bloc«) und den widerständischen Medienrezipienten (»the people«) ausgeweitet und diese dezidiert als symbolischer Kampf um Bedeutungen stilisiert wird (vgl. hierzu vor allem Fiske 1987: 65ff.).

Zu Recht wurde daher diese normativ aufgeladene romantische Darstellung ›der Leute‹, die modelltheoretisch nicht nur zu subversiven Rezeptionspraktiken fähig, sondern sogar dazu verpflichtet sind, als Substantialisierung des Kommunikationsmodells kritisiert. Die Anhänger der Cultural Studies, die sich von der Analyse der Medienkommunikation eine alternative Beschreibung von Machtverhältnissen erhoffen, erklären nämlich die Möglichkeit abweichender Rezeption nicht durch die Logik des Kommunikationsprozess, sondern durch die diesem vorausgesetzte überhistorische Positionierung des Publikums gegenüber dem hegemonialem Block der Produzenten, so dass die traditionelle Rollenasymmetrie zwischen Produzenten und Publikum eine Inversion zu Gunsten des Publikums erfährt. Genau diese politische Umcodierung der Medienkommunikation trägt jedoch dazu bei, die Cultural Studies nolens volens in die Nähe ihres Antipoden, den Verächtern der Populärkultur zu rücken, mit welchem sie eine herrschaftsfixierte, letztlich einem traditionellem Gesellschaftsbild verpflichtete Perspektive teilen und somit die Komplexität der modernen Gesellschaft verkennen (vgl. Stäheli 2005).

Durch die Entgegensetzung von ›power bloc‹/›the people‹ und den Schlüsselbegriffen Macht und Widerstand konstruieren die Cultural Studies eine prinzipielle antagonistische Polarisierung von Produzenten und Rezipienten, die sie in die Nähe des Konfliktparadigmas à la Bourdieu und Foucault rückt (vgl. Akalin 2011: 121-139). Stets muss Rezeption als Identitätsarbeit oder gar als subversiver Akt ausgewiesen werden, um die Aktivität des Zuschauers zu promovieren. Somit verfehlen sie mit ihren Psychologismen und deutlichen Tendenzen zur Überpolitisierung den eigentlichen Kern der Filmkommunikation.

Film als Kommunikation – Eine systemtheoretische Alternative

Die Kommunikationstheorie systemsoziologischer Prägung geht hier einen anderen Weg (vgl. zum Folgenden Luhmann 1984: 191ff. sowie Akalin 2011: 195ff.). Die Grundeinheit eines kommunikativen Aktes besteht in dieser Perspektive aus der Mitteilung von etwas und der Rezeption dieser Mitteilung von etwas. Das Verstehen gilt dabei als die wichtigste Komponente im gesamten Kommunikationsgeschehen, da erst im Verstehen, nicht etwa schon bei der Mitteilung, Kommunikation zustande kommt. Ein kommunikativer Akt besteht jedoch nicht aus zwei Komponenten, der Mitteilung und dem Verstehen dieser Mitteilung, sondern aus drei Komponenten. Mitteilen und Verstehen sind nicht nur aufeinander bezogen, sodass Gesagtes gehört,

Geschriebenes gelesen, Mitgeteiltes verstanden wird, sondern Mitteilen und Verstehen referieren stets auch auf ›etwas‹: man sagt und hört etwas, man schreibt und liest etwas, man teilt etwas mit und man versteht etwas. Dieses ›Etwas‹ ist die dritte Komponente des Modells – die Information: das Mitgeteilte, das Thema, der Gegenstand, der Inhalt einer Kommunikation.

In einer inzwischen klassisch gewordenen Definition bestimmt Luhmann Kommunikation als »eine Synthese von drei verschiedenen Selektionen – nämlich Selektion einer Information, Selektion der Mitteilung dieser Information und selektives Verstehen oder Mißverstehen dieser Mitteilung und ihrer Information« (Luhmann 1987: 115). Eine Information ist eine Selektion, weil sie auf einer Unterscheidung beruht zwischen dem, was als mitteilungswürdig angesehen wird, und dem, was als nicht mitteilungswert ausgeschlossen wird. Mitteilungen sind Selektionen aufgrund des Umstandes, dass und wie sie vollzogen und eben nicht unterlassen werden. Es geht einmal um die Entscheidung darüber, ob etwas mitgeteilt werden soll, sodann um die Selektion eines bestimmten Verhaltens aus einem Vorrat an Ausdrucksmöglichkeiten. Eine Information wird ausgewählt, um sie zum Inhalt einer Mitteilung zu machen, für die ihrerseits eine bestimmte Form (mündlich, schriftlich, filmisch etc.) gewählt werden muss. Eine Mitteilung ist mithin immer eine Entscheidung für eine bestimmte Information, gegen andere mögliche; sodann: für bestimmte Darstellungsweisen, gegen andere mögliche. Damit die Mitteilung einer Information als Kommunikationsofferte, als Handlung gelten kann, bedarf es also noch einer dritten Selektion, die nicht durch den Autor der Mitteilung, sondern durch ihren Adressaten beigesteuert werden muss: dem Verstehen.

Damit ein Verhalten als Mitteilung einer Information verstanden werden kann, muss unterstellt werden – und zwar in der Kommunikation selbst, nicht etwa durch einen wissenschaftlichen Beobachter auf der Basis irgendwelcher Merkmalsausprägungen –, dass es sich um eine Selektion handelt, und zwar eine Selektion, in der sich der Mitteilende selbst festlegt. Anders als der Begriff es nahe legen mag, ist damit keine Auszeichnung im Sinne der Richtigkeit des Verstehensvorgangs bezeichnet, auch nicht, dass der gemeinte und der verstandene Sinn einer Mitteilung notwendigerweise übereinstimmen. Verstehen meint hier auch nicht inhaltliches Verstehen, sondern ›nur‹ formales Verstehen – Verstehen, *dass* etwas mitgeteilt wird, nicht, *was* mitgeteilt wird. Auch wenn ein Hörer oder Leser eine Mitteilung anders versteht, als es der Autor beabsichtigt hat, versteht er das verbale Verhalten des Autors als Mitteilung einer Information und damit als Kommunikation. Für die Fortführung der Kommunikation kann es aber durchaus von Relevanz sein, was und wie etwas verstanden wurde. Zugleich gilt jedoch: was und wie verstanden wurde, kann nur in der Anschlusskommunikation entschieden werden.

Es ist denn auch die Regel, dass die kaum vermeidbaren Mehrdeutigkeiten und Missverständnisse, solange sie den Kommunikationsprozess nicht durchgängig behindern, überwiegend latent bleiben. Praktisch ist es überhaupt nicht möglich, ständig zu überprüfen, was beide Kommunikanten nun immer genau meinen und ob sie tatsächlich dasselbe meinen. Kommunikation muss einfach weitergehen, mit oder ohne Missverständnis. Kein Grund also, aus der Mehrdeutigkeit von Mitteilungen bzw. aus der Verstehensvariabilität ein aktives Handeln im emphatischen Sinne abzuleiten.

Was eine Äußerung bedeuten soll bzw. wie es verstanden wird, liegt mithin nicht in der Hand von *alter* (traditionell Sender genannt). Die Rolle des *ego* (traditionell Empfänger genannt) wird hier stärker gewichtet. Dies hat aber nicht mit einer politischen Vorentscheidung oder einer generellen Sympathisierung mit den Rezipienten zu tun, sondern liegt in der Logik der Kommunikation. Dazu ein kleines Beispiel. Stellen Sie sich eine Auktion vor, wie man sie aus unzähligen Filmen kennt. Der Auktionator stellt Gegenstände vor, auf die geboten werden kann und nimmt die Gebote entgegen. Sagen wir, Sie sitzen im Auktionsraum und begrüßen eine Freundin, die gerade hereingekommen ist. Der Auktionator aber deutet Ihre Handbewegung als Gebot. Ein anderer Besucher möchte den Gegenstand unbedingt haben und gibt ein höheres Gebot ab. Ohne dass Sie es beabsichtigt hätten oder davon etwas mitbekommen hätten, hat man an Ihr Verhalten angeschlossen – Ihre Handbewegung hat ganz offensichtlich soziale Folgen gehabt – und zwar eine andere als die, die Sie (vermutlich) im Sinn hatten.

Ein orthodoxer Handlungstheoretiker würde nun sagen, Ihre Handbewegung war kein Gebot, weil Sie ja gar nicht intendierten zu bieten. Das Problem ist nur: woher will der Handlungstheoretiker wissen, was in Ihrem Kopf vorging? Die Kommunikationstheorie dagegen stellt fest: da wir nicht in die Köpfe der Menschen schauen können – deshalb kommunizieren wir ja überhaupt, weil wir eben keine Gedanken lesen können –, müssen wir die Reaktionen der Beteiligten beobachten. *Weil* sowohl der Auktionator als auch der andere Bieter Ihre Handbewegung als Gebot gedeutet haben, sie also daran angeschlossen haben, *gilt* Ihre Handbewegung als Gebot.

Damit komme ich wieder auf die Beispiele in meiner Einleitung zurück. Wie ein bestimmtes filmisches Produkt beobachtet wird, ob nämlich als Gegenstand des Rechts, der Ökonomie, der Pädagogik usw., hängt davon ab, wie daran angeschlossen wird. Man muss also die Beobachter beobachten.

Nun fragen Sie sich: Kann man im Falle von Film überhaupt von Kommunikation sprechen? Hier haben Filmemacher und Filmzuschauer doch keinen Kontakt miteinander, ja sie kennen sich nicht einmal, sie sind sich anonym. Tatsächlich haben wir es hier mit einer anderen Form von Kommunikation zu tun – nicht mit einer Kommunikation unter Anwesenden, unter kopräsenten Akteuren, mithin mit einer *face-to-face*-Kommunikation, sondern mit einer Kommunikation unter Abwesenden, mit einer indirekten, medial vermittelten Kommunikation (vgl. Kieserling 1999).

Dass wir im Falle von Film von Kommunikation sprechen können, löst das Problem aber immer noch nicht, wie die Filmemacher sicher stellen können, dass Ihre Angebote nicht als Beiträge zum Rechtssystem, zum Wirtschaftssystem oder Politischen System verstanden werden, nicht als Ausdruck ihrer unbewussten Obsessionen, sondern als *filmische Kunst*. Kurz: es geht um das Problem der Koordination. Soll also die Kommunikation nicht aus unverbundenen einzelnen Akten bestehen, sondern sich auf der Grundlage stabiler Erwartungserwartungen typenfest fortsetzen, muss sich der Urheber einer Äußerung auf die Rollenasymmetrie bei der Kommunikation einstellen. Erst nachdem wir also die kommunikationslogische (nicht: politische) Macht des Rezipienten festgestellt haben, können wir den Fokus wieder auf den Produzenten scharf stellen.

Wie kann also bei massenmedial vermittelter Filmkommunikation, bei der es keinen unmittelbaren Kontakt zwischen Filmemachern und Filmzuschauern gibt, eine kunstspezifische Kommunikation gewährleistet werden? Das ist ein Problem von sehr großer Tragweite. Denn es kann ja nicht hingenommen werden, dass die Anschlussmöglichkeiten des Publikums völlig willkürlich sind, denn dann würde das Kunstsystem aufhören zu kontinuieren.

In der Realität wurde dieses Problem aber offenbar gelöst. Die Frage ist: wie? Hier empfiehlt es sich, einen Blick in die Geschichte zu werfen, und zu schauen, wie eine bestimmte Kommunikationsform entstanden ist und wie sie sich etabliert hat. Im Falle des Films ist die Sachlage relativ einfach: der Film als Kunstform hat auf schon vorhandene künstlerische Kommunikationsformen Bezug genommen, auf die Literatur beispielsweise oder auf das Theater – und hat von diesen Kunstformen die Lösung übernommen: nämlich die *Genres*: also das Genre des Abenteuers, des Krimis, des Dramas, der Komödie usw.

Und tatsächlich: Genres sind so etwas wie eine stillschweigende Übereinkunft zwischen Filmemachern und Filmzuschauern, sie sind das symbolisch generalisierte Medium des Kunstsystems. Jeder kompetente Zuschauer weiß, was ihn erwartet, wenn er mit einem als Komödie apostrophierten Film konfrontiert wird – und erwartet vom Filmemacher, dass er dies auch weiß; der Regisseur versucht, eine Geschichte bzw. die einzelnen Szenen so komisch wie möglich zu gestalten – und der Zuschauer wünscht, dass eine Komödie witzig ist und ihn zum Lachen bringt – sonst ist sie langweilig.

Wichtig ist: auch langweilige, also ›schlechte‹ Kunst ist Kunst – was denn sonst? Insofern man also auf ein Kunstangebot in der Weise reagiert, dass man sagt, es ist interessant oder langweilig, bewegt man sich sicher im Rahmen des Kunstsystems und nicht im Rahmen des Rechtssystems usw. Diese binäre Codierung des Kunstsystems, also die Unterscheidung *interessant/langweilig*, gilt nicht nur für die populären Genres, sondern auch für das sog. Arthaus-Genre. Filme dieses Genres reagieren denn auch nicht selten direkt oder indirekt auf die populären Genres, was beispielsweise immer wieder in Interviewäußerungen von Filmemachern oder Kommentaren von Liebhabern des Arthaus-Films zum Ausdruck kommt, dass sie die populären Genres langweilig finden und den Arthaus-Film als das interessantere Gegenkonzept ansehen, da diese auf klare Erzählstrukturen verzichten, ein offenes Filmende bevorzugen, auf publikumswirksame Stars und auf aufwändige settings usw. verzichten.

Sie werden sich fragen, warum denn das Beobachtungsschema interessant/langweilig kunstspezifisch sein soll, warum z.B. nicht *schön/hässlich*, wie es die klassische Ästhetik behauptet hat, oder auch *gesellschaftskritisch/nicht-gesellschaftskritisch, emanzipatorisch/nicht-emanzipatorisch, kommerziell/nicht-kommerziell*? Um diese Frage zu beantworten, muss man wieder einen Blick in die Geschichte werfen und etwas weiter zurückgehen, nämlich bis zu der Zeit, als sich das entwickelt hat, was die Soziologie die moderne Gesellschaft nennt, die nicht mehr primär hierarchisch strukturiert ist, mit einer Oberschicht an der Spitze, welche die Gesellschaft repräsentiert, und einer Unterschicht, sondern funktional. Das heißt: die moderne Gesellschaft ist im Kern ein Ensemble aus Sozialsystemen, die sich darauf spezialisiert haben, exklusiv ein ganz bestimmtes gesellschaftliches Problem zu lösen, eine ganz spezifische Funktion für die Gesellschaft zu erfüllen, weswegen man auch als synonym für die moderne Gesellschaft von einer funktional differenzierten Gesellschaft spricht. Also etwa: das Rechtssystem löst das Problem der Erwartungsunsicherheit in Bezug auf Streitfälle, das Politische System hat die Funktion kollektiv bindender Entscheidungen, das Wissenschaftssystem versorgt die Gesellschaft mit wahrheitsfähigem Wissen usw. (vgl. Akalin 2011: 251).

Was aber ist die *Funktion* von Film als Kunst? Man könnte ja z.B. behaupten, Kunst habe die Funktion, für seine Produzenten Geld zu machen, die Gesellschaft zu kritisieren, Wissen über die Gesellschaft zu vermitteln, einen Beitrag zur kollektiven oder individuellen Identität zu leisten, beim Einschlafen hilfreich zu sein usw. Aber wie man sieht, sind die Bezugssysteme hier andere Funktionssysteme wie Wirtschaft, Politik, Wissenschaft oder andere extra-soziale Systeme wie das Psychische System, für das das Kunstsystem *Leistungen* erbringt.

Auf diese Leistungen des Films zu verweisen, ist gewiss nicht unrealistisch, aber dies sind keine *kunstspezifischen* Funktionen, keine Problemlösungsangebote, die das Kunstsystem und nur das Kunstsystem macht: Wissen über die Gesellschaft vermittelt z.B. nicht nur die Kunst, sondern auch die Wissenschaft, der Journalismus usw. Kunst ist entweder ein eigenlogisches Sozialsystem *sui generis* mit spezifischen Kommunikationskonventionen, mit spezifischen Erwartungserwartungen bei den an der Kunstkommunikation beteiligten, mit spezifischer Problemlösungskompetenz – oder eben kein System (im hier promovierten Sinne).

Ich wähle die Option, dass Film ein autonomes Funktionssystem darstellt. Die neure systemtheoretische Literatursoziologie (vgl. zum Folgenden Werber 1992; Plumpe/Werber 1993; Plumpe 1993; Plumpe 1995) hat vor diesem Hintergrund die These aufgestellt, dass sich im Zuge der Umstellung des Gesellschaftssystems auf funktionale Differenzierung im 18. Jahrhundert ein autonomes Teilsystem Kunst bzw. Literatur ausdifferenziert hat, was zunächst bedeutet, dass Kunst nicht mehr durch andere Teilsysteme ersetzbar ist und ihrerseits diese nicht substituieren kann. Kunst ist nicht Religion, Religion ist nicht Kunst. Erst wenn es sozial möglich ist, dass man ästhetisch genießt, was man beispielsweise moralisch zurückweist, etwa mit dem Mörder in einem Serienkillerfilm sympathisiert oder als Linksliberaler Gefallen an Selbstjustizthrillern findet, lässt sich von moderner künstlerischer Kommunikation sprechen. Der Film als künstlerische Kommunikation ist autonom, gibt sich sein Gesetz selbst, wenn er nur nach Maßgabe seiner eigenen Präferenzen operiert und nicht primär gesellschaftskritisch, pädagogisch wertvoll, moralisch einwandfrei sein will.

Ich möchte mich hier dem Vorschlag von Gerhard Plumpe und Niels Werber (1993) anschließen und davon ausgehen, dass sich das Kunstsystem im 18 Jahrhundert deshalb erfolgreich durchsetzen und stabilisieren konnte, weil es ein ganz drängendes soziales Problem löste: nämlich das Problem freier Zeit. Erst im Verlaufe des 18. Jahrhunderts kam es nämlich zu einer Entkopplung der Arbeitszeit aus einer Gemengelage heterogener Tätigkeiten sowie der Befreiung ›freier Zeit‹ von religiösen bzw. moralischen Erbauungs- und Belehrungsdirektiven und es stellte sich die Frage, wie das zunehmend alle Schichten betreffende Problem ›ungebundener Zeit‹ in der sich funktional differenzierenden Gesellschaft gelöst werden könnte. Auf der Grundlage der Auswertung zeitgenössischen Quellenmaterials wurde von zahlreichen Literaturhistorikern (vgl. Blaicher 1977; Schön 1987) denn auch ›Langeweile‹ als das soziale Problem bestimmt, auf welches das Kunstsystem mit seinem Funktionsversprechen der ›Unterhaltung‹ reagierte. Als eines der ersten Subsysteme der Kunst etablierte sich zunächst das Literatursystem, nach dessen Strukturmuster sich weitere Kunstsparten wie Film und Musik als funktional äquivalente Kommunikationsbereiche herausbildeten.

Freilich kann vieles interessant oder unterhaltsam sein. Von einem auf die Unterhaltungsfunktion spezialisierten Filmsystem kann daher nur dann plausibel die Rede sein, wenn diese *Funktion* durch die *binäre Codierung* ›interessant vs. langweilig‹, *das symbolisch generalisierte Medium* ›Genre‹ und die asymmetrischen *Funktionsrollen* des Produzenten und Rezipienten gestützt werden. Die textuelle Ebene wird dabei nicht nur nicht ignoriert, ihr kommt als eine der drei Komponenten der Kommunikation, als Mitteilung, per definitionem eine Schlüsselposition zu. Nur darf sich eine soziologische Filmanalyse nicht damit begnügen, ihre Aufmerksamkeit auf die ›Was‹-Ebene der Mitteilung zu konzentrieren, sondern muss unter Beachtung des Genrerahmens untersuchen, wie filmische Texte versuchen, das Interesse ihrer potentiellen Publika zu wecken und zu halten – welche ästhetischen und spannungsbezogenen Gestaltungsstrategien hierbei zum Einsatz gebracht werden.[3]

[3] An dieser Stelle muss sich der Autor mit dem Hinweis auf eigene künftige Forschungsprojekte zur systemsoziologischen Filmanalyse begnügen.

Film zwischen Regional- und Weltkultur

Die abschließenden Ausführungen sollen der Frage gelten, ob es unter diesen Prämissen in der modernen Weltgesellschaft so etwas wie globalisierte Kunst gibt. Zunächst: Wer in Japan, Russland, Indien oder Iran beispielsweise einen Actionfilm dreht, muss sich an den aktuellen Genrestandards des Actionkinos messen lassen – ein iranischer Actionfilm z.B. wird kaum mit nachsichtigeren Filmrezipienten rechnen dürfen, weil der Actionfilm in Iran keine lange Tradition habe; wenn ein Rezipient ihn als ein spannendes oder eben auch langweiliges Exemplar der Gattung ansieht, spielt der Produktionsort keine weitere Rolle. Insofern die Erwartungen des Publikums sich also an Genrekonventionen orientieren, kann in diesem Falle von Weltkunst gesprochen werden, die lediglich im Falle der Synchronisation eine lokale Note bekommt.

Aber, und das ist ein großes Aber: Gibt es denn auf der ganzen Welt eigentlich Kunst in dem hier konturierten, autonomen Sinne? Diese Frage kann freilich nicht ontologisch oder substantiell beantwortet werden, anhand der »Eigenschaften« des Objektes. Die Befunde der Kunstsoziologie gelten – das muss man hier in aller Deutlichkeit konzedieren – primär für westeuropäische Gesellschaften der letzten dreihundert Jahre. Nur in der Perspektive des westeuropäischen und nordamerikanischen Beobachters gibt es so etwas wie Weltgesellschaft oder Weltkunst.

Von der Globalisierungstheorie, die sich bislang vornehmlich auf die Systeme der Politik und der Wirtschaft kapriziert, sind in Bezug auf die globalen Dimensionen von Kunst und Film keine nennenswerten Überlegungen vorgelegt worden; und was heute vorschnell als Filmsoziologie etikettiert wird, überwiegend aber nur Textsoziologie ist, ist weit davon entfernt, solche Fragen auf ihre Agenda zu setzen, geschweige denn, darauf substantielle Antworten zu geben.

Literatur

Akalin, Fehmi (2011): *Die kulturellen Dimensionen des Sozialen. Ein Vergleich handlungstheoretischer und systemsoziologischer Kulturkonzepte,* Hamburg: Kovac.

Albers, Thies/Grundmann, Matthias (2008): »Familie im Film – Die Familie im filmischen Wandel«. In: Markus Schroer (Hg.): *Gesellschaft im Film.* Konstanz: UVK, S. 87-110.

Blaicher, Günther (1977): *Freie Zeit, Langeweile. Literatur,* Berlin u.a.: De Gruyter.

Bordwell, David/Thompson, Kristin (2001): *Film Art. An Introduction*, New York u.a.: Mcgraw-Hill.

Dörner, Andreas/Vogt, Ludgera (1994): *Literatursoziologie. Literatur, Gesellschaft, Politische Kultur*, Opladen: VS.

Dreyfus, Hubert/Rabinow, Paul (1987): *Michel Foucault. Jenseits von Strukturalismus und Hermeneutik*, Frankfurt/M.: Suhrkamp.

Faulstich, Werner (1995): *Die Filminterpretation*, Göttingen: Vandenhoeck & Ruprecht.

Faulstich, Werner (2002): *Grundkurs Filmanalyse*, München: UTB.

Fiske, John (1987): *Television Culture*, London/New York: Methuen young books.

Fiske, John/Dawson, Robert (1996): »Audiencing Violence. Watching Homeless Men Watch Die Hard«. In: James Hay/Lawrence Grossberg/Ellen Wartella (Hg.): *The Audience and its Landscape*, Boulder: Westview Press, S. 297-316.

Fügen, Hans Norbert (1964): *Die Hauptrichtungen der Literatursoziologie und ihre Methode. Ein Beitrag zur literatursoziologischen Theorie*, Bonn: Bouvier.

Göttlich, Udo (2008): »Jugend und Jugendlichkeit im Film«. In: Markus Schroer (Hg.): *Gesellschaft im Film*, Konstanz: UVK, S. 129-147.

Gugutzer, Robert (2008): »Sport im Film«. In: Markus Schroer (Hg.): *Gesellschaft im Film*, Konstanz: UVK, S. 230-262.

Hickethier, Knut (2001): *Film- und Fernsehanalyse*, Stuttgart/Weimar.

Hoffmann, Dagmar (2008): »Sexualität, Körper und Geschlecht im Film«. In: Markus Schroer (Hg.): *Gesellschaft im Film*, Konstanz: UVK, S. 198-228.

Kuchenbuch, Thomas (2005): *Filmanalyse. Theorien – Modelle – Kritik*, Wien u.a.: UTB.

Kanzog, Klaus (2007): *Grundkurs Filmsemiotik*, München: diskurs film.

Kieserling, André (1999): *Kommunikation unter Anwesenden: Studien über Interaktionssysteme*, Frankfurt/M.: Suhrkamp.

Luhmann, Niklas (1984): *Soziale Systeme. Grundriß einer allgemeinen Theorie*, Frankfurt/M.: Suhrkamp.

Luhmann, Niklas (1987): »Was ist Kommunikation?«. In: Ders. (1995): *Soziologische Aufklärung 6. Die Soziologie und der Mensch*, Opladen: VS, S. 113-124.

Mai, Manfred/Winter Rainer (2006): »Kino, Gesellschaft und soziale Wirklichkeit. Zum Verhältnis von Soziologie und Film«. In: Dies. (Hg.): *Das Kino der Gesellschaft – die Gesellschaft des Kinos. Interdisziplinäre Positionen, Analysen und Zugänge*, Köln: Halem, S. 7-23.

Moebius, Stephan/Weber, Tina (2008): »Tod im Film. Beitrag über mediale Repräsentationen des Todes«. In: Markus Schroer (Hg.): *Gesellschaft im Film*, Konstanz: UVK, S. 264-307.

Neckermann, Gerhard (2001): »Besucherstruktur, Besucherverhalten und Image des Kinos. Das Kinopublikum 1993 bis 2000«. In: *Media Perspektiven* 10/2001, S. 514-523.

Plumpe, Gerhard (1993): *Ästhetische Kommunikation der Moderne Band 1: Von Kant bis Hegel*, Opladen: VS.

Plumpe, Gerhard (1995): *Epochen moderner Literatur. Ein systemtheoretischer Entwurf*, Opladen: VS.

Plumpe, Gerhard/Werber, Niels (1993): »Literatur ist codierbar. Aspekte einer systemtheoretischen Literaturwissenschaft«. In: Siegfried J. Schmidt (Hg.): *Literaturwissenschaft und Systemtheorie. Positionen, Kontroversen, Perspektiven*, Opladen: VS, S. 9-43.

Raab, Jürgen/Soeffner, Hans-Georg (2008): »Politik im Film. Über die Präsentation der Macht und die Macht der Präsentation«. In: Markus Schroer (Hg.): *Gesellschaft im Film*, Konstanz: UVK, S. 171-196.

Reckwitz, Andreas (2000): *Die Transformation der Kulturtheorien. Zur Entwicklung eines Theorieprogramms*, Weilerswist: Velbrück.

Searle, John R. (1982): »Der logische Status fiktionalen Diskurses«. In: Ders.: *Ausdruck und Bedeutung*, Frankfurt/M.: Suhrkamp, S. 80-97.

Schön, Erich (1987): *Der Verlust der Sinnlichkeit oder Die Verwandlung des Lesers – Mentalitätswandel um 1800*, Stuttgart: Klett-Cotta.

Schroer, Markus (2008): »Einleitung. Die Soziologie und der Film«. In: Ders. (Hg.): *Gesellschaft im Film*, Konstanz: UVK, S. 7-3.

Stäheli, Urs (2005): »Das Populäre als Unterscheidung. Eine theoretische Skizze«. In: Gereon Blaseio/Hedwig Pompe/Jens Ruchatz (Hg.): *Popularisierung und Popularität*, Köln: Dumont, S. 146-167.

Strobel, Ricarda (1992): »Die Gegenbewegung – vom Protest zurück zur Unterwerfung: LOVE STORY (1970)«. In: Werner Faulstich/Helmut Korte (Hg.): *Fischer Filmgeschichte. Band 4: Zwischen Tradition und Neuorientierung. 1961-1976*, Frankfurt/M.: Suhrkamp, S. 185-201.

Weingart, Peter (2008): »Wissenschaft im Spielfilm«. In: Markus Schroer (Hg.): *Gesellschaft im Film*, Konstanz: UVK, S. 333-355.

Werber, Niels (1992): *Literatur als System. Zur Ausdifferenzierung literarischer Kommunikation*, Opladen: VS.

Winter, Rainer (1992): *Filmsoziologie. Eine Einführung in das Verhältnis von Film, Kultur und Gesellschaft*, München: Halem.

Winter, Rainer (1995): *Der produktive Zuschauer. Medienaneignung als kultureller und ästhetischer Prozess*, München: Halem.

Carsten Heinze

Die Wirklichkeit der Gesellschaft im Film. Dokumentarfilme als Gegenstand der Filmsoziologie

Einleitung: Die Gegenwart des Dokumentarfilms

Im September 2011 erlebte der aufwendig produzierte Dokumentarfilm *Whore's Glory* (2011) – ein »Hurenfilm«, wie es im Untertitel heißt – des österreichischen Filmemachers Michael Glawogger seinen Kinostart. Die Arbeiten daran nahmen mehr als vier Jahre in Anspruch. In diesem Film behandelt Glawogger das Thema Prostitution, ein »großes und emotional komplex besetztes Thema, das keinen kalt lässt, zu dem jeder eine Meinung und von dem kaum jemand wirklich Ahnung hat«, wie es auf der Homepage heißt.[1] Während der Dreharbeiten betrat Glawogger Orte, zu denen bisher keine Kamera Zutritt hatte. Für sein »filmisches Triptychon« bereiste er Thailand, Nepal, Mexiko und Bangladesh, um die »Sehnsüchte, Hoffnungen und Bedürfnisse« der Prostituierten aus ihrer Sicht erzählen zu können.[2] Damit besetzt Michael Glawogger ein bekanntes und gleichzeitig provozierendes Thema, das mit diesem Dokumentarfilm aus seiner Schattenexistenz ins Licht einer breiteren Öffentlichkeit gerückt wird. Bereits in den früheren Dokumentarfilmen *Workingsman's Death* (2004) und *Megacities* (1998) erregte er durch die Art seines filmkünstlerischen Schaffens und dem gleichzeitigen dokumentarfilmischen Anspruch, durch seine herausfordernde Bildästhetik in Verbindung mit der Wahl seiner Themen, große Aufmerksamkeit. In diesen früheren, für dieses Filmgenre als erfolgreich zu bezeichnenden Dokumentarfilmen gelang es Glawogger, anspruchsvolle Bilder einer globalisierten Arbeitswelt und ihrer kaum wahrgenommenen Schattenseiten zu schaffen, die der Komplexität ihrer Themen gerecht wurden. Gleichzeitig greift Glawogger mit diesen Filmen zentrale Themen der Soziologie auf: Arbeit, Urbanisierung und soziale Ungleichheit in einem globalen Kontext.

Dokumentarfilme haben in den letzten Jahren Konjunktur und prägen unsere Film- und Medienkultur. Sie erreichen die großen Kinos, lösen kontro-

[1] Vgl. http://www.whoresglory.at/inhalt.htm (Stand August 2011); dazu auch das zu diesem Film erschienene Buch mit Geschichten und Bildern von Michael Glawogger (2011).
[2] Vgl. http://www.glawogger.com/produktion.php (Stand August 2011).

verse Diskussionen aus und sind auch ökonomisch erfolgreich (vgl. Fraller 2007: 41). Dazu haben nicht nur die Filme Michael Moores beigetragen, die wichtige Diskurse innerhalb der US-amerikanischen Gesellschaft aufgreifen und zu einer kritisch-unterhaltenden Darstellung aufbereiten. Auch andere Dokumentarfilme wie der Oscar-prämierte *Inside Job* (2010) von Charles Ferguson, *The Fog of War* (2003) von Errol Morris, *Earth* (deutscher Filmtitel: *Unsere Erde*, 2007) von Alastair Fothergill und Mark Linfield oder *Supersize Me* (2004) von Morgan Spurlock konnten zur transnationalen Kritik an einer globalisierten Wirtschaft, Krieg, Naturkatastrophen und Nahrungsmittelkonsum beitragen. Es scheint, als befreie sich der Dokumentarfilm gegenwärtig aus seinem Nischendasein. Dokumentarfilmer trauen sich (wieder) an die großen sozialen, politischen, kulturellen, ökonomischen und ökologischen Themen unserer Zeit und schrecken auch vor der Darstellung »unbequemer Wahrheiten«, wie Davis Guggenheim und Al Gore mit *An Inconvenient Truth* (2006) gezeigt haben, nicht zurück. Im Gegenteil, es scheint, als erspielten sich zeitgenössische Dokumentarfilme gerade durch ihre kontroversen Inhalte und ungewöhnlichen Perspektiven, durch ihre beeindruckenden Bilder wieder ein größeres Publikum, das diesem Filmgenre lange Zeit fehlte. Jedoch sind nicht alle Dokumentarfilme so erfolgreich wie die oben genannten. Ein Großteil der Dokumentarfilmproduktionen bleibt kleineren Programmkinos oder Bildungsinstitutionen vorbehalten, oder aber wird von vorneherein für das TV hergestellt. Für die Soziologie stellt dieses Filmgenre ein bisher kaum genutztes Quellenmaterial zur Verfügung, das »Bilder des Wirklichen« (vgl. Hohenberger 2006), Gesellschaftsansichten, auf vielfältige Art und Weise vermittelt. Um es noch zugespitzter zu formulieren: Die Geschichte des Dokumentarfilms in ihren vielfachen Ausprägungen birgt für die soziologische Analyse gegenwärtiger und vergangener Gesellschaften ein derart reichhaltiges Anschauungs- und Lehrmaterial, das in seiner informativen Komplexität und (audio-)visuellen Reichhaltigkeit bisher nur erahnt werden kann. Im Rahmen medien-, film-, wissens- oder kultursoziologischer Betrachtungen gilt es, diese Potentiale in ihrer thematischen wie ästhetischen Vielschichtigkeit zu bergen.

Wie aber kommt es zur gegenwärtigen Faszination dieses im Gegensatz zum Spielfilm als trocken empfundenem und schwer zugänglichem, oftmals anstrengendem Filmgenre? Warum zieht der Dokumentarfilm mit seinem plakativen Versprechen, die Welt »zu zeigen, wie sie ist« (Hickethier 2007: 183), so große Zuschauerzahlen vor die Leinwand? »Das Reale wird zur Obsession« – so beschreibt der Medienwissenschaftler Norbert Bolz die Reaktion auf die Paradoxie, dass unsere heutigen Medienangebote einerseits Informationsmöglichkeiten und Seherfahrungen ungeahnten Ausmaßes zur Verfügung stellen, andererseits aber mit ihrer »Inszenierungsmacht immer tiefer in die Wirklichkeit eindringen« und diese dadurch in ihrem Sinne (ver-)formen und prägen. Die fortwährende mediale Simulation erzeuge, so Bolz, ein Bedürfnis nach dem »wirklich Wirklichen« (vgl. Bolz 2002: 327).

Setzt man die Erwartungshaltung des Zuschauers voraus, dass Dokumentarfilme sich durch einen realistischen Bezugs- und Referenzrahmen auszeichnen, so lässt sich vermuten, dass in einer Welt abnehmender Gewissheiten und sozialem Umstrukturierungsprozessen in neuen und alten »Risikogesellschaften« (vgl. Beck 1986) Dokumentarfilme durch ihren faktischen Objektivitäts- und Wahrheitsanspruch eine Orientierungs-, Aufklärungs- und Informationsfunktion übernehmen. Hinzu kommt, dass Dokumentarfilme eine Kritik an bestehenden Verhältnissen wagen, die selten so scharf formuliert und gleichsam so unterhaltsam dargeboten worden ist. Gibt es einen »neuen (audiovisuellen) Wissenshunger« gegenüber regionalen und globalen Vorgängen in der Welt oder ist »Politikverdrossenheit« verantwortlich für die Sympathien, die dem Dokumentarfilm zurzeit entgegen gebracht werden (vgl. Teissl/Kull 2006: 9)? Und was lässt sich aus der Herausbildung neuer Dokumentarfilmformen, in denen Unterhaltung und Information, Fiktion und Realität, vermengt werden, für soziologische Analysen ableiten? Welche soziologischen Einsichten lassen sich aus der Betrachtung von *Inhalt, Form* und *Vereinnahmungsstrategien* des Dokumentarfilms hinsichtlich (audio-)visueller Kulturen der Moderne gewinnen? Und schließlich: Welche Rückschlüsse lassen sich über die Geschichte des Dokumentarfilms auf Perspektivierungen des Sozialen, Politischen und Kulturellen im historischen Wandel werfen? Mit diesen Fragen werden wichtige erkenntnistheoretische, methodologische bzw. methodische wie auch empirische Bereiche berührt.

Theoretische Bestimmungsversuche des Filmgenres Dokumentarfilm in Abgrenzung zum Spielfilm

Folgende Fragen scheinen nicht nur für die Filmwissenschaften, sondern in einem gesellschaftlichen Bezugsrahmen auch für die Soziologie angesichts der Frage, auf welche Weise soziale Wirklichkeiten medial konstruiert und vermittelt werden, bedeutsam: Was ist ein Dokumentarfilm und wie lässt sich dieser sinnvoll in Abgrenzung zum Spielfilm begründen? Wodurch unterscheiden sich dokumentarische Filmformate von fiktiven Filmen? Lassen sich allgemeingültige Kriterien benennen, oder sind Grenzziehungen eher ein wahrnehmungsabhängiges, ideologisch gefärbtes, sich wandelndes Medienkonstrukt? Handelt es sich beim Dokumentarfilm überhaupt um ein eigenes Filmgenre (vgl. Heller 2001: 15)? Um sich theoretisch sinnvoll mit Dokumentarfilmen als eigenem Genre beschäftigen zu können, muss dieser vom Spielfilm different wahrgenommen werden, eine Unterscheidung muss akzeptiert werden (vgl. Hohenberger 2006: 9). Im Unterschied zum fiktiven Spielfilm muss von der »Wahrheitsfähigkeit« (nicht: Wahrheit!) des Dokumentarfilms ausgegangen werden, um eine Differenz begründen zu können, auch wenn sich die Stilmittel des (fiktiven wie nicht-fiktiven) Films oftmals gleichen (vgl. Arriens 1999). Bis heute wird über Abgrenzungsfragen gestritten, wobei diese immer auch historisch kontextualisiert werden müssen. Die Auseinandersetzungen um die Frage nach einer Differenz reichen bis in die Anfänge der Filmgeschichte zurück und beginnen in der Frühzeit des Kinos mit der Unterscheidung zwischen fiktiven und nicht-fiktiven Filmen (vgl. Jung/Loiperdinger 2005). Diese Differenzierung in Fiktion und Nicht-Fiktion wird bereits mit den ersten filmischen Aktualitäten der Brüder Lumières im Gegensatz zu den Studiofilmen Georges Méliès fundiert, auch wenn diese frühe Unterscheidung mittlerweile angezweifelt wird (vgl. Elsaesser 2001: 27). So haben Filmstudien nachweisen können, dass bereits zu Beginn der Filmgeschichte Fakten und Fiktionen sowie Inszenierungen untrennbare Bestandteile beider Filmgenres waren: »As a result, twentieth-century critical theories of cinema developed around the given of narrative – the dominance of fiction films that are scripted, staged, and performed – rather than a notion of the cinema as a record of the unscripted social ›fact‹. Such emphases in critical thinking, however, inevitably produce certain blind spots. For instance, traditional histories of film tended to ignore the frequent intermingling of documentary and fictional devices in narrative films which constitutes a persistent tendency in the cinema from its very beginning. As a visual medium based upon a photographic representation of the world, the cinema has always been uniquely suited to such ambiguities regarding the fictional and factual status of its representations« (Springer/Rhodes 2006: 3).

Obwohl eine Antwort zur Fundierung des Filmgenres Dokumentarfilm aufgrund der Vielfalt seiner Formate und Themen schwer zu geben ist und Abweichungen eher die Regel als die Ausnahmen sind, lässt sich aus der Begriffsdefinition bereits eine allgemeine Auffassung darüber gewinnen, was ein Dokumentarfilm gegenüber einem Spielfilm zu *leisten* habe. »Documentum« kommt von dem lateinischen Wort »docere« und meint etwas nachweisen, belegen, aufzeigen, aber auch belehren und beschreiben; ferner die Bestätigung und Glaubwürdigkeit einer Wahrheit oder eines Sachverhalts, wobei entscheidend ist, *wodurch* etwas dokumentiert wird (Medium Film/Form) und *was* dokumentiert wird (Inhalt) (vgl. Arriens 1999: 18). Während im Spielfilm eine geschlossene erzählerische Struktur auf Grundlage einer fiktiven Dramaturgie vorherrscht, wird unter einem Dokumentarfilm die exakte Wiedergabe einer vorgefundenen Realität verstanden, also jede nicht-fiktive Aufarbeitung von Informationen (vgl. Grassl 2007: 16ff.). Die Beobachtung von Wirklichkeit und deren authentische Wiedergabe ist ein zentraler Aspekt des Dokumentarfilms. Dies gilt in einem weit gefassten Sinne allerdings auch für den Spielfilm: Das, was vor der Kamera als fiktionale Inszenierung passiert, ist insofern dokumentarisch, als es als ein Dokument einer bestimmten Aufzeichnungssituation, einer bestimmten filmstilistischen Epoche, gelesen werden kann. Jedoch hilft diese relative Bestimmung kaum weiter. Die dokumentarische Darstellung wird vielmehr dadurch dokumentarisch, dass sie ein direktes Referenzverhältnis zur vorfilmischen Wirklichkeit *behauptet* und dies vom Zuschauer so *akzeptiert* wird; eine Überprüfung dieser Behauptung ist nur selten möglich (vgl. Hickethier 2007: 181). Hinzu kommt, dass Dokumentarfilme im Horizont nicht-fiktiver Filme im Gegensatz zum »Factual Film« eine spezifische soziale oder politische Aussage haben, und nicht bloß eine »Ästhetik der Ansicht« (Gunnings 1995) wie in den frühen Actualités vermitteln; auch können Dokumentarfilme, wie etwa im Bereich des dokumentarfilmischen Essays, künstlerische und selbstreflexive Ambitionen einschließen (vgl. Barsam 1973: 3ff.; dazu auch Meyer 2005), wie die Essayfilme Alexander Kluges oder Harun Farockis zeigen. Diese in den Bereich des Kunst- bzw. Experimentalfilm hinein gehende Form des Dokumentarfilms schließt eine erkenntnistheoretische Perspektive mit ein, befragt jedoch auch die dokumentarfilmischen Sehgewohnheiten und gewöhnlichen Unterscheidungen (vgl. Pantenburg 2006). Sozialkommunikativ unterstützt wird die öffentliche Wahrnehmung des Genres Dokumentarfilm durch seine Paratexte, die den Dokumentarfilm als solchen im filmischen Diskurs ausweisen und damit dessen außerfilmischen Referenzbezug verbürgen sollen.[3]

Ellis und McLane unterscheiden den Dokumentarfilm von der narrativen Fiktion und dem experimentellen Avantgardefilm. Folgende Merkmale werden genannt: »Characteristics documentaries have in common that are distinct from other film types (especially from the fiction film) can be thought of in terms of: (1) subjects; (2) purposes, viewpoints, or approaches; (3) forms; (4) production methods and techniques; and (5) the sorts of experience they offer audience« (vgl. Ellis/McLane 2009: 1ff.). Hohenberger fügt als weiteres Unterscheidungsmerkmal die unterschiedliche Ökonomie des Dokumentarfilms (weniger kapitalintensiv, andere Vertriebswege) gegenüber dem finanziell und institutionell sehr viel besser ausgestatteten Spielfilm hinzu (vgl. Hohenberger 2006: 20). Der Gegenstand des Dokumentarfilms ist von öffentlichem Interesse, Personen (keine Schauspieler), Orte (reale Orte) und Ereignisse (tatsächliche Ereignisse) sind aktuell und beruhen für gewöhnlich auf zeitgemäßen Vorgängen. Dokumentarfilme sollen einen bestimmten Zugang zu einem sozialen Thema vermitteln, darin etwas Neues zeigen, informieren oder überzeugen. Es soll ein Verständnis für einen bestimmten Gegenstand entwickelt, »Aufklärung und Wissen über die real existierende Welt« vermittelt werden (vgl. ebd.). Dem Zuschauer wird so eine bestimmte dokumentarfilmische Wirklichkeitserfahrung angeboten (vgl. Schändlinger 1998), die mehr oder weniger nah an seinem eigenen Erfahrungs- und Wissenshorizont ansetzt, die er in sich nachvollziehen kann: Diese angebotene Wirklichkeitserfahrung trägt zum einen thematisch-diskursive Züge, zum anderen wird sie aber auch in einer bestimmten dokumentarfilmischen Bildsprache kommuniziert. Die Grenzen der Darstellung ergeben sich aus den Grenzen der realen Darstellbarkeit und der Erreichbarkeit entsprechenden Bildmaterials. »Docufictions« überschreiten die Differenzierung

---

[3] Zu den filmischen Paratexten gehören alle Filmbesprechungen, Genreangaben, die dargestellten Personennamen und die Begleittexte, auch der Autorname, mit dem möglicher Weise ein bestimmter Stil verbunden ist.

zwischen dokumentarischen und fiktiven Aufnahmen und bilden so eine Mischform, in der real abgelaufene, jedoch (audio-)visuell nicht rekonstruierbare Szenen durch Schauspieler szenisch nachgespielt werden (vgl. Springer/Rhodes 2006: 4ff.). Während der Spielfilm vorwiegend auf erfundenen Geschichten beruht oder sich die Freiheit der fiktiven Gestaltung nimmt, ist der Dokumentarfilm von (nicht wiederholbaren) Realitäten und dem chronologischen Verlauf von realen Ereignissen abhängig, die erst in der Montage zu einer eigenen filmischen Realität zusammengesetzt werden. Diese unterscheidet sich von der außerfilmischen Realität, jedoch steht sie in einem direkten oder vermittelten Bezugsrahmen zu dieser. Während der Spielfilm Zufälle grundsätzlich ausschalten kann und muss, muss der Dokumentarfilm gerade mit diesen rechnen. Sie erst machen die Ablauf- und Zeitstruktur des Dokumentarfilms aus.

Es gibt medien- und filmwissenschaftlich unterschiedliche theoretische Ansätze zur Bestimmung des Dokumentarfilms: Es kann zwischen Darstellungs- und Rezeptionsansätzen differenziert werden. Der Dokumentarfilmtheoretiker Nichols unterscheidet sechs Modi der Wirklichkeitsdarstellung (»modes of representation«): »expository mode, oberservational mode, interactive mode und reflexive mode« (vgl. Nichols 1991: 32ff.); später fügte er noch den »performative mode« (vgl. Nichols 1995) sowie den »poetic mode« (vgl. Nichols 2001) hinzu. Alle sechs Modi finden sich in der Geschichte des Dokumentarfilms, mit allen Modi wird ein bestimmtes dokumentarfilmisches Wirklichkeitsverhältnis ausgedrückt: Der »expository mode« arbeitet an der Erklärung und Aufhellung seines Gegenstandes und dient der rhetorischen Überzeugung. Die filmische Realität wird als in sich geschlossene Form eines Sachverhalts ausgestellt. Die Voice-Over-Stimme dient als objektivierender Off-Kommentar zur argumentativen Stützung und Herstellung von Objektivität. Diese Form ist kennzeichnend für die Filme Robert Flahertys und John Griersons (vgl. Nichols 1991: 34ff.). Der »observational mode« unterscheidet sich vom »expository mode« durch seine reine Beobachtungsform, den Verzicht auf Off-Kommentare und der Entfaltung von Handlungsprozessen im Bild. Der Filmemacher greift in diese Prozesse nicht ein. Es gilt, keine begrenzten Zeitrahmen zu setzen, sondern alles in »Echtzeit« einzufangen. Die filmische Beobachtung soll dabei der menschlichen Wahrnehmung möglichst nahe kommen und vermittelt so den Eindruck eines direkten Wirklichkeitsbezugs. Der »observational mode« wird mit dem Direct Cinema in Verbindung gebracht (vgl. ebd.: 38ff.). Wichtige Vertreter dieses Modus sind Richard Leacock, Frederick Wiseman, D. A. Pennebaker, die Maysles-Brüder sowie für den deutschsprachigen Raum Klaus Wildenhahn. Der »interactive mode« provoziert im Gegensatz zum »observational mode« durch die Anwesenheit der Kamera Handlungen und Reaktionen. Interaktionen zwischen den Filmemachern und den dargestellten Personen werden ausdrücklich angestrebt, sei es in Form von direkt geführten Interviews oder aber als Stimulans zu Handlungen vor der Kamera. Dieser Modus kann provozierend wirken und Protagonisten zu Reaktionen veranlassen, die in ihren Folgen für den weiteren Verlauf kaum abzusehen sind. Der »interactive mode« wird mit den Filmen Dziga Vertovs, vor allem aber mit den Vertretern des Cinéma Vérité, etwa den Filmen Jean Rouchs, in Verbindung gebracht (vgl. ebd.: 44ff.). Der »reflexive mode« befragt auf einer Metaebene die Erkenntnismöglichkeiten der dokumentarfilmischen Wirklichkeitserschließung selbst, arbeitet also an der Frage, *wie* Wirklichkeiten im Dokumentarfilm verarbeitet werden. Die technisch-medialen Entstehungsbedingungen werden als konstruktives Element selbst in die dokumentarfilmische Darstellung eingearbeitet und sichtbar gemacht (vgl. ebd.: 56ff.). Klassisches Beispiel hierfür ist Vertovs *Der Mann mit der Kamera* (1928), in dem an vielen Stellen die Kamera als beobachtendes Auge (*Kinoglaz*) inszeniert wird. Bereits an diesen Beispielen wird deutlich, dass die Modi typologisch nicht in Reinform vorkommen, sondern dass ein Dokumentarfilm durchaus verschiedene Modi beinhalten kann. Jedoch geht Nichols davon aus, dass ein Modus dominant auftritt. Der »poetic mode« arbeitet ästhetisch und sucht eine poetische Formsprache. Er orientiert sich an kunstästhetischen Vorbildern wie der klassischen musikalischen Symphonie-Struktur wie in Walter Ruttmanns *Berlin: Die Sinfonie der Großstadt* (1927). Der »performative mode« schließlich orientiert sich am Experimental- und Spielfilm und ist die am schwersten zu fassende Darstellungsform. Er vereint ästhetische Ansätze, bringt seinen Gegenstand durch die subjektive Handschrift des Regisseurs hervor und integriert auch Elemente aus anderen Modi (vgl. Hißnauer 2011: 87). Der Musikdokumentarfilm *Joy Division* (2007) von Grant Gee ist Beispiel für einen performativen Dokumentarfilm, in dem mithilfe ästhetischer Inszenierungen subjektive Erinnerungsprozesse dargestellt und durch visuelle Verfremdungen die befremdliche Klangästhetik dieser Band sowie die Aura ihres verstorbenen Sängers Ian Curtis eingefangen werden sollen (vgl. Heinze 2011). Alle Modi lassen den Zuschauer als Wahrnehmungsinstanz außer Acht und sind allein an Kriterien interessiert, die sich aus der dargestellten dokumentarfilmischen Realität ableiten lassen.

Die pragmatischen Ansätze der Dokumentarfilmtheorie beschäftigen sich mit der Rezeptionsseite und fragen, wie zwischen Dokumentar- und Spielfilm in der Rezeptionssituation unterschieden werden kann; sie rücken damit von normativen, essentiellen oder textuellen Bestimmungen des dokumentarischen Modus ab. Ferner fragen sie nach dem sozialen Gebrauch von Dokumentarfilmen und verweisen so auf den soziokulturellen Kontext ihrer Verwendung (vgl. Hißnauer 2011: 61). Ein wichtiger Vertreter des semiopragmatischen Ansatzes ist Roger Odin. Er bezieht sich auf die Rezeptionsseite und unterscheidet verschiedene Lektüreweisen, die durch interne (filmische) und externe (institutionelle) Produktionsmodi aufgerufen werden. Entscheidend ist hierbei, welches Bild sich der Zuschauer vom »Enunziator« als Hervorbringer und Ausgangspunkt der Filmkommunikation macht (vgl. Odin 2006 [1984]: 260). Im Dokumentarfilm ist dies das »reale Ursprungs-Ich« im

Gegensatz zum »fiktiven Ursprungs-Ich« des fiktiven Films, der Zuschauer geht also von der »Realität des Enunziators« und seinen realen Absichten aus. Eine dokumentarisierende Lektüre wird durch »Aktivierung realitätsbezogener Schemata« in Gang gesetzt (vgl. Hohenberger 2006: 20f.). Im Mittelpunkt steht somit weniger die Frage, was ein Dokumentarfilm *ist* bzw. *wie er sein soll*, sondern gefragt wird nach der filmischen Inszenierung von Realität des Dargestellten, die sich weniger aus dem Abgebildeten selbst, als aus Zuschreibungen seitens der Zuschauer (oder beteiligter Institutionen) sowie den verwendeten Filmcodes (den stilistischen Merkmalen des Films) ableiten lässt. So begründet sich aus einem semio-pragmatischen Verständnis die Unterscheidung zwischen Dokumentar- und Spielfilm als sozialkommunikative Zuschreibungsform. Jedoch hält auch Odin an der Produktseite fest, da er seine rezeptiven Lektüreweisen aus dem Film idealtypisch und theoretisch ableitet und damit nicht empirisch die tatsächliche Rezeptionssituation des Zuschauers einfängt.

Die Unterscheidung von Dokumentar- und Spielfilmen ist eine Unterscheidung, die sich historisch verändert. Medientheoretisch sind Dokumentar- und Spielfilm nicht als kategoriale Gegensätze, sondern als Differenzverhältnis zu begreifen: »[...] Insofern ist medientheoretisch kein prinzipieller Gegensatz zwischen Dokumentar- und Fiktionsfilm anzusetzen. Gleichwohl zeigt die Lebens- und Alltagserfahrung, daß wir durchaus zwischen Dokumentar- und Spielfilm zu unterscheiden gewohnt sind. Und diese Unterscheidung macht auch einen Sinn: Nur ist diese Unterscheidung nicht auf einem Oppositions-, sondern auf einem Differenzverhältnis zu begründen« (Heller 2001: 18). Oftmals ist eine Zuordnung nur schwer zu treffen oder verändert sich im Laufe der Zeit, sobald Sehgewohnheiten sich wandeln oder irritiert werden: Handelt es sich beispielsweise bei *Persepolis* (2007) von Marjane Satrapi oder *Waltz with Bashir* (2008) von Ari Folman um Dokumentarfilme, obwohl beide auf der Grundlage eines (autobiographischen) Comics als Animationsfilme produziert worden sind und damit den realen außerfilmischen Wirklichkeitsbezug des dokumentarischen Bildes vermissen lassen?[4] Wie verhält es sich mit Dokumentarfilmen, die mit dem Gestus auftreten, scheinbar Verborgenes zu dekuvrieren, »Wahrheiten« zutage zu fördern, wie beispielsweise die (verschwörungstheoretischen) Filme *Zeitgeist* (2007) von Peter Joseph oder *Loose Change* (2006) von Dylan Avery? Und umgekehrt: Wie dokumentarisch ist beispielsweise Michael Hanekes Trilogy (*Der siebente Kontinent* (1989), *Benny's Video* (1992) und *71 Fragmente einer Chronologie des Zufalls* (1994)), dessen Filme allesamt auf reale, juristisch aktenkundige Begebenheiten zurückzuführen, jedoch narrativiert, fiktionali-

---

4 Während *Persepolis* die Geschichte einer Kindheit im Iran und die spätere Emigration von Satrapi erzählt, ist *Waltz with Bashir* die Verarbeitung des Kriegstraumas von Folman, der als israelischer Soldat an dem Massaker von Sabra und Schatila teilgenommen hat. In *Waltz with Bashir* wird die trickfilmische Oberfläche am Ende des Films brutal durchbrochen und mit »realen« Nachrichtenbildern des Massakers kontrastiert.

siert und durch Schauspieler inszeniert worden sind? »Dokumentarisch« gaben sich filmhistorisch beispielsweise auch die Propagandafilme des Dritten Reichs, wie *Der ewige Jude* (1940) von Fritz Hippler. Können diese Filme als »dokumentarisch« bezeichnet werden, nur weil sie ihr Material aus der außerfilmischen Wirklichkeit gewonnen haben und so bezeichnet werden? Und wo verlaufen die Grenzen zwischen Dokumentation, Propaganda und Verschwörungstheorie?

Dokumentarfilmgeschichte im Überblick: Soziale und politische Prozesse im Dokumentarfilm

> »Ich bin Kinoglaz. Ich bin ein mechanisches Auge. Ich, die Maschine, zeige euch die Welt so, wie nur ich sie sehen kann« (Vertov 1923, Kinoki – Umsturz).

Die Dokumentarfilmgeschichte ist Teil des späten 19. wie des 20. Jahrhunderts. Sie ist eingebunden in soziale und politische Kontexte, die weltweit von grundlegenden gesellschaftlichen Wandlungsprozessen, raum-/zeitliche Beschleunigungserfahrungen und bis dahin ungekannten humanitären Katastrophen geprägt waren. Zwei Weltkriege, Imperialismus, Wirtschafts- und Industriekatastrophen, massenhafte Genozide sowie nationale Befreiungskämpfe in der »Dritten Welt«, aber auch ökonomische Prosperität und Wachstum, technische Entwicklungen und friedfertige internationale Verflechtungen prägen das »Zeitalter der Extreme« (vgl Hobsbawm 2000). Für Deutschland sind es fünf gesellschaftspolitische und damit auch medienpolitisch bedeutsame Systemwechsel, die gesellschaftliche Kontexte und damit auch den Bezugsrahmen des Dokumentarfilms prägen: Das »lange« 19. Jahrhundert zeigt sich bis 1918 im Wilhelminischen Kaiserreich und der »alten Ordnung«, das »kurze« 20. Jahrhundert beginnt mit dem Ende des 1. Weltkrieges und der Weimarer Republik (vgl. ebd.: 17). In den 1920er Jahren bricht die »Zeit der Ideologien« an, die bis zum Verschwinden des osteuropäischen Sozialismus zwei sich feindlich gegenüberstehende Machtblöcke hervorbringt (vgl. Bracher 1982). Das erste kurze Experiment einer demokratischen Verfassung mündet in die Phase des Nationalsozialismus und des 2. Weltkrieges. Seit 1949 existieren zwei deutsche Staaten mit politisch unterschiedlicher Ausrichtung (und damit auch unterschiedlichen Medienkulturen). Mit Wohlstand und Wachstum verändern sich im Zuge weitreichender Modernisierungsprozesse auch die Risikoverteilungen in globalen Gesellschaften; der Modernisierungsprozess wird reflexiv (vgl. Beck 1986: 26f.). 1989/91 erfolgt der unerwartete Umbruch in Osteuropa und die Wiedervereinigung in Deutschland, mit Folgen auch für seine DokumentarfilmerInnen, wie sich am Beispiel des Langzeitprojekts des Ehepaars Junge (*Die Kinder von Golzow*, 1961-2007) ablesen lässt (vgl. Junge/Junge/Wolf 2004). Diktator und Demokratie sind wichtige politische Koordinaten des 20. Jahrhunderts. Global gesehen, ist das 20. Jahrhundert aber auch durch eine allmähliche Entkolonialisierung geprägt, die nicht ohne soziale und politische, teilweise kriegerische Konflikte abläuft und mittlerweile einige Länder an die wirtschaftlich starken Staaten Europas und der USA angenähert hat. In diesen Befreiungsbewegungen spielt der Dokumentarfilm als mediale »Waffe« eine wichtige Rolle. Waren es bis Mitte des Jahrhunderts noch Krieg und Kriegsgefahr, die das Weltbewusstsein bewegten, so sind seit spätestens der 1970er Jahre Hunger-, ökologische und ökonomische Katastrophen in das globale Bewusstsein hinzu getreten. Seit spätestens 1973 befindet sich die Welt in einer permanenten Krise der Ressourcen, die vor allem ökologische und ökonomische Grundlagen aufweist (vgl. Hobsbawm 2000: 503ff.). An der Bewusstmachung und Kritik all dieser Phänomene haben Dokumentarfilme einen nicht unerheblichen Anteil. Dokumentarfilme sind selbst Teil gesellschaftlicher Modernisierungsprozesse (vgl. Kreimeier 2005).

Die Filmgeschichte beginnt mit dokumentarischen Bildern im nichtfiktiven Film. Die Faszination des neuen visuellen Mediums beruhte in seinen Anfängen auf den Möglichkeiten, nach der Fotografie nunmehr bewegte Bilder (»lebende Photographie«, vgl. Loiperdinger 2005: 35ff.) aus der sozialen Wirklichkeit einfangen zu können. Die filmischen Fiktionen des Spielfilms sind dagegen erst ein späteres Derivat: »Film: das bedeutete, reale Bewegungsabläufe aufzunehmen und für das Auge aufzubewahren; die dokumentarische Qualität war dem Medium von Beginn an eingeschrieben und der Spielfilm, der sehr bald zum Inbegriff des Kinos wurde, genaugenommen nur ein Derivat. Nicht die Fiktion einer erfundenen Handlung, sondern die Fiktion des Dokumentarischen – die Übereinkunft, daß das Schattenspiel auf der Leinwand dem Leben abgelauscht sei – stand am Anfang der Kinematographie« (Kreimeier 2004: 433f.). Die Geschichte des Dokumentarfilms, des nicht-fiktiven Films, ist damit so alt wie der Film selber, jedoch konzentriert sich die (deutsche) Filmgeschichtsschreibung vorwiegend auf den fiktiven Film (vgl. Jung 2005: 26). Im Anfang waren es bloße Bewegungsabläufe und ungewöhnliche Sichtweisen, die frühe Filmexperimente mit den verschiedenen Kameratypen (Edison, Lumière) anregten und ermöglichten (vgl. Barnouw 1993: 4ff.). Mit kleinen Alltagsbeobachtungen wie einem einfahrenden Zug oder dem Verlassen einer Fabrik zogen vor allem die Lumière-Brüder ein begeistertes Publikum vor die Leinwand. Filmisches Interesse fanden auch Adelsbesuche, Militärparaden, Denkmalseinweihungen und Begräbnisse (vgl. Silberzahn 2009: 25). Das »realistische Prinzip« war den Actualités von Anfang an eingeschrieben (vgl. Winter 1992: 10). Der Film hatte in seinen Anfängen keine symbolische Bedeutung über sich selbst hinaus, sondern er zeigte die Dinge so, wie sie sich vor der Kamera darstellten, was allerdings auch schnell zur Langeweile führen konnte (vgl. Springer

2006: 27). Die frühen Filme waren jedoch keine bloßen Wiedergaben, sondern sie arbeiteten bereits mit Re-Enactments (Nachstellen von Szenen), dramaturgischen Eingriffen und kleinen Inszenierungen, wie etwa in *L'arrivée d'un train* der Lumières (vgl. Silberzahn 2009: 14f.). Sie bezogen ihre Sujets aber aus der Beobachtung sozialer Alltagswirklichkeiten.[5] Durch ihren Alltagsbezug, ihre »aspects of everyday life« sind die frühen nichtfiktiven Filme die Grundlage späterer Dokusoaps, der »vox populi« des Dokumentarfilms (vgl. Lee-Wright 2010: 73ff.).

In der ersten Dekade des Dokumentarfilms bildeten sich eine Reihe von gesellschaftlich relevanten Themen heraus: So entstand in dieser Zeit das dokumentarfilmische Sub-Genre des Industriefilms, Reportagen, Reisebilder aus fernen Ländern, auch der ethnographische Film. Politische Dokumentarfilme stellten die Machtrepräsentation wie auch die frühe politische Berichterstattung dar (vgl. Barnouw 1993: 29f.).

Im Ersten Weltkrieg werden dokumentarische Aufnahmen zur Kriegspropaganda verwendet, wobei Deutschland den manipulativen Wert der bewegten dokumentarischen Bilder erst spät erkennt. Die *Messter-Woche* des deutschen Filmemachers und Vertreibers Oskar Messter sollten für eine patriotische Grundstimmung an der Heimatfront sorgen. Durch die Zensur der OHL gelangten jedoch nur geschönte Bilder an die Öffentlichkeit: »Die gestellten Frontbilder entsprachen nur den verbreiteten Klischeevorstellungen und nur die Zwischentitel erzeugten einen Hauch von Dramatik und Gefahr. Wer die Wochenschau als einzige Informationsquelle nutzte, war mit Sicherheit nicht ausreichend unterrichtet« (Silberzahn 2009: 32). In den Dokumentarfilmen des Ersten Weltkrieges wird das Faktische im Sinne der politischen Propaganda instrumentalisiert, was einerseits über die visuelle Ebene, andererseits aber auch in Form von Zwischentiteln geschieht (vgl. Loiperdinger 2001: 75). Damit sollte die Bevölkerung einerseits beruhigt und gegen den Feind mobilisiert werden; Bilder wurden der politischen Argumentationslinie entsprechend inszeniert. Andererseits schlossen die Nachinszenierungen des Kriegsgeschehens Lücken, die sich zwangsläufig aus dem Fehlen von Bildmaterial ergaben (vgl. ebd.).

In den 1920er Jahren entstand eine Reihe von dokumentarfilmästhetisch wie thematisch wichtigen Dokumentarfilmen. Robert Flahertys *Nanook of the North* (1922) gilt als Meilenstein in der Entwicklung des dokumentarischen und ethnographischen Films. In diesem und seinen späteren Filmen wurde das dramatische Verhältnis von Mensch und Natur, in einem tieferen Sinne von »moderner Zivilisation« und »natürlicher Wildheit« behandelt und damit ein Bedürfnis westlicher Gesellschaften befriedigt (vgl. Ellis/McLane 2009:

---

[5] Kürzlich wurde eine Auswahl der *Mitchell & Kenyon Sammlung* veröffentlicht (arte Edition 2007). Diese Sammlung umfasst Ausschnitte aus 28 Stunden Rohmaterial, die das Alltagsleben Großbritanniens von 1901 bis 1910 zeigen. Straßenszenen, Tramfahrten, populäre Freizeitvergnügungen und das erste gefilmte Match von Manchester United werden gezeigt. Damit handelt es sich bei diesen frühen Filmen um einen Beitrag zur Visualisierung von Alltagskulturen.

17). Dass diese »Wildheit« weder »natürlich« noch vorgefunden war, verdeutlichen die Inszenierungsstrategien Flahertys, so etwa, wenn das längst vorhandene Gewehr einem Speer als Jagdinstrument weichen oder aber ein Iglu kameragerecht gebaut werden musste (vgl. ebd.: 12ff.).

Der russische Filmemacher Dziga Vertov begann sein Filmschaffen bei der russischen Wochenschau *Kino-Nedelia* (Film Weekly). Er gehörte zur Filmavantgarde, die den russischen Film und seine Montageprinzipien gemeinsam mit Sergej Eisenstein und Wsewolod I. Pudowkin berühmt machten. In den 1920er Jahren stellte er sein dokumentarfilmisches Arbeiten in den Dienst der russischen Revolution und grenzte sich damit dezidiert vom Illusionismus des Spielfilms ab: »He saw the traditional fiction film, descendant of theater artifice, as something in the same class as religion – ›opium for the people‹. The task of Soviet films, as Vertov saw it, was to document socialist reality« (Barnouw 1993: 54). Damit wird der Dokumentarfilm als faktographisches Genre gegenüber dem Spielfilm als bürgerliches Zerstreuungsgenre gesellschaftspolitisch aufgeladen. Die revolutionäre Aufbruchsstimmung sollte jedoch nicht nur eingefangen werden, sondern der Mensch sollte von der Maschine als perfektionistischer Apparat lernen und sich der vollendeten Mechanik im Arbeitsprozess anpassen. Die Kamera symbolisierte dabei das exakte technische Hilfsmittel für ein neues Sehen gegenüber der Unvollkommenheit des Menschen. Die Vorstellung vom neuen sowjetischen Menschen schuf sich damit ein idealistisches Ebenbild im Film: »Ich bin Kinoglaz, ich schaffe einen Menschen, der vollkommener ist als Adam, ich schaffe Tausende verschiedener Menschen nach verschiedenen, vorher entworfenen Plänen und Schemata. Ich bin Kinoglaz. Von einem nehme ich die stärksten und geschicktesten Hände, von einem anderen die schlankesten und schnellsten Beine, von einem dritten den schönsten und ausdrucksvollsten Kopf und schaffe durch die Montage einen neuen, vollkommenen Menschen« (Vertov 2003 [1923]: 45). Vertovs dokumentarische Filmkunst war inhaltlicher Ausdruck des revolutionären Denkens und auch gleichzeitig deren künstlerische Manifestation: Seine dokumentarfilmische Ästhetik gewann ihre Kraft durch ein Bild der revolutionären Aufbruchsstimmung der Sowjetunion, die in der Gegenwart stattfand, jedoch weit über diese hinaus wies und dadurch eine interventionistische soziale Funktion formulierte (vgl. Hohenberger 2006: 10f.).

Die Fragmentarisierungen und sozialen Differenzierungen in der Entwicklung moderner Gesellschaften werden in Dokumentarfilmen thematisch aufgegriffen und sowohl inhaltlich wie ästhetisch reflektiert. Exemplarisch hierfür waren die avantgardistischen Dokumentarfilme der 1920er Jahre in Russland und Deutschland, die sich in einem erweiterten Kunstkontext zwischen Expressionismus, Futurismus, Dadaismus, Surrealismus und Neuer Sachlichkeit behaupteten. Zu dieser Zeit wurde auch um den Kunstcharakter des Films gestritten (vgl. Arnheim 2002 [1932]). Parallelen zwischen dem frühen Film und der Soziologie Georg Simmels, der das Kino in seinen Schriften niemals erwähnte, werden von Fritsch (2009: 63ff.) aufgearbeitet. Dabei werden auch Bezüge zu Walter Benjamin deutlich: »Simmels Beschreibung der städtischen Wahrnehmung besitzt Parallelen zu Beschreibungen des Films, ohne dass er wie Benjamin eine solche Beziehung explizit formuliert. Benjamins Idee des Films als Trainingsapparat für Umbrüche in der Wahrnehmung basiert auf der Idee eines ständigen und schnellen Wechsels in der Umgebung, wie ihn schon Simmel 30 Jahre vorher beschrieben hat« (ebd.: 87). Dokumentarfilme der 1920er Jahre wie Walter Ruttmanns *Berlin: Die Sinfonie der Großstadt* von 1927 oder Dziga Vertovs *Der Mann mit der Kamera* (1928) setzten in ihrer eigenen Dokumentarfilmsprache ästhetisch um, wovon Georg Simmel in seinem Aufsatz *Die Großstädte und das Geistesleben* (1903) einige Jahre zuvor gesprochen hatte. In diesem Aufsatz beschreibt Simmel die neuen Formen der großstädtischen Wahrnehmung, denen sich das Individuum zu stellen und auf die es zu reagieren habe. Die folgende berühmte Passage beschreibt das, was beide Filme in ihrer symphonischen Bildsprache auf der visuellen Ebene einzufangen versuchen: »Die psychologische Grundlage, auf der der Typus großstädtischer Individualitäten sich erhebt, ist die *Steigerung des Nervenlebens*, die aus dem raschen und ununterbrochenen Wechsel äußerer und innerer Eindrücke hervorgeht. Der Mensch ist ein Unterschiedswesen, d. h. sein Bewußtsein wird durch den Unterschied des augenblicklichen Eindrucks gegen den vorhergehenden angeregt; beharrende Eindrücke, Geringfügigkeit ihrer Differenzen, gewohnte Regelmäßigkeit ihres Ablaufs und ihrer Gegensätze verbrauchen sozusagen weniger Bewußtsein, als die rasche Zusammendrängung wechselnder Bilder, der schroffe Abstand innerhalb dessen, was man mit einem Blick umfaßt, die Unerwartetheit sich aufdrängender Impressionen. Indem die Großstadt gerade diese psychologischen Bedingungen schafft – mit jedem Gang über die Straße, mit dem Tempo und den Mannigfaltigkeiten des wirtschaftlichen, beruflichen, gesellschaftlichen Lebens –, stiftet sie schon in den sinnlichen Fundamenten des Seelenlebens, in dem Bewußtseinsquantum, das sie uns wegen unserer Organisation als Unterschiedswesen abfordert, einen tiefen Gegensatz gegen die Kleinstadt und das Landleben, mit dem langsameren, gewohnteren, gleichmäßiger fließenden Rhythmus ihres sinnlich-geistigen Lebensbildes« (vgl. Simmel 1984 [1903]: 192f.). In Ruttmanns wie auch Vertovs Dokumentarfilmen interessierten nun weniger die Reaktionen des Großstädters gegenüber dem Landbewohner oder Kleinstädter als vielmehr die soziologischen Beschreibungen des fragmentierten Blicks auf die vielfachen und komplexen Eindrücke des Stadtlebens. Die ästhetische Stärke beider Filme war, diese »Chokwirkung« (Benjamin) einer Überforderung der Sinnesreize filmkünstlerisch auf die Leinwand zu bringen. Ruttmann war dabei der Vorwurf des Formalismus gemacht worden, da er soziales Leben in der Großstadt Berlin unterschieds- und kritiklos aneinander montierte. Korte hat die Schnittfrequenz von Ruttmanns Berlin-Film ausgewertet mit dem Ergebnis, dass dieser in nur 61 Minuten aus 1009 Einstellungen zusammengesetzt ist, was eine durchschnittliche Einstellungslänge von 3,7 Sekunden ergibt – ein für damalige Verhältnisse sehr hoher Wert. Die Schnittgeschwindigkeit ist danach dem Tagesrhythmus angepasst und prägt so seine symphonische Struktur (vgl. Korte 1991: 79ff.). Walter Ruttmanns Berlin-Sinfonie reagierte sowohl auf der inhaltlichen Bildebene *wie auch* filmsprachlich auf die veränderten Wahrnehmungsprozesse des Stadterlebens und griff damit nicht nur ein für die Soziologie zentrales Thema der 1920er Jahre auf – man denke zur gleichen Zeit an die soziologischen Stadtstudien der Chicagoer Schule –, sondern verarbeitete dieses auch aus der Perspektive des modernen Stadtmenschen, des – im Benjaminschen Sinne – herum streifenden »Flaneurs« (vgl. Schändlinger 1998: 154f.).

John Grierson gilt als Begründer des Begriffs »Dokumentarfilm« und gehört zu seinen wichtigsten Vertretern (vgl. ebd.: 12). Mit seinem Namen ist die Gründung des britischen Dokumentarfilms und dessen staatliche Institutionalisierung nicht nur in England, sondern auch in verschiedenen anderen Ländern verbunden (vgl. Izod/Kilborn/Hibberd 2000). Mit dem Dokumentarfilm glaubte Grierson, den Nationalismus zugunsten eines Universalismus überwinden zu können (vgl. Flöttmann 1947: 7). Auf ihn geht die bekannte Definition dieses Genres zurück, nach der der Dokumentarfilm »the creative treatment of actuality« sei (vgl. Hohenberger 2006: 14). Die soziologische und politische Relevanz seiner schriftlichen und filmischen Arbeit ist kaum zu überschätzen. Grierson schärfte seinen Blick für die Bedeutung von gesellschaftlicher Öffentlichkeit für den Erhalt der Demokratie an den Schriften des Politologen Walter Lippmann und erkannte im Dokumentarfilm ein Medium, dass Ideen und Vorbilder ähnlich wie andere Institutionen der Gesellschaft zu schaffen in der Lage sei (vgl. Barnouw 1993: 85ff.). Seine Gedanken zur sozial- und gesellschaftspolitischen Funktion des Dokumentarfilms formulierte Grierson vor dem Hintergrund von Wirtschaftskrise und drohendem Weltkrieg. Neben *Drifters* (1929) und vielen weiteren gehört sicherlich auch *Housing Problems* (1935), ein mit einem Off-Kommentar arbeitender Film über die Probleme der Londoner Slums, zu den wichtigen Dokumentarfilmen aus dem Umfeld Griersons, wobei *Housing Problems* die Betroffenen und ihre Geschichten selbst zu Wort kommen lässt. Die Vermittlung von Werten, Gemeinsinn und Kollektivität prägen seine Filme sowie sein filmpolitisches Engagement: »Mit Grierson bekommt der Dokumentarfilm die Bedeutung eines realistischen Genres, das seine gesellschaftliche Funktion in der Bildung von Öffentlichkeit und politischem Konsens gewinnt. Dokumentarfilme vermitteln Weltbilder und schaffen konsensuale Werte im Rahmen demokratischer Gesellschaftsnormen« (Hohenberger 2006: 14). Aufgrund seiner Auffassung, breite Öffentlichkeiten nur mit einer vereinfachten Darstellung wie in den Printmedien erreichen zu können, wurde ihm häufig der Vorwurf der (staatlichen) pädagogischen Propaganda gemacht: »Grierson postulated that what was needed was to involve citizens in their government with the kind of engaging excitement generated by the popular press, which simplified and dramatized public affairs. […] Perhaps they [the movies, C. H.] were the form best suited to turn citizens' attention to the decisions that needed to be made in common, and to provide them with a basic education in the factors to be considered« (Ellis/McLane 2009: 59).

Grierson orientierte sich an der russischen Filmavantgarde, obwohl er sich von ihren formalistischen Prinzipien abgrenzte. Auch wenn beide die Affinität des Dokumentarfilms zur Fotografie erkannten, waren ihre Ansätze unterschiedlich. Während Vertov für die sichtbare Komplexität des Sozialen eine angemessene komplexe Dokumentarfilmsprache suchte, ist bei Grierson gerade die Vereinfachung von Komplexität zur Erreichung breiter Bevölkerungskreise ein wichtiges Gestaltungselement (vgl. Hohenberger 2006: 13). Auch wenn Grierson soziale und politische Aufgaben mit dem Dokumentarfilm verband, bleibt dieser für ihn eine »lebensnahe *Kunstform*« (vgl. Grierson 1947: 119), eine »Gelegenheit zur *schöpferischen* Arbeit« (vgl. ebd.: 120). Das Ästhetische, Schöpferische und Gestaltende ist für ihn ein wichtiges Element der Filmarbeit, um seine kollektiv-pädagogischen Ziele durch die angemessene Formung des Materials zu erreichen. Damit bildeten seine Arbeiten auch eine wichtige Grundlage heutiger Dokumentarfilme.

Im nationalsozialistischen Deutschland wurde der Dokumentarfilm als politisches Propagandainstrument genutzt, wenn auch die Propaganda nur eine Funktion unter weiteren darstellte und filmhistorisch differenzierter betrachtet werden muss (vgl. Zimmermann/Hoffmann 2005: 38ff.). Leni Riefenstahl schuf mit ihren Reichsparteitagsfilmen eine wirkungsvolle Bildästhetik der Macht. Fritz Hippler kreierte mit dem antisemitischen Film *Der ewige Jude* (1940) ein abstoßendes Beispiel dafür, wie der Begriff »Dokumentarfilm« pervertiert und ideologisch instrumentalisiert werden kann.[6] Andere NS-Dokumentarfilme dienten der Herstellung eines kollektiven und auserwählten Gemeinschaftsgefühls: »Die Bild-Propaganda des Nationalsozialismus war ein facettenreiches System, in dem sowohl die Identität des einzelnen mit der Volksgemeinschaft erreicht werden sollte, aber auch ein sehr spezielles Weltbild vermittelt wurde, das den Nationalsozialismus als ein zwingend notwendiges Ergebnis der Geschichte darstellte« (Stutterheim 2000: 128). Dabei griffen NS-Dokumentarfilme auch auf okkulte Darstellungsweisen zurück, die die »uralten Wurzeln in den arisch-germanischen Ahnen« zeigen sollten und so den arischen Mythos schufen (vgl. ebd.: 165). Damit strebten Filme wie *Wintersonnenwende* (1936) zwar auf den ersten Blick nach historischer Aufklärung, taten dies aber zur Herstellung eines »germanischen Mythos« (vgl. ebd.: 196ff.).

In den Kriegsjahren dienten Dokumentarfilme weltweit der Förderung nationalen Zusammenhalts angesichts der Bedrohungen von außen. Sie hatten das dokumentarische Format erheblich gefördert, der Dokumentarfilm erreichte bis 1945 seinen vorläufigen Höhepunkt (vgl. Ellis/McLane 2009:

---

[6] Das Filmplakat weist den *ewigen Juden* paratextuell als »Dokumentarfilm« aus.

151f.). Nach 1945 ging die Nachfrage aufgrund der Propagandaanfälligkeit kurzfristig zurück, stieg aber wieder durch die Einführung des neuen Leitmediums Fernsehen an. Obwohl bereits in den 1950er Jahren neue Impulse für dokumentarfilmische Fernsehformate geschaffen wurden, wurden die 1960er Jahre zu einem wichtigen Meilenstein in der Dokumentarfilmgeschichte: Mit der Einführung der 16mm Handkamera sowie der Möglichkeit des Synchrontons entwickelte sich das Direct Cinema und das Cinéma Vérité. Dieses dokumentarfilmische Verfahren, als Direct Cinema in den USA (Drew Associates, Leacock, die Maysles Brüder, Wiseman, Pennebaker), als Cinéma Vérité in Frankreich (Rouch, Morin) zur vollen Entfaltung gelangend, prägt das dokumentarfilmische Arbeiten bis heute (vgl. Roth 1982: 9ff.). Während beide Dokumentarfilmästhetiken eine erhöhte Echtheit und Authentizität in ihrer Darstellung anstrebten und ohne Inszenierung auszukommen versuchten, unterschieden sich die Herangehensweisen in einem entscheidenden Punkt: Das Direct Cinema versuchte ohne äußere Beeinflussung (»as a fly on the wall«) der Akteure äußere Handlungsabläufe zu beobachten und dabei die dramaturgischen Elemente herauszuarbeiten. Die beobachteten Personen sollten die Anwesenheit der Kamera vergessen und möglichst »natürlich« in ihrer Umwelt eingefangen werden. Demgegenüber verfolgt der Ansatz des Cinéma Vérité, das sich auf Dziga Vertovs »Kino-Prawda« (Kinowahrheit) beruft, gerade die Provokation von Handlungen durch die Kamera. Die Filmemacher verstehen sich als »agents provocateurs«: »Dies bedeutet, dass die Dreharbeiten im Sinne der so genannten ›provozierenden Kamera‹ in höchstem Maße durch die Interaktion der Filmemacher mit den gefilmten Personen bestimmt sind. Ganz bewusst sollen dabei Reaktionen und Emotionen bei den Protagonisten hervorgerufen werden mit dem Ziel, Prozesse zu thematisieren, die durch die Intervention der Filmemacher möglich werden« (Kull 2006: 27). Der französische Dokumentarfilmer Jean Rouch hat dieses Prinzip in seinen Filmen immer wieder verwendet.[7] Der heute wohl bekannteste »agents provocateur« ist Michael Moore.

Im deutschsprachigen Raum gehört Klaus Wildenhahn zu einem der renommiertesten Vertreter des Direct Cinema, der im Anschluss an Dziga Vertov den »synthetischen Film« (Spielfilm) als bürgerliches Illusionstheater verwarf (vgl. Wildenhahn 1975). Erneut wurde damit der Dokumentarfilm politisiert und in den gesellschaftlichen Kontext der 1970er Jahre gestellt. Wildenhahn gilt als Verfechter einer »Unmittelbarkeits-Ästhetik« (vgl. Brodmann 2000: 26). Seine Filme standen im Zeichen einer »reinen Beobachtung« und sind mit den Schicksalen der »kleinen Leute« solidarisch (vgl. ebd.). Wildenhahn kultivierte in seinen Arbeiten nach eigenen Aussagen dokumentarfilmisch eine »Distanz zur Welt«, ein »entleertes Gucken«, er versucht, sich »nicht zu Hause zu fühlen«, sich »fremd« zu fühlen und arbei-

[7] Vgl. dazu den Beitrag von H. Pfütze in diesem Band.

tet so mit Paradigmen, die aus der Ethnographie bekannt sind.[8] Damit reihen sich Wildenhahns Filme zeithistorisch in eine Entdeckung des Alltagslebens und einer *Geschichte von unten* ein, wie sie sich auch in den Geschichts- und Sozialwissenschaften zu dieser Zeit als Forschungsperspektive durchsetzt. Im Horizont der 1970er Jahre befassten sich Wildenhahns Alltagsdokumentationen, wie *In der Fremde* (1967), *Emden geht nach USA* (1975/76) oder *Heiligabend auf St. Pauli* (1967/68), mit sozialen Problemen unterprivilegierter Bevölkerungsschichten und gaben damit diesen eine Stimme und ein Bild. Handlungsverläufe wurden chronologisch eingefangen und deren dramatische Struktur enthüllt. Es wurden auch die Schattenseiten von Konsum- und Arbeitsgesellschaft thematisiert, menschliche Nähe wurde durch ständige ökonomische Tauschprozesse durchbrochen. Durch die »Unmittelbarkeits-Ästhetik« drückte Wildenhahn zugleich seinen politischen Standpunkt aus, wobei die Form sich dem Inhalt anzupassen hatte: »Wildenhahn hat durch dieses System von Zurückhaltung und Teilnahme (je nach Situation) – wie kaum ein anderer Dokumentarist – Menschen, die sich sonst in den Medien nicht äußern können, eine Sprache gegeben. Nicht sogenannte Experten werden befragt, wie in fast allen sich ›dokumentarisch‹ nennenden Fernsehsendungen, den sogenannten Features, sondern Menschen, die sonst nur Objekt der Berichterstattung (und der politischen Verhältnisse) sind; bei Wildenhahn werden sie zum Subjekt – Arbeiter, Bauern, aber auch Angehörige des Mittelstandes. Das ist die wohl wichtigste politische Funktion seiner Filme. Voraussetzung dafür sind eine Kameraarbeit und eine Montage, die diese Menschen ernst nehmen, sie ausreden lassen. Die Perspektive, mit der man ihnen gegenübertritt, muß die der Solidarität sein« (Roth 1982: 63). Wildenhahn ist später in der so genannten »Kreimeier-Wildenhahn-Debatte« für seine Ästhetik der Unmittelbarkeit und seinem Insistieren auf eine dezidierte Trennung von Dokumentation und Fiktion von Klaus Kreimeier Ende der 1970er Jahre scharf kritisiert worden (vgl. Brodmann 2000: 27ff.).

Global betrachtet, haben Dokumentarfilme in den 1960er und 1970er Jahren wichtige soziale und politische Prozesse und Umbrüche in Lateinamerika und Asien begleitet und festgehalten. Sie dienten in Kuba wie auch anderen Ländern dem Kampf gegen den Imperialismus der USA (vgl. Roth 1982: 28f.) oder dem politischen Protest gegen den Vietnam-Krieg (vgl. ebd.: 47ff.). Ästhetische Gestaltung trat aufgrund mangelnder Ausstattung hinter der Rohheit des Materials zurück, was allerdings den dargestellten Situationen des politischen Kampfes angemessen war. In den USA partizipierten durch vereinfachte Medientechniken zunehmend auch alternative Medienprojekte an der öffentlichen Darstellung sozialer Themen: Feministinnen, Migranten, politische Aktivisten eroberten sich zunehmend alternative Öffentlichkeiten und boten so anderen Bevölkerungsgruppen die Möglichkeit der dokumentarfilmischen Artikulation (vgl. Ellis/McLane 2009: 271ff.).

---

[8] Zitiert nach einem Interview von und mit Christoph Hübner aus dem Film *Dokumentarisch Arbeiten* (1990-95 entstanden).

In den folgenden Jahrzehnten kam es zu einer Ausbreitung verschiedener Dokumentarfilmsubgenres und Dokumentarfilmthemen. Obwohl Dokumentarfilme ihr Gegenstandsverständnis aus einem gegenwärtigen Beobachtungsprozess ableiteten, traten zunehmend historische Rekonstruktionen hinzu (vgl. Hißnauer 2011: 32). Dadurch veränderten sich die dokumentarfilmische Materialbearbeitung und der Charakter der Dokumentarfilme. Sie wurden in materieller Hinsicht umfangreicher, eklektizistischer und differenzierter: Fotos und Archivaufnahmen wurden mit aktuellen Aufnahmen und Interviewsequenzen zusammenmontiert. Geschichte(n) ist bzw. sind bis heute ein wirkmächtiges historisches Sub-Genre des Dokumentarischen, mit dem sich nationale Dokumentarfilme über kollektive Vergangenheiten verständigen und sich ein Bild ihrer Geschichte machen. Dadurch berühren diese das geschichtspolitische Selbstverständnis von Gesellschaften und tragen Diskurse über die Vergangenheit aus. Ähnlich erfolgreich sind dokumentarische Biopics, die sich mit der Rekonstruktion von Lebens- und Schicksalsgeschichten beschäftigen. Musikdokumentarfilme bilden ebenfalls ein großes Feld dokumentarfilmischen Arbeitens. Sie thematisieren die Geschichten einzelner Bands oder ganzer Musikszenen, sie halten Live-Konzerte fest, begleiten Bands auf ihren Tourneen u. v. m. und sind dadurch ein wichtiger Bestandteil von Jugend- und Musikkulturen.[9]

Weitere Differenzierungen ergeben sich seit den 1980er Jahren aus neuen dokumentarfilmischen Formaten wie Docusoap, Docufiction, Essayfilm usw., sowie der Differenzierung zwischen Fernseh- und Kinoformaten (vgl. zu den verschiedenen Formen, Grassl 2007: 22ff.). Durch diese neuen Formate spitzen sich die erkenntnistheoretischen Fragen im Umgang mit »realen Wirklichkeiten«, von denen der Dokumentarfilm anders als der Spielfilm stärker betroffen ist, nochmals zu. Inwieweit Docusoap und Reality-TV in der (gescripteten und dramaturgisierten) Darstellung von Alltagsrealitäten eine Realisierung der von Walter Benjamin prognostizierten Demokratisierung durch Massenmedien verstanden werden können, in der prinzipiell jeder Mensch das Recht auf ein Filmbild habe (vgl. Benjamin 1996 [1935/36]: 329ff.), bleibt zunächst eine offene Frage. Auch in diesen Formaten findet jedoch nicht nur Unterhaltung auf niedrigem Niveau statt, sondern werden handfeste soziale Thematiken verhandelt, überdies wird mit der bewusst einfachen Art der Produktion und den sichtbaren Irritationen in der Inszenierung deutlich gemacht, dass es sich um »gescriptete« Realitätsdarstellungen handelt. Objektivitätsansprüche normativer Dokumentarfilmrealitäten werden damit in Frage gestellt. Vorschnelle Abgesänge auf den klassischen Dokumentarfilm, die sich erkenntnistheoretisch gut fundieren lassen, gehen jedoch an der sozialkommunikativen Praxis des Dokumentarfilms mit dem Glauben an das referentielle Bild vorbei: Im dokumentarfilmischen Format wird heute mehr

[9] Vgl. dazu das Archiv der Rockumentaries an der Universität Kiel unter der Leitung von H. J. Wulff: http://www.filmmusik.uni-kiel.de/rockumentaries.php?nav=rockumentaries (Stand: September 2011).

denn je und weiterhin sehr wirksam sozial und politisch kommuniziert – meist außerhalb der so genannten Mainstream-Medieninstitutionen. Auch wenn TV-Dokumentarfilmformate derzeit die Diskussionen bestimmen, sind DokumentarfilmerInnen weltweit weiterhin an der Darstellung kultureller, politischer und sozialer Wirklichkeiten auf unterschiedlichste Weise involviert. Vor allem der politische Dokumentarfilm erfährt durch neue soziale Bewegungen eine Renaissance (vgl. Zimmermann 2009). Trotz wachsender Skepsis in einer zunehmend aufgeklärten Mediengesellschaft, bleibt die dokumentarfilmische Kommunikation ein wichtiger Teil moderner Medienkulturen.

Ausblick: Dokumentarfilm und Filmsoziologie

Die gegenwärtigen Entwicklungen im Dokumentarfilmbereich werden vor allem durch Einflüsse aus dem Fernsehen bestimmt und dadurch in hohem Maße kommerzialisiert (vgl. Lingemann 2006). Zeitliche sowie inhaltliche Formatierungen, Serialität und Entertainment sind die Folge eines wachsenden Einflusses der TV-Sender, was stellenweise als problematisch kritisiert wird, auch wenn größere gesellschaftliche Themen, wie eingangs beschrieben, wieder stärker in den Kino-Dokumentarfilmbereich vordringen und damit diesen Vertriebsweg stärken (vgl. Wolf 2006: 105ff.). Die Hybridisierung der dokumentarfilmischen Formate ist in erster Linie ein Ergebnis des Einflusses der Fernsehsender auf deren Produktionsbedingungen, die sich vornehmlich an Quote zu orientieren haben und damit inhaltlich wie ästhetisch schwer rezipierbare Filme auf unattraktive Sendeplätze oder in kleine Programmkinos drängen – oder erst gar nicht zur Produktion kommen lassen. Die Tendenz zur Oligopolisierung des Dokumentarfilmmarktes im Fernsehen stellt überdies ein nicht unerhebliches Problem für die demokratische Medienkultur dar und trägt zu dieser Entwicklung bei (vgl. Lingemann 2006: 36ff.). Die gegenwärtigen TV-Hybridisierungen sind von der Kultur des Dokumentarfilms als Nischenphänomen der Kinoproduktion zu unterscheiden, auch wenn beide Bereiche (schon allein in der Finanzierungsfrage) heute nicht mehr trennscharf zu differenzieren sind. Trotz aller Einwände ist jedoch Vorsicht vor einer allzu pauschalen Kulturkritik an hybriden TV-Dokumentarfilmformaten und der Verbindung von Unterhaltung und Information geboten, da diese Kritik die Gefahr eines Rückfalls in normative und essentielle Bestimmungen des Dokumentarischen birgt, die, wie beschrieben, in der theoretischen Diskussion überwunden zu sein scheinen. Dokumentarisch-inszenierte Alltagsdramatisierungen, wie sie gegenwärtig für das Reality-TV kennzeichnend sind, mögen manchen verantwortungsvollen Pädagogen, Politiker oder Wissenschaftler auf die Barrikaden treiben und nach klassischen dokumentarischen Aufklärungs- und Informationsfilmen rufen; jedoch bedürfen diese Alltagsdramatisierungen und die darin angelegten sozialen Aushandlungsprozesse genauerer inhaltlicher wie rezeptionsorientierter Analysen, um die Vereinnahmungsformen der Zuschauer und die durch diese Formate angestoßenen Anschlusskommunikationen besser einschätzen und verstehen zu können. Gleichzeitig bleibt der Bereich des Dokumentarfilms außerhalb der TV-Landschaften, der sich über Programmkinos und Festivals reproduziert, in seiner Praxis äußerst lebendig, wissenschaftlich jedoch weitgehend unterreflektiert.

Dokumentarfilme sind für die Filmsoziologie nicht nur aufgrund ihrer sozialen und politischen Einbindungen und ihrem gesellschaftlichen Aufklärungsanspruch von Interesse, sondern sie berühren als Erkenntnismedien zentrale Fragen der Rezeption und Wahrnehmung von Filmen überhaupt und deren Bedeutungszuschreibungen. Sie sind für die methodologisch-methodenversessene Soziologie in vielfacher Hinsicht zentral. Beschäftigt man sich mit Dokumentarfilm, ist man anders als beim Spielfilm unmittelbar mit erkenntnistheoretischen Fragen konfrontiert. Anders als der Spielfilm setzt sich der Dokumentarfilm mit realen Wirklichkeitsdarstellungen auseinander und hat es mit den Widrigkeiten, Ambivalenzen und Widersprüchen der Realität und den in ihr ablaufenden Prozessen zu tun. Angesichts klassischer Objektivitäts- und Abbildauffassungen ist nicht nur Kontext und Umfeld, sondern die Medialität des dokumentarischen Filmbildes selbst stärker in den Blick zu rücken. Auf diesem Weg hat sich die Soziologie intensiver mit filmästhetischen Fragestellungen zu beschäftigen und sich von klassischen Objektivitäts- und Abbildvorstellungen zu lösen. Es gilt, in Korrespondenz mit der inhaltlichen Themenseite der »sozialen Ästhetik« (MacDougall) im Dokumentarfilm weiter nachzuspüren und diese in ihrer Bedeutung für das dokumentarfilmische Schaffen besser zu verstehen: »›Soziale Ästhetik‹ resultiert daraus, eine Gemeinschaft als Umgebung zu betrachten, in der wir leben. Dies beinhaltet die verschiedensten Aspekte: Wie sich Menschen bewegen, wie sie ihre Gebäude bauen, welche Kleidung sie tragen, welche Rituale sie durchführen. Ich betrachte Gemeinschaften dabei als konstruierte Gesamtwerke, denen eine Autorschaft zugrunde liegt und die historisch einem bestimmten Design folgen. Und manchmal ist dieses Design sehr gewollt und deutlich erkennbar, in gesellschaftlichen Institutionen wie dem Militär, in religiösen Orden, in bestimmten Staaten oder auch in Schulen beispielsweise. [...] In einer Institution wie der Schule erkenne ich ganz genau die Bedeutung dieses Designs« (MacDougall in: Teissl/Kull 2006: 75). Dafür ist auch eine stärkere Berücksichtigung und Einbeziehung der technischen Entwicklungsseite vonnöten. Über diese Fragen bekommen erkenntnistheoretische Fragen nach der Referenz des Dokumentarfilms als realem Medium eine neue Form (vgl. Segebrecht 2009).

Dokumentarfilme haben nach Meinung des französischen Dokumentarfilmers Vincent Dieutre eine gute Zukunft im Gegensatz zum Spielfilm: »Ich glaube, dass der Dokumentarfilm eine Plattform für das Geschichtenerzählen von morgen ist. Denn wir müssen die Welt so zeigen, wie sie heute ist, und ich glaube die Fiktion – im theatralischen Sinne der Vermittlung durch Schauspieler, mit einem Drehbuch – ist nicht mehr fähig, die Komplexität und Vielschichtigkeit der Realität wiederzugeben« (in: Teissl/Kull 2006: 133). Die »Obsession des Realen« gegenwärtiger Medienkulturen scheint diesen Trend zu bestätigen. Ob sich diese Prognose auch in Zukunft bewahrheitet wird, bleibt eine spannende und abzuwartende Frage.

Literatur

Arriens, Klaus (1999): *Wahrheit und Wirklichkeit im Film. Philosophie des Dokumentarfilms*, Würzburg: Könighausen & Neumann.

Ballhaus, Edmund/Engelbrecht, Beate (Hg, 1995): *Der ethnographische Film: Einführung in Methoden und Praxis*, Berlin: Dietrich Reimer.

Barsam, Richard Meran (1973): *Nonfiction Film: A Critical History*, New York: E. P. Dutton.

Barnouw, Erik (1993): *Documentary: A History Of The Non-Fiction Film*, New York and Oxford: Oxford University Press.

Beck, Ulrich (1986): *Risikogesellschaft: Auf dem Weg in eine andere Moderne*, Frankfurt/M.: edition suhrkamp.

Bolz, Norbert (2002): »Wirklichkeit ohne Gewähr«. In: Günter Helmes/Werner Köster (Hg.): *Texte zur Medientheorie*, Stuttgart: Philipp Reclam jun., S. 326-332.

Carroll, Noëll (2006 [1996]): »Der nicht-fiktionale Film und postmoderner Skeptizismus«. In: Eva Hohenberger (Hg.): *Bilder des Wirklichen: Texte zur Theorie des Dokumentarfilms*, Berlin: Vorwerk 8, S. 34-63.

Denzin, Norbert K. (2000): »Reading Film – Filme und Videos als sozialwissenschaftliches Erfahrungsmaterial«. In: Uwe Flick/Ernst von Kardoff/Ines Steinke (Hg.): *Qualitative Forschung: Ein Handbuch*, Reinbek: rowohlts enzyklopädie, S. 416-428.

Ellis, Jack C./McLane, Betsy A. (2009): *A New History of Documentary Film*, New York/London: continuum.

Elsaesser, Thomas (2001): »Realität Zeigen: Der frühe Film im Zeichen Lumières« In: Ursula von Keitz/Kay Hoffmann (Hg.): *Die Einübung des dokumentarischen Blicks: Fiction Film und Non Fiction Film zwischen Wahrheitsanspruch und expressiver Sachlichkeit 1895-1945*, Marburg: Schüren, S. 27-50.

Feil, Georg (Hg, 2003): *Dokumentarisches Fernsehen: Eine aktuelle Bestandsaufnahme*, Konstanz: UVK.

Fraller, Elisabeth (2007): »›*To see things as they are*‹ - Direct Cinema und die Renaissance des dokumentarischen Films«. In: Siegfried Mattl/Elisabeth Timm/Birgit Wagner (Hg.): *Filmwissenschaft als Kulturwissenschaft*, Bielefeld: Transcript, S. 41-56.

Glawogger, Michael (2011): *Whore's Glory: Ein Trptychon zur Prostitution*, Freiburg: Orange Press.

Göttlich, Udo (2008): »Aspekte der Alltagsdramatisierung in der Medienkultur: Produzierte Wirklichkeiten in mediensoziologischer Perspektive«. In: Tanja Thomas (Hg.): *Medienkultur und soziales Handeln*, Wiesbaden: VS Verlag, S. 143-156.

Grassl, Monika (2007): *Das Wesen des Dokumentarfilms: Möglichkeiten der Dramaturgie und Gestaltung*, Saarbrücken: VDM Verlag Dr. Müller.

Guignon, Charles (2006): *On Being Authentic*, London and New York: Routledge.
Gunning, Tom (1995): »Vor dem Dokumentarfilm. Frühe *non-fiction*-Filme und die Ästhetik der ›Ansicht‹«. In: *Kintop 4 - Jahrbuch zur Erforschung des frühen Films*, Basel/FrankfurtStroemfeld/Roter Stern, S. 111-122.
Guynn, William Howard (2006 [1980/90]): »Der Dokumentarfilm und sein Zuschauer«. In: Eva Hohenberger (Hg.): *Bilder des Wirklichen: Texte zur Theorie des Dokumentarfilms*, Berlin: Vorwerk 8, S. 240-258.
Heider, Karl G. (1976): *Ethnographic Film*, University of Texas Press.
Heller, Heinz B. (2001): »Dokumentarfilm als transitorisches Genre«. In: Ursula von Keitz/Kay Hoffmann (Hg.): *Die Einübung des dokumentarischen Blicks: Fiction Film und Non Fiction Film zwischen Wahrheitsanspruch und expressiver Sachlichkeit 1895-1945*, Marburg: Schüren, S. 15-26.
Hickethier, Knut (2007): *Film- und Fernsehanalyse*, Stuttgart: J.B. Metzler.
Hißnauer, Christian (2011): *Fernsehdokumentarismus*, Konstanz: UVK.
Hohenberger, Eva (2006): »Dokumentarfilmtheorie: Ein historischer Überblick über Ansätze und Probleme«. In: Eva Hohenberger (Hg.): *Bilder des Wirklichen: Texte zur Theorie des Dokumentarfilms*, Berlin: Vorwerk 8, S. 9-33.
Izod, John/Kilborn, Richard/Hibberd, Matthew (Hg, 2000): *From Grierson to the Docu-Soap: Breaking the Boundaries*, Luton: University of Luton Press.
Jung, Uli/Loiperdinger, Martin (Hg, 2005): *Geschichte des dokumentarischen Films in Deutschland*, Band 1, Kaiserreich 1895-1918, Stuttgart: Philipp Reclam jun.
Junge, Barbara/Junge, Winfried/Wolf, Dieter (2004): *Lebensläufe – Die Kinder von Golzow: Bilder – Dokumente – Erinnerungen zur ältesten Langzeitbeobachtung der Filmgeschichte*, Marburg: Schüren.
Kracauer, Siegfried (1985 [1960]): *Theorie des Films: Die Errettung der äußeren Wirklichkeit*, Frankfurt/M.: Suhrkamp.
Kreimeier, Klaus (2004): »Dokumentarfilm, 1892-2003«. In: Wolfgang Jacobsen/Anton Kaes/Hans Helmut Prinzler (Hg.): *Geschichte des deutschen Films*, Stuttgart: J. B. Metzler, S. 431-460.
Kull, Volker (2006): »Einleitung«. In: Verena Teissl/Volker Kull (Hg.): *Poeten, Chronisten, Rebellen: Internationale DokumentarfilmemacherInnen im Porträt*, Marburg: Schüren, S. 14-35.
Lee-Wright, Peter (2010): *The Documentary Handbook*, London and New York: Routledge.
Loiperdinger, Martin (2001): »Die Erfindung des Dokumentarfilms durch die Filmpropaganda im Ersten Weltkrieg«. In: Ursula von Keitz/Kay Hoffmann (Hg.): *Die Einübung des dokumentarischen Blicks: Fiction Film und Non Fiction Film zwischen Wahrheitsanspruch und expressiver Sachlichkeit 1895-1945*, Marburg: Schüren, S. 71-80.
Lünenborg, Margreth/Martens, Dirk/Köhler, Tobias/Töpper, Claudia (2011): *Skandalisierung im Fernsehen: Strategien, Erscheinungsformen und Rezeption von Reality TV Formaten*, Berlin: VISTAS.
Meyer, F. T. (2005): *Filme über sich selbst: Strategien der Selbstreflexion im dokumentarischen Film*, Bielefeld: Transcript.
Müller, Jürgen K. (2011): *Große Bilder mit kleinen Kameras: DV-Camcorder im Dokumentarfilm*, Konstanz: UVK.
Nichols, Bill (1991): *Representing Reality: Issues and Concepts in Documentary*, Bloomington and Indianapolis: Indiana University Press.

Odin, Roger (2006 [1984]): »Dokumentarischer Film – dokumentarisierende Lektüre«. In: Eva Hohenberger (Hg.): *Bilder des Wirklichen: Texte zur Theorie des Dokumentarfilms*, Berlin: Vorwerk 8, S. 259-275.

Prokop, Ulrike/Jansen, Mechthild M. (Hg, 2006): *Doku-Soap, Reality-TV, Affekt-Talkshow, Fantasy-Rollenspiele – Neue Sozialisationsagenturen im Jugendalter*, Marburg: Tectum Verlag.

Reichertz, Jo (2011): »Reality-TV – ein Versuch, das Muster zu finden«. In: Oliver Bidlo/Carina Jasmin Englert/Jo Reichertz (Hg.): *Securitainment: Medien als Akteure der Inneren Sicherheit*, Wiesbaden: VS Verlag, S. 219-238.

Rhodes, Gary D./Springer, John Parris (Hg, 2006): *docufiction: Essays on the Intersection of Documentary and Fictional Filmmaking*, Jefferson, North Carolina and London: McFarkand & Company.

Rubelt, Ortrud (1994): *Soziologie des Dokumentarfilms*, Frankfurt/M.: Peter Lang.

Schmid Noerr, Gunzelin (2006): »Das Medium spielt sich als Retter auf«. In: Ulrike Prokop/Mechthild M. Jansen (Hg.): *Doku-Soap, Reality-TV, Affekt-Talkshow, Fantasy-Rollenspiele – Neue Sozialisationsagenturen im Jugendalter*, Marburg: Tectum Verlag, S. 27-66.

Simmel, Georg (1984 [1903]): »Die Großstädte und das Geistesleben«. In: Ders.: *Das Individuum und die Freiheit: Essais*, Berlin: Klaus Wagenbach, S. 192-204.

Springer, John Parris/Rhodes, Gary D. (2006): »Introduction«. In: Gary D. Rhodes/John Parris Springer (Hg.): *docufiction: Essays on the Intersection of Documentary and Fictional Filmmaking*, Jefferson, North Carolina and London: McFarkand & Company, p. 1-10.

Springer, John Parris (2006): »The Newspaper Meets the Dime Novel: Docudrama in Early Cinema«. In: Gary D. Rhodes/John Parris Springer (Hg.): *docufiction: Essays on the Intersection of Documentary and Fictional Filmmaking*, Jefferson, North Carolina and London: McFarkand & Company, p. 27-42.

Schändlinger, Robert (1998): *Erfahrungsbilder: Visuelle Soziologie und dokumentarischer Film*, Konstanz: UVK.

Stutterheim, Kerstin D. (2000): *Okkulte Weltvorstellungen im Hintergrund dokumentarischer Filme des »Dritten Reiches«*, Berlin: Weißensee.

Teissl, Verena/Kull, Volker (Hg, 2006): *Poeten, Chronisten, Rebellen: Internationale DokumentarfilmemacherInnen im Porträt*, Marburg: Schüren.

Winter, Rainer (2009): *Der produktive Zuschauer: Medienaneignung als kultureller und ästhetischer Prozess*, Köln: Halem.

Winter, Rainer (1992): *Filmsoziologie: Eine Einführung in das Verhältnis von Film, Kultur und Gesellschaft*, München: Quintessenz.

Zimmermann, Peter/Hoffmann, Kay (Hg, 2006): *Dokumentarfilm im Umbruch: Kino – Fernsehen – Neue Medien*, Konstanz: UVK.

Internet

http://www.whoresglory.at/inhalt.htm (Stand August 2011).
http://www.glawogger.com/produktion.php (Stand August 2011).

Olaf Behrend

Kulturtourismus und innere Verschwörung. Zur soziologisch-sequenzanalytischen Rekonstruktion von *the limits of control* von Jim Jarmusch als Beispiel einer Werkanalyse

Einleitung

Es geht nachfolgend darum, den Film *the limits of control* dahingehend zu analysieren, was seinen *Gegenstand* als filmisches *Kunstwerk* ausmacht. Da Ziel wie Begriffe für Filmanalysen nicht selbstverständlich sind, wird beides zunächst kurz begründet (S. 102-105). Die Analyse erfolgt dann als soziologisch-sequenzanalytische[1] Rekonstruktion des Films. Die Analyse kann aus Platzgründen hier (S. 105-121) nur sehr verdichtet dargestellt werden. Da solche soziologischen Sequenzanalysen von Filmen bisher rar sind[2], finden sich im Text en passant auch einige methodische Erläuterungen und Begründungen. Ein kurzes Fazit (121-122) beschließt den Beitrag.

Auf die dargelegte Weise, so die These, ist eine methodisch nachvollziehbare und eindeutige Erschließung von Film möglich, die, so die These weiter, an der Objektivität des Werks festhält, *ohne* eine verbindliche Rezeption daraus abzuleiten. Vielmehr versuche ich zu zeigen, dass das dargelegte Werk- und Analyseverständnis von Film Ausgangspunkte für Dekodierungs- bzw. Aneignungspraktiken gemäß den cultural studies (s. Hall 2004; für Film: Denzin 1999) aufzeigt.

---

[1] Es handelt sich bei der soziologischen Sequenzanalyse aus dem Kontext der objektiven Hermeneutik um ein sinnrekonstruktives Verfahren (Oevermann et al. 1979; Oevermann 2000a; Wernet 2000). Sequenzen beziehen sich in dieser Methode auf Entscheidungsstellen des Handelns und nicht auf Filmsequenzen.

[2] Für die einzige vorliegende soziologisch sequenzanalytische Filmanalyse s. Schmidtke/Schröder (2012). Es gibt eine Sequenzanalyse einer Tagesschausendung (Oevermann/Tykwer 1991) und der Fernsehkindersendung *Uhlenbusch* (Lenssen/Aufenanger 1986). Außerdem gibt es, als ersten Versuch einer Filmanalyse, die Dissertation von Jörg Tykwer (1992) über den Film *Rote Sonne*.

Ausgangspunkte für meine Auffassung von Film als Kunstwerk sind Theodor W. Adornos Verständnis von Werk und Werkanalyse[3] sowie Ulrich Oevermanns Sequenzanalyse und Kunstsoziologie[4].

Film und die soziologisch-sequenzanalytische Rekonstruktion seines Gegenstands

Filmische Kunstwerke haben eine verdichtete Eigengesetzlichkeit und Suggestivität und erzeugen darüber, in einer Konstellation mit dem Betrachter, einen Gegenstand bzw. geistigen Gehalt, der sich dem ästhetisch Erfahrenden eröffnet, wenn sich jener dem Werk gegenüber öffnet, so könnte man Adornos Ästhetiktheorie bezüglich des Verhältnisses von Werk, Betrachter und ästhetischer Erfahrung zusammenfassen.

In dem »geistig Objektiven«, das dem Kunstwerk innewohne (2009: 46), kann man für Film einen Ansatzpunkt des subjektiven Rezeptionsprozesses sehen, freilich nicht den einzigen. Adorno hält allerdings daran fest, dass sich die »künstlerische Erfahrung eines Kunstwerks von der vorkünstlerischen oder bloß stofflichen« (ebd.) unterscheide. Letztere wären solche, die anteilig vor allem projektiv oder identifikatorisch seien. Film war sicher nicht Adornos bevorzugte Kunstgattung. Dennoch kann man seine Unterscheidungen m.E. für die Filmanalyse fruchtbar machen, indem man den Gegenstand des Films und dessen ästhetische Erfahrbarkeit als Ausgangspunkte von Filmaneignungspraktiken betrachtet.

Soziologisch kann man bezüglich des Gegenstands sagen, dass Filme i.d.R. Prozesse der Individuierung einer autonomen (bzw. auf Autonomie hin sich bildenden) Praxis (eines Subjekts, einer Gruppe etc.) zum Gegenstand haben. Diese abstrakte Gegenstandsbestimmung ergibt sich aus der Homologie von der Gattung Film zu Praxis, denn beide sind sequenziell aufgebaut. Film kann alltägliche wie auch außeralltägliche Handlungen zeigen, also Mögliches wie Unmögliches. So können Filme dem Betrachter stellvertretende Einsichten umfassender visuell und auditiv (und somit lebensnäher) suggerieren als andere Kunstgattungen. Der Betrachter kann sich fühlen, als ob er das macht und erlebt, was er sieht. Wahrscheinlich ist es diese Kombination, die Film zur erfolgreichsten Kunstgattung unserer Zeit macht.

---

[3] Siehe neuerdings als aufschlussreiche Darlegung: Adornos Ästhetikvorlesung (2009); zur werkimmanenten Interpretation: Ders. 1978 [1958] und Oevermann 1997.

[4] Oevermann 1996, 2000b und 2003.

Drei Handlungsebenen

Eine methodische Konsequenz aus der oben erwähnten Homologie von Film und Praxis sehe ich darin, dass man die folgenden drei Handlungsebenen in der Filmanalyse unterscheidet: Die (i) der erzeugenden Handlungssequenzialität; die der (ii) dargestellten Handlungssequenzialität und die des (iii) Gegenstands der dargestellten Handlungssequenzialität.

Erzeugende bzw. darstellende Handlungssequenzialität

Hierbei handelt es sich um die Verarbeitung des ›Rohmaterials‹ eines Werks. Also bei Film: Musik, Drehbuch, Schauspieler, Drehort etc., die zusammen in die Filmaufnahmen eingehen.

Dargestellte Handlungssequenzialität

Das Werk, wie wir es unmittelbar wahrnehmen; so wie es erscheint in seiner Lebendigkeit und Suggestivität, im Kino, im Museum usf. Die dargestellte filmische Handlungssequenzialität wird durch den Schnitt, d.h. die Rekombination aufgenommener Sequenzen und die Beifügung von Musik und Ton (also aus Elementen der Ebene eins) konstruiert.

Gegenstand des Werks

Das, was im Vollzug des Werkes erscheint; also was im Filmprozess durch die dargestellte Handlungssequenzialität erzeugt wird. Dies würde ich als Adornos »geistigen Gehalt« (2009: 220ff) von Kunstwerken begreifen. Anders formuliert: Das was sich im Vollzug des Werks einem ästhetisch Erfahrenden sich unmittelbar mitteilt. Das Gelingen resp. Scheitern von Film als Kunstwerk hängt in dieser Hinsicht davon ab, ob Ebenen eins und zwei gemeinsam etwas Überschüssiges erzeugen können. Dieses Überschüssige ist es, was Filme zu Kunstwerke machen kann. Es gibt viele ›tolle‹ Filme, die ›gut gemacht‹, wunderbar zu sehen und an der Kinokasse erfolgreich sind, die aber nichts Überschüssiges erzeugen. Das Überschüssige geht über die unmittelbare Faszination, das Miterleben hinaus, in dem es den Betrachter in einen Prozess einbindet, der mehr ist als ein projektiver oder identifikatorischer, wobei letztgenannte Prozesse immer auch bei der Rezeption bzw. in der Aneignung von Film eine Rolle spielen (s. etwa Pelzer 2011: 37-43 u. 65-68).

Das Überschüssige wäre in dem »geistig Objektiven« Adornos zu sehen. Kunstwerke entfalten im Sich-Zeigen für den sie Wahrnehmenden eben diesen geistigen Gehalt, den ich als Gegenstand bezeichne. Ihm entspricht ein Darstellungsmodus. Dieser Zusammenhang von Gegenstand und Darstellung ist für Handeln allgemein konstitutiv (s, John R. Searle 2010). Im Handlungsvollzug entsteht ein Handlungsgegenstand und kommt zugleich zur Darstellung, wie sich auch der Handelnde dabei darstellt.[5] Darstellen von etwas und sich selbst Darstellen unterliegen nach Searle *sincerity rules*, d.h. müssen zur Realisierung von Praxis wohlgeformt und glaubwürdig erfolgen. Dies spielt bei Film nun insofern eine zentrale Rolle, als wir, als Rezipienten eines Films, dessen handelndes Geschehen wie selbstverständlich auf Wohlgeformtheit prüfen. Wir müssen uns bemühen, dies nicht zu tun. Ich nenne das »Kohärenzerwartung«.[6] Die Kohärenzerwartung tragen wir als handlungskompetente, einer Basissittlichkeit halbwegs verpflichtete Subjekte in unserer Wahrnehmungsorganisation[7] und somit auch an Film unmittelbar heran. Ästhetisch reizvoll sind das Spiel mit der Kohärenzerwartung und die Abweichung von ihr. Wenn es in einem Film viel davon zu sehen gibt, suchen wir eine tragfähige Erklärung im Film bzw. (als Filmerfahrene) eine Genrezuordnung. Wenn beides schwer fällt, verunsichert der Film in der Regel den Betrachter sehr und zwingt ihn zu einer Interpretation, die Außeralltägliches und die Darstellung einer inneren Realität berücksichtigt.

Methodische Konsequenzen

Das Dargelegte zeitigt für die Filmanalyse drei Auswertungsschritte.

Als erstes eine Titelanalyse, weil der Titel eines Films eine Behauptung bzw. These über das Werk impliziert.

Zentral ist dann freilich die Sequenzanalyse des Films. Hier ist als Grundhaltung wichtig, dass der Film analysiert wird und nicht eine Verschriftung des Films.[8] Genaue Verschriftungen (Keppler 2006) und genaue Beschreibungen sind für die *Darstellung* einer Analyse unabdingbar, die Analyse selbst findet aber am Film statt. Dieser Punkt wird in der einschlägigen Literatur kaum reflektiert. Ich folge in der Verschriftung bzw. Beschreibung vor allem der dargestellten Handlungssequenzalität (also Ebene 2), dabei müssen Einstellungen und andere filmische Aspekte natürlich auch berücksichtigt werden, sie sind aber nicht leitend.[9] Screenshots sind m.E. heute nicht mehr nötig, da eine DVD des Films in der Regel leicht zugänglich ist.

Die Analyse sollte als zweites mit einer Detailanalyse des Anfangs des Films fortfahren; bis man eine erste tragfähige Hypothese hat. Die Detailana-

---

[5] S. für diesen Aspekt bezüglich Kunstwerken: Ritter 2010: 142.

[6] Siehe Rudolf Arnheim (1932: 153-156), der diesen Aspekt allerdings implizit mit dem der ästhetischen Verdichtung eines Kunstwerks verknüpft.

[7] Siehe diesbezüglich: Behrend (2008).

[8] Zu methodischen Fragen der soziologisch sequenzanalytischen Filmanalyse s. Schmidtke/Schröder 2012.

[9] Etablierte Verschriftungsregeln, etwa die von Werner Faulstich (2002:66ff.), oder auch Helmut Kortes Einstellungsprotokoll (1999: 3232ff.), sind in dieser Hinsicht natürlich viel detailreicher und ausgefeilter. Sie befassen sich viel mit technischen Details, deren Bedeutungen für die Filminterpretation bzw. -deutung m.E. aber nicht immer deutlich werden.

lyse sollte, folgte man Oevermann, das ganze Werk abdecken (2000: 81). Ich schlage bei Film (letztlich bei allen Kunstwerken) ein anderes Vorgehen vor: Man sollte schon den ganzen Film (das ganze Werk) analysieren, aber nicht als durchgehende Detailanalyse, sondern vielmehr als konzentrierte und fokussierte Rekonstruktion der Entfaltung des Gegenstands als Prozess. Dies ist etwas anderes (und umfangslogisch sehr viel weniger) als programmatisch alles detailliert zu analysieren. Denn es wird drittens eine genaue zusammenfassende *Beschreibung* (inkl. verschrifteter Dialoge) des Films angefertigt, die eine Deutung des Films hinsichtlich seines Gegenstands erlaubt. Das versuche ich nachfolgend exemplarisch deutlich zu machen.

Zur Filmanalyse von *The limits of control*

Es folgt die geraffte Zusammenfassung der Ergebnisse der Sequenzanalyse von Titel, Vorspann und der ersten 16 Einstellungen (die ersten drei Minuten). Daran schließt sich die Beschreibung des gesamten Films an, gefolgt von zwei Gesamtdeutungen, denen zwei Dekodierungen bzw. Aneignungen entsprechen. Verschriftungen und Beschreibungen sind nachfolgend *kursiv* gesetzt.

Der Titel: *The limits of control*

Der Titel ist abstrakt, bezeichnet aber zugleich eine elementare Erfahrung, die jeder im Leben macht. Kontrollieren (bzw. versuchen zu kontrollieren) kann man sich selbst und andere. Grenzen der Selbstkontrolle wie der Kontrolle über andere gibt es potentiell, mikrosoziologisch besehen, an jeder Entscheidungsstelle: Der Andere kann mich mit seinem Handlungszug überraschen, ich kann mich aber auch selbst mit und in meinem Handeln – in meiner ›I-haftigkeit‹ als »Spontanitätsinstanz« (George H. Mead) – überraschen. Man kann also sagen, dass Handeln grundsätzlich nicht vollständig kontrollierbar ist. In der Praxis konvergieren entsprechend Selbstkontrolle des Innerpsychischen (und deren Grenzen) und Machtausübung gegenüber anderen (und deren Grenzen).

Im Film müsste nun, der ambiguen Behauptung des Titels nach, Selbstkontrolle und Fremdkontrolle in einem spezifischen Verhältnis sowie deren Grenzen Gegenstand sein.

Der Vorspann

Getragen-schrammelnde elektrische Gitarren-Club-Musik; man sieht vor dunklem Hintergrund helle, runde, sich bewegende Gebilde, wie Lichtquellen, die künstlich, am Computer, erzeugt scheinen. Sie scheinen wie Lichtmasten einer Autorbahn in der Nacht (etwa wie am Beginn von »Rote Sonne« von Rudolf Thome), mal wie eine Tunnelbeleuchtung, jeweils aus der Sicht eines sich entfernenden Fahrzeugs. Die Punkte bewegen sich also mal in einer Reihe, meist rhythmisch aber auch mal chaotisch. Während des Vorspanns werden die Namen der Protagonisten eingeblendet. Zu Beginn des Vorspanns werden Studiologo und die Namen der beteiligten Produktionsfirmen (insgesamt drei) eingeblendet.

Es gibt keinen Anhaltspunkt für eine kohärente Deutung der Erscheinungen des Vorspanns als etwas Konkretes (also Flughafen, Autobahn, Tunnel). Dem Kinobesucher wird hier also nichts gezeigt, was er kohärent interpretieren könnte. Die abstrakte Deutung (Punkt als Subjekt) würde hier den Rahmen sprengen. Dem Betrachter wird so gezeigt, dass er nun im Kino die Kontrolle über das, was er wahrnehmen kann, dahingehend abgegeben hat, dass er Zuschauer ist. Kontrolle hat der Zuschauer im Kino keine über das ihm Gezeigte, auch nicht über Jim Jarmusch und seinen Film. Insofern erfüllt dieser Filmvorspann nicht nur eine Abgrenzungsfunktion, sondern löst selbst den Titel bereits sinnfällig ein, ohne bereits konkret zu werden, worin die »limits of control« bestehen.

Es folgt zur Beendung des Vorspanns ein dem Film vorangestellter Sinnspruch, quasi ein zweiter Titel, nämlich eine Zitat aus einem Gedicht Arthur Rimbauds: *»Comme je descendais des Fleuves impassibles, Je ne me sentis plus guidé par les haleurs…«.* Zu Deutsch: *»Auf trägen Flüssen glitt' ich hinab, und fühlte mich nicht mehr von den Treidlern gezogen.«*

Es handelt sich um den Beginn des Gedichts »Le Bateau ivre«, von Rimbaud verfasst im Alter von siebzehn Jahren (1871). In dem Zitat geht, es, ganz knapp gesagt, um Autonomisierung, etwa im Verlauf der Adoleszenzkrise und ihrer Bewältigung. Autonomisierung wird vom erwachsenen Subjekt in der biographischen ›Gesamtrechnung‹ normalerweise als Befreiung und Bereicherung erlebt. In der Passage des Gedichts wird Autonomie eher ambivalent, im Sinne von ›Folgekosten‹, als eine Belastung thematisiert, dass eben die Treidler nicht mehr das Floß voran schleppen (s. etwa das Gemälde von Ilja Repin »die Wolgaschlepper«), sondern dass dies das adoleszente Subjekt zunehmend alleine machen muss, das Subjekt aber implizit diesbezüglich als antriebslos geschildert wird. Autonomie ist hier – unter Betonung des strukturellen Zwangs zur Autonomie als Erwachsener – als Last thematisch.

Es müsste im Film, nimmt man diesen zweiten Titel als Spezifizierung, um das Aneignungsproblem des eigenen Lebens gehen. Darum also, dass das Leben nicht nur an einem vorbeizieht, einem geschieht, sondern dass man selbst sein Leben gestaltet. Es handelt ich bei dem Zitat also um eine unauffällige wie kunstvolle weitere Eingrenzung der Behauptung des Titels: Es müsste im Film darum gehen, wie ein Leben, das Autonomie eher als Zwang erlebt, trotzdem Kontrolle über sich selbst gewinnt – oder eben daran (limits) scheitert. D.h. im Film müssten Selbstkontrolle und ihre Grenzen beim Versuch, das eigene Leben in den Griff zu bekommen, dargestellt werden.

Der Filmanfang

001 0:01:09 Aus einer Draufsicht sieht man einen Mann (Isaac de Bankolé), es handelt sich um einen ca. 40-Jährigen Farbigen (vermutlich Westafrikaner). Er steht in einer engen Kabine. Die Kabine besteht oben aus Aluminiumleisten und dunkelgrünen Holzfaserplatten. Links vor dem Mann befindet sich eine Ablage, ggf. ein Klosett, auf der eine schwarze Ledertasche liegt. Rechts ist ein Türriegel sichtbar. Seine Handinnenflächen sind auf Höhe der Hüfte seinem leicht geneigten Gesicht zugewandt. Er dreht die Handflächen von sich weg und streckt die Hände nach vorne. Dann führt er die Hände in die Ausgangsposition zurück und verharrt einige Sekunden in dieser, bis er sich verneigt. Er prüft dann den Sitz von Hemd und Hose, es handelt sich um einen grauen, leicht glänzenden Anzug. Er zieht sein Jackett an. Man hört die ganze Zeit Durchsagen und andere Geräusche.

Es liegt der Schluss nahe, dass es sich um eine Toilette in einem Funktionsbau handelt. Ein Flughafengebäude (Durchsagen) ist naheliegend. Dort scheint der Mann eine Tai-Chi-Übung gemacht zu haben. Das ist ungewöhnlich. Wenn überhaupt dürfte dies vor einem Flug erfolgen (ggf. aus Flugangst) oder in einer Pause eines Interkontinentalflugs, quasi als Gymnastik, obwohl dann ein weitläufigerer Raum besser und aufsuchbar wäre. Daher dürfte es sich bei der Übung eher um eine innere Sammlung, eine Vorbereitung auf Bevorstehendes handeln. Und dies entweder generalisiert (bei täglichen Übungen zur gleichen Tageszeit) oder spezifisch (Flugangst).

002 0:0:01:43 Der Mann kommt aus der Kabine (amerikanische Einstellung) und biegt in einen Gang ein, in dessen Flucht auf beiden Seiten mindestens sechs solcher Kabinen sind. Man hört weiterhin gedämpft Lautsprecherdurchsagengeräusche auf Französisch.

003 0:01:46 Der Mann ist jetzt von hinten zu sehen und geht um eine Ecke zu Waschbecken, die sich vor einer Spiegelfront befinden. Die Kamera folgt ihm. Er trägt eine große Ledertasche, die er auf den Waschtisch rechts neben sich stellt. Er steht vor dem Spiegeltisch, hinter ihm befindet sich auch ein Spiegeltisch, so dass es zu einer endlosen Spiegelungsschleife kommt.

004 0:01:58 Halbnahaufnahme des Spiegelbilds des Manns.

005 0:02:01 Vorhergehende Einstellung, der Mann nimmt seine Tasche und verlässt die Toilette nach links, er verschwindet hinter der Ecke des Waschraums.

006 0:02:08 Schwarze halbhohe Herrenschuhe, die in einer Schuhputzmaschine poliert werden. Die Schuhe gehen dann weg.
Nachdem der Mann in der Kabine quasi sein mentales Inneres ›in Ordnung‹ brachte, kontrolliert er im Waschraum sein Äußeres und bringt dann seine Schuhe auf Hochglanz.

007 0:02:13 Der Mann steht (amerikanisch) auf einem Laufband, das ihn nach rechts befördert. Die Kamera bewegt sich zeitgleich; d.h. er bleibt in der Mitte des Kaders. In Gegenrichtung bewegen sich Passagiere auf einem anderen Laufband an ihm vorbei.
Man sieht ihn nun etwas länger. Er wirkt dezent und vornehm gekleidet, ist wohl etwa vierzig Jahre alt. Er ist kein typischer Geschäftsmann, dagegen sprechen die Farbe des Hemds und die fehlende Krawatte. Es ist nicht eindeutig, welchen Status und welches Milieu er repräsentieren soll. Am ehesten eine Privatperson, die stilvoll modisch gekleidet unterwegs ist. Er verhält sich nicht wie ein Urlauber. Er schien sich ja zuvor in der Toilette auf etwas vorzubereiten. Was könnte dies sein? Ein Termin? Man kann Vorstellungstermine an Flughäfen oder Bahnhöfen durchführen. Für die entsprechende Tagesreise wäre seine Ledertasche zu groß und für einen Geschäftstermin untypisch.

008 0:02:20 Der Mann fährt dann einen Rolltreppe hinauf, man sieht aus Untersicht seine Schuhe von hinten, durch seine Beine kurz eine Sitzgruppe (schwarzes Leder),
009 0:02:24 Dann die Beine des Mannes kurz von vorn. Sie verlassen die Rolltreppe und gehen rechts an der Kamera vorbei.
010 0:02:28 Er geht von hinten gefilmt auf einen »Salle d'attente. business class« zu. Die Buchstaben der Raumbezeichnung sind an einer Glasscheibe aufgeklebt, die diesen Raum einhegt. In diesem sieht man vier je rechtwinklig angeordnete Sitzgruppen aus schwarzem Leder. Er bleibt kurz vor dem Wartesaal stehen. Darin sind u.a. zwei Männer, eine weiterer Farbiger und ein Weißer, beide mit Fliegersonnenbrille. Der Farbige sitzt, der andere steht, mit einem Mantel über seinen Schultern. Er trägt helle Schuhe und eine große Uhr. Er scheint den ankommenden Mann (ab jetzt als »Protagonist« bzw. »P.« bezeichnet) zu sehen, wendet sich dem Sitzenden zu und setzt sich selbst. Er faltet seinen Mantel und legt ihn über die Lehne. Neben ihm steht ein Koffer. Während dessen geht P. auf die beiden zügig zu.
Unser Filmprotagonist scheint nun angekommen zu sein. Ein Treffen mit den beiden Männern scheint sein Ziel gewesen zu sein. Sie dürften auch angereist sein (Koffer). Auf dieses Treffen scheint er sich vorbereitet zu haben.

011 0.02:38 Die beiden Männer sind in der nächsten Einstellung näher und von der Seite zu sehen. Sie scheinen etwas älter als der Protagonist zu sein. Sie tragen beide Sonnenbrillen und große Armbanduhren. Der Weiße hat den

ausladenden Kragen seines 70er-Jahre Hemds weit aufgeknöpft. Beide sind ähnlich wie P. gekleidet: Stilvoll in Anzug ohne Krawatte. P. geht vor den beiden auf das über Eck stehende Sofa zu.
Die beiden stellen keine Banker oder Manager dar. Es könnten im Kunstbetrieb Tätige sein, oder Gestalten der Halbwelt, etwa Bordellbetreiber, da sie auch ein bisschen zwielichtig wirken und auffälligen Schmuck (Uhr, Sonnenbrille) tragen. Der weiße Mann hielt Ausschau nach P. Daher kann man folgern, dass er der Statusniedere der beiden Wartenden sein dürfte.

012 0:02:43 Totale auf das Sofa, auf das sich P. setzt. Er faltet die Hände, legt sie auf seine Knie und schaut beide nacheinander an.
013 0:02:48 Der andere Farbige (Großaufnahme von vorn) sagt: ¿Usted no habla español verdad?
014 0:02:50 P. (Großaufnahme von vorn) schüttelt wortlos den Kopf.
015 0:02:52 Der Weiße (Großaufnahme von der Seite, aus der Sicht Ps.), die Brille anfassend und ihn anblickend: »You don't speak spanish, right?«
016 0:02:54 Der statushöhere Farbige blickt mit leicht schräg gesenktem Kopf zu seinem Nebenmann. Der statusniedere Weiße blickt zurück, beide setzen ihre Sonnenbrillen ab.
Da der sitzende farbige Mann den Neuankömmling auf Spanisch fragt, ob er kein Spanisch spricht, kann man schließen, dass sie bisher kein Gespräch geführt haben, sich nicht kennen. Es fehlt aber die Begrüßung. D.h. obwohl sie sich nicht kennen, begrüßen sie sich nicht, wie es die elementaren Regeln der Reziprozität (s. Allert 2005) verlangen. Das könnte man wie folgt erklären: Es scheint ein Termin vereinbart worden zu sein, der unter Auslassung aller unnötigen Kommunikation auf das Wesentliche konzentriert und so kurz wie möglich sein soll. Das spricht für eine Konspiration, die kein Aufsehen erregen soll. Die Frage des Statushöheren verweist weiterhin auf ein Vorwissen, was wiederum auf eine Vorbereitung des Treffens schließen lässt.

Die Situation wirkt geheimnisvoll aber auch skurril und slapstickartig, denn der weiße Mann übersetzt – offenbar gehört Dolmetschen zu seinen Aufgaben – die Frage des Farbigen wörtlich ins Englische, obwohl der Protagonist die Frage des Farbigen bereits verneint hat, womit er ja handelnd zum Ausdruck bringt, dass er Spanisch insoweit versteht, dass er die Frage beantworten kann.

Filmbeschreibung

Die zurückliegende, nicht sonderlich differenzierte Verschriftung macht keine drei Minuten des Films aus. Ab jetzt folgt daher die kompakte Filmbeschreibung. Lediglich die Schlüsselszene – der Film steuert dramatisch auf diese zu – wird wieder genauer verschriftet. Zweck dieses Vorgehens ist, durch genaue und möglichst deutungsfreie Beschreibung bzw. Verschriftung (Dialoge) die zweite Ebene des Handelns, die der dargestellten Handlungssequenzialität, exakt zu erfassen. Sie repräsentiert den Film und dient hier als Schlussbasis. Es empfiehlt sich, den Film gleichfalls anzuschauen, quasi zur Überprüfung der Beschreibung.

Die Beschreibung zu lesen kann, wenn man sich nicht für den Film interessiert, langweilig sein. In diesem Fall empfehle ich, bei den Gesamtdeutungen (S. 120) weiter zu lesen.

Der Ankommende wird gefragt, ob er bereit und alles gut sei. Nach dem dieser bejaht, fordert ihn der Farbige auf, seine Vorstellungskraft und sein Geschick zu nutzen. Außerdem stelle dieser fest, dass alles subjektiv sei.
Es werden dann kurz drei Männer mit dunklen Sonnenbrillen und in grauen Anzügen gezeigt, die in den Wartesaal laufen und einen Platz suchen. Leicht misstrauisch reagieren die drei Sitzenden auf diese Männer. Der Farbige wechselt dann einen Blick mit P., beugt sich zu ihm und spricht: »Wer denkt, er sei mehr als die anderen, muss sich zum Friedhof begeben. Dort wird er sehen, wie das Leben wirklich ist. Es ist eine Hand voll Erde (Untertitel)«. Kurz sind die Männer dann von zwei hübschen und vermutlich wohlhabenden Frauen abgelenkt, die wechselseitig sich und ihren Schmuck bewundern, was der Weiße mit »diamonds are girls best friends« kommentiert, woraufhin der Statushöhere ihn zur Disziplin und zum Weitermachen mahnt. Der Weiße gibt daraufhin P. einen Schlüssel und eine Streichholzschachtel (Boxermotiv). P. wird von beiden aufgefordert: »Go to the towers, go to the café, wait a couple of days and watch for the violin« Der Auftraggeber beendet schließlich das Gespräch: »Das Universum hat kein Zentrum und keine Begrenzung. Realität ist beliebig! (Untertitel)« Die Männer stehen auf und verabschieden sich.
Neben den Aufforderungen, nur von sich auszugehen, seine Vorstellungskraft und sein Geschick zu nutzen und – sinngemäß – nicht überheblich zu sein, bekommt der Protagonisten auch Anweisungen. Allerdings sind diese ungenau. D.h. es muss zuvor, wie auch immer, eine Auftragseinrichtung gegeben haben, damit der Protagonist weiß, was er genau tun soll. Insgesamt bleibt der Auftrag rätselhaft.

P. besteigt ein Flugzeug und bekommt während des Flugs zwei Tassen Kaffee serviert. Er öffnet die Streichholzschachtel und entfaltet einen Zettel. Er liest den codierten Text und verspeist danach den Zettel und trinkt die Kaffees. Landung.
Er fährt in Madrid mit einem Taxi zu einem Doppelhochhaus (den »Türmen«). Und öffnet mit den ausgehändigten Schlüsseln ein Apartment. Dort schläft er und macht am nächsten Morgen Tai-Chi-Übungen. Er geht dann zu einem Café an einem kleinen Platz in einem ruhigen Wohnviertel und trinkt dort zwei Espressos. Er wandert durch die Stadt, kehrt im Dunkeln in das Apartment zurück, hört dort klassische Musik.
Am nächsten Morgen macht er wieder Tai-Chi, frühstückt und besucht das Museum »Reina Sofia«für moderne Kunst. Er betrachtet ausgiebig das Ge-

mälde »Die Violine« von Juan Gris. Er verlässt das Museum und bemerkt einen Hubschrauber über ihm am Himmel.
Er besucht erneut das Café. Ein Mann mit Geigenkasten setzt sich zu ihm. Der Mann fragt auf Spanisch, ob P. Spanisch spräche. P. verneint. Daraufhin breitet der Mann seine Theorie der Geige als Speichermedium der auf ihr gespielten Töne aus, die in einem Wahrnehmungsrelativismus endet. P. entgegnet nichts, legt vielmehr seine Streichholzschachtel auf den Cafétisch und erhält eine vom Mann. P. öffnet diese, liest den Codezettel und isst ihn. Der Mann instruiert ihn: »Wait with the girl. She's a crisscross«.
Am dritten Tag in Madrid bekommt der konspirative Auftrag nun eine Fortführung. Um was es geht, weiß der Betrachter aber immer noch nicht.

P. besucht ein zweites Mal das Museum, betrachtet nun »Desnudo«, einen weiblichen Akt von Roberto Fernandéz Balbuena. Er geht dann im Dunkeln zum Apartment zurück. Dort liegt eine junge Frau mit Brille nackt auf dem Bett. Sie zielt auf ihn im Spaß mit einem Revolver und versucht, ihn zu verführen; P. lehnt das Angebot kategorisch ab: »never while I am working«. Sie schmiegt sich, nackt auf dem Bett liegend, an ihn, er ist bekleidet. So schlafen sie die Nacht über nebeneinander.
Wo kommt diese Frau nur her? Eine Prostituierte, die ins Apartment ›bestellt‹ wurde? Oder gehört sie zur Konspiration? Die Szene ist mysteriös.

Am nächsten Morgen blickt der Protagonist von der Dachterrasse über die Dächer Madrids. Überblendung auf ein entsprechendes Gemälde (»Madrid desde Capitán Haya« von Antonio López), welches P. dann im Reina Sofia betrachtet.
Abends geht er in eine gediegene Hotelbar, danach in einen Tanzclub. Er trinkt, sieht sich die anderen an, redet aber mit niemandem.
P. wir in diesen Szenen einsam geschildert.

Zurück im Apartment führt ihm die nackte Frau einen durchsichtigen Regenmantel vor. Sie schlafen wie in der Nacht zuvor nebeneinander.
Am nächsten Tag sitzt er wieder in dem Straßencafé vor zwei Tassen Espresso. Es kommt eine Frau (Tilda Swanton) zu ihm. Sie trägt Cowboystiefel und Cowboyhut. Sie fragt auch, ob er Spanisch spricht, und möchte dann mit ihm über Film reden. Er schweigt und tauscht stattdessen mit ihr eine Streichholzschachtel aus. P. findet diesmal Diamanten darin. Die Frau sagt: »diamonds are the girls best friends«.
Die Konspiration wird nun nach einem repetitiven filmischen Muster, für Filme Jim Jarmuschs ja nicht unüblich (*night on earth*, *broken flowers*, natürlich: *coffee and cigarettes*), ausgebaut. Es sind Künstler, die etwas vorhaben und P. Informationen geben.

P trifft seine Zimmergenossin wieder nachts im Apartment. Er gibt ihr die Diamanten; sie ihm eine Streichholzschachtel. Sie hören daraufhin zusammen auf einem Sofa sitzend (sie wieder ganz nackt) ein Streichquintett.
Die Frau junge fällt aus dem Rahmen der Verschwörung (keine Künstlerin). P. wird nach und nach als ein Kunst*rezipient* erkennbar: Neben Gemälden mag er auch klassische Musik.

P. verlässt mit einem Schnellzug Madrid. Die Konspiration geht im Zug mit einer stillvoll gekleideten Wissenschaftlerin weiter. Sie gibt eine Molekulartheorie, die die Klangspeichertheorie des Geigers begründet. P. bekommt von ihr einen alten Bartschlüssel. Sie fordert ihn auf, drei Tage zu warten, bis er das Brot sehe, die Gitarre werde ihn finden. Außerdem warnt sie P.: »among us, there are those, who are not among us«. Er erwidert: »I'm not among no one«.
P. erhält weitere Anweisungen und eine Warnung. Er grenzt sich daraufhin deutlich von der geheimnisvollen Gruppe, zu der die Frau ihn rechnet, ab. Das wirft die Frage der Zughörigkeit auf: Ist er doch ›nur‹ ein Auftragskiller?

P. liest noch im Zug die codierte Botschaft und trinkt zwei Espressos. Er steigt in Sevilla aus und läuft durch Gassen der Altstadt zu der nächsten konspirativen Wohnung. Er geht auf deren Balkon: wieder ein schwarzer Hubschrauber über ihm. Am nächsten Tag geht er zum »Torre del Oro«, einem alten Befestigungsturm. Abends geht er in ein Lokal. Dort wird geprobt, er darf aber bleiben, setzt sich und trinkt ein Bier. Eine Frau tanzt lange Zeit ausdrucksstark zu Gitarrenmusik (junger Mann). Schließlich beginnt ein Mann, ihr Tanzpartner, zu singen, und zwar einen Flamenco mit dem Text der ›Friedhofsparabel‹ vom Flughafen. Der Sänger kommt schließlich bedeutungsschwanger zur Theke in Ps. Nähe.
Man fragt sich, ob der Sänger auch zur Konspiration gehört.

Später ist P. wieder in der Wohnung und beobachtet vom Balkon aus auf einem tiefer gelegenen Balkon eines Nachbarhauses die Nackte mit dem Regenmantel.
Wie kommt die Frau nun nach Sevilla? Wenn sie P. nach Sevilla nachreist, warum ist sie dann nicht bei ihm? Zeigt der Film hier Ps. Wunsch, von einer Frau begleitet zu werden?

Am nächsten Morgen spaziert er durch die Altstadtgassen, kommt zurück zum Haus und sieht an der Haustür eine durchsichtige Plastiktüte mit Weißbrot hängen. Er geht dann zu einem Café auf einem Platz in der Nähe der gewaltigen Kathedrale Sevillas. Ein älterer Herr mit einem Gitarrenkoffer setzt sich zu P. an den Tisch. Nach der Klärung von Ps. Spanischkenntnisse erörtert der Herr den Begriff »Bohemian« im Wandel der Zeit, dabei herumhängende Jugendlichen betrachtend. Schachtelaustausch. Der Herr instruiert ihn

daraufhin: »the Mexican will find you, he has the driver«. Dann übergibt er P. den Gitarrenkoffer. Er erläutert, dass es sich um eine alte Gitarre handelt, die einem großen Meister des Flamenco (Manuel El Savilliano) gehört habe. Der Herr ruft ihm dann gehend zu: »la vida ne vale nada«.
Die Konspiration geht in bereits bekannter Weise weiter. »*La vida ne vale nada*« entspricht der Botschaft der ›Friedhofsparabel‹ aus dem Flamenco-Lied und dem Gespräch am Flughafen.

P. inspiziert den Gitarrenkoffer. Es handelt sich um die Gitarre, auf der am Vorabend gespielt wurde. P. verlässt mit Reisetasche und Gitarrenkoffer die Wohnung. Er sieht auf der Gasse ein Plakat des Films »Un lugar solitario«. Die Frau der zweiten Begegnung ist dessen Hauptdarstellerin. Kurz danach wird sie, quasi um die Ecke, vor den Augen Ps. in eine schwarze Limousine gezerrt und entführt.
Diese Entführung ist unrealistisch, kaum erklärbar. Sparsamer ist es anzunehmen, dass der Film die innere Realität Ps. zeigt.

P. fährt mit einem Zug (Schlafabteil) vorbei an Olivenbäumen, dem Meer und kargen Landschaften. Er nimmt am nächsten Morgen, nach dem Tai-Chi, die Gitarre und entfernt die tiefe E-Saite und steckt sie aufgerollt in sein Jackett. Er steigt in einem Dorf im Gebirge aus. Er kommt auf steiler Straße an einem Jungen vorbei, der auf einen Hubschrauber am Himmel zeigt und »Los Americanos!« sagt.
Dann sitzt der Protagonist auf der Terrasse eines Café vor zwei Espressotassen. Er rührt er in einer der Tassen und findet einen Diamanten. P lehnt sich gedankenversunken zurück.
Eine Frau (Sonnenbrille, Kopftuch) sitzt in einem verbeulten dunklen Pickup am Steuer. Der Wagen steht in einer Gasse des Dorfs. Sie gibt einem Mann (dem »Mexikaner«) eine Streichholzschachtel und einen Zettel, den der Mann in die Schachtel legt.
Der Mexikaner geht ins Café, setzt sich mit einem Bier zu P. und stellt ihm die obligate Frage nach den Spanischkenntnissen. Dann legt der Mexikaner seine Streichholzschachtel auf den Tisch. Er fragt nach der Gitarre und betrachtet sie kurz voller Ehrfurcht. Er gibt dann eine relativistische Wahrnehmungstheorie, von der er sagt, dass sie die alten Leute in seinem Dorf vertreten würden, u.a.: »nothing is true, everything is imagined«. Er zeigt auf den glänzenden Papierserviettenspender auf dem Tisch und sagt: »Do you notice reflections? For me some time the reflection is far more present than the thing they reflected«. Sie tauschen dann Streichholzschachteln, P. liest die Botschaft, der Mexikaner geht und holt den Fahrer. P. verlässt die Terrasse, sieht dabei im Café an der Garderobe einen Regenmantel hängen, der dem der jungen Frau gleicht. Der Gastwirt schaut vielsagend P. an, welcher schließlich das Café verlässt.

P. steigt in den Pickup, auf dessen Heck »la vida ne vale nada« steht. P. gibt dem Mexikaner, der am Auto wartet, den Gitarrenkoffer. Die Frau steuert den Wagen aus dem Dorf. Sie fahren eine Weil und halten schließlich vor einem verlassenen Gehöft in einer Einöde. Beide steigen aus. Die Frau legt eine Karte auf die Motorhaube und zeigt P. etwas auf dieser. Sie gibt ihm einen Schlüssel und äußert mahnend die Friedhofsparabel auf Arabisch. Dann fährt sie weg.
Er betritt das große, verlassene Gehöft. Die Möbel und andere Gegenstände sind sorgfältig abgehängt, wirken alt und gediegen. Das Gehöft wurde wohl einst von wohlhabenden Bauern bewohnt. P. betrachtet ein von weißen Tüchern verhülltes Gemälde und geht dann auf die Dachterrasse des Anwesens. Dort studiert er nochmals die Karte.
Er geht dann lange durch die Einöde bis zu einem Hang, von dem aus er ein alleinstehendes Haus beobachtet, das weiß gekalkt und von einer ebensolchen Mauer umfriedet ist. Es wird sehr aufwendig bewacht (ca. 15 schwarzgekleidete Wächter, teilweise mit Maschinenpistolen). Es gibt drei Parabolantennen neben dem Haus, dazu einen Sender auf einem Anhänger. Im Verhältnis zum Aufwand ist das Haus sehr klein. Es kommen mit einem Hubschrauber drei in dunklen Anzügen gekleidete Männer als Besucher, die in das Haus geleitet werden. P. studiert nochmals die Karte, geht dann und verbrennt die Karte später in der Einöde.
Die Konspiration scheint sich auf das bewachte Anwesen zu konzentrieren. Auch die regelmäßigen Hubschrauber erfahren eine Konkretisierung: Männer wie auf dem Flughafen steigen aus und suchen das Anwesen auf. Es scheinen Gegenspieler (Amerikaner?) der Konspiration zu sein, von denen sich P. aus den Hubschraubern öfters beobachtet wähnte.

P. ist zurück und betritt vorsichtig das, als ob er etwas Bedrohliches bemerkt hat. Er geht ins Schlafzimmer. Auf einer weißen Decke auf dem Bett liegt die Brille der nackten Frau. Er nimmt die Brille, die Brille hat einen Sprung. Er zieht das Tuch zurück. Die Frau liegt ohne Anzeichen äußerer Gewalteinwirkung tot auf dem Bett. Er berührt ihre Wange. Sie hält eine weitere Schachtel in der Hand. Er tauscht die Schachtel nochmals mit einer von ihm aus.
Rätselhaft und traurig wirkt diese Szene. Wo kommt die Frau her? Wer hat sie wie ermordet und die Decke über sie ausgebreitet? Wie kommt die Schachtel in die Hand der Toten?

P. macht Tai-Chi und verlässt in der Dämmerung das Gehöft und erreicht im Dunkeln das zuvor observierte Haus, welches hell erleuchtet in der Nacht liegt und nach wie vor streng bewacht wird.

Schlüsselszene

Jetzt folgt die Schlüsselszene bzw. der für diesen Film zentrale »plot point« (Mikos 2003: 129). Daher wir nachfolgend der Film wieder ausführlicher beschrieben bzw. verschriftet (Dialoge).

P. sitzt auf einem Sofa in einem Raum ohne Tageslicht. Vor ihm stehen auf einem Sofatisch Souvenirs, die den »Torre del oro« repräsentieren. Drei Bildschirme, die Überwachungskameraeinstellungen des Anwesens zeigen, sind hinter einem Schreibtisch zu sehen, der mitten im Raum steht.
Es ist naheliegend anzunehmen, dass P. in der Kommandozentrale des Anwesens gezeigt wird. Wie P. hinein gekommen ist, bleibt unklar.

Ein Mann in Businessanzug (Bill Murray) betritt den Raum und verriegelt die Sicherheitstür hinter sich mit einem Zahlencode. Er wirft seine Aktentasche auf den Schreibtisch und setzt sich an diesen. Er nimmt sein Toupet ab und stülpt es auf den Totenschädel, der auf dem Schreibtisch steht, und betrachtet den Schädel sinnierend. Er versucht etwas (Laptop?) zu drücken, es funktioniert nicht. Er flucht: »These fucking Spanish assholes!«. Er greift zum Telefonhörer, ruft dann aber Richtung Tür: »Addington!« (keine Antwort) »Fucking soundproof door!«
Sein Auftreten führt zu dem Schluss, den Mann unmittelbar als Zentrum und Anlass der Sicherheitsbemühungen einzuordnen. Er ist das Epizentrum des Anwesens. Er will dann etwas machen, was an technischen Problemen scheitert, für die spanische Angestellte zuständig sein dürften. Er will dann seinen nichtspanischen Adjutanten rufen, was an der Tür scheitert.
Der Mann wird alles in allem als durchaus humorvoll und sarkastisch (Toupet auf Totenkopf) vorgestellt. Es ist zugleich aber auch ätzend, wie er über ›die Spanier‹ redet.

P. macht sich dadurch bemerkbar, dass er die Stehlampe neben dem Sofa anknipst. Der Mann nimmt dies wahr und ruf erbost: »How the fuck did you get in here?«
Es muss sein Anwesen sein. Er schaltet und waltet hier. Ein fieser US-Amerikanischer-Kapitalist. Gäste sind hier nicht vorgesehen, er adressiert P. entsprechend. Der Mann stellt dann die Frage, die sich der Kinobesucher auch schon gestellt haben dürfte.

P. sagt: »I used my imagination« und steht auf.
Nimmt man die Äußerung wörtlich, so liefert sie auch einen materialen Hinweis darauf, dass der Film Vorstellungen des Protagonisten zeigt. Und zwar vor allem dann, wenn Gezeigtes schwer erklärlich ist, wie bezüglich des Eindringens in das abgesicherte Anwesen.

Der Mann nimmt eine Pistole aus einer Schreibtischschublade und schießt unverzüglich zweimal auf P. Die Waffe ist aber nicht geladen.
Der Mann will P. töten. P. scheint aber vorgesorgt und die Waffe entladen zu haben. Man ahnt nun nichts Gutes, P. muss auf den Mordversuch reagieren.

P. nimmt die Gitarrensaite aus dem Jackett in beide Hände und spannt sie.
Mann: »Is this your twisted idea of revenge or something?«
P: »No, revenge is useless.«
Mann (sehr laut rufend): »Addington! Security, God damn!« Der Mann geht hinter dem Schreibtisch umher, hat sich wieder gefasst, und wendet sich P. erneut zu: »What is your fucking agenda here? You people don't understand a fucking thing about how the world really works!«
Jetzt wird P. mit »you people« adressiert. Man denkt unweigerlich an die Gruppe der Konspiration. Diese wird von ihm als weltfremd charakterisiert; implizit stellt sich der Mann hingegen als einer da, der weiß, wie die Welt funktioniert. Fronten werden also klar gezogen.

P: »I understand, but I understand subjectively.«
P. entgegnet im Geiste der Konspiration. Der Satz ist trivial, weil man gar nicht anders kann, als subjektiv zu verstehen. P. drückt aus, dass er die Welt sehr wohl versteht, aber eben anders (»but«) als sein Opfer. P. unterstellt damit, dass dieses die reale Welt primär objektivistisch verstünde. Er dürfte ein instrumentelles oder rein zweckrationales Verständnis der Welt meinen.

Mann (höhnisch): »That's fucking nonsense. Your sick minds have been polluted with crap: your music, movies, science. Fucking bohemians on hallucinogen drugs. All that shit has poisoned you. And it has nothing to do with the real world. And I suppose, that you believe that by eliminating me, you will eliminate control over some fucking artificial reality«
Der Mann unterstellt, dass P. den Mord als Eliminierung der Kontrolle über eine künstliche Realität missverstehen werde, was P. und der konspirativen Gruppe (*»Fucking bohemians on hallucinogen drugs«*) sehr wichtig sei. Er unterstellt weiterhin, dass P. und seine Gruppe von dem ›Mist‹ ihres Lebensstils und ihrer Sichtweise (Musik, Filme und Wissenschaft) vergiftet seien und sich daher von der Realität abgekoppelt hätten.
Als Sprechhandlung besehen, versucht er, P. die Augen zu öffnen. Dies tut er allerdings voll Hohn und Missachtung, was seine Erfolgsaussichten konterkariert. Daraus kann man schließen, dass der Mann nicht davon ausgeht, dass er P. überhaupt noch umstimmen kann.
Eine Alternative in dieser Handlungssituation wäre ja auch gewesen, P. um Gnade zu bitten angesichts von dessen offenkundiger Mordabsicht. Das macht der Mann aber auch nicht, denn es würde seiner Haltung gegenüber P. zuwiderlaufen. In dieser Hinsicht agiert der Mann wertgebunden.

P. beginnt den Mann mit der tiefen E-Saite der Gitarre zu erdrosseln und sagt dabei zu seinem Opfer: »Reality is arbitrary.« Der Mann entgegnet: »fuck you« und sinkt tot zu Boden.
P. erwidert die ätzende Kritik des Manns an ihm bzw. der konspirativen Gruppe mit dessen Ermordung.
Letztlich wird die Interpretation nahe gelegt, dass P. an dem Mann Rache nimmt (wie P. ja auch unterstellte). Der Gegenstand der Rache ist aber unbekannt. Man denkt sofort an die tote Frau. Dieser kann aber nicht Anlass für die Konspiration sein, weil ihr Tod nur Stunden zurück liegt. Der Mann muss sich an der konspirativen Gruppe also in anderer gravierender Weise vergangen haben, so dass die Gruppe P. kürt, den Mann zu töten.

Der alte Pickup fährt im Dunkeln eine Piste davon. Die Fahrerin sitzt am Steuer, P neben ihr.
Im Anwesen: Ein Mann in Anzug findet den Toten, schlägt Alarm.
P. sitz im Zug. Er holt die Streichholzschachtel der toten Nackten aus dem Jackett, darin liegt ein unbeschriebener Zettel. Er nimmt diesen in die Hand, er ist gefaltet, wie die Berge, die man in der Dämmerung durch das Zugfenster sehen kann. Er schaut in diese Ferne und zerknüllt schließlich das Papier zu einer Kugel und legt sie in die Schachtel, die er wieder in sein Jackett steckt.
In Madrid angekommen sucht er nochmals das Museum auf und besieht das Gemälde »Gran sábana« von Antoni Tapiés, das ein weißes Betttuch zeigt bzw. ist.
Die Flucht ist gut organisiert. Er fährt dann mit dem Zug zurück nach Madrid, geht nochmal ins Museum und betrachtet ein Gemälde, welches an das mit Laken verhängte Gemälde im alten Gehöft erinnert.

P. zieht den Anzug, den er den Film über trug, in einer Toilettenkabine in einem Bahnhof aus. Er verschließt ihn in einem Schließfach. Er trägt nun einen hellgrünen Trainingsanzug mit einer Flagge Kameruns. Er verlässt den Bahnhof (Kamera von Hinten) und taucht in eine belebte Straße einer Großstadt ein. Ende.

Gesamtdeutung(en) des Films

Es folgt die Gesamtdeutung des Films, die dem Film selbst entsprechend in zwei Schritten erfolgt. Ich beziehe die beiden Schritte dann jeweils auf eine Aneignungspraktik, in dem ich die Deutung mit der hegemonialen bzw. oppositionellen Dekodierung gemäß dem Kodieren/Dekodieren-Modell der ›frühen‹ cultural studies verbinde (Hall 1979 und 2004; für eine Zusammenfassung s. Marchart 2009: 143-152). Auch wenn dieses Modell ursprünglich an Massenmedien gewonnen wurde, so legen die beiden Deutungen eine Bezugnahme auf das Modell nahe. Weiterhin habe ich Besprechungen des

Films in auflagenstarken Printmedien ausgewertet, die die hegemoniale Dekodierung des Films als dominanten Konsens deutlich machen.

Gesamtdeutung des Films auf Ebene zwei und seine hegemoniale Dekodierung

Alles in allem handelt es sich auf Ebene zwei, der der dargestellten Handlungssequenzialität, um eine mysteriöse Geschichte über einen unnahbaren kunstinteressierten Auftragskiller, der für eine konspirative Gruppe von Kunstschaffenden und Wissenschaftlern tätig ist. Der Protagonist sympathisiert mit dieser Gruppe und ihren realitätsskeptischen (»reality is arbitrary«) Postulaten, er macht sich aber nicht mit ihren Aktivisten gemein. Er ist und bleibt Einzelgänger. Der Film handelt also von einem vermeintlich david-gegen-goliathartigen Kampf dieser Gruppe gegen einen übermächtigen Gegner, repräsentiert von dem fiesen Mann im Bunker, der für das ›Establishment‹ stehen dürfte. Der erfolgreich durchgeführte Anschlag ist ein ›blutiger Etappensieg‹ dieser unbeugsamen Gruppe. Das Kontrollsujet des Titels ist insofern eingelöst, als die Grenzen der Kontrolle des ›Establishments‹ über die unbeugsamen Künstler und Wissenschaftler sowie deren »artificial reality«, dargestellt würden.

Man kann sich den Film in dieser Interpretation als kritischen Thriller des Independent-Kinos aneignen, der cool gedreht ist. Nun weist der Film aber die beschriebenen Ungereimtheiten auf: Wie ist die Konspiration organisiert? Wer verfasst eigentlich die codierten Botschaften? Wer plant den Anschlag? Wie bekam P. die genauen Instruktionen? All dies bleibt im Unklaren. Gleiches gilt für die junge Frau, die dem Protagonisten nach Sevilla folgt. Und: Warum sitzt der fiese Mann in einem Bunker in der letzten spanischen Einöde – und nicht an der Wall Street? Diesen Fragen entsprechend wurde und wird der Film nicht selten als mysteriös und »Absurdität« (Mary Pols in »TIME Magazine« am 30.04.2009) rezipiert. Es dominiert aber unter Verweis auf Musik und Darsteller eine betont postmoderne Einordnung des vordergründigen Thrillers, etwa als »pure image-and-sound-event« (Manohla Dargis in der »NYT« am 30.04.2009). So auch Georg Seeßlen in epd (6/2009): »Man genießt diesen Film, glaube ich, wenn man sich klarmacht, dass er nichts, aber auch gar nichts bedeutet. Er ist einfach. Und das macht er verdammt richtig, auf einer Linie zwischen Dada und Buddha.« Die oben dargelegte Interpretation des Films auf Ebene zwei konvergiert mit dieser, im medialen Diskurs über ihn dominierenden, Deutung. Die Deutung auf Ebene zwei wie der Diskurs über den Film konvergieren in der »dominant hegemonialen Position« der Dekodierung des Films, um auf die Unterscheidung von hegemonialer und oppositioneller Dekodierung von Stuart Hall zurückzukommen (Hall 1979). Die Hegemonie wird vor allem durch die Kritik an Realität wie Objektivität und die Betonung des Subjektiven im Film regelrecht erzwungen. Denn beide entsprechen den gängigen Sichtweisen und diesbezüglichen Annahmen kulturaffiner Diskurse der medialen Öffentlichkeit.

Gesamtdeutung des Gegenstands des Films (Ebene 3) und seine oppositionelle Dekodierung

Der Film löst seine absurden Aspekte allerdings auf, in dem er auch eine andere Geschichte erzählt. Nämlich die eines gut gekleideten, kulturinteressierten Individualtouristen, der nach Spanien reist, kein Spanisch spricht, dort einsam ist, in atmosphärischen Cafés seine Zeit mit jeweils zwei Espressos verbringt, sich Madrid und Gemälde im Museum Reina Sofia anschaut, in Sevilla dann ein Wahrzeichen, nämlich den »Torre de Loro« sucht und findet und in eine Flamencobar geht, woraufhin er in ein andalusisches Bergdorf reist, in der Einöde wandert und schließlich nochmal nach Madrid und dann nach Hause fährt. Diesen Szenen der *äußeren Realität* eines kulturinteressierten Spanienurlaubers sind im Film sowohl die Szenen der Verschwörung als auch die des Begehrens als *innere Realität* beigestellt. Die vielen inkohärenten Szenen und Details (die Nackte auf dem Balkon in Sevilla, die Entführung, der Diamant in der Kaffeetasse etc.) machen den Schluss auf seine innere Realität zwingend. Beide Realitäten sind filmisch nicht voneinander unterschieden. Er imaginiert sich in seiner Einsamkeit als ein auserkorener Kämpfer für eine Gruppe Gleichgesinnter, die sich in gewisser Weise ideologisch mit Kunst und Wissenschaft befassen, nämlich mit einer sehr grundsätzlichen Kritik an Realität.

Die zentralen Ausgangspunkte für seine Imaginationen sind, das ist ein weiteres repetitives Konstruktionsprinzip des Films, seine Bildbetrachtungen im Museum. Die Gemälde (und die Gitarre) liefern ihm Ausgangspunkte für Assoziationen[10], die eine psychische Energie, einen Wunsch binden, der darin sich äußert, etwas Bewegendes, Weitreichendes zu tun, wofür er in einer Gruppe hervorgehoben und von einer hübschen Frau begehrt wird.

Die Schlüsselszene erscheint in dieser Interpretation als innere Realität, die nicht mehr nur aus seinen Wünschen besteht.[11] Die Schlüsselszene repräsentiert vor allem einen innerpsychischen Abwehrvorgang. Der Protagonist wehrt eine Realitätseinsicht ab. Die Realitätseinsicht besteht darin, dass er die realitätsskeptische, in einer Reihe von kunst- und kulturinteressierten Milieus hegemoniale, Ideologie der Konspiration – kunstvoller Weise ja auch die

---

[10] »Die Violine« von Juan Gris → der konspirative Geigenspieler; Filmplakat → Filmstar als konspirative Schauspielerin; nackte Frau des Gemäldes »Desnudo« → die nackte, ihn begehrende Frau; die Gitarre des Flamencogitarristen → Saite als Mordwaffe; das Gemälde »Gran Sabana« → die mit Laken fast völlig verhängten Räume des verlassenen Gehöftes etc.

[11] Andreas Kilbs Filmbesprechung in der FAZ (29.05.2009) ist die einzig mir bekannte, die die innere Realität des Protagonisten überhaupt berücksichtigt, und insofern den Gegenstand des Films ansatzweise zu fassen bekommt. Allerdings irrt er m.E., wenn er die Schlüsselszene als »Wunschphantasie« hervorhebt, nämlich »einmal den bösen Kapitalismus beim Wickel haben, einmal mit Bildern den Lauf der Welt verändern«.

hegemoniale Dekodierung des Films selbst – anzuzweifeln beginnt. Die Abwehr besteht darin, seine Argumente gegen den Realitätsskeptizismus dem ›fiesen Kapitalisten‹ in den Mund zu legen, so dass dessen Fiesheit sie entkräften. P. scheint in der Fremde, in Spanien, wo er ohne Sprachkenntnis und allein reist, nämlich zu dämmern, dass er *nur* mit realitätsskeptischen Ideen im Kopf und ohne Praxis[12], trotz all der umwerfenden Gemälde, die er sieht, in seinem Leben auf dem Holzweg ist. Dass dies in einem ihm fremden Land passiert, ist insofern sinnfällig, als Reisen krisenhafte innere Situationen mit der Realität als ›harter‹ Außenwelt provozieren kann, wenn man sich auf der Reise auf das umgebende Unbekannte einlässt, was er in dem ihm wohl möglichen Maße soweit zu tun scheint, bis seine Lebenskrisen (Einsamkeit, Wunsch nach authentischer Praxis) und deren Abwehr in Gang kommen.

In der letzten Einöde, da wo Kultur ein Ende zu haben scheint, und die Ödnis beginnt, sich einen leer stehenden Bauernhof zurückzuholen; dort, wo Kommunikation nicht mehr zerstreuen und ablenken kann, wo kein Diskurs mehr ›dröhnt‹, dort lauert, so der vordergründige narrative Gehalt des Films, der vermeintliche Feind im High-Tech-Bunker. In Wahrheit lauert dort in der Einöde die – abgewehrte – Einsicht, mit der P. sich selbst dazu bewegen könnte, zu einer Praxis zu finden, die in der nie völlig kontrollierbaren Realität angesiedelt ist – und nicht nur in seiner inneren Realität. Der Protagonist aber wehrt diesen ›Ausgang‹ aus seiner Sackgasse ab. D.h. die Selbstkontrolle gelingt ihm nicht, u.a. weil die Fremdkontrolle durch geglaubte und befolgte zeitgeistaffine Deutungen die Selbstkontrolle limitieren, wobei die nämlichen Deutungen – suggestiver Weise – Nichtlimitiertheit zum Inhalt haben. Dieser Prozess wird im Film kunstvoll auf die Spitze getrieben, wenn der namenlose Protagonist, während er seinen Kontrahenten tötet, diesem in trotziger Gegenrede versichert, dass die Realität arbiträr sei. In der realitätsabwehrenden Lesart bedeutet arbiträr »mehrdeutig«. Das ist natürlich für den Sterbenden der blanke Hohn: Sterben ist real und eindeutig. Das quittiert der Sterbende, durch und durch US-Amerikaner, mit seinen letzten Worten: »fuck you«. Zugleich schiebt sich eine weitere Bedeutung von »arbitrary« in den Vordergrund, die von »willkürlich«: P. taucht aus heiterem Himmel bei dem Opfer auf und bringt ihn um.

Diese zweite Interpretation kann man mit Stuart Hall als die »oppositionelle Position« begreifen. Eine entsprechende Dekodierung würde den Gegenstand des Films berücksichtigen, nämlich das dramatische innere Erleben der verwickelten Grenzen der Selbstkontrolle angesichts einer Lebenskrise, die den Protagonisten lahmlegt, die unter anderem darin begründet liegt, dass er gewisse realitätsskeptische Postulate zu ernst nimmt. Damit lässt sich der Film in seinen Ungereimtheiten auflösen. Eine solche Dekodierung könnte

[12] Die Mitverschwörten wollen mit ihm zu Beginn der konspirativen Begegnungen jeweils einen sachhaltigen Diskurs über ihre künstlerische oder wissenschaftliche Praxis mit ihm führen. Er verweigert diese Gespräche immer. Das spricht dafür, dass er selbst keine sachhaltige Praxis hat, was wiederum Ausgangspunkt seiner Lebenskrise sein dürfte.

dazu führen, sich auch mit den Inhalten und Identifikationsangeboten der hegemonialen Dekodierung auseinandersetzen. Sie ist im medialen Diskurs interessanter Weise nicht zu finden.[13]

Fazit

Die Hauptleistung der zurückliegenden Filmanalyse sehe ich in der Rekonstruktion des Gegenstands des Films, also dem dramatischen inneren Erleben der verwickelten Grenzen der Selbstkontrolle angesichts einer Lebenskrise, die den Protagonisten lahmlegt, die unter anderem darin begründet liegt, dass er gewisse realitätsskeptische Postulate zu ernst nimmt. Die Visualisierung dieses inneren Erlebens und der Krise des Subjekts sind die Ausgangspunkte die ästhetische Erfahrung des Films. Denn im Kino, beim ersten Schauen, kann man den Gegenstand vor allem unmittelbar ästhetisch miterleben. Man dekodiert ihn nicht in der hier dargelegten expliziten Weise. Letztere teilt sich einem aber dennoch mit wenn man sich öffnet und auf den Film einlässt, in Form einer gedrückten, etwas hilflosen Gestimmtheit, während man all das sieht, vor allem den dramatischen Höhepunkt des Mords.

Die beiden Deutungen (und die ästhetische Erfahrung, die der zweiten Deutungen entspricht) bieten Ausgangspunkte für Dekodierungs- bzw. Aneignungspraktiken, die sich stark unterscheiden können. Diesbezüglich sehe ich, wie erwähnt, eine fruchtbare Verbindung zu der ›klassischen‹ Kommunikations- bzw. Dekodierungsauffassung der cultural studies wie auch zu deren aktuellen »doing cinema« Vertretern, die ja ebenfalls für eine genaue Analyse des Films plädieren (s. etwa Winter/Nestler 2010: 112).

Die Betonung des Konstruktivismus der cultural studies und damit eines vermeintlich unüberbrückbaren Grabens zu einem objektivistischen Werkverständnis, wie man es Adorno oder der vorliegenden Deutung vorwerfen kann, ist m.E. irreführend. Der explizierte Gegenstand des Werks, ist zwar geistig-abstrakt, aber dennoch vom Werk erzeugt und in dieser Hinsicht real, das lässt sich nicht leugnen. Ob ihn ein Rezipient in seiner Aneignung berücksichtigt oder ignoriert, ist dann eine andere Frage.

Die dargelegte Analyse des Films sollte weiterhin auch deutlich gemacht haben, wie ein Film selbst kodiert, wie er dekodiert werden kann. Also wie der Film selbst Ausgangspunkt für Bedeutungsproduktionen ist, die mit unterschiedlichen Aneignungen einhergehen. Die Berücksichtigung des Begriffs des Werks und seines Gegenstands in der Filmanalyse hat vor diesem Hintergrund schließlich die Konsequenz, dass man zeigen kann, dass eine

---

[13] Eine dritte (die »ausgehandelte« nach Hall) Aneignung würde die hegemoniale punktuell kritisieren, ohne zu einer eigenen Deutung zu kommen. Georg Seeßlen referiert in seiner Filmbesprechung auf diese, wenn er von einem »kleiner Haufen grimmiger Realisten« spricht, der sich »das Nörgeln nicht verbieten« lässt. »Unverbindliche Spielerei! hört man da: selbstverliebte Filme über selbstverliebte Typen, Outlaw-Koketterien und späthippieske Streicheleinheiten für Selbstreferenzsüchtige« (eps 6/2009).

bestimmte Aneignung auch mit ästhetischen Erfahrungen geistiger Gehalte des Werks einhergeht, andere Aneignungen hingegen weniger oder gar nicht.

Literatur

Adorno, Theodor W. (1978 [1958]): »Kriterien der neuen Musik«. In: Ders.: *Gesammelte Schriften, Bd. 16, Musikalische Schriften I-III*, Frankfurt/M.: Suhrkamp, S. 170-228.

Adorno, Theodor W. (2009): »Ästhetik (1958/59)«. In: Ders.: *Nachgelassene Schriften, Abteilung IV: Vorlesungen Band 3*, Frankfurt/M.: Suhrkamp.

Allert, Tilman (2005): *Der deutsche Gruß. Geschichte einer unheilvollen Geste*, Frankfurt/M.: Eichborn.

Arnheim, Rudolf (1932 [2002]): *Film als Kunst*, Frankfurt/M.: Suhrkamp.

Dargis, Manohla (2009): »Mystery Man on a Mission in Spain, Meeting Other Mystery People«. In: *New York Times*, 30.04.2009. URL: http://movies.nytimes.com/2009/05/01/movies/01limi.html (zuletzt am 08.02.2012).

Denzin, Norman K. (1999): »Ein Schritt voran mit den Cultural Studies«. In: Karl H. Hörnig/Rainer Winter (Hg.): *Widerspenstige Kulturen. Cultural Studies als Herausforderung*, Frankfurt/M.: Suhrkamp, S. 116-145.

Behrend, Olaf (2008): *Sinnhafte Strukturen des Handelns und neurobiologische Prozesse des Sehens. Zur soziologischen Bestimmung von Wahrnehmen als Handeln sowie zur Kritik der neurowissenschaftlichen Rede über Gehirn, Bewusstsein und visuelle Wahrnehmung*, Köln: Kölner Wissenschaftsverlag.

Faulstich, Werner (2002): *Grundkurs Filmanalyse*, München: Fink.

Hall, Stuart (1979): »Culture, the Media and the ›Ideological effect‹«. In: J. Curran/M. Gurevitch/J. Wollacott (Hg.): *Mass Communication and Society*, London: Arnold, S. 315-348.

Hall, Stuart (2004): »Kodieren/Dekodieren«. In: Ders.: *Ideologie, Identität, Repräsentation. Ausgewählte Schriften 4*, Hamburg: Argument, S. 66-80.

Keppler, Angelika (2006): »Die Einheit von Bild und Ton. Zu einigen Grundlagen der Filmanalyse«. In: Manfred Mai/Rainer Winter (Hg.): *Das Kino der Gesellschaft – die Gesellschaft des Kinos, Interdisziplinäre Positionen, Analysen und Zugänge*, Köln: Halem 2006, S. 60-78.

Kilb, Andreas (2009): »Wunschphantasie: Jarmuschs ›Limits of Control‹«. In: *FAZ*, 29.05.2009. URL: http://www.faz.net/aktuell/feuilleton/kino/video-filmkritiken/video-filmkritik-wunschphantasie-jarmuschs-limits-of-control-1105540.html (zuletzt am 08.02.2012).

Korte, Helmut (2010): *Einführung in die systematische Filmanalyse*, Berlin: Schmidt.

Lenssen, Margrit/Stefan Aufenanger (1986): »Zur Rekonstruktion von Interaktionsstrukturen. Neue Wege zur Fernsehanalyse«. In: Dies. (Hg.): *Handlung und Sinnstruktur: Bedeutung und Anwendung der objektiven Hermeneutik*, München: Kindt, S. 123-204.

Marchart, Oliver (2009): *Cultural Studies*, Konstanz: UVK.

Maurer, Roman (2006): *Jim Jarmusch. Filme zum anderen Amerika*, Mainz: Bender.

Mikos, Lothar (2003): *Film- und Fernsehanalyse*, Konstanz: UVK.

Oevermann, Ulrich (1996): *Krise und Muße: Struktureigenschaften ästhetischer Erfahrung aus soziologischer Sicht*, Vortrag am 19.6. in der Städel-Schule. Frankfurt/M.: Goethe-Universität. URL: http://publikationen.ub ... .de/volltexte/2005/535/ (zuletzt am 08.02.2012).

Oevermann, Ulrich (1997): *Thesen zur Methodik der werkimmanenten Interpretation vom Standpunkt der objektiven Hermeneutik*, Frankfurt/M.: Goethe-Universität. URL: http://publikationen.ub ... .de/volltexte/2005/532/ (zuletzt am 08.02.2012):

Oevermann, Ulrich (2000a): »Die Methode der Fallrekonstruktion in der Grundlagenforschung sowie der klinischen und der pädagogischen Praxis«. In: Klaus Kraimer (Hg.): *Die Fallrekonstruktion – Sinnverstehen in der sozialwissenschaftlichen Forschung*, Frankfurt/M.: Suhrkamp, S. 58-156.

Oevermann, Ulrich (2000b): »Die Farbe«. In: Michael Fehr (Hg.): *Die Farbe hat mich – Positionen zur nicht-gegenständlichen Malerei*, Essen: Klartext, S. 426-473.

Oevermann, Ulrich (2003): »Künstlerische Produktion aus soziologischer Perspektive«. In: Christa Rohde-Dachser (Hg.) *Unaussprechliches gestalten. Über Psychoanalyse und Kreativität*, Göttingen: Vandenhoeck und Ruprecht, S. 128-157.

Oevermann, Ulrich/Allert, Tilman /Konau, Elisabeth/Krambeck, Jürgen (1979): »Die Methodologie einer ›objektiven Hermeneutik‹ und ihre allgemeine forschungslogische Bedeutung in den Sozialwissenschaften«. In: Hans Georg Soeffner (Hg.): *Interpretative Verfahren in den Sozial- und Textwissenschaften*, Stuttgart: Metzler, S. 352-434.

Oevermann, Ulrich/Tykwer, Jörg (1991): »Selbstinszenierung als reales Modell der Strukturlogik von Fernsehkommunikation. Eine Analyse der ›Tagesthemen‹ vom 2. Oktober 1990«. In: Stefan Müller-Doohm/Klaus Neumann-Braun (Hg.): *Öffentlichkeit, Kultur, Massenkommunikation: Beiträge zur Medien- und Kommunikationssoziologie*, Oldenburg: BIS, S. 267-315.

Pelzer, Nina (2011): *Identität und Spektakel. Der Hollywood-Blockbuster als global erfolgreicher Identitätsanbieter*, Konstanz: UVK.

Pols, Mary (2009): »The Limits of Control: Hitman of Your Dreams«. In: *Time-Magazine*, 30.04.2009. URL: http://www.time.com/time/arts/article/0,8599,1894879,00.html (zuletzt am 08.02.2012).

Ritter, Bertram (2010): *Kurt Schwitters 1918: Übergang zur Collage. Eine kunstsoziologische Fallstudie zum Zusammenhang von Werkgestalt und Biographie auf der Basis immanenter Bildanalysen*, Dissertationsmanuskript, Frankfurt/M.

Schmidtke, Oliver/Schröder, Frank (2012): *Familiales Scheitern. Eine familien- und kultursoziologische Analyse von Stanley Kubricks »The Shining«*, Frankfurt/M.: Campus.

Searle, John R. (2010): *Making the Social World – The Structure of Human Civilization*, Oxford/New York: Oxford University Press.

Seeßlen, Georg (2009): »The Limits of Control. Selbstverliebte Filme über selbstverliebte Typen oder Kino nach Art des modalen Jazz? Der neue Film von Jim Jarmusch spaltet einmal mehr die Nörgler von den Genießern«. In: *epd* 6/2009. URL: http://www.epd-film.de/33178_65472.php (zuletzt am 08.02.2012).

Tykwer, Jörg (1992): *Distanz und Nähe – Zur sozialen Kommunikation ästhetischer Erfahrung – Eine soziologische Sinnexplikation der ersten Szenen des Spielfilms Rote Sonne*, Dissertationsmanuskript, Frankfurt/M.

Wernet, Andreas (2000): *Einführung in die Interpretationstechnik der Objektiven Hermeneutik*, Opladen.

Winter, Rainer/Nestler Sebastian (2010): »›Doing Cinema‹: Filmanalyse als Kulturanalyse in der Tradition der Cultural Studies«. In: Irmbert Schenk/Margrit Tröhler/Yvonne Zimmermann (Hg.): *Film – Kino – Zuschauer: Filmrezeption*, Zürcher Filmstudien 24, Marburg: Schüren, S. 99-115.

Paulo Menezes

Film and Imaginary. The Construction of Social Interpretation[1]

to Ana Lúcia

Film and society: images and the »real«

In 2000, the Bilan *du Film Ethnographique* of Paris projected a documentary that was very special and very different from other films in that year's exhibit. That documentary, called *Retour à Plozévet* (1999, France), by Ariel Nathan, filmed in the commune of St. Démet on the coast of Brittany, aimed to retrace the steps of the research and ethnographic film made by Edgar Morin in the first half of the 1960s. The result was, at once, highly provocative and deeply alarming. Many of the interviews in Nathan's documentary were made with the same people filmed decades before. As those followed, they gradually brought to the fore a latent reality underlying the earlier documentary.

To that date, Morin's film had been considered one of the most carefully documented records of a way of life on the verge of disappearing, but still preserved in that distant and relatively isolated community. One of the core points in that ethnographic film concerned the care given by the women of that community to their own appearance: from their own garments, adorned with ruffles and laces, to the peculiar treatment given to their hairdos, regarded as a fundamental element of their own identities. Those hairdos – which rose above the head in a kind of high bun that spread in a fan-shaped style, lofty and proud, rigid in their configuration – were worn by women in the most diverse situations, from preparing breakfast to cooking lunch, from everyday work in a small factory to the Sunday mass, being present, therefore, in virtually all activities performed by those women throughout their lives. The film, at least it seemed, constituted an ethnographic document of high value as a register.

In the documentary recently made by Ariel Nathan, another »reality« persistently crept in, as the comparison arose between the recent images and statements and those made decades before. What this brought to light was

[1] I acknowledge the CNPq for the financial support for this research.

that, differently from what people had imagined, those clothes and hairdos had never been of daily use for those women, had at no time been used at breakfast and, least of all, in the course of the strenuous work in the sweatshops of the small factory. On hindsight, the »factuality« of using such elaborated hairdos and garments for household chores and factory work seems absolutely odd. However, it was taken for granted as »fact«, due to the mere existence of a documental film: no question was raised over the practicalities of doing such hairdos in time to still be able to prepare breakfast, or over the possibilities of keeping them through the whole working day in a factory, not to mention doing the same day after day. What was realized in 2000 was that all that was staged for the cameras, under the supervision of the filmmaker/researcher, who transposed to ordinary life some practices that had their concreteness and meaning exclusively related to the non-working hours of the weekends.

The reasons for this were of two kinds. The first one, of a practical kind, related to the time needed to shape such »hair sculptures«, what, according to the women interviewed, would take from two to three hours. The second reason, at once more trivial and meaningful, was that, in the 60s, their husbands did not want them to appear in the film without being duly ornamented. These hairdos and dresses were specifically what distinguished that community from others in their relation to tradition; hence, something from which they derived their own dignity and deference.

Squeezed between the needs of the »research«, on the one hand, and by the matrimonial and familial demands, on the other hand, the women of Plozévet started cooking and working as they had never done before. What was intriguing in the 1999 film was precisely the detachedness with which those same women, thirty years afterwards, simply told the researcher »of course we did not work dressed like that, because we had no time [...] But the researcher asked us [...]«, »And our husbands did not want us to look untidy, to appear disheveled in the film.« Constrained by circumstances, these women, who were supposed to express the survival of a tradition and its importance for the constitution of the communities where it was effective, created, in a sense, a second order »reality« for the cameras. A »reality« whose truthfulness can be effective only as filmic truth, and which is distant, then, from the same traditions that it would, theoretically, convey and reaffirm.[2]

In that same *Bilan*, another film ended up accomplishing something similar in essence. Chris Owen filmed a fertility ritual in honor of the goddess Amb Kor, of the Kawelka tribe, in Papua New Guinea.[3] The ritual was per-

[2] »Even worse, we know that, in every war, most of all during battles in the streets, combatants are stimulated by the presence of a camera. They will promptly offer a reporter to run to a corner and shoot a burst of gunfire. So, even some of these films are simulations. Volker Schlöndorff tells that in Beirut, when filming Die Fälschung (Circle of Deceit), some soldiers he had hired as figurants offered to shoot from a window and kill – randomly – some passerby in the street« (Carrière 1995: 62).

[3] *Bridewealth for a Goddess*, Papouasie-Nouvelle- Guinée, 1999.

formed specially for the cameras and explained, fourteen years afterwards, by the tribe's current leader, Ru, and by an anthropologist, Andrew Strathern. As the majority of Kawelka converted to another religion, that expensive and complex ritual would never be performed again.

And why not mention the film by Leni Riefenstahl, *Triumph of the Will* (1935), a »documentary« made on Hitler's request to immortalize the 1934 National Socialist Party meeting, organized and specially choreographed for the cameras by the Reich's favorite architect, Albert Speer, and promptly enacted in some moments by its »figurant« members of the army, SA and SS, where the »introductions« to the speeches of Nazi officials in glowing signs, acted like the intertitles of silent films, a trick used to compact in one only block the innumerable and never ending speeches, so undesirable in films.

Carrière has long ago warned us about the countless historic »fictions«, in which the moments of an official history – in themselves full of inventions and lies – are reconstructed, as well as about the moments when the very presence of the camera could bring about a kind of »acting«.[4] We shall also call to mind, as Barnouw (1993) stated, that the introduction of those »poetic licences« – used as a way of constructing a documentary discourse – goes back to the very emergence both of the documentary as gender and of the cinema as invention.[5] From creating *performances* for the camera, as did the president of the United States, Roosevelt, who during speeches »noted any cameraman and gave him the full benefit of vigorous grins and gestures, sometimes walking to the side of the platform to do so« (Barnouw 1993: 23), to the insertion of »reconstructions« of events, like in the Boer war, when the filmmaker Albert Smith, needing some shots of the Boer in action, had no problem requesting that »British soldiers were put in Boer uniforms to provide a few skirmishes« (*Idem, ibidem*). Thus, »along with colonialist tendencies, documentary film was infected with increasing fakery« (*idem*: 24).

Although, in a sense, this is no novelty – since it has been present from the beginnings of cinema – today we cannot avoid questioning this kind of image in its epistemological meanings. More specifically, we cannot avoid asking, on the one hand, what would be the relation between these »enactments« and knowledge, once they play the part of a »register« of a social group. On the

---

[4] »Even in the official history books historians are allowed to lie. All the peoples behave in that manner, naively and consciously. About the battle of Poitiers – the famous victory of the Franks over the Arabs in the eighth century, a secular pillar of the French notion of national superiority and of its contempt for other races – a professor of Sorbonne once told me: ›We know now that the battle of Poitiers didn't happen. And, if it happened, it was not in Poitiers. And if it happened at another place, we've lost it« (Carrière 1995: 137-138). See also note 2 above.

[5] Here, we are using the distinction between cinematographer and cinema through the introduction of narrative as language construction and discourse, that has been discussed by many authors such as André Bazin (1985), Edgar Morin (2005), Siegfried Kracauer (1960), Ismail Xavier (1984), among others, without dwelling on their differences in respect to their emphases: while some depart from the meanings created by the montage, others, on the contrary, emphasize the construction of meaning within one-shot sequences.

other hand, what would be the criterion to think on the kind of image and information that those films propose to investigation and thought.

These are questions that no doubt the current sponsors and researchers of the Museum of Man in Paris, the headquarters of the *Bilan Ethnographic*, have not avoided asking in relation to their collection of over 200,000 ethnographic films, ever since Nathan's film was projected. Presently, the problem can be put in the following terms: thinking about the possibility of an anthropological or ethnographic film[6] implies accepting the *research* and the ethics of *truth* as a fundamental criterion of validation of the fidelity of the information it contains. From the questions posed by Morin's film, a problem emerges: How can one distinguish in such a huge collection what is and what is not *trustworthy* as ethnography? Or, posing the question from an alternative viewpoint: what would be the meaning of those »invented« narratives, those enactments, made for the sake of a process of constitution of knowledge of oneself and of others? The reader might be asking what the reasons are for electing ethnographic films as central pieces of my enquiry towards the relations between the »real« and the image, or, between cinema and society. The various reasons, already indicated in this text, can be retraced to the very *origin* of ethnography, to the theories inherited from positivism, in other words, to the presupposition that, at the outset and as a precept, ethnography stands at the most »neutral« possible point of view on facts, things and rites.[7] As stated very accurately by Marc Piault, in his *Anthropologie et cinéma*, in a subchapter with a clarifying name of »The declared *objectivity* of an ethnographic image«, »the films brought back by ethnographers from the field in the first decennia were intended to be deliberately *positivist*« (Piault 2000: 108, emphasis added). In the perspective of the first ethnographic filmmakers, the issue of truthfulness of information and of the research depicted in films is directly connected to precision and objectivity when gathering from the real what has always been inscribed in its organicity, as Durkheim proposed, in his *Rules of the Sociological Method.*

Testing these propositions means inquiring on the foundations of the relation between image and the real. More to the point, it means enquiring about the kind of knowledge – in terms of the formations of sciences – proposed by images, particularly *those* images based on such attributes.

---

[6] It does not matter, just now, to discuss the possible differences between them both.

[7] Naturally, I do not disregard all the epistemological questions raised by the work of the »postmodern« anthropologists, such as Taussig, as well as the adjectival alterations, of doubtful fruitfulness, by authors like Geertz, on the constitution of such relative concepts as »thick description«. What I suggest is that these new approaches do nothing to alter the departing presuppositions in the constitution of the subject as a field of knowledge.

The subject of films

First relevant question: What is *real*?

Let us get some distance from the recent debates, and let us try unraveling them from their origin. From the beginnings of sociology, its founding fathers proposed three completely diverse concepts of real: In none of them was the real susceptible of being directly apprehended by the eyes, not even by positivist eyes. It's worth reminding that, for Durkheim, if social facts are inscribed in the real, it is only through the method, that establishes with it a relation of *objectivity,* that one is able to filter out the undesirably biased personal views which hinder us from uncovering the *true* causes of the social phenomena.[8] It is as if society were a large dirty carpet, from where the sociologist, and why not, the ethnographer, by using a finely tuned apparatus, would be able to remove anything that does not belong to it and let emerge all the patterns there inscribed without running the risk of fraying the threads of the tapestry.

Both for Weber and for Marx, method is the only possibility of constituting the real that can be apprehended through knowledge. To Weber, the world presents itself as chaos, consisting of innumerable phenomena that incessantly follow and overlap one another. It is not, therefore, susceptible of being known and, least of all, understood without intentional criteria-guided selection. A researcher selects in order to understand the world, which always presents itself as a myriad of possibilities.[9] To Marx, the visible is nothing but manifestation forms, which in their unremitting appearance and disappearance, in their constant mutation, conceal the processes that cause them to appear as such. The visible precludes direct apprehension of the processes of reproduction of capital, and the exploitation processes in them. They are comprehensible solely through thinking.[10]

If for those three authors, there doesn't exist an immediate *real,* at what do we look directly? For Durkheim, we see pre-notions, preconceptions, for Weber, the chaos, and, for Marx, ideology and fetish.

Benjamin, in his *Little history of photography*, warns that »it is another nature which speaks to the camera rather than to the eye«.[11] With this he intended to stress the difference between what we see in the world and what we can see in images. Being images of diverse nature, they are swept by our gaze

---

[8] We can recall Durkheim's book *Suicide*, in which statistics is used in order to disregard individual causes of one suicide or another so as to identify *social causes* that, in certain historical moments, could lead to more suicides than normal for the same conditions (Cf. Durkheim 2002).

[9] Cf. the introduction and the first chapter in *The Protestant Ethic and the Spirit of Capitalism* (Weber 1992: xxviii – 50), as well as »›Objectivity‹ in Social Sciences«, in: Weber, Max *The Methodology of Social Sciences.* Illinois, The Free Press of Glencoe, 1949, p. 50-112.

[10] Cf. Karl Marx, *Capital*, (1982) see, in special, the first chapter, »The Commodity«, p. 125-177.

[11] Walter Benjamin, »Little history of photography«, in *Selected Writings. Volume 2, part 2, 1931-1934*, 2005.

in different ways. Benjamin emphasizes what to him would be the great peculiarity of photographic images, that rather than being the outcome of pure mechanic reproduction, in Bazin's terms,[12] they would be fundamental vehicles to help us see precisely what our eyes cannot distinguish: the movement of hands, the components of steps, the reflex of objects, etc. With its capability to displace our look from the commonly seen, the photographic image would place us before a strangely new world, immersed and dispersed in the one we, apparently, have always seen. Differently to what is commonsense perception, a photograph would never be a reproduction of the real, or a »representation« of it.[13] For, what it presents is always different to what is presented to the eyes. »Insight into the realms of the ›similar‹ is of fundamental significance for the illumination of major sectors of occult knowledge. Such insight, however, is gained less by demonstrating found similarities than by replicating the processes which generate such similarities«.[14]

What Benjamin proposes is to disconnect the so called »similar« in the film – it does not matter if understood as »replication«, »reproduction«, »double« or »representation« of the real – from its immediate relation between image and the object photographed towards the *constructive* character of the same image. In the words of Francastel, an image »exists in itself, it essentially exists in our spirit, it is the reference point of culture rather than a point of reference within reality« (1983: 193). Thus, Francastel emphasizes that the prime dialogue of any image is not, as one would suppose, a »dialogue« with the physical »reality« that brought it into being. On the opposite, departing from this and from Benjamin's idea, we can draw an analytical alternative to the investigation of images, dislocating them from their reality as image – and from an exterior »real« that would act as its »model« or stimulus – to the values and perspectives that guide its own constitution as image. Values that underpin the choices among different possibilities in the constitution of the pair form/content.

How would this relate to the »genders«, which try to »classify« and account for the possible distinctions in the relations between Image and Real? Or, if we invert the question: What would be the distinguishing elements in the films intend or seen as ethnographic, anthropologic, sociographic, sociologic, documentary, socio-documentary, fiction based on real facts, fiction and, finally, science fiction?[15]

---

[12] Cf. André Bazin, »The Ontology of the Photographic Image«, in *What is Cinema?*, pp. 9-16.

[13] On this controversy around the beginnings of photography see Rudolf Arnheim (n.d.), Beaumont Newhall (1964) and Paulo Menezes (1997).

[14] Walter Benjamin, »Doctrine of the Similar«, in *Selected Writings. Volume 2, part 2, 1931-1934*, 2005, p. 694.

[15] These classifications are neither exhaustive nor totalizing, being different for each author. See, for instance, Erik Barnouw (1993) and Luc de Heusch (1962). Bill Nichols (1991) proposes a classification that crosses those borders: the expository mode, the observational mode, the interactive mode, and the reflexive mode, to account for the different modes of construction used by filmmakers, another subject that is not within the scope of this work.

A decreasing order of »truth« is implicit in each of these categories. To face this dilemma, though, I propose to shift the approach in a subtle manner.

Image and »real«: reproduction, double, representation, document?

In the Meeting of the Brazilian Society for Cinema Studies (Socine) in 2000, I discussed the insufficiency of regarding filmic images as *reproduction, double or representation.*[16] We are not going to retrace the argument here. Instead, I just want to point out how these three notions, that emerged in absolutely different contexts, and increasingly merged as, in the second half of the 19th century, photography came into play. At the time, photography was seen as the overcoming of the forms of representation proposed by British realist painting and French naturalism, in the first half of that century. Gombrich (1984: 27-117) states that representations are constructed from a relation among images themselves. This statement has two meanings that, while being distinct, are complementary: One meaning is that the transition from one image to another is achieved by the mediation of a »mental image«.[17] He gives the example of the castle painter, who would depart from one idea, from a concept of castle and then represent it (*Idem*: 52-68). In this sense, the prime reference of an image would not be the thing represented itself, but the idea conceived about the thing. A second meaning is that the transposition of images would be achieved through recognizable codes, a kind of »vocabulary of similitude«, whose departing point would be »other recognizable images« of castles rather than the castle seen in person. »The artist, no less than the writer, needs a vocabulary before he can embark on a ›copy‹ of reality« (*Idem*: 71). We should recall that the concept of double cannot, in any case, be dissociated from its ritual value. Vernant exposes this line of reasoning when discussing the Kolossos, in *Myth and thought among the Greeks*.[18] The kolossos were idols that were fixed to one spot. Roughly carved in stone, they had the ritual function of substituting the dead person, and becoming the objectified locus of a wandering soul. »By substituting the corpse at the bottom of the tomb, the kolossos does not aim to reproduce the features of the deceased, or imitate their physical appearance«.[19] It is meaningful that in this case, as well as in representation, the physical similitude, the *resemblance*, is neither a necessary nor desired attribute.

---

[16] The referred work is published as »Problematizando a ›representação‹: fundamentos sociológicos da relação entre cinema, real e sociedade«, in Ramos, Mourão, Catani and Gatti (orgs.), *Estudos de Cinema 2000 SOCINE*, 2001, pp. 333-348.

[17] Not a term created by Gombrich.

[18] See the chapter »The Figuration of the Invisible and the Psychological Category of the Double: The Kolossos«, pp. 321-332.

[19] *Idem*, p. 322.

The core of the argument here developed is that neither double nor representations were concepts coined from the idea of *resemblance* between image and thing. In this sense, the concept of representation, retraced to the forging of science in Renaissance, inherently implies the idea of *Truth*. Not only does *Truth* concern the *image* of the thing, but the *thing* itself.[20] Various authors have identified the genesis of the ethnographic, sociologic and documentary film, practically with the very birth of cinema.[21] Remarkably, the first distinction between sociologic and ethnographic films, made by Luc de Heusch, referred to the kind of society filmed: one grouped the »exotic«, »primitive« ones, the other, the industrial and industrializing societies. Social documentary, in its turn, was defined as portraying »working acts«, bearing a noticeable bias towards industrial work (Cf. Heusch 1962: 26-33).

When it comes to definitions of documentary, an imposing question is how to escape its etymological root, *documentum*, which relates to example, *model*, lesson, teaching, *demonstration* and *proof*. Documentarists may claim that it is evident that a documentary is a personal view on a specific subject, and that, therefore, it always conveys a partial view. At the reception end, however, the spectators will hardly ever bear these same assumptions in mind. Employing Roger Odin's definition, Guy Gautier points out that »it falls to the spectator to tell the difference between a ›documentarizing reading‹, as opposed to a ›fictivizing reading‹. Odin has defined documentarizing reading as the ›construction, by the viewer, of an *Enunciator presupposed as real*‹« (Cf. Gauthier 1995: 163). Back to the hierarchy between fiction and ethnographic film, it is evident the gradual increase in the potential of »truth« related to the notion of science inherited from Renaissance. In the Social Sciences this is a legacy of Comte and Durkheim's positivism.

If we look at the making of anthropology, we can see it emerge as a powerful instrument for the processes of colonization, aimed to know about the »exotic« and »primitive« peoples, to understand and to achieve more control of them. In the case of ethnographic filmmakers, this meant »informing the colonial gaze«[22] »Filmmakers in all colonial countries were led to take the side of colonization either directly or indirectly« (Cf. Heusch 1962: 43). Take the example of Flaherty, whose contact with the Eskimos in Hudson Bay was sponsored by William Mackenzie, a leading Canadian railways entrepreneur who sent him there to map prospective mining and logging areas for his operations.[23] Similarly, Grierson proposed filming *Drifters* (1929), about the

---

[20] See, for example, the controversy around the painting by Caravaggio, (*The Inspiration of Saint Matthew?)* in which Saint Matthew was represented standing, with his leg contracted, leaning his knee on a coarse wooden bench, and whose face had a frown, as if he is making an effort to decipher the scriptures. This was interpreted by the church as a way of raising doubts on the truth transmitted to the congregation by this scriptures, that should, on the contrary, be portrayed as absolutely transparent and above all doubt.

[21] Cf. Gauthier (1995), Barnouw (1993), Heusch (1962) and Piault (2000).

[22] Cf. Piault (2000: 83), among others.

[23] Cf. Barnouw (1993: 33), Gauthier (1995: 41) and Piault (2000: 69).

herring fishing industry in the North Sea, to obtain financial funding from the propaganda department of the Empire Marketing Board – an important instrument in furthering British colonial goals. The EMB used all sorts of strategy: posters, pamphlets, exhibits, to which Grierson proposed adding cinema. A formula he repeated as the producer of *Song of Ceylon* (1935), by Basil Wright, financed by the Ceylon Tea Propaganda Board.[24]

It is evident that this goes hand in hand with the founding positivism of the Social Sciences. From the positivism of Comte and Durkheim, a science of order emerged: aimed at promoting social cohesion, at maintaining the organicity of European societies against the changes and revolutions of the 19th century, and against anomies and pathologies, the social »diseases«. Its deeply conservative roots are unequivocal. Here, social is understood as the European society of the 19th century, the only kind that could be considered »civilized«. Those roots get expressed until today in a most bizarre manner. The courses of history of France are commonly called »civilization« courses.[25] In a similar fashion, in the official courses of French history taught in Europe, there is no place for the enslaving France, for the »surprise« of the French in the West Indies (DOM[26]) where, with an average of 80% of black population, slavery is an everyday topic in their relation with the white population – whether descendants of the colonizers or newcomers – and has never been omitted in school.

Both sociology and anthropology, therefore, share common roots as sciences forged for domination and for the perpetuation of »civilized« order where it was already existent – in urban and industrial societies – or to establish it where it was »inexistent« – in the societies named primitive or exotic, or any other name they may go by.

It is not surprising, then, that the cinema, invented in the late 19th century, ended up mirroring this twofold dilemma, and adding a third problem, related to the matter of Truth.[27] On those grounds, how may we throw a light on the matter of Truth in images, on the relation between Image and the Real?

Guy Gauthier gives us an emblematic answer: *documentary, considered as a theoretical object,* (here defined as to include sociologic and ethnographic films) has, as its defining criterion, the »absence of actors«. Such definition would apply »without too many difficulties, to the work of great documentarists (Rouquier, Ivens, Flaherty, Vertov, Marker, Perrault, Rouch, Wiseman, Dindo etc.), at least to the part of their work explicitly devoted to documentary« (Cf. Gauthier 1995: 5 and 7). It is clear that, associated to this, is the absence of any kind of »staging«, of any detailed script giving »guidance«. But this would be enough, in accord with Bazin, to transfer the reality of the

---

[24] Cf. Barnouw (1993: 87-91) and Piault (2000: 101).

[25] An example is the book adopted by the Alliance Française of São Paulo, for the course given by Nancy, de Marc Blancpain and Jean-Paul Couchoud, *La civilisation française* (1984).

[26] Département D'Outre-Mer. I think of Guadalupe and Martinique, specifically.

[27] Embedded in the whole discussion concerning »reproduction« inherited from photography. See notes 10 and 11.

thing to the reality of »representation«? (Cf. Bazin 1967: 14). Luc de Heusch says that »the authenticity of such a film named ›documentary‹ ultimately depends on the good faith of the filmmaker who, through their work, states: here is what I saw« (1962: 36). Gauthier affirms that »The ethics of the documental is, perhaps, what remains, when all is conceded to the rest« (1995: 6). In this sense, the problem of Truth is unequivocally transferred from the field of Science to the threads of Moral, what is very problematic, for it transfers the question of credibility from the image to the faith on an intended »individual conscience«. As we have seen, the emergence of documentary is also the emergence of documental fakery, what renders the question proposed in these terms absolutely unsustainable.

Still, looking at it from another angle, would there be any criterion intern to images themselves that could be used as a base of distinction between these many film *classifications*?[28] Among the ones we have seen as far, the criterion of explicit »content« – industrial societies versus unindustrialized ones, factory work, etc – is extremely weak. Not to speak of the ethical criterion.

Yet, this theoretical confusion is expressed in a prominent manner in practice and in films. We may recall *Nanook* (1922), for instance, a kind of founding father of documentary (Cf. Gauthier. 1995: 9), and of ethnographic,[29] as well as sociologic film.[30] Of all of them. But, what we have got in *Nanook*, according to Luc de Heusch, is »Nanook interpreting the role of Nanook«. In other words, we see Nanook interpreting himself as he would have been if he still lived in the traditional manner that the film portrays, which, at the time, did not exist any longer. The film was edited, cutting out from its footage all scenes in which any mention to the »industrial societies« of the time irrupted in the *modus vivendi* of the Eskimos, leaving but two: the scene of the vinyl disk and the phonograph, and the scene of the bottle of castor oil.[31] All this, not to mention the construction of the set, the filmic igloos, gigantic and halved, to let the light in, allowing to film from »the inside«, and also the final seal hunting scene, in which the seal comes out dead from the hole from which it would have been wrestled out. Seeing that the seal with which Nanook had contended ended up escaping, another scene

---

[28] Here the concept of *classification* is accurate.

[29] Cited as an opinion of Luc de Heusch's. Piault, on the contrary, finds the birth of filmed ethnography in the films of Thomas Reis, the Brazilian photographer and filmmaker who followed the Rondon expeditions (Cf. Piault 2000: 68, 40-42).

[30] Paul Rotha, cited by Luc de Heusch (1962: 33).

[31] Cf. Barnouw (1993: 36-38). One of the stories told about Nanook is that during the scene of the hunting of the walrus – one of the moments of great tension of the film and of the filming – at a certain moment the hunters and Nanook himself started shouting, asking Flaherty to be allowed to use the riffles to end that, because they feared being dragged to the water. Flaherty would have pretended not to have heard and with this he made them finish the struggle without riffles, despite the risks they went through. Nevertheless, for those who are observant, it is possible to notice what the stories do not tell: a riffle on the shoulder of one of the hunters appears at the moment they run towards the animals that were lazily resting on the shore.

was shot with a body double, I mean, a seal double[32], a seal that had properly departed this life, so as not to cause more problems to the director.

It does not take long to demonstrate how problematic these classification propositions are, even the most generic ones, like Gautier's. A classification that departs from a thematic distinction will never stand the test of time, as the very unfolding of anthropology has demonstrated in an unmistakable way. As a field of knowledge, it set out from a definition that restricted it to indigenous and black societies, in the case of Brazil, to encompass the study of groups and social categories applicable to great urban centers. In the same manner, it doesn't take much questioning for the criterion of »inexistence of actors« and »lack of staging« to fall apart. In this sense, *Nanook* would be closer, as Luc de Heusch says, to the docudrama techniques, and to »participant observation« (Heusch 1962: 37). We should also call to mind the staged suicide in *Berlin: Symphony of a Metropolis* (1927) by Walter Ruttmann, and the interior scenes in the fishing boats in *Drifters*, by Grierson.

If intern criteria are problematic, it is not uncommon to search for criteria extern to the images themselves in order to legitimate the visual discourse: in the case of ethnographic films, it amounts to their being the outcome of a »scientific« academic research, what unearths its positivist roots. A little more fluid than the latter, the definition of sociologic film would also be grounded on »scientific« research: to some people, this would distinguish it from social documentary and from documentary in general, that would be based on other kinds of research. Both definitions aim at transposing the validation of the scientific discourse to the validation of the image discourse, in practice, deriving the source of their own authenticity from the discourse of truth from science.

Let us return, then, to the polemics over Morin's film. A documentary is not necessarily the outcome of a scientific research even if its ethics is based on »the real«. The confusion between documentaries and »documentaries«, between spectators and documentarists, eventually blurs the perception of the elements of construction of this discourse as *construction*, for it is always a construction, hence, it is always partial, guided, and inherently interpretative.

Even if we claim that for the documental filmmaker, the ethnologist or the sociologist, things do not happen that way, because they have complete understanding of the construction of reality they operate (but do they, really?),[33] for the common sense, for the general audience, it is taken for granted that if fiction shows an imagined construction of the real, documentaries (seen by

[32] Some tell that, actually, the dead animal wasn't even a seal.

[33] It is worth recalling the exemplary discussions, verging on the bizarre, on the part of intellectuals and historians concerning the »(in)fidelity« of a Brasilian TV series called *O quinto dos infernos*, 2001, broadcasted by Globo network. Outraged by the manner in which the royal family was constructed, they questioned the authors about the difference between the characters and the »real« people who inspired them. Don John was not like this, Don Peter was not like that, etc. This shows that the confusion between »real« and fiction can steal in through the most unsuspected backdoors, even from the most culturally prepared spectators.

the audience without much distinction among ethnographic and sociologic films) reproduce the real, showing the truth about a theme or phenomenon.[34] Consequently, the presupposition of a »reality« of the film associated to the »reality« of the thing filmed cannot be suppressed by means of a mere intellectual operation, or a simple act of »conscience«.

Finding a new investigative concept: *representification*

Since a film is not a representation of the real, for a representation does not take the place of the real. It is not a double of the real, either, for it does not have the ritual function of uniting two distinct worlds. It is not reproduction, since it does not copy, or »xerox« a supposedly »extern« world without mediations, I propose, to understand the relation between the cinema, the real, and the spectator as *representification*, as something that not only *makes something present,* but also puts us *in the presence of something*.

What the concept of *representification* proposes is to retrieve the relation between the film and the spectator. In this context, a film is thought as *film in projection*, considered as a unicity of contraries that makes the construction of meanings possible; meanings whose locus is in the *relation,* not in the film itself. By the concept of *representification* I mean to stress the constructive character of films: for they put us in the presence of relations, instead of putting us in the presence of facts and things. Relations constituted by the history of the film, between what it shows and what it hides. Relations constituted by the history of the film, by the articulation of times and spaces, the articulation of images, sounds, dialogues and noises. To reflect on cinema as *representification* means to be able to imagine the film projection as *event* in the terms conceived by Foucault, as »the irruption of a unique and acute singularity at the place and moment of its taking place« (Cardoso 1995: 59). This allows to think of time as intertwining rather than sequence. In Benjamin's terms, there is no straight line between past, present and future, and eternity is understood not as boundless time, but in the innumerable articulations between past and present, each time acquiring new meanings.[35] *Representification* refers to the experience of something that provokes reaction and that demands position-taking in respect to values, and relates to the work of our voluntary and involuntary memories that are stimulated by the film.

Every film is a fiction, not due to its being a work of imagination, and not for being an invention, but because it is a *ficcio*. Apart from invention, *ficcio*

---

[34] It is worth mentioning what takes place on the other side of the camera: for example, the program »Linha Direta« by Globo TV network (which bears resemblance to *America's Most Wanted*), on several occasions had their own actors denounced by viewers as if they were the criminal characters they played in the story. Alternatively, we could mention the soap opera actors, who get called bad names in the street when they interpret an evil character.

[35] Cf. Walter Benjamin,»The Image of Prous«, in *Illuminations*. pp. 201-216.

also means the act of modeling, shaping, creating.[36] Films are *ficcios* that have differential relations to what has been commonly referred to as real and reality. These relations are themselves the raw matter of sociological investigation on cinema in general and, specifically, in the analysis of documentaries, sociologic and ethnographic films. Analyzing the latter can tell us more about *ways of constructing* the world than about the world as such. In this approach, the most fictional films are precisely the documentary, sociologic and ethnographic films, because these films conceal within their own names the value-based schemes that govern their constructive conceptual schemes, the relational systems that compose and omit by means of their images. Their own classificatory »genres« validate their face value as modes of truth to the spectator's perception, in spite of what their makers may think, though many times it does so in accordance with filmmakers, doubling as researcher and scientist.[37] In the case of sociologic and ethnographic films this reaches an extreme, because they explicitly fund their validation criteria on scientific and academic research, the last bulwark of the possibility of construction of truth, as scientific truth.

Back to Morin's film, we can now notice the complex dimension of the problems it raised which the concept of *representification* can help investigate and understand.

Since, »after all, this was the proper task of a history of thought, as against a history of behaviors or representations: to define the conditions in which human beings ›problematize‹ what they are, what they do, and the world in which they live« (Foucault 1990: 10).

Translated by Flavia P. Brites Martins.

[36] In this respect, see discussion in Menezes (1995).

[37] This is a topic objected by many peers, social scientists, colleagues from cinema courses and documentarists who work on the assumption that every documentarist knows that their films are based on a selection and imply a partial viewpoint on the world, rather than expressing some truth. To punctuate my position, I quote the interview given by the documentarist Vladimir Carvalho, published in *Revista de Cinema*, 16, august 2001, pp. 74-75, whose clarifying title is »O documentário como verdade« (documentary as truth), where he affirms that »the poetry of documentary is the truth«. Thus, even if for some (which, I insist, are not many) this partiality is very clear, this interview strengthens the idea that for many people, from journalists to filmmakers, and for the layman, documentary *is indeed* a synonym of *truth*.

References

Arnheim, Rudolf (s. d.): *A arte do cinema*, São Paulo: Martins Fontes.

Barnouw, Erik (1993): *Documentary: a history of the non-fiction film*, Nova York: Oxford University Press.

Bazin, André (1967): *What is Cinema?*, Vol 1., Berkeley: University of California Press.

Benjamin, Walter (2005): »Doctine of the Similar« in: M. W. Jennings (ed.): *Walter Benjamin: Selected Writings, Vol 2, part 2, 1931-1934*, Massachusets: Harvard University Press.

Benjamin, Walter (2007): »The Image of Proust« in *Illuminations*. New York: Schocken Books, pp. 201-216.

Blancpain, Marc/Couchoud, Jean-Paul (1984): *La civilisation française*, Paris: Hachette.

Cardoso, Irene (1995): »Foucault e a noção de acontecimento«. In: *Tempo Social*, 7 (1-2): 53-66, São Paulo: out.

Carrière, Jean-Claude (1995): *A linguagem secreta do cinema*, Rio de Janeiro: Nova Fronteira.

Carvalho, Vladimir (2001): Perfil publicado na *Revista de Cinema*, 16, ago., Ed. Krahô.

Durkheim, Émile (2005): »The Rules of Sociological Method«. In: K. Thompson (Ed): *Readings from Émile Durkheim*, New York: Taylor & Francis e-Library.

Durkheim, Émile (2002): *Suicide: A study in sociology*, London: Routledge Classics.

Foucault, Michel (1990): *The History of Sexuality. Vol 2. The Use of Pleasure*, New York: Vintage Books.

Francastel, Pierre (1983): »Les mécanismes de l'illusion filmique«. In: *L'image, la vision et l'imagination: de la peinture au cinéma*, Paris: Denöel/Gonthier, pp. 191-206.

Gauthier, Guy (1995): *Le documentaire: un autre cinéma*, Paris: Nathan.

Gombrich, E. (1984): *Art and Illusion*, London: Phaidon Press.

Heusch, Luc de (1962): *Cinéma et sciences sociales: panorama du film ethnographique et sociologique*, Unesco.

Kracauer, Siegfried (1960): *Theory of film*, Oxford: Oxford University Press.

Marx, Karl (1982): *Capital: A Critique of Political Economy*, Vol 1., Penguin Books.

Menezes, Paulo (1995): »A questão do herói-sujeito em *cabra marcado para morrer*, filme de Eduardo Coutinho«. *Tempo Social*, 6 (1-2): 107-126, São Paulo.

Menezes, Paulo (1997): *A trama das imagens*, São Paulo: Edusp.

Menezes, Paulo (2000): »Problematizando a ›representação‹: fundamentos sociológicos da relação entre cinema, real e sociedade«. In: Ramos/Mourão/Catani/Gatti (orgs.), *Estudos de cinema 2000 SOCINE*, Porto Alegre: Sulina, pp. 333-348.

Morin, Edgar (2005): *The Cinema, or the Imaginary Man*, Minneapolis: University of Minnesota Press.

Newhall, Beaumont (1964): *The history of photography*, Nova York: The Museum of Modern Art.

Nichols, Bill (1991): *Representing reality*, Bloomington: Indiana University Press.

Piault, Marc Henri (2000): *Anthropologie et cinéma*, Paris: Nathan.

Vernant, Jean-Pierre (2006): »The Figuration of the Invisible and the Psychological Category of the Double: The Kolossos«. In *Myth and Thought among the Greeks*, New York: Zone Books. pp. 321-332.

Weber, Max (1992): *The Protestant Ethic and the Spirit of Capitalism*, New York: Routledge.

Xavier, Ismail (1984): *O discurso cinematográfico, a opacidade e a transparência*, São Paulo: Paz e Terra.

Angewandte Filmsoziologie

Robert Gugutzer und Moritz Böttcher

Der Fußballfilm als Heimatfilm. *Das Wunder von Bern* und die Thematisierung regionaler Identität im Sportspielfilm

Einleitung: Sport und Fußball im Spielfilm

Seit der Stummfilmzeit haben es Sportspielfilme regelmäßig geschafft, weltweit ein Massenpublikum für sich zu gewinnen. Filme wie *The Champion* von Charlie Chaplin, *College* von Buster Keaton oder *Horse Fathers* von den »Marx Brothes« sind gewissermaßen die ersten Blockbuster der Kinogeschichte, die den Sport thematisieren. Vor allem Boxfilme wie *Raging Bull*, die sechs *Rocky*-Filme oder *Million Dollar Baby* waren und sind international erfolgreiche Spielfilme. Aber auch Fußballfilme wie *Bend It Like Beckham*, Basketballfilme wie *He Got Game*, Footballfilme wie *Any Given Sunday*, Olympiafilme wie *Chariots of Fire*, Sportbiopics wie *Ali*, Tanzfilme wie *Black Swan* oder, vom selben Regisseur zwei Jahre davor, der Film *The Wrestler* konnten Zuschauermassen und sogar den einen oder anderen bedeutenden Filmpreis für sich gewinnen.[1]

Diese Vielzahl weltweit erfolgreicher Sportspielfilme weist auf deren offenkundige gesellschaftliche Relevanz hin. Allein aus diesem Grund sind sie ein soziologisch interessantes Phänomen. Hinzu kommt der spezifische Gegenstand von Sportspielfilmen, der moderne Sport. Dieser ist zwar ein sehr junges gesellschaftliches Teilsystem (vgl. Schimank 1988), gleichwohl – allen voran aufgrund seiner expliziten Körpergebundenheit – ein enorm dynamischer »Mikrokosmos der Gesellschaft« (Weiß 1990), dessen soziologische Analyse gesellschaftliche Aufklärung verspricht. Was es heißt, in einer Leistungsgesellschaft zu leben, lässt sich wohl nirgends besser studieren als

---

[1] Der erste Teil der *Rocky*-Saga erhielt 1977 gleich drei Oscars, *Chariots of Fire* 1984 sogar vier (darunter Bester Film). Ebenfalls vier Oscars verbuchte 2005 Clint Eastwoods *Million Dollar Baby* für sich (und das in den Königskategorien Bester Film, Beste Regie, Beste Hauptdarstellerin und Bester Nebendarsteller). *The Wrestler* ging zwar bei der Oscarverleihung 2009 trotz der Nominierung für den besten Hauptdarsteller leer aus, gewann jedoch 2008 den Goldenen Löwen in Venedig und 2009 einen Golden Globe für den besten Hauptdarsteller in einem Drama. *Black Swan* erhielt 2011 den Oscar für die Beste Hauptdarstellerin und wurde in vier weiteren Kategorien nominiert. Im gleichen Jahr bekam der Boxfilm *The Fighter* zwei Oscars für die Besten Nebendarsteller beider Geschlechter.

im modernen Leistungssport. Und wer Aussagen über den aktuellen Wertewandel erhalten möchte, tut gut daran, die Entwicklungen im Feld des Trendsports zu untersuchen. In der fiktionalen Inszenierung des modernen Sports werden solche typischen Strukturen und aktuellen Entwicklungen des realen Sports aufgegriffen, verdichtet, reproduziert, mitunter kritisiert – andernfalls hätte es der Sportspielfilm auch schwer, auf breite Publikumsresonanz zu stoßen. Der Sportspielfilm liefert so gesehen empirisches Datenmaterial, das für die soziologische Analyse und Interpretation von Gegenwartssport und -gesellschaft genutzt werden kann. Bislang wurde dieses Erkenntnispotenzial aber weder von der Sport- noch von der Filmsoziologie besonders genutzt.

In dem vorliegenden Beitrag wird mit dem Thema *kollektive Identität* ein zentraler Aspekt des realen Sports in den Mittelpunkt gerückt, der auch in Sportspielfilmen ein häufig gewähltes Sujet darstellt. »Wir« gegen die »Anderen« ist ein vorherrschendes Konfliktmuster im Sport und im Sportspielfilm,[2] wobei sich das »Wir« sowohl auf die regionale Zugehörigkeit (z.B. im Film *Fußball ist unser Leben*) als auch auf die nationale Zugehörigkeit (*Miracle. Das Wunder von Lake Placid*) beziehen kann. Wir-Gefühle werden im Sportspielfilm häufig als Gegensatz von »Heimatverbundenheit« und »Söldnertum/Profitgier« thematisiert (*A Shot at Glory*). Aber auch in Form von ethnischen Konflikten (*Eine andere Liga*, *White Men Can't Jump*) bildet die Auseinandersetzung um kollektive Identitäten eine typische narrative Grundstruktur von Sportspielfilmen. Betrachtet man den Sportfilm als ein Filmgenre[3] mit diversen Subgenres, so fällt auf, dass der *Fußballfilm*, auf den sich die vorliegende Analyse beschränken wird, das Thema kollektive Identität vorzugsweise am Beispiel *regionaler und lokaler Identität* inszeniert. Fußballspielfilme sind sozial-räumlich überwiegend in einem lokalen, besonders familialen, oder regionalen Milieu verortet. Der Fokus auf das Lokale und Regionale erfolgt dabei häufig in Abgrenzung zum Nationalen und Globalen. Im Anschluss an die Glokalisierungstheorie von Roland Robertson (1992, 1998)[4] lässt sich die These formulieren, dass Fußballfilme das Regionale und Lokale gerade dann betonen, wenn die Geschichte und/oder der reale Kontext des Spielfilms auf globaler Ebene spielen. Die soziologisch interessante Frage hierbei ist, *wie* das Globale und Lokale zueinander in Beziehung gesetzt werden. Wird dem Globalen gegenüber dem Lokalen eine höhere (emotionale) Wertigkeit gegeben oder umgekehrt? Welcher Art ist diese Wertigkeit, mit welchem Inhalt[5] ist sie gefüllt?

---

[2] Zu weiteren typischen Konfliktmustern im Sportspielfilm vgl. Gugutzer (2008: 238)

[3] Zur Begründung des Sportfilms als Filmgenre siehe Gugutzer (2008: 236f.) und Sicks/Stauff (2010: 12ff.). Das Buch von Sicks und Stauff ist in der von Thomas Koebner herausgegebenen Reihe »Filmgenres« bei Reclam erschienen und der Sportfilm damit gewissermaßen auch »offiziell« als Filmgenre anerkannt.

[4] Zur Anwendung der Glokalisierungsthese auf den Fußball vgl. Giulianotti/Robertson (2002)

[5] Ein Sportspielfilm, der sich auf die Seite des Globalen schlagen würde, könnte z.B. das weltweite Dopingnetzwerk fokussieren, während ein Film mit Schwerpunkt auf dem Lokalen etwa die familiären Konflikte oder Identitätsprobleme eines Weltklassesportlers thematisieren würde.

Vor dem Hintergrund dieser These und Leitfragen soll im Folgenden der Spielfilm *Das Wunder von Bern* (Regie: Sönke Wortmann) analysiert werden. *Das Wunder von Bern* ist ein erfolgreicher deutscher Sportspielfilm aus dem Jahr 2003, der den Gewinn der Fußballweltmeisterschaft 1954 durch die deutsche Nationalmannschaft zum Thema hat. Vorbereitend für die soziologische Filmanalyse (S. 152-170) erfolgt ein knapper Überblick über das Genre Fußballfilm (S. 149-150) und die hier angewandte filmsoziologische Methode (S. 151-152). Das Fazit (S. 171-172) diskutiert die Interpretationsergebnisse abschließend noch einmal unter dem Glokalisierungsgesichtspunkt.

Das Subgenre *Fußballfilm*

Fußball ist ohne Zweifel eine der beliebtesten Sportarten der Welt. Das gilt sowohl für die Zahl der aktiven Sportler als auch für die Zuschauer, was u.a. Mitgliedszahlen in Sportverbänden und Einschaltquoten im TV eindrucksvoll untermauern.[6] Es ist daher nur konsequent, dass Fußball auch im Sportspielfilm eine der am häufigsten thematisierten Sportarten darstellt. Die Liste der Fußballfilme ist entsprechend lang, allerdings haben nur die wenigsten einen nennenswerten Bekanntheitsgrad erreicht.[7] Hinsichtlich des Zuschauererfolgs steht der Fußballspielfilm seinem realen Vorbild um einiges nach. So befindet Ulrich von Berg, »dass es unter den Fußballfilmen keine vergessenen Kleinode der Filmkunst zu entdecken gibt, allenfalls bunt schillernde Sumpfblüten des Genrekinos.« Und weiter: »Dieses Genre genießt unter Cineasten einen ausgesprochen schlechten Ruf, gilt bei Produzenten gemeinhin als Kassengift« (von Berg 2006: 13). Dies liegt laut Jan Tilmann Schwab vor allem an zwei Faktoren: an dramaturgischen und inszenatorischen Problemen.[8]

Die Ergebnisoffenheit, die z.B. der Sportsoziologe Karl-Heinrich Bette (2010) als zentrales Element der Spannungserzeugung des realen Sports bezeichnet, steht im Konflikt mit den typischen *dramaturgischen* Spannungsbögen des Spielfilms, die in der Regel so standardisiert sind, dass schon ein Laie den Handlungsverlauf des Sportspielfilms im Allgemeinen und des Fußballspielfilms im Besonderen vorausahnen kann. Das Problem besteht

---

[6] So zählt zum Beispiel der Deutsche Fußball Bund im Januar 2011 über 6,7 Millionen Mitglieder und ist damit der größte Sportverband im DOSB (vgl. DFB 2011). Das Finale der Weltmeisterschaft 2010 sahen laut der Initiative-Studie *ViewerTrack* weltweit rund 329 Millionen Menschen, was in etwa einem Anstieg von 30% im Vergleich zur WM 2006 darstellt (vgl. Engels 2011).

[7] Zu den prominenteren Beispielen der letzten Jahre zählen u.a. *A Shot at Glory* (USA/GB, 2000), *Bend It Like Beckham* (GB/D, 2002), *Das Wunder von Bern* (D, 2003), *Goal!* (USA/GB, 2005) und *Der ganz große Traum* (D, 2011).

[8] Vgl. Schwab (2006: 44-47). Von Berg sieht darüber hinaus zwei weitere Gründe für den Misserfolg der meisten Fußballfilme: die grundsätzliche Ablehnung fiktiver Sportwettkämpfe seitens echter Sportfans und Langeweile aufgrund einseitiger Identifikationsangebote (vgl. von Berg 2006: 15).

darin, dass die größten Emotionen im realen Fußball in außeralltäglichen Spielen erzeugt werden: Eine Entscheidung in letzter Minute, der Sieg des Underdogs gegen den haushohen Favoriten, eine packende Aufholjagd, ein gewonnenes Finale. Solche Partien gibt es immer wieder, sie heben sich jedoch durch ihre Seltenheit von der Masse an Spielen ab. Ähnlich einem Thriller, ist die Überraschung zwar erwartbar, man weiß jedoch nicht, wann sie geschehen wird.[9] Oft lässt sie viele Wochen auf sich warten oder bleibt ganz aus. Für einen Kassenschlager taugt der graue Liga-Alltag wenig, und so machen die meisten Fußballspielfilme auf Kosten der Authentizität aus der Ausnahme, dem spektakulären Spielverlauf, den Regelfall.

Inszenatorische Probleme wiederum ergeben sich vor allem aus zwei Gründen: Zum einen braucht es für authentische Fußballszenen Fußballer und für authentisches Schauspiel Schauspieler. Als Zuschauer ist man zwar womöglich geneigt, den einen oder anderen Fußballprofi als hervorragenden Schauspieler zu schmähen, tatsächlich kommen beide Fähigkeiten jedoch nur selten zusammen. Zum anderen stellte die authentische Reproduktion der Stadionatmosphäre die Filmemacher in der Vergangenheit immer wieder vor kaum überwindbare Hindernisse. Trotz neuer technischer Möglichkeiten wie *green screening* oder *colour matching* wirken Fußballspielfilme zumeist künstlich und schaffen es selten, die gleiche Spannung wie das Original zu erzeugen.

Zumindest das *dramaturgische* Problem stellt sich für Sönke Wortmanns *Das Wunder von Bern* nicht. Der Ausgang der Fußballweltmeisterschaft 1954 ist hinlänglich bekannt und der Sensationserfolg der deutschen Nationalmannschaft hat sich in seiner vollen Dramatik – Sieg als Underdog in den letzten Spielminuten nach Rückstand, Lattentreffer und Abseitstor des Gegners sowie Glanzparaden des eigenen Torhüters – tatsächlich so ereignet. Wortmann entkommt somit der Bredouille, ein spannendes Spiel bzw. Turnier erfinden zu müssen. Dadurch rückt die *Film-Story* rund um die bekannten Ereignisse in den Vordergrund.

---

9 Eine reguläre Bundesliga-Saison in Deutschland hat allein 306 Spiele. Dazu kommen der nationale Pokalwettbewerb und die europäischen Konkurrenzen. Die meisten dieser Spiele enden erwartungsgemäß mit dem Sieg des Favoriten. Ein erheblicher Teil der Spiele endet ohne Sieger (in der Saison 2009/2010 waren es allein 84 Unentschieden, 29 davon mit einem tristen 0:0). Zudem hat in den vergangenen zehn Jahren in der Bundesliga stets *die* Mannschaft den Titel geholt, die als Tabellenführer in den letzten Spieltag gegangen ist. In sechs von zehn Fällen stand der Meister sogar schon vor dem letzten Spieltag fest. Dies verdeutlicht die Seltenheit im wahrsten Sinne des Wortes filmreifer Spiele.

Zur Methodik einer soziologischen Filmanalyse

Das methodische Vorgehen der filmsoziologischen Analyse von *Das Wunder von Bern* ist methodologisch in der *sozialwissenschaftlichen Hermeneutik* verortet (siehe dazu Hitzler/Honer 2002; Kurt 2001; Soeffner 2004). In diesem Sinne ist der Film als »Text« zu begreifen, dessen Analyse auf ein Sinnverstehen des Films abzielt. Eine sozialwissenschaftlich-hermeneutische Filmanalyse beabsichtigt, die vorhandenen multiplen Sinnebenen zu rekonstruieren und eine Interpretation der Mehrdeutigkeit des filmischen Textes zu liefern. Ihre Intention ist es, unter der Oberfläche des leichthin Sichtbaren die tiefer liegenden Sinnstrukturen des Films aufzudecken (vgl. Hickethier 2007: 30f.). Die methodische Umsetzung dieser Zielsetzung erfolgt mit Hilfe der *Sequenzanalyse* (siehe dazu Kurt 2001: 183ff.). Die Sequenzanalyse ist ein methodisches Verfahren, mit dem im engen Sinne die Erzählstruktur eines Films rekonstruiert werden soll. In einem – dem hier praktizierten – weiten Sinne meint Sequenzanalyse die chronologische Gliederung des Films in abgeschlossene Sinneinheiten, wobei jede Sequenz zunächst für sich allein und nach dem Durchgang aller Sequenzen durch deren wechselseitige Bezugnahme sowie durch den Rekurs auf Kontextwissen interpretiert wird. Einen besonderen Stellenwert erhält dabei die Anfangssequenz, da aus methodischen Gründen davon auszugehen ist, dass diese ein ausgezeichnetes Erkenntnispotenzial besitzt (vgl. Oevermann 2000: 75f.).

Geht es einer soziologischen Filmanalyse grundsätzlich darum, das »Gesellschaftliche an der Thematik und Struktur des Films, das Gesellschaftliche am Film als ästhetisches Werk, das Gesellschaftliche an Message und Ideologie« (Faulstich 1988: 56) herauszuarbeiten,[10] so in dem vorliegenden Fall um die Frage, welche vorherrschenden gesellschaftlichen Themen und Botschaften ein konkreter Sportspielfilm transportiert. Und so, wie eine soziologische Filmanalyse generell den soziokulturellen Kontext zu thematisieren hat, in dem der Film entstanden ist und/oder gesehen wird, wird hier das Augenmerk auf das Verhältnis des realen zu dem fiktiven Fußball- und Gesellschaftsereignis gerichtet. Die Rekonstruktion der gesellschaftlichen Dimensionen des Films erfolgt dabei in Anlehnung an zentrale Fragen zu den nachstehenden fünf Sinndimensionen eines Films (vgl. Gugutzer 2010: 126f.), wenngleich hier nicht auf jede einzelne in gleichem Maße eingegangen wird:

---

[10] Eine filmsoziologische Analyse zielt also verkürzt gesagt darauf, das Gesellschaftliche im, am und hinter dem Film herauszuarbeiten. Einer Filmsoziologie geht es mit anderen Worten um (1) die gesellschaftlichen (technologischen, ökonomischen, sozialen) Bedingungen der Produktion von Filmen, (2) das Publikum als Rezipienten von Filmen sowie eben (3) den Film als Kommunikationsmedium und Kunstform (vgl. Gugutzer 2008: 232f.). Walter Dadek hatte diesbezüglich bereits früh von der »Produktionssoziologie«, der »Publikumssoziologie« und der »Theorie des Filmmediums« als den drei Bereichen der Soziologie des Films gesprochen (vgl. Dadek 1960: 517ff.).

1. *Kontext*: Wie sieht der reale politisch-ökonomisch-kulturelle Kontext aus, innerhalb dessen der Film gedreht wurde? In welchem historischen, kulturellen oder gesellschaftlichen Kontext spielt die Geschichte des Films? Wie ist das Verhältnis von realem und fiktionalem Kontext des Films?
2. *Struktur (Form)*: Welche (bipolaren) Konfliktmuster ziehen sich durch den Film?[11] Welche Wert- und Entscheidungskonflikte thematisiert der Film?[12] Wer trägt den Konflikt aus: der Einzelne mit sich oder zwei Hauptprotagonisten?
3. *Handlung (Inhalt)*: Welchen Handlungsverlauf nimmt die Geschichte? Gibt es einen oder mehrere Wendepunkte? Zeigen sich Brüche oder Widersprüche im Handeln der zentralen Filmfiguren? Was passiert auf der manifesten (expliziten), was auf der latenten (impliziten) Handlungsebene (vgl. Faulstich 1988: 57)?
4. *Ästhetik (Musik, Bilder)*: Welche Musik wird im Film gewählt? Was sagen die Liedtexte aus? Wie sieht der Kleidungs- und Wohnungseinrichtungsstil der Hauptfiguren aus? Wie werden Städte, Stadtteile, Landschaften, Orte und Räume visualisiert?
5. *Botschaft (Bedeutung)*: Ergreift der Film Partei für bestimmte Werte, Weltbilder, Ideologien, Ideale, Verhaltensmuster? Schönt der Film gesellschaftliche (Macht-)Verhältnisse, stellt er sie realistisch dar oder kritisiert er sie? Bietet der Film Handlungsalternativen oder Lösungsvorschläge für reale soziale Probleme?

In der folgenden Analyse von *Das Wunder von Bern* werden aus Platzgründen schwerpunktmäßig die erste und die fünfte Sinndimension in den Untersuchungsfokus rücken.

Das Wunder von Bern – Der Fußballfilm als Heimatfilm

In Deutschland wurde und wird der Gewinn der Fußballweltmeisterschaft 1954 von Politikern und Historikern immer wieder als »Gründungsdatum der Bundesrepublik« oder als »zweite« bzw. »eigentliche Republikgründung« bezeichnet (Seitz 2004: 2). Der ehemalige Bundeskanzler Gerhard Schröder z.B. wollte anlässlich des 50. Jahrestages des WM-Sieges das Berner Wankdorfstadion, in dem das Endspiel stattfand, zur »nationalen Gedenkstätte« erheben (ebd.: 1), und für den Historiker Joachim Fest ist dieser WM-Sieg eines der drei wichtigsten Nachkriegsereignisse Deutschlands.[13] Neun Jahre

[11] Für den Sportspielfilm sind beispielsweise folgende bipolare Konfliktmuster typisch: Einer vs. Alle, Ich vs. Mich, Wir vs. Sie (z.B. Nation vs. Nation), Mensch vs. Natur, Profitstreben vs. Ehrgefühl, Weiße vs. Schwarze, Außenseiter vs. Etablierte oder Amateursport vs. Profisport (vgl. Gugutzer 2008: 238).

[12] Darauf besonders zu achten, empfiehlt Denzin (2003).

[13] Die beiden anderen seien die Währungsreform 1948 und der Fall der Mauer 1989. (Zitiert nach dem Audiokommentar von Sönke Wortmann auf der DVD *Das Wunder von Bern* von Senator

nach dem verlorenen Zweiten Weltkrieg bedeutete für zahlreiche Menschen in Deutschland der WM-Sieg ein Stück zurückgewonnenes Selbstbewusstsein. »Wir sind wieder wer!«, so die breit geteilte kollektive Selbstwahrnehmung. In diesem Sinne ist das *Wunder von Bern* in Deutschland auch heute noch ein wirkmächtiger, tief im kollektiven Gedächtnis verankerter *Mythos nationaler Identitätsstiftung*.[14]

Für die folgende soziologische Filmanalyse ist, wie oben gesagt, dieser reale gesellschaftlich-politische Kontext des Spielfilms ein wichtiges Interpretationskriterium. Eine soziologische Filmanalyse hat auf die Interpretation des Films »im Lichte seines gesellschaftlichen Umfeldes« (Faulstich 1988: 56)[15] abzuzielen. Der Analysefokus ist entsprechend darauf gerichtet herauszuarbeiten, *wie der Spielfilm das reale Ereignis* der Fußballweltmeisterschaft 1954 und den Sieg Deutschlands in Szene setzt. Reproduziert der Film den nationalen Mythos, gilt sein Augenmerk also der *nationalen* Bedeutung dieses sportlichen Triumphs?[16] Oder relativiert, modifiziert, transformiert der Film dessen nationale Bedeutung und setzt *andere* Schwerpunkte? Welche Sinnangebote liefert der Film in diesem Fall? Und, so eine filmsoziologisch zentrale Frage: Für welches Sinnangebot ergreift der Film *Partei*?[17]

Um der Beantwortung dieser Fragen näher zu kommen, wird im Folgenden konkret das *Verhältnis von Nation und Region*, von *nationaler und regionaler Identität* untersucht. Zunächst erfolgt die Interpretation des Filmtitels (S. 150-152), da dieser einen ersten Deutungsrahmen anbietet, innerhalb dessen, so lässt sich zumindest mutmaßen, die Sinnangebote des Films ›stimmig‹ platziert werden. Dem folgt (S. 152-157) eine Interpretation der Anfangs- und Schlusssequenz, die darauf hinaus läuft, dass die Verschränkung von Nation und Region die zentrale Klammer des Films darstellt. Welcher Art diese Verschränkung ist bzw. welche Gewichtung das Nationale und das Regionale erhalten, dem wird anschließend in drei Schritten nachgegangen: In der Interpretation der Bedeutung der Dialekte der Nationalspieler (S. 157-159), der beiden Haupt-Familien des Films und ihrer Wohnsitze (S. 159-162), sowie der Deutschlandspiele bei der Weltmeisterschaft (163-166). Davor aber eine kurze Inhaltsangabe des Films.

Home Entertainment 2010. Die folgenden Zeitangaben und Bilder beziehen sich auf diese DVD.)

[14] Für eine kritische Auseinandersetzung mit dem »Mythos Bern« siehe Eggers (2004) und Seitz (2004).

[15] Siehe dazu auch Gugutzer (2010: 125ff.).

[16] Um Missverständnisse zu vermeiden: Wenn hier das »Wunder von Bern« als *nationaler* Mythos bezeichnet wird, dann mit Blick auf die *Jahre und Jahrzehnte* nach dem WM-Sieg, in denen dieser Mythos geboren und aufrecht erhalten wurde. Vor diesem Hintergrund interessiert hier die Frage, ob bzw. wie der Spielfilm diesen nationalen Mythos aufgreift. Davon unberührt bleibt die Tatsache, dass der WM-Sieg für die Menschen in Deutschland während der WM und in den *Tagen* nach dem 4. Juli 1954 auch ein stark *regionales* Ereignis war (vgl. dazu Breitmeier 2004: 144f.).

[17] Diese Frage stellt sich im Sinne der hermeneutischen Grundregel, das reale Ereignis mit den potenziell möglichen Ereignissen abzugleichen und daran anschließend die Sinninterpretation vorzunehmen.

Die Handlung ist in drei Erzählstränge gegliedert, die unabhängig voneinander verlaufen, sich jedoch an entscheidenden Stellen kreuzen: Die Geschichte der Familie Lubanski aus Essen, die Geschichte der deutschen Fußball-Nationalmannschaft in der Schweiz und die Geschichte des jungen Ehepaars Ackermann aus München. Im Mittelpunkt des Films, der 1954 spielt, steht der 11-jährige Mattes Lubanski, der mit seiner Mutter und seinen beiden Geschwistern in einer Bergarbeitersiedlung in Essen lebt. Mattes ist Fußballfan von Rot-Weiß-Essen, dessen Star, Helmut Rahn, sein größtes Idol und zugleich sein bester Freund ist. Das Familienleben ist unbeschwert, bis Mattes Vater Richard nach fast 12-jähriger Kriegsgefangenschaft heimkehrt. Diese neue Familienkonstellation führt zu starken Spannungen und Konflikten. Parallel dazu beginnt die deutsche Nationalmannschaft mit der Vorbereitung für und der Teilnahme an der Weltmeisterschaft in der Schweiz. Im Blickpunkt steht vor allem Helmut Rahn, der nach anfänglichen Schwierigkeiten und Eskapaden immer besser ins Turnier findet und letztlich zum Helden des Finales avanciert. Begleitet werden die Geschehnisse rund um die Nationalmannschaft vom aufstrebenden Sportjournalisten Paul Ackermann und dessen Frau Annette, die an der einen oder anderen Stelle entscheidend in den Handlungsverlauf eingreifen. In Essen interessiert sich derweil der von seinem Vater schwer enttäuschte Mattes nur noch für die stattfindende Endrunde. Der Familienkonflikt entwickelt sich parallel zur Situation der deutschen Mannschaft in der Schweiz: So wie Herbergers Problemkind und Mattes Ersatzvater Rahn mühsam seinen Platz in der Mannschaft findet, gelingt allmählich die familiäre Reintegration Richard Lubanskis, bei dem ein Sinneswandel einsetzt: Er fährt seinen Sohn nach Bern zum Endspiel. Hätte er das nicht getan, wäre Deutschland nicht Weltmeister geworden (siehe S. 159-162).

Der Filmtitel

Der Titel des Films enthält vier Wörter: Den Artikel »Das«, das Substantiv »Wunder«, die Präposition »von« und den Namen »Bern«. Der Artikel »Das« in Verbindung mit dem Substantiv »Wunder« informiert darüber, dass es sich hier um ein einziges Wunder handelt, nicht um mehrere. Der Ausdruck »Wunder« wiederum hat diverse Konnotationen, die sich in Nuancen unterscheiden. Vordergründig bezeichnet ein »Wunder« ein unerklärliches Ereignis. Unerklärlich kann bedeuten, dass die zugrundeliegenden Mechanismen (z.B. Naturgesetze) zwar bekannt sind, das Ereignis diesen jedoch widerspricht. Ein solches Ereignis wird in der Regel einer übernatürlichen, meist göttlichen Macht zugeschrieben, der Begriff des Wunders ist entsprechend religiös konnotiert. Unerklärlich kann jedoch ebenso meinen, dass die zugrundeliegenden Mechanismen vollkommen unbekannt sind. Das Wunder drückt damit etwas Außeralltägliches aus, ohne zwangsläufig eine religiöse Bedeutung haben zu müssen.[18]

In einer weniger eng gefassten, alltagssprachlich dafür weit verbreiteten Verwendung beschreibt der Begriff des Wunders nicht mehr unbedingt etwas Unerklärliches, sondern etwas sehr Unwahrscheinliches. Wird trotz widrigster Umstände doch noch rechtzeitig ein Ziel erreicht, ist häufig von einem Wunder die Rede. In dieser Verwendung fehlt dem Begriff jedweder religiöse Bezug. Der Rekurs auf etwas Außeralltägliches wird stattdessen in Begriffen wie Zufall oder Glück hergestellt. In jedem Fall bleibt der Aspekt des Außeralltäglichen, des Erstaunlichen, schwer Fassbaren und daher nicht selten auch Ehrfurchtgebietenden.

Darüber hinaus ist der Begriff des Wunders in der Regel mindestens neutral belegt. Man spricht nicht von einem Wunder, wenn Menschen ohne jeden ersichtlichen Grund sterben, wohl aber, wenn Menschen entgegen jeder Wahrscheinlichkeit überleben. Typischerweise wird von Wundern in einem positiven Sinne gesprochen. Dem Wort haftet eine positive emotionale Bewertung insbesondere dann an, wenn es in einem religiösen Sinne gebraucht wird, da sich Gott in Form von Wundern offenbart, was für Gläubige eine freudige Konfirmation ihres Weltbildes darstellt. Wunder sind ferner eine ständige Quelle der Hoffnung, dass selbst in größter Not entgegen jeder Wahrscheinlichkeit, Logik und aller Naturgesetze Erlösung eintreten kann.

Vor diesem Hintergrund lässt sich die Interpretation des Filmtitels bis hierher zu der *Hypothese* bündeln, dass der Film vermutlich ein außeralltägliches, emotionales, freudiges, eventuell gar ehrfurchtgebietendes, Hoffnungen erfüllendes, vielleicht religiöses, mindestens aber sehr unwahrscheinliches Ereignis zum Gegenstand haben wird.

Diese Lesart konkretisiert sich durch das Hinzufügen der beiden zusätzlichen Worte »von Bern«. Die Präposition »von« schreibt das Wunder einem Menschen oder Gebiet namens Bern zu. Bern kann sowohl ein Familienname als auch ein Ortsname sein. Er bezeichnet in der Schweiz gleichermaßen einen Kanton sowie einen Bezirk und eine Stadt innerhalb dieses Kantons. Zudem gibt es in Österreich und den USA weitere Städte gleichen Namens. Am bekanntesten ist sicherlich die Schweizer Hauptstadt Bern. Welches Bern tatsächlich gemeint ist, lässt sich anhand des Titels nicht sicher erschließen.

Allerdings ist die Wortkombination »Das Wunder von Bern« ein bekannter Eigenname, der spätestens an dieser Stelle als Kontextwissen herangezogen werden darf. Die Wortkombination bezieht sich auf den Ausgang des Endspiels der Fußballweltmeisterschaft 1954 im Berner Wankdorfstadion in der Schweiz. Der überraschende Sieg der deutschen Nationalmannschaft gegen die als unschlagbar eingeschätzten Ungarn wurde seiner Zeit als »Wunder« gedeutet und ging in dieser Wortkombination in die Geschichte des deutschen Fußballs und der Bundesrepublik ein. Der Titel des Films ist

---

[18] Dass jemand ein Naturereignis, z.B. den Ursprung des Lebens, nicht erklären kann, bedeutet nicht, dass es keine profane Erklärung gibt.

assoziativ unweigerlich mit den Ereignissen rund um die WM 1954 verbunden. Der Zuschauer erwartet also einen bzw. genau diesen Fußballbezug. Dass es sich um ein anderes Wunder in einem anderen Bern handeln könnte, ist zwar nicht ausgeschlossen, käme aber einer Art Etikettenschwindel gleich. Im kollektiven Gedächtnis der Deutschen ist nur ein historisches Ereignis als »Wunder von Bern« abgelagert.

Das Kontextwissen, dass der Titel des Films mit einem realen sportlichen und gesellschaftlichen Ereignis identisch ist, bestätigt also die erste Hypothese, wonach der Filmtitel auf einen einmaligen, außeralltäglichen Vorfall hinweist, der mit Fußball zu tun hat. Berücksichtigt man des Weiteren, dass der Film 2003 in die Kinos kam, also ein Jahr vor dem 50. Jubiläum dieses Wunders, auf das der Titel anspielt, und dass in der westlichen Kultur 50-Jahresfeiern ein bedeutendes Ritual darstellen, dann ist die *zweite Hypothese* nahe liegend, dass die Geschichte des Films die reale Geschichte zum Gegenstand haben und dabei die sportliche wie auch die nationale Bedeutung des WM-Sieges für Deutschland und die Deutschen in den Mittelpunkt rücken wird. Letzteres deshalb, da Wunder, wie oben erwähnt, positive Ereignisse darstellen und davon ausgegangen werden kann, dass der WM-Sieg von 1954 in erster Linie für Deutschland ein positives Ereignis war. Auf welche Weise die reale Geschichte thematisiert wird, lässt der Titel dabei offen. Da der Filmtitel keinen Untertitel oder sonstigen Zusatz enthält, kann jedoch davon ausgegangen werden, dass es ein realitätsnaher Film sein wird.

Ob der durch den Filmtitel vorab angebotene, auf den *Fußball* und die *Nation* fokussierte Interpretationsrahmen zutreffend ist, gilt es zu prüfen.

Anfangs- und Schlusssequenz

Zur Überprüfung des dem Titel innewohnenden Deutungsangebots ist es im hermeneutischen Verständnis angeraten, als erstes den Filmanfang zu analysieren. Der Anfangssequenz wird anschließend die Schlusssequenz kontrastierend gegenüber gestellt, da Anfang und Schluss häufig – gerade in Mainstreamfilmen, wie *Das Wunder von Bern* – einen sinnstiftenden Rahmen für die Geschichte abgeben (vgl. Hickethier 2007: 120).

Der Vorspann des Films (00:00:34 - 00:01:00) beginnt mit einer kurzen Sequenz, bei der auf schwarzem Hintergrund mit weißer Schrift die Namen der Sponsoren sowie der Produktions- und Co-Produktionsfirmen erscheinen. Dazu zeichnen weiße Linien in ständiger Bewegung einzelne markante Bereiche eines Fußballfeldes (Mittelkreis, die beiden Ecken und den Strafraum). Der Titel des Films wird auf der Position des Tores, dem Zielelement des Spieles, in großen Blockbuchstaben eingeblendet (vgl. Abb. 1). Es bestätigt sich umgehend die Titelinterpretation, wonach das »Wunder von Bern« auf den Fußballkontext anspielt.

Abb.1: Vorspann

Das erste realistische Bild des Films (00:01:00 - 00:01:28) zeigt ein Kohlekraftwerk in der Totalen mit einigen Schornsteinen, rauchenden Kühltürmen und der dazugehörigen Maschinerie sowie den Förderturm eines Bergwerks. Kraftwerk und Zeche wirken so grau und schwer wie der wolkenverhangene Himmel. Das Bild suggeriert eine triste Stimmung von Angespanntheit und Unbehagen. Der kräftige Dampf der Kühltürme verdeutlicht, dass das Kraftwerk sich im vollen Betrieb befindet. Zu seinen Füßen geht ein leichter Hang bergab, der mit bräunlichem Gras, grünen Büschen und kleinen Bäumen bewachsen ist, die ebenfalls grünen. Natur und Industrie bilden einen scharfen Kontrast mit einer klaren Trennlinie entlang der Rohrleitungen. Die Kamera fährt von oben nach unten, ohne jedoch das Kraftwerk als Mittelpunkt zu verlieren, was diesem zusätzliches Gewicht verleiht. Ein wenig links von der Mitte des Bildes erscheint die Spitze einer Baumkrone. Die Kamera fährt weiter abwärts, bis der Baum in seiner Gesamtheit im Bild zu sehen ist und Teile der Leitungen überdeckt. Er wächst in die Szene wie eine zarte Pflanze mitten auf dem Asphalt. Dieses Bild lässt sich als Rückeroberung der Natur lesen, was der Szene, nicht zuletzt in Kombination mit dem tristen Gesamteindruck der Kulisse, einen industriekritischen Anstrich gibt.

In der Baumkrone sind im Gegenlicht die Silhouetten von fünf Kindern zu erkennen, die eine Leiter und ein Seil am Baum angebracht und ihn somit als Spielplatz für sich zugänglich gemacht haben. Im Lichte der oben angeführten Interpretation lässt sich dieses Bild als Besetzung der Natur durch den Menschen deuten. Vor dem Baum stellt ein alter, löchriger, völlig maroder Lattenzaun kein Hindernis für das Betreten des Industriegeländes dar. Besondere Sicherheitsvorkehrungen scheinen nicht notwendig, vielleicht fehlt auch das Bewusstsein für eine solche Notwendigkeit. Die Szene könnte in einem Schwellenland spielen oder aber in der Vergangenheit einer Industrienation.

In jedem Falle markiert der Zaun trotz seiner Löchrigkeit eine Grenze zwischen dem Industriegelände und dem Baum. Der Baum steht direkt an einer mit Pfützen durchzogenen Straße. Es hat geregnet. Das schlechte Wetter hält die Kinder jedoch nicht davon ab, sich im Freien aufzuhalten. Was auch immer es ist, das sie dort tun, sie ziehen es den Annehmlichkeiten eines trockenen Unterschlupfes vor. Noch bevor die Kamera zum Stehen kommt, wird im unteren Bildviertel zentriert in weißen Buchstaben der Schriftzug »Ruhrgebiet« und darunter »Frühjahr 1954« eingeblendet (00:01:24; vgl. Abb. 2).

Damit findet eine erste zeitlich-räumliche Verortung statt, aus der zweierlei folgt. Die Tatsache, dass *Frühjahr* ist, relativiert die industriekritische Deutung.[19] Der grünende Baum ist von der Industrie weder verdrängt noch beschädigt worden, sondern behauptet seinen Platz. Es ist ferner denkbar, dass die Kinder für das Loch im Zaun verantwortlich sind, dass sie also sowohl den Kletterbaum als auch das Industriegelände als Spielplatz erobert haben. Dafür spricht jenes Bild, das sich ergibt, als die Kamera zum Stehen kommt: Symmetrisch in der Bildmitte stehen Baum und Kraftwerk auf einer Höhe nebeneinander als quasi gleichberechtigte Elemente. Die Industriekulisse bildet nun eine Symbiose mit der Natur, sie ist in das Spiel der Kinder, die ein Bindeglied zwischen Natur und Zivilisation darstellen, integriert. Kraftwerk und Natur sind gleichermaßen Teil des kindlichen Territoriums, ihrer Heimat. Und diese befindet sich im Ruhrgebiet. Die räumliche Verortung bleibt vage. Die *Region* wird als *Kollektiv* präsentiert. Um welche Stadt genau es geht, wird nicht verraten. Offenkundig ist es nicht relevant, ob es sich um Bochum, Dortmund, Essen, Gelsenkirchen etc. handelt. Kohlekraftwerk plus Zeche fungieren als Wahrzeichen einer ganzen Region, deren einzelne Elemente untereinander austauschbar sind.

[19] Die Information, dass Frühling ist, genügt darüber hinaus, um zu wissen, dass das »Wunder von Bern« noch nicht stattgefunden hat. Der Film steigt also kurz vor Beginn der Weltmeisterschaft ein.

Abb. 2: Anfangssequenz

Nach der Anspielung auf Fußball im Vorspann erfolgt mit den ersten Filmbildern der regionale Bezug, der diese beiden Elemente miteinander verbindet. Da der Fußballverweis abstrakt dargestellt und im Vorspann platziert ist, bei dem die Aufmerksamkeit des Publikums typischerweise geringer ist als beim ersten realen Bild, das hier das Ruhrgebiet symbolisiert, lässt sich die Hypothese aufstellen: *Die Region ist in dem Film mindestens so wichtig wie der Fußball*. Diese Hypothese steht nun im Gegensatz zu jener, die sich im Anschluss an die Titelinterpretation ergeben hat, der zufolge der Film neben dem Fußball die *Nation* in den Mittelpunkt rücken wird. Titel und Anfangssequenz bauen mithin eine Spannung auf, die an dieser Stelle nicht gelöst werden kann, da nicht entscheidbar ist, wem von beidem ein stärkeres Deutungsgewicht beizumessen ist. Angesichts dieser Interpretationsoffenheit wird die Schlusssequenz als Vergleichsfolie herangezogen.

In der Schlusssequenz (01:45:57 - 01:47:41) ist ein mit Girlanden geschmückter E-Zug mit der Aufschrift »Fußball-Weltmeister 1954« zu sehen, der gerade volle Fahrt aufnimmt (01:46:02). An den geöffneten Fenstern stehen die Spieler und winken hinaus. Links und rechts der Gleise stehen vereinzelt winkende Menschen. Im nächsten Bild sieht man ein Kornfeld, links weite Maisfelder (01:46:09). Neben den Schienen befindet sich ein mit Stroh beladenes Pferdegespann, auf dem ebenfalls winkende Menschen stehen. Der Zug verschwindet geradewegs in Richtung des von der untergegangenen Sonne rot glühenden Horizonts des Westens.

Allein die kurze Beschreibung der Schlusssequenz reicht aus, um zu verdeutlichen, dass Anfangs- und Schlusssequenz einen *räumlich-ästhetischen Kontrast* bilden. Dieser Kontrast zieht sich wie ein roter Faden durch den Film. In einer Reihe von Bildern werden das schmutzige Ruhrgebiet und der urbane, industrielle Ballungsraum mit seinen omnipräsenten Kraftwerksschloten als Repräsentation von Heimat einerseits, das farbenfrohe Ländliche, das Ursprüngliche, Ferne und ganz Andere, repräsentiert durch die Schweiz, durch München und den Rest Deutschlands, andererseits gegenübergestellt. Der Zug als Symbol der Industrialisierung durchstreift das vormoderne Idyll – nicht zuletzt durch die Strohkutsche dargestellt – und lässt es hinter sich, um sich der Zukunft zuzuwenden, die im Westen liegt.

Bemerkenswert ist, dass der tatsächliche Weltmeisterzug genau in die entgegengesetzte Richtung fuhr, nämlich von Singen über Konstanz und Lindau bis nach München, also Richtung Osten. Dieser Kunstgriff ist möglicherweise eine Metapher für das Schicksal von Richard Lubanski. Dessen Vergangenheit liegt im Osten, in russischer Kriegsgefangenschaft, seine Zukunft dagegen liegt – um es mit den Worten Herbert Grönemeyers zu sagen – »Tief im Westen, wo die Sonne verstaubt«. Diese Zeile stammt aus Grönemeyers musikalischer Hommage an seine Heimatstadt Bochum, die im Herzen des Ruhrpotts liegt. Und hier liegt auch die Heimat der Lubanskis. Vater und Sohn kehren am Ende des Films, nach Auflösung aller Konflikte (symbolisiert durch den wolkenlosen Abendhimmel), in trauter Harmonie zurück in ihre Region, in *ihr* Revier.

Die Zugfahrt der Nationalmannschaft Richtung Westen symbolisiert des Weiteren den Westanbindungskurs der BRD. Der Westen steht für Freiheit, Marktwirtschaft, Fortschritt, Globalisierung. Es ist ein Aufbruch in eine neue Zeit, »die eigentliche Geburtsstunde der BRD«, wie oben erwähnt. Die Vergangenheit ein für allemal hinter sich lassen. Go West. Hier verschmilzt der lokale Bezug zum Ruhrgebiet im tiefen Westen Deutschlands, verkörpert durch die Lubanskis, erneut mit dem Nationalen, repräsentiert durch die Weltmeister. Zuletzt wird am unteren Bildrand der Schriftzug eingeblendet: »Die Elf von Bern spielte nie wieder zusammen« (01:46:16; vgl. Abb. 3). Auf dem Höhepunkt des Erfolges löst sich das nationale Kollektiv der aus den unterschiedlichsten Regionen Deutschlands stammenden Individuen auf. Mit Blick auf die oben genannte Spannung zwischen den beiden Hypothesen lässt sich nun erahnen, dass dem Regionalen im Film größeres Gewicht zukommt als dem Nationalen, da es am Ende das Regionale ist, das bestehen bleibt und in dem das Nationale mündet. Dieser Eindruck erhärtet sich im Mittelteil des Films, was sich u.a. an den Dialekten der Nationalspieler plausibilisieren lässt.

Abb. 3: Schlusssequenz

Dialekte der Nationalspieler

Die Dialekte der deutschen Nationalspieler sind nicht nur in der Schlusssequenz, sondern über den ganzen Film hinweg zu hören. Das ist insofern ungewöhnlich, als in deutschen Spielfilmen – im Gegensatz zu anderen Ländern, insbesondere den USA – die Verwendung von Dialekten als filmisches Stilmittel eher die Ausnahme ist.[20] In der Regel dominiert das Hochdeutsche. In *Das Wunder von Bern* treten Dialekt und Hochdeutsch in einen symbolischen Dialog, der einen spezifischen Sinn transportiert. Exemplarisch steht dafür eine Sequenz, die nach dem triumphalen Sieg der deutschen Mannschaft im Halbfinale gegen Österreich im Mannschaftshotel der Deutschen spielt (01:15:30 - 01:16:32):

Die Nationalspieler Horst Eckel und Hans Schäfer befinden sich in ihrem Hotelzimmer. Im Vordergrund sitzt Schäfer im bräunlich-rotem Pyjama am Tisch und schreibt. Eckel sitzt im Hintergrund aufrecht im Bett. Er trägt ein weißes Unterhemd und eine dunkle Schlafanzug- oder Jogginghose und lehnt mit dem Rücken am Kopfende des Bettes. In der Hand hält er einen Brief,

---

[20] Der Grund dafür liegt vermutlich in der Dominanz englischsprachiger Produktionen auf dem deutschen Filmmarkt und dem damit einhergehenden Problem der Synchronisation (vgl. Kniebe 2010). Dialekte lassen sich nicht übersetzen. Sie sind assoziativ unweigerlich an einen spezifischen Teil der Erde gekoppelt, zu dem es kein Pendant gibt. Der von Tom Hanks im Original akribisch dargebotene Südstaatendialekt eines Forrest Gump kann weder mit Bairisch noch sonst einem süddeutschen Dialekt gleichgesetzt werden. Die im Original geschaffene Authentizität würde sich in der Übersetzung ins Gegenteil verkehren. Wie albern es klingt, wenn ein Film in Mundart synchronisiert wird, zeigen jüngere Persiflagen im Internet, bei denen z.B. Szenen aus *Krieg der Sterne* auf schwäbisch nachvertont wurden (vgl. z.B. http://www.youtube.com/watch?v=UOxY2lRcII4).

den er laut vorliest: *»Viel Glück, Ihre Carmen Ballmann.«*[21] Eckel blickt zu Schäfer und schiebt ein erwartungsvolles *»Na?«* hinterher, das Schäfer zu einer Reaktion auffordert. Schäfer unterbricht das Schreiben, blickt auf und antwortet höhnisch mit rheinischem Dialekt: *»Carmen Ballmann? Gibbet doch zu Horst, die hast du doch selbst jeschriewen.«* Die Provokation seines Zimmerkollegen kontert Eckel in pfälzischem Dialekt: *»Samo, des is a Fußball-Expäddin reinsten Wasärs, des steht doch wohl völlisch auser Zweiwel.«* In diesem Augenblick hört man das Geräusch einer sich öffnenden Tür [Schnitt]. In der Tür erscheinen Fritz Walter und Helmut Rahn, die je eine angebrochene Flasche Bier in der linken Hand halten. Rahn stützt sich kumpelhaft an Walters Schulter ab und sagt, mehr zu den beiden Zimmerinsassen als zu Fritz Walter: *»Ach guck ma Fritz unsre Kleinen, ich wette wir hamm se beim Nachtgebet gestört, die Guten.«* [Schnitt, Halbtotale auf Hans Schäfer]. Schäfer blickt Richtung Rahn und fragt Eckel: *»Sache mal Horst, is datt nitt der Kerl* [Schnitt] *der heute mit dem Blindenhund über den Platz jestromert is?«* Eckel in der Halbtotalen blickt ebenfalls zur Tür, lässt seinen Kameraden aussprechen, um ihm lachend mit *»ja genau«* beizupflichten. [Schnitt] Die Kamera wechselt wieder auf Walter und Rahn. Während Walter schweigend grinst, erwidert Rahn: *»Jungens, ich weiß ja ihr habt es nich so mit dem Denken, deswegen sage ich es jetzt nochmal gaaanz langsam: Wir – sind – im – End – Spiel.«* Rahn nimmt die Hand von Walters Schulter und untermalt die letzten Worte mit ausgestrecktem Zeigefinger. [Schnitt] Eckel tut überrascht: *»Ach!«*. Rahn: »*Datt is datt Spiel* [Schnitt. Schäfer lächelt Rahn an, schaut dann zu Eckel hinüber, dann wieder zu Rahn] *wo sie einen nachher mit Gold behängen und in Sänften vom Platz tragen.* [Schnitt. Kamera erneut auf Rahn, der sich wieder an Walters Schulter lehnt] *Ja und Männer mich haun se nachher in Stein.«* Walter, der die ganze Szene zunächst schweigend beobachtet hat, wendet sich Rahn zu und ergänzt dessen letzten Satz mit *»...oder in die Pfanne, wenn de net bald ma widda nen Ball ins Tor stolperscht, Boss.«* [Rahn lacht, klopft Walter auf die Schulter und nimmt einen Schluck aus seiner Bierflasche.]

Die Szene ist zu diesem Zeitpunkt noch nicht beendet, die für das vorliegende Thema wesentliche Botschaft lässt sich jedoch bereits aus dieser Dialogfolge herausarbeiten. Der Fokus soll dabei nicht auf der Analyse des gesprochenen Inhalts und damit einhergehend der Beziehungen innerhalb der Mannschaft liegen, sondern auf der verwendeten Sprache und ihrer latenten Sinn-Funktion.

Walter, Schäfer und Eckel sprechen mit verhältnismäßig starkem Dialekt und auch Rahns Worte sind regional gefärbt, wenngleich weniger ausgeprägt als die der Anderen. Das naheliegende filmische Motiv für die Verwendung

---

[21] Der Szenenwechsel von der vorangegangenen Sequenz zur vorliegenden findet mit einer akustischen Überblendung statt. Auf das letzte Bild der vorherigen Szene folgen die ersten Worte Eckels, die den oben genannten unmittelbar vorausgehen: *»Un desalb sinn Sie für misch der läggidime Nachfolgä von Fritz Waldä.«*

der Dialekte ist *Authentizität*: Ein Fußballer in den 1950ern, der perfektes Hochdeutsch spricht, wirkt wenig überzeugend, erst recht wenn im Film reale historische Personen dargestellt werden, die tatsächlich Dialekt gesprochen haben. Im *Wunder von Bern* kommt den Dialekten aber noch eine übergeordnete Rolle zu, die in der *Repräsentation von Heimat* besteht. Die Dialekte inszenieren regionale Zugehörigkeit und markieren damit einen phonetischen Unterschied zwischen den Individuen, die gleichzeitig *National*mannschaftskameraden sind. Auf diese Weise erhält das Lokale Einzug auf die nationale Ebene. Die Dialekte verdeutlichen, dass das nationale Kollektiv aus regionalen Einzelteilen zusammengesetzt ist. Im gleichen Maße, wie diese Spieler Deutschland repräsentieren, repräsentieren sie auch ihre Region, ihre Heimat. »Heimat« verweist auf die emotionale Bindung von Menschen an einen bestimmten Raum (vgl. Hillmann 2007: 333), und Sprache ist ein bedeutendes Element dieses Raumes. Dialekte repräsentieren Heimat. Gerade angesichts zunehmender globaler Mobilität und der damit verbundenen Streuung regionaler Sprecher wohnt Dialekten ein signifikanter Verweis auf ein bestimmtes Herkunftsgebiet inne. Die Summe dieser Gebiete ist die Heimat des Kollektivs, in diesem Falle der Deutschen. Eine Ansammlung aus lokal, nämlich dialektal verortbaren Individuen ergibt ein nationales Kollektiv, das durch einen sportlichen Erfolg auf globaler Ebene zu einer Gemeinschaft zusammengeschweißt wird.

Fragt man nun, ob der Film Partei ergreift für das in den Dialekten sprachlich verkörperte Regionale oder für das dieses transzendierende Nationale, so legt zumindest die vorgestellte Hotelszene den Schluss nahe, dass das Gewicht nicht auf der Seite der nationalen (Sprach-) Einheit liegt, sondern auf jener der regionalen Differenzen. Der Triumph der National-Mannschaft ist im engen Sinne kein Triumph eines nationalen Kollektivs, sondern einer gelungenen Synthese aus regionalen Individualitäten, deren Eigenart nicht verloren geht, nur weil sie zu einem künstlichen Kollektiv, wie es eine Nationalmannschaft faktisch darstellt, zusammengeführt werden. Die nationale Homogenität basiert auf einer regionalen Heterogenität, wobei das Regionale eben nicht im Nationalen verschwindet und dem Nationalen nicht nachgeordnet ist, vielmehr bleibt es als das Echte und Eigentliche bestehen.

Die Haupt-Familien und ihre Wohnsitze

Die Verschränkung von Region und Nation zeigt der Film auch am Kontrast seiner beiden Haupt-Familien und ihrer Wohnsitze: Die Lubanskis und Essen hier, die Ackermanns und München dort. Wofür steht dieses, wofür jenes? Und was ist das Verbindende, Gemeinsame?

Der Film richtete sich vor allem an das Kino-Publikum der frühen 2000er Jahre. Daher sind das Ruhrgebiet und München als Handlungsorte logische Wahlen. Denn einerseits handelt es sich um zwei Standorte von schwerem

Gewicht auf der fußballerischen Landkarte,[22] andererseits kontrastiert das Image dieser beiden Regionen scharf und stellt so die beiden Pole einer pluralen deutschen Gesellschaft dar[23]: Arbeitermilieu und »Schickeria«, grauer Pott und Weltstadt, Mangel und Überfluss etc. So ist es nicht verwunderlich, dass die Familie Ackermann aus München, im Gegensatz zu den Lubanskis aus Essen, in einer höheren sozialen Schicht zu Hause ist (vgl. Abb. 4 und 5): Paul Ackermann ist Sportjournalist, seine Frau trägt im Mädchennamen ein adeliges »von«, das suggeriert, dass sie aus »gutem Hause« stammt. Ihre Wohnung, Kleidung, Sprache[24] und ihr sonstiger Lebensstil symbolisieren einen bürgerlich-aristokratischen Habitus. Einen diametralen Kontrast dazu stellt die Lebenswelt der Lubanskis dar (vgl. Abb. 3). Die Straße, in der Mattes und seine Familie leben, ist noch nicht einmal gepflastert, es stehen Pferdekarren am Straßenrand, die Häuser sind braun-grau und uniform (00:08:55). Die Wohnstraße der Ackermanns ist dagegen nicht nur gesäumt von modischen Neubauten, sondern auch beparkt von modernen, bunten Automobilen (00:10:16). Muss Mattes noch auf Brieftauben setzen, um aktuelle Spielergebnisse zu erfahren (00:02:14), verfolgt Paul Ackermann die Übertragungen live im Radio (00:10:35). Und während Christa Lubanski hart arbeitet, um ihrer Familie ein bescheidenes Auskommen zu ermöglichen, ist der kessen Annette Ackermann noch nicht einmal die luxuriöse Suite in der Schweiz gut genug (00:34:38), geschweige denn die Auswahl an Kleidern im prall gefüllten heimischen Schrank (00:18:11).

[22] Die national und international erfolgreichsten deutschen Vereine der letzten Jahre sind der FC Bayern München und Borussia Dortmund. Diese beiden Mannschaften vereinten zum Zeitpunkt der Veröffentlichung des Films neun der letzten zehn Meistertitel (Bayern München 6, Borussia Dortmund 3) sowie je einen Champions League Triumph (Dortmund 1997, Bayern München 2001) auf sich. Auch der Revierclub FC Schalke 04 konnte 1997 mit dem Gewinn des UEFA-Pokals einen internationalen Triumph verbuchen und verpasste 2001 nur um Haaresbreite die Deutsche Meisterschaft.

[23] Ob die Pole in dieser Form schon 1954 existiert haben, ist eine andere Frage. In jedem Falle lassen sie sich für ein Publikum des frühen 21. Jahrhunderts plausibel als solche inszenieren.

[24] Mit Blick auf die Ausführungen zur Bedeutung des Dialekts im Film (s.o.) ist festzustellen, dass die Sprache der Ackermanns trotz Münchner Residenz keinerlei bairische Färbung aufweist. München ist eine Weltstadt und die Ackermanns sind Weltstädter, die sich durch ihre Sprache nicht lokal verorten lassen. Sie verkörpern das Globale, die Lubanskis das Lokale.

Abb.4: Lebenswelt der Ackermanns

Abb. 5: Lebenswelt der Lubanskis

Ebenso unterscheiden sich die Ackermanns stark von den Lubanskis in der sozialen Rollenverteilung. Während Christa Lubanski entsprechend des traditionellen Geschlechterverhältnisses kommentarlos und gehorsam hinnimmt, dass ihr Mann Richard ihre Kneipe verkaufen will, um als Bergarbeiter wieder selbst für seine Familie zu sorgen (00:16:23), verhält sich Annette Ackermann für ihre Zeit ausgesprochen emanzipiert. So diktiert sie ihrem Mann etwa die Bedingungen, unter denen er beruflich zur Endrunde in der Schweiz fahren darf (00:19:21), und auch dass Fußball nichts für Frauen sein solle, nimmt sie so wenig hin wie sie sich nicht zurückhält, ihrem Mann gegenüber von den körperlichen Vorzügen (den muskulösen Oberschenkeln)

Helmut Rahns vorzuschwärmen (00:47:04). Die beiden Familien und deren Städte symbolisieren damit Wertgegensätze wie Traditionalismus vs. Modernismus, Konservativismus vs. Liberalismus oder Patriarchat vs. Emanzipation. Die soziologisch interessante Frage ist: Vertritt der Film eine bestimmte Wertpräferenz?

Auffällig ist, dass es bei dem klaren Kontrast der beiden Familien nicht bleibt. So wie Richard Lubanski im Verlauf der Geschichte zugänglicher wird, sich gegenüber der neuen Zeit und den damit einhergehenden Umständen öffnet,[25] zeigen die Ackermanns mit fortschreitender Dauer des Films eine Hinwendung zu traditionellen Werten, konkret: zur *Familie*. Mit ihrem Kinderwunsch entsprechen sie der gerade in der Nachkriegszeit üblichen Erwartung, unmittelbar nach der Hochzeit für Nachwuchs zu sorgen (00:17:27). Aus Freude über die Nachricht der Schwangerschaft seiner Frau vernachlässigt Paul Ackermann schließlich sogar seinen beruflichen Auftrag, in den Weltmeisterzug zu gelangen, um Interviews zu führen und eine Reportage zu verfassen (01:41:00). Die Wertung des Filmes ist klar: Die Familie steht über allem – über der Arbeit und sogar über dem Fußball. War in weiten Teilen des Films allein die patriotische Leidenschaft für die Nationalmannschaft das Element, das die Ackermanns und Lubanskis verbunden hatte,[26] so zeigt sich gegen Ende des Films, dass beide Familien wertemäßig gar nicht so weit von einander entfernt sind. Zum räumlichen Heimatverständnis kommt nun nämlich noch ein soziales hinzu: Heimat ist eben nicht nur die besondere Beziehung zu einem Raum, sondern auch eine Metapher für die Familie, für die Bindung an geliebte Menschen, oder wie es im Englischen heißt: »Home is where the heart is«. Darin finden sich die Lubanskis ebenso wie die Ackemanns.

Das Verhältnis der »großen Heimat« (Nation) zur »kleinen Heimat« (Familie) ist in dem Film letztlich ein Äquivalent zum Verhältnis des Globalen zum Lokalen. Das Lokale und die Familie sind die conditio sine qua non des Nationalen und Globalen. Ohne die Familienzusammenführung der Lubanskis hätte es – wie gleich gezeigt wird – weder den WM-Sieg noch ein Film-Happy- End gegeben.[27]

---

[25] Nicht zuletzt auf Grund der Tatsache, dass Christa Lubanski sich zu gegebenem Zeitpunkt ein Herz gefasst und ihren Mann in seine Schranken verwiesen hat (00:51:27). Der Wandel der traditionellen Familienstruktur ist mithin Resultat der aktiven Emanzipation der Ehefrau von diesen traditionellen Strukturen. Ohnehin ist festzuhalten, dass der Film klar Partei für starke Frauen ergreift. So sehr er sich für Familie und Tradition stark macht, thematisiert er auch moderne Elemente, wie etwa ein neues Frauenbild.

[26] Der Fußball erfüllt damit die ihm immer wieder zugeschriebene Integrationsfunktion, nämlich über alle sozialen Differenzierungen (Schicht, Alter, Geschlecht etc.) hinweg verbindend zu wirken.

[27] Das Happy End wiederum ist ein konstitutives Element des Heimatfilms und ein »Lackmustest« für die Wertungen eines Werks. Wie in anderen Sportspielfilmen (z.B. *Rocky*) wird dem sportiven Erfolg hier weniger Gewicht beigemessen als den sozialen Beziehungen. Rocky verliert zwar den finalen Kampf, sichert das Happy End jedoch durch den Gewinn von Adrians Liebe. Gleiches gilt für *Das Wunder von Bern*: Der Sieg der deutschen Nationalmannschaft – das eigentliche »Wunder von Bern« – reicht nicht aus für ein Happy End. Hätten sich die Lubanskis

Die Deutschlandspiele auf dem Bolzplatz

Für jede Nation sind die Spiele der eigenen Mannschaft zweifelsohne das Interessanteste an einer Fußballweltmeisterschaft. So auch in Deutschland. Im Deutschland des Jahres 1954 kam noch hinzu, dass diese WM erst das zweite internationale Sportereignis war, an dem Deutschland nach 1945 wieder teilnahm. Aufgrund des schwachen Abschneidens der deutschen Mannschaft bei den Olympischen Spielen in Helsinki 1952 und auch aufgrund der Einschätzung nicht weniger deutscher Zeitgenossen, dass Deutschland über eine starke Mannschaft verfüge, waren die Erwartungen in Deutschland für die Fußballweltmeisterschaft hoch (vgl. Breitmeier 2004: 131). Viele Deutsche verbanden mit der Fußball-WM die Hoffnung, wenigstens auf sportlicher Ebene internationales Ansehen (zurück) zu gewinnen.

Vor diesem gesellschaftlichen Hintergrund wäre es naheliegend, der Spielfilm würde die *nationale* Bedeutung der WM zumindest bei den Spielen der deutschen Nationalmannschaft in den Mittelpunkt rücken. Denn dass diese Spiele ein wichtiger Teil des Films sein müssen, ist angesichts der realen Grundlage der Filmgeschichte unumgänglich. Angesichts der kinoreifen Dramaturgie des tatsächlichen Wettbewerbsverlaufs sind sie obendrein, wie vorhin gesagt, ein Geschenk für jeden Regisseur. Wortmann allerdings enttäuscht – wertfrei gemeint – die Erwartung, dass das Nationale im Mittelpunkt des Films stehen wird. Stattdessen rückt er auch hier das Regionale und Lokale in den Vordergrund. Sämtliche Spiele der deutschen Mannschaft bis zum Halbfinale werden im Film nicht im Kontext der Fußballweltmeisterschaft gezeigt, sondern im Kontext des Herkunftsmilieus von Mattes und seiner Familie. Filmisch inszenierte Bilder von den Spielen gibt es keine zu sehen, nur in kurzen Auszügen sieht man die realen Spiele auf dem Fernsehgerät in der Kneipe von Mattes Mutter Christa.

Neben dem Fernseher ist das Radio das zentrale Kommunikationsmedium, in dem die Spiele vermittelt werden. Vor allem aber ist es der *Bolzplatz* der Kinder, auf dem die Weltmeisterschaft ihren symbolischen Ort hat (vgl. Abb. 6). So etwa, wenn ein Junge ein Tor schießt und ruft »Tor! 4:1 gewonnen!« (00:38:57) und damit das Endergebnis des Vorrundenspiels gegen die Türkei verkündet, wie man unmittelbar im Anschluss nebenbei in Form einer Zeitungsüberschrift erfährt.

---

nicht versöhnt, wäre die emotionale Wirkung des Triumphes der deutschen Nationalmannschaft verblasst.

Abb. 6: Deutschland auf dem Bolzplatz

Der filmische Höhepunkt dieser Verschränkung des Nationalen im Regionalen ist das Halbfinalspiel gegen Österreich. Man sieht die verdreckten Kinder beim Fußballspielen. Das Besondere hierbei ist, dass der Spielverlauf auf dem Bolzplatz exakt dem Spielverlauf der tatsächlichen Begegnung entspricht. Das ist daran zu erkennen, dass die Bilder mit dem Originalkommentar des österreichischen Sportreporters unterlegt sind. Deutschland führt zu dem Zeitpunkt 3:1, gleich fällt das 4:1 (01:13:00 - 01:14:20).

Die Szene beginnt überbelichtet. Zu sehen ist eine ungleichmäßig bewachsene Rasenfläche. An manchen Stellen ist das Gras hoch, an anderen kurz und an wieder anderen Stellen wächst überhaupt kein Gras, stattdessen ist nur braune Erde zu sehen. Im Fußball-Jargon würde man von einem »Acker« sprechen. Im Hintergrund liegt Bauschutt. Links im Bild sieht man die Hälfte eines Lederfußballs, auf der rechten Bildseite den linken Arm eines Kindes im kurzärmligen roten Shirt. Eine Stadionatmosphäre in Form von Zuschauergeräuschen wird akustisch auf das Bild gelegt. Die Kamera verdunkelt sich, sucht die richtige Einstellung. Das Kind gerät aus dem Bild, der Ball ist dafür nun vollständig zu sehen. Der österreichische Originalkommentar der Halbfinalbegegnung, der bereits zu diesem Zeitpunkt konsterniert klingt, ertönt: »*Eckstoß für Deutschland, ein geschenkter Eckball*«. [Schnitt] Zu sehen ist ein Kind, das hinter dem ruhenden Ball steht, bereit, den Eckstoß auszuführen. Der Schriftzug »Basel. 30. Juni 1954 Halbfinale Österreich – Deutschland 1:6« wird eingeblendet. Natürlich befindet man sich nicht in Basel, sondern auf dem Bolzplatz von Mattes Clique. Dazu der Radiokommentar: »*Würde mich wundern, würde mich nicht wundern, wenn jetzt das vierte Tor fallen würde.*« Der Junge läuft an und bringt die Ecke mit dem rechten Fuß in Zeitlupe hoch herein. »*...Wieder schießt der, schießt der Fritz Walter wieder die Ecke mit dem rechten Fuß...*«. Die Kamera folgt dem fliegenden Ball, bis zur Hintertor-Perspektive. Die Flanke segelt vor das Tor, wo ein Junge zum Kopfball steigt und einnickt. »*...Abgewehrt, Tor. Tor für Deutschland. Tor für Deutschland, Ottmar Walter. Ottmar Walter 4:1 für Deutschland, ich bin sprachlos.*« Die Bildfolge passt exakt auf den Kommentar. Spätestens jetzt ist klar, dass die Kinder stellvertretend für die Nationalmannschaft den Spielverlauf durchleben und ihr Bolzplatz Schauplatz der WM ist. Der Torschütze und seine Mitspieler reißen jubelnd die Arme hoch. [Schnitt]. Während sich die einen gegenseitig gratulieren, ziehen die anderen enttäuschte Mienen. Die Gesichter der Kinder sind schmutzig. »*Und man sieht deutlich wenn man jetzt so ungefähr die Mienen betrachtet soweit man sie aus dieser Distanz erkennen kann, dass unsere Spieler bereits resignieren. Es scheint ja fast so, also ich will also, lassen mer das, lassen mer das...*«. [Schnitt] Die nächste Spielszene findet im Mittelfeld statt, ein Junge verliert den Ball an den Gegner. »*Also der Happel hat jetzt direkt noch einmal einen Ball den Deutschen direkt vorgelegt, was ist denn los heute?*« Es folgt eine Reihe von Nahaufnahmen des Spielgeschehens, wobei die konzentrierten Gesichter und die bewegten Oberkörper der Kinder im Fokus stehen. Währenddessen kommentiert der österreichische Reporter: »*Wagner zu Probst, Probst nach vorne zu Körner zwei und der Körner zwei versucht einen Trick, der Trick misslingt, Körner zwei jetzt zu Stojaspal, der Stojaspal ein Hackentrick zu Körner zwei der ist frei ein Haken noch einmal hinüber zu Probst, Probst schießt ...*«[Schnitt] Zu sehen sind die Beine eines Jungen, der zum Schuss ansetzt, jedoch statt des Balls in den Rasen tritt und enttäuscht liegen bleibt. Dazu ist der Kommentar zu hören: »*...und schie... haut ins Gras, haut ins Gras.*« Wieder folgen Spielszenen aus dem Mittelfeld, es geht hin und her. »*Ganz abgesehen davon hätte Körner zwei längst schießen müssen, ganz abgesehen davon hätte Stojaspal schießen müssen...*« [Schnitt] Nun erscheint Mattes im Spiel ohne Ball. Als letzter Mann vor dem Torwart deckt er seinen Gegner, verfolgt jeden seiner Schritte. Er spielt Verteidiger, ganz so, wie es ihm sein Vater empfohlen hatte. Immer wieder blickt er sich nach seinem Gegner um, dann wieder nach vorne zum Spielgeschehen. Er gehört zu der Mannschaft die Deutschland repräsentiert, was daran zu erkennen ist, dass er das Tor verteidigt, auf das das 4:1 nicht gefallen ist. Der Kommentator sagt: »*...Aber Geschwindigkeit ist, wie uns die Deutschen heute vorzeigen, keine Hexerei, aber wir sind zu langsam.*« [Schnitt] Der Ball kommt nun zu Mattes Gegenspieler. Mattes stellt sich ihm in den Weg, es kommt zum Pressball, den Mattes gewinnt. Er schießt den Ball aus der Gefahrenzone, die Kamera bleibt auf ihm. Mattes zieht sich die Ärmel seines Überhemdes zurecht, schon kommt der Ball wieder zu seinem Gegner und erneut kann Mattes klären. Der Kommentar dazu: »*Stojaspal am Ball will einsetzen den Probst aber der Probst ist ja bei Liebrich sowas von aufgehoben also als wäre er ein Wickelkind und der Liebrich seine Mutter.*«

Die Bilder in Kombination mit dem Kommentar zeigen hier ein Welterеignis im Brennglas Fußball kickender Kinder im Arbeitermilieu. Das herausragende nationale und – in sportlicher Hinsicht – globale Ereignis, der Einzug in das Endspiel einer Fußball-Weltmeisterschaft, wird filmisch auf einer anderen, niedrigeren Ebene inszeniert als jene, auf der es sich nicht nur tatsächlich ereignete, sondern seine besondere gesellschaftliche Bedeutung erhielt. Der Film suggeriert, dass das Nationale und Globale soziale Relevanz nur oder zumindest primär dann erhalten, wenn sie eine regionale und lokale Entsprechung finden. Damit symbolisiert diese Szene auf prägnante Weise die zentrale soziologische Aussage des Films: *Das Lokale repräsentiert das Globale, das Globale erhält Gewicht nur im Lokalen.*

Eine Besonderheit des Films besteht darin, dass die originalgetreue Nachstellung des Weltmeisterschaftsendspiels ein zentrales dramaturgisches Moment ist. Der Zuschauer sieht die entscheidenden Spielszenen, allen voran die fünf Tore, überwiegend so, wie sie tatsächlich stattfanden. Im Unterschied zu den vorangegangenen Spielen wird das Endspiel also im Sportkontext gezeigt. Zwangsläufig wechselt die Geschichte damit auf die nationale Ebene: Man hört die Nationalhymne vor Spielbeginn und »Deutschland vor!«-Rufe während des Spiels, der Radioreporter spricht von »Deutschlands Fußballtag« und ein skeptischer Kneipengänger erinnert daran, dass »*wir* den Krieg verloren [haben] und *wir* [...] auch dieses Endspiel [verlieren]« werden (01:23:33). Doch trotz dieser Thematisierung der nationalen Dimension des Endspiels kommt auch hier dem Lokalen, der Heimat, die entscheidende Bedeutung zu. Deutschland gewinnt das Endspiel nämlich allein deshalb, weil Mattes von seinem Vater ins Stadion gebracht wird. Helmut Rahn, der Schütze des Siegtores, hatte Mattes zu Beginn des Films gesagt, dass er, Rahn, wichtige Spiele nur dann »umbiegen« könne, wenn Mattes im Stadion sei. Mattes nahm diese Bemerkung wörtlich und musste deshalb unbedingt zum Endspiel. Er taucht dann auch im Stadion auf, wird von Rahn entdeckt, wirft Rahn den ins Aus gerollten Ball zu, woraufhin Rahn das entscheidende 3:2 erzielt (ab 01:36:11). Der eigentliche Held des Wunders von Bern ist also nicht Helmut Rahn, sondern ein kleiner Arbeiterjunge aus Essen-Katerndorf. Oder wie Rahn zum Vater von Mattes sagt: »Sieht so aus, als würden wir den Sieg Ihnen verdanken« (01:43:26) – eben deshalb, weil dieser seinen Sohn ins Stadion gebracht hatte. Was bereits oben angedeutet wurde, wird nun explizit: In der Kausalkette, die letztendlich zum WM-Sieg geführt hat, spielt die Versöhnung von Vater und Sohn Lubanski eine entscheidende Rolle. Obwohl diese Verstrickung wie ein kleiner Scherz am Rande wirkt, wird sie dramaturgisch konsequent durchgezogen. Das Foul an Rahn unmittelbar vor dem Siegtor fand im realen Endspiel nämlich niemals statt. Der Kniff ist notwendig, damit Rahn Mattes während des ruhenden Balles bemerken und dieser seiner Funktion als Glücksbringer – dramatisch in Szene gesetzt – nachkommen kann.

Fazit

Das Wunder von Bern ist ein Spielfilm, der ein reales globales Sportereignis von hoher nationaler Bedeutung zum Thema hat. Für die filmische Inszenierung dieser für Deutschland so bedeutsamen Fußballweltmeisterschaft wählt der Regisseur einen spezifischen regionalen Schauplatz, ohne dass dies zwingend notwendig gewesen wäre. Anstatt eine Arbeiterfamilie im Ruhrgebiet in den Mittelpunkt zu rücken, hätte die Geschichte ebenso auf nationaler, zum Beispiel politischer Ebene spielen können. Angesichts der nationalen und politischen Dimension des realen Sportgeschehens wäre das vielleicht sogar zu erwarten gewesen. Stattdessen aber rückt das nationale Ereignis in den Hintergrund und treten regionale Identitäten, lokale Traditionen und familiäre Konflikte in den Vordergrund. Der Film reproduziert zwar den nationalen Mythos, vor allem aber transformiert er diesen in dem Sinne, dass er das Regionale stark und sogar stärker macht als das Nationale. Dadurch gerät dieser Fußballfilm zu einer Art *Heimatfilm*. Zwischen dem globalen und nationalen Ereignis einerseits, dem regionalen und lokalen Kontext andererseits stehend, schlägt sich der Film auf die Seite des Regionalen und des Arbeitermilieus, plädiert er für Heimatverbundenheit und Lokalpatriotismus. Der Film ist eine Liebeserklärung an den »Pott«, allerdings ohne das Nationale abzuwerten, denn auch »deutsche Tugenden« und Werte werden hoch gehalten. Korrespondierend zur Parteinahme für die Heimat im Sinne regionaler Zugehörigkeit erfolgt jene für die Familie. Und auch in der Hinsicht ist der Film eine Art Heimatfilm, Heimat hier in einem sozialen Sinne: Die Familie als emotionale Heimstatt, die Gemeinschaft garantiert, Sicherheit spendet, Selbstbewusstsein vermittelt und sogar »Geschichte macht«, wird als zentrale gesellschaftliche Institution präsentiert.

Vor diesem Hintergrund lässt sich der Film als doppelte Bestätigung der Glokalisierungsthese lesen. *Innerhalb* des Films, auf der Ebene der narrativ und visuell inszenierten Geschichte wird deutlich, dass Globales und Lokales keine Antipoden sind, die fein säuberlich getrennt neben einander oder sich gar feindlich gesonnen gegenüber stehen. Der Film selbst zeigt, dass das Globale und Nationale – hier die deutsche Nationalmannschaft bei einer Weltmeisterschaft – untrennbar mit dem Regionalen und Lokalen – etwa den regionalen Dialekten oder dem spezifischen Arbeitermilieu, dem ein Spieler wie Rahn entstammt – verschränkt ist. Wie gezeigt, findet die filmische Verschränkung nicht unter gleichberechtigten Partnern statt, da das Lokale gegenüber dem Globalen als letztlich wichtiger und wertvoller dargestellt wird.

Außerhalb des Films wiederum, in der gesellschaftlichen Wirklichkeit Deutschlands zu Beginn des 21. Jahrhunderts, kann das »Wunder von Bern« selbst als ein typisches Glokalisierungsphänomen betrachtet werden. Der Film bestätigt die These von Robertson und Giulianotti, wonach im Zuge fortschreitender Globalisierungsprozesse nicht nur die Sorge zunehme, dass das »Universelle« bzw. Globale zur Zurückdrängung des »Partikularen« bzw.

Lokalen führe (vgl. Giulianotti/Robertson 2002: 213), sondern, daraus folgend, sich eine spezifische kulturelle Praxis ausbreite, die von den beiden Autoren als »vorsätzliche Nostalgie« bezeichnet wird (ebd.: 232). Ein charakteristisches Merkmal der Praxis vorsätzlicher Nostalgie sei die verstärkte Hinwendung zu und Wertschätzung von Tradition, Geschichte, Herkunft und Familie, wofür u.a. filmische Retrospektiven paradigmatisch seien. Der 2003 entstandene Spielfilm *Das Wunder von Bern* ist eine solche Retrospektive der Fußballgeschichte, in der Heimat, Familie und Tradition als besonders positive, national gebundene Werte vermittelt werden, die es gegen die potenzielle Bedrohung durch globale Prozesse und Ereignisse zu schützen bzw. zu stärken gilt. *Das Wunder von Bern* reproduziert also nicht nur eine Glokalisierungsgeschichte *im* Film, sondern ist *als* Film zugleich Förderer des Glokalisierungsprozesses. Das »Wunder von Bern« ist ein Kunstwerk, das in Zeiten globalisierungsbedingter Unsicherheiten eine orientierungsstiftende und identitätsvergewissernde gesellschaftliche Funktion übernimmt, indem es auf die Wichtigkeit und Wertigkeit von Heimat, Region und Familie aufmerksam macht.

Literatur

Berg, Ulrich von (2006): »Kino-Kicks. Ein Streifzug durch die Welt des Fußballfilms«. In: Andreas Höfer (Hg.): *Doppelpass. Fussball und Film*, München: Belleville-Verlag, S. 12-41.

Bette, Karl-Heinrich (2010): *Sportsoziologie*, Bielefeld: transcript.

Breitmeier, Florian (2004): »Ein Wunder, wie es im Drehbuch steht: Die WM 1954. Ein deutscher Erinnerungsfilm«. In: Wolfram Pyta (Hg.): *Der lange Weg zur Bundesliga. Zum Siegeszug des Fußballs in Deutschland*, Münster: Lit, S.127 -150.

Dadek, Walter (1960): »Der gegenwärtige Stand der Filmsoziologie«. In: *Kölner Zeitschrift für Soziologie und Sozialpsychologie*, 12, H. 3, S. 516-533.

Denzin, Norman K. (2003): »Reading Film – Filme und Videos als sozialwissenschaftliches Erfahrungsmaterial«. In: Uwe Flick/Ernst von Kardorff/Ines Steinke (Hg.): *Qualitative Forschung. Ein Handbuch*, 2. Aufl., Reinbek bei Hamburg: Rowohlt-Taschenbuch-Verl., S. 416-428.

DFB - Deutscher Fußball-Bund e.V. (2011): »Mitglieder-Statistik«. URL: http://www.dfb.de/index.php?id=11015 [Stand: 25. Oktober 2011].

Eggers, Erik (2004): »Der Mythos«. In: Sebastian Dehnhardt/Guido Knopp (Hg.): *Das Wunder von Bern. Die wahre Geschichte*, München: Heyne, S. 171-206.

Engels, Franziska (2011): »Internationale Studie ›ViewerTrack‹ – TV-Reichweitenentwicklung der FIFA WM 2010 weltweit extrem positiv - Initiative Newsroom«. URL: http://www.initiative-newsroom.de/?p=1681 [Stand: 25. Oktober 2011].

Faulstich, Werner (1988): *Die Filminterpretation*, Göttingen: Vandenhoeck & Ruprecht.

Giulianotti, Richard/Robertson, Roland (2002): »Die Globalisierung des Fußballs. ›Glokalisierung‹, transnationale Konzerne und demokratische Regulierung«. In: Peter Lösche (Hg.): *Fußballwelten. Zum Verhältnis von Sport, Politik, Ökonomie und Gesellschaft*,. Zentrum für Europa- und Nordamerika-Studien, Opladen: Leske + Budrich (Jahrbuch für Europa- und Nordamerika-Studien; 5), S. 219-251.

Gugutzer, Robert (2008): »Sport im Film«. In: Markus Schroer (Hg.): *Gesellschaft im Film*, Konstanz: UVK, S. 230-263.

Gugutzer, Robert (2010): »Körperbilder im Film. Eine soziologische Analyse von ›Million Dollar Baby‹«. In: Dagmar Hoffmann (Hg.): *Körperästhetiken. Filmische Inszenierungen von Körperlichkeit*, Bielefeld: transcript, S. 121-142.

Hickethier, Knut (2007): *Film- und Fernsehanalyse*, 4. Aufl., Stuttgart, Weimar: Metzler.

Hillmann, Karl-Heinz/Hartfiel, Günter (Hg, 2007): *Wörterbuch der Soziologie*, 5. Aufl., Stuttgart: Kröner.

Hitzler, Ronald/Honer, Anne (2002): *Sozialwissenschaftliche Hermeneutik. Eine Einführung*, 2. Aufl., Opladen: Leske + Budrich.

Kniebe, Tobias (2010): »Dialekt im deutschen Film - Wir Hannoveraner«. *sueddeutsche.de* GmbH/Munich/Germany (Hg.). URL: http://www.sueddeutsche.de/kultur/dialekt-im-deutschen-film-wir-hannoveraner-1.1023248 [Stand: 25. Oktober 2011].

Kurt, Ronald (2001): *Hermeneutik. Eine sozialwissenschaftliche Einführung*, Konstanz: UVK.

Oevermann, Ulrich (2000): »Die Methode der Fallrekonstruktion in der Grundlagenforschung sowie der klinischen und pädagogischen Praxis«. In: Klaus Kraimer (Hg.): *Die Fallrekonstruktion. Sinnverstehen in der sozialwissenschaftlichen Forschung*, 1. Aufl. Frankfurt/M.: Suhrkamp, S. 58-156.

Robertson, Roland (1992): *Globalization. Social Theory and Global Culture*, London u.a.: Sage.

Robertson, Roland (1998): »Glokalisierung. Homogenität und Heterogenität in Raum und Zeit«. In: Ulrich Beck (Hg.): *Perspektiven der Weltgesellschaft*, 1. Aufl. Frankfurt/M.: Suhrkamp, S. 192-220.

Schimank, Uwe (1988): »Entwicklung des modernen Sports zum gesellschaftlichen Teilsystem«. In: Renate Mayntz et al. (Hg.): *Differenzierung und Verselbständigung. Zur Entwicklung gesellschaftlicher Teilsysteme*, Frankfurt/M., New York: Campus, S. 181-232.

Schwab, Jan Tilman (2006): »Boom der Kino-Kicks«. In: Andreas Höfer (Hg.): *Doppelpass. Fussball und Film*, München: Belleville-Verlag, S. 42-67.

Seitz, Norbert (2004): »Was symbolisiert das ›Wunder von Bern‹?«. In: *Aus Politik und Zeitgeschichte*, H. 26/2004, S. 3-6.

Sicks, Kai Marcel/Stauff, Markus (Hg, 2010): *Filmgenres. Sportfilm*, Stuttgart: Reclam.

Soeffner, Hans-Georg (2004): »Prämissen einer sozialwissenschaftlichen Hermeneutik«. In: Hans-Georg Soeffner (Hg.): *Auslegung des Alltags - Der Alltag der Auslegung. Zur wissenssoziologischen Konzeption einer sozialwissenschaftlichen Hermeneutik*, 1. Aufl., Konstanz: UVK, S. 78-113.

Weiß, Otmar (1990): »Sport als Mikrokosmos der Gesellschaft«. In: *SWS-Rundschau 30*, S. 333-342.

Dieter Reicher

Filmweltcup. Filmstars und Filmpreise als Quelle für Nationalprestige in Österreich

Problemstellung

Nachdem Christoph Waltz den *Oscar* als bester Nebendarsteller gewonnen hatte, betitelte eine österreichische Tageszeitung: »Österreich nun Fixstern am Filmhimmel«. Politiker gratulieren; ein Land im temporären fussballartigen oder auf österreichische Verhältnisse umgemünzt *schiweltcupartigen* Siegestaumel. Der Film *Inglourious Basterds* ist eine amerikanische Hollywoodproduktion, nach italienischer Vorlage, unter der Regie Quentin Tarantinos. Sein einziger Österreichbezug besteht in der Person Waltz, zwar in Wien aufgewachsen, jedoch zur Zeit der *Oscar*-Verleihung deutscher Staatsbürger (die österreichische nahm er erst 2010 unter medialem Druck an!). Nach einer Reihe von *Oscars, Golden Globes* und anderen renommierten Filmpreisen besteht in der Öffentlichkeit der Eindruck, Österreich wäre ein erfolgreiches Filmland. Viele der ausgezeichneten Filme sind jedoch internationale Koproduktionen oder besitzen, wie im oben geschilderten Fall, nur lose Bezüge zum Land. Manchmal beanspruchen sogar andere Länder Filmerfolge für sich, wie z.B. bei Michael Hanekes *Das weiße Band – Eine deutsche Kindergeschichte* (vom Autor hervorgehoben). Der Film wurde mit einer *Goldenen Palme* und den *Golden Globe Award* als bester fremdsprachiger Film ausgezeichnet. Außerdem wurde er zum *Oscar* nominiert. Die deutsche Presse skandierte diesen aus ihrer Sicht »deutschen« Film daher als »deutschen« Erfolg!

Diese Beispiele verweisen auf den bisher noch wenig thematisierten Funktionswandel des Films als Träger nationaler Identifikation: die partielle Abkehr von der Projektionsfläche ethnonationaler Mythen und die Hinwendung zu internationalem Prestige. Dieser Wandel vollzieht sich vor dem Hintergrund der sich stets verdichtenden Proliferation einer massenmedial vermittelten amerikanisierten Weltkultur; eines Prozesses, der seit den Anfängen des Films wirksam ist und sich im Laufe des zwanzigsten Jahrhunderts schubartig verstärkte. In diesem Aufsatz wird das Konzept des »Ethnostars«, des Volksschauspielers im Spielfilm, als Reaktionsform gegenüber dominierenden Filmländern und ihren Produktionen. Der Ethnostar stellt eine Strategie zur Findung von Marktnischen für kleine, regionale Filmindustrien dar. Dieses Konzept wird hier dem des »Weltstars« gegenübergestellt, der aufgrund der verstärkten internationalen Arbeitsteilung in der Filmbranche auch immer häufiger aus peripheren Filmländern stammt. Damit liegt eine Form von Elite-Arbeitsmigration vor, die überraschender Weise dem heimischen Medienpublikum eine neuartige Repräsentationsfläche für Nationalstolz bietet. Diese ist jedoch symbolisch von amerikanisierter Weltkultur und nicht so sehr von ethnonationalem Partikularismus auf Basis des Konzepts von Kulturnation durchsetzt. Offen ist allerdings, inwieweit diese Form von massenmedial vermitteltem internationalem Prestige auch breitere Gültigkeit in der Bevölkerung besitzt. In wieweit erhält also ein solcher »Patriotismus von oben« Resonanz bei einfachen Medienrezipienten? Daher wird in diesem Aufsatz, nach dem die Konzepte von »Ethnostar« und »Weltstar« diskutiert wurden, Fernsehmeldungen mit Talk-back-Postings aus Internetforen verglichen, die sich aus Anlass von *Oscar*- und *Golden Globe*-Filmpreisverleihungen mit der österreichischen Identität auseinandersetzen.

Ethnostars im Film und das Konzept von ethnischer Würde

Das Verhältnis von Ethnostars und globaler Filmindustrie ist vielschichtig und wird sowohl von der Nationalismusforschung, wie auch der Filmsoziologie weitgehend ausgeblendet. Anderson (2005) meint, dass seit dem neunzehnten Jahrhundert Massenmedien »vorgestellte (nationale) Gemeinschaften« erzeugen. Individuen, die sich persönlich nicht kennen, werden durch die Medienrezeption in imaginierte Gemeinschaften vereint. Diese beruhen im Sinne Gellners (2006) auf der gesellschaftlich weiten Verbreitung von »Hochkultur«, d.h. einer standardisierten Schriftsprache. Andersons Sichtweise unterscheidet nicht zwischen nationalen und internationalen Medien, sondern beschränkt sich bloß auf erstere. Hobsbawm (1983) unterstellt gar, dass nationale Zugehörigkeit durch von gesellschaftlichen Eliten »erfundenen Traditionen« hervorgerufen wird. Hobsbawm denkt offensichtlich nur an solche Medien, die unmittelbar dem Einfluss nationaler Oberschichten ausgesetzt sind.[1] Gegen eine solche konstruktivistische Sichtweise wendet sich Smith (1986). Nationen besäßen einen ethnischen Kern und greifen auf ältere ethnische Symbole zur Legitimierung und Erzeugung nationaler Identitäten zurück. Aus dieser Sichtweise spielt jedoch der Film als Weltkultur wie auch

1 Hollywood und die amerikanischen Machteliten stehen vielleicht in einem Naheverhältnis zueinander (das auch spannungsreich sein kann, wie die Mc Carthy-Ära und die Präsidentschaft von George W. Bush zeigten). Regierungen europäischer Staaten besitzen allerdings keine derartige Nähe zu Hollywood, und können daher keine direkte Kontrolle auf dessen Filmproduktion auszuüben.

andere Sparten von Entertainment für Nation und Nationalismus nur eine untergeordnete Rolle (vgl. Smith 1998).

Eine Reihe von Studien befassen sich mit dem Film als Repräsentationsform nationaler Identität in mehreren Ländern und beschränken sich dabei auf dessen Kapazität zur Erzeugung partikularer »vorgestellter Gemeinschaften«, wie etwa für die USA (vgl. Chopra-Gant; Coyne 1997), Großbritannien (vgl. Richards 1997; Chapman 2005), Kanada (vgl. Collins 1990), Indien (Chakravarty 1993), Spanien (vgl. Kinder 1993) oder den Staaten Ex-Jugoslawiens (vgl. Rogringer 2008). Studien über den Beitrag des Films zur Bildung einer deutschen Identität fokussieren meist auf die Periode der 1950er Jahre (Westermann 1990; Rother 1998; Schwarz 2002). Dasselbe gilt auch für Österreich (vgl. Schuchnig 1995). In Beziehung zu diesen beiden Ländern wird häufig das Genre des Heimatfilms der 1950er Jahre als identitätsstiftende Institution analysiert (vgl. Höfig 1973; Steiner 1987). Heimat-Klischees wie Berge als Landschaftshintergrund, volkstümliche Kultur oder Katholizismus traten in Heimatfilmen als Symbole der Identifikation einer Nachkriegsgesellschaft in Erscheinung. Dadurch wurde eine heile Welt als Form von Nation ins Bild gesetzt, in der Krieg, Nationalsozialismus oder gesellschaftliche Konflikte ausgespart wurden. Die Forschung bezieht sich leider viel weniger auf spätere filmische Entwicklungen im deutschsprachigen Raum. Hier werden Nation und Heimat manchmal kritischer und differenzierter thematisiert. Dennoch ist der Ethno-Aspekt in modernen Produktionen aus diesen Ländern unverkennbar. Das gilt nicht nur für Fernsehserien wie *Der Bergdoktor* oder *Forsthaus Falkenau*, die teilweise auf den Landschaftskitsch alter Heimatfilme zurückgreifen. Auch TV-Krimis wie *Tatort* oder einige Kinoproduktionen benutzen gezielt Landschafts- und Stadtansichten, Dialekte oder die Darstellung von Konfliktfeldern aus dem unmittelbaren Alltag als Mittel für die Bindung des Publikums. Der Ethno-Aspekt besteht nun eben darin, dass ein fremdsprachiges Publikum die Bezüge dieser Filme nicht verstehen wird und deren Distributionsmarkt daher auf den Sprachraum beschränkt bleibt (es sei denn, eine ganz außergewöhnliche Filmästhetik oder Dramaturgie hilft, weiträumigere Märkte zu erschließen).

Ganz außerhalb des Fokus dieser Forschung steht außerdem die Identifizierung des Film- und Fernsehpublikums mit Schauspielern, die internationale Karrieren machten und somit zu nationalen Repräsentanten wurden. Im Gegensatz zu anderen Künsten, arbeitet das Filmgewerbe nämlich international arbeitsteilig und bedient teilweise einen globalen Konsumentenmarkt. Das gilt zumindest für Hollywood und einige andere große Filmproduktionsstätten. Weltstars sind in diesem globalen Zusammenhang von Produktion, Distribution und Konsumtion wichtige Akteure, die der Ware einen hohen weltweiten Wiedererkennungswert sichern können. Ohne Weltstarsystem mit seinen Paparazzi, Boulevardmedien und dem Glamour der großen Filmfestivals können teurere Produktionen nur schwierig vermarktet werden. Der Aspekt des Weltstars unterscheidet sich daher aus der Perspektive des

Filmmarktes von Heimatklischees und der Verkörperung eines Nationalcharakters durch Ethnostars in vielerlei Hinsicht.

Das Konzept von nationaler Identität wäre für diese Analyse ungenügend, wenn sie bloß auf Diskurse ohne Berücksichtigung struktureller Entwicklungen des Starsystems und weltweiter Machtverhältnisse fokussieren würde. In diesem Aufsatz wird daher auf einen figurationssoziologischen Interpretationsrahmen zurückgegriffen, der nationale Wir-Bilder und Wir-ideale als Produkt nationaler und internationaler Verschiebungen von Machtgleichgewichten begreift (vgl. Elias 1960; Elias 1992). Die emotionale und inhaltliche Färbung und Orientierung von Gruppenehre ist unlösbar mit der figurativen Anordnung internationaler Konkurrenz verbunden. In einer solchen Anordnung beeinflussen mächtige Akteure, wie Hollywood, Ideale und Reaktionsmuster weniger starker Einheiten des internationalen Filmmarktes. Um Marknischen aufbauen zu können, müssen regionale Filmmärkte den Empfindungen, Vorlieben und Loyalitäten ihrer nationalen Publika gerecht werden. Die nationalen Publika peripherer Länder sind ihrerseits in der schwierigen Lage, die eigene ethnonationale Bindung zu Filminhalten und dargestellten Charakteren in gewisser Weise mit denen der dominanten amerikanisierten Weltkultur zu versöhnen. Neben der völligen Ablehnung von amerikanisierter Weltkultur, die eine Minderheitenposition darstellt, bleiben nur drei gängige idealtypische Strategien offen: 1) das weitgehende Vergessen eigener ethnisch konnotierter Kulturgeschichte, 2) die Integration einer Nischenexistenz von Ethnostars und/oder 3) die Assimilation der eigenen Gruppenehre in ein internationales Prestigesystem.

Einige Autoren haben darauf verweisen, dass der europäische Film und die europäische Medienlandschaft als Reaktion auf Hollywood und Amerika einer bewussten Identitätspolitik ausgesetzt sind (vgl. Nowell-Smith und Ricci 1998; Schlesinger 2000). Hier ist wichtig, die Beziehung zwischen nationalem Habitus und Identität zu begreifen. Nationaler Habitus stellt die unbewusste, nicht-reflektierte, nicht-problematisierte, körperlich sichtbare Haltung dar (vgl. Elias 1992; Blomert et al. 1993; Kuzmics 1999). Im Film wird nationaler Habitus in vielen Schattierungen manifest, zum Beispiel als schauspielerisches Selbstverständnis der Darstellung bestimmter gesellschaftlicher Rollen oder der Art von regiemäßiger Umsetzung sozialer Konflikte, Liebesbeziehungen oder anderer Konstellationen. Nationale Filmkulturen sind »jungfräulich«, insoweit der Kontakt mit dominanten Filmkulturen noch kein geordnetes Nachdenken und Reflektieren – in Form von Imitation oder Ablehnung – der eigenen Darstellungsweisen in Beziehung zur rezipierten fremden Darstellungsweisen mit sich bringt. Nationale Filmkulturen werden jedoch zu Trägern ethnischer Identität, wenn ein Prozess der Bewusstwerdung durch den Kontakt mit anderen einsetzt. Habitus wird zu Identität, weil seine bis dahin unproblematisierte Existenz Gegenstand von Imitation oder Ablehnung wird. In einem solchen Fall wird der Ethnostar zum bewusst gewählten Symbol nationaler Vorstellungen von Einmaligkeit und Individualität (vgl. dazu das Interaktionsmodell von Barth 1969). Derartige Symbole werden in der Regel mit dem Pathos ethnischer Würde umgeben, wenn sie die eigene Gruppe betreffen. Manchmal herrscht auch das Motiv ethnischer Verachtung in Bezug auf die Darstellung anderer vor. Dieser Vorgang führt in Film und Kino oftmals zur Bildung nationaler Selbst- und Fremdstereotypisierung, die sich als klischeehafte Nationalcharaktere schablonenhaft in Drehbüchern einfügen lassen, so dass sie auch von einem breiten Publikum verstanden werden. In Woody Allens *Vichy, Christina Barcelona* wird z.B. das nationale Klischee des feurigen, Frauen verführenden Spaniers Juan Antonio Gonzalo, gespielt durch Javier Bardem, bewusst als ästhetisches Element der Übertreibung inszeniert. Es tritt in dieser Form daher als Ironie in Erscheinung. In anderen Filmen dienen klischeehafte Nationalcharaktere nicht der ironischen Färbung von Dramaturgie und Narration.

Der Ethnostar stellt also eine Reaktionsform auf die Proliferation der dominierenden amerikanisierten Weltkultur dar. Nach dem Ersten Weltkrieg nahm der Einfluss des amerikanischen Kinos in vielen Ländern Europas stark zu. In Österreich wurde eine bis dahin florierende Filmwirtschaft durch die Überschwemmung mit amerikanischen Produktionen in die Enge getrieben. Diese Situation wurde durch die gleichzeitig starke deutsche Konkurrenz noch verschärft. Das verweist darauf, dass Österreich in Beziehung zur USA und zu Deutschland einem zweifachen und oft widersprüchlichen Dominanzverhältnis ausgesetzt ist, der auch im Film seinen Niederschlag findet. Daher entstand bereits in den 1920er Jahren eine doppelte Form von Arbeitsmigration österreichischer Filmschaffender nach Deutschland und den USA. Das wird am Beispiel Fritz Langs sichtbar, der zunächst nach Deutschland ging und nach Machtübernahme der Nationalsozialisten 1933 über Frankreich in die USA emigrierte.

Die Einführung des Tonfilmes brachte jedoch eine kurzzeitige und überraschende Wende. Durch den Tonfilm konnte sich der »Wiener Film« als erfolgreiche Reaktion gegenüber Amerika und Deutschland etablieren. Der Wiener Film stellt die Geburtsstunde des österreichischen Ethnostars dar. Dabei waren nicht so sehr die Österreich bezogenen Themen wie Monarchie und Alpenlandschaft der Erfolg bringende Faktor, sondern die gezielte Verwendung von Dialekt und Operettenmusik. Das Genre war zum großen Teil durch diese akustischen Symbole als Alleinstellungsmerkmal gekennzeichnet, das dadurch imstande war, eine Marktnische zu bedienen, die auch in Deutschland geschätzt wurde. Der Effekt war jedoch zweischneidig. Zum einen konnten Hans Moser, Paul Hörbiger und andere Schauspieler zu Identifikationsfiguren des österreichischen Publikums werden und waren gleichzeitig Bestandteil des größeren deutschen Ufa-Starsystems. Zum anderen beschränkte der Einsatz des Dialekts den relevanten Markt für diese Schauspieler und Filme, die deshalb außerhalb des deutschsprachigen Raums unbekannt blieben. Ein ganz ähnliches Schicksal erlebten durch die Einführung des Tonfilms die regionalen Stars vieler anderer kleiner Sprachräume.

Nach dem Krieg bildeten Ethnostars in Österreich die Vorlage für den Aufbau einer eigenständigen österreichischen Identität. In Österreich waren *Der Hofrat Geiger* (1947), *Hallo Dienstmann* (1952) oder *Sissy* (1955) wichtig für die Entstehung eines neuen positiven Österreichbewusstseins. Im fremdsprachigen Ausland blieben diese Filme völlig bedeutungslos. Zusammen mit späteren Produktionen (etwa die Filme mit Peter Alexander) wurde gerade auf Basis einer liebreizenden Landschaft und oberflächlicher Gassenhauer (die oft selber österreichische Landschaften thematisierten, wie etwa bei *Mariandl* oder *Im weißen Rössl am Wolfgangssee*, *Im Salzkammergut, da kann man gut lustig sein*, *Salzburger Nockerln*) ein Sinn für nationale Identität geschaffen.

Diese Filme mussten sich allerdings auch am deutschen Markt behaupten und deshalb wurde der Einsatz österreichspezifischer Elemente zu einer Gratwanderung. Dennoch, die leichte Filmkost half dem heimischen Publikum die distinktiven Elemente gegenüber einem filmisch stilisierten deutschen Charakter nahe zu bringen. Da gab es etwa den raunzenden Wiener, den naturverbundenen Tiroler (oder Salzburger), den eleganten Aristokraten, den väterlichen Hofrat und vor allem den »Wiener Schmäh«. Deutsche Schauspieler traten in solchen Filmen oft als charakterliche Gegenstücke in Erscheinung. Deutsche stellten geschäftstüchtige, moderne und zielstrebige Charaktere dar, die oft in der Natur der Berge mit einer langsameren Lebensführung konfrontiert werden. In den 1950er und 1960er Jahren wurden solche nationalen Gegensätze im österreichischen Film noch harmlos und nur mit einem schwer zu dekodierenden chauvinistischen Unterton dem Publikum vorgesetzt. Selten tritt der unsympathische und besserwisserischen Deutsche/Preuße in Erscheinung, der seit den 1980er Jahren als »Piefke« zu einem wichtigen Element des österreichischen Films avancierte. Die Gegensätze der Filme aus der Nachkriegszeit waren noch zurückhaltend gestaltet und reichten manchmal bis in die Nazi-Zeit zurück, wie etwa die Gegenüberstellung von Berlin und Wien, verkörpert durch das kontrastreiche Komikerpaar Theo Lingen und Hans Moser (etwa in *Opernball* 1939).

Die kritischen Fernsehproduktionen der 1970er und 1980er Jahre und der neue österreichische Kabarettfilm erweiterten das charakterliche Spektrum des Ethnostars in Österreich. Verkörperten Hans Moser oder Paul Hörbiger noch durchgehend positive Charaktere, denen zwar jede Form von Heldenhaftigkeit fehlte, so wandelte sich der spätere österreichische Ethnostar zu einem offen zelebrierten Antihelden. Vorlage für die meisten späteren Figuren war Helmut Qualtingers *Herr Karl*. Meist handelte es sich dabei um politisch opportunistische, intolerante und desillusionierte Figuren aus der Wiener Arbeiterschicht, dem Kleinbürgertum oder der unteren Beamtenschaft. Karl Merkatz als *Mundl* oder *Bockerer*, Lukas Resetarits als *Kottan* oder die Kabarettisten Josef Hader und Alfred Dorfer (z.B. *Indien*) wurden zu einer neuen Form von Volksschauspielern, die Figuren der massenhaften Identifizierung kreierten.

Der österreichische Kabarettfilm seit den 1980er Jahren brachte folgende Symbole ethnischer Abgrenzung gegenüber dem deutschen Film hervor: a) Wiener Dialekt, der dem deutschen Publikum die volle emotionale Bedeutung des Gesagten vorenthält; b) ironischer und selbstironisierender Humor, als stilisierte österreichische Besonderheit; c) der Antiheld als Gegenüberstellung zum deutschen Machertyp; d) absurde dramaturgische Effekte als Abgrenzung zum linearen Heldenepos des amerikanischen und teilweise deutschen Films und e) Scheitern, bzw. das Fehlen eines Happy-Ends als Ausdruck bestimmter Kollektiverfahrungen der Österreicher.

Das Beispiel des österreichischen Films belegt eine wichtige strukturelle Eigenschaft des Ethnostars und des mit ihm verbundenen regionalen Filmsystems. Erstens ist dieser ein Phänomen peripherer nationaler Filmindustrien. Zweitens verschafft die sprachliche Nähe des Ethnostars zu seinem Publikum einen besonders hohen Grad an Identifizierung, der jedoch gleichzeitig den geografischen Radius seiner Prominenz drastisch einschränkt. Die Zuspitzung ethnisch konnotierter Ästhetik macht diese Filme sowohl international inkommensurabel, wie auch schwer vermarktbar. Nur wenn derartige Produktionen zusätzlich außergewöhnliche Stärken aufweisen, die über die Sprache hinausreichen, können sie auch im Ausland erfolgreich rezipiert werden.[2] Drittens basieren die Abgrenzungsmerkmale des Ethnostars und der mit ihm/ihr verbundenen Filme auf der Betonung von nationaler Würde. Das gilt auch für die Antihelden des österreichischen Kabarettfilms, bei dem das Publikum auch den negativen Charaktereigenschaften der Figuren etwas Positives abgewinnen kann. Vor allem der Aspekt von Unverwechselbarkeit trägt dazu bei. Die Unglaubwürdigkeit, die die Darstellung eines Filmhelden nach dem Hollywood-Muster im österreichischen Kontext hervorrufen würde, beruht auch auf dem nationalen Wir-Bild der Österreicher, dass diese als klein und unbedeutend zeigt. Beißende Ironie und schwarzer Humor stellen damit einen Weg dar, Würde mit Feigheit oder Kleinheit zu versöhnen. Ethnostars anderer kleiner Sprachregionen verkörpern dahingegen ihre eigenen idiosynkratischen Formen nationaler Würde.

---

[2] In Karl Markovics *Atmen* (2011) kommt z.B. eine Symbolsprache und Bildästhetik zum Einsatz, die im Gegensatz zu den Filmen von Terrence Malick als unsichtbarer Realismus in Erscheinung tritt und trotzdem universelle Gültigkeit besitzt. In diesem Film tritt das gesprochene Wort in den Hintergrund. Ausserdem entspinnen sich am Ende ein für den österreichischen Film ungewöhnlicher Hoffnungsschimmer und das Fehlen von Defätismus für die zentrale Figur der Geschichte. Vielleicht stellt diese Produktion die Vorlage eines österreichischen Films dar, der international erfolgreich sein kann und trotzdem einer individuellen Ästhetik treu bleibt.

Der Weltstar und die Entstehung von Filmweltcup und internationalem Prestige

Im Gegensatz zu Frankreich oder Italien brachten deutschsprachige Länder nach 1945 nur wenige internationale Filmweltstars hervor. Vor Waltz war der Österreicher Maximilian Schell der letzte deutschsprachige Schauspieler, der einen *Oscar* erhielt (1962). Die Österreicher Oskar Werner (*Oscar*-Nominierung 1965 und *Golden Globe* 1966) und Romy Schneider (*Golden Globe*-Nominierung 1964) schließen in die Reihe der ausgezeichneten Weltstars der 1960er Jahre auf. In den 1980er und 1990er Jahren war Arnold Schwarzenegger, noch weit vor Klaus Maria Brandauer, dem wohl bekanntesten Hollywoodstar aus Österreich.

Die Inszenierung internationaler Filmpreise im österreichischen Fernsehen zielt vor allem darauf ab, Österreich als erfolgreiches »Filmland« darzustellen. Diese Form von massenmedialer Selbstdarstellung hebt das Element von internationalem Prestige hervor. Ethnische Würde wird dagegen ausgeblendet. Ganz generell ist zu beobachten, dass Dramaturgie und Vokabular von Fernsehsendungen über die Verleihung wichtiger Filmpreise der Sportberichterstattung entnommen wurden. Man kann in diesen Sinn von *»horse race-journalism«* sprechen, bei dem so getan wird, als ob sportliche Siege gefeiert würden.[3] Mit Hilfe solcher Berichterstattung lässt sich Spannung aufbauen, das Publikum bindet. Hier treten »Favoriten« »gegeneinander an«, gibt es »Außenseiter« und »Königsdisziplinen«. Vor allem aber werden Filmschaffende als nationale Stellvertreter inszeniert.

ORF-Nachrichtensendung Zeit im Bild, 7. März.2010, am Abend der *Oscar*-Nacht. Mit Christoph Waltz, Michael Haneke und Christian Berger sind auch drei österreichische Filmschaffende für den *Oscar* nominiert.
Signation. Die drei wichtigsten Schlagzeilen werden genannt, darunter auch die anstehende Oscarverleihung. Ein Foto zeigt ein Plakat vor dem Gebäude, in dem die Preisverleihung stattfindet, mit der Aufschrift »Academy Award« und dem Insert »Spannung steigt«. Stimme aus dem Off:
»Spannung steigt. Gleich drei Oscars können diesmal nach Österreich gehen.«
Es folgt die Hauptberichterstattung mit einem Bericht über die Oscarverleihung. Gezeigt werden vor allem die drei nominierten Österreicher, die in Los Angeles ankommen und sich unter die anderen Filmstars mischen. Stimme aus dem Off:
»... Erstmals treffen sich die Kontrahenten, um den besten fremdsprachigen Film.«

---

[3] Der Begriff »horse race-journalism« wird vor allem von Politologen verwendet, um auszudrücken, dass, die Nachrichtenberichterstattung über Wahlumfragen der Sportberichterstattung immer mehr ähnelt (etwa bei der Phrase des »Kopf-an-Kopf Rennens« zwischen zwei Parteien).

Michael Haneke wird interviewt. Dann sieht man Christoph Waltz in einer Villa in Los Angeles. Palmen, Swimming Pools und Stars, Limousinen fahren vor. Waltz trifft dort den ebenfalls nominierten österreichischen Kameramann Christian Berger. Waltz wird interviewt. Dieser sagt ironisch:
»Ich freu' mich 24 Stunden täglich über Österreich, 365 Tage im Jahr und das seit 53 Jahren ...«
Stimme aus dem Off:
»Der Medienhype um den österreichischen Schauspieler ist ungebrochen Ob er seiner Favoritenrolle gerecht wird, wissen wir in wenigen Stunden.«
ORF-Nachrichtenstudio. Moderator Gerald Gross:
»Und ab 0:55 können sie mit dem ORF live dabei sein. Wir zeigen die Ankunft der Stars auf dem roten Teppich und die gesamte Oscarzeremonie, kommentiert von dem Direktor des Österreichischen Filmmuseums Alexander Horwath.«
Moderator dreht sich zur Co-Moderatorin:
»Hannelore Veith, eine Frage an dich. Wie viele Oscars für Österreich werden es?«
Co-Moderatorin Hannelore Veith schmunzelnd:
»Drei natürlich. Und das ist ausgemacht mit Alexander Horwath.«
Moderator:
»Die Favoritenrolle im heimischen Fußball macht zurzeit Rapid zu schaffen ...«

Am nächsten Morgen. Zeit im Bild um 9:00. Erste Meldung. Der Moderator Stefan Gehrer:
»Grüß Gott und guten Morgen bei der verlängerten Ausgabe der ZIB um 9:00 am Montag. Aus drei mach eins! So viele Oscars wie erhofft, werden es dann doch nicht. Aber das soll die Freude über den Erfolg von Christoph Waltz nicht schmälern. Der Österreicher wurde in der Nacht in Los Angeles mit dem wichtigsten Preis aus der Filmwelt ausgezeichnet. Regisseur Michael Haneke und Kameramann Christian Berger sind mit ihrem Film »Das weiße Band« dagegen leer ausgegangen. In der Kategorie 'Bester Nebendarsteller' war Christoph Waltz schon lange vor der Oscarnacht der große Favorit.«
Filmbericht wird eingespielt. Der Moment der Oscarverleihung. Penelope Cruz ist zu sehen. Sie spricht: »And the winner is:« Pause »Christoph Waltz«. Der Sieger tritt auf das Podest. Die Größen Hollywoods applaudieren. Stimme aus dem Off:
»Penelope Cruz scheint den Österreichern Glück zu bringen. Vor zwei Jahren hat sie schon Stefan Ruzowitsky den Oscar überreicht.«
Waltz hält eine Dankesrede. Stimme aus dem Off erklärt, der Oscar wäre die 18. Auszeichnung für Waltz als SS-Offizier Hans Landa. Filmausschnitt wird eingeblendet. Der berufliche Werdegang von Waltz wird geschildert. Es folgt eine Darstellung der sonstigen Oscarverleihungen. Danach kommt ein Be-

richt über eine Übertragung der Oscarverleihung in einem Wiener Kunst-Kino, bei der heimische Filmschaffende zusammenkamen. Das Publikum jubelt bei der Meldung, das Waltz den `Oscar` *gewinnt. Die Zuschauer springen wie beim Public Viewing einer Fußballweltmeisterschaft von den Plätzen. Die Moderation streicht den »minutenlangen Jubel« hervor. Ein Interviewter (Geschäftsführer des Filmfonds Wien) sagt:*
»Christoph Waltz ist natürlich auch ein ganz starkes Signal. Man darf nicht vergessen, dass es in diesem Land keine Ausbildung für Filmschauspieler gibt [schmunzeln]. Trotzdem kommen aus diesem Land aber Weltstars.«
... Stimme aus dem Off:
»Stunden später aber der große Dämpfer. Weder Michael Haneke noch Christian Berger bekommen eine Auszeichnung. Interviews. Schaltung zum ZIB-Studio. Moderator Stefan Gehrer begrüßt den Leiter der ORF Kulturredaktion Martin Traxel. Moderator fragt Traxl.
»Was ist stärker? Die Freude über den einen Oscar oder die Enttäuschung, dass es eben nicht drei geworden sind.«
Traxl: »Naja, natürlich ist es ein bisschen enttäuschend ... Aber es gibt keinen Grund übermütig zu werden, wie bei den alpinen Schiläufern. Da klappt's auch nicht immer. Ehm. Es ist schon ein großer Erfolg, dass wir drei Mal nominiert waren, dass wir einen `Oscar` *nach Hause gebracht haben. Ahmmm. Man braucht sich nur die Zeitungen anzuschauen und merkt, was das für einen Wind gesorgt hat. Auch in Amerika. Die Los Angeles Times hat etwa geschrieben [Traxl liest von einem Blatt Papier]: Was ist denn eigentlich mit diesem Land los? Mit dieser Heimat von Actionmegastar Arnold Schwarzenegger [betont in englischer Aussprache]. [Traxl liest nicht mehr, sondern blickt in die Kamera und scheint die weiteren Worte zu improvisieren (erfinden?), die jedoch als zusammenhängender Text wiedergegeben werden] Dieses Land, das bisher für Mozart und Musik bekannt war, wird jetzt zum Filmpreisabräumer und zum Dauergast bei irgendwelchen Preisverleihungen. Also das hat man schon wahrgenommen, dass sich in Österreich da einiges tut. Also ich glaube, darauf kann man stolz sein.«*
Traxl erklärt, dass Waltz in einer Kategorie antrat mit wirklich starken Konkurrenten.
»Sich da durchzusetzen. Das heißt schon etwas. Er hat absolut zu recht gewonnen. Das kann man ohne übertriebenen Patriotismus sagen. Seine Leistung ist einzigartig in diesem Film. Der Film wäre sonst nicht so auffällig gewesen, ohne die Leistung von Christoph Waltz. Wie er diese Rolle ansiedelt, zwischen Kultiviertheit, fast Liebenswürdigkeit und Charme und absoluter Kälte und Gefahr im Hintergrund [Traxl verzieht das Gesicht]. Der Nazi-Bösewicht. Das ist schon einzigartig!«
Danach spricht Traxl, warum seiner Meinung nach Christian Berger nicht den Oscar für die beste Kamera erhielt und dieser Preis an das 3D-Spektakels »Avatar« ging.

»... Er hätte es sich auch verdient. Es ist hier eine Entscheidung für moderne Computertechnologie getroffen worden. Man sollte sich überlegen, ob es nicht eine eigene Kategorie dafür geben sollte, weil die Kreation des Kameramanns war bei Berger eine auffälligere ... Schade.«

Hier besteht große Ähnlichkeiten zur Sportberichterstattung mit Vor- und Nachberichterstattungen, der Abwertung der Leistung der anderen, der Aufwertung der Eigenen, der besonderen Moral des Verlierers (Berger), der synekdochischen Verwendung des Wortes »Österreich« für die Leistung individueller Filmschaffender, der Verwendung des Pronomen »wir«, Interviews, des Spannungsaufbaus vor dem Wettbewerb, des Berichts über jubelnde Zuschauer und Emotionen (Dämpfer, Freude, Enttäuschung, Stolz) etc. Markant ist auch die mediale Reflexion der Meinung der anderen (vor allem der USA) über Österreich. Der Applaus gegenüber dem Weltstar als nationaler Stellvertreter durch die Größen Hollywoods (durch die große Welt) wird in der Medienberichterstattung zu einer Ersatzhandlung für eine imaginierte internationale Anerkennung der ganzen österreichischen Nation. Dadurch lässt sich internationales Prestige inszenieren, d.h. den Ruf des Landes in der Welt (oder genauer: die nach innen kommunizierte Einbildung, einen solchen Weltruf zu besitzen). Die Tatsache, dass Waltz gerade als Österreicher einen Nazi erfolgreich darzustellen vermag, wird nicht als negativer Stereotyp gewertet, sondern in einem positiven Licht gesehen (Kultiviertheit plus Kälte!).

In den ZIB-Sendungen zum *Oscar* wurden auch Statistiken verwendet, die eine große Anzahl »österreichischer« *Oscars* in einer Art ewiger Oscarliste zeigt. Solche Grafiken erinnern an die ewigen Medaillenspiegel der Olympischen Spiele. In Wirklichkeit jedoch wurden die allermeisten dieser *Oscars* von vertriebenen Filmschaffenden gewonnen, deren ehemaliger Bezug zu Österreich (als Land ihrer Vertreibung) nun stillschweigenden übergangen wurde und zum Bestandteil einer nationalen Triumphgeschichte. Dieses Element lässt etwa den Sieg von Christoph Waltz als einen Sieg des österreichischen Films in einer langen historischen Reihe von Siegen erscheinen. Dadurch entsteht auch der Eindruck von »Filmgroßmacht« und »erfundener Tradition« (Hobsbawm 1983).

Das hier vermittelte internationale Prestige lässt sich nur vor dem Hintergrund des von Amerika dominierten Weltstarsystems verstehen. Ein wichtiges Strukturmerkmal des Weltstarsystems ist seine internationale Prestigehierarchie, mit den Hollywoodstars an der Spitze, gefolgt von einzelnen nationalen Starsystemen bedeutender Filmnationen. Diese bilden sozusagen die cineastischen Regionalligen. Die oftmals nur schematisch vorhandenen Starsysteme kleiner Länder formen die untersten Spielklassen.

Die Filmpreise bringen dieses Prestigegefälle zum Ausdruck. *Oscars* (*Academy Awards*) und *Golden Globes* stehen eindeutig an der Spitze. Mit Abstand folgen die europäischen Festivalpreisen wichtiger Filmländer wie

Goldene Palme, *Goldener Löwe* oder *Goldener Bär*. Preise nationaler, europäischer Filmakademien (die nach dem Vorbild des *Academy Award* ins Leben gerufen wurden), bilden eine noch weitere Kategorie darunter. *César* oder *Deutscher Filmpreis* sind immerhin in der Lage ein regionales Renommee aufzubauen, das auf andere gleichsprachige Länder ausstrahlt. So stellt sich die internationale Prestigehierarchie als mehrfach geschichtet heraus. Ein kleines Land wie Österreich orientiert sich daher zweifach, einmal nach Deutschland und ein anderes Mal nach Amerika (teilweise auch an Frankreich). Die Filmpreise kleiner Länder besitzen im internationalen Maßstab relativ wenig Gewicht, wie die *Goldenen Augen* des Züricher Film Festivals oder der österreichische Filmpreis.

Hollywood bildet also die höchste Kategorie, an der die meisten Akteure der Filmbranche partizipieren wollen. Das Weltstarsystem ist faktisch die Globalisierung dieses Systems. Indikator dieser Globalisierung ist erstens die Arbeitsmigration von Schauspielern, Regisseuren, Kameraleuten, Cuttern etc. nach Amerika und die Zulieferfunktion regionaler Studios oder billige Drehorte außerhalb Amerikas für Hollywood. Zweitens besteht der Indikator der Globalisierung in den weltweiten Absatzmärkten für amerikanische Filme.[4]

Deren Spitze, die bestbezahlten Schauspieler und Regisseure Hollywoods, sind aufgrund ihres extravaganten und glamourösen Lebensstils in der Lage, den Mythos dieses Systems stets neu zu beleben. Boulevardpresse, Paparazzijournalismus und das Fernsehen machen Filmstars zum Markenzeichen der amerikanischen Filmindustrie im In- und Ausland. Durch seine weltweite Medienpräsenz diffundierten viele Elemente, Symbole und Zeremonien in andere Filmindustrien, die versuchen, dass amerikanische Starsystem zu imitieren.

Die Imitation findet auf mehreren Ebenen statt. Auf einer organisatorischen Ebene sieht man, dass seit den 1950er Jahren nach amerikanischem Vorbild in vielen Ländern nationale Filmakademien gegründet wurden, deren Namen schon an das Vorbild erinnern. In den meisten Ländern geht mit der Gründung dieser Filmakademien auch der Wunsch einher, die heimischen Filme wettbewerbsfähiger zu gestalten. Obwohl die deutsche oder österreichische Filmindustrie ohne staatliche Förderung nicht bestehen könnte, setzten diese Filmakademien tendenziell auf den »kommerziellen« Film.

Aber auch die Kategorieeinteilung der Preise vieler Festivals orientiert sich am *Oscar*. Die Fachpreise des *Oscars* werden von »Fachgilden« der Filmbranche verliehen und unterliegen einem Evaluationsprozess durch Peers. Zumindest einige europäische Länder, die die Infrastruktur dafür besitzen, folgen dieser Logik. Auch hier erinnert der Effekt ein wenig an den Sport, wo in verschiedenen Serienwettbewerben immer nach dem gleichen Reglement bewertet wird.

---

[4] Ein dritter Indikator stellt die Finanzierung dieser Filme dar. Hier sieht man allerdings, dass Hollywoodproduktionen auch von europäischen Geldgebern, meist deutschen, finanziert werden.

Der *Oscar* entwickelte jedoch erst allmählich seinen internationalen Charakter und blieb lange ein exklusiver Wettbewerb der amerikanischen Filmszene. Den internationalen Wettbewerbscharakter erhielt der *Oscar* endgültig erst durch die Einführung der Kategorie des besten fremdsprachigen Films, der aus amerikanischer Sicht im Gegensatz zur Kategorie des besten Hauptdarstellers oder Regisseurs wenig prestigereich ist (er ist Spezialpreis seit 1947 und die offizielle Zählung der Preisträger findet seit 1957 statt). Durch diesen Preis erhält der *Oscar* aus europäischer Sicht einen weltmeisterschaftsähnlichen Aspekt, denn in der Darstellung der Massenmedien gehen die nominierten Künstler ähnlich wie Sportler als Stellvertreter ihrer Länder an den Start. Der Sieg des Künstlers wird als Sieg des Landes verbucht. Tatsächlich sind Zeitungen und Internet voller inoffizieller Rankings mit den am häufigsten ausgezeichneten oder nominierten »Ländern«.

Aber auch auf der Ebene der Inszenierung des Startums gilt das amerikanische Vorbild. Hier sticht zunächst die Imitation der Stars bei Filmpreisen hervor: der glamouröse Rahmen der »*Oscar*-Nacht« mit den vorfahrenden Stretchlimousinen, den Blitzlichtermeer der Paparazzi, den eleganten Kleidern (Männer meist im Smoking), roten Teppichen, dem fernsehgerechten Spannungsaufbau des Moments der Preisverleihung, der Trophäe (die meist dem *Oscar* nachempfunden ist oder das Wort »golden« in sich trägt), der Moderatoren und der bereits ausgezeichneten Stars als Überbringer der Trophäe, der Illusion einer geschlossenen ehrenwerten Gesellschaft von Stars durch das anwesenden Publikum, die mediale Vor- und Nachberichterstattung etc.

Für diese Isomorphie der Inszenierung sind die Massenmedien verantwortlich, denen durch die Logik der Wettbewerbsserie die Chance geboten wird, mehrmals im Jahr dieselbe Spannung aufs Neue aufzubauen. Es kann sogar ein Spannungsbogen von einem, zu einem anderen Wettbewerb gesponnen werden. Zum Beispiel berichten Medien darüber, dass der heimische Regisseur X bereits den Preis Y gewonnen hat. Daher gilt er auch als Favorit in die Preisverleihung Z. Kann er diesen Erwartungen entsprechen? Der Effekt dieser Gleichschaltung der Inszenierung ist der Eindruck, dass die unterschiedlichen nationalen Starsysteme ähnlich funktionieren und austauschbar sind. Nur so kann man sich sowohl die internationale Hierarchie, wie auch die Logik der Wettbewerbsserie vorstellen.

Der Begriff des Filmweltcups ist jedoch nur metaphorisch zu verstehen, denn ganz im Gegensatz zum Sport existiert keine vergleichsweise offiziell institutionalisierte Wettbewerbsreihe. Dieses Phänomen ist bloß das Konstrukt der Medien und besitzt nicht einmal dort eine namentliche Bezeichnung. Dasselbe gilt allerdings auch für jedes Starsystem der Filmindustrie, denn auch die Stars bilden natürlich keinen vergesellschafteten Verband (sie sind jedoch Mitglieder diverser Berufs- und Interessengruppen, die auch Filmwettbewerbe veranstalten).

In Frankreich oder Italien wurde der Film auf international wettbewerbsfähigem Niveau zu einem wichtigen Symbol nationaler Identifikation nach dem Krieg. Hier verkörperten Weltstars wie Sophia Loren, Marcello Mastroianni, Brigitte Bardon oder Catharine Deneuve Züge des national Besonderen in Kombination mit internationalem Prestige (z.B. BB als Europas Antwort auf Marilyn Monroe). Regisseure (oft auf Basis eines Autorenfilms) in Frankreich und Italien formten ebenfalls den internationalen Ruhm dieser nationalen Filmsysteme, die manchmal sogar für den amerikanischen Film stilprägend wurden. In Italien war etwa der Neorealismus und die Arbeit von Regisseuren wie Rossellini, Zampa, Fellini, De Sica oder Visconti sowohl Bezugspunkte für die Bildung von nationalen Wir-Bildern, wie auch internationaler Idealvorstellungen von Filmschaffenden in der Welt. Dasselbe gilt auch für Jean Renoir in Frankreich. Dort beginnen Ende der 1950er Jahre die Regisseure der *Nouvelle Vague* (die sich um die Zeitschrift *Les Cahiers du Cinéma* gruppierten) an spannungsreiche amerikanische Filme bewusst anzuschließen, z.B. Louis Malles *Fahrstuhl des Grauens* (1958) und François Truffauts Anlehnungen an Alfred Hitchcock oder Howard Hawks, die dann dennoch eine eigene, weltweit geschätzte Filmästhetik hervorbringen.[5]

Internetforen zur Verleihung von *Oscars* und *Golden Globes*

Die Berichterstattung von Fernsehen und Zeitung deckt sich in vielen Punkten nicht mit den Ansichten der Medienkonsumenten. Diese werden hier einerseits im Sinne von Cultural Studies als aktive Rezensenten verstanden (vgl. Hall 1999; Winter 2010). Nationale Wir-Bilder und Wir-Ideale, die durch Massenmedien vorgegeben werden, müssen sich nicht mit denen des Publikums decken. Andererseits nimmt gerade die Gruppe der Internet-Poster, deren Meinung nicht als repräsentativ für alle Zeitungsrezipienten angenommen werden darf, eine besonders aktive Rolle ein. Sie sind sowohl Rezipienten von Massenmedien, wie auch Produzenten eigener Medieninhalte durch das Internet. Poster vertreten weder die Interessen von Staat und Wirtschaft, noch geben sie ihre wahre Identität preis. Daher verlaufen solche Diskurse im Internet restriktionslos und oftmals unter den Vorzeichen von offen ausgetragenem Chauvinismus und Ausländerfeindlichkeit. Erzeugen Massenmedien tendenziell ein erwünschtes und harmonisches Bild des Landes, treten bei den Postings soziale Konflikte offen zu Tage.

Hier wurden insgesamt 176 Forenbeiträge oder *»talkbacks«*, das sind postings in den Onlineausgaben der großen österreichischen Tageszeitungen, untersucht (Stichprobe, siehe: Tab. 1). Analysiert wurden jeweils die postings zu der Berichterstattung über *Golden Globe*-Verleihungen und *Oscar*-Verleihungen im Jänner und Februar 2010 aus den Online-Ausgaben von Der

[5] Das ist in Deutschland bisher nur dem expressionistischen Film der 1920er Jahre geglückt.

Standard, Die Presse, Kleine Zeitung und Kronen Zeitung, die zusammen einen Großteil des österreichischen Zeitungsmarktes abdecken.

Tab. 1: Stichprobe von Artikeln und Internetforen aus den Online-Ausgaben der vier Zeitungen

Nr.	Medienanlass	Online-Zeitung	Artikel	Publikations-datum	Abgerufen	n Postings
1	*Golden Globes* 2010	Die Presse	Und jetzt noch ein, zwei *Oscars*?	18.01.2010	19.01.2010	62
2	*Golden Globes* 2010	Kleine Zeitung	Erfolg kann man nicht kaufen, aber er kostet	18.01.2010	19.01.2010	11
3	*Golden Globes* 2010	Kronen Zeitung	Auf *Oscar*-Kurs	18.01.2010	19.01.2010	33
4	*Golden Globes* 2010	Der Standard	Globale Anerkennung für Kino-Wertarbeit	18.01.2010	19.01.2010	62
5	*Oscar*-Verleihung 2010	Der Standard	Chance für »Das Weiße Band« und Waltz	01.02.2010	01.02.2010	8

Postings aller Foren, die diskursive Bezüge zu nationalen Wir-Bildern und Wir-Idealen herstellen, können in sechs Topoi oder Argumentationsfiguren geteilt werden. Eine siebte Argumentationsfigur setzt sich mit der Verleihung des Filmpreises für einen österreichischen Künstler bloß aus einer individuellen Warte auseinander und stellt keinen Bezug zur Nation her. Bei dieser Kategorie wird z.B. dem Künstler für den Preis gratuliert; sie findet sich in den Online-Ausgaben aller Zeitungen. Die anderen Topoi verteilen sich hingegen in ihren Schwerpunkten auf die Foren unterschiedlicher Zeitungen.

Topos 1: Abwertung des Filmpreises

Dieser Topoi findet sich ausschließlich in den Foren des Boulevardblattes Kronen Zeitung und der konservativen Tageszeitung Die Presse. Die Abwertung des Filmpreises als gültiges Symbol von internationalem Prestige findet vor allem durch zwei Argumentationstypen ihren Ausdruck. Erstens werden *Golden Globes* oder *Oscars* die Gültigkeit abgesprochen, tatsächliche künstlerische Leistungen fair oder überhaupt zu messen. Die Kriterien der Bewertung werden für »amerikalastig« gehalten. Dabei wird oft der kleine Schritt getan, dieses Argument in eine Amerikanisierungskritik zu wenden, bei der vor allem die vermeidliche Stigmatisierung von Österreichern und Deutschen als Nazis kritisch hervorgehoben wird. Hier die Wortmeldungen aus zwei Postings.[6]

Wos drah ma fir an Füm – mir foit nix ei!! Ah wos drah ma an Nazifüm,des ziagt imma!!! [Welchen Film drehen wir – mir fällt dazu nichts ein!! Ach

[6] Orthographie und Syntax der vorliegenden Postings wurden nicht verändert und der Originalquelle entnommen.

was, drehen wir einen Nazifilm, das zieht immer!!!] (Poster 1, Kronen Zeitung, 19.1.2010; 10:07)

Wie einfach im Geiste muss man den gestrickt sein, um den meinungsbildenden Mainsteam dieses, zwar reißerischen, jedoch primitiven Hollywoodmachwerkes nicht zu durchschauen? Vergabe dieser ›Preise‹ funktionieren nach dem Motto guter, braver, armer (?), Ausländer und böser, böser Deutscher (Österreicher)oder nimmt man an Mr. Weinstein würde etwas anderes produzieren? (Poster 2: Kronen Zeitung, 18.1.2010; 15:38)

Das Posting bezieht sich wahrscheinlich auf die jüdischen Filmproduzenten Bob und Harvey Weinstein und kann leicht in mit einem antisemitischen Unterton gelesen werden. Der Nachdruck der Poster, dass *Oscars* und *Golden Globes* für österreichische Schauspieler nur dann vergeben werden, wenn sie Nazis darstellen, steht im Gegensatz zu der offiziellen Berichterstattung in Fernsehen und Zeitungen, wo dieser Umstand, wie wir bereits gesehen haben, keine Rolle spielt.

Topos 2: Deutschnationalismus

Einige Beiträge von Postern des Forums aus der Tageszeitung Die Presse vertreten einen offenen deutschnationalen Standpunkt. Aus ihren Augen stellen *Golden Globes* und *Oscars* Reizthemen dar, an denen sich ein Diskurs über ethnische Kulturunterschiede entspinnt. Auch solche Standpunkte finden sich nicht in der Fernseh- und Zeitungsberichterstattung. Das folgende Beispiel gibt einen Diskurs im Forum der Online-Ausgabe von Die Presse wieder und demonstriert das aus einer österreichischen Perspektive der ethnonationale Standpunkt vielgliedrig ist. Er reicht vom Deutschnationalismus bis zum deutschfeindlichen Österreichchauvinismus. Noch dazu überschneiden sich diese Standpunkte mit dem politischen Links-Rechts-Schema. Hier treten vier Personen in Erscheinung, die als Poster 9, 10, 11 und 14 bezeichnet werden.

Poster 9
In dt. Medien ist von einem Erfolg des »deutschen Filmes« die Rede in österreichischen Medien ein Erfolg des »österreichischen Filmes«. Dass heutzutage in vielen Bereichen des Lebens, somit auch beim Film, die Grenzen zwischen Österreich und Deutschland verschwimmen, sollte doch mittlerweile jedem klar sein. Wir leben schließlich in einem Kultur- und Sprachraum, auch wenn es ein paar berufslinken Realitätsverweigeren, die schon kreidebleich werden, wenn man Österreich und Deutschland in einem Satz erwähnt, nicht passt. :) (Die Presse 18.1.2010: 19:01)

Poster 10 (Antwort auf Poster 9)
Ein Sprachraum?
Wenn ich österreichisch rede, versteht der Piefke kein Wort.
Lieber »berufslinks« als deutschnationaler Volksverräter.
Hic Austria.
(Die Presse 18.1.2010: 19:46)

Poster 11 (Antwort auf Poster 10)
Re: Ein Sprachraum?
»Österreichisch« gibt's nicht. Die Sprache im (grob gesprochen) Westen Österreichs weist wesentlich mehr Ähnlichkeit mit der des angrenzenden »Auslandes« auf als mit der des östlichen Inlandes.
Die Unterstellung einer »österreichischen Sprache« ist meist das Resultat einer (oft auch ideologisch forcierten) Fantasie, welche das Idiom des Wiener Raumes zu einer lingua austriaca aufbläht, welche nach der Ansicht der Produzenten solcher Blähung in nur unmaßgeblich abgewandelter Form das Bundesgebiet bis zur Bodenseegrenze prägt, hinter welcher ein abrupter Abfall (auch ästhetischer Natur) ins Piefkedeutsche zu verzeichnen ist, welches von im Stechschritt marschierenden Pickelhaubenträgern geplärrt wird und von den Bregenzern in Lederhosen mit einem genervten »geh heeeeast Oida« quittiert wird.
(Die Presse 19.1.2010: 10:12)
...
Poster 14:
Re: Re: Ein Sprachraum?
ichs sags. wir sind Deutsche, aber keine »Deutschländer« ;)

An Topoi 1 und 2 schließen sich noch zwei weitere Argumentationsfiguren an, die ebenfalls ausschließlich in den Foren von Kronen Zeitung und Die Presse zu finden sind. Topos 3 zielt darauf ab, den Film *Das weiße Band* nicht als österreichischen, sondern als deutschen Film darzustellen. Solche Poster beziehen eine kritische und ironische Haltung zur medialen Darstellung nationaler Euphorie in Bezug auf Filmpreisverleihungen. Sie verweisen darauf, dass bei solchen Filmen der österreichische Beitrag sehr gering ist und das deshalb jede Form von nationaler Euphorie »kleinkariert« wäre. Eine andere Gruppe von Postern gibt diesem Argument ein neues Moment, indem demonstrativ die deutsche Leistung beim Film *Das weiße Band* hervorgehoben wird. Topos 4, das vor allem von Kronen-Zeitungslesern vertreten wird, nimmt die Berichterstattung zu Filmpreisen als Anlass für eine allgemeine Künstler- und Elitenkritik. Hier wird die, aus den Augen dieser Poster, zu hohe Kunstförderung hervorgehoben oder das Künstlermilieu wird ganz pauschal in ein diffamierendes Licht gerückt.

Topos 5: Stolz auf Österreich

Die größte Gruppe an Postern aus Foren der Online-Ausgaben aller vier Zeitungen streicht in ihren Beträgen Stolz und Patriotismus aufgrund der Filmpreise heraus. Hier wird entweder ein allgemeiner Nationalstolz vertreten, ein Stolz auf die Filmschaffenden oder diese Filme werden als »Österreichs schönste Seite« dargestellt. Solche Poster gehen weitgehend mit der Fernseh- und Zeitungsberichterstattung konform, indem sie das moderne und kosmopolitische Österreichbild, das durch Preisverleihungen vermittelt werden kann, als wünschenswert auffassen. Hier wird aber auch der Standpunkt vertreten, dass die Filmschaffenden im Gegensatz zu Politikern und anderen Gruppen das bessere Österreich darstellen (der gesellschaftskritische Bedeutungszusammenhang des »besseren Österreichs« wird in Fernsehen und Zeitungen auch nicht hergestellt).

Bravo!!! Dass ist mal eine erfreuliche Nachricht von Österreichern im Ausland. Sonst kennt man Österreich im Ausland nur noch als ausländerfeindliches, extrem rechtes Land. Andere Geschichten dringen sonst nicht mehr über die Grenzen. Schade für dieses wunderbare Land. Viele meiner Generation möchten wegen dieser rechten Gesinnung keinen Urlaub mehr in Österreich machen.
(Poster 4: Kronen Zeitung, 18.1.2010: 14:17)

Eine großartige Leistung für ein kleines Land...
..Hanekes Film ist ein Meisterwerk der Sonderklasse.
Im Gegensatz zu unseren Politpfeifen sind Österreichs Künstler Weltklasse.
(Poster 8: Kleine Zeitung 18.1.2010: 19:35)

Topos 6: Kritik am Staat

Eine kleine Gruppe von Postern aus der Online-Ausgabe der linksliberalen Tageszeitung Der Standard vertritt die Auffassung, dass die Preise Anlass für Kritik am Staat geben. Entweder wird hier die Filmförderung als zu mangelhaft dargestellt oder es wird die Auffassung vertreten, dass Künstler wie Haneke oder Waltz, um Erfolg zu haben, erst ins Ausland gehen müssten. Österreichs Politik wäre zu kleingeistig.

Es birgt eine gewisse Befriedigung, dass Österreichs Künstler trotz sträflicher Vernachlässigung seitens der Österreichischen Politik so großartige Werke schaffen. Eine bessere Förderung und mehr Einfluss der Künstler wären wünschenswert. Und dann noch @fakt: die ersten Spender bei großen Katastrophen sind meist Künstler, die von ihrer Kunst gut leben können und Kunst bildet, Bildung mindert Armut.
(Poster 7: Kleine Zeitung 18.1.2010: 9:49)

Fazit

Die Berichterstattung über Filmpreise besitzt zwar etwas sportartiges, indem sie formal und inhaltlich das Motiv von internationalem Prestige aufgreift. Im Gegensatz zum Spitzensport halten nicht alle Medienrezipienten Filmpreise als legitime Quelle für die Bildung nationaler Wir-Bilder und Wir-Ideale; zumindest gilt das für die Gruppe der Poster. Außerdem verweisen Ethnostars im Film, dass regionale Identifikationsmuster noch immer weit verbreitet sind. Dennoch zeigt die relativ große Gruppe von Postern, die nationales Prestige unumschränkt mit *Oscars* und *Golden Globes* verbindet, die tiefsitzende Akzeptanz der amerikanisierten Weltkultur. Weder für diese Gruppe, noch für die Massenmedien scheinen ethnisch konnotierte Abgrenzungsversuche eine erwähnenswerte Rolle zu spielen. Aus ihrer Sicht bildet die ethnisch substanzlose ästhetische Beteiligung von Österreichern am Weltstarsystem eine unproblematische und »natürliche« Form nationaler Repräsentanz. Inwiefern das für andere Länder auch gilt, kann hier nicht geklärt werden. Hier wird internationales Prestige wieder zu einem Teil von nationalem Habitus. Das Fehlen von Diskursen über nationale Einmaligkeit bei der Auseinandersetzung mit dem amerikanischen Kino, bzw. die Imitation und die Integration von fremden Idealen in das eigene Konzept von Persönlichkeit deutet auf die teilweise Verzahnung von Weltkultur und nationalem Habitus hin. Das Beispiel des Filmweltcups zeigt allerdings auch deutlich, dass mit der verdichteten Proliferation einer Weltkultur Nationen nicht an Bedeutung verlieren. Durch das Band von Zuschauerloyalität innerhalb von Wettbewerbsstrukturen wird das Konzept von nationaler Zugehörigkeit stets neu belebt.

Literatur

Anderson, Benedict (2005): *Die Erfindung der Nation: Zur Karriere eines folgenreichen Konzepts*, Frankfurt/M./New York: Campus Verlag.

Barth, Frederik (Hg, 1969): *Ethnic Groups and Boundaries. The social Organization of Cultural Difference*, Long Grove, Illinois: Waveland Press, Inc.

Blomert, Reinhard/Kuzmics, Helmut/Treibel, Annette (Hg, 1993): *Transformation des Wir-Gefühls. Studien zum nationale Habitus*, Frankfurt/M.: Suhrkamp.

Chakravarty, Sumita S. (1993): *National Identity in Indian popular cinema, 1947-1987*, Austin: University of Texas Press.

Chapman, James (2005): *Past and Present: National Identity and the British historical Film*, London: Tauris & Co Ldt.

Chopra-Gant, Mike: *Hollywood Genres and Postwar America. Masculinity, Family and Nation in Popular Movies and Film Noir*, London, New York: I.B. Tauris & Co Ldt.

Collins, Richard (1990): *Culture, Communication, and National Identity: The Case of Canadian Television*, Toronto, Buffalo, London: University of Toronto Press.

Coyne, Michael (1997): *Crowded Prairie. American National Identity in the Hollywood Western*, London, New York: I.B. Tauris & Co Ltd.

Elias, Norbert (1960): Nationale Eigentümlichkeiten der englischen öffentlichen Meinung. *Hochschulwochen für staatswissenschaftliche Fortbildung*, Bad Wildung: Verlag Dr. Max Gehlen.

Elias, Norbert (1992): *Studien über die Deutschen. Machtkämpfe und Habitusentwicklung im 19. und 20. Jahrhundert*, Frankfurt/M.: Suhrkamp.

Gellner, Ernest (2006): *Nations and Nationalism*, Malden, MA: Blackwell Pub.

Hall, Stuart (1999): »Kodieren/Dekodieren«. In: Roger Bromley/Udo Göttlich/Carsten Winter (Hg.): *Cultural Studies. Grundlagentexte zur Einführung*, Lüneburg: zu Klampen, S. 92-110.

Hobsbawm, Eric (1983): »Mass-Producing Traditions: Europe, 1870-1914«. In: Ders./Terence Ranger: *The Invention of Tradition*, Cambridge: Cambridge University Press, S. 263-308.

Höfig, Willi (1973): *Der deutsche Heimatfilm 1947-1960*, Stuttgart: Ferdinand Enke Verlag.

Kinder, Marsha (1993): *Blood Cinema. The Reconstruction of National Identity in Spain*, Berkeley, Los Angeles, London: University of California Press.

Kuzmics, Helmut (1999): »Autorität und Volkscharakter um die Jahrhundertwende in Österreich und England Spiegelungen in der Romanliteratur«. In: Rudolf Flotzinger (Hg.): *Fremdheit in der Moderne*, Wien: Passagen Verlag, S. 209 - 233.

Nowell-Smith, Geoffrey/Ricci, Steven (Hg, 1998): *Hollywood and Europe: economics, culture, national identity, 1945-95*, London: BFI Publishing.

Richards, Jeffrey (1997): *Films and British national identity. From Dickens to Dad's Army*, Manchester: Manchester University Press.

Rogringer, Margit (2008): *Der jugoslawische Film nach Tito*, Wien, Berlin: LIT Verlag.

Rother, Rainer (1998): »Vom Kaiserreich bis in die fünfziger Jahre. Der deutsche Film«. In: Rainer Rother (Hg.): *Mythen der Nationen. Völker im Film*, München, Berlin: Koehler & Amelang Verlag.

Schlesinger, Philip (2000): »›Europeanness‹ - a new cultural battlefield?«. In: John Hutchinson/Anthony D. Smith (Hg.): *Nationalism. Critical Concepts in Political Science*, London, New York: Routledge, S. 1866 - 1882.

Schuchnig, Josef (1995): »Nationale Identitätsmerkmale im österreichischen Film.« In: *medienimpulse. Beiträge zur Medienpädagogik*, (4/Dezember).

Schwarz, Uta (2002): *Wochenschau, westdeutsche Identität und Geschlecht in den fünfziger Jahren*, Frankfurt/M.: Campus Verlag.

Smith, Anthony (1986): *The Ethnic Origins of Nations*, Oxford: Wiley-Blackwell.

Smith, Anthony (1998): *Nations and Nationalism in a Global Era*, Cambridge: Polity Press.

Steiner, Getraud (1987): *Die Heimatmacher. Kino in Österreich 1946-1966*, Wien: Verlag für Gesellschaftskritik.

Westermann, Bärbel (1990): *Nationale Identität im Spielfilm der fünfziger Jahre*, Frankfurt/M., Bern, New York, Paris: Peter Lang.

Winter, Rainer (2010): *Der produktive Zuschauer. Medienaneignung als kultureller und ästhetischer Prozess*, Köln: Herbert von Harlem Verlag.

Il-Tschung Lim

Globalisierungswissen und Identitätskrise in *The Bourne Identity*

Globalisierung und Weltgesellschaft

Globalisierung beschleunigt, entgrenzt und intensiviert soziale Beziehungen. In der Globalisierungsliteratur wird die Phänomenalität weltweiter Prozessdynamiken dabei oftmals von pessimistischen Diagnosen gerahmt. Schlagwörter wie »kulturelle Homogenisierung« oder »Unifizierung« werden zu Signalwörtern einer globalisierungskritischen Perspektive, die auf Fragmentierung statt Vereinheitlichung, auf Konflikt statt Harmonisierung, auf Differenz statt Identität setzt und der dabei nicht zuletzt auch das Hollywoodkino als Sinnbild eines kulturellen Imperialismus, kurz: der Amerikanisierung der Welt, ein Dorn im Auge ist. In den *Postcolonial Studies* ist dieses (Feind-)Bild zwar nicht korrigiert worden, als eine Folge der zunächst vor allem literatur- und kulturtheoretischen Reflexionen hat sich aber die Vorstellung eines unilinearen Verwestlichungsprozesses der Welt als unhaltbar erwiesen. Zu der vermutlich am intensivsten rezipierten theoretischen Figur der *Postcolonial Studies* avancierte dabei das Konzept der Hybridität. Es bezeichnet die prototypische Existenz eines Sowohl-als-auch oder Weder-noch, das die Zwischenräume einer in Nationen und partikulare Kulturen differenzierten globalen Ordnung ›bewohnt‹ und zugleich die semantische Funktion von Nation und Kultur als vertrauten Repräsentationsweisen von Identität und Zugehörigkeit grundlegend erschüttert.[1]

In dieser dekonstruktivistischen Verfahrensweise erinnern die *Postcolonial Studies* an eine andere Version der Globalisierungstheorie: die systemtheoretische Weltgesellschaftsforschung. Das mag auf den ersten Blick erstaunen, hält man sich die theoretisch und nicht zuletzt auch theoriepolitisch sehr disparaten Beschreibungssprachen sozialer und kultureller Globalisierungsprozesse vor Augen. Aber auch das Weltgesellschaftstheorem weist nicht nur die Vorstellung von Einheit oder Homogenität im Weltmaßstab entschieden zurück. Ihm liegt, wie man mit Armin Nassehi formulieren könnte, ein in normativer Hinsicht viel bescheideneres Konzept zugrunde, das gerade in der

---

[1] Vgl. dazu zum Beispiel die deutschsprachige Aufsatzsammlung von Bronfen/Marius/Steffen (1997).

»*globalen Unterschiedlichkeit, in der Radikalität sozialer und kultureller Ungleichheiten, in der Inkompatibilität und radikalen Perspektivendifferenz, gerade in der Nicht-Einheitlichkeit der Lebensverhältnisse* [...] sowohl die Brisanz wie auch die Plausibilität des Begriffs *Weltgesellschaft*« (2003: 197) erkennt. Eine Parallele in der argumentativen Strategie der *Postcolonial Studies* und der Weltgesellschaftstheorie springt aber vor allem dann ins Auge, wenn man mit Nassehi als den eigentlich originellen Kern der sozialwissenschaftlichen Globalisierungsdiskussion die Instabilität und Kontingenzanfälligkeit bewährter Semantiken wie Kultur und Nation identifiziert. Wenn von Weltgesellschaft die Rede ist, dann geht es also nicht nur um die schlichte Realität von globalen Perspektivendifferenzen, sondern die eigentliche Brisanz liegt in einer als Folge von Globalisierung intensivierten Infragestellung und Dekonstruktion bewährter kultureller Konzepte wie etwa die ohne Frage auch heute noch hochwirkungsmächtige semantischen Schließungsfigur der Nation.

Nimmt man diesen Impuls der Theorie der Weltgesellschaft ernst, dann geht es schließlich weniger um die Frage danach, welche Argumente sich gegen ein in Nationen segmentiertes Differenzierungsschema und für ein in globale Funktionskomplexe differenziertes gesellschaftliches Ordnungsprinzip vortragen lassen. Es geht zunächst einmal nur darum, »den geopolitischen Normalfall des schlagbaumbewehrten Nationalstaates ins Reich der Fabel« (Nassehi/Schroer 1999: 107) zu verweisen, also darum, was in der kognitiven und kulturellen Einstellung auf eine in Nationalstaaten differenzierten Welt als taken-for-granted angenommen wird. Rudolf Stichweh (2000) hat dabei betont, dass mit dem Konzept der Weltgesellschaft keineswegs das Verschwinden des Nationalstaats präludiert wird. Aber es sei dennoch, von der Systembildungsebene Weltgesellschaft her betrachtet, die sozialstrukturelle Relevanz und semantische Plausibilität des Nationalstaats und das gesamte an ihn angeschlossene kulturelle Bezugssystem sozialer Adressierung und Autorisierung wie Nation, Staatsbürgerschaft, nationalkulturelle Identität, entschieden neu zu bestimmen.

Und genau darin möchte ich nun die theoretische Funktion des zeitgenössischen Hollywoodfilms identifizieren: nicht als ein Mittel zur Standardisierung und kulturellen Gleichmacherei, sondern als ein kinematografisch hochreflexiver Verweis auf die »epistemologische Unsicherheit des Lokalen im Hinblick auf das Globale« (Nassehi/Schroer 1999: 108) – und zwar im Hinblick auf das »Personal« der Weltgesellschaft, für das hier prototypisch die Figur des Filmspions steht, die zugleich Identität und Nicht-Identität verkörpert, und so zum Symptom einer tiefgreifenden Krise in der Repräsentation stabiler kultureller Zugehörigkeiten wird.

Soziologische Perspektiven auf den fiktionalen Film

Der Verlust an Alltagsevidenz, die möglicherweise krisenhafte Erosion einer unter Globalisierungsdruck geratenen kulturellen Semantik der Nation, die das Welt- und Wirklichkeitsverständnis sozialer Akteure bis zum heutigen Tag beinahe selbstverständlich prägt, wird indes nicht nur von der Wissenschaft beobachtet. Zu nennen sind vor allem die Massenmedien, deren Realitätskonstruktionen Niklas Luhmann (1996) zufolge allein es sind, die darüber entscheiden, was soziale Akteure über die Welt wissen können. Massenmedien »steigern die Irritierbarkeit der Gesellschaft und dadurch ihre Fähigkeit, Informationen zu erarbeiten« (Luhmann 1996: 149). Ihre Funktion liegt »im Dirigieren der Selbstbeobachtung des Gesellschaftssystems« (Luhmann 1996: 173), also in der Einübung der Gesellschaft in einen Modus der Beobachtung zweiter Ordnung und sie erbringen Gedächtnisfunktionen für das umfassende Gesellschaftssystem (Luhmann 1996: 182). Und zu den Massenmedien gehört nicht zuletzt auch der Programmbereich ›Unterhaltung‹, der den Zuschauer Einblicke in fiktionale Realitäten ermögliche, die weder konsenspflichtig noch einfach irreal sind. »Die filmische Wirklichkeit«, so formuliert denn auch Markus Schroer (2008: 10) aus einer filmsoziologischen Perspektive, »ist also keineswegs eine im fiktiven Raum verbleibende, sondern eine in andere Wirklichkeiten hineinreichende Wirklichkeit.« Während aber Luhmann den Informationswert des fiktionalen Films durch seine einmalige Rezeption bereits aufgezehrt sieht, und daher auch keine wiederholte Rezeption lohne, hat die Filmsoziologie demgegenüber auf die semantische Komplexität filmischer Narrative hingewiesen. Mehr noch: sie wertet die fiktionalen Realitätskonstruktionen des populären Films in diametraler Entgegensetzung zu Luhmann sogar zu hegemoniefähigen Semantiken auf, wonach Filme, wie Manfred Mai und Rainer Winter (2006) formulieren, bestimmte Sinnmuster, Werte und Ideologien bestärken, gegenläufige dagegen ausschließen oder marginalisieren.

Ich möchte diese Perspektivenkonkurrenz auf den fiktionalen Film noch einmal in zwei etwas längeren Zitaten gegenüberstellen, um im Anschluss meinen Zugriff auf den zeitgenössischen Hollywoodfilm als Ressource von Globalisierungswissen zu konturieren. Für eine in der Tradition des Symbolischen Interaktionismus und der Filmethnografie stehende soziologische Filmanalyse lautet der methodologische Einsatzpunkt eine Zurückweisung der »Konzentration auf die Filmform und -ästhetik, auf Filmwirkungen oder auf die Rezeption durch ein aller sozialer Bezüge entkleidetes Subjekt« (Winter/Mai 2006: 9). Denn dies führe zu »Vereinseitigungen, Verzerrungen und zur Ausblendung der gesellschaftlichen Wirklichkeit und ihrer Konflikte.« (Winter/Mai 2006: 9)

In loser Anknüpfung an die systemtheoretische Behandlung von fiktionalen Unterhaltungsgenres heißt es bei Hans-Jörg Trenz (2005: 403), dass »die Faszination, die der Film auf die Soziologie von Anbeginn an ausgeübt hat, kaum nachvollziehbar [ist], wenn man sich nicht auf die Inhalte des neuen künstlerischen Ausdrucksmittels und seine Gestaltungsmöglichkeiten einlässt. Andernfalls riskiert man eine *Kunstsoziologie ohne Kunstwerke* [meine Hervorhebung, I.L.], die das vielleicht Entscheidende, nämlich den Gestaltungsspielraum für soziale Sinnproduktion und die über Kunst ermöglichte Regulation des gesellschaftlichen Sinnhaushalts außer Acht lässt.«

Beide Ansätze konstatieren eine Wesensverwandtschaft des soziologischen und des filmischen Blicks auf die gesellschaftliche Wirklichkeit, und beide Ansätze attestieren dem Film demnach auch eine veritable Quelle soziologischen Wissens zu sein. Bei Mai und Winter tritt das filmische Artefakt als Medium sozialer Sinnproduktion aber tendenziell zurück; das Filmische des Films droht zugunsten einer sozialen Dynamik zu verschwinden, die vor allem außerhalb des Films in ihren Rezeptionsumgebungen interessiert. Demgegenüber reklamiert Trenz zwar eine größere Sensibilität im soziologischen Umgang mit dem spezifisch Medialen als Vollzuginstanz der sozialen Sinnproduktion, aber eine Analyse filmischer Inhalte und filmmedialer Verfahren wird zugunsten konzeptioneller Überlegungen zurückgestellt. Luhmann selbst wiederum hat auf Kosten filmischer Inhalte in den eigentümlich filmischen Dramaturgien den eigentlichen Unterhaltungswert des fiktionalen Films gesehen. In dem Maße also, wie in der interpretativen Filmanalyse filmische Inhalte in Verbindung mit divergierenden akteursspezifischen Rezeptionsstrategien im Zentrum stehen, kommt es in der systemtheoretischen Behandlung massenmedialer Unterhaltung zu einer Delegitimierung fiktionaler Repräsentationen als semantisch ernstzunehmenden Realitätskonstruktionen von Gesellschaft.

Demgegenüber wäre aus der Sicht einer meines Erachtens noch zu formulierenden Soziologie des Films darauf zu achten, dass weder filmische Inhalte auf Kosten ihrer spezifischen Mitteilungsweise fokussiert werden, noch umgekehrt, dass der Blick einseitig auf filmästhetische Aspekte (auf seine »Machart«) gerichtet ist, während das zeitdiagnostische Potenzial filmischer Semantiken unterschätzt wird. Im ersten Fall droht mit Trenz gesprochen eine medientheoretisch unreflektierte ›Kunstsoziologie ohne Kunstwerke‹, im zweiten Fall läuft man Gefahr, in der einseitigen Konzentration auf die filmische Form das soziologische Erkenntnisinteresse aus den Augen zu verlieren. Aus einer genuin soziologischen Perspektive sollte es schließlich auch noch darum gehen, eine gesellschaftstheoretische Einordnung der filmischen Fiktion zu verfolgen, die über die Bedeutung, Funktion und Operationsweise des Films in der Gesellschaft informiert.

In diesem Sinne lautet meine These, dass der fiktionale Film ein Medium der sozialen Sinnproduktion darstellt, welches ein spekulatives Wissen über gesellschaftliche Entwicklungsdynamiken erzeugt und diese filmischen Beobachtungsleistungen der Gesellschaft als semantische Ressourcen der Welt- und Wirklichkeitsdeutung wiederum zur Verfügung stellt. Im Rahmen eines repräsentativen Modells, das beispielsweise in Kracauers bekannter Metaphorisierung des Films als einem »Spiegel der Gesellschaft« zum Ausdruck kommt, wäre der Film dabei aber nur unzureichend erfasst. Denn er ist nicht einfach der logische und zeitgemäße Ausdruck dessen, was ihm die außerfilmische Welt als Erzählstoff bereitstellt. Meine These ist vielmehr auch, dass selbst das vielfach als »unrealistisch« etikettierte Spektakelkino Hollywoods konstruktiv Gesellschaftsbeobachtungen vollzieht, die in einem experimentellen, quasi vorsemantischen Raum von Gesellschaftsbeschreibungen liegen (vgl. Zorn 2007). Filmische Gesellschaftsbeobachtungen formieren ein prekäres Wissen, weil sie nicht durch strukturelle Vorgaben determiniert sind und anders als etwa in der Wissenschaft nicht den Anforderungen von Überprüfbarkeit und Plausibilität unterliegen. Ihr Beobachtungsmodus ist, mit anderen Worten, nicht an Kriterien im Sinne von richtigen und falschen Beobachtungen orientiert, sondern an der Erzeugung von gesellschaftlichen Innovationssemantiken, die als wissenschaftlich unkontrollierte Beobachtungen versuchsweise ausprobiert werden können. Ihre Bedeutung als Innovationssemantiken erschließt damit gleichsam ihre Funktion: »aufgrund ihrer Dynamik«, so nämlich Carsten Zorn (2007: 93), »erfordert die moderne Gesellschaft eine Ebene, auf der beständig, experimentell neue [...] Selbstbeobachtungen [...] entwickelt und (relativ risikolos) getestet werden können.«

Spionagewissen als Globalisierungswissen: Jason Bourne

Auf der Ebene von Innovationssemantiken kann der fiktionale Film, wie ich nun nachfolgend argumentieren möchte, auf besonders luzide Weise ein Globalisierungswissen zur Verfügung stellen. Er vollzieht damit exakt das, was Nassehi »in der kognitiven Einstellung der globalen Welt« als »Blick hinter die Kulissen der *eigenen* Kulturproduktion« (2003: 208) bezeichnet hat – und zwar als einen Blick, der das Ausfallen der Semantik der Nation als gleichsam fehlgeschlagene ideologische Anrufung nationaler Subjekte inszeniert.[2]

Ich möchte diese Umlenkung des Blicks auf das eigene kulturelle Inventar der Welt- und Wirklichkeitsbeschreibung am Beispiel der Bourne-Reihe, einem dreiteiligen Spionage-Sequel nachvollziehen, das zwischen 2002 und 2007 *(Die Bourne Identität*, *Die Bourne Verschwörung*, *Das Bourne Ultimatum)* in den Kinos lief. Meine Diskussion dieses Genrebeitrages, der zu den herausragenden Beispielen einer auffälligen Konjunktur von Spionagefilmen seit den 1990er Jahren zählt, geht dabei von der Annahme aus, dass die Bourne-Reihe ein kinematografisch hochreflexives Globalisierungsnarrativ darstellt, in dessen Zentrum die Frage einer unter Globalisierungsdruck gera-

---

[2] Ich beziehe mich hier auf Louis Althusser (1973), in dessen ideologietheoretischer Skizze der Konstitutionsprozess menschlicher Subjektivität auf einen ideologischen Mechanismus der Anrufung zurückgeführt wird. Vgl. zu einer instruktiven Anwendung Althussers auf den Ideologischen Staatsapparat der Massenmedien Marchart (2004).

tenen Identitäts- und Zugehörigkeitsproblematik verhandelt wird.[3] Die Bourne-Reihe ist darüber hinaus auch ein sehr gutes Beispiel dafür, dass Hollywood keineswegs für eine bestimmte politische und kulturelle Geographie steht, also nicht für das nach wie vor gerne bemühte Sinnbild einer als Amerikanisierung perhorreszierten globalen kulturellen Gleichmacherei, sondern für ein Problembewusstsein von globaler Relevanz – nämlich die Frage nach den prekären Konditionen von Subjektivität und Identität jenseits ihrer Artikulation durch kulturelle Partikularismen.[4] Dass der zeitgenössische Filmspion generell das Problem einer instabilen Identität exploriert, und zwar in einer Dringlichkeit, die bereits in der leicht verfremdeten Lesart von John Woos Agentenfilm *Mission: Impossible 2/M:I-2* (USA, 2000) – *M:I-2/Am I two?* – sogar zum Titel stiftenden Motiv wird, lässt sich am Beispiel der Bourne-Reihe eindrucksvoll nachvollziehen.

Spionagewissen als Globalisierungswissen kommt dabei nicht schon allein durch die zahlreichen filmischen Ortswechsel zum Tragen, die den Filmspion im Verlauf der Handlung kreuz und quer über die Kontinente treiben wird. Es ist vor allem die fetischisierende Inszenierung einer allmächtigen geopolitischen Überwachungstechnologie, die in der Bourne-Reihe mit einer besonderen Vorliebe für filmische Vertikalen ausagiert wird. Souveräne Blick- und Handlungsträgerschaft ist dann vor allem eine Frage der Vogelperspektive, der nichts entgeht und die für den, der sie nicht beherrscht, zumeist tödlich ausgeht. Und schließlich wird das narrative Tempo, eine für den Zuschauer gerade noch zu bewältigende Erzählweise zum stilistischen Erkennungszeichen einer zeitgemäßen Lebensführung, für die Geschwindigkeit, Flexibilität und Anpassungsfähigkeit zur Norm geworden sind.

Bourne ist das scheinbar perfekte Ergebnis einer sorgfältigen ›Mind Control‹, an deren Beginn die komplette Auslöschung seiner zivilen Existenz steht. Sein einziger verlässlicher Anhaltspunkt ist sein Körper, der diverse Kampfkünste ebenso habitualisiert hat wie eine präzise Orts- und Waffenkunde im Verbund mit technologischem Know-how und aus dem schließlich auch noch zahlreiche Sprachen und Soziolekte mechanisch heraussprudeln. Scott Bukatman (1993: 9) hat diese heikle Verbindung aus High-End-Technologie und Fragen der personalen Subjektivität als »Terminal identity« bezeichnet, als Schnittstelle von Datenströmen und einer neuen technoiden Subjektposition, die an die Stelle einer nicht mehr zeitgemäßen humanistischen Vorstellung von handlungsmächtiger Subjektivität und kultureller Identität tritt. »Terminal identity« ist das Resultat einer permanenten Inanspruchnahme von Computern, Kommunikations- und Überwachungstechnologien, Mobiltelefonen, deren Beherrschung eine überlebensnotwendige Kompetenz darstellt. Für Bourne selbst stellt diese Kompetenz allerdings ein Rätsel dar; sie gewährt zumindest vorläufig keine Aufschlüsse über eine

---

[3] Vgl. dazu auch meine ausführliche Diskussion in Lim (2012).
[4] Vgl. dazu auch Lim (2008).

Geschichte oder Herkunft; es gibt nichts, was auf eine bestimmte kulturelle und soziale Identität schließen lassen könnte.

Es liegt dabei in der Natur der Sache des Spionagewesens selbst, dass seine Protagonisten unablässig mit ihren Identitäten befasst sind. Täuschungsmanöver, Verwandlungskünste, Maskerade, das Eintauchen in die Anonymität einer Durchschnittsexistenz, all das sind quasi routinemäßige Techniken einer fortlaufenden Dauerbeschäftigung mit der eigenen Identität, die der Spion allein schon von Berufswegen beherrschen muss. Darüber hinaus ist die Identität des Spions immer auch der Gegenstand einer intensiven Fremdbeobachtung und Sorge um seine Integrität und Loyalität. Der Spion wird eben nicht nur als Mittel einer irregulären Kriegsführungsstrategie geschätzt, weil er wertvolles strategisches Geheimwissen liefert, sondern ebenso gefürchtet, weil er als Inbegriff politischer Unzuverlässigkeit gilt und überdies als besonders anfällig für Störungen, die den Fluss des Geheimwissens ins Stocken bringen können. Soziologisch betrachtet wird der Spion, wie Eva Horn (2002: 145) formuliert hat, »zu einer emblematischen Figur für die Ambivalenz moderner Individualität: einerseits ist er der Prototyp des autonomen, sich aus allen Identitäts- und Sozialitätszwängen heraussprengenden Ichs, andererseits ist er das in einer Vielzahl von Rollenanforderungen und Loyalitäten gefesselte Subjekt. Vollkommene Freiheit einerseits und Verstrickung in inkompatible Systeme andererseits – das ist die paradoxe Formel, die der Spion verkörpert.«

Zwar gehören Fragen, die um die Zuverlässigkeit des Spions kreisen, seit jeher zu den wiederkehrenden Motiven fiktionaler Spionagedarstellungen und der Verrat des Spions praktisch zu den narrativen Konventionen des Genres. Bournes Abtrünnigkeit hat aber nur wenig mit jener anderen beliebten Genrekonvention zu tun, wonach im Spion etwa Zweifel an der Legitimität und Legalität seiner Mission aufkommen. Es ist vielmehr das allmählich erwachende Bewusstsein, dass seine Identität ein Rätsel darstellt – ein Rätsel, das schließlich zur narrativen Auslösegestalt einer spektakulären filmischen Tour de Force wird, die um Bournes Ich-Suche und den Versuchen des Geheimdienstes kreist, seine Identität auszulöschen.

Besonders interessant an dieser narrativen Konstellation ist, dass Bournes Abtrünnigkeit keine im entscheidenden Moment doch irgendwie intakte und zu sich selbst kommende Subjektivität zugrunde liegt. Das Bourne-Narrativ ist vielmehr dem unwiderruflichen Scheitern der Rückgewinnung einer vermeintlich stabilen Identität verpflichtet. Für diese Deutung möchte ich auf eine Schlüsselszene des zweiten Teils eingehen. Sie stellt eine Art visuelles Markenzeichen der Bourne-Reihe dar und taucht in kleinen Variationen noch mehrmals auf. In dieser Szene beobachtet Bourne vom Dach eines Hochhauses die Berliner Einsatzzentrale des CIA; die Kameraperspektive fällt mit Bourne als dem subjektiven Träger eines alles kontrollierenden Blicks zusammen, während der Einstellungswechsel auf die orientierungslose Perspektive der Einsatzzentrale ihr Personal als das verwundbare Objekt eines panoptischen Blickregimes ausstellt. Bournes Perspektive wird mit der machtvollen Position des Überwachers der Überwacher filmisch kodiert. Dieser als asymmetrische Blickkonfiguration spielerisch und für den Zuschauer außerordentlich lustvoll inszenierte Rollentausch zwischen Subjekt und Objekt der Überwachung, ist vor dem narrativen Hintergrund von Bournes Ich-Suche äußerst bemerkenswert. Folgt man einer psychoanalytisch argumentierenden Konstitutionslogik filmischer Subjektivität, dann entspricht Bournes totale Kontrolle über die Ökonomie der Blicke auch zuschauertheoretisch einem subjektivem Vollständigkeits- und Allmachtsphantasma. Dass hier aber eine originäre Verkennungsleistung vorliegt, wird in dem für Hollywood charakteristischen kontinuierlichen Montageverfahren unkenntlich gemacht (vgl. dazu Dayan 1974). Der Zuschauer wird durch die Einstellungsverknüpfung stets in die Lage versetzt, Blickkonstellationen im fiktionalen Narrativ auf Filmfiguren rückzubeziehen. Die Bildkomposition ermöglicht auf diese Weise dic Identifikation des Zuschauers mit der vermeintlich souveränen Blick- und Handlungsträgerschaft Bournes. Genau in diesem Sinne ist die Bourne-Reihe der symptomatische Ausdruck einer generellen Tendenz im zeitgenössischen Hollywoodkino, eine prekäre Scheinidentität zu reflektieren: »The imaginary-real axis becomes the key relation that most accurately maps the spectatorial dynamics of (post-classical) Hollywood, many of those films can be interpreted as red alerts to the vicissitudes of (postmodern) subjectivity in the realm of the social. This social realm the New Lacanians would typify as authoritarian-without-authority.« (Elsaesser/Buckland 2002: 237)

Der Absenz des Symbolischen, also einer bindungswirksamen Ordnung eines Gesellschafts-Dritten der Nation, der Bourne in seiner Identitätssuche gegenübertreten könnte, um über diese Abgrenzung schließlich zu sich selbst zu kommen, lässt ihn demnach nur ins Leere laufen. Sie befördert nur noch den imaginären Exzess einer entfesselten Subjektivität: »authoritarian-without-authority«.

Schluss

Die Bourne-Reihe ist in dieser Hinsicht ein treffendes zeitdiagnostisches Beispiel dafür, dass Spionagewissen Globalisierungswissen ist und im Zuge dessen auch ein prekäres Wissen um die Instabilität und Kontingenz bislang bewährter kultureller Schemata. Der Filmspion Bourne ist, anders formuliert, Symptom der zunehmenden Dysfunktionalität einer um die Semantik der Nation organisierten kulturellen und politischen Choreografie identitätsstiftender Rituale in der globalisierten Welt. Als ein Segment einer massenmedialen Innovationssemantik problematisiert dieser Genrebeitrag entschieden die Schließungssemantik nationalkultureller Identifikationsprozesse, und steigert so, noch einmal mit Luhmann gesprochen, »die Irritierbarkeit der Gesellschaft und dadurch ihre Fähigkeit, Informationen zu erarbeiten« (1996: 149).

Literatur

Althusser, Louis (1973): »Ideologie und ideologische Staatsapparate«. In: Ders.: *Marxismus und Ideologie*, Westberlin: VSA, S. 113-172.

Bronfen, Elisabeth/Benjamin Marius/Therese Steffen (Hg, 1997): *Hybride Kulturen. Beiträge zur anglo-amerikanischen Multikulturalismusdebatte*, Tübingen: Stauffenburg.

Bukatman, Scott (1993): *Terminal Identity. The Virtual Subject in Postmodern Science Fiction*, Durham: Duke University Press.

Dayan, Daniel (1974): »The Tutor-Code of Classical Cinema«. In: *Film Quarterly*, Jg. 28, Nr. 1, S. 22-31.

Elsaesser, Thomas/Buckland, Warren (2002): *Studying Contemporary American Film. A Guide to Movie Analysis*, London: Oxford University Press.

Horn, Eva (2002): »Der Spion«. In: Dies./Stefan Kaufmann/Ulrich Bröckling (Hg.): *Grenzverletzer. Von Schmugglern, Spionen und anderen subversiven Gestalten*, Berlin: Kadmos, S. 136-155.

Lim, Il-Tschung (2008): »Globalität als Spiel filmischer Oberflächen: Zu einer Ästhetik und Aisthetik der Mitteilung im postklassischen Hollywood-Kino«. In: Malda Denana et. al. (Hg.): *Blick.Spiel.Feld*, Würzburg: Königshausen & Neumann, S. 69-77.

Lim, Il-Tschung (2012): *Die Spionage, der Krieg und das Virus – Populäres Globalisierungswissen im zeitgenössischen Hollywood-Kino*, München/Paderborn: Fink.

Luhmann, Niklas (1996): *Die Realität der Massenmedien*, Opladen: Westdeutscher Verlag.

Mai, Manfred/Winter, Rainer (2006): »Kino, Gesellschaft und soziale Wirklichkeit. Zum Verhältnis von Soziologie und Film«. In: Dies. (Hg.): *Das Kino der Gesellschaft – die Gesellschaft des Kinos. Interdisziplinäre Positionen, Analysen und Zugänge*, Köln: Herbert von Halem, S. 7-23.

Marchart, Oliver (2004): »Der Apparat und die Öffentlichkeit. Zur medialen Differenz von ›Politik‹ und ›dem Politischen‹«. In: Daniel Gethmann/Markus Stauff (Hg.): *Politiken der Medien*, Freiburg/Berlin: diaphanes, S. 19-37.

Nassehi, Armin (2003): *Geschlossenheit und Offenheit. Studien zur Theorie der modernen Gesellschaft*, Frankfurt/M.: Suhrkamp.

Nassehi, Armin/Schroer, Markus (1999): »Integration durch Staatsbürgerschaft? Einige gesellschaftstheoretische Zweifel«. In: *Leviathan*, Heft 1, S. 95-112.

Trenz, Hans-Jörg (2005): »Das Kino als symbolische Form von Weltgesellschaft«. In: *Berliner Journal für Soziologie*, Jg. 15, Heft 3, S. 401-417.

Schroer, Markus (2008): »Einleitung: Die Soziologie und der Film«. In: Ders. (Hg.): *Gesellschaft im Film*, Konstanz: UVK Verlag, S. 7-13.

Stichweh, Rudolf (2000): *Die Weltgesellschaft. Soziologische Analysen*, Frankfurt/M.: Suhrkamp.

Zorn, Carsten (2007): »Die Simpsons der Gesellschaft. Selbstbeschreibungen moderner Gesellschaft und die Populärkultur«. In: Ders./Christian Huck (Hg.): *Das Populäre der Gesellschaft. Systemtheorie und Populärkultur*, Wiesbaden: VS Verlag, S. 73-96.

Anja Peltzer

Return to Sender? Kulturelle und politische Adaptionsprozesse von Identität made in Hollywood

Einleitung

»Hollywood is a place you can't geographically define. We don't really know where it is« (Miller et al. 2005: 1) gesteht 1964 der Regiepionier John Ford. Das fast fünfzig Jahre alte Geständnis Fords erscheint heute in Anbetracht der radikal globalen Ausrichtung Hollywoods treffender denn je. Die Konzentration auf die ganze Welt als primären Absatzmarkt erfordert ein global kompatibles Filmschaffen und beendete die Ära Hollywoods als kulturellen Botschafter der USA. Mit der Konsequenz, so der Filmkritiker Jon Lewis, dass die Bezeichnung ›amerikanisches Kino‹ für die Blockbuster aus Hollywood als schlicht nicht mehr zutreffend zu erklären ist (vgl. Lewis 2001: 3). Der Preis für die weltweite Zuständigkeit der Filme, scheint ihre soziokulturelle Heimatlosigkeit zu sein: Adress unknown?

Filme entstehen nicht im gesellschaftsleeren Raum. Ganz im Gegenteil: Filme sind zu gleichen Teilen Vermittler und Archivare ihres gesellschaftlichen Kontexts – auch eines global-gesellschaftlichen. Gerade das konfliktscheue Mainstreamkino greift auf, was an Erwartungen und Vorstellungen in seiner weltweiten Zielgruppe zirkuliert, richtet seine Inhalte entsprechend aus und trägt so entscheidend zur Bestätigung etablierter sozio-kultureller Muster bei. In dieser Funktion Hollywoods als Verstärker des gesellschaftlich Selbstverständlichen sowie der ästhetischen »Must-Haves« einer mediatisierten Weltkultur begründet sich seine soziokulturelle Relevanz: »When a film achieves a certain success, it becomes a sociological event, and the question of its quality becomes secondary« (Truffaut 1977: 100). Der Blockbuster als soziologisches Event steht hier im Fokus des Forschungsinteresses. Denn die filmischen Übersetzungen sozialer Gegebenheiten verschwinden nicht zusammen mit dem Abspann von der Projektionsfläche, sondern finden mit »der Aufnahme durch ein verstreutes Publikum« (Keppler 2006: 46) Eingang in den kommunikativen Haushalt der mediatisierten Gegenwartsgesellschaften. Als Bestandteil des kommunikativen Repertoires der transnationalen Medienzivilisation, so lautet die These des vorliegenden Beitrags, hinterlässt das global erfolgreiche Hollywood-Kino seinen semiotischen Fingerabdruck auf den politischen, sozialen und kulturellen Prozessen des Alltags. Eben diesen Spuren der globalen Filmkultur im Lokalen wird im Folgenden nachgegangen.

Ausgangspunkt der Spurensuche bilden die Identitätsangebote des global erfolgreichen Hollywood-Kinos.[1] Die Gestaltetheit der Akteure des Blockbuster-Kinos markieren für dieses Unterfangen ein klar umrissenes Kristallisationsmoment globaler Medienkulturen: Geradezu beständig gelingt es den Produktionen aus Hollywood, Identitätsangebote zu formulieren, die vom Publikum angenommen werden. So dass die Erwartungen und Vorstellungen der weltweiten Zuschauerschaft fast ein Stück weit berechenbar erscheinen. Dieser Umstand macht das Hollywood-Kino zu einem signifikanten Umschlagplatz global kompatibler Identitätsangebote, derer sich das Publikum wiederum bei der Vergewisserung seiner eigenen identitären Position bedienen kann (Hepp et al. 2003: 18). Aus filmsoziologischer Perspektive stellt sich daher die Frage: Welche Identitätsangebote macht das global erfolgreiche Hollywood-Kino und wie? Hieran knüpft unmittelbar die Frage nach den semiotischen Spuren an: Finden die identitären Inszenierungsweisen des Hollywood-Kinos auch in anderen medialen Gattungen wie Werbung, Wahlkampf oder Fernsehserien Verwendung? Und wenn ja, handelt es sich dabei um eine global etablierte Idiomatik der Identitätsinszenierung?

Die Beantwortung der aufgeworfenen Fragen erfolgt in einem Dreischritt: Zunächst wird der konzeptionelle Rahmen der semiotischen Spurensuche abgesteckt. Verfolgt wird ein dezidiert filmsoziologischer Ansatz, der Hollywood als einen signifikanten Kommunikator versteht, welcher den kommunikativen Haushalt der ausdifferenzierten Gegenwartsgesellschaften mit den gleichen grenzübergreifenden Wissens- und Orientierungsangeboten versorgt. Anschließend wird der Ausgangspunkt der Spurensuche vorgestellt: die Inszenierungselemente der global kompatiblen Identitätsangebote Hollywoods. Um dann schließlich in einem dritten Schritt den semiotischen Spuren Hollywoods nachzugehen. Diese führen auf ganz unterschiedliche mediale Terrains, wie exemplarisch an Hand des Wahlwerbespots für die Wiederwahl der Kanzlerin Angela Merkel (2009), DiCaprios Social-Spot-Kampagne *Don't Vote* (2008) und dem Independent Film *Persepolis* (Satrapi/Paronnaud, 2007, F/USA) gezeigt werden wird.

---

[1] Eine umfassende Darstellung der hier angeführten Argumentationen und Ergebnisse finden sich in Anja Peltzer (2011) Identität und Spektakel. Der Hollywood-Blockbuster als global erfolgreicher Identitätsanbieter. Konstanz: UVK.

Hollywood: Kommunikator transnationaler Wissens- und Orientierungsangebote

»Hollywood« bezeichnete schon immer mehr als nur den Vorort von Los Angeles, in welchem sich zu Beginn des 20. Jahrhunderts das neue Zentrum der amerikanischen Filmlandschaft zu entwickeln begann. »Hollywood is a state of mind, not a geographical entity.« (Maltby 2003: 5f.) Aus ästhetischer Perspektive steht »Hollywood« für einen bestimmten filmischen Stil, den »invisible style«, der sich bereits in den Gründerjahren der jungen Filmstudios rasch etablierte (Chapmann 2003: 110). Eng verknüpft mit dem Stil sind die Stars und damit die Gesichter Hollywoods. Mit den internationalen Erfolgen von Rudolph Valentino, Mary Pickford, Charlie Chaplin und Douglas Fairbanks wuchs das Image Hollywoods als Wohnort des Glamours. Die Filme wurden zu einem imaginären Treffpunkt der Traumwelten eines weltweiten Publikums – und Hollywood zu einem Synonym für einen Lifestyle zunächst noch in schwarz-weiß, mit Happy End und getrennten Betten im Schlafzimmer. Schließlich bezeichnet Hollywood auch einen ökonomischen Standort: Hollywood steht, und das vielleicht sogar vor allem anderen, für einen milliardenschweren Industriezweig – »the only thing Hollywood likes more than a good movie is a good deal.« (Robb 2004: 25) Es gilt: »Je teurer ein Film ist, desto geringer wird das kreative Risiko sein, das das Studio bereit ist einzugehen.« (Blanchet 2003: 125)

Dem kommerziellen Gewinn verschrieben bewegt sich Hollywood mit den Erzählwelten seiner ›Zugpferdproduktionen‹ immer nur im Bereich des kulturell Akzeptierten und Selbstverständlichen (Dörner 2000: 165). Damit trägt das Mainstreamkino entscheidend zur Bestätigung global etablierter gesellschaftlicher Muster bei. Sie beliefern den Zeichenhaushalt transnationaler öffentlicher Räume mit ihren Verständnissen von moralischen Positionen, politischen Handlungsmustern sowie von einer gelingenden personellen Identität. Bereits die Thematisierung – sowie auch die Ausblendung – bestimmter Aspekte zeitgenössischer Lebenswelten im Kino hat Einfluss darauf, was im Alltag der Kinobesucher als »normal« oder eben auch als »abnormal« empfunden wird. So sind Filme »an der Konstruktion der politisch-kulturellen Normalität beteiligt und stellen […] einen erheblichen Faktor unserer Habitualisierung in der massenmedialen Öffentlichkeit dar.« (Dörner 1998: 205) Erfolgreich liefert Hollywood kontinuierlich Input in den transnationalen Wissensvorrat und seinen ästhetischen Fundus. Hollywood ist mit seinen populären Themen- und Bilderwelten ein verlässlicher Produzent von Schlüsselbildern, die gemeinsam »mit bereits abgespeicherten historischen und kulturellen Erfahrungen […] zu Bildmustern und Klischees geordnet [werden; Anm. AP], die als monochrone Filter die Wahrnehmung präformieren und gegebenenfalls als Bildarchiv die Erinnerung prägen.« (Paul 2004: 12) In den transnationalen Kommunikationsräumen der globalen Medienkulturen, in welchen die Bilder dem geschriebenen Wort den Rang als Kommunikationsträger Nr. 1 abgelaufen haben, gewinnt die Rolle des kommerziell erfolgreichen Films als mächtiger Bilderproduzent, als ›Agenda Setter‹, an öffentlichem Gewicht. Die illusionäre Kraft des Hollywood-Kinos und die unter dem Diktat des ästhetischen Kalküls der Medien stehenden Öffentlichkeiten machen den Hollywoodfilm zum Leitmedium, wenn es darum geht, mediale Überzeugungsarbeit zu leisten. Als Arnold Schwarzenegger beispielsweise seine Kandidatur für das höchste politische Amt im Sonnenstaat der USA bei Jay Leno in einer Late-Night-Talkshow bekannt gab, kam nicht nur der Republikaner auf die Bühne, sondern auch der ehemalige Hollywood-Star, und mit ihm seine berühmteste Rolle, der *Terminator* (Cameron, 1984, USA).

Abb. 1-3: Arnold Schwarzenegger zu Gast bei Jay Leno (Spörl 2003: 96), Still aus *Top Gun* (Scott, 1985, USA), George W. Bush auf der USS Abraham Lincoln[2] (http://georgewbush-whitehouse.archives.gov).

Am 06. August 2003 verkündete der gebürtige Österreicher, dass er »den Schlamassel in Ordnung bringen« und »Hausputz machen« werde. Zum Abschied grüßte er den zu jener Zeit amtierenden kalifornischen Gouverneur Gray Davis mit: »Hasta la vista, Baby!«, dem geradezu sprichwörtlich gewordenen Ausspruch des *Terminators* (Spörl 2003). Drei Monate zuvor inszenierte sich George W. Bush, der damalige Präsident der USA, auf dem Flugzeugträger *USS Abraham Lincoln* als Fliegerheld *Pete ›Maverick‹ Mitchell* (alias Tom Cruise) aus dem Kassenschlager *Top Gun*, um das Ende des Krieges im Irak bekannt zu geben. Und bereits George W. Bushs Vater warb in seinem Präsidentschafts-Wahlkampf 1988 mit dem Slogan »Read my lips: no new taxes« um Wählerstimmen und zitierte damit niemand geringeren als *Dirty Harry* (Siegel, 1971, USA) alias Clint Eastwood persönlich.

Sowohl Schwarzenegger als auch Bush Sr. und Jr. haben sich, um ihren Wahlkampf zu bestreiten, fiktiver Figuren bedient, welche in der Welt des Films zur Verfügung gestellt wurden. *Dirty Harry, The Terminator* und auch *Pete ›Maverick‹ Mitchell* sind Produkte der Traumfabrik Hollywood, die einem Millionenpublikum bekannt sind. Der geradezu verlässlich hohe Popularitätsgrad dieser Figuren zeigt, dass die Leinwandhelden nicht nur im Kinosaal eine Rolle spielen, sondern dass sie auch nach dem Kinobesuch als stark konnotierte Zeichen (Wulff 2001: 150) im Alltag präsent bleiben und

---

[2] Bildnachweis George W. Bush (Abb. 2): http://georgewbush-whitehouse.archives.gov/news/releases/2003/05/images/20030501-15_d050103-2-664v.html

als Kollektivsymbole weiterhin verwendet werden können. Der Filmwissenschaftler Thomas Elsaesser vergleicht den Blockbuster diesbezüglich mit einem »Durchlauferhitzer«, der den Wert des Produktes »auflädt« (Elsaesser 2001: 19). Das Kino, so wird an diese Stelle bereits deutlich, funktioniert nicht nur als Geld-, sondern auch als kulturelle Wertmaschine. Die politischen Akteure wissen um die »Benennungsmacht« (Bourdieu 1985: 19). Hollywoods und ihre Langzeitfolgen. Aus diesem Grund wehrte sich bereits im Sommer 2007 der deutsche Verteidigungsminister (vergeblich) gegen die Dreharbeiten von Tom Cruise' Stauffenberg-Projekt im Bendlerblock (Kreye 2007: 11). Und die Regierung der USA richtete sogar eigens ein Filmbüro ein, um die Deutungshoheit Hollywoods zu kontrollieren. Das ›Film Office‹ ist eine Abteilung des Pentagons, dem alle Filmprojekte, die in irgendeiner Form das amerikanische Militär betreffen, vorgelegt werden müssen (Robb 2004: 25). Dort wird entschieden, ob der jeweilige Film Unterstützung finden wird oder nicht. Diese Unterstützung drückt sich dann zum Beispiel in der Bereitstellung der sehr kostspieligen und für den Authentizitätsgrad des Films unersetzlichen Requisiten wie Hubschrauber (Black Hawks), Flugzeugträger, Flugzeuge (Top Guns) usw. aus. Entschließt sich das Pentagon zu einer Kooperation mit dem jeweiligen Filmprojekt, so behält es sich ein Mitspracherecht in der Gestaltung des Drehbuchs vor. Allein die mögliche Macht des filmischen Zeichens hat im Falle des ›Film Office‹ zu einer faktischen politischen Institution geführt. Hollywood, dies wird hier offensichtlich, verkörpert »nicht nur eine Industriemacht, sondern – weitaus wichtiger – auch ein meinungsbildendes ›Powerhouse‹ [Herv. i. O.]« (Everschor 2003: 205).

Als ›meinungsbildendes Powerhouse‹ fungiert Hollywood auch in ästhetischen Fragen. Fernsehmacher, Polit-Berater, Zuschauer und politische Gruppierungen kennen die Bildwelten Hollywoods und die Spielregeln des »ästhetischen Kalküls« (Keppler 2006: 48) der Medien. Diese standen offensichtlich auch Pate bei der Gestaltung des Wahlwerbespots der SPD aus der Bundestagswahlkampagne von 1998. Der Clip stellt dem potenziellen Wähler Gerhard Schröder vor, den Kanzlerkandidaten der SPD, und zwar alleine, im Sonnenuntergang, am Strand spazierend.

Abb. 4-7: Stills aus dem SPD Wahlwerbespot für den Kanzlerkandidaten Gerhard Schröder *Ich möchte den Menschen eine Perspektive geben* (1998).

Der Spot setzt auf bekannte Topoi, – der einsame Spaziergänger, das Meer und der Sonnenuntergang – die der Inszenierung des Schröder-Images als

›der verständnisvolle Mann für die Führungsposition, der trotzdem immer auch Privatmensch bleibt wie du und ich‹ dienen. Die Ästhetik der Klangbildverläufe verweist nicht nur auf den in Deutschland sehr populären *Jever*-Werbespot (*Wie das Land so das Jever* Werbespot der Agentur Jung von Matt), sondern sie knüpft auch an publikumswirksame Melodramen an, wie etwa *Message in a Bottle* (Luis Mandoki, 1999, USA), *Something's Gotta Give* (Meyers, 2003, USA), *Mar adentro* (Amenábar, 2004, I/F/E) oder auch *Dying Young* (Schumacher, 1991, USA). Die Sequenzen am Meer sind in diesen klassischen Hollywoodfilmen Momente des ›In-sich-kehrens‹, der Wahrheit, der Erkenntnis, der besonnenen und freien Entscheidungsfindung und der Versprechen. So auch die Situation im Schröder-Spot, in welchem der Kanzlerkandidat in einem Ehrlichkeit suggerierenden und Vertrauen erweckenden Rahmen sein Wahlversprechen gibt. Unterstrichen wird die intime Stimmung des Clips durch den starken Weichzeichner, die gleichmäßige ruhige Rhythmisierung der Überblendungen sowie durch die erdige und warme Eintönung des Clips. Der Inszenierungsstil des Spots geht einen ›reading contract‹ (Wulff 2001: 133) mit dem Zuschauer ein und weckt bei diesem bestimmte Leseerwartungen. Die Rede ist hier von *potentiellen* Rezeptionsweisen, die bereits in den Strukturen der medialen Produkte angelegt sind, sich aber freilich in unterschiedlichen *faktischen* Rezeptionsweisen niederschlagen können (vgl. Keppler 2001: 126 [Herv. i. O.]). Der Inszenierungsstil des Schröder-Spots verspricht ein Hollywood'sches Melodrama, in welchem die ganze Sympathie der Zuschauer dem Protagonisten sicher ist. Dieses ›erwartbare‹ Rezeptionsverhalten macht sich der Clip zunutze und Schröder als Sympathieträger wird dem Zuschauer quasi »zudiktiert« (Wulff 2001: 148). Das Attraktive an der klassischen Erzählweise und den Inszenierungsstilen Hollywoods für die Bewerbung einer politischen Führungsfigur liegt gerade in eben dieser Verlässlichkeit, für die diese Filme stehen. Hierzu gehört freilich auch die konstante Einhaltung eines gerechten Endes – des Happy Ends, das sich als Erfahrungswert in das kollektive Bewusstsein seines Publikums eingeschrieben hat. Diese Erfahrung des ›Sicheren‹ und ›Verlässlichen‹ rufen die Bilder des Clips bei seinem Publikum ab und stellen diese in einen unmittelbaren Zusammenhang mit dem Kandidaten: Die Wahl Schröders verspricht ein Happy End. So leistet die Überzeugungsarbeit in diesem Clip vielmehr die Hollywood-Ästhetik als die politische Figur Gerhard Schröder.

Ob nun Arnold Schwarzeneggers Wahlkampfstrategie, das ›Film Office‹ oder Gerhard Schröder – alle profitieren vom starken Assoziationshof der filmischen Zeichen. Mehr noch: Diese Beispiele zeigen, dass der »Fundus filmischer Zeichen längst zu einem integralen Bestandteil des kulturellen Gedächtnisses« (Röwekamp 2004: 114) geworden ist und die fiktiven Unterhaltungsmedien zu einer »Komplementärdimension öffentlicher Kommunikation« (Görke 2002: 66). Die Integration der fiktionalen Zeichen in den Bereich der sozial-realen Lebenswelt weist dem Film eine zentrale Rolle in den kulturellen, sozialen und politischen Codes der mediatisierten Gegenwartsgesellschaften zu: »This is a visual, cinematic age« (Denzin 1991: viii). Insbesondere die Ästhetik und die narrativen Muster des Mainstreamkinos kommen dabei »nicht aus dem blauen Himmel [...] auf den Markt, sondern sind vorrangig Reaktionen auf das gesellschaftliche Umfeld, in dem sie entstehen« (Everschor 2003: 205). Im Falle der Blockbuster stellt sich nun das gesellschaftliche Umfeld als ›global‹ dar, was ihn in den Forschungsfokus der vorliegenden Filmanalyse rückt.

»The Making of Identity« – Die global kompatiblen Identitätsangebote Hollywoods

Die These, die dieser Filmanalyse zu Grunde liegt, lautet: Wenn kommerziell erfolgreiche Filme auf die etablierten Formen, Werte und Normen ihres gesellschaftlichen Umfelds verweisen, dann verweisen die global erfolgreichen Filme Hollywoods auch auf global kompatible Vorstellungsmuster von beispielsweise personeller Identität. Der vorliegende Beitrag zur globalen Kompatibilität der Identitätsangebote Hollywoods verfolgt somit keine individualistischen Kunstinteressen, sondern richtet seinen Forschungsfokus auf Filme mit einem nachweislich hohen Verbreitungsgrad, und damit mit einer Signalfunktion hinsichtlich global-gesellschaftlich geteilter Vorstellungsmuster. Die von der Filmanalyse zu untersuchenden Forschungsfragen lauten: Welche Identitätsangebote macht das Blockbuster-Kino? Und wie werden diese gemacht? Um die Fragen nach der filmischen Verfasstheit der global kompatiblen Identitätsangebote beantworten zu können, wurde ein Sample aus weltweit erfolgreichen Filmen zusammengestellt. Als Nachweis für die globale Kompatibilität galt die Höchst-Platzierung der Filme auf den sogenannten Box-Office-Listen. Untersucht wurden die drei weltweit erfolgreichsten Kinofilme der Jahre 2006 und 2007: *Pirates of the Caribbean: Dead Man's Chest* (Verbinski, 2006, USA); *The Da Vinci Code* (Howard, 2006, USA); *Ice Age: The Meltdown* (Saldanha, 2006, USA); *Harry Potter and the Order of the Phoenix* (Yates, 2007, USA/UK); *Pirates of the Caribbean: At World's End* (Verbinski, 2007, USA); *Spider-Man 3* (Raimi, 2007, USA). Das Sample gestaltete sich ausgeglichen. Unter ihnen befand sich kein Überraschungs-Hit, vielmehr erfüllten alle sechs die üblichen Produktionsvoraussetzungen für einen Blockbuster: *The Da Vinci Code*, *Spider-Man 3* und *Harry Potter and the Order of the Phoenix* basieren auf äußerst erfolgreichen Bestsellern (pre-sold properties); *Ice Age: The Meltdown* ist der Nachfolgefilm auf den überdurchschnittlich erfolgreichen *Ice Age*. Zudem liegt bei allen Filmen eine Starbesetzung vor (Ausnahme *Ice Age: The Meltdown*) und mit *Pirates of the Caribbean* besinnt sich Hollywood auf eines seiner traditionsreichsten Genre zurück: den Piratenfilm.

Ziel der Filmanalyse ist es, die (global-)gesellschaftlich geteilten audiovisuellen Ausdrücke für Identität durch einen Vergleich der Filme herauszuarbeiten. Es geht sowohl darum zu klären ›wie‹ die Identitätsangebote gemacht sind als auch darum mögliche wiederkehrende Muster innerhalb des Samples zu bestimmen. Das Methodendesign muss also mehrere Ansprüche erfüllen: Zunächst muss es die Flüchtigkeit des filmischen Materials für die Analyse aufheben, und damit auch für ein gewisses Maß an Transparenz in der Verschriftlichung der Interpretationen sorgen. Zweitens muss es eine systematische Selektion sowie eine Vergleichbarkeit des filmischen Materials ermöglichen. Drittens muss ausreichend Raum für detaillierte Analysen am Film bleiben. So wurde sich für eine integrative Vorgehensweise aus systematisch-quantitativen und interpretativ-qualitativen Methoden entschieden. Das entwickelte Design sah ein sequenzielles Vorgehen vor in Form von drei aufeinander aufbauenden Abschnitten.

Aufgabe des ersten methodischen Schritts ist es, das komplette filmische Material für die Detailanalyse systematisch zu selektieren. Dazu werden zwei Verfahren – die Inhaltsanalyse[3] zum einen und die Filmsequenzanalyse zum anderen – trianguliert. Nur die Szenen, die sich in beiden Verfahren bewähren, werden in einem zweiten Schritt detailliert untersucht: die signifikanten Identity Points. Dabei handelt es sich um identitäre Schlüsselszenen, die sich durch eine intensive Thematisierung von Identität kennzeichnen, ob durch die Figuren selbst, die situativen Handlungsweisen oder die filmsprachliche Inszenierung. Sie stellen signifikante Höhepunkte in der Entwicklung der Protagonistenidentität dar, in dem sie häufig auch neue Perspektiven auf den Protagonisten werfen und damit signifikante Höhepunkte in der Entwicklung der Protagonistenidentität markieren. In jedem Film des Samples kristallisierten sich durch die Triangulation exakt fünf signifikante Identity Points heraus, so dass letztlich dreißig Szenen die Grundlage für die Detailanalyse der filmischen Inszenierung von Identität bildeten – den zweiten Abschnitt des Methodendesigns.

Der zweite Schritt, die semiotische Detailanalyse, konzentriert sich dann auf die filmsprachliche Analyse der erhobenen Identity Points. Es wird davon ausgegangen, »daß formale Charakteristika des Films respektive besondere filmische Formen und Stile die Bedingung dafür bilden, daß und wie Filme verstanden werden – und zwar vor dem Hintergrund von historisch und kulturell spezifischen Wissensbeständen und Erfahrungen der Rezipienten« (Hartmann & Wulff 2003: 193). Ziel einer semiotischen Filmanalyse und auch der Filmsoziologie ist es, die filmischen Formen zu ›verstehen‹, die wiederum den Verstehensprozess von Film vorbereiten, anleiten und vorschlagen. Die Filmanalyse wird somit zu einer Filmübersetzung (Wulff 1999: 14), in der die Bedingungen der Verstehbarkeit herausgearbeitet werden. Im Rahmen der semiotischen Identity Point-Analyse wird sich also auf das filmi-

[3] Die Inhaltsanalyse im Rahmen einer Filmanalyse zu verwenden, ist ungewöhnlich und bringt auch bestimmte operative Probleme aber auch Vorteile mit sich – siehe Peltzer, 2011.

sche Material im Detail konzentriert, genau genommen die filmischen Formen der Konstruktion von personeller Identität. Dazu werden die ausgewählten Szenen in einem ersten Schritt in ihrer Identitätsthematik knapp beschrieben. In einem zweiten Schritt werden dann die filmsprachlichen Besonderheiten der Szenen analysiert, und zwar immer im engen Zusammenhang mit der analytischen ›Übersetzung‹ der Identitätssemantiken der Szenen. Die Interpretationen verlaufen folglich nah am Material und sollen auch immer auf dieses ›rückbeziehbar‹ bleiben. Im Interpretationsprozess wird somit die Semiotik des Codes (dem Kontext des Interpretierenden sowie des sozialen Wissens um Identität) und die Semiotik der Texte und Diskurse verknüpft (Eco 1998: 60). Die Bedeutung des Kontexts des Interpretierenden als ein Bestandteil des Interpretationsprozesses heißt jedoch nicht, dass »ein Kunstwerk alles das enthalte, was – wer auch immer – dort hineinlegen könne.« (Eco 1998: 6) Texte – im vorliegenden Fall die Identity Points – machen kommunikative Angebote, und diese gilt es an den Texten zu verstehen und nicht in sie hineinzulegen. Schließlich besteht »der Gehalt medialer Produkte aus den in ihnen angelegten *Möglichkeiten des Verstehens* [Herv. i. O.]« (Keppler 2006: 95). Die Logik einer Interpretation ergibt sich folglich, indem sie die Gestaltung der ›im Text angelegten Möglichkeiten des Verstehens‹ herausarbeitet, und zwar am jeweiligen Text nachvollziehbar.

Im dritten Schritt, der komparativen Analyse, werden dann die Ergebnisse aus der Detailanalyse innerhalb des Samples verglichen und das methodische Verfahren abgeschlossen. Die Formen, die sich hier im Vergleich als signifikant herausstellten, gaben Aufschluss über mögliche global kompatible Muster von Identität und darüber ›wie‹ sich diese im filmischen Ausdruck darstellen: »Ein Film geht einerseits von dem aus, was wir wissen, von den Gegebenheiten unserer Kultur, denn sonst gäbe es ja keinen Kontakt zwischen Zuschauer und Leinwand; andererseits aber redet er mit uns in einer ungewohnten Sprache, und wir müssen anhand seines Textes diese Sprache lernen.« (Lotmann 1994: 148) Durch die komparative Analyse der dreißig Identity Points haben sich so vier filmspezifische Inszenierungselemente als feste Bestandteile der filmsprachlichen Konstruktion von Identität herausgestellt: die Gestaltung des szenischen Raums als ›inneren Raum‹, in welchem Identität ausgehandelt werden kann, der Einsatz von Spezialeffekten als affektive Markierungen der Identitätsarbeit, das Identitätsensemble für die soziale Aushandlung von Identität und die Anlage der Protagonistenidentität als »Patchworkidentität« (Keupp 1999). Über den Vergleich der Identity Points erschlossen sich nicht nur diese vier Inszenierungselemente für die Konstruktion filmischer Identität, sondern zudem auch Muster in den Handlungsethiken der Protagonisten. Eines – der ›Sowohl als auch‹-Habitus der Helden Hollywoods – wird nun näher erläutert werden.

›Sowohl als auch‹ – der politische Habitus der Hollywood-Protagonisten

»He's noble, heroic – terrific Soprano!«[4] preist Captain Jack Sparrow seinen Gefährten Will Turner bei dem fiesen Tintenfischmann Davy Jones an.[5] Dies natürlich nicht, ohne sich etwas davon zu versprechen, schließlich hat *Jack* bei ihm Schulden. Zwar ist es *Sparrow* gelungen, den skrupellosen Kapitän der *Flying Dutchman* zu einem Deal zu bewegen, der ihm Zeit verschafft, mehr aber auch erst mal nicht. Denn nun schuldet *Jack Davy Jones* hundert Seelen, welche er in drei Tagen beschaffen muss. Sollte ihm das nicht gelingen, muss *Jack* selbst einen lebenslangen Dienst auf der *Flying Dutchman* antreten. Hundert Seelen ist *Davy Jones Jacks* Seele wert – mit *Will*, der sich schon an Bord der *Flying Dutchman* befindet, versucht *Jack* den Preis nun um dreieinhalb Seelen zu drücken. Doch *Jacks* Bemühungen sind vergebens. *Davy Jones* gibt eine Seele für *Will*, fordert 99 weitere Seelen für Jack und verabschiedet sich mit einer moralischen Frage: »But I wonder Sparrow, can you live with this? Can you condemn an innocent man, a friend, to a lifetime of servitude in your name while you roam free?«[6] Worauf *Jack* nach einem kurzen Moment des Nachsinnens erwidert: »Yep. I'm good at it!«[7]

Nobel und heldenhaft, so kennt man nicht nur *Will Turner*, sondern mit solchen Eigenschaften ist in der Regel jeder Held des Mainstreamkinos ausgestattet. Sie setzten sich für das Wohl der Gemeinschaft ein und gehen dafür bis an die Grenze ihrer physischen und psychischen Belastbarkeit. Sie wachsen über sich selbst hinaus, um alles zu einem guten Ende zu bringen. Und nun wird der noble Held des Mainstreamkinos auch noch ohne großes Zögern eingetauscht gegen einen unberechenbaren und eigennützigen Piraten mit rosafarbener Schärpe und Ohrringen. Doch an dieser Szene eine Meuterei in der Protagonistengestaltung des Mainstreamkinos zu vermuten, erscheint verfrüht. Es stellte sich vielmehr heraus, dass das Engagement des Einzelnen für die Gemeinschaft in keinem Widerspruch zur Verfolgung der eigenen, ganz individuellen Interessen steht. Dieser ›Sowohl als auch Habitus‹ der Helden Hollywoods gibt den politischen Kurs der Protagonisten vor. Einen Kurs, der eine möglichst hohe Anschlussfähigkeit verspricht – ich komme darauf zurück. Zunächst soll nun jedoch der ›Sowohl als auch Habitus‹ exemplarisch anhand von zwei Identity Points nachgezeichnet werden. Den

---

[4] *Pirates of the Caribbean: Dead Man's Chest*: 01:01'19''59 [SP: 7_3] Anmerkung zur Filmzitation: Die Filme des Samples werden mit Hilfe von Sequenzprotokollen (SP) zitiert. Die erste Zahl steht für die Sequenz, die zweite für die Subsequenz; werden Dialoge zitiert, wird der exakte Timecode angegeben (VLC-Player). Die verwendeten Sequenzprotokolle stehen auf der Website des UVK Verlags als Download zur Verfügung: http://www.uvk.de/buch.asp?ISBN=978386764309&WKorbUID=49959600&TITZIF=2527&be=&uBe=

[5] *Pirates of the Caribbean: Dead Man's Chest* [SP: 7_3]

[6] *Pirates of the Caribbean: Dead Man's Chest*: 01:02'00''06 [SP: 7_3]

[7] *Pirates of the Caribbean: Dead Man's Chest*: 01:02'15''27 [SP: 7_3]

Anfang macht der erste Identity Point aus dem dritten Teil der Piratensaga: *Pirates of the Caribbean: At World's End.*

Eigentlich, so schien es zumindest, war *Captain Jack Sparrow* verloren und zwar auf immer und ewig an *Davy Jones' Locker*. Ein zeitloser Unort – gleißend hell, leer und für einen Seemann wie *Jack* noch dazu ungemütlich trocken – an welchen *Davy Jones* säumige Piraten verbannte. Nicht zur Reue oder zu Besserung, sondern einfach nur so und auf nimmer Wiedersehen. Doch dann kommt – natürlich – alles anders: *Captain Jack Sparrow* ist zurück. Der Crew, die auszog, um ihn aus *Davy Jones' Locker* zu befreien, ist es tatsächlich gelungen, den *Locker* zu finden und auch den Weg wieder zurück zu den Lebenden zu meistern. Einer Wiedergeburt ähnlich katapultiert die See die *Black Pearl* mit ihrer Besatzung zurück auf die Meeresoberfläche, wo sie der Sonnenaufgang begrüßt. Zurück aus dem Reich der ewig Untoten werden nun die Karten innerhalb des Ensembles neu gemischt: Wer verfolgt welches Ziel? Und vor allen Dingen: Welche Rolle wird *Jack* dabei übernehmen? Keine 37 Sekunden nach der gemeinsam gemeisterten, spektakulären Rückkehr werden daher an Deck der *Black Pearl* die Revolver gezückt. *Barbossa* zielt auf *Jack*, was zum sofortigen Ziehen der Revolver bei *Will* und *Elizabeth* führt, die wiederum auf *Barbossa* zielen. *Jack* – als Letzter – zielt allerdings nicht auf *Barbossa*, sondern auf *Will* und *Elizabeth. Will* quittiert *Jacks* Positionierung, indem er seine zweite Waffe auf *Jack* richtet und *Elizabeth*, indem sie auf *Jack* sowohl giftige Blicke als auch ihre zweite Waffe richtet. Das Ergebnis ist ein Kreis, in welchem mindestens zwei Revolver auf jedes Mitglied des Kreises gerichtet sind – keiner kann in den Kreis hinein und keiner kann dem Kreis entkommen. So stellt sich die Ausgangslage des Identity Points dar, in welchem es um die Abstimmung der Ziele der Einzelnen mit den Zielen des Kollektivs geht. Den kommunikativen Rahmen der Verhandlung bilden die Revolver an den Schläfen der Akteure. Die Referenz des Wortes gilt im rechtsfreien Raum der Piraten nichts, weshalb die Revolver als argumentative Beglaubigungsstrategien für den Aushandlungsprozess dienen und die abgenutzte Floskel ›Lass uns darüber reden!‹ über Bord geht.

Abb. 8-10: Stills aus *Pirates of the Caribbean: At World's End* [SP: 6_1].

Bemerkenswert an diesem Kreis aus Schießeisen ist die semiotische Ironie, in welcher hier die Paradoxie individueller Identität, nämlich der »Kampf um Anerkennung« (Honneth 1992: 11), inszeniert wird. So greift das Arrangement der Akteure in diesem Identity Point zwar den Kreis als ein starkes sowie identitätsrelevantes Zeichen für Zusammenhalt und Verbund auf, relativiert diesen allerdings sogleich, indem die Revolver als Bindeglieder des Verbunds fungieren, die bekanntermaßen ein unmissverständliches Zeichen für Unfreiheit, Zwang und Gewalt sind. Der Schießeisenkreis entwirft das Verhältnis zwischen individuellem Identitätsprojekt und sozialem Umfeld als ein offensichtlich abhängiges und entlarvt Identität damit als mindestens so fremd gesteuert wie selbst gemacht.

Das soziale Umfeld fungiert hier nicht nur als identitätsbestätigend, sondern auch als identitätsfordernd. Herausgefordert wird in diesem Rahmen nun keine geringere Identität als die von *Captain Jack Sparrow* – dem Grenzgänger, der sich nie in die Karten schauen lässt. In diesem Kreis aus Revolvern, der die Goffman'sche »Verbundenheit durch Abhängigkeit« (Goffman 2007: 77) pointiert abbildet, werden die Anforderungen und Zuschreibungen des Ensembles an *Jack* formuliert. Genau genommen wird ihm in diesem Identity Point die Pistole auf die Brust gesetzt. *Elizabeth* richtet beide Revolver auf ihn und schießt los mit: »The pirates are gathering to fight Beckett. And you're a pirate!«[8] Und *Will* lädt nach mit: »Fight or not. You're not running Jack!«[9] Die konkrete Infragestellung des Identitätsprojekts von *Jack Sparrow* übernimmt letztlich *Captain Barbossa*, der dazu aus dem Kreis heraus in dessen Mitte tritt und *Jacks* Pläne unmittelbar von Angesicht zu Angesicht infrage stellt. Woraufhin *Jack* tatsächlich abdrückt, und zwar mitten in das Gesicht von *Captain Barbossa*. Der Schuss verpufft jedoch als ein tumbes Klicken des Abzugs – »wet powder!«[10]

Jacks Schuss ist eine unmissverständliche Absage an das Identitätsangebot, das ihm das Ensemble anbietet. Er lässt sich weder instrumentalisieren noch integrieren. Der Schuss markiert damit einmal mehr *Jacks* Identitätsprojekt als Grenz- und Einzelgänger – diesmal allerdings in einer drastischeren Konsequenz als bisher bekannt. Er reiht sich nicht in das soziale Netzwerk der Piraten ein und überschreitet mit dem Schuss auf *Barbossa* nicht nur die Grenze des Kollektivs, sondern auch eine Grenze zur Gewaltbereitschaft, die er vor seinem Aufenthalt in *Davy Jones' Locker* nie überschritten hat. Die filmische Konstruktion von *Jacks* Identität als unabhängig und unberechenbar wird in diesem Identity Point also weiter ausgebaut. Sein Wunsch nach Unabhängigkeit geht sogar soweit, dass er sein soziales Netzwerk selbst opfern würde. Die Kameraführung versäumt es jedoch nicht, den Preis für diese Haltung festzuhalten: Im Anschluss an die verunglückte Schießerei verweilt die Kamera in einer knapp vier Sekunden andauernden Nahaufnahme[11] auf *Jack* und zeigt ihn alleine und befangen. Durch den Schuss positioniert sich *Jack* nicht nur als ein »Out-law« für die westliche Kolonialmacht,

---

[8] *Pirates of the Caribbean: At World's End*: 56'25''94 [SP: 6_1]
[9] *Pirates of the Caribbean: At World's End*: 56'29''54 [SP: 6_1]
[10] *Pirates of the Caribbean: At World's End*: 56'59''87 [SP: 6_1]
[11] *Pirates of the Caribbean: At World's End*: 57'00'89-57'04'66 [SP: 6_1]

sondern auch für die Piraten, so dass erneut die Frage im Raum steht, die sich auch seinen Gefährten immer wieder stellt: »On which side is Jack on?«[12]

Die Frage nach der Seite ist eine politische Frage: Ist *Jack*, ein radikaler Individualist, der konsequent seine eigenen Ziele verfolgt und über Leichen geht? Oder aber ist *Jack* einer, der sich für die gemeinsame Sache einsetzt? Die Antwort des stets tänzelnden Piraten lautet: ›Sowohl als auch‹. Immer am Ende der Piratenfilme, so zeigt sich, handelt *Jack* so nobel und heldenhaft, wie es sich für einen Hollywood Helden geziemt. Im zweiten Teil kehrt er, obwohl er sich schon in Sicherheit gebracht hatte, wieder an das finale Schlachtfeld zurück, um seine Gefährten in ihrem eigentlich aussichtslosen Kampf gegen *Davy Jones'* Riesenkrake zu unterstützen. Und auch am Ende des dritten Teils verzichtet *Jack* auf die Realisierung seines eigenen Lebenstraums, um seinen beiden Gefährten *Will* und *Elizabeth* eine gemeinsame Zukunft zu ermöglichen. Die finale Entscheidung *Jacks* ist damit immer auch eine Entscheidung zwischen ›radikalem Individualismus‹ zum einen und im Dienste des ›Gemeinsinns‹ zum anderen. Indem *Jack* nun seine eigenen Zukunftspläne für *Will* und *Elizabeth* aufgibt und sich in das Kollektiv eingliedert, relativiert sich das radikal individualistische Statement *Jacks* aus den beiden anderen bereits zitierten Szenen: *Jack* geht eben nicht über Leichen. Sondern: Gemeinschaftliches Engagement und expressive Individualität sind keine Gegensätze, sondern nur zwei Seiten eines Identitätsprojekts made in Hollywood.

Das semiotisch eindeutigste Schlüsselbild des Samples für die Herstellung der Balance aus Individualität und Gemeinsinn bietet *Ice Age: The Meltdown* in seinem dritten Identity Point an.[13] *Ellie* hat erkannt, das sie kein fünf Kilogramm schweres Opossum ist, sondern ein zehn Tonnen schweres Mammut. *Mannys* etwas ungelenker sich unmittelbar an ihre Selbsterkenntnis anschließender Antrag, dass man jetzt ja auch die Spezies vor dem Aussterben retten könne, verletzt *Ellie* zutiefst. Kurzentschlossen bricht sie gemeinsam mit ihren beiden Halbbrüdern mitten in der Nacht auf. *Manny*, *Sid* und *Diego* folgen ihnen und *Manny* versucht eine Versöhnung herbeizuführen – vergeblich. Plötzlich bricht der Boden unter der Gruppe weg, und alle Mitglieder finden sich verteilt auf einzelnen Etagen eines hohen, wackeligen Turms wieder, der aus gestapelten, unterschiedlich großen Felsbrocken und -platten besteht (Abb. 11). Um sie herum befindet sich ein Meer aus Stalagmiten, sodass ein Einsturz des Turms für alle den sicheren Tod bedeuten würde. Nur die beiden Mammuts *Manny* und *Ellie* könnten durch ihr gemeinsames Gewicht den Turm stabilisieren, wodurch der Streit zwischen den beiden zum Problem der gesamten Gruppe wird. Ihr Streit stört das buchstäbliche Gleichgewicht der Herde, sodass das fragile Konstrukt auseinanderzubrechen droht. In Anbetracht des Abgrunds und durch die Mithilfe ihrer Gefährten können die beiden jedoch ihren Konflikt lösen und das lebensnotwendige Gleichge-

[12] *Pirates of the Caribbean: The Curse of the Black Pearl:* 01:56'57''17
[13] *Ice Age: The Meltdown*, [SP: 5_5]

wicht wiederherstellen (Abb. 12). Dies ist jedoch nur von kurzer Dauer. *Sid*, das Faultier, zerstört durch eine unüberlegte Handlung das mühsam hergestellte Gleichgewicht, was zum Einsturz des Turmes führt und die Herde dazu zwingt sich im wahrsten Sinne des Wortes ›Hals-über-Kopf‹ zu retten, was ihr gerade so eben gelingt (Abb. 13).

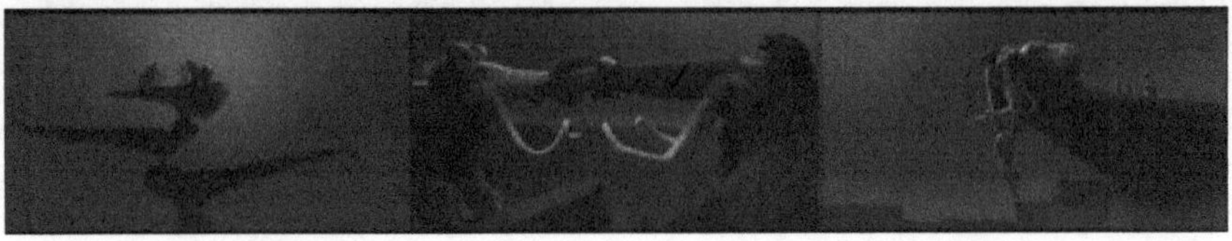

Abb. 11-13: Stills aus *Ice Age: The Meltdown*

In diesem Identity Point formuliert *Ice Age: The Meltdown* seine Variante der politischen Losung des Mainstreamkinos: Das Gemeinwohl einer Gemeinschaft hängt unmittelbar mit den individuellen Interessen seiner Mitglieder zusammen, diese gilt es *sowohl* zu schützen *als auch* dem Gemeinwohl unterzuordnen.[14] Diese geradezu diplomatische Unentschlossenheit des ›Sowohl-als-auch-Habitus‹ bringt eine maximale Flexibilität hinsichtlich der politischen Haltung mit sich. Aber auch eine solche politische Strategie hat zwei Seiten: Auf der einen steht die politische Allgemeingültigkeit und auf der anderen die politische Beliebigkeit.

Des Weiteren wird durch den Vergleich der Filme deutlich, dass die Protagonistenidentitäten des Sampels in den Handlungsverläufen der jeweiligen Filmwelten immer wieder vor Aufgaben gestellt werden, in welchen sie ihr Identitätsangebot unter Beweis stellen müssen. In den einzelnen Identity Points zeigt sich, dass sie sich dabei nicht immer für das Gemeinwohl entscheiden und man sogar davon sprechen kann, dass sie in manchen Fällen eigennützig und rücksichtslos handeln, z. B. wenn *Jack* die komplette Pirategesellschaft an *Beckett*[15] verrät oder *Peter Parker* seine Freundin schlägt.[16] In den entscheidenden Momenten jedoch, und das ist in allen Filmen der Fall, wachsen die Protagonisten über sich hinaus, erkennen, was zu tun ist, und setzten sich für das Wohl der Gemeinschaft ein. Die soziale Anpassung, die an jedem Identitätskonstruktionsprozess beteiligt ist, steht somit in keinem Widerspruch zur eigentlichen Unabhängigkeit eines Helden des Blockbusterkinos. Im Gegenteil: Die filmische Konstruktion der Protagonistenidentität täuscht nicht über das identitäre Paradoxon zwischen individuellen Zielen

[14] Ähnlich in Arrangement und Farbgebung verfährt auch der Kurzfilm *Balance* (Regie: Lauenstein, Christoph/Lauenstein, Wolfgang, 1989, BRD), der 1990 einen Oscar als bester animierter Film erhielt und heute noch von der Bundeszentrale für politische Bildung als ›politisch wertvoll‹ empfohlen wird. Allerdings finden die Figuren in Balance keine Lösung für das Gleichgewicht zwischen der Gruppe und den individuellen Bedürfnissen. Ganz im Gegenteil: In Balance zerstört sich die Gemeinschaft aufgrund des radikalen Individualismus selbst.

[15] *Pirates of the Caribbean: At World's End* [SP: 6_5]

[16] *Spider-Man 3* [SP: 9_4]

und sozialer Bestätigung hinweg, sondern sie inszeniert die sozialen Anpassungsprozesse als Heldentaten. Letztendlich meutern die Helden Hollywoods also nicht. Sondern sie befolgen die etablierte narrative Ordnung des timeless-tales und seines Gut-Böse-Schemas und bestätigen damit die geradezu verlässliche semiotische Aufgeräumtheit der Filme. In eben dieser Verbindung aus semiotischer Aufgeräumtheit und politischer Beliebigkeit begründet sich die globale Anschlussfähigkeit des Zeichenvorrats Hollywoods: Die Beliebigkeit bietet wenig Angriffsfläche und die semiotische Aufgeräumtheit transportiert über ihr geläufiges und universelles Wahrnehmungsmuster eine emotionale Vertrautheit, die bei seinem transnationalen Publikum anschlussfähig ist.

Politische und kulturelle Adaptionsprozesse der Identitätsangebote Hollywoods

Während der komparativen Analyse der Filme wurde bereits eine Beobachtung gemacht, die vor dem Hintergrund des politischen ›Sowohl- als-auch-Habitus› an Bedeutung gewinnt. Dabei handelt es sich um ein Moment, das sich in allen Filmen des Samples ereignet. In diesen versucht die filmische Figur, die ideale Handlungsweise für das Individuum in der Gesellschaft zu benennen. Die fast schon ontologische Grundsätzlichkeit, die diese Aussagen vorzugeben scheinen, macht sie zu ›politischen Formeln‹. »We are, who we protect, I think, who we stand up for«[17] lautet die Losung in *The Da Vinci Code*, die in diesem Fall nicht dem Protagonisten in den Mund gelegt wird, sondern seiner Gefährtin *Sophie*. »You always have a choice [...] It's the choices who makes us, who we are«[18] weiß *Peter Parker* in *Spider-Man 3*. Das Faultier *Sid* rät *Manny* »You need to let go of the past – so you could have a future!«.[19] Und *Sirius Black* gibt seinem Patenkind *Harry Potter* mit auf den Weg: »We all got both light and dark inside of us. What matters is the part we choose to act on – that's who we really are.«[20] Die Formeln befolgen einen politischen Konsens, der auch die Handlungsmuster der Protagonistenidentitäten prägt. Sie formulieren politische Allgemeinplätze, die der Marktausrichtung Hollywoods geschuldet ist. Die radikale Ausrichtung der Blockbuster am Weltmarkt erlaubt in dieser Hinsicht keine Freiheiten. Kein potenzieller Zuschauer darf aufgrund von politischen Statements verloren werden. Folglich bedienen die Filme mit ihren politischen Weltentwürfen und Formeln primär eines – den kleinsten gemeinsamen politischen Nenner. Der Effekt dieser politischen Formeln sind ontologische Stereotypen, welche

[17] *The Da Vinci Code*: 02:18'12''07 [SP: 16_1]
[18] *Spider-Man 3*: 02:01'15''45 [SP: 12_1]
[19] *Ice Age: The Meltdown*: 1:15'19''25 [SP: 9_3]
[20] *Harry Potter and the Order of the Phoenix*: 01:12'35''33 [SP: 9_2]

einfach zu verstehen sind und in ihrer Appellstruktur direkt an den Zuschauer weitergegeben werden können, ohne mit ihrer Aussage anstoßen zu können.

Bemerkenswert an diesen politischen Formeln, die wie Claims klingen und politische Allgemeinplätze bedienen, sind die Parallelen, die sich hier zwischen der Konsenspolitik der Filmwelten Hollywoods und dem politischen Wahlwerbespot im neuen Jahrtausend herausstellen. »Gemeinsam können wir viel erreichen – wir alle zusammen«, lautet 2009 eine der politischen Formeln des Bundestagswahlkampfs der CDU. Medial inszeniert und publiziert wird der Claim unter anderem in dem Wahlwerbespot der Partei, in welchem sich Angela Merkel als Kanzlerin zur Wiederwahl anbietet. Der Clip inszeniert auf der auditiven und der visuellen Ebene eine Synthese aus Individualität und Gemeinsinn. Es werden Großaufnahmen von Merkels Gesicht, sowohl frontal als auch im Profil überblendet mit Bildern aus dem kollektiven Gedächtnis der Bundesrepublik wie etwa dem Mauerfall (Abb. 14), ihrer Vereidigung zur Kanzlerin 2005 (Abb. 15) und der Fußball Weltmeisterschaft 2006 (Abb. 16).

Abb. 14-16: Stills aus dem Wahlwerbespot der CDU *Wir haben die Kraft* (2009)

Privates und Öffentliches, Individuelles und Gemeinschaftliches fließen in der Collage des Clips ineinander. Dabei bleibt die Einstellungsgröße der Aktionsebene über die Hälfte des Clips in der Großaufnahme von Merkels Gesicht, und stellt damit eine geradezu vertraute Nähe zur personellen Identität der Kandidatin her. Gleichzeitig wird sie damit als Individuum dargestellt: Angela Merkel ist Individuum und Teil der Gemeinschaft, die sie führen kann. Der stark individualisierte Text des Spots, von Merkel selbst gesprochen, betont das ›Ich‹ der Kanzlerin, wie etwa gleich im Anfangssatz: »Ich wurde nicht als Kanzlerin geboren.« Er integriert ihre Biografie und hebt sie als Individuum hervor. Der räumliche Rahmen des Spots ist das Kanzleramt und damit Angela Merkel in ihrer beruflichen Funktion als Kanzlerin und als öffentliche Person. Mit dieser Synthese aus Individualismus und Gemeinschaftsorientierung zieht sich der Wahlwerbespot, ähnlich wie die Blockbuster, auf politische Allgemeinplätze zurück, um keine potentiellen Kinogänger im einen Fall bzw. keinen potentiellen Wähler im anderen Fall zu verprellen.

Ein weiterer Profiteur der Konnotationsfabrik ›Hollywood‹ ist beispielsweise das Phänomen des ›Stars‹. Seine außeralltägliche Aura ist das Ergebnis der Überlagerung von filmisch Dargestelltem – dem innerfilmischen Image – und der realen Physiognomie des Darstellers – dem außerfilmischen Image (Lowry 1997: 11; Schroer 2010). In der Personalunion von Darsteller und

Dargestelltem »gewinnt das filmische Konstrukt eine Realität, die über den Film hinausreicht: Die filmische Rolle wird personalisiert zum Star – zu einer Fiktion, die in der gesellschaftlichen Realität außerhalb des Films weiterlebt.« (Soeffner 2005: 61) Die emotionale Vertrautheit der semiotischen Aufgeräumtheit der Blockbuster ist Teil des innerfilmischen Images, welches das kulturelle Gepäck und letztendlich auch die Identität des Stars mitgestaltet. Setzt sich der Star dann zudem noch, wie in der Social-Spot-Kampagne *Don't Vote* geschehen, auf ironische Weise für politische Zwecke ein, beginnen die semiotischen Systeme zu rotieren.[21] In der ausschließlich im Web veröffentlichten Kampagne ruft das ›Who is Who‹ der Weltstars, darunter Forest Whitaker, Leonardo DiCaprio, Dustin Hoffman, Tobey Maguire, Benicio Del Toro und Julia Roberts, zur Wahl auf. In den hochwertig produzierten, überparteilichen Spots schlüpfen sie in die Rolle der Privatperson und fordern mit direktem Blick in die Kamera von der potenziellen Wählerschaft: »Don't Vote!«. Nach knapp 30 Sekunden wird die ironische Ebene aufgelöst und zur Benennung der ›guten Gründe für die Wahl‹ übergegangen, bevor dann am Ende die Botschaft des Clips klar und unmissverständlich formuliert wird: »Vote!«. Ob in millionenschweren Blockbustern oder auf Youtube: Der Star als »hochverdichtetes mehrdeutiges Zeichen« (Lowry 1997: 11) ist auf sämtlichen medialen Terrains anschlussfähig. So zeigt sich: Hollywoods Identitätsangebote bedienen zwar im Kontext der Filme politische Allgemeinplätze, durch ihre Anschlussfähigkeit, Popularität und emotionale Sättigung können sie in der intertextuellen Weiterverwendung durchaus zu wirkungsvollen politischen Akteuren werden.

Aber nicht nur in der politischen Kommunikation hinterlässt Hollywood seine Spuren, auch auf entfernteren kulturellen Terrains, wie zum Beispiel dem Independent-Kino. Die Geschichte der jungen *Marjane*, Protagonistin des in Schwarz-Weiß gezeichneten Films *Persepolis*, ist ein Beispiel dafür. *Marjane* wächst in gutbürgerlichen Verhältnissen in den 70er-Jahren in Teheran auf. Sie erlebt sowohl die Endphase der Regierung des Schahs Mohammad Reza Pahlavi als auch die Ausrufung der Islamischen Republik. Der Film erzählt davon, wie *Marjane* versucht, sich ihre eigene Identität aufzubauen, und zwar zwischen medial vermittelter Popkultur, Traditionsbewusstsein, einer starken Familienidentität, politischer Verantwortung und dem Kopftuch. Dieses Independent-Kino weiß um die Herausforderung und Problematik des Identitätskonstruktionsprozesses im Zeitalter globaler Medienkulturen und bebildert viele Themen der Identitätsdebatten, die im Rahmen von kulturellen Globalisierungsprozessen und den Bedingungen der Spätmoderne immer wieder diskutiert werden. Interessanterweise erzählt *Persepolis* auch von dem Verhältnis zwischen globalem Kino und personeller Identität: Die

[21] Die Spots sind Teil eines viralen Marketing Konzepts. Sie wurden 2008 von Leonardo DiCaprios Produktionsfirma Appian Way produziert und im Internet verbreitet, um zur Wahrnehmung des Wahlrechts bei der Präsidentschaftswahl 2008 zu mobilisieren. Regie führte Steven Spielberg.

massiven politischen Einschnitte in *Marjanes* Lebenswelt sowie eigene zwischenmenschliche Erfahrungen erschüttern ihre Biografie immer wieder aufs Neue, sodass sie letztendlich an der Konstruktion der eigenen kohärenten Identität zu scheitern droht und in eine tiefe Depression verfällt, die sie wochenlang ans Bett fesselt. Bei ihrem Ausbruch aus dem vernebelten Bewusstseinszustand der Krankheit erhält die Protagonistin Unterstützung von einem prominenten Song: *Eye of the Tiger*, dem Titelsong aus *Rocky III*.[22] Die Zitation der weltbekannten fiktiven Boxlegende in *Persepolis* ist keine schlichte Hommage an Hollywood, sie ist die Indienstnahme eines kulturell konnotierten Identitätsangebots, welches bereits mit dem ersten Ton des Songs im kollektiven Gedächtnis des Publikums abgerufen wird.

Im Takt der Musik boxt sich *Marjane* zurück in ihren Alltag. Der Soundtrack des italienischen Underdogs in Philadelphia wird zum Soundtrack der iranischen Einzelkämpferin in Teheran. Die popkulturelle Integration des Songs in den iranischen Alltag ist allerdings nicht als eine These der Homogenisierung von Kultur und Identität zu verstehen. Ganz im Gegenteil: *Persepolis* zeigt, wie die Produkte einer globalen Kulturindustrie »mimetisch nachvollzogen und in einem performativen Akt der Neukonstruktion lebensweltlich umgedeutet werden.« (Klein 2002: 208) Und so macht sich *Marjane* mit Tuch auf dem Kopf und *Eye of the Tiger* auf den Lippen auf den Weg zur Universität von Teheran.

Die reflektierte Indienstnahme und Re-Interpretation der *Rocky*-Identität durch *Marjane* führt wieder zurück zu der Eingangsthese dieses Beitrags: Die Integration des Hollywood'schen Zeichenvorrats im kollektiven Gedächtnis der industrialisierten Gegenwartsgesellschaften begrenzt die Ästhetiken und Narrationen Hollywoods nicht mehr auf die Leinwände der Welt, sondern macht sie zu einem Bestandteil des kommunikativen Repertoires der transnationalen Medienzivilisation – und damit von politischen, sozialen, kulturellen und identitären Prozessen. Nicht mehr, aber auch nicht weniger.

Literatur

Blanchet, Robert (2003): *Blockbuster, Ästhetik, Ökonomie und Geschichte des Postklassischen Hollywoodkinos*, Marburg: Schüren.

Bourdieu, Pierre (1985): »Sozialer Raum und ›Klassen‹«. In: Ders.: *Sozialer Raum und ›Klassen‹: Leçon sur la Leçon. Zwei Vorlesungen*, Frankfurt/M.: Suhrkamp, S. 9-46.

Chapmann, James (2003): *Cinemas of the World: Film and Society from 1895 to the Present*, London: Reaktion Books.

Denzin, Norman K. (1991): *Images of Postmodern Society: Social Theory and Contemporary Cinema*, London: SAGE Publications.

[22] *Rocky III* (USA; 1982); Regie: Sylvester Stallone.

Dörner, Andreas (1998): »Das politische Imaginär: Vom Nutzen der Filmanalyse für die politische Kulturforschung«. In: Wilhelm Hofmann (Hg.): *Visuelle Politik: Filmpolitik und die visuelle Konstruktion des Politischen*, Baden-Baden: Nomos, S. 199-219.

Dörner, Andreas (2000): *Politische Kultur und Medienunterhaltun: Zur Inszenierung politischer Identitäten in der amerikanischen Film- und Fernsehwelt*, Konstanz: UVK.

Eco, Umberto (1998): *Lector in fibula: Die Mitarbeit der Interpretation in erzählenden Texten*, München: dtv.

Elsaesser, Thomas (2001): »The Blockbuster: Everything Connects, but Not Everything Goes«. In: Jon Lewis (Hg.): *The End of Cinemas As We Know It: American Film in the Nineties*, New York, London: New York University Press, S. 11-22.

Everschor, Franz (2003): »Hollywood als politische Kraft«. In: Ders.: *Brennpunkt Hollywood: Innenansichten aus der Filmmetropole der Welt*, Marburg: Schüren, S. 205-207).

Goffman, Erving (2007): *Wir alle spielen Theater: Die Selbstdarstellung im Alltag*, München: Piper.

Görke, Alexander (2002): »Unterhaltung als soziales System«. In: Achim Baum/Siegfried J. Schmidt (Hg.): *Fakten und Fiktionen: über den Umgang mit Medienwirklichkeiten*, Konstanz: UVK, S. 61-73

Hartmann, Britta/Wulff, Hans J. (2003): »Neoformalismus – Kognitivismus – Historische Poetik des Kinos«. In: Jürgen Felix (Hg.): *Moderne Film Theorie*, Mainz: Bender, S. 191-221.

Hepp, Andreas/Thomas, Tanja/Winter, Carsten (2003): »Medienidentitäten: Eine Hinführung zu den Diskussionen«. In: Diess. (Hg.): *Medienidentitäten: Identität im Kontext von Globalisierung und Medienkultur*, Köln: Herbert von Halem, S. 7-26.

Honneth, Axel (1992): *Kampf um Anerkennung: Zur moralischen Grammatik sozialer Konflikte*, Frankfurt/M.: Suhrkamp.

Keppler, Angela (2006): *Mediale Gegenwart: Eine Theorie des Fernsehens am Beispiel der Darstellung von Gewalt*, Frankfurt/M.: Suhrkamp.

Keppler, Angela (2001): »Mediales Produkt und sozialer Gebrauch: Stichworte zu einer inklusiven Medienforschung«. In: Tilmann Sutter/Michael Charlton (Hg.): *Massenkommunikation, Interaktion, und soziales Handeln*, Wiesbaden: Westdeutscher Verlag, S. 125-145.

Keupp, Heiner et al. (1999): *Identitätskonstruktionen: Das Patchwork der Identitäten in der Spätmoderne*, Reinbek bei Hamburg: Rowohlt.

Klein, Gabriele (2002): »Popkulturen als performative Kulturen. Zum Verhältnis von globaler Imageproduktion und lokaler Praxis«. In: Udo Göttlich/Clemens Albrecht/Winfried Gebhardt (Hg.): *Populäre Kultur als repräsentative Kultur: Die Herausforderung der Cultural Studies*, Köln: Herbert von Halem, S. 191-210.

Kreye, Andrian (2007): »Wird Cruise Berlin missionieren? Querelen um Tom Cruises Stauffenberg-Film«. In: *Süddeutsche Zeitung*, 28. Juni 2007, S. 11.

Lewis, Jon (2001): »The End of Cinema as We Know it and I Feel...«. In: Ders. (Hg.): *The End of Cinema as We Know it: American Film in the Nineties*, New York: New York University Press, S. 1-8.

Lotmann, Jurij M. (1994): »Mögliche Welten: Gespräch über den Film«. In: *Montage/av, Zeitschrift für Theorie & Geschichte audiovisueller Kommunikation*, 3(2), S. 141-150.

Lowry, Stephen (1997): »Stars und Images: Theoretische Perspektiven auf Filmstars«, *Montage/av, Zeitschrift für Theorie & Geschichte audiovisueller Kommunikation*,6(2), S. 10-35.

Maltby, Richard (2003): *Hollywood Cinema*, Oxford: Blackwell Publishing.

Miller, Toby/Govil, Nitin/McMurria, John/Maxwell, Richard/Wang, Ting (2005): *Global Hollywood 2*, London: BFI Publishing.

Paul, Gerhard (2004): *Bilder des Krieges – Krieg der Bilder: Die Visualisierung des modernen Krieges*, Paderborn: Ferdinand Schöningh.

Peltzer, Anja (2011): *Identität und Spektakel: Der Hollywood-Blockbuster als global erfolgreicher Identitätsanbieter*, Konstanz: UVK.

Robb, David L. (2004): *Operation Hollywood: How the Pentagon Shapes and Censors the Movies*, New York: Prometheus Books.

Röwekamp, Burkhard (2004): »Ein Zitat ist ein zitat ist ein ziTAT: Anmerkungen zum Filmzitat«. In: Ders./Matthias Steinle (Hg.): *Selbst/Reflexionen. Von der Leinwand bis zum Interface*, Marburg: Schüren, S. 113-126.

Schroer, Markus (2010): »Der Star«. In: Stephan Moebius/Markus Schroer (Hg.): *Diven, Hacker, Spekulanten: Sozialfiguren der Gegenwart*, Berlin: Suhrkamp. S. 381-395.

Soeffner, Hans-Georg (2005): *Zeitbilder: Versuche über Glück, Lebensstil, Gewalt und Schuld*, Frankfurt/M.: Campus.

Spörl, Gerhard (2003): *Woge des Zorns*, Der Spiegel, 33, S. 96-98.

Truffaut, Francois (1977): *Movies. A kind word for critics: Better to be judged than ignored*, Harper's 255, Oktober, S. 95-100.

Wulff, Hans J. (2001): »Konstellationen, Kontrakte und Vertrauen: Pragmatische Grundlagen der Dramaturgie«. In: *Montage/av, Zeitschrift für Theorie & Geschichte audiovisueller Kommunikation*, 10(2), S. 131-154.

Wulff, Hans J. (1999): *Darstellen und Mitteilen: Elemente der Pragmasemiotik des Films*, Tübingen: Gunter Narr Verlag.

Filme

Kunsthochschule Kassel, & Hochschule für Bildende Künste Hamburg (Produktion), & Lauenstein, C., & Lauenstein, W. (Regie). (1989). *Balance.* BRD.

Daley, R. (Produzent), & Siegel, D. (Regie). (1971). *Dirty Harry.* USA.

Field, S. (Produzent), & Schumacher, J. (Regie). (1991). *Dying Young.* USA.

Barron, D., & Heyman, D. (Produzenten), & Yates, D. (Regie). (2007). *Harry Potter and the Order of the Phoenix.* UK/USA.

Forte, L. (Produzent), & Saldanha, C. (Regie). (2006). *Ice Age: The Meltdown.* USA.

Amenábar, A., & Bovaira, F. (Produzenten), & Amenábar, A. (Regie). (2004). *Mar adentro.* Italien/Frankreich/England.

Costner, K., & Di Novi, D. (Produzenten), Mandoki, L. (Regie). (1999). *Message in a Bottle.* USA

Rigault, X., & Robert, M.-A. (Produzenten), & Paronnaud, V., & Satrapi, M. (Regie). (2007). *Persepolis.* Frankreich/USA.

Bruckheimer, J. (Produzent), & Verbinski, G. (Regie). (2007). *Pirates of the Caribbean: At World's End.* USA.

Chartoff, R. (Produzent), & Stallone, S. (Regie). (1982). *Rocky III.* USA.

Block, B. A. (Produzent), & Meyers, N. (Regie). (2003). *Something's Gotta Give.* USA.

Arad, A. (Produzent), & Raimi, S. (Regie). (2007). *Spider-Man 3.* USA.

Brown, D. (Produzent), & Howard, R. (Regie). (2006). *The Da Vinci Code.* USA.

Daly, J., & Gibston, D. (Produzenten), & Cameron, J. (Regie). (1984). *The Terminator.* USA.

Badalato, B., & Bruckheimer, J. (Produzenten), & Scott, T. (Regie). (1985). *Top Gun.* USA.

Eva Flicker und Irene Zehenthofer

Geschlechternarrationen im Kontext sozialer Ungleichheit. Soziologische Perspektiven auf den jüngeren österreichischen Kinospielfilm

Einleitung

Der folgende Beitrag entstand im Kontext unseres filmsoziologischen Forschungsprojekts zu Repräsentationen der österreichischen Gesellschaft im jüngeren österreichischen Spielfilm. Ziel ist herauszuarbeiten, welche Erzählungen der österreichische Kinospielfilm über die österreichische Gesellschaft inszeniert. Film wird als ein Medium unter vielen verstanden, das zu gesellschaftlicher Wissensproduktion beiträgt. »Im Prinzip geben nämlich alle Filme Auskunft über die eingenommene Perspektive des Dramaturgen, des Regisseurs, des Produzenten, ja eigentlich des beteiligten Filmteams und über deren Sicht auf soziokulturelle Phänomene oder kulturelle Sinnbestände der Gesellschaft. Populäre Filme jeglicher Art und Gattung lassen somit Rückschlüsse auf die zeitgenössische Ethik, Moral und den Humor, die Werte und die Ideale einer Gesellschaft zu, auch wenn diese in Filmen nicht nur widergespiegelt und repräsentiert, sondern gleichwohl transformiert und abgewandelt werden.« (Hoffmann 2008:199)

Der vorliegende Beitrag konzentriert sich auf filmische Geschlechternarrationen in Lebensfeldern sozialer Ungleichheit und Armut (vgl. Mogge-Grotjahn 2008). Dies ergänzt einen vorangegangenen Beitrag[1], der sich neben den Themen Erwerbsarbeit/Arbeitslosigkeit und Migration ebenfalls der Aufbereitung von Geschlechterrollen und -verhältnissen im österreichischen Spielfilm gewidmet hat. Wir fokussieren hierbei nicht nur auf die Filme, sondern auch auf die Diskurse in die sie eingebettet sind. Film bietet einen »Ort« unterschiedlicher sozialer Kommunikationsprozesse und fügt sie jeweils in eine spezifische Ästhetik. Auf diese werden wir im Folgenden allerdings wenig eingehen.

---

[1] Flicker, Eva; Zehenthofer, Irene (2011): Repräsentationen von Armut und sozialer Ausgrenzung im Österreichischen Film. In: Verwiebe, Roland (Hg, 2011): Armut in Österreich. Bestandsaufnahme, Trends, Risikogruppen. Wien: Braumüller, S. 328-347

Wenn »Kinofilme als Element der Repräsentationsordnung einer Gesellschaft aktuelle soziale Diskurse artikulieren, in gesellschaftliche Konflikte und Auseinandersetzungen eingebunden sind und deshalb mit sozialen Bedeutungen gesättigt sind« (Mai/Winter 2006:10f.), so spannt der jüngere österreichische Kinospielfilm neben anderen Themen auch einen Spannungsbogen über Geschlechterbeziehungen. Die vorliegende Arbeit verknüpft Filmwissen und Geschlechterwissen mit *soziologischem Filmlesen* österreichischer Spielfilme um Blicke auf die österreichische Gesellschaft freizulegen. Die Forscherinnen gehen davon aus, dass die in österreichischen Spielfilmen verarbeiteten Inhalte ungeachtet ihrer Fiktionalität, stets in Zusammenhang zu relevanten Themen und Diskursen unserer Gesellschaft stehen. Folglich geben dominante soziale Konstruktionen sowie die kritische Darstellung/Verhandlung sozialer Gegebenheiten in Spielfilmen Einblicke in soziale Werte, Normen und diesbezügliche Entwicklungsprozesse.

Als historischen Startpunkt des »jüngeren österreichischen Spielfilms« setzen wir *Nordrand* aus 1999 – unser Filmsample umfasst fünfzehn Kinospielfilme bis ins Jahr 2009.

Der zeitgenössische österreichische Kinofilm im Kontext von Produktion und Rezeption

Eine Untersuchung der durch nationale Spielfilmproduktionen konstruierten lokalen Gesellschaftsbilder erscheint von besonderem soziologischem Interesse, da es sich um eine Art selbstreflexiver künstlerischer Auseinandersetzung mit gegenwärtigen sozialen Zuständen handelt. Aus filmsoziologischer Perspektive ist auch von Interesse, ob bzw. welchen Einfluss der Entstehungs- und Verwertungskontext auf die Erzeugung und gesellschaftliche Wirkung dieser Bilder nimmt. Daher wird im Folgenden ein kurzer Überblick auf prägende Rahmenbedingungen der gegenwärtigen österreichischen Spielfilmproduktion, sowie auf die Wahrnehmung und rezeptive Bewertung des aktuellen österreichischen Kinos gegeben. Als Rahmung für die Filminterpretationen des vorliegenden Beitrags erscheint es zielführend, auch die Produktionsbedingungen des österreichischen Kinos zu skizieren, und zu vermitteln, dass das Filmschaffen in Österreich unter – im internationalen Vergleich – bescheidenen ökonomischen Bedingungen erfolgt. Auffallend ist, dass der österreichische Film in Österreich selbst wenig Resonanz nach KinobesucherInnenzahlen und nur schwache Vertriebsstrukturen vorfindet, international jedoch hohe Anerkennung erhält. Der internationale Ruf, welcher den jungen österreichischen Kinospielfilm als anspruchsvolles, sozialkritisches *feel bad cinema* betitelt (Lim 2006), erzeugt jedoch allmählich auch eine Rückwirkung auf die innerösterreichische Wahrnehmung nationaler Filme.

Obwohl die österreichische Filmkultur über eine lange Tradition verfügt, muss die österreichische Kinofilmproduktion im internationalen Maßstab betrachtet, als klein und wirtschaftlich unbedeutend eingestuft werden. Der schwache kommerzielle Stand des zeitgenössischen österreichischen Kinofilms zeichnet sich sowohl im Rahmen der Produktion als auch der Verwertung ab.

Selbst auf den Vergleich mit europäischen Ländern beschränkt, weist Österreich eine nur geringe Spielfilmproduktion mit unterdurchschnittlichen Produktionsbudgets, überaus knappen Werbeaufwänden und schwachen Verwertungsergebnissen auf. In Österreich wurden im letzten Jahrzehnt pro Jahr durchschnittlich ca. 15 Spielfilme produziert, wovon zumeist nur ca. ein Drittel österreichische Alleinproduktionen ausmachen (vgl. Filmwirtschaftsberichte).[2] Gemäß der vorliegenden Daten kann jedoch davon ausgegangen werden, dass die österreichische Spielfilmproduktion im Verhältnis zu jener größerer europäischer Länder damit nur ca. ein Zehntel beträgt: 2008 erreichte Frankreich mit 196 Filmen die höchste Anzahl an Spielfilmproduktionen, gefolgt von Deutschland mit 151, Spanien mit 150 und Italien mit 146 Spielfilmen (Filmwirtschaftsbericht Facts and Figures 2008: 75).

Auch im Absatzbereich schneidet der österreichische Film vergleichsweise unterdurchschnittlich ab – auffallend ist hierbei vor allem die beschränkte Breitenwirkung österreichischer Filme am heimischen Markt. Tatsächlich weist innerhalb Europas kaum ein Land geringere BesucherInnenzahlen für nationale Produktionen auf als Österreich. Lange Zeit erreichten heimische Produktionen in Österreich nicht mehr als nur rund drei Prozent aller Kinobesuche (Filmwirtschaftsberichte 2004 - 2007). Erst in den letzten Jahren konnte ein leicht ansteigendes Interesse am österreichischen Film im Inland beobachtet werden: gemäß der Statistiken der jährlich erscheinenden Filmwirtschaftsberichte stieg 2008 der Marktanteil österreichischer Produktionen auf 6,6% und erreichte 2009 den – im internationalen Vergleich immer noch als äußert niedrig einzustufenden – bisherigen Höchstwert von 7,7%. Im Jahr 2010 fiel der Marktanteil des österreichischen Films jedoch wieder auf 5,1 % (Filmwirtschaftsberichte 2008 - 2010). Den höchsten Marktanteil nationaler Filmproduktionen in Europa erreichten zwischen 2006 - 2009 durchschnittlich[3] die Türkei mit 49,7%, Frankreich mit 40,9%, die tschechische Republik mit 32,4%, Italien mit 28,2%, Dänemark mit 25, 5% und Deutschland mit 24,7%. Der Durchschnittswert des Marktanteils nationaler Filme in Österreich betrug hierzu im Vergleich zwischen 2006-2009 nur rund 5 %.

Wenngleich dem österreichischen Film folglich durchgängig keine erfolgreiche kommerzielle Verwertung zugesprochen werden kann, besteht sowohl

---

[2] Ein exakter länderübergreifender Vergleich der Zahlen nationaler europäischer Spielfilmproduktionen ist nach wie vor schwierig, da nicht von allen Ländern vergleichbare Daten vorliegen und sich zudem die nationalen Verfahren der Datenerfassung unterscheiden – problematisch ist vor allem die Differenzierung fiktionaler und dokumentarischer Formate.

[3] Die hier angeführten Daten wurden aus Angaben von Statistiken in den Filmwirtschaftsberichten Facts and Figures 2008 (Seite 79) und 2009 (Seite 86) errechnet. Vgl. www.filminstitut.at/de/filmwirtschaftsberichte/ Wiederum ist festzuhalten, dass leider nicht von allen europäischen Ländern vergleichbare Daten vorliegen.

von staatlicher als auch von künstlerischer Seite ungebrochenes Interesse, die österreichische Filmkultur zu beleben. Entsprechend der gegebenen Situation sind nationale Produktionen von Kinofilmen in Österreich weitestgehend nur auf Basis staatlicher Subventionen realisierbar. So werden drei Viertel der österreichischen Eigenproduktionen durch öffentliche Mittel finanziert. Die österreichische Film-Subventionspolitik beruht auf einem dualen Förderungssystem: Neben einer selektiven Förderung, die durch die Entscheidung einer fachkundigen Jury vergeben wird, besteht eine erfolgsbasierte Referenzförderung für wirtschaftlich und künstlerisch erfolgreiche FilmproduzentInnen. Die Aufteilung der Fördergelder geht durchschnittlich zumeist zu zwei Drittel an selektiv geförderte Projekte (vgl. Filmwirtschaftsberichte 2004 - 2010, Filmfinanzierung und Filmförderung in Österreich 2003).

Ausgehend von der geringen volkswirtschaftlichen Bedeutung der hiesigen Filmwirtschaft sind die Motive staatlicher Filmförderung vordergründig als kulturpolitisch anzusehen. Von staatlicher Seite wird Film in Österreich als Kulturprodukt und Mittel »kultureller Bildung und sozialer Kommunikation« betrachtet (Daten zum österreichischen Film 2002:12).

Als zentrale Förderungsinstitution österreichischer Filmkultur ist das österreichische Filminstitut zu nennen. Ziel der Arbeit des Filminstitutes ist die »umfassende Förderung des österreichischen Filmwesens nach kulturellen und wirtschaftlichen Aspekten« (Daten zum österreichischen Film:14). Sie erfolgt unter dem Anspruch, Film als »kulturelles Ausdrucksmittel« zu verstehen, das geeignet ist, einen Beitrag zur »kulturellen Selbstfindung« Österreichs zu leisten und »nationale Kultur im Ausland zu repräsentieren.« (Daten zum österreichischen Film 2002 :12) Film wird dabei sowohl als Kunstgattung als auch als informatives und bewusstseinsbildendes Medium der Massenkommunikation betrachtet, welches neben kreativen, ästhetischen und unterhaltenden Aspekten auch als Ware volkswirtschaftliche Auswirkungen besitzt (vgl. Daten zum österreichischen Film 2002).

Nicht zuletzt wird das gegenwärtige österreichische Filmwesen auch durch die sozialen Rahmenbedingungen seines überschaubaren Produktionsfeldes geprägt. Seine kreative Basis bildet eine kleine Gruppe professioneller österreichischer Filmschaffender, deren Tätigkeit sich durch Vernetzung und häufige Zusammenarbeit mitunter wechselseitig inspiriert (Lim 2006). Der fast intime Charakter der österreichischen Filmszene ist nicht zuletzt auch auf die geringe Anzahl an Ausbildungseinrichtungen in diesem Tätigkeitsfeld zurückzuführen.[4] Die begrenzte Anzahl professioneller Filmschaffender führt dazu, dass österreichisches Filmschaffen durch die Handschrift bekannter FilmemacherInnen eine bestimmte Charakteristik erhält und dazu neigt, wie-

---

[4] Die bekannteste und renommierteste österreichische Ausbildungseinrichtung im Bereich des Filmschaffens ist die Wiener Filmakademie der Universität für Musik und darstellende Kunst Wien. Daneben bieten noch das Österreichische Studienzentrum für Film an der Donau-Universität Krems sowie die kostenpflichtige Wiener Filmschule und das kostenpflichtige filmcollege der Wiener Volkshochschule, Ausbildungen in Film- sowie Fernsehberufen an.

dererkennbare stilistische Tendenzen und inhaltliche Schwerpunkte aufzuweisen.

In Anbetracht der geringen ZuseherInnenzahlen interessiert die Frage nach der Wahrnehmung und Einschätzung österreichischer Filme durch das Publikum. Eine Repräsentativuntersuchung zu Motiven der Filmnutzung in Österreich aus dem Jahr 2007 ergibt, dass sich die ÖsterreicherInnen – ungeachtet der geringen BesucherInnenzahlen – mehrheitlich positiv über den heimischen Film äußern (vgl. Motive der Filmnutzung 2007). Das aktive Interesse sowie die Kenntnisse des Publikums in Hinblick auf nationale Filme konzentrieren sich allerdings vorwiegend auf Komödien. Diese Haltung spiegelt sich auch in den Einspielergebnissen wieder: die im Inland kommerziell erfolgreichsten österreichischen Filme sind vorrangig Komödien, gefolgt von Dokumentationen und Literaturverfilmungen. Von einer Präferenz österreichischer Produktionen gegenüber ausländischen Filmen kann nach den Ergebnissen der Befragung zwar nicht gesprochen werden, ein grundsätzliches Interesse an heimischen Produktionen zeigt sich jedoch im deutlich ausgeprägten Wunsch des Publikums nach einer stärkeren Präsenz österreichischer Filme im Fernsehen.

Die ÖsterreicherInnen beschreiben heimische Filmproduktionen als erkennbar unterschiedlich gegenüber Filmen aus anderen Herkunftsländern. Allgemein wird festgestellt, dass sich österreichische Filme durch ihre Machart, Sprache, Themen und Darsteller charakteristisch abheben. Auch Humor, Anspruch, Niveau und schwache Budgets werden als den österreichischen Film auszeichnende Charakteristika genannt. Die RezipientInnen bewerten den österreichischen Film primär als verständlich und unterhaltsam, was auch daran liegen mag, dass im Kino vor allem Komödien besucht werden (vgl. Motive der Filmnutzung 2007). Das in Österreich vorherrschende Image des unterhaltenden nationalen Films weicht damit vom international präsenten Bild österreichischer Filmkultur ab, das sich wiederum auf andere, international prämierten Filme bezieht. Seit 2000 erfahren österreichische Filme durch erfolgreiche Teilnahme an internationalen Filmfestivals vermehrt wegen ihres künstlerischen Anspruchs Beachtung. Eingeleitet wurde diese Phase mit dem Film *Nordrand* von Barbara Albert, der als erste österreichische Produktion seit 1948 für den Hauptpreis der Filmfestspiele von Venedig nominiert wurde. *Nordrand* gilt als Beginn einer Trendwende des österreichischen Filmschaffens, das im Rahmen des letzten Jahrzehnts einen verstärkten Schwerpunkt auf gesellschaftskritische Dramen und Dokumentationen entwickelt hat (Dassanowksy 2005). Ausgehend von seinen kontinuierlich zunehmenden Festivalerfolgen wurde der österreichische Kinofilm in der internationalen Filmszene als qualitativ hochwertiges, anspruchsvolles Kino bekannt. Dassanowsky und Speck sprechen sogar von der »nouvelle vague viennoise« (Dassanowsky/Speck 2011:5).

Der neue österreichische Film ist aber auch als »*feel bad cinema*« bekannt, dessen hervorstechendes Merkmal darin besteht, durch gesellschaftskritische

Auseinandersetzung mit dem Negativen und Abgründigen Tiefgang zu gewinnen (Lim 2006). Die durch Preise und Auszeichnungen gesteigerte Aufmerksamkeit brachte dem österreichischen Film nach 2008 im In- und Ausland eine Verdoppelung der ZuschauerInnenzahlen, wobei dieser Erfolg auf die Popularität einiger weniger Produktionen zurückzuführen ist. Der Impuls internationaler Aufmerksamkeit durch ExpertInnen lässt dem kritischen österreichischen Film – vor allem im Bereich der Medienberichterstattung – im Inland verstärktes Interesse zukommen. Eine aktuelle Recherche ergibt jedoch, dass dem zeitgenössischen österreichischen Kino im Bereich soziologischer und filmwissenschaftlicher Publikationen in Österreich (bzw. im deutschsprachigen Raum) bisher verhältnismäßig wenig Aufmerksamkeit geschenkt wurde.

Die Ursache der geringen Breitenwirkung österreichischer Kinofilme im Inland ist auch in der allgemein geringen Kinobesuchsfrequenz in Österreich zu sehen.[5] Sehr viel häufiger werden Filme durch DVD-Nutzung gesehen (vgl. Motive der Filmnutzung 2007). Dazu trägt ganz besonders die DVD-Edition »Der österreichische Film« bei, die das anspruchsvolle Spektrum österreichischer Filmkultur einer breiteren Öffentlichkeit näher bringt. Die DVD-Edition wurde im Jahr 2006 als Kooperation der Tageszeitung DER STANDARD und der Produktionsfirma HOANZL mit 50 ausgesuchten Filmen gestartet. Im Herbst 2011 kam die mittlerweile sechste Staffel auf den Markt und zählt nun 200 DVDs mit 291 ausgewählten österreichischen Kurz- und Langfilmen. Für jede neue Staffel wählen die Kuratoren der Edition[6] jeweils eine Mischung aus aktuellen Filmproduktionen, populären Kinoerfolgen, Experimentellen Filmen, Frühwerken erfolgreicher FilmemacherInnen, Kurzfilmen und historischen Filmen. Förderungen des Österreichischen Filminstituts (ÖFI), des Filmfonds Wien und des österreichischen Bundesministeriums für Unterricht, Kunst und Kultur (BMUKK) ermöglichen intensive Marketingaktivitäten, sodass die Filmedition im Handel sehr präsent ist und mit Ende 2011 bei 1 Million verkaufter DVDs lag[7]. Kein anderes ähnlich kleines Land kann eine vergleichbare Maßnahme zur Förderung der heimischen Filmkultur vorweisen. In Österreich führte dies zu einer intensiveren und positiveren Wahrnehmung des österreichischen Films durch ein breites und gemischtes Publikum.[8]

---

[5] In Österreich nehmen Kinobesuche im Ranking gängiger Freizeitaktivitäten - sogar hinter Theater- und Konzertbesuchen - die letzte Stelle aller Arten des Medien- und Kulturkonsums sein.

[6] Die beiden Kuratoren sind Ernst Kieninger vom *Filmarchiv Austria* und Claus Philipp, ehemaliger Kulturjournalist und Redakteur von DER STANDARD, seit 2009 Leiter des *Wiener Stadtkinos*.

[7] Interview mit Mimi Zwinz von HOANZL, Dezember 2011.

[8] Die Bestseller werden auf der HOANZL Webpage veröffentlicht: http://www.hoanzl.at/film/o-film-edition-der-standard. Seit der Staffel von 2009 werden die DVDs mit Untertiteln für Hörgeschädigte erzeugt und sofern diese von den ProduzentInnen zur Verfügung gestellt werden, sind die Filme auch mit fremdsprachigen Untertiteln versehen.

Für die filmsoziologische Forschung stellt die Edition mit ihren bisher 200 DVDs aus zwei Gründen eine wertvolle Quelle dar. Zum einen erleichtert sie die Samplebildung, da die Filme der Edition sowohl aufgrund qualitativer Kriterien (Selektion durch Kuratorium) als auch aus quantitativen Gründen (hohe Verkaufs- und Rezeptionszahlen) soziologisch relevant sind. Zum Anderen ist das pragmatische Kriterium der Verfügbarkeit leicht zu erfüllen.[9]

Forschungsinteresse und Samplebildung

Aus Sicht der Autorinnen bietet sich das nationale österreichische Kino aufgrund seiner beschriebenen Besonderheiten und Kontexte für eine Reflexion aktueller sozialkritischer Diskurse im Rahmen der österreichischen Kulturproduktion an. Vom Staat als Kulturprodukt gefördert und als künstlerisches Ausdrucksmittel verstanden und international gewürdigt, ist der österreichische Kinospielfilm aufgrund seines selbstbespiegelnden Blickes auf die österreichische Gesellschaft von besonderem soziologischem Interesse. Filmnarrationen transportieren und interpretieren soziale Inhalte auf kulturspezifische Art, weshalb ihre Themenwahl sowie ihre Darstellungs-, Repräsentations- und Inszenierungsweisen gesellschaftliche Prämissen und Diskurse offenlegen.

Wie eingangs erwähnt, ging dem vorliegenden Beitrag eine Untersuchung voraus, die sich mit Repräsentationen von Armut im österreichischen Film befasst (Flicker/Zehenthofer 2011). Die filmische Verhandlung von Geschlechterverhältnissen erwies sich darin als zentrale Thematik im Hinblick auf die Darstellung sozialer Ungleichheit. Diesen Schwerpunkt möchten die Autorinnen für den vorliegenden Artikel aufgreifen und ausgewählte dominante Konstruktionen von Geschlecht, Geschlechterrollen und Geschlechterverhältnissen im Kontext sozialer Ungleichheit präsentieren.

Die Zusammenstellung des Untersuchungsmaterials erfolgte nach mehreren Kriterien. Der weiter oben bereits erwähnte, trendstiftende Film *Nordrand* aus 1999 setzt den zeitlichen Ausgangspunkt unserer Untersuchung fest. Das zu untersuchende Sample sollte zeitgenössische Filme mit Erscheinungsdatum bis zur Gegenwart umfassen, weshalb aus der *Edition der Österreichische Film* ein Untersuchungszeitraum für Filme mit Erscheinungsdatum zwischen 1999-2010 festlegt wurde. Dokumentationen, experimentelle Filme u.ä. wurden vom Sample ausgeschlossen, da das Forschungsinteresse Gesellschaftsbilder im Spielfilm fokussiert. Um die Vergleichbarkeit der präsentierten Gesellschaft zu gewährleisten, sollten ausschließlich Spielfilme einbezogen werden, deren Handlungen zumindest großteils in Österreich spielen, sowie Filme deren Handlung in der Gegenwart spielt.

---

[9] An dieser Stelle sei der Firma HOANZL dafür gedankt, dass sie uns eine große Anzahl an DVDs für Lehr- und Forschungszwecke zur Verfügung stellte.

Nach der Sichtung der insgesamt 35 Filme, die die oben genannten Kriterien erfüllen, wurde die Thematisierung von Geschlechternarrationen im Kontext von sozialer Ungleichheit als tragendes Handlungselement als weiteres Kriterium zur Aufnahme in das Sample herangezogen. Daraus ergab sich ein Sample folgender fünfzehn Spielfilme: *Antares, Böse Zellen, Crash Test Dummies, Heile Welt, Hundstage, Import Export, Der Knochenmann, März, Nordrand, Ravioli, Revanche, Silentium, Slumming, Der Überfall, Vollgas.*

Nahezu alle Filme dieses Samples – die einzige Ausnahme hierzu stellt *Böse Zellen* dar – wurden auf Filmfestspielen im In- und Ausland größtenteils sogar mehrfach mit Preisen ausgezeichnet (siehe Filmografie im Anhang). Die untersuchten Filme können daher als österreichische Kulturprodukte betrachtet werden, deren künstlerischer Anspruch durch eine fachkundige Öffentlichkeit und ein fachkundiges Publikum anerkannt wurde.

Soziologisches Filmlesen

Ein Forschungsinteresse welches filmische Repräsentationsformen sozialer Verhältnisse und Ungleichheiten im Rahmen eines größeren Filmsamples fokussiert, stellt die Frage nach Filminhalten und Darstellungsformen, wobei der Schwerpunkt hauptsächlich auf die narrative Präsentation und Entwicklung von Themen als auch die Figurenzeichnungen gelegt wurde. Ausgehend von einem so gearteten Erkenntnisinteresse wurden in dieser Untersuchung filminszenatorische Dimensionen, wie Einstellungsgrößen, Kameraperspektiven und -bewegungen, Licht, Ton und Montageaspekte, nicht in die Analyse einbezogen.[10]

Der von den Autorinnen dieses Beitrages gewählte analytische Zugang *liest Filme soziologisch*. Es handelt sich dabei um einen eigens entwickelten Untersuchungsansatz der Filminhalte nach konkreten soziologischen Fragestellungen, unter der Ausrichtung einer theoretisch fundierten Perspektive analysiert. *Soziologisches Filmlesen* verfolgt die Intention, durch eine kriti-

---

[10] Die Schwierigkeit hermeneutische Zugänge zur Analyse polysemer Medieninhalte mit einem größeren Untersuchungssample mit soziologischen Validitätsansprüchen zu vereinen, sowie der immense Aufwand schrittweise verfahrender Methoden der visuellen Wissenssoziologie, haben dazu geführt, dass im Bereich inhalts- und darstellungszentrierten filmsoziologischer Erkenntnisinteressen Publikationen zu theoretischen Konzepten und Methoden gegenüber praktischen Untersuchungen überwiegen.
Obwohl die Sättigung von Filmerzählungen mit sozialen Inhalten schon früh thematisiert wurde, erachtete man (phänomenologische) Untersuchungen von Filminhalten lange Zeit nur in Hinblick auf ihre gesellschaftliche Wirksamkeit als wissenschaftlich sinnvoll. Daher bildeten inhalts- und darstellungszentrierte Analysen im Verhältnis zur Rezeptionsforschung, Publikumsforschung und Produktionssoziologie im deutschsprachigen Raum lange keinen Schwerpunkt filmsoziologischer Forschung, obgleich Filmsoziologen Relevanz von Filminhalten als soziologisches Forschungsmaterial immer wieder betonen. (Adorno 1977, Dadek 1992, Prokop 1982, Winter 1992, Mai/Winter 2006). Eine Ausnahme stellt Martin Osterlands Studie »Gesellschaftsbilder in Filmen: eine soziologische Untersuchung des Filmangebots der Jahre 1949 bis 1964« dar. (Osterland 1970)

sche, reflexive Beschreibung filmischer Konstruktionen sozialer Verhältnisse bestimmte Ausprägungen medialer Diskurse über Gesellschaft nachzuzeichnen, um sie damit sichtbar und diskutierbar zu machen. Als Einblick in die Arbeitsweise wird das methodische Vorgehen kurz skizziert.

Nach der Sichtung des Materials und dem Erstellen von Sequenzprotokollen ergaben sich aus Sicht der Forscherinnen in Bezug auf Geschlechternarrationen mehrere Themencluster, welche sich auf mikro-, meso- und makrosoziologischer Ebene für eine eingehendere Betrachtung anboten: Körper, Sexualität, Stereotypenkonstruktion, Mutter-, Vaterrolle, Elternpaarbeziehung, Eltern-Kind-Beziehung, Familie, Arbeit, Handlungs(ohn)macht, physische und symbolische Gewalt. Für den vorliegenden Text erfolgte Fokussierung auf zwei Themenfelder:

- Kleinfamilie
- Gewalt in Geschlechterbeziehungen

Der Fokus auf diese Themenfelder folgt der systematischen Sichtung des Materials und der Einschätzung der Autorinnen, dass diese im Sample die dominantesten Konstruktionen rund um Geschlechterverhältnisse und soziale Ungleichheit sind. Für die Untersuchung der gewählten Themenfelder wurden nachstehende Leitfragen formuliert, welche die analytische Betrachtung des Materials strukturieren:

> Welche (vorherrschenden) Konstruktionen von Geschlecht und Geschlechterverhältnissen können in den Figurendarstellungen und Narrationsverläufen erkannt werden? Werden Kontrastbilder/Widersprüche erkennbar? Wenn ja, welche?
>
> Welche Normen, soziale Zuschreibungen und hierarchische Konstellationen konstruieren die Narrationen und Figurendarstellungen bezüglich Geschlecht und Rollenbildern?

Geschlechterwissen und soziale Ungleichheit

Zwei Werke können als die Wurzeln feministischer Filmanalyse bezeichnet werden: *Alice Doesn't. Feminism, Semiotics, Cinema* (Lauretis 1984) und *Visual Pleasure and Narrative Cinema* (Mulvey 1985). Diese Ursprünge integrieren psychoanalytische Perspektiven auf die Analyse von Filmen in vor-digitaler Filmproduktionsära und Rezeption, auf den »männlichen Blick« im dunklen Kinosaal, auf eine deutlich simpler strukturierte Genrevielfalt und auf male-stream-Kino, das noch wenige feministische Gegen-Filmwelten kennt. Rund dreißig Jahre später ist feministische Filmwissenschaft akademisch etabliert und in filmtheoretischen Bezügen mehr ausdifferenziert (vgl. Braidt 2008: 45ff.). Die Praxis des Films ist technologisch, ökonomisch und kulturell in andere Kontexte eingebettet und die Digitalisierung liefert neue Möglichkeiten, Chancen und Herausforderungen in der De-Konstruktion von

Geschlecht(ern). Von der Analyse von »Frauenrollen« und filmischen Stereotypisierungen von Frauen erweiterte sich das Forschungsfeld auf Medien & Gender Studies; die Ausdifferenzierung in Theorien und Konzepten, Medien und Formaten, Inhalten und Narrationen, Technologien und Ökonomien haben einerseits längst ihre Überschaubarkeit verloren und sind andererseits in den verschiedenen Zugängen der interdisziplinären Medienwissenschaft gelandet (vgl. Kearney 2012).

Für die Konzeptionalisierung von Geschlecht greifen wir das wissenssoziologische Konzept des visuellen Geschlechterwissens auf (vgl. Wetterer 2008, 2010; Flicker 2008, 2010) und verknüpfen die drei Spielarten *Alltagswissen*, *Gender-ExpertInnenwissen* und *wissenschaftliches Geschlechterwissen* mit sozialwissenschaftlichen Konzeptionen sozialer Ungleichheit.

Unserer thematischen Perspektive liegt ein Ungleichheitsbegriff zugrunde, der strukturelle wie individuelle Dimensionen sozialer Differenzen und Benachteiligungen umfasst. Soziale Ungleichheit begreifen wir als vieldimensionales soziales Phänomen das sich im Rahmen spielfilmischer Repräsentation vor allem in Form von relationalen sozialen Benachteiligungen sowie sozialen Ressourcen- und Kräftedifferenzen manifestiert.

In der soziologischen Ungleichheitsforschung vollzog sich seit Ende der 1980er Jahre ein Paradigmenwechsel hin zu den Lebenswelten der Subjekte. Dieser Fokus wird auch für die vorliegende Studie verfolgt. Im Forschungsinteresse sind filmische Perspektiven auf soziale Ungleichheiten geschlechterbezogener Lebenswelten. Der Begriff der »doppelten Vergesellschaftung« (Becker-Schmidt 1987) beschreibt eine systematische Verknüpfung von Klasse und Geschlecht, sowie Erwerbs- und Hausarbeit.

Soziale Ungleichheit umfasst »die ungleiche Verteilung sozialer Lebenschancen, Güter und Handlungsmöglichkeiten« (Cyba 2000: 65ff.) zwischen sozialen Gruppen. Sobald es um Mittel zur Durchsetzung von Lebenszielen geht, die allgemein als legitim gelten, ergeben sich für Männer häufig andere Möglichkeiten als für Frauen, die nicht zuletzt mit der sozialen Tatsache ungleicher innerfamiliärer Aufgabenteilungen liegen (vgl. Kreckel 2004: 251). Seit einiger Zeit ergänzt Ungleichheitsforschung theoretische Konzeptionen auch um die wichtige Dimension der Möglichkeit zu politischer Partizipation sozialer Gruppen. Kreckel benennt Konfliktfähigkeit von Personen bzw. Gruppen als wichtige Dimension für die Bestimmung ihrer Position in ungleichheitsbegründeten Kräftefeldern. Die Möglichkeit, Fähigkeit oder Bereitschaft zur Bildung von Gegenmacht wird zur zentralen Ressource gesellschaftlicher Partizipation (Kreckel 2004: 44). In der Geschlechterforschung wird besondere Aufmerksamkeit auf prekäre Lebenslagen von Alleinerzieherinnen gelenkt (vgl. Brand/Hammer 2002). Periphere Lagen, gesellschaftliche Randlagen sind von zentralen Lagen durch ein Maß an Konfliktfähigkeit zu unterscheiden (vgl. Kreckel 2004: 43ff.).

Koppetsch beschreibt Verläufe negativer Individualisierung, wenn für das Individuum keine Freisetzung in die Autonomie erfolgt, sondern eine schrittweise – bis hin zur emotionalen – Entkopplung von tradierten oder institutionalisierten sozialen Bindungen, die dem Individuum ein Scheitern persönlich zurechnet. »Soziale Verwundbarkeit, etwa in Form von prekärer Beschäftigung oder diskontinuierlichen Erwerbsbiografien, führt häufig in destruktive Abwärtsspiralen, weil sie als individuelles Versagen (und nicht als gesellschaftliches Problem) erscheint.« (Koppetsch 2010: 237) Individuell erlebtes Unbehagen und destruktive Formen von Selbstbezüglichkeit kaschieren soziale Aussenursachen.

Degele plädiert dafür, in das Konzept der Intersektionalität, der gleichzeitigen Verschränkung, Verstärkung oder Veränderung von Ungleichheitsdimensionen, auch den Körper mit einzubeziehen. Schönheit, Attraktivität, Fitness und Behinderungen sind sichtbare Unterschiede, die längst auf gesellschaftliche Chancen und soziale Diskriminierung einwirken (Degele 2010).

Die voran genannten Skizzierungen zentraler theoretischer Debatten sollen nachvollziehbar machen, wie die empirische Umsetzung des Forschungsinteresses auf zwei analytische Dimensionen beschränkt wurde: Familie und Gewalt.

Ergebnisse

Kleinfamilie

Die Darstellung von Familienkontexten nimmt in nahezu allen Filmen des vorliegenden Samples eine wichtige narrative Funktion ein. Im *feel bad cinema* des österreichischen Fiction Films ist die Thematisierung zwischenmenschlicher Beziehungen und/oder Beziehungslosigkeit ein vorrangig zentraler Ausgangspunkt dramatischer Konfliktentwicklung. Die Filmerzählungen des vorliegenden Samples weisen vielfach komplexe und durchgehend problembehaftete Beziehungsmuster auf. Sie stellen damit alles andere als mediale Leitbilder von Familie dar, sondern problematisieren diese auf unterschiedliche Weise. In den Blick rücken unbefriedigende Paarbeziehungen und Kinderarmut (vgl. Toppe 2009: 116)

Über familiäre Film-Kontexte werden die soziale Identität und das gesellschaftliche Umfeld der ProtagonistInnen charakterisiert und die psychologische Tiefe der Figuren entwickelt. Abgesehen von den Filmen *Silentium* und *Slumming* enthalten alle untersuchten Filme Darstellungen familiärer Beziehungen, wobei Bilder klassischer heterosexueller Elternstrukturen vorherrschen. Alternative Familienformen wie Patchwork-, Regenbogenfamilien und Queerfamilien werden in keinem Film des gewählten Samples gezeigt. Wenngleich die filmischen Erzählungen heterosexuelle Familien und Partnerschaften damit als normative soziale Institutionen präsentieren und die Pluralisierung familiärer und partnerschaftlicher Lebensformen ausblenden, werden traditionelle Strukturen durch die Darstellung ihrer Brüchigkeit in

Frage gestellt: es wird ein vorwiegend antiidyllisches Bild der klassischen, patriarchal strukturierten Kleinfamilie gezeigt, welches Licht auf die Abgründe und Schwächen menschlichen Zusammenlebens wirft.

Zerbrochene bzw. zerbrechende Ehen oder Partnerschaften treten mit Ausnahme von *Silentium* in allen der untersuchten Filmerzählungen auf. Gezeigt werden vielfältige Varianten scheiternder oder gescheiterter Beziehungen – das Misslingen menschlichen Miteinanders wird sowohl in aktiver Form durch Konflikte, gewalttätige Auseinandersetzungen oder Trennungen, als auch in seiner passiven Form durch innere Distanz, Beziehungslosigkeit und Entfremdung in bestehender Gemeinschaft thematisiert. Damit wird die Kleinfamilie im neueren österreichischen Kinospielfilm als Ort der Frustration und Resignation gezeichnet. Beziehungsscheitern wird nicht nur in Hinblick auf Partnerschaften sondern auch in Bezug auf Eltern-Kind-Beziehungen thematisiert.

Elternschaft tritt in mehreren Filmen als konfliktträchtige Thematik auf (*Heile Welt*, *Hundstage*, *Import Export, Nordrand*, *März*, *Ravioli, Der Überfall*, *Vollgas*). Neben Darstellungen abwesender oder unfähiger Vaterfiguren (*Hundstage*, *Ravioli, Der Überfall*) treten überlastete, oft alleinerziehende Mütter auf, die den Kontakt und die emotionale Verbindung mit ihrem Kind aufgrund überfordernder Lebensumstände oder Selbstirritation verloren haben, was sich besonders im Umgang mit Teenagern zeigt (*Heile Welt*, *Import Export*, *März, Nordrand*, *Vollgas*).

Beispielszene aus *Heile Welt:*

> Die Alleinerzieherin Gabi arbeitet in einem Call Center, fühlt sich den Erziehungsaufgaben mit ihrem pubertierenden Sohn nicht gewachsen und bringt ihn daher in einem Internat unter. Von dort haut er am Wochenende ab, während seine Mutter einen alkoholreichen Abend und einen *one-night-stand* mit ihrem Vorgesetzten verbringt.

Abb. 1: *Heile Welt* (2007)

Nacht. Eine Polizeistreife bringt einen betrunkenen Jugendlichen nach Hause. Seine Mutter (Gabi) öffnet im Bademantel, im Lauf des Wortwechsels kommt aus dem Wohnungshintergrund ein nackter Mann kommt dazu.

Polizist: »…wir haben ihren Sohn zusammen mit zwei anderen Jugendlichen alkoholisiert im Stadtpark aufgegriffen. Es ist vier Uhr in der Früh, er ist minderjährig, wir bringen ihn jetzt z´Haus.«

Mutter: »es tut ma lad aber da kann ich ihnen net helfen.«

Sohn: »Mama!?«

Schon die Szenen, die dem nächtlichen Intermezzo vorausgehen, zeigen eine verunsicherte Alleinerzieherin, die launisch zwischen elterlicher Pflicht und eigenen Bedürfnissen nach Spaß und Anerkennung hin und her schwankt. Ein Telefonat mit dem Vater des Jugendlichen zeigt, dass dieser sie auch nicht entlasten will. Die weibliche Figur verdeutlicht das Spannungsverhältnis zwischen Sehnsucht nach selbstbestimmten Lebensentwürfen, sozialer Verantwortung und männlichen Dominanzinszenierungen, sowohl des Ex-Mannes, als auch des Liebhabers.

Familienszenen verbindungsloser Gemeinsamkeit inszenieren Leere, Trostlosigkeit und Fadesse im familiären Kontext, innerhalb derer ein Mangel an Gesprächen, Vermögen sich selbst mitzuteilen, wechselseitigem Interesse und Verständnis herrscht.

Hierfür können folgende Beispielszenen und Protagonisten der genannten Filme angeführt werden:

Import Export: Familienszenen in schweigendem Nebeneinandersitzen und vor sich hin Starren

Ravioli: Verlobungsessen in einem schlichten Wiener Wirtshaus und holprige Familiengespräche

Antares: das Elternpaar mit seiner Teenager-Tochter bei gesprächsarmen, langweiligen Szenen am Esstisch

Nordrand: zu unterschiedlichen Tageszeiten Szenen von Jasmins Familie beim Fernsehen:

Abb. 2: *Nordrand* (1999)

Der Screenshot zeigt die Figur Jasmin in *Nordrand*, die ihrem Vater eine Frage stellt. Dieser und die Geschwister schauen nicht vom Fernsehen auf. Die Mutter raucht in der Küche, ein Sohn spielt ebenfalls unbeteiligt im Hintergrund mit seinem Gameboy. Diese Kommunikationsform scheint alltäglich zu sein.

Der österreichische Spielfilm nimmt im Rahmen dieser Darstellungen eine resignative Perspektive ein: Die Erfüllungslosigkeit welche die Konstruktionen familiärer Problematiken kennzeichnet, vermitteln den Eindruck von Unentrinnbarkeit und Begrenzung. Inszenatorisch spiegelt sich die Enge der gelebten Strukturen in der Enge der familiären (Lebens)Räume und Wohnungen wieder.

Die Ursachen des dargestellten Unvermögens im zwischenmenschlichen Umgang wurzeln vielfach im Mangel an sozialen, kulturellen und emotionalen Ressourcen und Kompetenzen. Jene Mängel werden zumeist über Kommunikationsarmut zum Ausdruck gebracht – ein Phänomen welches durchgängig in den untersuchten Filmen auftritt.

Wo in Intimbeziehungen, keine Bindung im verbalen Austausch sichtbar ist, wird fehlende Nähe über Sexualität kompensiert. Sex wird in diesen Darstellungen als hohler Bindungsfaktor entlarvt, welcher die innere Einsamkeit der betroffenen Figuren noch stärker ins Licht rückt. (*Nordrand, Böse Zellen, Hundstage*)

Asymmetrische Rollen-, und Machtverhältnisse zwischen den Geschlechtern festigen Beziehungskonstellationen und Abhängigkeiten. Sie lassen die bestehenden Strukturen zusätzlich als unüberwindbar erscheinen. Ökonomische und emotionale Abhängigkeiten und Unterwerfungen halten sich hierbei die Wage, was das Spannungsklima filminszenatorisch verstärkt, z.B. in *Hundstage, Import Export, Nordrand.* Begünstigt wird das erkennbare Ungleichgewicht vor allem durch mentale Strukturen, welche insbesondere im Rahmen erkennbar komplementärer Verhaltens- und Reaktionsmuster der

Geschlechter sichtbar werden. Ungeachtet seiner komplexen Figurenzeichnung vermittelt der österreichische Spielfilm im Rahmen der Darstellung interaktiver Dynamiken im familiären/partnerschaftlichen Bereich stereotype Geschlechtsrollencharakteristika. In Anbetracht der aufgezeigten Problematiken werden diese jedoch ebenso aus kritischer Perspektive beleuchtet. Dabei werden männliche und weibliche Psyche einander kontrastierend dargestellt. Während das männliche Ego wiederholt durch Ichzentralität, Selbstmitleid, Selbstbezogenheit, geringem Einfühlungsvermögen, sowie aggressiver und gewalttätiger Durchsetzung charakterisiert wird, zeichnen sich Frauenfiguren durch Sanftheit, Nachdenklichkeit, Sinnsuche, Geduld, Anpassungs- und Unterordnungsbereitschaft aus, z.B. in *Crash Test Dummies, Hundstage, Import Export, Ravioli, Revanche, Slumming, Der Überfall.*

Der Österreichische Film bietet aber auch Gegenentwürfe zu den genannten Stereotypen – hierzu sind vor allem weibliche (Kontrast)figuren zu nennen, welche durch ihr Handeln aktiv und durchsetzungsstark in Widerstand zu den einschränkenden Erwartungshaltungen/Normen ihrer Lebenswelt oder ihrer Beziehungspartner treten.
Als Beispielszenen können genannt werden:

> *Antares*: Die Krankenschwester Eva emanzipiert sich von der konservativen Moral ihres familiären und beruflichen Umfeldes und lebt ihre sexuellen Wünsche bei einer heimlichen Liebschaft im Hotel aus
> *Hundstage*: die Ex-Ehefrau des Griechen setzt ihre Unabhängigkeit und Freizügigkeit im schweigenden Konflikt mit ihrem Ex-Ehemann als Provokation ein
> *Revanche*: nur das Publikum weiß, dass die Polizistenehefrau Susanne sich mehrmals brutalem Sex mit einem Unbekannten hingibt, um ihrem dringlichen Wunsch zu folgen, schwanger zu werden.

Die voran genannten Szenen verdeutlichen, wie brüchig die Figurenzeichnung erfolgt, wie nah Selbstbestimmtheit und Erniedrigung, heile Familie und Familiendrama inszeniert werden. Es ist diese Brüchigkeit, aufgelockert von trockenem Humor, die das Unbehagen des *feel bad cinema* auslöst.

Durch die überwiegend negativen Familienbilder hindurch wird in den Erzählungen zugleich ein gesellschaftliches Ideal von Familie als erfüllendem Lebensinhalt erkennbar. Der Wunsch und die Sehnsucht nach familiärem bzw. partnerschaftlichem Glück und Geborgenheit werden von den ProtagonistInnen in mehreren Filmen explizit thematisiert, z.B. in *Nordrand, Ravioli, Revanche, Der Überfall.*

In den filmischen Konstruktionen familiären Zusammenlebens spiegeln sich gesellschaftliche konsensuelle Erwartungshaltungen zu sozialen Rollenbildern und Verantwortlichkeiten von Familienmitgliedern. Männerfiguren geraten in Konflikt, wenn sie nicht der klassischen Ernährerrolle entsprechen, wie in *Ravioli, Der Überfall* oder die Ehefrau nicht schwängern können, wie in *Revanche*).

Im vorliegenden Sample werden Träume von intakten Familiensystemen kontrastierend einem sozial und familiär versagendem Individuum (ProtagonistIn) gegenübergestellt.

Beispielszenen:

Der Überfall: der in Scheidung lebende Andreas wird von seinem Schwager, einem Familienvater, als Versager beurteilt

Vollgas: Die alleinerziehende, lebenslustige Kellnerin Eva, der es nicht gelingt ihr Alkoholproblem in den Griff zu bekommen, wird ihrer soliden, verheirateten Schwester gegenübergestellt, die einen konventionellen Lebensentwurf verfolgt.

Gewalt in Geschlechterbeziehungen

Asymmetrische Geschlechterverhältnisse sind immer auch als hegemoniale Machtverhältnisse konstruiert. Häufig sind sie von männlicher Dominanz geprägt (Krais 2011; Villa 2011).

Auch im Rahmen der filmischen Auseinandersetzung mit geschlechtsspezifischer Ungleichheit treten grobe Formen von Unterdrückung, Gewaltausübung und Erniedrigung auf. Gezeichnet werden sowohl markante als auch subtile Bilder zwischengeschlechtlicher Hierarchisierung, Unterdrückung und Gewalt. Wiederum werden auch im Rahmen dieser Thematisierung kontrastierende, komplementäre Stereotypen von Geschlechterrollen entwickelt: aggressiven, brutalen, rücksichtlosen Männern werden zumeist charakterlich stille, ängstliche, zerbrechliche, z.B. *Heile Welt, Hundstage*, *Import Export*, *Silentium* oder auch resignativ abgestumpfte Frauen, wie die Figur der Mutter in *Nordrand* und in *Heile Welt* gegenübergestellt.

In Geschlechterbeziehungen wird Gewalt auch als Kompensation von mangelnden kommunikativen Kompetenzen und massiver Selbstunsicherheit gezeichnet. Insbesondere männliche physische Gewalt dominiert in familiären und partnerschaftlichen Kontexten. Die Stimmung permanenter Bedrohung durch männliche Gewalt wird über weite Strecken von Filmszenen geprägt, indem subtile Gewaltandrohungen und tätlich ausgeübte Brutalität einander abwechseln, z.B. in *Böse Zellen, Heile Welt, Hundstage, Import Export, Der Knochenmann, Nordrand, Revanche*, *Silentium*.

Abb. 3: *Hundstage* 2001

Mario bedroht seine Freundin wiederkehrend mit eifersüchtigen Tobsuchtsanfällen und Gewaltattacken.
Mario: »... was soll die Scheiße? Glaubst du wirklich i bin deppat? Heast? Glaubst wirklich i bin deppat? Haa?«

In den dargestellten Intimbeziehungen dominiert eine Differenz des Handlungsspielraumes der PartnerInnen. Die Inszenierung von Erotik zwischen Frauen und Männern zeigt auch sexuelle männliche Gewalt bei weiblicher Unterwerfung unter brutale Sexpraktiken, z.B. in *Böse Zellen, Hundstage, Import Export, der Knochenmann, Nordrand, Revanche, Silentium)*. Weiteres reicht die Darstellung von Sexualität von sexuellem Missbrauch (z.B.: *Nordrand*) bis zu gewalttätigen Demütigung als Ausdruck willkürlicher männlicher Machtdemonstration, wie in *Hundstage*. Intersektionale Konstruktionen von Gewalt werden in Szenen mit Prostitution, Migration und Gewalt in *Der Knochenmann*, *Revanche*, *Silentium* verwoben.

Trotz wiederkehrender Gewalterfahrung und Abwertung finden sich auch weibliche Filmfiguren die den Kampf um Selbstachtung und Handlungsmacht (vgl. Müller 2010) repräsentieren z.B. in *Antares, Heile Welt, Hundstage, März, Nordrand, Revanche, Vollgas.*

Es fällt auf, dass gewalttätige Übergriffe nicht nur in sozialstrukturell schwachen Gesellschaftsgruppen[11] lokalisiert werden. Filmische Darstellungen physischer Gewalt gegenüber Frauen gehen quer durch verschiedene Milieus. Während gewalttätige Männerfiguren in *Nordrand, Hundstage, Antares* dazu verleiten, Gewalttätigkeit als einen milieubedingten Mangel kultureller Ressourcen zu interpretieren, zeigt *Heile Welt* das Gegenteil. Der

[11] Mit dem Begriff »sozialstrukturell schwache Gesellschaftsgruppen« verstehen wir in Anlehnung an Pierre Bourdieus Sozialstrukturmodell soziale Gruppen, die über wenig soziales Kapital verfügen. (Bourdieu 1982)

gewalttätige Ehemann ist in gutbürgerlichem Milieu skizziert: gut gekleidet, klassische Musik, gediegene Wohnungseinrichtung, elaborierter Sprachcode.

Im Bereich von Erwerbstätigkeit werden wiederholt Bilder geschlechtstypischer Hierarchiebildung durch Gegenüberstellung und Interaktionen von Figuren mit unterschiedlichem sozialstrukturellen Status vorgenommen. Hier präsentiert sich ein deutliches Bild geschlechtsbezogener Ungleichheiten – in Führungspositionen treten im untersuchten Sample ausschließlich Männer auf – asymmetrische Geschlechterbeziehungen im Rahmen von Erwerbstätigkeit werden in *Heile Welt, Import Export Der Knochenmann*, *Nordrand*, *Revanche*, *Silentium* und *Vollgas* thematisiert. Macht- und Geschlechterverhältnisse werden auch in drastischen Bildern konstruiert, in denen einer Gruppe von Frauen in statusschwachen Positionen eine dominante Männerfigur als Vorgesetzter gegenübergestellt wird, wie in *Hundstage* und *Silentium*.

Conclusio

Das österreichische Spielfilmkino des letzen Jahrzehnts vermittelt in seinen Geschlechternarrationen Bilder vielschichtiger Ungleichheiten. Für den vorliegenden Beitrag wurden diese Inszenierungen auf der Figurenebene über die Darstellung von Handlungsspielräumen und Interaktionen untersucht. Betrachtet man die Ergebnisse im Kontext des künstlerisch anspruchsvollen und sozialkritischen *feel bad cinemas,* kann vom gezielten Entwurf eines negativen Gesellschaftsbildes ausgegangen werden, das darauf ausgerichtet ist, Missstände aufzuzeigen.

Die Filme des untersuchten Samples entwerfen ein recht einstimmiges Bild ungleicher Machtverteilung zwischen den Geschlechtern. Bei genauer Betrachtung reichen die filmischen Erzählungen allerdings über einseitige Simplifizierung hinaus. Vielmehr üben die Filme Kritik, indem sie soziale Dynamiken und Wechselwirkungen aus mikro- und makrosozialer Ebene aufzeigen, innerhalb derer Ungleichheiten produziert und reproduziert werden. Das Ideal individualisierter Lebensführung wird von sozialen Strukturen klassengesellschaftlicher Dynamiken eingeengt.

Die Figuren werden sowohl in Hinblick auf ihre emotionalen als auch ökonomischen Abhängigkeiten als stark in ihrem milieustereotypischen und kulturell geprägten Habitus gefangen dargestellt. Der nüchtern anmutende, beobachtende Blick des Filmschaffens betont kommunikatives Unvermögen und soziale Inkompetenzen als zentrale Faktoren der in den Filmen verhandelten Problematiken, und lenkt die Aufmerksamkeit auf die Enge und Inflexibilität kollektiver mentaler Strukturen. Das Charakteristikum von peripheren gesellschaftlichen Lagen und Randlagen zeigt sich auch über ein reduziertes Maß an Konfliktfähigkeit – dies gilt auch für die Geschlechterdarstellungen in den untersuchten Filmen.

Diese sind geprägt von Einsamkeit, Gewalt, Erniedrigung, Enge der Kleinfamilie und einer Gesellschaftskritik, die im Kontrast zum seichten Kino der Liebesromanzen, Partei gegen soziale Ungleichheit ergreift.

Detailblicke fallen verstärkt auf das Subjekt in seiner unmittelbaren Lebensumwelt und den privaten Lebensbereich. Die Anforderungen an weibliche Figuren konstruieren eine private Lebenspraxis, die in reproduktive Handlungsstrukturen in stereotypen Familienkonstellationen eingebettet ist. Die soziale Lebenslage ist nicht nur von engen sozio-ökonomischen Dimensionen geprägt, sondern auch von aggressiven Machtkonstellationen, die Arbeitsbeziehungen, Intimbeziehungen und auch Eltern-Kind-Beziehungen prägen. Die gleichzeitige Überlagerung von Handlungs- und Partizipations(un)möglichkeiten zeigen Frauenfiguren in der Ambivalenz zwischen Autonomie, Eigenverantwortlichkeit, Selbstbestimmtheit, Handlungsmacht, und Abhängigkeit, Resignation, Selbstaufgabe, Fremdbestimmtheit. Gewalt spielt als symbolische, strukturelle und/oder körperliche Gewalt in den untersuchten Filminszenierungen eine stimmungsprägende und zentrale Rolle.

Soziale Verwundbarkeit und Armutsrisiken werden über performative Anordnungen von weiblichen Protagonistinnen als sozial schwer auflösbare Lebensbedingungen inszeniert, die in Zusammenhang mit Abhängigkeiten und prekären, statusschwachen Arbeitsverhältnissen stehen (vgl. Sellach 2008). Die Repräsentation sozialer Verwundbarkeit männlicher Figuren wird über Figuren transportiert, die daran zerbrechen, keine stabilen Beziehungen eingehen und keine (ökonomische) Verantwortung für Familie übernehmen zu können bzw. sich den Erwartungen ihres sozialen Umfeldes nicht stellen können. Den Konsequenzen versuchen sie sich dann über Rückzug, Alkohol und/oder Gewalt zu entziehen.

Die Filmerzählungen zeigen deutlich, wie soziale Verwundbarkeit, etwa in Form von prekärer Beschäftigung oder diskontinuierlichen Erwerbsbiografien, in destruktive Abwärtsspiralen führt. In der filmischen Nähe zu den Figuren schwanken Erklärungen hierfür dann zwischen individuellem Versagen und gesellschaftlichen Strukturen auf der Makroebene.

Zusammenfassend lässt sich feststellen, dass die untersuchten österreichischen Kinofilme die sozialen Strukturen Österreichs in Hinblick auf ihre Geschlechterverhältnisse als vorwiegend hierarchisch und asymmetrisch präsentieren und geschlechtsspezifische Ungleichheiten als bestehende Norm vermitteln. Die Filme zeichnen mit den beschriebenen Darstellungsweisen soziale Zustände wider, die einen unangenehmen und problematisierenden Blick auf österreichische Milieus werfen. Gleichzeitig ermöglichen solchermaßen kritische Perspektiven auch öffentliches Bewusstsein für Missstände, die sonst oft im Privaten verborgen bleiben.

Letztlich bleibt die Frage, ob bzw. inwiefern die untersuchten Filme eine feministische Perspektive auf Geschlechterverhältnisse bieten. Auf der Ebene filmischer Narrationen bleibt der schale Geschmack von Frauenfiguren, die unter chancenarmen, bildungsschwachen, engen, von Gewalt bedrohten Lebensbedingungen durchaus kämpferisch und wiederständig – aber wenig erfolgreich – ihre Autonomie suchen. Die Filmstorys lassen alternative Lebensstile und weibliche Gegenentwürfe jenseits hegemonialer heterosexueller männlicher Herrschaft vermissen. Aus Perspektive feministischer Filmsoziologie wäre es daher wünschenswert, dass nach einem Jahrzehnt des *feel bad cinema,* das Bild einer österreichischen Gesellschaft patriarchaler, sexistischer und gewalttätiger Männlichkeit und ihrem Schicksal überlassener Frauen, von einem ebenso kräftigen wie lebenslustigen sozialreflexiven österreichischen Kino abgelöst wird.

Literatur

Adorno, Theodor W (1977): »Filmtransparente.« Kulturkritik und Gesellschaft I. Prismen. Ohne Leitbild. *Gesammelte Schriften,* Bd.10.1, hg. Rolf Tiedemann, Frankfurt/M.: Suhrkamp, S. 353-362.

Becker-Schmidt, Regina (1987): »Die doppelte Vergesellschaftung – die doppelte Unterdrückung: Besonderheiten der Frauenforschung in den Sozialwissenschaften«. In: Lilo Unterkirchen/Ina Wagner (Hg.): *Die andere Hälfte der Gesellschaft.* Österreichischer Soziologentag 1985, Wien, S. 10-25.

Bourdieu, Pierre (1982): *Die feinen Unterschiede. Kritik der gesellschaftlichen Urteilskraft*, Frankfurt/M.: Suhrkamp.

Braidt, Andrea (2008): *Film-Genus. Gender und Genre in der Filmwahrnehmung*, Marburg: Schüren.

Brand, Dagmar/Hammer, Veronika (Hg, 2002): *Balanceakt Alleinerziehend. Lebenslagen, Lebensformen, Erwerbsarbeit*, Wiesbaden: Westdeutscher Verlag

Cyba, Eva (2000): *Geschlecht und soziale Ungleichheit. Konstellationen der Frauenbenachteiligung*, Opladen: Leske & Budrich.

Dadek, Walter (1960): »Der gegenwärtige Stand der Filmsoziologie«. In: *Kölner Zeitschrift für Soziologie und Sozialpsychologie.* Sammelband des 12. Jahrganges, S. 516-533.

Dassanowksy, Robert von (2005): *Austrian Cinema: A History*, McFarland and Company.

Dassanowsky, Robert von/Speck, Oliver (Hg, 2011): *New Austrian Film*, New York/Oxford: Berghahn Books.

Degele, Nina (2010): »Individualisierung intersektionalisieren«. In: Peter A. Berger/Ronald Hitzler (Hg.): *Individualisierungen. Ein Vierteljahrhundert »jenseits von Stand und Klasse«?*, Wiesbaden: VS Verlag, S.177-190.

Diezinger, Angelika (1993): »Geschlechterverhältnis und Industrialisierung: von der Ungleichheitsrelevanz primärer Beziehungen«. In: Petra Frerichs/Margaretha Steinrücke (Hg.): *Soziale Ungleichheit und Geschlechterverhältnisse*, Opladen: Leske & Budrich, S. 145-158.

Flicker, Eva (2008): »Visualisierung von Geschlechterwissen im öffentlichen Raum«. In: Angelika Wetterer (Hg.): *Geschlechterwissen und soziale Praxis*, Frankfurt/M.: Ulrike-Helmer-Verlag, S. 96-121.

Flicker, Eva (2010): »Zur Medienpraxis vergeschlechtlichter Bilder von Alte/r/n«. In: Angelika Wetterer (Hg.): *Körper Wissen Geschlecht. Geschlechterwissen und soziale Praxis II*, Sulzbach: Ulrike Helmer Verlag, S. 221-241.

Flicker, Eva/Zehenthofer, Irene (2011): »Repräsentationen von Armut und sozialer Ausgrenzung im Österreichischen Film«. In: Roland Verwiebe (Hg): *Armut in Österreich. Bestandsaufnahme, Trends, Risikogruppen*, Wien: Braumüller, S. 328-347.

Hoffmann, Dagmar (2008): »Sexualität, Körper und Geschlecht im Film«. In: Markus Schroer (Hg): *Gesellschaft im Film*, Konstanz: UVK, S. 198-228.

Huster, Ernst-Ulrich/Boeckh, Jürgen/Mogge-Grotjahn, Hildegard (Hg, 2008): *Handbuch Armut und Soziale Ausgrenzung*, Wiesbaden: Verlag für Sozialwissenschaften.

Kearney, Mary Celeste (Hg, 2012): *The Gender and Media Reader*, New York & London: Routledge.

Koppetsch, Cornelia (2010): »Jenseits der individualisierten Mittelstandsgesellschaft? Zur Ambivalenz subjektiver Lebensführung in unsicheren Zeiten«. In: Peter A. Berger/Ronald Hitzler (Hg.): *Individualisierungen. Ein Vierteljahrhundert »jenseits von Stand und Klasse«?*, Wiesbaden: VS Verlag, S. 225-243.

Krais, Beate (2011): »Die männliche Herrschaft: ein somatisiertes Herrschaftsverhältnis«. In: *Österreichische Zeitschrift für Soziologie*, Heft 4/11, 36. Jg., S. 33-50.

Kreckel, Reinhard (2004): *Politische Soziologie der sozialen Ungleichheit. 3. erw. Auflage*, Frankfurt/New York: Campus.

Lauretis, Teresa de (1984): *Alice Doesn´t. Feminism, Semiotics, Cinema*, Houndmills et al: Macmillan.

Lim, Dennis (2006): »Austrian filmmakers with a heart for darkness - Culture - International Herald Tribune«. In: *The New York Times*, Monday, 27. November 2006.

Mai, Manfred/Winter, Rainer (Hg, 2006): *Das Kino der Gesellschaft - die Gesellschaft des Kinos: interdisziplinäre Positionen, Analysen und Zugänge*, Köln: Halem.

Mai, Manfred/Winter, Rainer (2006): »Kino, Gesellschaft und soziale Wirklichkeit. Zum Verhältnis von Soziologie und Film«. In: diess. (Hg.): *Das Kino der Gesellschaft - die Gesellschaft des Kinos: interdisziplinäre Positionen, Analysen und Zugänge*, Köln: Halem, S. 7-23.

Meissner, Hanna (2010): *Jenseits des autonomen Subjekts. Zur gesellschaftlichen Konstitution von Handlungsfähigkeit im Anschluß an Butler, Foucault und Marx*, Bielefeld: Transkript.

Mogge-Grotjahn, Hildegard (2008): »Geschlecht: Wege in die und aus der Armut«. In: Ernst-Ulrich Huster/Jürgen Boeckh/Hildegard Mogge-Grotjahn (Hg.): *Handbuch Armut und Soziale Ausgrenzung*, Wiesbaden: VS Verlag für Sozialwissenschaften, S. 350-361.

Müller, Hans-Peter/Weihrich, Margit (1994): *Lebensweise – Lebensführung – Lebensstile. Eine kommentierte Bibliographie*, 3. Aufl., Forschungsberichte der Fakultät für Pädagogik der Universität der Bundeswehr München.

Müller, Ursula (2010): »Gewalt: Von der Enttabuisierung zur Einfluss nehmenden Forschung«. In: Ruth Becker/Beate Kortendiek (Hg.): *Handbuch Frauen- und Geschlechterforschung*, Wiesbaden: VS Verlag für Sozialwissenschaften, S. 668-676.

Mulvey, Laura (1985): »Visual Pleasure and Narrative Cinema«. In: Bill Nichols (Hg.): *Movies and Methods*, Berkeley und Los Angeles: University of California Press.

Neckel, Sighard (1993): *Die Macht der Unterscheidung. Beutezüge durch den modernen Alltag*, Frankfurt/M.: Fischer TB.

Osterland, Martin (1970): *Gesellschaftsbilder in Filmen: eine soziologische Untersuchung des Filmangebots der Jahre 1949 bis 1964*, Stuttgart: Enke.

Prokop, Dieter (1982): *Soziologie des Films*, erweiterte Aufl., Frankfurt/M.: Fischer.

Sellach, Brigitte (2008): »Armut: Ist Armut weiblich?«. In: Ruth Becker/Beate Kortendiek (Hg.): *Handbuch Frauen- und Geschlechterforschung*, Wiesbaden: VS Verlag für Sozialwissenschaften, S. 463-471.

Toppe, Sabine (2009): »Rabenmütter, Supermuttis, abwesende Väter? – Familien(leit) bilder und Geschelchtertypisierungen im Kinderarmutsdiskurs in Deutschland«. In: Paula Villa/Barbara Thiessen (Hg): *Mütter – Väter: Diskurse, Medien, Praxen*, Münster: westfälisches Dampfboot, S.107-123.

Villa, Paula-Irene (2011): »Symbolische Gewalt und ihr potenzielles Scheitern. Eine Annäherung zwischen Butler und Bourdieu«. In: *Österreichische Zeitschrift für Soziologie*, Heft 4/11, 36. Jg., S.51-69.

Wetterer, Angelika (Hg, 2008): *Geschlechterwissen und soziale Praxis. Theoretische Zugänge – empirische Befunde*, Königstein.

Wetterer, Angelika (Hg, 2010): *Körper Wissen Geschlecht. Geschlechterwissen und soziale Praxis II*, Sulzbach: Ulrike Helmer Verlag.

Winter, Rainer (1992): *Filmsoziologie: eine Einführung in das Verhältnis von Film, Kultur und Gesellschaft*, München: Quintessenz Verlag.

Berichte und Statistiken

Daten zum österreichischen Film. Juni 2002, PDF-Dokument. www.filminstitut.at/de/studien/ (Zugriff: Dezember 2010)

Filmfinanzierung und Filmförderung in Österreich. Oktober 2003, PDF-Dokument www.filminstitut.at/de/studien/ (Zugriff: Dezember 2010)

Filmwirtschaftsberichte 2006 bis 2010: »Facts+Figures 04« bis »Facts + Figures 10«. PDF-Dokumente www.filminstitut.at/de/filmwirtschaftsberichte/ (Zugriff: Dezember 2010 - Dezember 2011)

Motive der Filmnutzung. Repräsentativuntersuchung. 2007, PDF-Dokument. www.filminstitut.at/de/studien/ (Zugriff: Dezember 2010)

»Österreichischer Filmbericht«. Die österreichische Filmwirtschaft 2001-2003, PDF-Dokument www.filminstitut.at/de/filmwirtschaftsberichte/ (Zugriff: Dezember 2010)

Veröffentlichungen des österreichischen Filminstitutes: www.filminstitut.at (Zugriff: Dezember 2010 - Dezember 2011)

Filmografie nach Alphabet

www.filmaustria.com/de/?article_id=12 (Zugriff: 05.12. 2011)

www.filminstitut.at/de/menu202/ (Zugriff am 10.01. 2012)

http://de.wikipedia.org/wiki/Kino_und_Film_in_Österreich (Zugriff: 05.12.2010)

Antares 2004, BesucherInnenzahlen: 14.982
Drehbuch: Götz Spielmann, Regie: Götz Spielmann
Preise und Auszeichnungen:
2004: Hof (Production Design Award)
2005: Undine Award (Bester Filmdebütant: Dennis Cubic)

Böse Zellen 2003, BesucherInnenzahlen: 16.214
Drehbuch: Barbara Albert, Regie: Barbara Albert

Crash Test Dummies 2005, BesucherInnenzahlen: 3.626
Drehbuch: Jörg Kalt, Antonin Svoboda Regie: Jörg Kalt
Preise und Auszeichnungen:
2005: Thomas-Pluch-Drehbuchförderpreis
2005: Sevilla (Silbernen Giraldillo)
2005: Cinessonne (Spezialpreis der Jury)

Heile Welt 2007, Besucherinnenzahlen: 8. 470
Drehbuch: Jakob M., Erwa, Regie: Jakob M., Erwa
Preise und Auszeichnungen:
2007: Großer Diagonale Preis (Bester Österreichischer Spielfilm)
2007: Oldenburg (German Independence Award - Bester Deutscher Film)

Hundstage 2001, BesucherInnenzahlen: 107.645
Drehbuch: Ulrich Seidl, Regie: Ulrich Seidl
Preise und Auszeichnungen:
2001: Venedig (Großer Preis der Jury)
2001: Bratislava (FIPRESCI, Special Jury Prize)
2001: Gijón (Grand Prix Asturias, Spezialpreis der Jury)
2002: Bergen (Jury Award)
2002: Fantasporto (Directors' Week Special Jury Award)

Import Export 2007, BesucherInnenzahlen: 24.154
Drehbuch: Ulrich Seidl, Veronika Franz, Regie: Ulrich Seidl
2008: Bester Film (Bangkok)
2008: Diagonale Preis für die beste künstlerische Montage – Spielfilm

Der Knochenmann 2009, BesucherInnenzahlen: rund 280.000
Drehbuch: Josef Hader, Wolfgang Murnberger, Wolf Haas, Regie: Wolfgang Murnberger
Preise und Auszeichnungen:
2009: Berlin, Panorama
2009: Austrian Ticket
2010: Preis Innovative Produktionsleistung (VAM)

März 2008, BesucherInnenzahlen: 3.498
Drehbuch: Händl Klaus Regie: Händl Klaus

Preise und Auszeichnungen:
2008: Internationales Filmfestival von Locarno Silberner Leopard für das beste Erstlingswerk
2008: Sarajevo Film Festival Spezialpreis der Jury
2008: Berner Filmpreis der Berner - Filmförderung/Amt für Kultur des Kantons Bern
2009: Fünf Seen Filmpreis des Fünf Seen Filmfestival

Nordrand 1999, BesucherInnenzahlen: 54.670
Drehbuch: Barbara Albert, Regie: Barbara Albert
Preise und Auszeichnungen:
1999: Stockholm (Best Directorial Debut)
1999: Venedig (Marcello Mastroianni Award)
1999: Vienna Film Award, FIPRESCI
2000: Troja (Special Mention - First Works Section)
2000: Max Ophül (Femina Film Award, Promotional Award, Screenplay Award)

Ravioli 2003, BesucherInnenzahlen: 46.833
Drehbuch: Alfred Dorfer, Regie: Peter Payer
Preise und Auszeichnungen:
2003: Max Ophüls Filmfestival - Preis der Schülerjury.

Revanche 2008, BesucherInnenzahlen: 40.051
Drehbuch: Götz Spielmann, Regie: Götz Spielmann
Preise und Auszeichnungen:
2008: Europa Cinemas Label Award, C.I.C.A.E. Prize (International Confederation of Art House Cinemas), Femina Film Preis für Bestes Set Design (Berlin)
2008: Best Film (Starnberg)
2008: Jury Award for Best Feature Film (Schwerin)
2008: Best Screenplay, Audience Award (Monterrey)
2009: Nominierung Best Foreign Language Film of the Year 2008 (Oscar)
2009: FIPRESCI Award for Best Foreign Language Film of the Year (Palm Springs)
2009: Aurora Prize, FIPRESCI Award (Tromsö)

Silentium 2000, BesucherInnenzahlen: 205.424
Drehbuch: Wolfgang Murnberger, Josef Hader, Wolf Haas, Regie: Wolfgang Murnberger
Preise und Auszeichnungen:
Auswahl 2006: Cognac (Grand Prix)

Slumming 2007, BesucherInnenzahlen: 11.131
Drehbuch: Michael Glawogger, Barbara Albert,Regie: Michael Glawogger
Preise und Auszeichnungen:
2006: Palic (Beste Regie)
2006: Thomas-Pluch-Drehbuchpreis

Der Überfall 2000, BesucherInnenzahlen: 100.819
Drehbuch: Susanne Freund, Florian Flicker, Regie: Florian Flicker
Preise und Auszeichnungen:

2000: Locarno (Bronze Leopard)
2001: Diagonale Grand Prize
2001: Las Palmas (Silver Lady Harimaguada, Beste Kamera)
2001: Max Ophüls Preis

Vollgas 2001, BesucherInnenzahlen: 11.553
Drehbuch: Sabine Derflinger, Maria Scheibelhofer, Regie: Sabine Derflinger
Preise und Auszeichnungen:
2002: Max Ophüls Preis (Femina Film Award, Promotional Award)

Ulrike Wohler

Weiblichkeitsinszenierungen in Musik-Videoclips von Lady Gaga und Lena Meyer-Landrut. Ein Vergleich lokaler und globaler Medienstrategien und ihrer Rezeption

In meinem Beitrag möchte ich am Beispiel der Musikclips zu Lady Gagas *telephone*, bei dem im Fernsehen (MTV) bereits zensierende Maßnahmen durchgeführt wurden, und Lenas Siegertitel beim Eurovision Song Contest 2010 *satellite* Kriterien für emanzipatorische Weiblichkeitsdarstellungen im Musikvideoclip erörtern. Es geht in diesem Kontext um die Images, die medial mittels filmischer, modischer und inhaltlicher Methoden und Darstellungsweisen hergestellt werden. Die Aufgabe kann also in diesem Zusammenhang nicht sein, zu entscheiden, welche Sängerin in diesem Fall künstlerisch »besser« oder »wertvoller« ist, da sich dieser Beitrag nicht kunstkritisch versteht, sondern vielmehr künstlerisches Handeln und künstlerische Darstellungsweisen gesellschaftlich verortet, um damit letztlich Kriterien für Zielgruppengeschmack zu verdeutlichen. In der Hauptsache werden also die Mittel zur Herstellung konservativer und progressiver Weiblichkeitsimages differenziert. Dabei werden milieuspezifische Vorlieben, letztlich also die Zielgruppenorientierung, berücksichtigt.[1] Hierbei werden Aspekte wie Schnitt- und Montagetechnik, Kameraführung und Sujet-Inszenierung bei beiden Videoclips ebenso zum Tragen kommen, wie der Habitus der Darstellerinnen und modesoziologische Gesichtspunkte. Dies geschieht vor dem Hintergrund der hegemonialen geschlechtsspezifischen Rollenzuschreibungen und auch der ihrer Gegenmodelle. Zudem werden mediale Charakterzuschreibungen und Projektions- als auch Identifikationsmechanismen am Beispiel des Medienphänomens Lena erörtert, weil sich daran lokale und globale

---

[1] Die Spiegel-Dokumentation *Outfit 3* dokumentiert z.B. Grundorientierungen, Wertprioritäten und Lebensstile der einzelnen sozialen Milieus, u.a. an Einrichtungs- und Kleidungsstilen etc. Diese liefern Erkenntnisse über das Alltagsbewusstsein. In den einzelnen sozialen Milieus herrschen unterschiedliche Vorstellungen zu Geschlechterrollen und Familie vor. Während, ausgehend vom Milieumodell von 1994, vor allem im alternativen und technokratisch-liberalen Milieu emanzipatorische Ansichten zur Gleichberechtigung und zur partnerschaftlichen Rollenteilung vorherrschen, sind es überwiegend die konservativen Milieus, welche von »klassischer Rollenteilung« bis zur Dominanz des Mannes in der Familie, an den traditionellen Rollenklischees festhalten (Spiegel-Dokumentation 1994: 96ff.).

Rezeptions- und mediale Inszenierungsweisen und -strategien sehr gut deutlich machen lassen:

Während die New Yorkerin Lady Gaga einerseits als *Stilikone* und andererseits als *enfant terrible* in den Medien kommuniziert wird, erwärmt im Frühjahr 2010 die Hannoveranerin Lena Meyer-Landrut, Gewinnerin eines Castings für den deutschen Beitrag zum European Songcontest, mit ihrem natürlichen jugendlichen Charme das Herz zuerst Deutschlands und dann ganz Europas und gewinnt damit letztlich den Europäischen Songcontest.

Nach Nicole ist sie die zweite Deutsche, die diesen Wettbewerb gewinnt. Beide Male kann Deutschland mit unverdorbenen Fräuleinwundern punkten, auch wenn Lena etwas kesser daherkommt als die schüchtern auftretende Nicole, die mit ihrer (bewusst) weißen Gitarre im Gegensatz zu Lena auf Deutsch für »ein bisschen Frieden« sang. Mit allen möglichen anderen Versuchen klappte es bisher nicht. 2009 die amerikanische Burlesque-Darstellerin Dita von Teese darstellerisch mit ins Boot zu holen, wurde im Gegenzug dazu geradezu abgestraft. Mithilfe der Videoanalyse der Musikclips von Lady Gaga und Lena möchte ich die verschiedenen Images erörtern, die die beiden Sängerinnen verkörpern.

Da ich aus einem kultur- und kunstsoziologischen Standpunkt heraus argumentiere, ist mir die Darstellung der Sujets – also die Darstellung der jeweiligen Sängerin und die der thematisierten Inhalte im Clip selbst – besonders wichtig. Hierbei werde ich mich vor allem auf die Verfahrensweisen, die Hickethier bezüglich der Filmanalyse erläutert, als auch Panofskys Vorgehensweise zur Ikonographie und Ikonologie stützen. Der hermeneutische Zugang ähnelt in gewisser Weise dem ikonologischen Verfahren bei Panofsky. Für Filme sind vier Schritte zu beachten: Notierung des filmischen Sachverhalts aus der Betrachtung, Erläuterung, Kommentar und Interpretation (vgl. Hickethier 1996: 35).

Panofsky unterscheidet zum einen drei Bedeutungsebenen: das natürliche Sujet, das konventionelle Sujet und die eigentliche Bedeutung, und zum anderen die dazugehörigen Interpretationsverfahren: die vor-ikonographische Beschreibung, Die ikonographische Analyse, und die ikonologische Interpretation. Die Ikonographie hat nach Panofsky die Aufgabe zu sammeln und zu klassifizieren und betrifft damit die Bildbedeutungsebene. Die Bildbedeutungsebene wird durch das Hinzuziehen außerbildlicher, wie literarischer und anderer gesellschaftlich relevanter, Quellen ermittelt (vgl. Panofsky 2006: 48) und erfordert die Vertrautheit mit bestimmten Themen und Vorstellungen (ebd.: 57). Die eigentliche Bedeutung ist bereits Gegenstand einer ins Interpretatorische gewandten Ikonographie, der Ikonologie. Das Prinzip, nach der die Ikonologie verfährt, ist im Gegensatz zur Ikonographie synthetisch und erfordert die Kenntnis darüber, »wie unter wechselnden historischen Bedingungen die allgemeinen und wesentlichen Tendenzen des menschlichen Geistes durch bestimmte Themen und Vorstellungen ausgedrückt wurden« (ebd.: 55) wie z.B. Symbole. Die verschiedenen geisteswissenschaftlichen Disziplinen treffen bei der Ikonologie zusammen, da jedes Werk ein Dokument darstellt, das »Zeugnis [...] über die politischen, poetischen, religiösen, philosophischen und gesellschaftlichen Tendenzen der Person, der Epoche oder des Landes, die zur Debatte stehen« (Panofsky 2006: 55), ablegt.

Videobeschreibungen und Inhaltsanalyse

Die Auswahl der Videoclips »satellite« von Lena und »telephone« von Lady Gaga, die ich in diesem Beitrag analysiere, ist aufgrund zweier Kriterien gefallen: erstens sind beide recht zeitnah erschienen, zweitens war es mir wichtig, bei Lena das Video zu nehmen, mit welchem sie ihren sowohl medialen als auch Grandprix Erfolg hatte. Lady Gagas Erfolg speist sich in allererster Linie aus ihrer Performativität, die sich in ihren Videoclips besonders deutlich zeigt, dazu möchte ich Lenas Videoclip in Beziehung setzen.[2]

Abb. 1: Lena Meyer-Landrut: *satellite* (Regie: Frank Paul Husmann, Manfred Winkens)

Lena Meyer-Landrut: *satellite* (Regie: Frank Paul Husmann, Manfred Winkens)

Der Videoclip zum European Songcontest Gewinnersong *satellite* beinhaltet inhaltlich die kompletten 2:57 Minuten allein die Inszenierung Lenas in einer Szenerie voller Lichtquellen (Abb. 1). Das gesamte Video ist in kühlen dunklen Farben gehalten. Lena steht während des gesamten Songs bzw. Videoclips auf der gleichen Stelle, tanzt frei ohne erkennbare feststehende Choreographie und singt den Song. Hinter Lena befindet sich ein Scheinwerfer, der immer wieder sternförmige Strahlen hinter ihr produziert. Weiter oben befindet sich eine Leinwand, auf der perspektivisch Lichtpunkte am Betrachter »vorbeirasen«, welche den optischen Effekt erzeugen, als würde der Betrachter mit einem Raumschiff durch das All fliegen. Der Raum ist weiter mit vielen graphisch angeordneten Strahlern ausgestattet. Auch am Boden hinter Lena befinden

[2] Dass einige Zeit später von Lena ebenfalls ein »Roadmovie«-Video herauskam (Genre-Gleichheit bietet sich für Vergleichsanalysen ja geradezu an – auch wenn es in diesem Zusammenhang um die Herausarbeitung von hegemonialen und subversiven Geschlechterdarstellungen geht) ist natürlich auch sehr interessant – ich werde auch einige Punkte in Kürze zum Clip von *touch a new day* erörtern – allerdings bin ich aus den genannten Gründen bei *satellite* geblieben, vor allem, weil es mir, wie zu Anfang erörtert, auf die Weiblichkeitsinszenierung und den Medienhype um Lena im Kontext des European Songcontests ankam.

sich Scheinwerfer. Die Dynamik im Video entsteht vor allem durch die schnellen, aber weichen Schnitte (»découpage classique«), kleinen sehr kurzen Kamerafahrten und Perspektivwechsel, die für verschiedene Lichtwirkungen mit weißem Licht sorgen, und symbolhaft das dunkelblaue All, die Sterne und Lena als *Satelliten* in Szene setzen.

Lady Gaga: *telephone* (feat. Beyoncé) (Regie: Jonas Åkerlund)

Lady Gagas Videoclip *telephone* (feat. Beyoncé) ist ganze 9:28 Minuten lang. Kurz lässt sich die Story des Clips wie folgt zusammenfassen: *Lady Gaga landet zunächst in einem Frauengefängnis, sie wird von Beyoncé abgeholt, beide fahren zu einem Diner, wobei es beiden darum geht, sich an einem »Motherfucker« zu rächen. Die beiden vergiften ihn, aber auch gleich die gesamten Gäste drum herum und flüchten, die Medien berichten, ein Hubschrauber kreist zum Schluss über ihrem Pick-up.*
Der Song selbst beginnt im Clip erst bei 2:55 Minuten. Er wird aber auch dann immer wieder durch spielfilmische Sequenzen unterbrochen. Im Folgenden gebe ich die einzelnen Szenen durch eine Kurzbeschreibung wieder, die inhaltlichen Sequenzen habe ich durch Zeitangaben innerhalb des Videos (Minute:Sekunde bis Minute:Sekunde) ergänzt:

Vorspann: *(0:00 - 0:25) Gefängniszaun, Totale auf die Umgebung, Gefängniszaun, bauliches Detail, Wächter auf einem Gebäude, hinter dem Gefängnis fährt ein Zug vorbei, Gefängnisszene mit Einblendung »telephone«,*

1. Szene: *(0:26 - 1:12) Gefängnisflur mit Zellen, Kamerafahrt an den Insassinnen entlang, Lady Gaga wird in den Gefängnistrakt*

Abb. 2: Lady Gaga bei Einlieferung in ihre Gefängniszelle

von zwei Gefängniswärterinnen zu ihrer Zelle geführt (Abb. 2), kommt in ihre Zelle, wird etwas rabiat von den beiden Wärterinnen ausgezogen, und trägt nur noch ihre Netzstrumpfhose ohne Slip, als sie sich breitbeinig ans Zellengitter hängt, nach-

dem die Wärterinnen sie eingeschlossen haben, (der Genitalbereich ist dabei verschwommen unkenntlich gemacht worden). Die eine Wärterin bekundet der anderen gegenüber, dass sie gewusst hätte, dass sie keinen »dick« (»Penis«) hat, worauf die andere nur antwortet: »Too bad!«: »Wie schade!«.[3]

2. Szene: (1:13 - 2:11) Gefängnishof »Exercise Yard«, Lady Gaga wird hingeführt, dort befinden sich unter anderem Gewichte stem-

Abb. 3: Lady Gaga mit Zigarettenbrille und mit Butch knutschend

mende Mitinsassinnen, aber auch welche, die nur herumstehen und ein Ghettoblaster, der den Song »Paper Gangsta« von Lady Gagas erster CD »Fame« spielt. Lady Gaga wird von einer Butch angemacht, sie knutschen (Abb. 3), die Butch nimmt das Handy von Lady Gaga in die Hand: Ansage durch den Lautsprecher: »Lady Gaga, you got a call«.

3. Szene: (2:12 - 3:17) Gefängnis Gruppenraum, Schlägerei zwischen Insassinnen, die von anderen Insassinnen angefeuert werden, Lady Gaga hält sich dort mit Dosen-Frisur auf, sie bekommt einen Anruf, dieses Mal geht sie ans Telefon, der Song beginnt.

4. Szene: (3:18 - 4:05) Tanzszene im Gefängnisflur vor den Zellen,

5. Szene: (4:06 - 4:21) Die Tanzszene geht weiter mit dazwischen liegenden Einblendungen, bei denen Lady Gaga, mit gelbem Absperrband umwickelt, in bizarren Posen in ihrer offenen Zelle liegt (Abb. 4).

6. Szene: (4:22 - 4:37) Entlassung von Lady Gaga noch drinnen im Gefängniskomplex, die Wärterin am Ausgang schaut in ihrem PC nach Datingmöglichkeiten für Lesben.

7. Szene: (4:38 - 4:44) Entlassungszene draußen, Lady Gaga geht aus dem Gefängnistor, Kommentar einer Angestellten: »You'll be

---

[3] An dieser Stelle wird gleichzeitig der Beweis für ihren Besitz einer Vagina, bzw. Nichtbesitz eines Penis erbracht. In den Medien war zuvor darüber spekuliert worden, ob Lady Gaga vielleicht »doch ein Mann sei« (http://www.bild.de/BILD/unterhaltung/leute/2009/09/05/saengerin-lady-gaga/penis-geruechte-mann-vagina-beleidigt.html).

back, honey!«, ein gelber Pick-up mit der Aufschrift »Pussy Wagon« steht vor dem Gefängnis, Lady Gaga steigt ein.

8. Szene: *(4:45 - 5:07) Beyoncé sitzt am Steuer, füttert Lady Gaga mit einem in Folie gewickelten Sandwich, in das sie vorher selbst beißt: »You've been a very bad Girl, a very very bad bad girl, Gaga!«, Lady Gaga: »Hm, Hm, Honey B(ee).«*

9. Szene: *(5:08 - 5:50) Fahrt im Van, Diskussion, ob sie »die Tat« durchführen sollen, Beyoncé: »You know, Gaga. Trust is like a mirror, you can't fix it if it's broken«, Lady Gaga dazu: »But you can still see the crack in a motherfucker's reflection!«*

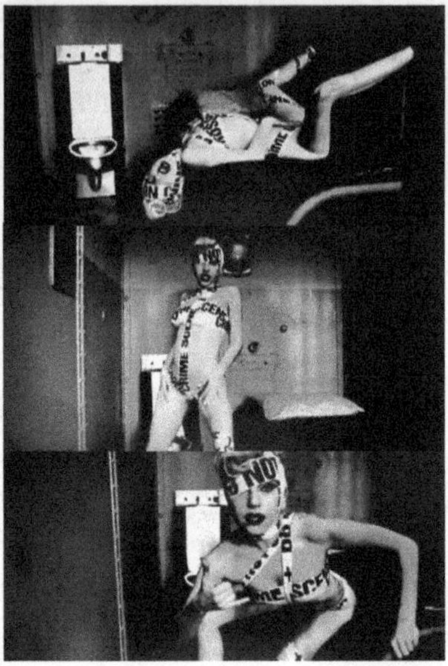

Abb. 4: Lady Gaga in verschiedenen Posen in ihrer Gefängniszelle – nur mit Klebeband bekleidet – darunter breitbeinig mit der rechten Hand in eindeutiger Position

10. Szene: *(5:51 - 6:17) Ein Diner, Beyoncé kommt rein, sie trifft auf den Typen, um den es geht, es wird nicht gesprochen, in Comicschrift fragt er sie »wo warst du Schlampe?«, er geht vom Tisch weg, fragt jemand anders wiederum als Schrift »what the f*** ist your problem«, haut einer Anwesenden auf ihren Po, währenddessen schüttet Beyoncé ihm blaues Gift aus einer kleinen eckigen Glasflasche in seine Kaffeetasse.*

11. Szene: *(6:18 - 6:41) Lady Gaga betätigt sich, ins Telefon ihres Telefonkopfschmucks singend, als (Gift-)Köchin in der Küche des Diners, männliche Tänzer tanzen mit Küchenutensilien und Lebensmitteln um sie herum, währenddessen telefoniert Beyoncé im Hotel- bzw. wahrscheinlich eher Motelzimmer, es geht in den Refrain über, die Szenerie bleibt die gleiche, obwohl jetzt mehr Tanz bei Beyoncé eine Rolle spielt; während Lady Gaga in der Diner-Küche jetzt ein Sandwich schmiert.*

12. Szene: *(6:42 - 6:57) Die Küche des Diners wird zum Tanzsaal für das Küchenpersonal mit Lady Gaga, die, nachdem sie ein paar Male symbolisch »zugebissen« hat, herzhaft in das Sandwich beißt.*

13. Szene: *(6:58 - 7:03) Vorne im Diner schaut Beyoncé dem vergifteten Typen gegenübersitzend ersten Vergiftungsreaktionen, also beim Husten, zu. Der Übergang zur nächsten Szene ist der, dass der Bildschirm durch einen Blitz geteilt ist, und man gleichzeitig die Giftmischerin in der Küche und den erste Symptome zeigenden Mann sehen kann und danach das Giftsymbol »aufspringt«.*

14. Szene: *(7:04 - 7:09) Giftszene »POISON TV«: Lady Gaga zeigt nun, wie man »es« macht: links oben in Pink das Logo »POISON TV«, inklusive der Einblendung eines Rezeptkastens auf der rechten Seite »Cook'n'kill« : 1 oz. rat poison, ½ oz. metacyanide, ½ oz fex-M_3, 1 cup tiberium: Shake and stir, good luck!«* [4]

15. Szene: *(7:10 - 7:30) Lady Gaga bringt das Essen und bleibt beim Tisch von Beyoncé stehen: Er gießt sich Ahornsirup über seine Waffeln, isst das vergiftete Essen, kippt vom Tisch, und Beyoncé resümiert: »I knew, you take all my honey, you selfisch mother***(beep).«*

16. Szene: *(7:31 - 7:41) Alle anderen Gäste des Diners essen ihr Essen und sterben ebenfalls, in deutscher Sprache wird in Comicletttern eingeblendet: »ein«, »zwei«, »drei«, während Lady Gaga und Beyoncé eindeutige Hand-Posen hinlegen, die zum Einen die Zielorientierung, zum anderen die Zielgerade und letztlich die Erledigung der »Aufgabe« symbolisieren.*

17. Szene: *(7:42 - 8:13) Tanzszene im Diner während des Refrains, davor liegen die vergifteten Gäste auf ihren Stühlen.*

18. Szene: *(8:14 - 8:28) Hotel- bzw. Motelzimmer mit Beyoncé im Wechsel mit der Tanzszene im Gästeraum.*

19. Szene: *(8:29 - 8:44) Der Pick-up rast los, man sieht als erstes aufspritzende Erde, als der nur zur unteren Hälfte sichtbare Pick-up startet. Im Wechsel mit dem fahrenden Pick-up wird Lady Gaga im Leo-Outfit vor dem »Pussy Wagon« posierend und tanzend gezeigt.*

20. Szene: *(8:45 - 8:51) Die Medien berichten über die Straftat im Diner, dabei wird das Video »Paparazzi« von Lady Gaga zitiert, bei dem Lady Gaga (ebenfalls) als Giftmischerin bei der Verhaftung fotografiert wird, indem die Abschlussszenen dieses Videos jetzt für die Medienberichterstattung verwendet werden. Das suggeriert, dass dieser Clip die Fortsetzung des Videos »Paparazzi« ist.*

[4] Dieser Kasten mit dem »Rezept« wurde bei MTV Deutschland ganz schnell undeutlich gemacht, also zensiert. Ebenso das von Lady Gaga gesprochene »motherfucker's« in der 9. Szene durch ein »Beep«.

21. Szene: *(8:52 - 9:02) Fahrt des Pussy Wagons im Wechsel mit einem Tanz der beiden wie trauernde Witwen verhüllt gekleideten Darstellerinnen vor dem Pick-up, Einblendung des Schlüsselanhängers »Pussy Wagon«,*

22. Szene: *(9:03 - 9:14) Abschlussszene im Pick-up, Lady Gaga und Beyoncé versichern sich im Pussy Wagon sitzend gegenseitig, dass sie nie mehr zurückkommen werden.*

23. Szene: *(9:15 - 9:19) Pussy Wagon von hinten, er braust die Straße weiter entlang: »to be continued«, zum Schluss flieht ein großes »Frau« -Symbol (♀) nach hinten weg. Auf dem Boden der Straße ist der Schatten eines Hubschraubers zu sehen.*

24. Szene: *(9:20 bis Ende) Abspann.*

Modesoziologische Aspekte

Wenn man sich Weiblichkeitsinszenierungen analytisch vornimmt, muss man den Hintergrund, vor dem diese Analyse stattfindet, deutlich machen. Mindestens seit dem bürgerlichen Zeitalter dienen Frauendarstellungen politischen und gesellschaftlichen Ideologien: sei es als Musen, als Allegorien, als weibliche Aktskulpturen im öffentlichen Raum (die z.B. mit Aspekten wie Bevölkerungspolitik im Zusammenhang stehen (vgl. Wenk 1987: 219) oder als Frauenportraits (deren gesellschaftliche Funktion Meyer-Büser sehr gut an den zwanziger Jahren des 20. Jahrhunderts, vor allem im Übergang zum Nationalsozialismus, aufgezeigt hat (vgl.Meyer-Büser 1994: 101). Anhand der Wirkung von Fotos beschreibt Susan Sontag in ihrem Essay zum Fotoband »Women« von Annie Leibowitz (1999), dass das, was auf Fotos »richtig oder attraktiv« aussehe, die »allgemein als ›naturgegeben‹ empfundene ungleiche Machtverteilung, wie sie Frauen und Männern der Konvention nach zugeschrieben wird« illustriere (vgl.Sontag 1999: 36). Meyer-Büser beschreibt ähnlich kritisch, dass gerade zum Ende der 1920er Jahre wieder mehr »schöne« Darstellungen von Frauen präferiert wurden, was als »Tendenz zur Gesundung der Kunst« (vgl. Meyer-Büser 1994: 100) begrüßt wurde.

Susan Sontag veranschaulicht ebenfalls die Funktion von Frauen als Projektionsfläche. Sie beschreibt die Erwartungshaltung an Frauen, welche auf einer anderen Ebene stattfindet als bei Männern. Sontag erörtert den konstitutiven Charakter der Schönheit bzw. Attraktivität für Frauen und zieht das Fazit: »Ein Mann ist immer zu sehen. Frauen werden angeschaut« (Sontag 1999: 23). Darüber kennzeichnet sie die Eigenschaft der Schönheit als etwas Totales bei einer Frau: »Bei einer Frau ist Schönheit etwas Totales. Es ist das, was bei einer Frau für den Charakter steht. Es ist selbstverständlich auch eine Inszenierung, etwas Gewolltes, Geplantes, Erzieltes« (ebd.: 30).

Wir haben es also bei der Inszenierung von Weiblichkeit in künstlerischen Produkten nicht mit einem »neutralen« Raum zu tun, sondern mit Rollen-Erwartungen, die ideologisch bedingt sind. Für die Analyse von Videoclips bedeutet das, dass es, insbesondere vor dem Hintergrund sozialer und politischer Entwicklungen, um Aspekte wie Geschlechtsrollenklischees, Haltungen verschiedener sozialer Milieus, queere Momente, Sexualität, sexuelle Selbstbestimmung und sexuelles Begehren, Objekt- bzw. Subjektstatus von Frauen, geht. Innerhalb einer künstlerischen Inszenierung gibt es keinen Zufall oder Unbedachtes, allerdings spielt das »kulturell Unbewusste« (Bourdieu 1974: 120) hier mit hinein.

Lena trägt im Videoclip ein anthrazitfarbenes körpernahes T-Shirt-Mini-Kleid mit klassischem T-Shirt-Ausschnitt und halblangen Armen. Die Vorderseite enthält links eine Raffung und dezente Knöpfe. Dazu trägt sie schwarze blickdichte Strumpfhosen, die Schuhe sind in dem Video nicht zu sehen, weil Lena maximal bis zu den Knien gezeigt wird. Als Schmuck trägt Lena ein schmales Halsband doppelt um den Hals geschlungen, wahrscheinlich aus schwarzem Leder, woran ein Taizé-Anhänger hängt. Am linken Handgelenk trägt sie ein Armband. Lena ist sehr dezent geschminkt, so dass sie fast ungeschminkt wirkt. Die einzige stärkere Betonung liegt in einem schwarzen Lidstrich und Wimperntusche. Die Wirkung ist insgesamt – sowohl bei Haut als auch bei den natürlich geschminkten Lippen – jugendlich »natürlich« und rosig frisch. Kracauer spricht von der moralisch-rosa Hautfarbe, welche für die konservativen Gesellschaftsschichten nicht zu moralisch-düster, noch zu sinnlich-rosa sein dürfe (vgl. Kracauer 1981: 24).

Lenas Ausstrahlung ist »frisch« und »natürlich«. Sie gibt sich kess, spielerisch, mal kurz verführerisch, mal schüchtern, mal herausfordernd, dabei aber immer mädchenhaft. Ihr Habitus entspricht dem Charme eines kleinen Mädchens, das seine Umgebung durch seine »niedliche Art« im wahrsten Sinne »um den Finger wickelt«, und damit zum Ziel, in diesem Fall den Sieg des Eurovision Song Contest, kommt. Der Weg ist erfolgversprechend, weil es ein Tochter-Image ist, und damit unbewusste Wünsche anspricht, entspricht aber damit nicht dem Bild einer selbstbewussten, sexuell selbstbestimmten Frau in Subjektposition (vgl. Wohler 2009). Von einem Lolita-Image kann bei Lena ebenfalls nicht ausgegangen werden. Das Lolita-Image richtet sich zwar ebenfalls an der heterosexuellen Norm aus, durchbricht aber die bürgerliche Weiblichkeitsvorstellung von sexueller Passivität und Züchtigkeit, und enthält darüber hinaus Aspekte einer berechnenden *femme fatale* innerhalb des Kindchenschemas. Dies jedoch bedient Lena definitiv nicht. Lena kommt zwar durchaus kess daher, und ihr Image enthält, wie bereits erläutert, auch das Prinzip des »um den Finger Wickelns«, aber allein ihre Massenkompatibilität widerspricht diesem Image diametral.

Dagegen kommt Lady Gaga – ihrem Star-Image entsprechend – mit extravaganten, aber durchaus auch sehr viel Haut zeigenden Outfits daher, die durchweg Fetischaspekte aufweisen. Steele betrachtet »Mode als symbolisches System, das sich mit den Formen der Sexualität verbindet – sowohl mit der sozialen Geschlechtsidentität (gender) als auch mit dem sexuellen Verhalten (und der erotischen Anziehung)« (Steele 1998: 9). Sie verweist auf den Aspekt der Fetischmode oder »perversen Stile« (ebd.: 10). Lady Gaga trägt »perverse«, provokative und groteske Stile in Reinform.

In der Eingangsszene trägt sie ein schwarzweißes Lack-Kleid, das so tief ausgeschnitten ist, dass ihre mit schwarzem Klebeband abgeklebten Nippel zu sehen sind. Dann, als sie ausgezogen wird, trägt sie nichts außer ihrer Netzstrumpfhose und Stiefeletten, also auch keinerlei Unterwäsche. In der Gefängnishofszene sehen wir sie mit dicken schweren Ketten am Oberkörper und einer Brille, die aus einem Gestell mit brennenden Zigaretten besteht, dazu eine schwarze Hose und weiße hohe Plateaustiefel, die mit Gipsverbandsmaterial umwickelt wurden. Danach folgt ein Leder-Nieten-Outfit mit auf Getränkedosen aufgedrehten Haaren, in der Tanzszene trägt sie Nieten-BH, String, kaputte Netzstrumpfhose und High-Heels-Stiefeletten und halbe Handschuhe auf 4 Fingern. In der Szene, in der sie aus dem Gefängnis kommt, ist sie sehr damenhaft gekleidet: großer Hut, schwarzweißes extravagantes elegantes Oberteil, enger schwarzer Rock, hohe schwarze Schuhe, auch hier mit halben Fingerhandschuhen. Ihre jetzt langen Haare sind zur Hälfte kanariengelb. Als Giftköchin im Diner trägt Lady Gaga ein milchiges durchscheinendes weißes Plastikkleid ohne Ärmel mit betonten Schultern, die mittlere Partie des Kleides ist dicker und undurchsichtiger, wahrscheinlich zweilagig, die Nippel sind mit weißem Klebeband abgeklebt, sie hat einen hellblauen Kopfschmuck aus Lackstoff, an den sich zwei stilisierte Wählscheiben, ein blaues Kabel und ein ebenfalls im gleichen Farbton gehaltener Telefonhörer befinden, in den sie in der Küche auch hinein singt, sie hat eine weiße Schürze umgebunden und trägt weiße Plateau-Stiefel, die mit weißem Gipsband umwickelt sind. Beim Bedienen im Gästeraum des Diners trägt sie keine Schürze, dabei wird deutlich, dass sie keinen Slip trägt, und sie trägt einen durchsichtigen Gürtel. Als Kopfputz trägt sie aus dem Plastikmaterial ihres Kleides einen Kopfputz, der einer Kochmütze nachempfunden ist, um ihre Stirn gelegt befindet sich ein gelbes Telefonhörerkabel. Bei der Tanzszene im Diner trägt Lady Gaga ein Outfit, das gänzlich aus Stoffen besteht, die der amerikanischen Flagge »Stars and Stripes« nachempfunden sind: ein Stirnband aus einem gewickelten Tuch, ein Bustier, bei dem die rechte Brust mit Streifen und die linke mit Sternen bedeckt ist, ein Höschen, das vorne blau mit weißen Sternen ist, hinten am Po rot-weiß gestreift, silbrig glänzende Overkneeschnürstiefel und wieder halbe Fingerhandschuhe, dieses Mal in rot. Vor dem Pick-up trägt sie eine mit Leo-Plüsch-Stoff bezogene Polizeikappe, diese sitzt über einer über die Haare getragenen Kapuze aus dem gleichen Stoff, der Körper ist durch ein enganliegendes Catsuit im gleichen Stoff bedeckt, die High-Heel-Stiefeletten sind ebenfalls mit diesem Plüschstoff bezogen, das Catsuit hat einen ganzen Ärmel rechts und einen fehlenden Ärmel links, dafür trägt Lady Gaga an der linken Hand wieder einen halben schwarzen Fingerhandschuh. In der letzten Szene trägt sie einen großkrempigen Hut, der großzügig mit einem durchsichtigen hellvioletten Stoff bedeckt ist, aus diesem Stoff besteht auch das weite Kleid und ihre langen Handschuhe, man kann ihre Haut darunter sehen.

Das Make-up Lady Gagas ist durchgehend auffällig, künstlich und extravagant. Der Lippenstift ist knallrot, die Augen stark umrandet. Erika Thiel erörtert für das Make-up der zwanziger Jahre dessen emanzipatorischen Aufbruchscharakter für die Frauen: »Das Make-up der zwanziger Jahre wollte demonstrieren, dass sich seine Trägerin über die herrschenden bürgerlichen Moralvorschriften hinwegsetzte und das Recht auf die freie Liebe, das jahrtausendelang zu den Privilegien des Mannes gehörte, für sich in Anspruch nahm. Die Augen wurden schwarz umrandet die Augenbrauen ausrasiert und Lippen und Fingernägel rot angemalt« (Thiel 2010: 399).

Lady Gaga wird als selbstbewusste, sexuell aktive Frau dargestellt – wie auch alle anderen Frauen im Gefängnis und auch ihre »Komplizin« Beyoncé. Die Outfits zeigen mehr als sie verhüllen, gleichzeitig signalisieren sie, dass die Trägerin Entscheidungsträgerin ist, und nicht in der passiven Verführerinnen-Rolle verharrt. Der Habitus ist selbstsicher, herausfordernd, aktiv, die Blicke durchdringend, und alles andere als um Entschuldigung bittend, um den Finger wickeln wollend, oder das Schema des »süßen Mädchens« bedienend.

Durch die Konzeption des Films als ganze Geschichte, aber auch durch die Verkörperung verschiedenster Rollen, knüpft Lady Gaga durchaus auch an die Tradition der älteren Videoclips Madonnas an. Es geht ebenso um die Verschiebung von Geschlechtsidentitäten durch Performance (vgl. Butler 1991: 205), um Parodie, und bei Lady Gaga speziell die groteske Darstellung, von Stereotypen, wie es Fiske für Madonna herausgearbeitet hat (vgl. Fiske 2000: 123). Allerdings geht Lady Gaga durchaus andere Wege dabei, sehr ähnliche politische Ziele wie Madonna zu kommunizieren.[5]

---

[5] In einem Zeitungsartikel »Du bist schön!« vom 04.08.2011 in der Süddeutschen Zeitung kritisiert der Amerikaner Pat Blashill den »Empowerment-Pop«, zu dem er auch Lady Gagas »Born this way« zählt: »[…] es liefert eine grotesk überzeichnete gigantische Version der Idee Madonna. ›Born this way‹ ist nicht einfach disco, es ist eine unerschütterlich zuversichtliche, regenbogenfarbene, stolze, schwule Superdiscohymne« und weiter »Gaga und Co. liefern vielmehr eine genuin amerikanische Perspektive: Sie erklären uns, dass wir alle Superstars sind […]«. Tatsächlich ist dabei aber nicht nur die aktuelle schlechte wirtschaftliche Lage der USA und eine gehörige Portion Narzissmus, der, so Blashill, laut einer Studie über Popmusiktexte, signifikant zugenommen habe, als Ursache für solche kulturindustriellen Phänomene anzusehen. Auch das Bürgerrechtsbewusstsein, dass sich in den USA im Gegensatz z.B. zu der bundesdeutschen Mentalität (die derartige Probleme gerne an den Staat delegiert) entwickelt hat, trägt dazu bei, dass solche Themen, wie auch schon bei Christina Aguileras »Beautiful« von 2002, immer wieder angesprochen werden, und damit gegen Ausgrenzung, Sexismus, Rassismus, Ageism, Antisemitismus, Homophobie etc. angehen. Das ist allemal besser, als solche Themen gar nicht erst in der Populärkultur vorzufinden.

Darüber hinaus hat schon Benjamin für das Zeitalter der audiovisuellen Medien festgestellt, dass jeder Mensch ein Recht darauf hat, im Film aufzutreten. Er schreibt: die »Wochenschau« gibt »jedem eine Chance, vom Passanten zum Filmstatisten aufzusteigen«, und weiter: »Jeder heutige

Interessant ist das Phänomen, dass stark geschminkte und viel Haut zeigende, sich also erotisch gebende Frauen, oft (immer noch) als Sexualobjekte angesehen werden. Gleichzeitig wird ihnen unterstellt, dass sie feministische Ziele verraten, indem sie sich »freizügig« und »verfügbar« geben. Es kommt es aber nicht darauf an, wie viel frau von sich zeigt, um den Objektstatus zu generieren. Der aktive und durchaus auch provozierende Habitus als Ausdruck weiblichen Begehrens und Selbst*Bewusst*Seins macht – im Gegensatz zum passiven bzw. sich verführerisch gebenden Verhalten – den Subjektstatus selbstbestimmter Frauen aus.

Während Lena – wie bereits beschrieben – »natürlich«, mädchenhaft, durchaus kess, aber letztlich harmlos wirkt, macht uns, dem Betrachter, alleine der Untertitel am Anfang des Videoclips zu »telephone« : »Prison for bitches« ganz klar deutlich, dass Lady Gaga alles andere als damen- oder gar mädchenhaft daherkommt. Sie ist im Gegensatz zu Lena als *enfant terrible* zurechtgemacht. Damit gerät sie zum Gegenentwurf der »idealen Schwiegertochter«. Stark und künstlich geschminkt, in Outfits, die mehr zeigen als sie verdecken, die ganz deutlich sexuelles Begehren und weiblichen Exhibitionismus zeigen.[6] Zudem ist ihre Rolle in diesem Clip die einer Giftmischerin, einer Verbrecherin mit Komplizin im Zeichen der Frauenpower und im Namen der Rache aufgrund gebrochenen Vertrauens. Der körperliche Ausdruck Lady Gagas ist ebenfalls offensiv und provozierend: Im Gegensatz zu Lena, die ihre Knie im Videoclip züchtig zusammenhält, posiert sie mehrfach breitbeinig, z.B. am Zellengitter.

Modesoziologisch lässt sich zusammenfassen, dass das Outfit und das Make-up und der Habitus Lenas dem bürgerlichen weiblichen Geschlechtsrollenklischee vor allem des jungen Mädchens entsprechen. Lady Gaga dagegen widerspricht diesen Kriterien in allen Aspekten grundlegend, und ist durch den Bruch mit überkommenen heteronormen Frauenbildern sowohl als avantgardistisch als auch als antibürgerlich zu bezeichnen. Das liegt nicht zuletzt daran, dass das Jungmädchen-Image implizit auch Jungfräulichkeit anmuten lässt – eine Strategie, mit der auch Britney Spears eine ganze Zeit lang sehr viel Erfolg hatte, während nichts an den verschiedenen Images Lady Gagas verhehlt, dass es sich bei ihr durchweg um verschiedene Images sexuell aktiver Frauentypen handelt.

Mensch kann einen Anspruch vorbringen, gefilmt zu werden« (Benjamin 1963: 29). Heute trifft das auch für Angehörige von Minderheiten zu.

[6] In meiner Dissertation zum Thema »Weiblicher Exhibitionismus« konnte ich Lady Gaga aufgrund des zu frühen Abgabetermins leider noch nicht einbeziehen.
Sie erfüllt allerdings ebenso wie Madonna, Marilyn Monroe, Lil' Kim, Christina Aguilera etc. sowohl die von mir erarbeiteten Kriterien für weiblichen Exhibitionismus (im kulturellen Rahmen) und das postmoderne Frauenbild in Kunst und Alltagskultur, und den darin implizierten emanzipatorischen Charakter durch die Thematisierung aktiver weiblicher Sexualität und weiblichen Begehrens, Frauenpower, Frauensolidarität und Frauenrechte als auch das Insistieren auf Individualität und queere Bezüge wie sie u.a. in »born this way« angesprochen werden (vgl. Wohler 2009).

Inhaltsanalyse

Inhaltlich sagt Lenas Song über ihre Inszenierung als Satelliten im dunklen All hinaus aus, dass über diese Satelliten-Funktion der weiblichen Sängerin der Planet und damit das Zentrum, um das sie kreist, der von ihr besungene Geliebte ist. Es kann zwar letztlich nicht ausgeschlossen werden, dass es sich um ein gleichgeschlechtliches Liebesobjekt handelt, es ist jedoch unwahrscheinlich, da zum einen selbst homosexuelle Popstars wie George Michael, der unfreiwillig geoutet wurde (und auch der volkstümliche homosexuelle Sänger Patrick Lindner), über einen sehr langen Zeitraum die heteronormative Matrix in Musik, Texten und Videos bedien(t)en. Darüber hinaus ist Lenas Image ebenfalls sehr stark am bürgerlichen Geschlechtsrollenklischee ausgerichtet und damit ebenfalls deutlich heteronormativ durchwirkt.[7]

Ilsebill Barta beschreibt die bürgerliche Moral und deren Einfluss auf das weibliche Geschlechtsrollenklischee: »Der neuen bürgerlichen Moral entsprach es, jegliche sexuelle Handlung nur der Ehe vorzubehalten. Die alte Gesellschaft wird hier gerade als erotische kritisiert und verworfen und der tugendhaften neuen gegenübergestellt [...]. Die Veränderungen der Rolle der Frau ist besonders gut sichtbar: von der aktiven, am Liebesspiel gleichberechtigten Beteiligten, in die blasse, passive Frau [...]« (Barta 1987: 88). Barta führt zu den »naturgegebenen primären Geschlechtseigenschaften der bürgerlichen Frau« aus, dass sie »sanft, liebend, sorgend, bescheiden, zärtlich, tugendhaft, duldend, triebverzichtend« zu sein hat (ebd.: 90f.). Sie erörtert, dass der bürgerliche Mann die körperlichen Restriktionen »in der Absetzung zum Adel und durch erfolgreiches Agieren am Markt als ein Stück gesellschaftlicher Befreiung und Emanzipation erfahren« habe. Sie konstatiert dagegen für die bürgerliche Frau, dass diese »das neue häusliche Glück und die Freistellung von der Marktökonomie mit einem größeren Triebverzicht und weitgehender gesellschaftlicher und körperlicher Einschränkung ihres Bewegungsradius und ihrer Handlungsfähigkeit bezahlt« habe, »obwohl sie für die bürgerlich-patriarchale Ideologie ›Natürlichkeit‹ verkörperte« (ebd.: 102).

Der komplette Videoclip zu *telephone* ist im Gegensatz zum Clip von Lena als Spielfilm konzipiert. Er lehnt darüber hinaus auch an Comicstrips an,

---

[7] Nachdem *satellite* nur Lena selbst inszeniert, knüpft ihr zweiter Videoclip *touch a new day* (Regie: Marten Persiel) ebenso wie *telephone* von Lady Gaga an die Roadmovie-Tradition an: Sie fährt mit einer Freundin los, in die Natur, in die Sonne, auf Erkundungstrip durch Europa. Die beiden lassen sich von einem jungen Mechaniker das Dach vom alten Auto abtrennen und nehmen zum Schluss noch einen sportlichen Kerl mit Surfbrett, der mit seinem Wohnmobil am Straßenrand liegengeblieben ist, in das improvisierte Cabrio mit auf, um letztlich abends am Strand ein Lagerfeuer zu entzünden.
Die Anmutung ist dabei jedoch wieder eine sehr ähnliche wie bei *satellite*. Lena ist wieder das kesse, »natürliche«, niedliche Mädchen, dem man noch nicht einmal seine Untaten wie den Klau des Autos der Eltern oder anderen Verwandten, mit dem sie mit ihrer Freundin losfährt, übelnehmen kann, weil selbst dieser wie ein Jungmädchenstreich wirkt.

u.a. auch durch die Einspielung von Comicsprache in verschiedensten Farben und Szenenübergänge mit Comicsymbolen wie einer gezeichneten Telefonwählscheibe, einem Telefon, einem Giftsymbol (Schädel mit gekreuzten Knochen) oder einem Stern in den Farben der US-amerikanischen Flagge, ganz zum Schluss mit Herz, bei denen inmitten des Symbols die neue Szene enthalten ist. Inspiriert wurde der Clip vom Regisseur Quentin Tarantino, von dem sich Lady Gaga für das Video auch den »Pussy Wagon« aus seinem Film *Kill Bill* ausgeliehen hat.[8] Im Ausstellungskatalog der Ausstellung »The Art of Pop Video«, welche im Museum für angewandte Kunst in Köln 2011 lief, spricht Kothenschulte einerseits vom »gewaltige(n) Kinolook« bei Lady Gaga und davon, dass ihre Videos zu einer Renaissance aufwändiger Videoclips geführt habe, andererseits sieht er, dass der Spielort Gefängnis an die Frühgeschichte des Rockfilms *Elvis Presley's ›Jailhouse Rock‹* erinnert (vgl. Kothenschulte 2011: 154). Die Nähe zu Tarantinos Filmen wird hier nicht gesehen bzw. thematisiert. Das Video zitiert allerdings viele(s). Es würde den Rahmen dieses Beitrags sprengen, sich dieser Thematik ausgiebig zu widmen, aber allein der Aspekt, dass sich das Video mehrfach auf eines der vorausgegangenen Videos Lady Gagas »Paparazzi« bezieht, z.B. durch die »Mickey Mouse«-Kappe und die aufklappbare Brille, die dieses Mal Beyoncé trägt, ist interessant, oder auch die Schlussszene, die assoziativ dadurch an den Film *Thelma und Louise* erinnert, dass beide Protagonistinnen sich letztlich auf der Flucht in einer ausweglosen Situation befinden.

Zur Filmästhetik beider Videoclips

Hieber beschreibt, dass »das Musikvideo […], neben dem Werbespot, zu den Motoren der Wahrnehmungs-Beschleunigung« zählt. Er erörtert, dass es bemerkenswert »für die Steigerung der Wahrnehmungsreize in Musikvideos« ist, »dass die Schnittfolgen im Laufe der Zeit immer schneller geworden sind« (Hieber 2007: 117). Darüber hinaus entstehen »mit dem Film […] spezifisch neuartige Seherlebnisse, weil er Bilder disparater Herkunft durch Montage in Verbindung bringen kann« (ebd.: 116). Bühler wiederum legt dar, dass heute Änderungen der Bildsprache bzw. Innovationen des bildlichen Vokabulars vor allem den audiovisuellen Medien zu verdanken sind (Bühler 2002: 11). Gleichzeitig legt die Clipästhetik einen besonderen Schwerpunkt auf die Faktoren Verbindung von Bild und Ton in Form rhythmischer Montage, vielgestaltiger Bewegungsdynamik und assoziativer Semantik (ebd.).

Bei *satellite* dominieren folgende Perspektiven und Einstellungsgrößen: Halbnahe (Kopf bis Knie), Nah (Brustbild) und Groß (Kopf bis Schulteransatz), dabei wurden durchaus öfter auch Untersicht (Froschperspektive) und

[8] (http://www.naanoo.com/live/lady-gaga-video-von-tarantino-inspiriert-gniprenews).

Obersicht (Vogelperspektive) eingesetzt. Es entsteht der Eindruck, dass Lena gleichzeitig von mehreren Kameras gefilmt wurde, und diese verschiedenen Perspektiven einfach im Wechsel eingesetzt wurden, um Langeweile zu vermeiden. Schnell erörtert zu elektronischen Schnitten in Videofilmen: »Da der elektronische Schnitt technisch aufwändiger als der manuelle ist, wird in Videofilmen ein häufiger Wechsel von Kameraeinstellungen nach Möglichkeit vermieden« (Schnell 2000: 57). Vorwiegend wurden im Clip zwar schnell aufeinander folgende Schnitte verwendet, aber letztendlich bleiben diese weich im Sinne der »découpage classique«, die für den »letztlich unsichtbaren« Schnitt sorgt. Schnell erörtert deren Zweck so: »Die Absicht ist, dem Zuschauer ein möglichst ungestörtes, nicht durch wahrnehmbare Schnitt-Effekte irritiertes Vergnügen zu bereiten« (ebd.: 55).

telephone operiert im Gegensatz dazu mit größtenteils schnellen und harten Schnitten, die »Bilder unterschiedlicher Ausdrucksqualität aufeinanderprallen« lassen (ebd.). Beispiele finden sich gleich zu Beginn: auf dem Gefängnishof werden in Folge gezeigt: »Exercise yard« mit Stacheldraht – Insassin, die am Zaun mit dem Rücken zum Betrachter steht – Überwachungskamera – Blick aus dieser Kamera in Schwarzweiß – Gewichte stemmende Insassinnen – Ghettoblaster mit Detail einer Insassin (Unterschenkel mit Stiefeletten links weiß, rechts schwarz) - trainierende Insassin in Nah etc.

Es herrscht hier also eine maximale Einstellungsvarianz von Weite (Panorama) über Totale (großer Raumausschnitt), Halbtotale (Kopf bis Fuß), Halbnahe (Kopf bis Knie), Amerikanische (Kopf bis Oberschenkel), Nah (Brustbild), Groß (Kopf bis Schulteransatz bis hin zum Detail (ausschnitthafte, vergrößerte Wiedergabe), darüber hinaus auch mit Untersicht (Froschperspektive) und Obersicht (Vogelperspektive) vor.[9] Darüber hinaus werden an Comicstrips erinnernde Einspielungen vorgenommen und über Symbole in die nächste Szene geführt.

Wir haben es demzufolge bei *satellite* und *telephone* mit zwei sehr unterschiedlichen Videoclips zu tun. Da sowohl die Inszenierung der Sängerinnen als auch die inhaltlichen und filmtechnischen Aspekte sehr stark voneinander abweichen, lässt sich schließen, dass auch die Zielgruppen unterschiedliche sind. Das lässt sich abschließend auch sehr gut am Medienphänomen Lena aufzeigen:

---

[9] Bei Lenas Roadmovieclip *touch a new day* haben wir, wie heutzutage bei allen Musikvideoclips, ebenfalls durchaus schnelle Schnitte, aber während die Schnitte bei *telephone* sehr hart aufeinanderprallen, haben wir hier mehrere Kamerafahrten, vor allem weiche Schnitte, Schnittfolgen, die dasselbe nur aus verschiedenen Perspektiven beleuchten, und damit einen Effekt erzeugen, als sei man selbst dabei. Die Einstellungsvarianz ist hier, da es sich nicht um einen Studio-Clip handelt, natürlich ebenfalls sehr viel größer. Die Natur und das schöne Wetter werden ausgiebig lang gezeigt. Es wird dadurch eine Sommer-Freiheit-Urlaubs-Abenteuer-Stimmung aufgebaut, wie wir sie beispielsweise auch aus Werbespots wie z.B. Marlboro kennen, welche mit ebenfalls mit Naturromantik, Freiheit und Abenteuer arbeiten.

Lena als Medienphänomen

Am Beispiel des Medienphänomens Lena lassen sich lokale und globale Rezeptionsweisen als auch mediale Inszenierungsweisen und -strategien sehr gut aufzeigen. Beispielhaft lässt sich das sehr gut an der niedersächsischen Landeshauptstadt Hannover zeigen, vor allem weil hier starke Auswirkungen durch den Medienhype um Lena auf die lokale und deutschlandweite Medienpräsenz der Stadt deutlich werden.

Zu Beginn ist Lena als Siegerin eines Castings hervorgegangen, in welchem der Produzent und Moderator Stefan Raab den deutschen Interpreten für den Eurovision Song Contest 2010 suchte. Solche Castings haben schon häufig stattgefunden, selten jedoch hat es danach einen derartigen Medienhype um einen Casting-Sieger gegeben.[10] Dann hat Stefan Raab – als Medienprofi – Lena unter seine Fittiche genommen. In kürzester Zeit avancierte die hannoversche Abiturientin zum Publikums- und Medienliebling. Der hannoversche Oberbürgermeister Weil zeigte sich schon jetzt mit ihr (nach dem Eintrag ins Goldene Buch der Stadt) im Rathaus Hannovers vor Fernsehkameras und wünschte ihr viel Glück, auch für ihr Abitur.

Ihr Image als naiver und unbedarfter TV-Neuling wurde indes stark angeknackst, als Bilder von »Nackt«-Aufnahmen für eine Reality-Show, in der sie mit einem anderen Akteur nachts im Becken eines Schwimmbads »oben ohne« knutschte, ins Fernsehen kamen, und man tatsächlich kurz ihre Nippel sehen konnte.

Abb. 5: Lena am Flughafen Hannover am Tag nach dem Grand Prix Sieg in Oslo

Beim Grand Prix und vor allem nach ihrem Sieg war dies jedoch wieder vergessen. Dass Lenas Erfolg gerade auf ihrer jugendlich-frischen, geradezu kindlich-unschuldigen Ausstrahlung beruht(e), wird an dieser »Krise« jedenfalls sehr deutlich, weil diese geeignet gewesen wäre das (Liebe)-Tochter-Image nicht nur ordentlich ins Wanken zu bringen, sondern beinahe regelrecht zu beschädigen.

Die Ankunft Lenas am Hannoveraner Flughafen am Folgetag des Sieges beim Grand Prix (Abb. 5), bei welcher der zu dieser Zeit amtierende Ministerpräsident Wulff und viele Hannoveraner zugegen waren, und die anschließende Großveranstaltung auf dem Trammplatz vor dem Rathaus Hannovers

[10] Selbst das zweite Casting, bei dem Lena als Sängerin für den Eurovision Song Contest, 2011 bereits feststand, und für den »nur« der Song ausgewählt wurde, konnte schon nicht mehr die gleiche mediale Wirkung erzielen wie das von 2010.

mit Ansprachen auch des Oberbürgermeisters Stefan Weil von Hannover, belegen durch die Beteiligung lokaler und regionaler Politgrößen die große Medienwirkung Lenas innerhalb Deutschlands (Abb. 6), von der auch die Politiker unterschiedlicher Parteien versuchten zu profitieren. Während des Contests selbst war aber auch von vielen Moderatoren, die die Punkte ihrer Länder verkündeten, immer wieder von »lovely Lena« die Rede.

Abb. 6: Lenas 2. Eintrag ins Goldene Buch Hannovers mit Ministerpräsident Christian Wulff und Stefan Raab im Hin-

In einer Zusammenschau möchte ich einige Zeitungsschlagzeilen, Überschriften und Zitate aus verschiedenen Tageszeitungen anführen, die die Bedeutung Lenas für die Hannover und die deutsche Medienlandschaft verdeutlichen. Wollte man dies vollständig tun, könnte man nur darüber einen ganzen Aufsatz verfassen:
Noch ein paar Tage vor dem Contest sagt Opdenhövel (*Schlag den Raab*) der Neuen Presse (27.05.10): »Dass das in Norwegen genauso schnell geht wie in Deutschland, dass Lena schon wieder eine Nation einfach um den Finger wickelt und den Leuten ein seliges Grinsen ins Gesicht kriecht, sobald sie Lena sehen, das hätte ich nicht gedacht« und später weiter: »Diesmal kann man ja denken: ›Jawoll, das ist eine von uns‹«. Ebenfalls am 27.05.10 fragt sich Rainer Moritz im Namen der Deutschen in der ZEIT »[…] ob Lena Meyer-Landrut, unser possierlich-gewitzter ›Star für Oslo‹, die Richtige für einen rauschenden Erfolg ist«.

Die BILD am Sonntag schreibt schon am Folgetag des Siegs Lenas beim Eurovision Song Contest: »Lenas Siegernacht. Piep, piep, piep, Europa hat uns lieb: um drei Minuten nach Mitternacht war klar: Lena Meyer-Landrut gewinnt den Song Contest! Danke, Lena! Danke, Europa!«. Am 31. Mai 2010 ist die Titel-Schlagzeile der Neuen Presse »Lena-Mania in Hannover. 40 000 Fans feiern die Siegerin von Oslo vor dem Rathaus. Wulff und Weil wollen Grand Prix 2011 an die Leine holen«. Die Neue Presse gibt die Zahl der Zuschauer des Grand Prix in Deutschland mit 14,69 Millionen an: »Das entspricht einem Marktanteil von 49,1 %«, und »eine Traumquote für die ARD«, ebenfalls auf der Titelseite: »Zehntausende jubelnde Fans begrüßten die 19-Jährige am Flughafen, wo sie Ministerpräsident Wulff (CDU) empfangen wurde«. »Wulff machte klar: ›Es wäre großartig, wenn es gelingen könnte, das Finale 2011 nach Hannover zu holen. […] Und Hannover hat als Musik- und Medienstadt und als Stadt der Expo 2000 alle Voraussetzungen‹ »Oberbürgermeister Weil kämpft ebenfalls für Hannover als Final-Stadt: ›Wir sind bestens gerüstet, den Eurovision Song Contest hier in Lenas Heimatstadt zu veranstalten‹«. Die Neue Presse widmet an diesem Tag unter dem Motto »Triumph in Oslo« jeweils eine ganze Seite dem Thema »Nicht mehr normal. […] Lena verzauberte auch Europa […]« (ebd.: 10), »Hannover vereint für den Grand Prix: Politik, Veranstalter und Geschäftsleute kämpfen seit gestern dafür, dass nach Lenas Sieg das Finale im nächsten Jahr auch in Lenas Heimatstadt steigt« (ebd.: 9), »Hannover jubelt« (ebd.: 8), und »Triumphzug der Europameisterin« (ebd.: 11). Einen Tag später, am 01. Juni 2010, berichtet die Neue Presse: »Das Städte-Karussell zum Finale« (S. 16) und bringt auch Pressestimmen aus aller Welt, daraus »Le Monde«:»Lena verführte durch ihre Frische und ihre sichtbare Amateurhaftigkeit«, darüber hinaus berichtet die NP: »Das Raab-Lena-Projekt läuft weiter« (S. 17).

Die FAZ schreibt am 31.05.2010, dass der zu der Zeit noch amtierende niedersächsische Ministerpräsident Christian Wulff (der heute bekanntlich Bundespräsident in Berlin ist) Lena noch in der Nacht gratulierte, und bei ihrer Ankunft am Flughafen Hannover ihr auch Grüße der Bundeskanzlerin Angela Merkel (CDU) übermittelte. Sie berichtet weiter, dass Außenminister Guido Westerwelle (FDP) an Lena schrieb: »Sie sind eine Botschafterin für unser Land, die in einer Nacht so manches althergebrachte Vorurteil sympathisch widerlegt hat« (ebd.: 9). Auf Seite 27 im Feuilleton schreibt die FAZ: »Herkules oder Die Marke Raab. Jetzt müssen wir ihn ernst nehmen. Ohne Stefan Raab hätte Lena Meyer-Landrut den Eurovision Song Contest nicht gewonnen. Der Macht des Entertainers beugt sich sogar sein Sender Pro 7«. Die ZEIT widmet sich dem »Mann hinter Lena« ebenfalls im Feuilleton am 02.06.10.

Die Frankfurter Allgemeine Sonntagszeitung bringt am 06. 06. 2010 ein Interview mit Oberbürgermeister Weil. Dort fallen Stichworte wie »Hannoverisierung der Republik«, »Medienanfragen, die sozusagen dem Medienwunder von Hannover auf der Spur sind«, diese fallen im Zusammenhang mit Lenas »Senkrechtstart«, der Abschiedstournee der »Scorpions« und Christian Wulffs »Wechsel nach Berlin«. Am 09. Juni berichtet die NP über den 1. Platz Lenas bei den Single-Charts in 11 europäischen Ländern, am 10. Juni 2010 ist der NP in Hannover das Abitur Lenas die Schlagzeile »Lena meistert die Reifeprüfung« wert.

Ein Beispiel zum Skandal der »Nacktszene« liefert die FAZ am 06.05.10: »RTL zieht ›unseren Star für Oslo‹ aus. Vom traurigen Versuch, eine Freibadszene mit Lena Meyer-Landrut zu skandalisieren«.

Und als Abschluss dieser kleinen Zusammenstellung möchte ich wenigstens einen kleinen Zeitungsartikel aus der gleichen Zeitspanne anführen, in welchem es um Lady Gaga geht. Lady Gaga wurde (mal wieder) mit einem ihrer Outfits, einem Slip und einem BH mit zwei Maschinengewehren, auf dem Titelblatt des Magazins »Rolling Stone« zum Skandal. Darüber berichtet die FAZ am 23.06.10 und bringt ein Foto des besagten Titelblatts am 25.06.10, allerdings in einem anderen Zusammenhang (Abb. 7).

Wie sich also neben der Fernsehpräsenz auch an der Flut von Zeitungsberichten in Hannover, deutschland- und europaweit zeigen lässt, ist Lena also sowohl als lokales als auch europäisches Medienphänomen im Laufe des

Eurovision Song Contest, vom Casting über die Medienpräsenz in Oslo bis hin zum Sieg, einzustufen. Dabei hat ihr Mentor Stefan Raab mit seinem Spürsinn für mediale Effekte sicher nicht den geringsten Anteil. Die Fernsehindustrie, an dieser Stelle in erster Linie Pro 7, hat dieses Phänomen auch »gehypt«. Schnell beschreibt dieses Vorgehen des Fernsehens wie folgt: »Die vom Fernsehen erzeugte Wirklichkeit ist längst zu einer Konkurrenzrealität mit eigenem Wirklichkeitsgehalt geworden. Die televisuell erzeugte Wirklichkeit, die man früher ›Erfahrung aus zweiter Hand‹ nannte, präsentiert sich in ihren Produktionen als eigentliche, wenn nicht einzige Wirklichkeit« (Schnell 2000: 207).

Abb. 7: Lady Gaga auf der Titelseite des Magazins Rolling Stone

Fazit

Lena Meyer-Landruts unschuldig-hinreißendes Tochter-Image bedient als Projektionsfläche unbewusste Wünsche und hat damit die Medienlandschaft Deutschlands fest im Griff gehabt, während Lady Gaga als schräger Popstar, der seinem Namen alle Ehre macht, den Medien zwar immer wieder neues Futter bietet, aber nicht »die Herzen erwärmt«, weil sie einfach selbstbewusst das tut, was sie will, und das auf avantgardistische Art und Weise. Damit wird sie natürlich ebenfalls zu einer, wenn auch andersgearteten, Projektionsfläche. Während Lady Gaga inzwischen global als internationaler Popstar und Stilikone gefeiert wird und mittlerweile sogar als einflussreichster Star gehandelt wird,[11] wird Lenas Erfolg, solange er anhält, sich hauptsächlich im nationalen Rahmen bewegen. Lenas zweiter Anlauf beim Grand Prix 2011 war mit dem 10. Platz im Mittelfeld ein ebenso mittelmäßiger Erfolg, unter anderem auch, weil sie ihre unbedarfte mädchenhafte Ausstrahlung im Laufe eines weiteren Jahres Medienerfahrung und -arbeit abgelegt hat und mehr und mehr zu einer Frau herangereift ist, die sich durchaus selbstbewusster, weiblicher und aktiver gibt. Auch Werbeverträge mit der Autofirma Opel sind beendet worden. Der Hype um Lena ist nach einem Jahr stark verblasst.
Interessant bleibt also die Tatsache, dass sowohl deutschlandweit als auch über die Grenzen Deutschlands hinaus ihr »Kindchenschema« dermaßen

[11] »Lady Gaga wurde 2011 vom Wirtschaftsmagazin *Forbes* zu den mächtigsten Frauen der Welt gezählt, und 2010 von der Zeitschrift *Time* in die Liste der 100 einflussreichsten Personen der Welt aufgenommen« (Lady Gaga X Richardson (2011): Umschlag, Klappentext hinten).

gezogen hat, dass die Medien sich dies in diesem Maße zu eigen gemacht haben. Ich schließe daraus, dass in den europäischen Milieus des konservativen Mainstreams immer noch die unschuldige, naive, bürgerliche und moralische Frau idealisiert und favorisiert wird, dem sich ein Mädchen mit Kessheit noch entziehen kann, gerade weil es die Unschuld repräsentiert. Gleichzeitig konnten sich nichtsdestotrotz auch weniger konservative Milieus mit Lena anfreunden und vielleicht auch identifizieren, weil Lena diese, gleichwohl harmlose, unbefangene Kessheit besaß, die einfach auch mal erfrischend in den sonst so stark professionalisierten Medien war. Zugleich zeigt sich an dem Ganzen aber letztlich auch der Konservatismus unserer Medien. Dies erklärt auch zu einem gewissen Teil – das Musikalische muss hierbei außeracht gelassen werden – dass die Hinzuziehung eines Burlesque-Stars wie Dita von Teese mit tiefausgeschnittenem braunen Leder-Korsett und Peitsche in der Hand keine gute Idee war. Mit der Anmutung einer Domina kann in einem Medienformat wie dem Eurovision Song Contest eben kein Blumentopf gewonnen werden.

Lady Gaga hingegen gibt ihr Erfolg, der sich dementsprechend allerdings auf andere soziale Milieus und Zielgruppen stützt, weiterhin Recht. Sie erfindet sich immer wieder neu, und verkörpert, mit performativ hoher Qualität, immer wieder neue bionische, queere, politisch und religiös brisante Themen und Typen.

Literatur

Barta, Ilsebill (1987): »Der disziplinierte Körper. Bürgerliche Körpersprache und ihre geschlechtsspezifische Differenzierung am Ende des 18. Jahrhunderts«. In: Ilsebill Barta et al.: *Frauen Bilder Männer Mythen*, Berlin: Dietrich Reimer, S. 84-106.

Bourdieu, Pierre (1974): *Zur Soziologie der symbolischen Formen*, Frankfurt/M.: Suhrkamp.

Bühler, Gerhard (2002): *Postmoderne auf dem Bildschirm auf der Leinwand. Musikvideos, Werbespots und David Lynchs Wild at Heart*, Sankt Augustin: Gardez!.

Butler, Judith (1991): *Das Unbehagen der Geschlechter*, Frankfurt/M.: Suhrkamp.

Fiske, John (2000): *Lesarten des Populären. Cultural Studies Bd. 1*, Wien: Turia + Kant.

Hickethier, Knut (1996): *Film- und Fernsehanalyse*, Stuttgart, Weimar: J.B. Metzler.

Hieber, Lutz (2007): »Industrialisierung des Sehens«. In: Lutz Hieber/Dominik Schrage (Hg.): *Technische Reproduzierbarkeit. Zur Kultursoziologie massenmedialer Vervielfältigung*, Bielefeld: transcript.

Kothenschulte, Daniel (2011): »Tanz«. In: Michael P. Aust/Daniel Kothenschulte: *the art of pop video, Ausstellungskatalog*, Museum für Angewandte Kunst Köln, Distanz: Berlin, S. 154.

Kracauer (1981): *Die Angestellten*, Kulturkritischer Essay, Leipzig, Weimar: Gustav Kiepenhauer Verlag.

Lady Gaga X Terry Richardson (2011), *(Fotoband)*, München: Goldmann.

Panofsky, Erwin (2006): *Ikonographie & Ikonologie*, Köln: DuMont.

Schnell, Ralf (2000): *Medienästhetik. Zu Geschichte und Theorie audiovisueller Wahrnehmungsformen*, Stuttgart, Weimar: Verlag J.B. Metzler.
Sontag, Susan (1999): »Ein Photo ist keine Meinung. Oder doch?«. In: Annie Leibovitz: *Women*, München: Schirmer & Mosel.
Spiegel-Dokumentation (1994): *Outfit 3*, Hamburg.
Steele, Valerie (1998): *Fetisch. Mode, Sex und Macht*, Reinbek bei Hamburg: Rowohlt.
Thiel, Erika (2010): *Geschichte des Kostüms. Die europäische Mode von den Anfängen bis zur Gegenwart*, 9. Aktualisierte Aufl., Leipzig: Henschel.
Wenk, Silke (1987): »Der öffentliche weibliche Akt: eine Allegorie des Sozialstaats«. In: Barta, Ilsebill et al. (Hg.): *Frauen, Bilder, Männer, Mythen. Kunsthistorische Beiträge*, Berlin: Reimer, S. 217-238.
Wohler, Ulrike (2009): *Weiblicher Exhibitionismus. Das postmoderne Frauenbild in Kunst und Alltagskultur*, Bielefeld: transcript.

Internet

http://www.naanoo.com/live/lady-gaga-video-von-tarantino-inspiriert-gniprenews
http://entertainment.excite.de/tarantino-will-lady-gaga-zum-filmstar-machen-N8652.html
http://www.kino.de/news/mordet-lady-gaga-fuer-tarantino/287337.html:
http://www.bild.de/BILD/unterhaltung/leute/2009/09/05/saengerin-lady-gaga/penis-geruechte-mann-vagina-beleidigt.html

Zeitungsartikel in chronologischer Reihenfolge

Frankfurter Allgemeine Zeitung am 06.05.2010, S. 35
Die ZEIT, 27.05.2010, S. 58
Neue Presse, 27.05.2010, S. 18
BILD am Sonntag, 30.05.2010, S. 1
Neue Presse, 31.05.2010, S. 1, 8,9,10,11
Frankfurter Allgemeine Zeitung,31.05.2010, S. 9, 27
Neue Presse, 01.06.2010, S. 16, 17
Die ZEIT, 02.06.2010, S. 41
Frankfurter Allgemeine Sonntagszeitung, 06. 06. 2010, S. 50
Neue Presse, 09.06. 2010, Rubrik »Übrigens«, o.S.
Neue Presse, 10.06.2010, S. 14
Frankfurter Allgemeine Zeitung, 23.06.2010, S. 7
Frankfurter Allgemeine Zeitung, 25.06.2010, S. 41
Süddeutsche Zeitung, 04.08.2011, S. 9

Abbildungsnachweis

Abb. 1: Videoclip *satellite*
Abb. 2: Videoclip *telephone*
Abb. 3: Videoclip *telephone*
Abb. 4: Videoclip *telephone*
Abb. 5: Neue Presse, 31.5.2010
Abb. 6: Neue Presse, 31.5.2010
Abb. 7: FAZ, 25.6.2010

Lutz Hieber

Die Filmästhetik der *Tatort*-Krimis als Produkt historischer Weichenstellungen

Fernsehproduktionen der öffentlich-rechtlichen Sendeanstalten sind, ebenso wie viele der deutschen Kinofilme, oft durch lange Kamerafahrten und ruhige Bilder gekennzeichnet. Folgen der *Tatort*-Serie der ARD weichen von diesem Muster nicht ab. Ihre Dramatik gewinnen sie wesentlich aus schauspielerischer Leistung, kaum durch filmtechnische Mittel. Dadurch unterscheiden sich diese Krimis in formaler Hinsicht signifikant von andersartigen – beispielsweise den entsprechenden US-amerikanischen – Formaten, die sowohl der schauspielerischen Inszenierung als auch der spezifisch filmischen Gestaltung gleiches Gewicht geben, also Montage-Techniken einsetzen und sich weniger der Blickregie des Theaters verpflichtet fühlen.

Das Handwerkszeug für die formale Filmanalyse erarbeite ich zum einen an Walter Ruttmanns *Berlin*-Film von 1927 und zum anderen an Leni Riefenstahls *Triumph des Willens* von 1935. Beide eignen sich dafür, weil sie die zwei zentralen Techniken des Films, nämlich erstens *Schnitt und Montage* und zweitens *Kameraführung*, beispielhaft verkörpern. Während Ruttmann die Montage in den Vordergrund stellt und damit Bilder heterogener Ausdrucksqualität zur Kollision bringt, vermeidet Riefenstahl solche harten Schnitte. Sie bevorzugt einen Stil, der sich am Wahrnehmungsraum des Betrachters orientiert, indem er ihn durch die Kamera imitiert und fortsetzt.

Als *Tatort* wähle ich die Folge *Der dunkle Fleck* aus dem Jahre 2002, um daran die typischen Merkmale von Produktionen des öffentlich-rechtlichen Systems der Bundesrepublik darzustellen. Um die Charakteristika des *Tatort*-Formats auch im zeitgenössischen Bezug deutlich zu machen, stelle ich ihm eine Darstellung formaler Merkmale der ersten Folge aus der ersten Staffel von *Grey's Anatomy* (2005) gegenüber. *Grey's Anatomy* ist zwar eine Ärzte-Serie, aber sie eignet sich besser als ein Action-Krimi für einen Vergleich, denn das Krankenhaus gilt als ein eher ruhiger Ort. Und außerdem spielt auch der Münsteraner *Tatort* zu weiten Teilen im medizinischen Bereich, allerdings in der forensischen Medizin.

Die Kennzeichen der behandelten *Tatort*-Folge verweisen auf spezifische Entwicklungen der deutschen Kulturgeschichte. Sie sind, so wird zu zeigen sein, mit dem unbeirrten Festhalten an Rezeptionsweisen der Hochkultur verwoben. Sofern sich unsere Bildungsinstitutionen wesentlich an der *legitimen Kultur* orientieren, wie sie durch Theater, Oper und Museum repräsentiert ist, konservieren sie das Traditionelle. Auch an der Filmästhetik der *Tatort*-Serie lassen sich noch in unserer Gegenwart die Folgewirkungen jenes kulturellen Aderlasses der 1930er Jahre ablesen, der avantgardistische Innovationen und – damit den gegen das konservative Bildungsbürgertum gerichteten Protest – aus der mitteleuropäischen Kultur vertrieb.

Zur Bedeutung des Formalen

Sehen stellt, ähnlich dem Sprechen, eine Technik des Körpers dar. Deshalb lässt sich die visuelle Wahrnehmung ein Stück weit in Entsprechung zu Pierre Bourdieus Analyse des Sprechens verstehen. Denn wie »soziale Gruppen« Körper- und Sprachgebrauch »über körperliche und sprachliche Disziplinierungs- und Zensurmaßnahmen einüben« (Bourdieu 1990: 70), erwerben sie auch visuelle Fähigkeiten durch Sozialisation. Da derartige Kompetenzen inkorporiert und dem Zugriff des Bewusstseins und des Willens zu großen Teilen entzogen sind, verfestigen sie sich im *kulturell Unbewussten*. Das System inkorporierter Muster wirkt unbewusst, weil der erfolgreiche Absolvent des Bildungswesens das Erworbene sowohl trägt, wie er auch von ihm getragen wird. Ihm ist »nicht bewusst ist dass die Bildung, die er besitzt, ihn besitzt« (Bourdieu 1974: 120); Bourdieu bezeichnet die eingeprägte allgemeine Disposition als *kultivierten Habitus* (ebd.: 123).

Filme greifen zum einen die vorhandenen Perzeptionsgewohnheiten auf, zum anderen sind sie Schulen der Wahrnehmung. Insofern sind die formalen Charakteristika von Filmen mit einem jeweils spezifischen visuellen Habitus verbunden, der nicht als schlichtweg Gegebenes betrachtet, sondern in seinen sozialgeschichtlichen Bedingtheiten erfasst werden sollte.

Wegen der wechselseitigen Bezüge von menschlicher Aktivität und Sensorik verändert sich die jeweilige Beschaffenheit des gesamten Perzeptionsapparats oder auch des einzelnen Sinnes mit dem gesellschaftlichen Wandel. Der geschichtliche Prozess unterwirft die Sinne einer fortwährenden Ummodellierung. »Innerhalb großer geschichtlicher Zeiträume verändert sich mit der gesamten Daseinsweise der menschlichen Kollektiva auch die Art und Weise ihrer Sinneswahrnehmung. Die Art und Weise, in der die menschliche Sinneswahrnehmung sich organisiert – das Medium, in dem sie erfolgt – ist nicht nur natürlich, sondern auch geschichtlich bedingt« (Benjamin 1980: 478).

Der Sinnesapparat ist ein Produkt von Bildung. Für die Sehwahrnehmung gilt, dass die geläufigen Bilderwelten ihre Funktionsweise prägen. Der einem Menschen zugängliche Stand der technisch-industriellen und kulturellen Lebenswelt formt wesentlich seine visuellen Kompetenzen. Lebensweltlich geschulte Sehwahrnehmung und physiologisch gegebener Wahrnehmungsapparat bilden eine Legierung, das Sehen ist als ein *soziophysiologischer Vorgang* aufzufassen (Hieber 2007).

Die Bildung des Sinnesapparates – bzw. des einzelnen Sinnes – ergreift nicht alle Individuen einer Epoche gleichermaßen. In jenem Feld der *visuellen Soziologie,* das sich mit der medienvermittelten Wahrnehmung befasst, lassen sich deutliche Unterschiede des visuellen Habitus ermitteln. Konservative Perzeptionstypen stehen neben progressiven. In diesem Zusammenhang ist zu beachten, dass diejenigen, die selbst an der Herstellung von Filmen mitwirken, der Prägung des visuellen Apparats durch Sozialisation ebenso unterworfen sind wie die Konsumenten ihrer Produkte. Daher lassen auch Filmtypen, gewissermaßen als Verkörperung der Sehwahrnehmung, Rückschlüsse auf die unterschiedlichen, milieuspezifisch geprägten Zustände des Perzeptionsapparats zu.

Kamerabewegung und Montage als filmische Mittel

Hans-Georg Soeffner und Jürgen Raab unterscheiden zwei für den Film konstituierende Formen: »Erstens die *Beweglichkeit der Kamera*, über die die Einstellungen selbst beweglich wurde [...] und zweitens die *Montage*, d. h. die Anschlüsse der bewegten oder unbewegten Einstellungen« (Soeffner/Raab 1998: 130). Beide Formen bringen sie gleichermaßen mit einer Anthropologie des Sehens in Verbindung. Die bewegliche Kamera, so führen sie zum einen aus, imitiert den Menschen als bewegliches Wahrnehmungswesen. Sie »musste – wie der Mensch – Gegenstände umkreisen und umgehen, sich im Raum schneller oder langsamer bewegen, sich umstandslos von Nahem auf Fernes (und umgekehrt) einstellen, auf Helligkeit und Dunkelheit reagieren können etc.: So wurden Kamera uns Kameramann zu Stellvertretern der Leiblichkeit des Rezipienten« (ebd.: 132). Bezüglich Schnitt und Montage betonen Soeffner und Raab, dass »der Schnitt eine Erfindung des Auges und das Schneiden eine der konstitutiven Aktivitäten des Sehens ist: Wir nehmen die Welt um uns herum nicht ›als solche‹ wahr, sondern ›schneiden‹ sie im Sehen für uns zurecht – nach Perspektive, Standpunkt, Interesse, Sehgewohnheiten und Erinnerungsbildern« (ebd.: 131). Doch dieser anthropologischen Fundierung filmästhetischer Mittel liegt ein grundlegender Fehler zugrunde. Denn beide filmische Methoden, die Kamerabewegung und die Montage, lassen sich nicht gleichermaßen aus der Aktivität des gegebenen visuellen Apparats herleiten.

Am ehesten lässt sich die Kamerabewegung mit einer Anthropologie des Sehens in Beziehung bringen. Denn durch die Bewegung schlüpft die Kamera gewissermaßen in die Rolle des Menschen als sehendes Wesen. Kamera und Kameramann ahmen seine Fähigkeiten, Fortbewegen und Schwenken, nach. Die Kamera kann, wie der Mensch, Gegenstände umkreisen und sich auf Nahes oder Fernes einstellen.

Dagegen ist die Montage ein *instrumentelles* Verfahren. Zu den Zeiten des Zelluloid-Films bestand die Montage im Aneinanderkleben von Aufnahmen verschiedener zeitlicher und räumlicher Situationen. Die Voraussetzung dafür bestand darin, das filmische Material auseinander zu scheiden. Aneinander geklebt werden Filmstücke, die aus einem Aufnahmestreifen durch Schneiden herausgelöst wurden, um sie dann mit Bilderfolgen aus einem anderen Kontext zu verbinden. Das Resultat der Montage ist die technische Verbindung von zuvor Unverbundenem.

Die technischen Verfahrensweisen des Schnittes bewegen sich zwischen den beiden Polen der *découpage classique* und dem *harten Schnitt*. Das Verfahren der *découpage classique* dient der Temposteigerung von Vorgängen, indem Teile einer Bewegung herausgelassen werden, ohne deren organischen Zusammenhang zu stören. Dagegen lässt der *harte Schnitt* Bilder unterschiedlicher Ausdrucksqualität aufeinanderprallen, sprengt geläufige Wahrnehmungsmuster schockartig auf.

Harte Schnitte

Abb. 1: Walther Ruttmann: *Berlin, die Sinfonie einer Großstadt* (1927) – Sequenz »Zugfahrt«.

Exemplarisch möchte ich nun den *harten Schnitt* am Montage-Verfahren in Walther Ruttmanns Stummfilm »Berlin, die Sinfonie einer Großstadt« vorstellen; die restaurierte Fassung (Edition filmmuseum 2010) ist mit der Originalmusik von Eduard Meisel unterlegt. In der ersten Sequenz, der die Zugfahrt in die Hauptstadt schildert, sind heterogene Aufnahmen kollisionsartig hintereinander montiert (Abb. 1). Auf eine einführende Gestaltung aus abstrakten Linienelementen folgen die sich schließenden Schranken eines Bahnübergangs. Ein Zug fährt ins Bild, die Dampflokomotive kommt auf die neben dem Gleis stehende Filmkamera zu, an der dann die Wagen in Nahaufnahme vorüber rasen. Danach wechseln, im Stakkato kurzer Schnitte von weniger als einer Sekunde, Aufnahmen von Schienen aus der Sicht des fahrenden Zuges, schnell rotierenden Rädern der Lokomotive, vorbeifliegenden Leitungsmasten, zwischendurch fällt ein kurzer Blick auf ein Bahnwärterhäuschen, dann abwechselnd wieder Schienen, Räder, Leitungsmasten, Schienen u.s.w. – bis sich das Auge schließlich in einer Landschaft ausruhen kann (Abb. 2). Erst die Aktivität von Rezipienten stellt aus der Vielfalt der Eindrücke einen Sinnzusammenhang her.

Noch weiter getrieben ist die Heterogenität des filmischen Materials in der Sequenz, die den morgendlichen Strom der Arbeitskräfte schildert (Abb. 3). Scharen strömen über Bahnsteige und durch Eisenbahnunterführungen. Unvermittelt folgen eine Aufnahme von Rinderhufen und anschließend eine kleine Herde aus unterschiedlichen Perspektiven, was insgesamt kaum fünf Sekunden in Anspruch nimmt. Daran schließt sich ein – wieder kurzer – Blick auf eine Menschenmenge an, die einer Bahnunterführung entströmt. Ihre vorwärtstreibende Eile wird durch ein Zwischenspiel marschierender Soldaten unterbrochen, um schließlich in eine große Masse zu münden, die an einem Drehorgelspieler vorbeieilt. Auch diese Montage fügt ungleichartige Elemente hintereinander. Sie bietet sich der Auffassungsbereitschaft von Rezipienten an, und diese fügen die wechselnden Eindrücke zu sinnhaftem Gehalt der Bilderfolge zusammen.

Abb. 2: Walther Ruttmann: *Berlin, die Sinfonie einer Großstadt* (1927) – Ende der Sequenz »Zugfahrt«.

Abb. 3: Walther Ruttmann: *Berlin, die Sinfonie einer Großstadt* (1927) – Sequenz »Morgen«

Ruttmanns Montage-Technik lässt sich wohl kaum, wie Soeffner und Raab vermuten, mit dem Schnitt als einer Erfindung des Auges in Verbindung bringen. Vielmehr handelt es sich um *technisch produzierte* Reize, die den Zuschnitt der lebensweltlich herausgebildeten Sehgewohnheiten herausfordern. Von solchen Filmen konnten Provokationen ausgehen. »Es sind

Erfahrungen des Fremdartigen und Befremdenden, der Schnelligkeit und Beschleunigung, schwindelerregende Sogwirkungen, wie sie von einer Dynamisierung filmischer Bilder noch heute ausgehen können« (Schnell 2000: 101). Geläufige Wahrnehmungsmuster werden aufgesprengt und erschüttert. Darin liegen sowohl die optische Zumutung als auch die Attraktivität solcher neuartigen visuellen Reize.

Im frühen 20. Jahrhundert fühlten sich diejenigen, die das Ideal handwerklich-traditioneller Produktionsformen hoch hielten, von der zunehmend mechanisierten Welt bedrängt. Wer durch das konventionelle Theater gebildet ist, liebt Werke, die in selbstbewusst-kontemplativer Wahrnehmung aufgenommen werden können. Indes versagt jede kontinuierliche Aufmerksamkeit angesichts des Ruttmann-Filmes. Sie bricht unvermeidlich zusammen. Diese Kinematografie führt zu Wahrnehmungsformen der *Zerstreuung*. Sie bedürfen allerdings des Trainings und der Gewöhnung durch Prozesse der Wahrnehmungsveränderung. Menschen können sich solchem Training entziehen, indem sie sich entsprechendem Filmmaterial verweigern. Andere wiederum werden durch die neuartigen visuellen Reize gelockt, und sie halten gerade durch diese ihre Visualität fit.

Menschen können durch sinnliche Reize gelockt werden, weil diese erregend wirken. Die »Anpassungsleistung des Körpers an eine Umgebung« schließt stets »mehr als bloße Reaktion, nämlich Verknüpfung und Entscheidung mit ein« (Crary 2002: 276). Reize können körperliche Aktivität auslösen. Das Subjekt ist nicht nur aufnehmender Körper, sondern auch Produzent. Seh-Lust ist – wie alle Lüste – im menschlichen Sensorium verankert. Insofern handelt es sich bei modernen Formen der »Zerstreuung *nicht* um die Zerstörung von stabilen oder ›natürlichen‹ Arten vertiefter, werthaltiger Wahrnehmung [...], die seit Jahrhunderten existiert hatten, sondern um einen *Effekt* und in vielen Fällen auch einen konstituierenden Bestandteil der zahlreichen Versuche, bei menschlichen Subjekten Aufmerksamkeit zu produzieren« (ebd.: 47).

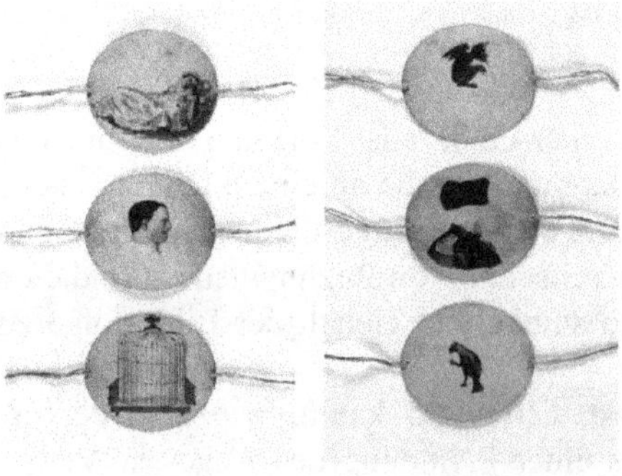

Abb. 4: Thaumatrope aus der Sammlung Werner Nekes

Die filmische Montage drehte die Schraube der Sehlust-Anlässe weiter, die das Publikum in Form von optischen Apparaten bereits im 19. Jahrhundert irritieren oder auch begeistern konnten (Crary 1996; Dewitz/Nekes 2002). Eine dieser Innovationen war das Thaumatrop, ein Spielzeug, das auf dem wissenschaftlichen Diskurs zum Nachbild beruhte. Ein optischer Reiz hinterlässt auf der Netzhaut ein Nachbild, der nach Wegfallen des Reizes noch kurz bestehen bleibt. Das Thaumatrop (Abb. 4) ist üblicherweise aus Pappe gefertigt. Auf deren Vorder- und Rückseite befindet sich jeweils ein Bild.

Wenn die kleine Scheibe durch Drehen an den seitlich angebrachten Fäden zwischen Daumen und Zeigefinger in schnelle Rotation versetzt wird, überlagern sich beide Bilder, deren Motive so gewählt sind, dass sie eine Verbindung eingehen und ein neues Bild erscheinen lassen. Die Verbindung der Teil-Bilder kommt durch den Nachbild-Effekt zustande.

In der zweiten Hälfte des 19. Jahrhunderts frönten auch die Impressionisten auf ihre Weise der Lust an ungewöhnlichen, technisch produzierten visuellen Reizen[1]. Die Entwicklung der Fotoapparate hatte lichtstarke Objektive gebracht, die Verschlüsse waren schneller und die Kameras handlich geworden – »alle diese technischen Fortschritte führten zu einer Verbreitung der Photographie auch bei ungelernten Amateuren« (Newhall 1984: 134). Früher waren Fotografen[2] daran gewöhnt, das dige Bild auf der Mattscheibe ihrer Stativkamera zu studieren, bevor sie die Platte belichteten. Mit der Handkamera kamen nun die »Schnappschüsse«, und damit die Fotografie-Fehler. Mangelhafte Zentrierung des Objektivs oder die Hast bei der Aufnahme führten zu Zufalls-»Kompositionen«, zur

Abb. 5: Edgar Degas: »Le champ de courses. Jockeys amateurs près d'une voiture.« um 1877–1880

[1] In der Geschichte der Malerei taucht die Lust an ungewohnten Seherlebnissen früh auf. Bereits die Manieristen begeisterten sich dafür. Parmigianino nutzte 1524 den Konvexspiegel für ein kleines Selbstbildnis, das er bei seiner Ankunft in Rom dem Papst schenkte (Gould 1994: 51 f.) (das Bildchen befindet sich heute in einer Vitrine im Kunsthistorischen Museum Wien). Hans Holbein d. J. setzte 1533 eine Anamorphose in den Vordergrund des Doppelbildnisses der französischen Gesandten Jean de Dinteville und Georges de Selve (Klinger/Höttler 1998: 172 ff.); das Zerrbild ist für nahe herantretende und schräg von oben blickende Betrachter durch Verkürzung als Totenschädel erkennbar (das Gemälde wird in der National Gallery London aufbewahrt).

[2] Allerdings unterliefen auch den Berufsfotografen genügend Fotografiefehler. Da sie während der zweiten Hälfte des 19. Jahrhunderts für Portraitfotografien oft gemalte Hintergründe verwendeten, kam es oft zu Missverhältnissen von dargestellter Landschaft und abgelichteter Person: Edouard Manet griff 1863 eine dieser seltsam unwirklichen Landschaftsgründe in seinem »Déjeuner sur l'herbe« (Musée d'Orsay, Paris) auf (Körner 1997: 182). Die romantischen Hintergründe konnten zu wunderlichen Bildern führen. So ist eine Fotografie überliefert, die aufgrund modegeschichtlicher Besonderheiten für die Mitte der 1860er Jahre datiert werden kann, die drei Damen mit großen Krinolinen zeigt. Die Aufnahme wurde aus Gründen der Licht- oder der Platzverhältnisse »im Freien vor einer Hofmauer gemacht. Ein so prosaischer Hintergrund konnte nicht gefallen, also wurde an der Mauer eine gemalte Landschaft aufgehängt, leider zu schmal für die Kleidung der jungen Frauen« (Baier 1977: 509). Die weiten Röcke ragten links und rechts ein gutes Stück über die idyllische Landschaft hinaus, und daher gewann das Mauerwerk markante Präsenz im Bild (Baier 1977: Bild 150).

Asymmetrie, oder auch zum abrupten Anschneiden der Figuren. Edgar Degas nutzte solche neuartigen formalen Prinzipien für den Aufbau von Gemälden. In seinem Bild von der Pferderennbahn überschneidet der rechte Bildrand abrupt einen Mann am Kutschenrad (Abb. 5).
Kunsthistoriker leiten derartige Kompositionsweisen gerne aus dem japanischen Holzschnitt her (z. B. Cachin 1983: 393), denn gemäß gängiger Kunst-Ideologie soll Kunst wesentlich aus Kunst entstehen. Doch entscheidend für Degas‘ Kompositionsprinzipen waren tatsächlich die fotografischen Zufallsbildungen, die der Schnappschuss brachte. Das ›Anschneiden‹ wirkte auf die Zeitgenossen herausfordernd: »wenig davon erinnert an japanische Holzschnitte, aber alle diese Merkmale finden sich bei Degas« (Stelzer 1978: 135). Auch seinen Maler-Freund Edouard Manet begeisterte sich gleichermaßen für die visuellen Innovationen, die der Fotoapparat als ungewollte Nebenprodukte brachte. Seine »Nana« (Abb. 6), eine zeitgenössische Kokotte, steht mit Puderquaste und Lippenstift im Unterkleid vor dem Spiegel – der wartende Kavalier wird vom Bildrand halbiert.

Abb. 6: Edouard Manet: »Nana«. 1877

Kameraführung

Die filmische Technik der Montage, die ungewohnte Seh-Reize präsentiert, kann einen Prozess der visuellen Weiterbildung bewirken. Der Perzeptionsapparat wird geschult und erwirbt neue Fähigkeiten. Das geschieht allerdings wesentlich in den Personenkreisen, die dank eines gewissen visuellen Hedonismus offen für neue Bilderwelten sind und sich auf Ungewohntes einlassen. Diese sozialen Milieus können als sehlust*goutierend* gefasst werden. Solche Haltungen sind jedoch nicht für die gesamte Gesellschaft tonangebend. Ihnen stehen Menschen gegenüber, welche die ungewohnten Seherlebnisse als Zumutungen empfinden – und sie deshalb ablehnen. Nach Möglichkeit entziehen sie sich ihnen. Ihr Habitus orientiert sich an konventionellen Wahrnehmungsmodalitäten, ist eher sehlust*resistent*.

Die Produktion von Filmen stellt sich auf die unterschiedlichen Marktsegmente ein. So werden die sehlust*goutierenden* Milieus von den einen Regisseuren, die sehlust*resistenten* von den anderen bedient. Filmische Techniken können sich an die unterschiedlichen Ausprägungen des visuellen Habitus anpassen.

Ein Modell für eine Filmästhetik, die vollständig in konventionellen Rezeptionsformen verharrt, bietet *Triumph des Willens* von 1935, der Film von Leni Riefenstahl über den Reichsparteitag des voraufgegangenen Jahres. Ich wähle ihn, weil er durch Auftraggeber und Zeit des Entstehens als konservativ ausgewiesen ist.

Die nationalsozialistische Diktatur hatte bereits im Jahre 1933 die Schließung des Bauhauses bewirkt, und sie entfernte avantgardistische Maler wie Otto Dix, Paul Klee und Max Pechstein aus ihren Professuren an Kunstakademien (Brechtken 2004: 85). George Grosz hatte am 12. Januar 1933 Deutschland in Richtung New York verlassen; diese Entscheidung rettete ihm vermutlich das Leben, denn unmittelbar nach der Ernennung Hitlers zum Reichskanzler wurde er in seiner Wohnung gesucht und sein Atelier gestürmt (Jentsch 1994: 547). John Heartfield gelang es in der Karfreitagsnacht desselben Jahres, sich durch einen Sprung vom Balkon seiner Wohnung der Verhaftung durch die SS zu entziehen; anschließend floh er aus Deutschland (Krejsa et al. 1991: 396). Spätestens ab 1930 hatten die Nazis begonnen, die Aufführungen Brecht'scher Stücke massiv zu stören, am Tag nach dem Reichstagsbrand floh der Autor mit seiner Familie aus Deutschland (Knopf 2006: 38 f.).

Die Vertreibung des Avantgardismus speiste sich aus dem Willen, der Kunst des *deutschen 19. Jahrhunderts* wieder eine Leitfunktion zuzuweisen. Adolf Hitler warf in »Mein Kampf« Kubismus, Dadaismus und bayerische Räterepublik in einen Topf: sie hätten »den Stempel nicht nur des politischen Verfalls, sondern auch des kulturellen an sich getragen« (Hitler 1940: 283). Dagegen kündeten für ihn »die Werke eines Moritz von Schwind oder eines Böcklin [...] von innere[m] Erleben, [...] von eben Künstlern gottbegnadeter Art« (ebd.: 288). Politisch reaktionäres Denken geht stets mit kulturellem Konservatismus einher. Die modernitätsfeindliche Haltung der Nationalsozialisten blieb den Aversionen gegen Paris als kultureller Metropole und gegen international agierende Strömungen verhaftet, welche die deutsche Kunstwelt bis in die Weimarer Epoche durchglüht hatten. Ihre Ideologie baute auf den vorhandenen konservativen Grundhaltungen auf, und damit gewann der deutsche Faschismus seine politische Basis im konservativen Bildungsbürgertum.

Für das nationalsozialistische Regime engagierten sich eine beträchtliche Schar konservativer Kunsthistoriker und Künstler. Sie machten sich daran, mit den ungeliebten Avantgardisten aufräumen. Die jährlichen »Großen deutschen Kunstaustellungen«, die im 1937 eröffneten »Haus der Kunst« in München durchgeführt wurden, dienten der Präsentation der konservativen, durchgehend der älteren deutschen Kunst verhafteten Geschmacksorientierungen. So sieht der einführende Text zur Ausstellung des Jahres 1938 die Grundlagen »der deutschen Kunst« bei Dürer, Grünewald und Rembrandt gelegt, und für die Gegenwart ginge es »um ein sich Wiederbesinnen auf die Grundlagen der künstlerischen Darstellung. Die Mittel räumlicher und körperlicher Darstellung hat sich die deutsche Kunst«, so die völkische Ideologie, »im Rahmen der europäischen Entwicklung erarbeitet, und eine Befreiung von der Beherrschung dieser Mittel gibt es für keinen Künstler, so wenig es eine Befreiung von der Beherrschung der Sprache für den Schriftsteller und Dichter gibt« (Kiener 1938: 19). In dasselbe Horn stoßend, verunglimpfte die Propaganda-Ausstellung »Entartete Kunst« alle progressiven Kunstentwicklungen als »Barbarei der Darstellung vom handwerklichen Standpunkt her« (Kaiser 1937: 6). Damit machte das diktatorische Regime die deutsche Kultur zu einer *Regionalkultur*, die prinzipiell europäisch-amerikanische Tendenzen ausgrenzte.

Was folgte aus dieser Einstellung für das damals junge Medium Film? Wie fädelte das nationalsozialistische Regime das aufkommende Massenmedium, das zu Propagandazwecken nutzbar gemacht werden sollte, in die Glorifizierung des Althergebrachten ein? Der Film Riefenstahls tut es, indem er an traditionellen Modalitäten des Sehens festhält und alle Herausforderungen durch visuelle Neuerungen zurückweist. Riefenstahl ignoriert die technischen Möglichkeiten des harten Schnittes, sie orientiert sich dagegen an der Blickregie des *klassischen Theaters*. Ihre ideologischen Mitstreiter hatten das progressive Theater vernichtet. Ebenso wenig konnte für sie das Kabarett eine Orientierung bieten, welches das konservative Bildungsbürgertum als bloße Unterhaltung verachtete. Also überträgt Riefenstahl die Rezeptionsweisen des traditionellen Theaterbesuchers in den Kinosaal, und das bedeutet: Erstens sind Dialoge in den Vordergrund zu stellen. Auf dem Theater richtet sich die Aufmerksamkeit auf die aktive Person, anschließend auf die antwortende. Dem entspricht im Film das Schnitt-Gegenschnitt-Verfahren, d. h. die Kamera setzt den agierenden Protagonisten ins Bild, anschließend den reagierenden. Zweitens treten auf der Bühne die Protagonisten auf, und sie treten ab. Das bedeutet für den Film, die Aufeinanderfolge der Akteure in überzeugender Abfolge zu organisieren, also Anlässe für ihre Anwesenheit plausibel zu machen. Drittens agieren Darsteller eines Bühnenstücks ihre Leidenschaften schauspielerisch aus. Die entsprechende filmische Ästhetik verzichtet auf Ausdruckssteigerung durch schockartige Montage (als technische Verbindung von zuvor Unverbundenem), hält sich stattdessen an das theatralische Repertoire der Dramatisierung durch schauspielerische Mittel.

Riefenstahl bezieht klare Opposition gegenüber Ruttmann des Jahres 1927. Dessen *Berlin*-Film war darauf angelegt, visuelle Konventionen zu erschüttern und dadurch den Wahrnehmungsapparat zu trainieren und weiterzuentwickeln. Dagegen stellt sich Riefenstahl auf die gegebenen Modalitäten ein. Sofern auch sie auf ganzer Linie alle innovativen Formen des Visuellen bekämpfte, wurde sie zur Propagandistin des Nazi-Regimes. Ihre Filmästhetik ist darauf angelegt, die *bestehende Form des Perzeptionsapparats* zu konservieren und zu festigen. »Wenn Montage, als Stilprinzip, auf die Zerstörung der Oberfläche, des Scheins, der Harmonie angelegt ist, auf eine Ästhetik, die in Dissonanzen Widersprüchliches ausdrückt und im Widersprüchlichen die Signatur ihrer Zeit mitteilt, so wird diese Montagetendenz bei Riefenstahl um ihre Intention gebracht. Riefenstahl hat die Technik der Montage ihrem Kamerawillen unterworfen« (Schnell 2000: 139).

Abb. 7: Leni Riefenstahl: *Triumph des Willens* (1935) – Sequenz »Ankunft in Nürnberg«.

Die Ankunft Hitlers in Nürnberg, der Stadt des Parteitages, inszeniert die Regisseurin in Dialogform (Abb. 7). Sie zeigt Hitler stehend im Auto, das ihn auf das Gelände des Reichsparteitages bringt. Die Massen bejubeln den Vorüberfahrenden mit erhobenem Arm. Hitler antwortet den Massen mit dem »Hitlergruß«, der über die Schulter geschwenkten offenen rechten Hand. Diesen gestischen Dialog fasst die Regisseurin in Schnitt-Gegenschnitt-Technik. Die Kameraführung Riefenstahls folgt der Blickrichtung Hitlers, setzt ihn durch autoritäre Inszenierung als Maßstab. Das Geschehen entfaltet sich in langen Kamerafahrten. Bewegung wird an Bewegung gesetzt, und Bewegung durch Großaufnahmen angehalten.
Riefenstahl vermeidet sorgfältig harte Schnitte. Überblendungen führen von dem einen Ort der Handlung zu einem anderen. Das frühmorgendliche Erwa-

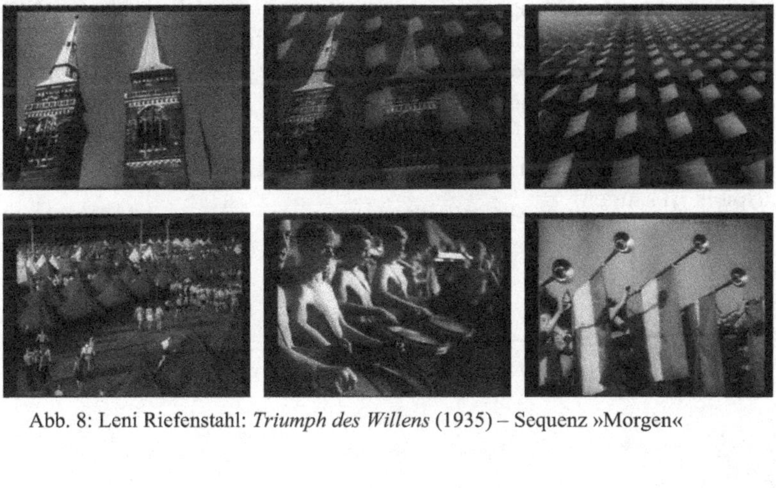

Abb. 8: Leni Riefenstahl: *Triumph des Willens* (1935) – Sequenz »Morgen«

chen der in einem Großen Zeltlager untergebrachten Massen, die am Ereignis teilnehmen, setzt sie symbolträchtig in Szene (Abb. 8).

Am Anfang steht das Geläut eines gotischen Glockenturms, von dem sie durch Überblendung zum Zeltlager in hoher Draufsicht gleitet (die oberen drei Snapshots, die ich aus dem Film schnitt, lassen die sanfte Überblendung erkennen). Anschließend fährt die Kamera langsam in die Horizontale, von einem Lager zum nächsten, zeigt Menschen zwischen den Zelten, bis sie schließlich Trommler und Posaunisten erreicht, die das Wecken inszenieren (die unteren drei Bilder sind der Kamerafahrt entnommen, die Jugendliche zeigen, die den Zelten entströmen, um anschließend zum Weckdienst der Trommler und Posaunisten zu führen).

Harte Schnitte bewirken Schocks, und – wie Walter Benjamin analysierte – beruht die filmische Schockwirkung darauf, dass »der Assoziationsablauf dessen, der diese Bilder betrachtet, sofort durch ihre Veränderung unterbrochen« wird (Benjamin 1980: 503). Aber genau das vermeiden die Überblendungen und langsamen Kamerafahrten Riefenstahls. Sie bilden weiche Verbindungen. Das Publikum soll nicht geschockt, sondern von einem Handlungselement zum anderen geführt werden. Indem sie sich an der *Blickregie des klassischen Theaters* orientiert, intendiert sie das Konservieren und Festigen der bestehenden Ausprägung des Perzeptionsapparats. Ihre filmästhetischen Mittel wirken *erhebend* – wie eine gelungene Wagner-Aufführung in Bayreuth.

Richard Wagner strebte mittels Konstruktion des Bayreuther Festspielhauses an, alle Zuschauer auf eine frontale Beziehung festzulegen: durch nahezu vollständige Dunkelheit im Zuschauerraum kamen die Lichteffekte auf der Bühne stärker zur Wirkung; die Vervielfachung der Proszeniumsbögen sollte zusammen mit der Dunkelheit dafür sorgen, dass die beleuchtete Bühne mit dem Rest des Opernhauses in keiner lesbaren Beziehung stand (Crary 2002: 199 f.). Das gesamte Arrangement war darauf gerichtet, dass die Zuschauer sich ausschließlich mit dem Schauspiel beschäftigten. Die Wagnerische Aufmerksamkeitsstrategie schafft die Autonomie des Publikums ab – sie zielt darauf, zu fesseln und zu beherrschen.

Auch bei Riefenstahl soll eine Haltung der Zerstreuung nicht aufkommen. Die Blickregie zielt darauf, die Zuschauer in den Bann eines erbaulichen Schauspiels zu saugen.

Fortleben konservativer Blickregie

Die konservative Filmästhetik, die Riefenstahl favorisierte, lebt noch immer weiter. Das möchte ich nun an einem jüngeren Fernsehfilm der *Tatort*-Serie zeigen, der modellhaft für viele Produktionen der öffentlich-rechtlichen Sendeanstalten steht. ARD ist das Kürzel für Arbeitsgemeinschaft der öffentlich-rechtlichen Rundfunkanstalten der Bundesrepublik Deutschland. Sie umfasst neun selbständige Landesrundfunkanstalten. Die Erstausstrahlung von *Tatorten* erfolgt am Sonntagabend nach der Nachrichtensendung. Die einzelnen Folgen sind jeweils in bestimmten Städten angesiedelt, in kontinuierlicher Besetzung durch Hauptakteure der Strafverfolgungsbehörden. So entspinnt sich im *Tatort* aus Münster die Handlung um den Hauptkommissar Frank Thiel (gespielt von Axel Prahl) und den Rechtsmediziner Karl-Friedrich Boerne (Jan Josef Liefers). Der Münsteraner *Tatort*, der im Jahre 2002 das neue Team einführt, trägt den Titel *Der dunkle Fleck*. An diesem exemplarischen Fall, der unter formalen Gesichtspunkten alle zur Diskussion stehenden charakteristischen Merkmale aufweist, möchte ich mich der Untersuchung dieses Filmtyps widmen. Dabei geht es mir nicht um die Inhalte, sondern vielmehr um die filmästhetische Gestaltung.

Abb. 9: Peter F. Bringmann (Regie): *Tatort Der dunkle Fleck* (2002) – Sequenz »Start«

Die unmittelbar an den Vorspann anschließende Sequenz (Abb. 9), die zum Ort der Handlung führt, ist durch sanfte Übergänge strukturiert. Die Kamera wendet sich zunächst dem Dom zu (erster Snapshot), dann führt eine Überblendung zu einem weißen Gebäudekomplex (der sich im zweiten Snapshot über die vorangegangene Szenerie schiebt) bis dieser deutlich zu erkennen ist (dritter Snapshot), dann wird der Blick durch eine weitere Überblendung (im vierten Snapshot schwebt der weiße Gebäudekomplex noch über Häuserzeile und Straße) an den Ort der Handlung (fünfter Snapshot) geführt, bis sich schließlich sich die Kamera dem Hauptkommissar zuwendet, der über Kopfsteinpflaster radelt (letzter Snapshot). Die Überblendungen geschehen zwar nicht mehr ganz so gemächlich wie bei Riefenstahl, aber ebenso wie dort dienen sie der Vermeidung schockartiger Schnitte. Den Weg des Hauptkommissars als Radfahrer, der ein übergroßes Paket transportiert, beschreibt eine lange Kamerafahrt. Sie schwenkt langsam auf einen Kirchturm, als er dessen Fuß passiert, um dem Protagonisten anschließend weiter zu folgen.

Indem ich Vergleichbarkeiten des Münsteraner *Tatorts* zur Filmästhetik Riefenstahls aufweise, möchte ich keineswegs in die Richtung deuten, in den Krimis der ARD wirkten noch faschistoide Tendenzen. Das wäre grundfalsch. Vielmehr geht es mir darum, auf die Langlebigkeit der Weichenstellung ins Konservative hinzuweisen, wie sie in den 1930er Jahren erfolgte. Erst wenn das moralische Primat des Umgangs mit dem nationalsozialistischen Regime überwunden ist, das auf Verabscheuen des Bösen beruht, ist der Weg frei für die soziologische Analyse des Gewesenen – und damit auch für dessen Überwindung.

Abb. 10a: Peter F. Bringmann (Regie): *Tatort Der dunkle Fleck* (2002) – Sequenz »Wohnung, Dialog Börne und Thiel«

Ein *Tatort* lebt durch schauspielerische Leistungen. Geschliffene Dialoge heben die Münsteraner über das Niveau der meisten anderen Filme der Serie. Im Laufe der Handlung schlug der Polizist versehentlich, bei einer Drehung auf dem Flur vor der Tür zu seiner neubezogenen Wohnung, dem zweiten Hauptprotagonisten der Erzählung, Gerichtsmediziner Karl-Friedrich Boerne, mit seinem unhandlichen Paket einen Zahn aus. Eine nachfolgende Szene spielt in Boernes Wohnung. Auch hier wieder liegt die Hauptaufgabe bei der Kamera. Dialoge sind in traditioneller Schnitt-Gegenschnitt-Technik organisiert. Hauptkommissar Thiel tritt durch die Tür ein, und zwischen den Beiden beginnt eine Auseinandersetzung wegen des Missgeschicks (Abb. 10a). Boerne verlangt Hilfe, um sein blutbeflecktes Hemd auszutauschen, und schickt Thiel zum Kleiderschrank im Schlafzimmer. Der Kommissar widmet sich auf dem Weg zum Kleiderschrank einigen Besonderheiten, die für Wohnungseinrichtungen ungewöhnlich sind. Die Kamera folgt seinen Blicken durch Schwenks und filmt Mikroskop und anatomische Modelle. Auf seinem ganzen Weg bis zum Schrank gibt es nur zwei *découpages classiques*, Schnitte, die sich bruchlos in den Handlungsablauf einfügen und gleichsam unmerkbar bleiben. Um das Langatmige des Geschehens aufzulockern, beginnt sein Gesprächspartner parallel ein Telefongespräch. Etwas später hat die Kommissaranwärterin Nadeshda (Friederike

Kempter) ihren Auftritt (Abb. 10b). Ihr Eintreten durch die Wohnungstür folgt dem Modell des Auftritts einer Person bei klassischen Theaterinszenierungen: es ergibt sich nahtlos aus der Handlung. Sie hörte von Draußen bekannte Stimmen, wird angelockt und fragt beim Eintreten »Herr Thiel, sind Sie hier?« Boerne reagiert erstaunt, und daraufhin stellt sie sich vor. Die Szene endet damit, dass sich Boerne dem neuen Kommissar, der in die Zuständigkeiten noch nicht vollständig eingeführt wurde, durch seine Visitenkarte als Gerichtmediziner zu erkennen gibt.

Abb. 10b: Peter F. Bringmann (Regie): *Tatort Der dunkle Fleck* (2002) – Sequenz »Wohnung, Auftritt Nadeshda«

Die Dramaturgie der US-amerikanischen Krankenhaus-Serie *Grey's Anatomy* unterscheidet sich von Kriminalfilmen, die gerne harte Schnitte zur aufregenden Action fügen, durch eine dem Ort der Handlung angemessene ruhige Erzählweise. Dem entsprechend ist das Erzählprinzip auch hier über längere Strecken durch Dialoge in Schnitt-Gegenschnitt-Technik geprägt. Doch kommt es an dramatischen Siedepunkten durchaus zum Einsatz ästhetischer Mittel, die ein *Tatort* strikt vermeidet. So in einer Szene, als die junge Assistenzärztin Meredith Grey (ge-

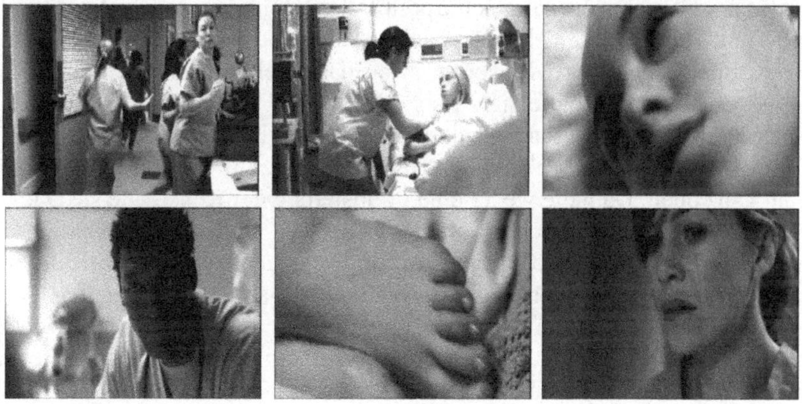

Abb. 11: Peter Horton (Regie): *Grey's Anatomy*, Staffel 1(2005) – Sequenz »Notfall«

spielt von Ellen Pompeo) durch den Pieper zu einem Notfall gerufen wird (Abb. 11). Sie geht zunächst gemächlich in Richtung des Krankenzimmers, bis sie aufgeregte Stimmen in Eile versetzen. Ihrer Verwirrung angesichts einer problematischen Situation, der sie noch kaum gewachsen scheint, entspricht die schockartige Montage von Sequenzen: man sieht Grey durch den Flur zum Krankenzimmer rennen (erster Snapshot), dann eine Krankenschwester neben einer krampfartig zuckenden Patientin (zweiter Snapshot), kurz das Gesicht der Kranken in Großaufnahme (dritter Snapshot), zwischendurch fordert ein Krankenpfleger Anweisungen von Grey (vierter Snapshot), dann kommen die zuckenden Füße der Kranken in Nahaufnahme (fünfter Snapshot) – und schließlich die Ärztin Grey mit ratlos erstarrtem Gesichtsausdruck (sechster Snapshot). Kurze Aufnahmen unterschiedlicher Bedeutungsqualität, die nur zwischen einer und zwei Sekunden Länge haben, stoßen unvermittelt aufeinander.

Tatort-Regisseure weigern sich bislang auffallend beharrlich, solche filmästhetischen Möglichkeiten auszuschöpfen. Dass sie auf solche Techniken verzichten, verweist auf tiefverwurzelte Haltungen. Der zugrunde liegende kulturelle Habitus klebt noch immer an Rezeptionsformen, die den Sehgewohnheiten konventioneller Theateraufführungen entstammen.

Öffentlich-rechtliches Fernsehen im historischen Kontext

Der kulturelle Aderlass, den die nationalsozialistische Diktatur in Gang setzte, wirkte nachhaltig. Denn nach der militärischen Niederlage des Regimes unternahmen deutsche Kulturinstitutionen kaum Anstrengungen, die emigrierten Avantgardisten wieder zur Rückkehr einzuladen. Das *konservative Bildungsbürgertum* der Ära Adenauer war vielmehr froh, dass die ›Störenfriede‹ draußen blieben. Die Kulturpolitik der Nachkriegsepoche blieb in die Ruhe und Behaglichkeit des klassischen Kanons der Künste eingesponnen. Die westdeutsche Kunstwelt spürte zwar, dass viel aufzuarbeiten war. Aber dieses Nachholen zwängte sie – was offenbar die im Lande Gebliebenen in keiner Weise hinterfragten – in das Korsett jener Kunstauffassung ein, welche die Avantgardisten vehement bekämpft hatten. Die *Autonomie der Kunst* stand ganz oben. Da hatte weder eine Politisierung der Kunst, wie sie Dadaisten und Surrealisten betrieben hatten, einen Platz, noch die Erweiterung des Kunstbegriffes, den sich das Bauhaus auf die Fahnen geschrieben hatte, und ebenso wenig all jene Formen praktischer Kritik am konventionellen Theaterbetrieb, den die Avantgardisten in unterschiedlicher Weise entwickelt hatten. Kulturpolitiker steckten dagegen viel Energie und Geld in die Rekonstruktion der durch Bombenangriffe zerstörten Kunstmuseen, Opern- und Schauspielhäuser. Der wirtschaftliche Wiederaufbau ging einher mit dem engagierten Wiederaufbau der alten hochkulturellen Institutionen. Ein paar Beispiele: die bei einem Bombenangriff im August 1943 schwer getroffene Hamburgische Staatsoper war 1955 wieder aufgebaut, das im Juni 1943 bei einem Bombenangriff auf Köln zerstörte Gebäude des Wallraf-Richartz-Museums war im Mai 1957 wieder errichtet, die starke Beschädigung der Alten Pinakothek in München in den Jahren 1943 und 1944 waren im Jahre

1957 wieder behoben, die durch einen Bombentreffer zerstörte Alte Oper Köln war im Mai 1957 durch das neue Opernhaus ersetzt.

Walter Benjamin hatte, aus der Erfahrung des Ersten Weltkrieges, die Unzulänglichkeiten bürgerlicher Hochkultur erkannt. Das autonome Kunstwerk »zehrte von der Idee der Humanität« (Adorno 1970: 9). Aber tatsächlich kollabierten die bildungsbürgerlichen Ideale, als es zur Nagelprobe kam. Benjamin sah – im Gegensatz zu Adorno – eine Schwachstelle ästhetischer Bildung in den Rezeptionsformen. Er durchleuchtete *Kontemplation* als Form konventioneller Kunstrezeption in der Galerie. Er hielt fest, dass »die Versenkung« in ein Werk »in der Entartung des Bürgertums eine Schule asozialen Verhaltens« geworden war (Benjamin 1980: 502). Besuche des Theaters, der Oper, des Kunstmuseums konnten im Ersten Weltkrieg fugenlos mit Hurra-Patriotismus einhergehen. Zwar zogen die Institutionen des Bildungsbürgertums ihre Legitimation aus dem Auftrag zur Förderung der Idee der Humanität, doch dieser Bildungstyp stand offenbar keineswegs den Massenschlachten an den Fronten im Wege. Die höheren Schichten der gegnerischen Länder verfügten über ein hoch entwickeltes kulturelles Fundament. Ihre Bildung zur Humanität hätte unmittelbar zur Einsicht führen müssen, dass dem blutigen Kriegsgeschehen ein Ende zu setzen sei. Das war aber keineswegs der Fall.

Die entstehende Dada-Bewegung hatte daraus Konsequenzen gezogen. Richard Huelsenbeck, Mitbegründer von Dada im Frühjahr 1916 im neutralen Zürich, berichtet, er selbst habe sich »nur mit genauer Not vor den Nachstellungen der Henkersknechte retten können, die für ihre sogenannten patriotischen Zwecke die Menschen in den Schützengräben Nordfrankreichs massierten und ihnen Granaten zu fressen gaben« (Huelsenbeck 1920a: 3). In diesen Monaten tobte die Materialschlacht vor Verdun, die 700.000 Soldaten den Tod brachte. Die Dadaisten verabscheuten nationalistische Ideologien. Sie schmähten jene, die »mit dem Goetheband im Tornister auszogen, um Franzosen und Russen auf Bajonette zu spießen« (ebd.). Diese Gruppe zog eine scharfe Scheidelinie gegenüber allen bisherigen Kunstrichtungen. »Der Dadaismus steht zum ersten Mal«, wie ein Manifest erklärt, »dem Leben nicht mehr ästhetisch gegenüber, indem er alle Schlagworte von Ästhetik, Kultur und Innerlichkeit, die nur Mäntel für schwache Muskeln sind, in seine Bestandteile zerfetzt« (Huelsenbeck 1920b: 38).

Benjamin konnte an Dada anknüpfen. »Aus einem lockenden Augenschein oder einem überredenden Klanggebilde wurde das Kunstwerk bei den Dadaisten zu einem Geschoss. Es stieß dem Betrachter zu. Es gewann eine taktile Qualität. Damit hat es die Nachfrage nach dem Film begünstigt, dessen ablenkendes Element ebenfalls in erster Linie ein taktiles ist, nämlich auf dem Wechsel der Schauplätze und Einstellungen beruht, welche stoßweise auf den Beschauer eindringen« (Benjamin 1980: 502). Damit hat er selbstverständlich nicht Riefenstahl im Blick, sondern die avantgardistischen Montagetechniken von Sergej Eisenstein oder Karl Ruttmann der 1920er Jahre. Benjamin, der das Versagen der bürgerlichen Hochkultur nicht beschönigte, hielt Ausschau nach Kunstformen, die der verhängnisvollen Verbindung mit menschenverachtenden Ideologien zuwiderlaufen, sie untergraben. Das führte ihn zur progressiven Filmästhetik. »Man vergleiche die Leinwand, auf der der Film abrollt, mit der Leinwand, auf der sich das Gemälde befindet. Das letztere lädt den Betrachter zur Kontemplation ein; vor ihm kann er sich seinem Assoziationsablauf überlassen. Vor der Filmaufnahme kann er das nicht. Kaum hat er sie ins Auge gefasst, so hat sie sich schon verändert. Sie kann nicht fixiert werden« (ebd.).

Nach dem Ende von Diktatur, Konzentrationslagern und Krieg wäre ein erneutes Nachdenken über das Versagen der bürgerlichen Hochkultur erforderlich gewesen. Doch es fand in der Bundesrepublik nicht statt. Denn das konservative Bildungsbürgertum hatte nach wie vor absolute Vormachtstellung. Die Großzahl kritischer Künstler und Professoren war durch die Diktatur in die Emigration getrieben worden – und diejenigen, die zurückkamen, gerieten in die Mühlen des Kalten Krieges. Daher konnte sich das konservative Bildungsbürgertum auch nach 1945 wieder ungehindert dem widmen, was es auch vorher getan hatte. Es pflegte, als ob nichts gewesen wäre, weiterhin in traditioneller Weise die bürgerliche Hochkultur. Sie fädelte sich zwar nun – eben als Hochkultur – in den internationalen Austausch ein, aber dies nur in stark eingeschränkter Weise. Denn mit dem Ausschluss avantgardistischer Ansätze, deren Hauptangriffspunkt der Beaux-Arts-Ideologie gegolten hatte, führte die deutsche Kunstwelt die überkommenen Leitideen ungebrochen weiter. Damit bestanden vor allem jene regionalkulturellen Beschränkungen weiterhin fort, die auf der strikten Trennung von »freier Kunst« und »angewandter Kunst« beruhten und insofern künstlerische Praktiken auf das Feld des autonomen Werkes einschränken.

Nach dem Ende des Dritten Reiches war von innovativen, vorwärtsdrängenden Ideen nichts zu spüren. Dem entspricht, dass psychische Abwehrmechanismen – so die sozialpsychologische Diagnose nach der militärischen Niederlage – kritische Auseinandersetzungen mit der Nazivergangenheit verhinderten. Für »die große Majorität der Deutschen« galt »die Periode der nationalsozialistischen Herrschaft retrospektiv wie die Dazwischenkunft einer Infektionskrankheit in Kinderjahren« (Mitscherlich 1967: 25). Der Nationalsozialismus hatte bereits vor 1933 auf eine starke Massenbasis verfügt, was sich auch bei Wahlen ausdrückte – doch ernsthaftes Erforschen der Ursachen für die katastrophale Entwicklung blieb aus. Das Verfahren, die NS-Epoche zu entsorgen, bestand darin, sie zu etwas Fremdem, Dämonischem, Unverständlichem umzuetikettieren.

Die herrschenden Kräfte der jungen Bundesrepublik negierten jedes Bemühen, die unmittelbare Vergangenheit in ihren Erfahrungsschatz bewusst einzubeziehen und zu verarbeiten. Damit legten sie die Grundlage für ein nachhaltiges Fortleben der Weichenstellungen, welche die Diktatur vorgenommen hatte. Statt die kulturellen Bedingungen des Desasters zu reflektieren, gelang es den Etablierten, die vorhandenen politischen Institutionen für das – nun moderne-freundlicheres – Fortführen der kulturellen Restauration zu nutzen. Die überkommenen ›Tempel‹ der Hochkultur wurden mit staatlichen Mitteln wieder aufgebaut. Darüber hinaus boten auch die – nun öffentlich-rechtlich organisierten – Rundfunk- und Fernsehanstalten ein reiches Betätigungsfeld. In technischen wie in publizistischen Tätigkeitsbereichen und auf der Programmebene setzten zahlreiche ehemalige Mitarbeiter des NS-Systems ihre Tätigkeit nach 1945 fort. Die Dramaturgie des jungen Fernsehens folgte den Leitideen konservativer Kulturkritik, die einer »Mechanisierung der Kultur« durch »Verinnerlichung, Vertiefung, Sammlung« entgegenwirken wollten (Hickethier 1998: 66 ff.).

Die politisch dominierenden Kräfte nutzten nicht nur staatliche Institutionen und staatliche Mittel, um das bestehende System der Kultur fortzuführen. Das öffentlich-rechtliche Biotop, das als eine Art Zwangs-Pay-TV reich mit finanziellen Mitteln ausgestattet ist, bot und bietet dafür eine tragfähige Basis. So bildete das Jahr 1945 keine Zäsur, die der Filmästhetik Riefenstahls den Garaus gemacht hätte – diese Tendenz lebt vielmehr bis in unsere Zeit fort.

Schlussfolgerungen

Joachim Fischer sieht die deutsche Gegenwartsgesellschaft als massenmedial verbürgerlichte Massenkultur. Das »Bürgertum funktionalisiert«, so seine Einschätzung, »Massenkultur als Medium der Durchsetzung seiner Minimalstandards« (Fischer 2004: 111). Weil er das Gegebene affirmativ hinnimmt, ignoriert er jedoch die spezifische Weise, in der dies geschah und geschieht. Für ihn sind »die 1950er Jahre, in denen das deutsche Bürgertum seine Denk- und Lebensformen wiederfindet [...], objektiv gesehen ›Blütejahre‹ des deutschen Bürgertums im 20. Jahrhundert« (Fischer 2004: 106). Dass damals die deutsche Kultur auf der Grundlage der nationalsozialistischen Weichenstellung wiedererstand, also mit Spezifika einer deutschen Regionalkultur versehen blieb, fällt ihm nicht auf. Deshalb erkennt Fischer nicht, welche sozialen, kulturellen und ökonomischen Kosten mit dem deutschen Weg verbunden sind. Zu den kulturellen Kosten zählt sowohl, dass der deutsche Film international keine nennenswerte Bedeutung hat, ebenso auch, dass viele erfolgreiche Fernsehformate aus den USA importiert sind, und dass epochemachende Innovationen der Populärkultur meist aus dem Ausland kommen (incl. Facebook, YouTube). Solche kulturellen Kosten ziehen selbstverständlich ökonomische Kosten nach sich. Denn wenn die entsprechenden kulturellen Felder unterentwickelt bleiben, tut das die Ökonomie auch – der Marktwert beispielsweise von Google ist deutlich höher als der von Daimler oder Volkswagen.

Deshalb möchte ich bei dieser Zustandsbeschreibung nicht stehen bleiben. Vielmehr halte ich es für angemessen, zunächst die üblich gewordenen Umgangsformen mit der nationalsozialistischen Geschichte anzusprechen, und darüber hinaus auch ästhetische Praktiken anzusprechen, die tatsächlich einer Überwindung des – nachhaltig wirkenden – faschistischen Erbes hilfreich sein können.

Mahnmale zu errichten, die einem Gedenken an die Verbrechen der nationalsozialistischen Diktatur dienen sollen, ist für ein Aufarbeiten der Vergangenheit unzureichend. Denn Mahnmale bleiben im Schema der kontemplativen Haltung des Publikums. Solche Haltung »beruht auf sozial tradierten Normen im Umgang mit Kunst. Verständnisbereitschaft und ernsthafte Auseinandersetzung, Vorsicht im Urteil und ein wenig Ehrfurcht vor dem ›Werk‹ sind adäquate Verhaltensweisen. Diese ›klassische‹ ästhetische Rezeption bedeutet Handlungsabstinenz und Bereitschaft zu sorgfältiger Reflexion des Dargebotenen« (Resch/Steinert 2003: 88 f.). Weil Mahnmale die Betrachter zu Kontemplation auffordern, bilden sie lediglich ein – moralisches – Seitenstück zum Weiterleben des historisch Gewordenen.

Dagegen bestünde die einzig angemessene Form einer Auseinandersetzung mit der Inhumanität des Nazi-Regimes darin, Möglichkeiten einer »Politisierung der Kunst« zu erforschen, die Benjamin als Gegenkraft forderte gegen die »Ästhetisierung der Politik, welche der Faschismus betreibt« (Benjamin 1980: 508). Akteure der Kunstwelt und Wissenschaftler aber, die sich nur affirmativ im gegebenen Zustand der deutschen Kultur bewegen, ohne deren historische Grundlagen kritisch zu hinterfragen, tun das Gegenteil. Indem sie sich nicht mehr angemessen mit den künstlerischen Praktiken der Avantgarden auseinandersetzen, tragen sie zu deren zweiter Vertreibung bei.

In diesem Strom schwimmt der Kunsthistoriker (und gegenwärtige Leiter des Kunstvereins Frankfurt/Main) Holger Kube Ventura mit. Ihm ist der Begriff »Avantgarde« lediglich ein »soziohistorisches Werkzeug, das nurmehr archäologisch eingesetzt wird und für gegenwartsbezogene oder gar perspektivische Analysen seit Mitte der [19]70er Jahre als ungeeignet gilt« (Kube Ventura 2002: 31). In dieselbe Kerbe schlagen kunstwissenschaftliche Positionen, die eisern an der Autonomie der Kunst festhalten. Politisierung der Kunst kann es für sie nicht geben. Für Beat Wyss kann Kunst allenfalls »einen Denkraum der Besonnenheit« bieten, »mehr kann Kunst nicht leisten« (Wyss 2009: 165). Süffisant gegen Benjamin gewandt fragt er, ob eine Politisierung »etwa von Stalins Kulturpolitik zu erwarten« gewesen sei (ebd.: 180). Offenbar hat sich Wyss die Beschäftigung mit dem erspart, was John Heartfield, George Grosz und andere Dadaisten in der Phase der Auseinandersetzung mit der erstarkenden Nazi-Massenbewegung aus ihren avantgardistischen Ansätzen gemacht haben. Heartfield beispielsweise arbeitete für die »Arbeiter Illustrierte Zeitung« (A-I-Z); eine seiner Fotomontagen aus dem Jahre 1932 thematisiert die Unterstützung der nationalsozialistischen Bewe-

Abb. 12: John Heartfield – »Der Sinn des Hitlergrußes – Kleiner Mann bittet um große Gaben«

gung durch die Schwerindustrie, indem er den »Hitlergruß« an die Massen umdeutet (Abb. 12).

Ebenso problematisch klingt der Medienwissenschaftler Knut Hickethier, wenn er bescheinigt, »dass die ›Tatorte‹ die bundesdeutsche Realität abbilden« und »permanent verlässliche Bilder« dieser Gesellschaft liefern (Hickethier 2010: 46). Denn auch er vermeidet es, das Augenmerk auf jene Strukturen zu richten, welche die hegemoniale Kultur Westdeutschlands auch nach 1945 bestimmen.

Ein Blick über den deutschen Tellerrand hinaus, auf die Kunstwelt jenseits des Atlantiks, könnte indes in den Schülergenerationen der Avantgardisten die politische Potenz künstlerischer Praktiken erkennen lassen. Eine Aufarbeitung des Faschismus könnte dort ansetzen. Bereits ein Besuch im *Museum of Modern Art* in New York wird den Paradigmenwechsel, den die historische Avantgarde dort in den späten 1930er Jahren einleitete, vor Augen führen. Denn diese Sammlung ist gemäß der avantgardistischen Erweiterung des Kunstbegriffs organisiert. Zum Spektrum der Kunst-Gattungen, die hier unter einem Dach versammelt sind, zählen Architektur, Buchgestaltung, Gebrauchsgüterdesign, Fotografie, Plakate, Film und selbstverständlich auch Gemälde, Grafiken und Skulpturen. Der *avantgardistische Kunstbegriff*, den die Emigranten in die kulturellen Zentren der USA brachten (Hieber 2010: 97 ff.), negiert die hierzulande immer noch übliche Unterscheidung von ›freier‹ und ›angewandter‹ Kunst, von *high* und *low*, von Höherbewertung des Kunstmuseums gegenüber dem Kunstgewerbemuseum, der Theater- und Opernaufführung gegenüber Kino- und Fernsehunterhaltung.

Durch Transferarbeit könnte es durchaus gelingen, ein Stück weit das gewaltsam Vertriebene wieder in unsere deutsche Kulturwelt zu integrieren, also eine Basis für die Überwindung des durch die Diktatur gewaltsam umgeleiteten Flusses der Kulturgeschichte zu gewinnen. Angemessene Betrachtung der US-amerikanischen Legierungen von Populärkultur mit ›freier‹ Kunst seit den 1960er Jahren kann Möglichkeiten bieten, die jenseits des Atlantiks fortentwickelten avantgardistischen Ansätze auf jenem Niveau wieder heimisch zu machen, das sie mittlerweile erreichten (Hieber/Moebius 2009).

Literatur

Adorno, Theodor W. (1970): *Ästhetische Theorie*, Gesammelte Schriften Adorno Band 7, Frankfurt/M.: Suhrkamp.

Baier, Wolfgang (1977): *Quellendarstellungen zur Geschichte der Fotografie*, München: Schirmer/Mosel.

Benjamin, Walter (1980): »Das Kunstwerk im Zeitalter seiner technischen Reproduzierbarkeit«. In: ders.: *Gesammelte Schriften*, Bd. I. Frankfurt/M.: Suhrkamp, S. 471-508.

Bourdieu, Pierre (1974): *Zur Soziologie der symbolischen Formen*, Frankfurt/M.: Suhrkamp.

Bourdieu, Pierre (1990): *Was heißt Sprechen? – Die Ökonomie des sprachlichen Tausches*, Wien: Braumüller.

Brechtken, Magnus (2004): *Die nationalsozialistische Herrschaft 1933–1939*, Darmstadt: Wissenschaftliche Buchgesellschaft.

Cachin, Françoise (1983): »Nana«. In: Françoise Cachin/Charles S. Moffett (Hg.): *Manet 1832–1883, Katalog zur Ausstellung in den Galeries nationales du Grand Palais*, Paris, 22.04.–01.08.1983, S. 392 ff.

Crary, Jonathan (1996): *Techniken des Betrachters – Sehen und Moderne im 19. Jahrhundert*, Dresden, Basel: Verlag der Kunst.

Crary, Jonathan (2002): *Aufmerksamkeit – Wahrnehmung und moderne Kultur*, Frankfurt/M.: Suhrkamp.

Dewitz, Bodo von/Nekes, Werner (Hg.): *Ich sehe was, was du nicht siehst! – Sehmaschinen und Bilderwelten*, Göttingen: Steidl.

Fischer, Joachim (2004): »Bürgerliche Gesellschaft – Zur historischen Soziologie der Gegenwartsgesellschaft«. In: Clemens Albrecht (Hg.): *Die bürgerliche Kultur und ihre Avantgarden*, Würzburg: Ergon, S. 97-119.

Gould, Cecil (1994): *Parmigianino*, New York, London, Paris: Abbeville.

Hickethier, Knut (1998): *Geschichte des deutschen Fernsehens*, Stuttgart, Weimar: J. B. Metzler.

Hickethier, Knut (2010): »›Tatort‹ und ›Lindenstraße‹ als Spiegel der Gesellschaft«. In: *Aus Politik und Zeitgeschichte (APuZ)* 20/2010, S. 41-46.

Hieber, Lutz (2007): »Industrialisierung des Sehens«. In: Lutz Hieber/Dominik Schrage (Hg.): *Technische Reproduzierbarkeit – Zur Kultursoziologie massenmedialer Vervielfältigung*, Bielefeld: transcript, S. 89-133.

Hieber, Lutz/Moebius, Stephan (Hg, 2009): *Avantgarden und Politik – Künstlerischer Aktivismus von Dada bis zur Postmoderne*, Bielefeld: transcript.

Hieber, Lutz (2010): »Künstlerische Avantgarden als Motoren gesellschaftlicher Innovation«. In: Christoph auf der Horst (Hg.): *Kultur der Verantwortung – Verantwortung der Kultur*, Düsseldorf: düsseldorf university press, S. 91-119.

Hitler, Adolf (1940): *Mein Kampf*, München: Zentralverlag der NSDAP Frz. Eher Nachf.

Huelsenbeck, Richard (1920a): *En avant dada*, Hannover: Steegemann.

Huelsenbeck, Richard (Hg, 1920b): *Dada Almanach*, Berlin: Erich Reiss.

Jentsch, Ralph (1994): »George Grosz – Chronik zu Leben und Werk«. In: Peter-Klaus Schuster (Hg.): *George Grosz – Berlin New York*, Berlin: Ars Nicolai, S. 535-557.

Kaiser, Fritz (1937): *Führer durch die Ausstellung Entartete Kunst*, Berlin: Verlag für Kultur- und Wirtschaftswerbung.
Kiener, Hans (1938): »Das Haus der Deutschen Kunst zu München«. Im Ausstellungskatalog *Große Deutsche Kunstausstellung 1938 im Haus der Deutschen Kunst zu München*, München: F. Bruckmann, S. 17-25.
Klinger, D. M./Höttler, Antje (1998): *Die Malerbrüder Ambrosius und Hans d. J. Holbein – Werkverzeichnis*, Nürnberg: H. B. Wilson.
Knopf, Jan (2006): *Bertolt Brecht*, Frankfurt/M.: Suhrkamp.
Körner, Hans (1997): »Anstößige Nacktheit – ›Das Frühstück im Freien‹ und die ›Olympia‹ von Edouard Manet«. In: Karl Möseneder (Hg.): *Streit um Bilder*, Berlin: Dietrich Reimer, S. 181-199.
Krejsa, Michael/Albrecht, Petra (1991): »Biografische Dokumentation«. In: Peter Pachnicke/Klaus Honnef (Hg.): *John Heartfield*, S. 388-414.
Kube Ventura, Holger (2002): *Politische Kunst Begriffe in den 1990er Jahren im deutschsprachigen Raum*, Wien: selene.
Mitscherlich, Alexander und Margarete (1967): *Die Unfähigkeit zu trauern*, München: Piper.
Newhall, Beaumont (1984): *Geschichte der Photographie*, München: Schirmer/Mosel.
Resch, Christine/Steinert, Heinz (2003): *Die Widerständigkeit der Kunst – Entwurf einer Interaktionsästhetik*, Münster: Westfälisches Dampfboot.
Schnell, Ralf (2000): *Medienästhetik – Zu Geschichte und Theorie audiovisueller Wahrnehmungsformen*, Stuttgart: J. B. Metzler.
Soeffner, Hans-Georg/Raab, Jürgen (1998): »Sehtechniken – Die Medialisierung des Sehens: Schnitt und Montage als Ästhetisierungsmittel medialer Kommunikation«. In: Werner Rammert (Hg.): *Technik und Sozialtheorie*, Frankfurt/M., New York: Campus.
Stelzer, Otto (1978): *Kunst und Photographie – Kontakte Einflüsse Wirkungen*, München: Piper.
Wyss, Beat (2009): *Nach den großen Erzählungen*, Frankfurt/M.: Suhrkamp.

Abbildungen

Abb. 1: Walther Ruttmann: *Berlin, die Sinfonie einer Großstadt* (1927) – Sequenz »Zugfahrt«.
Abb. 2: Walther Ruttmann: *Berlin, die Sinfonie einer Großstadt* (1927) – Ende der Sequenz »Zugfahrt«.
Abb. 3: Walther Ruttmann: *Berlin, die Sinfonie einer Großstadt* (1927) – Sequenz »Morgen«.
Abb. 4: Thaumatrope aus der Sammlung Werner Nekes.
Abb. 5: Edgar Degas: »Le champ de courses. Jockeys amateurs près d'une voiture.« um 1877–1880. Musée d'Orsay, Paris.
Abb. 6: Edouard Manet: »Nana«. 1877. Kunsthalle, Hamburg.
Abb. 7: Leni Riefenstahl: *Triumph des Willens* (1935) – Sequenz »Ankunft in Nürnberg«.
Abb. 8: Leni Riefenstahl: *Triumph des Willens* (1935) – Sequenz »Morgen«

Abb. 9: Peter F. Bringmann (Regie): *Tatort Der dunkle Fleck* (2002) – Sequenz »Start«

Abb. 10a: Peter F. Bringmann (Regie): *Tatort Der dunkle Fleck* (2002) – Sequenz »Wohnung, Dialog Börne und Thiel«

Abb. 10b: Peter F. Bringmann (Regie): *Tatort Der dunkle Fleck* (2002) – Sequenz »Wohnung, Auftritt Nadeshda«

Abb. 11: Peter Horton (Regie): *Grey's Anatomy*, Staffel 1(2005) – Sequenz »Notfall«

Abb. 12: John Heartfield – »Der Sinn des Hitlergrußes – Kleiner Mann bittet um große Gaben« (Arbeiter Illustrierte Zeitung vom 16.10.1932).

Tina Weber und Patrick Schubert

Wer im Fernsehen stirbt, ist schöner tot

Einleitung

Die Kernfrage des von der Volkswagenstiftung geförderten, interdisziplinären Projekts »Tod und toter Körper – Zur Veränderung des Umgangs mit dem Tod in der gegenwärtigen Gesellschaft« konzentriert sich auf die Erforschung des stetigen Rückgangs klinischer Sektionen im Krankenhausalltag. Die Frage der rückläufigen Sektionsquote ist von zentraler Relevanz, da die klinische Sektion von Verstorbenen ursprünglich als Qualitätssicherungsmechanismus im Gesundheitssystem eingeführt wurde, um Fehldiagnosen oder falsche Medikamentierung von Patienten in Zukunft zu verringern (vgl. Görlitzer Studie 1986/87). [1] Die Untersuchung von medialen Darstellungen von Autopsien in amerikanischen TV-Serien in einem Forschungsprojekt, das sich mit dem realen Rückgang klinischer Sektionen beschäftigt, zielt direkt auf den Zusammenhang zwischen Bildwissen und medialer Darstellung ab.

Thematischer Ausgangspunkt ist die Spannung zwischen der Verdrängung des Todes als konstitutivem Element der Moderne und der zunehmenden Popularisierung des Todes in der jüngeren Gegenwart. Diese Spannung lässt sich daran erkennen, dass einerseits in den westlichen Gesellschaften die Bereitschaft zur klinischen Sektion zu sinken scheint, d.h. die Bereitschaft den eigenen toten Körper oder den Körper von Angehörigen einer klinischen Autopsie im Krankenhaus zur Verfügung zu stellen.[2] Andererseits steht diese vermeintlich zunehmende Ablehnung der klinischen Autopsie in einem eigenartigen Kontrast zur interessierten Annahme medialer Bilder von toten Körpern und ihrer forensischen Autopsie in der Öffentlichkeit.

Während also einerseits visuelle Darstellungen von forensischen Autopsien seit dem 21. Jahrhundert in den allabendlichen TV-Serien auf großes Interesse seitens der Rezipienten stoßen, sinken die Zahlen der realen klinischen Autopsien im Krankenhausalltag dramatisch ab. Dieses ambivalente

---

[1] Für weitere Informationen und eine Publikationsliste siehe: www.todundtoterkoerper.eu

[2] Eine in diesem Zusammenhang von uns im Jahr 2010 durchgeführte Umfrage bestätigt die These der sinkenden Zustimmungsbereitschaft der Bevölkerung nicht. Demnach ist ein Großteil der Befragten (84 %) prinzipiell für die Durchführung klinischer Sektionen. Es gibt deutliche Hinweise darauf, dass eher die Ärzte und die Verwaltung in Krankenhäusern wenig Interesse an klinischen Sektionen haben und die Relevanz klinischer Sektionen für das medizinischen System im Allgemeinen abnimmt (siehe: Kahl 2010, 2011a, 2011b).

Verhältnis zwischen klinischer Autopsie im Krankenhaus und forensischer Autopsie im Fernsehen gilt es zu untersuchen. Im mediensoziologischen Teilprojekt liegt daher der Fokus auf medialen Leichen- und Pathologiedarstellungen des 21. Jahrhunderts, welche im Zeitraum zwischen 2000-2010 erstmalig im deutschen Fernsehen ausgestrahlt wurden. Der Untersuchungskorpus beinhaltet weit über 5000 Screenshots aus deutschen und amerikanischen Serienanalysen.

Soziologische Studien der Moderne verweisen nicht nur auf Medikalisierung des Todes, Privatisierung und Tabuisierung in der Öffentlichkeit, sondern auch vor allem auf seine Ausweisung in spezialisierte Institutionen wie das Krankenhaus oder das Bestattungsinstitut. Das heißt, die Gesellschaft bekommt ihre Toten kaum noch zu Angesicht (vgl. hierzu Foucault 2005; Feldmann 2004: 65f.). Die Sichtbarkeit der medialen Toten hingegen steigt, weswegen wir untersuchen wollten, welches mediale Bilderwissen über Leichen und Autopsien angeboten wird, auf das Laien möglicherweise zurückgreifen, wenn es um die Freigabe eines Körpers zur Autopsie geht. An der medialen Darstellung der forensischen Autopsie, welche die im Fernsehen am häufigsten vertretene Sektionsform ist, sollen die Gründe für diese Ambivalenz, vor allem aber auch neue Vorstellung über die Rolle des Todes in der heutigen Kultur veranschaulicht werden.

Tod im Fernsehen

Eine Bevölkerungsbefragung in Sheffield, durchgeführt durch Start et al. (1995), kam zu dem Ergebnis, dass die meisten der Befragten ihr Wissen zu Autopsien aus dem Fernsehen beziehen. Aufgrund der Ergebnisse einer von uns durchgeführten Bevölkerungsbefragung gehen wir zudem davon aus, dass medizinische Laien sehr wahrscheinlich nicht in der Lage sind, zwischen den Autopsieformen »klinische Autopsie«, »anatomische Autopsie« und »forensische Autopsie« zu unterscheiden, da die TV-Serien zum einen hauptsächlich forensische Autopsien zeigen und ihre wenigen klinischen Autopsien visuell kaum von den forensischen Autopsien zu unterscheiden sind.

Das Fernsehen spielt daher eine zentrale Rolle in der Darstellung von Toten. Wo sonst, außer im Fernsehen, können wir heute schon Tote sehen? Die Möglichkeiten beschränken sich auf bestimmte Institutionen wie Krankenhäuser und Bestattungsinstitute und sind für Individuen zumeist mit Trauer verbunden. Die einzigen visuellen Quellen von Informationen für eine interessierte Öffentlichkeit sind das Fernsehen, Kino und natürlich die »Körperwelten«-Ausstellung. Die schnelle Verfügbarkeit von Darstellungen von Toten im Fernsehen ist jedoch nahezu unbegrenzt. Jeden Tag zur prime-time können Millionen von Zuschauern die unterschiedlichsten Darstellungsformen von Toten sehen. Diese Darstellungen von Leichen formen somit gesellschaftliche Vorstellungen über die Leiche.

Vor dem 21. Jahrhundert zeigten amerikanische TV-Serien Tote meistens nur kurz am Tatort. Mit der Wende in das neue Jahrtausend und dem Aufkommen von Serien wie *CSI* oder *Six Feet Under* wandelte sich der Tote zur mehrfach einsetzbaren Figur im Handlungsverlauf. Er wird nicht mehr nur am Tatort gezeigt, sondern auch im Leichenschauhaus, in der Pathologie oder im Einbalsamierungsraum. Vor der Wende zum 21. Jahrhundert gab es nur eine amerikanische Fernsehserie, die den Toten über die Tatortszene hinaus darstellte und das war *Quincy, M.E.*. Bei der Analyse der Serie *Quincy* stellte sich jedoch heraus, dass während der Autopsieeinstellungen meistens nur *Quincy*, nicht aber der Tote zu sehen ist. Diese Unsichtbarkeit hat ist in den neuen Serien nunmehr aufgehoben (vgl. Weber/Schubert 2010:115).

Hallam et al. (1999) verweist explizit auf verfeinerte Darstellungen, denen die Funktion der Maskierung der Realität des toten Körpers innewohnt. Thomas Macho et al. (2007) behauptet, dass der Tod, einst unsichtbar, seit neuestem wieder mehr sichtbar dargestellt wird, wobei er unter anderem auf die Vielzahl neuer TV-Serien verweist. Hans Belting im Gespräch mit Macho wendet sich gegen die These einer neuen Sichtbarkeit des Todes und verweist stattdessen auf die Vollendung der Unsichtbarkeit des Todes. Belting argumentiert, dass die Bilder keine Toten darstellen, sondern sie hinter Substituten verstecken und dass Menschen schon immer mediale Masken für die Dinge angefertigt haben, die sie nicht sehen möchten (siehe auch: Belting 2001: 108 und Elias 2001: 55). Es wird also kein Toter dargestellt, sondern lediglich ein Ersatz.

Tina Weber (2011) untersuchte Darstellungen in den gegenwärtigen TV-Serien und stellte die Frage nach der »Neuen Sichtbarkeit des Todes« erneut. Sie argumentierte, dass es neue Totendarstellungen gibt, die durch eine deutliche Anzahl von neuen und übereinstimmenden Bildern in TV-Serien nachweisbar sind. In diesem Artikel sollen die spezifischen Darstellungscodes und Topoi, welche dieses neue Darstellungssystem von Toten konstituieren, beschrieben werden.

Methodisches Vorgehen

Das Untersuchungsmaterial besteht aus den folgenden Serien: *Six Feet Under, CSI Las Vegas, Crossing Jordan, Bones, NCIS, Dead like me, Pushing Daisies, Heroes, Dexter, Tru Calling, Castle, North Mission Road, Family Plots* und *Quincy M.E.*.

Diese vierzehn amerikanischen Serien wurden alle (bis auf *Quincy M.E.*) im 21. Jahrhundert produziert. Das Kriterium für die Auswahl der Serien war die Verbleibdauer des Toten im Mittelpunkt der Geschichte. Um die Breite

Description Protocol Nr: Title: Season: Episode: Length total:					
Camera Set Nr.:	Time	Visual level		Audio level	
		Camera and Composition	Setting and Storyline	Communication	Sound
		Light-Design Light quality Key light Shadows Colour Special effects *Camera* Cut Movement Perspective Shot	Setting Room-Space relation Storyline	Transcript	Music Atmosound Noise

Tab.1: Das Filmsequenzprotokoll

des Materials gründlich analysieren zu können, wurde nicht nur mit der Bildanalyse, sondern auch mit der Filmanalyse gearbeitet, Experteninterviews durchgeführt und statistische Untersuchungen herangezogen.

Obwohl es in Webers Arbeit um TV-Serien geht, wird das bewegte Bild erst dann wichtig, wenn die Totendarstellungen nicht in *einem* Bild eingefangen werden können. Dies ist zum Beispiel dann der Fall, wenn tote Körper bewegt oder Teile toter Körper bewegt werden. Diese Szenen werden zwar nur selten dargestellt, traten sie jedoch auf, wurde für die genaue audiovisuelle Analyse dieser Darstellungen eine Filmsequenzanalyse mit einem eigenem Analysemodel eingesetzt (vgl. Keppler 2006). Der Aufbau des Analysemodels (Tab.1) für die Sequenzanalyse ist im Wesentlichen an audiovisuelle Analysetechniken bei Kuchenbuch (2005), Hickethier (2001), Bostnar, Pabst & Wulff (2008), Monaco (2000), Zettel (2008) und Mikos & Wegener (2005) angelehnt.[3]

Für den Großteil der Bilder, cirka 5000 screen shots, wurde hingegen die Bildanalyse von Müller-Doohm (1997) mit einem hermeneutisch strukturalen Interpretationszugang gewählt. Die Entscheidung fiel auf dieses Verfahren, weil die Toten überwiegend als unbewegte Objekte dargestellt werden und daher in Bilder eingefangen und analysiert werden können. Diese Zugangsweise hat einerseits die Datenmenge an Bildern erheblich erhöht, andereseits eine präzise hermeneutische Reflexion während der Bildanalyse erst ermöglicht. Zusätzlich wurden der jeweilige Bildersteindruck und die offensichtlichen Bildinhalte (das Alter, Geschlecht und die Ethnie der dargestellten Leiche beispielsweise) statistisch erfasst, um die Stichprobe ergänzend hinsichtlich bestimmter quantitativer Merkmale auswerten zu können.

Bildanalyse

Der erste Schritt der Bildanalyse sollte die Frage klären, *was* auf den erhobenen Darstellungen gezeigt wird und *wie* es gezeigt wird.

Bei der Analyse von Darstellungen aus verschiedenen TV-Genres ist zu beachten, dass diese jeweils über unterschiedliche Möglichkeiten verfügen den Leichnam darzustellen. Einige Genres haben diesbezüglich mehr Möglichkeiten als andere, aber alle Genres zusammengenommen bilden den gegenwärtigen Darstellungsdiskurs ab. Um die unterschiedlichen Formen von Darstellungen und damit den gegenwärtigen Darstellungsdiskurs fassbar zu machen, generierte Weber vier Darstellungsmodelle, die sich durch bestimmte Darstellungstendenzen auszeichnen. Folgende Tendenzen sind in der Auswahlgesamtheit vertreten:

1. Die Tendenz zur Ästhetisierung toter Körper
2. Die Tendenz zur sterilen Darstellung von toten Körpern
3. Die Tendenz zur Subjektivierung, d.h. Darstellung von Toten als Interaktionspartner
4. Die Tendenz zur Objektivierung der Toten als Objekte anatomischen Wissens
5. Die Tendenz zu gewalttätigen Aktionen gegen den toten Körper

Je stärker sich eine oder mehrere dieser Tendenzen in einer der TV-Serien andeuteten, desto höher wurden die Totendarstellungen im nun folgenden

[3] Für eine genauere Beschreibung des Sequenzprotokolls siehe Weber (2011: 62-63).

Abbildungsmodellraster eingeordnet. Die Abbildungsmodelle sind daher als konsekutiv zu betrachten und lassen sich in dieser Reihenfolge aufstellen:

1. Die »Simulation des Authentischen«–beinhaltet Darstellungen von real Verstorbenen (*Family Plots*) oder täuscht die Darstellung von real Verstorbenen vor (*North Mission Road*).
2. Die »traditionelle Darstellung«–beinhaltet keine Darstellung des Toten bzw. die Verdeckung eines Toten (*Quincy*).
3. Die »moderne Darstellung«–beinhaltet eindeutige Bilder von ästhetisierten Toten (*CSI und Spin offs*).
4. Die »Stilbruchdarstellung«–beinhalten eher abstrakte Darstellungen des Toten (*Dexter, Heroes*).

Die Serientitel hinter den Abbildungsmodellen verweisen auf Beispielserien, die diese Abbildungsmodelle enthalten. Die Modelle beschränken sich nicht auf ein jeweiliges Genre, sondern Darstellungsweisen, welche unterschiedlichen Abbildungsmodellen zuzuordnen sind, können in derselben Serie, sogar in derselben Folge, auftreten. Zusammengefasst konnte der erste Schritt der Bildanalyse zeigen, welche unterschiedlichen Abbildungsmodelle es gegenwärtig für tote Körper in den untersuchten Serien gibt. Dabei war festzustellen, dass das Abbildungsmodell »moderne Darstellung« die gegenwärtigen amerikanischen TV-Serien dominiert.

In der weiteren Bildanalyse wurde aber auch spezifiziert, *was nicht* gezeigt wird und warum. Hier kann zwischen allgemeinen Darstellungsbeschränkungen in TV-Serien und spezifischen Darstellungstabus bezüglich der Leiche unterschieden werden. Weber kontrastierte die »modernen« Darstellungen der Toten mit der TV-Serie *Six Feet Under* und der TV- Dokumentarsoap *Family Plots*. Sie konnte hier feststellen, dass die fiktionalen TV-Serien nahezu alle zu detaillierten Darstellungen des Einbalsamierens wegließen. Obwohl *Six Feet Under* eine Serie ist, die in einem Bestattungsinstitut spielt, waren Verstorbene in einem hohen Alter nur selten vertreten und wenn, dann nur ohne jegliche Alterszeichen oder gar Zeichen des Verfalls. Die Toten wurden auch nie in Bewegung gezeigt, wenn sie nicht bedeckt waren. So gab es zum Zeitpunkt der Analyse 63 Episoden mit 210 Leichendarstellungen, in denen nicht einmal essentielle Handlungen wie das Heben eines Leichnams von der Bahre auf den Tisch und vom Tisch in einen Sarg gezeigt werden. Diese deutlichen Beschränkungen bezüglich des Alters, der Unordnung und der Bewegung können deshalb als genuine Tabumanifestationen in unserer westlichen Kultur gesehen werden, wo Tod immer noch mit friedlichem Schlaf und erlösender Ruhe gleichgesetzt wird. Die Dokumentarsoap *Family Plots* wurde beispielsweise mit ihren, die klassischen Darstellungstabus verletzenden, Leichendarstellungen nach kurzer Zeit wieder abgesetzt.

Filmanalyse

Im Anschluss an die Generierung der Abbildungsmodelle wurde eine Filmsequenzanalyse durchgeführt, die auf dem Vergleich zweier Abbildungsmodelle beruht. Damit sollten die spezifischen ästhetischen Codes aus dem Abbildungsmodell »moderne Darstellung« herausgestellt werden. Es wurden Autopsie-Sequenzen aus fiktionalen TV-Serien und einer Dokumentation gegenübergestellt. Dabei dient die Dokumentation als Kontrastfolie für die fiktionalen TV-Serien. Die Ergebnisse der Analyse zeigen, dass für die TV Serie massiv »media aesthetic techniques«[4] auf der visuellen und auditiven Ebene eingesetzt wurden.

Aufgrund des dichten Einsatzes dieser Techniken werden die typischen Merkmale eines Toten, die in der Dokumentation deutlich sichtbar sind, in der TV Serie nicht sichtbar. Es konnten folgende deutliche Unterschiede zwischen dem Dokumentarfilm und der fiktionalen TV Serie in der Darstellung des Toten ausgemacht werden:

1. Plot: Die dargestellten Autopsieprozeduren unterscheiden sich deutlich in der Länge und der Hintergrundhandlung. Die Autopsie in der Dokumentation zieht sich über eine Stunde, während die Autopsie und die Feststellung der möglichen Todesursache in der fiktionalen TV-Serien innerhalb von zwei Minuten durchgeführt ist.
2. Darsteller: Die Darstellungen unterscheiden sich weiterhin durch die jeweils gezeigten (toten) Körper. Das Abbildungsmodell »moderne Darstellung« bedient sich häufig junger und attraktiver Menschen als Leichendarsteller, während in der Dokumentation der körperliche Verfall der Sezierten schon im Vorfeld zu erkennen ist.
3. Kulisse: Ferner unterscheiden sich die Kulissen in ihrer Anordnung und Sterilität. Darstellungen des »modernen« Modells zeigen oft sehr saubere Pathologien und Sektionstische sowie Sektionsbesteck in symmetrischer Anordnung, während in den Darstellungen der Dokumentation die entsprechenden Gegenstände benutzt, d.h. blutig, nass oder beschmutzt aussehen.
4. Kameratechnik: Es sind deutliche Unterschiede in der Beleuchtung und Farbsetzung festzustellen. Die fiktionalen Darstellungen beinhalten häufig spezifische Farbfilter, die eine bestimmte, zum Beispiel wissenschaftlich kalte, Atmosphäre erzeugen, wobei die Leichen über- bzw. unterbelichtet dargestellt werden. Die Darstellungen der

[4] »Media aesthetics differs considerably from the traditional aesthetic theories. Rather than proffering scholarly arguments about what is beautiful and not, and what is art and not, applied media aesthetics is more concerned with how we, as audience, perceive certain aesthetic variables and their combinations in television and film productions. It recognises that the medium is anything but neutral, and that, in moving from idea to image, the aesthetic and technical requirements of the medium determine to a large extent on how the message is shaped« (Zettl, 2002, p. 12).

Dokumentation hingegen sind ausgeleuchtet, d.h. der Körper ist deutlich erkennbar, wodurch ein gänzlich unterschiedlicher Eindruck der Autopsie und des toten Körpers entsteht.

5. Tontechnik: Wesentliche Unterschiede sind auch auf der auditiven Ebene festzustellen. So wird das Einschneiden der Haut in den fiktionalen Darstellungen häufig mit künstlichen Toneffekten unterlegt, welche die invasive Handlung dramatisieren.

Der Vergleich der Darstellungen in beiden Genre zeigt deutlich, dass die auf Unterhaltung ausgelegten fiktionalen TV-Serien, deren Erfolg sich auch auf die »modernen Leichendarstellungen« zurückführen lässt, nicht ohne Ästhetisierungsbemühungen bei der Inszenierung derselben auskommen. Dies stützt die These, dass mit dem Aufkommen neuer Leichendarstellungen (in amerikanischen Serien) massive Ästhetisierungstechniken bemüht werden.

Ergebnisse

Gewöhnlich werden als Gründe für den großen Erfolg der Serien die neuen Charaktere, neue visuelle Effekte und Animationen, neue Kameratechniken, sowie neue Narrative angegeben. Man könnte hier argumentieren, dass die Toten nur eine Nebenerscheinung des Ganzen seien. Wir aber behaupten, dass erst durch die Toten die neuen Rollenbesetzungen, die neuen Narrative und die Animationen möglich sind. Denn was wäre der Gerichtsmediziner ohne Leiche, die visuellen Animationen losgelöst von kontextuellen Darstellungen, vor allem aber das neue »how was it done«-Erzählprinzip ist nicht ohne die Leiche als Hauptbeweisstück anwendbar. Die Leiche übernimmt also eine äußerst vitale Funktion in der Generierung neuer Genreelemente und gehört damit zu den Erfolgsfaktoren dieser Serien. Die Neugierde und Faszination an expliziten Totendarstellungen tragen durchaus zum großen Erfolg der Serien bei.

Warum die Toten durch bestimmte Codes dargestellt werden, lässt sich mit sich verändernden Körperbildern in den Medien erklären. Es gibt eine Fülle von Arbeiten über die mediale Darstellung von lebenden Körpern, insbesondere über Wirkungen der Darstellungen auf Rezipienten. Wie aber können gegenwärtige mediale Körperbilder in Bezug auf Totendarstellungen charakterisiert werden? Körperbilder verändern sich mit der Zeit. Schauspieler passen sich den ändernden Strömungen an und so verändern sich auch die medialen Toten und damit die Vorstellung von Toten, die unsere Gesellschaft durch das Fernsehen erhält.

Mike Featherstone (1991) behauptet, dass die Konsumkultur das Individuum dazu drängt, gegen physischen Verfall zu kämpfen und betont, dass der Körper jugendlich, gesund und schön ansehbar sein sollte. In ihrer Arbeit konnte Weber Merkmale ausmachen, die sowohl bei lebenden als auch bei toten Figuren verdeckt, bzw. nicht gezeigt wurden. Diese Merkmale beinhalteten Zeichen des Alters, Zeichen von fehlender Hygiene, jegliche äußerlichen Unregelmäßigkeiten, aber auch körperliche Defizite, Unordnung oder Schmutz.

Es scheint, als ob die soziale Kontrolle über das Aussehen des Körpers den medialen Tod überlebt. Nicht nur der lebende, sondern auch der tote Körper hat sich den sozialen Regulierungen der gegenwärtigen Körperkultur zu verpflichten und sich den jugendlichen, gesunden und makellosen Körpernormen anzupassen. Es können also keine Unterschiede zwischen den Totendarstellungen und den Darstellungen von Lebenden in Hinblick auf ihre Körper festgestellt werden. Lediglich tödliche Wunden und Autopsienarben zeigen den eigentlichen Status des toten Körpers an. *In den TV-Serien des 21. Jahrhunderts spiegelt der tote Körper den zivilisierten lebenden Körper mit all seinen Darstellungstabus.* Das bedeutet zum einen, dass die typischen Darstellungsstandards von Sterilität, Jugendlichkeit und Schönheit in amerikanischen TV-Serien nicht nur für lebend dargestellte Personen, sondern auch für tot dargestellte Personen gelten. Zum anderen bedeutet es auch, dass diese Darstellungskonventionen, sofern nicht in anderen Genres oder in der Realität anders gesehen, die Vorstellung von Toten prägen.

Die Darstellungscodes vermitteln uns die neue Ästhetik des Toten. Sie folgen der Logik der Kunst, kombinieren Schönheit mit Ekel, Groteskem oder Abstoßendem und erschaffen somit den Topos des *»ästhetisierten Toten«* oder *»ästhetisiertes Totes«*. Das sind zum einen die schönen Toten mit hässlichen Wunden, aber auch zum anderen die nicht mehr identifizierbaren Toten, die als verwesende Haufen aus Haut, Knochen und Organen farbenfroh, nass glitzernd in einer hochstilisierten, blau schimmernden, hightech-Pathologie ausgestellt werden. Hier wird das Objekt des Ekels eingeschlossen in ästhetische Kontexte und so inszeniert, dass es, wenn nicht schön, dann aber mindestens doch interessant aussieht. Solche Bilder und die korrespondierenden und nicht zu unterschätzenden künstlichen Ton- und Bildeffekte lassen sich nicht im Dokumentarfilm wiederfinden. Alter und Tod, Krankheit und Tod, Unordnung und Tod sind Verbindungen, die dem Zuschauer nicht zugemutet werden wollen. Schlaff herabhängende und unkontrolliert sich bewegende Glieder, deformierte oder verzerrte Gesichter, Bewegungen, die die Assoziation mit bloßen, toten Fleischmassen provozieren könnten, werden genauso vermieden wie die Inszenierung natürlicher biologischer Prozesse.

Zusammengefasst: Die untersuchten amerikanische TV-Serien zeigen tote Körper, welche dem typischen medialen Körperbild entsprechen, nämlich steril und normiert und verstecken gleichzeitig die vielen unterschiedlichen Realitäten der Toten. Da jedoch stereotype Schönheit immer die Gefahr der Übersättigung und Abnutzung durch Monotonie birgt, werden neue künstliche, gegensätzliche Stimuli eingefügt. Der Ekel wird dabei so dosiert und im Schönen aufgefangen, dass er erträglich bleibt und sich das Publikum nicht abwendet.

Anschlussprojekt: Deutsche Totendarstellungen im Vergleich (*Tatort*)

Deutsche Krimiserien zeichnen sich durch eine unterschiedliche Darstellungsweisen von toten Körpern aus. Um diese Unterschiede zu analysieren wurde die Krimiserie Tatort für einen Vergleich der Leichendarstellungen ausgewählt. Die Serie zeichnet sich durch eine mittlerweile über 40-jährige Laufzeit aus, wodurch die Entwicklung von Leichendarstellungen in diesem Format sich über einen deutlich längeren Zeitraum nachvollziehen lässt. Außerdem hält der Tatort eine im Vergleich zu den amerikanischen Serien recht gleichmäßig hohe Zuschauerquote. Von nahezu allen Altersgruppen wird der Tatort regelmäßig rezipiert, was dieses Format für eine soziologische Untersuchung umso interessanter werden lässt.[5]

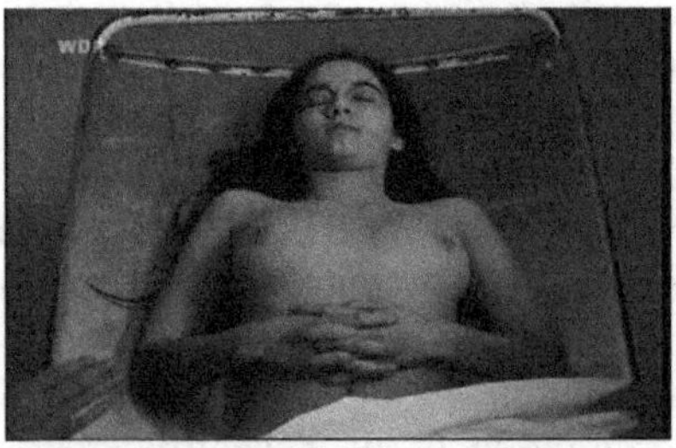

Tatort 1975, Folge 52: Die Abrechnung

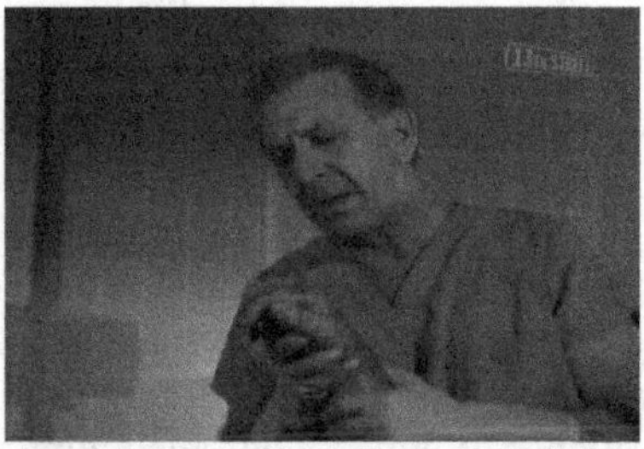

Quincy 1978, Staffel 3, Folge 13: Crib Job

Abb. 1: Leichendarstellungen der 70er Jahre in Deutschland und Amerika

Zur Untersuchung der im Tatort enthaltenen Leichendarstellungen werden circa die Hälfte der bis Ende des Jahres 2010 ausgestrahlten Episoden mit dem bereits beschriebenem dreistufigen Verfahren analysiert und typisiert. Da die Auswahlgesamtheit bisher zu 2/3 ausgewertet werden konnte (dies entspricht etwas über 200 Folgen), kann an dieser Stelle schon ein kurzer Einblick in den Stand der Forschung und damit in die Bachelorarbeit von Patrick Schubert gewährt werden.

Im Gegensatz zu den amerikanischen Serien, lässt sich für die untersuchte deutsche Serie eine gleichmäßige Steigerung der Sichtbarkeit der Leichendarstellungen feststellen. Während die Entwicklung in den amerikanischen Serien, Leichen in der Pathologie und während Sektionen zu zeigen, sehr sprunghaft um die Jahrtausendwende einsetzt, sind in der Serie Tatort schon in den frühen Episoden mitte der 70er Jahre Leichen mit unbedecktem Oberkörper in der Pathologie zu sehen. Zur gleichen Zeit wurden in der amerikanischen Serie *Quincy M.E.* höchstens einzelne Gliedmaßen von Leichen in der Pathologie sichtbar dargestellt (Abb. 1).

[5] Quelle: Die jeweils ausstrahlenden Sender.

Die Tendenz zu expliziteren Leichendarstellungen verstärkt sich in den folgenden Jahrzehnten in der Serie Tatort. Es sind daher bereits in den Jahren vor der Jahrtausendwende viele Darstellungen von Leichen in Pathologien zu finden. Diese Leichen werden mitunter sogar stark verschmutzt und/oder verletzt dargestellt. Außerdem werden männliche Leichen ganz und weibliche Leichen zumeist bis auf den Schambereich unbedeckt gezeigt. Diese Darstellungstendenzen lassen sich auch nach der Jahrtausendwende nur selten oder gar nicht in den untersuchten amerikanischen Serien finden. Insofern unterliegen die Leichendarstellungen aus Deutschland kaum den kulturspezifischen Darstellungskonventionen der amerikanischen Serien (Abb. 2).

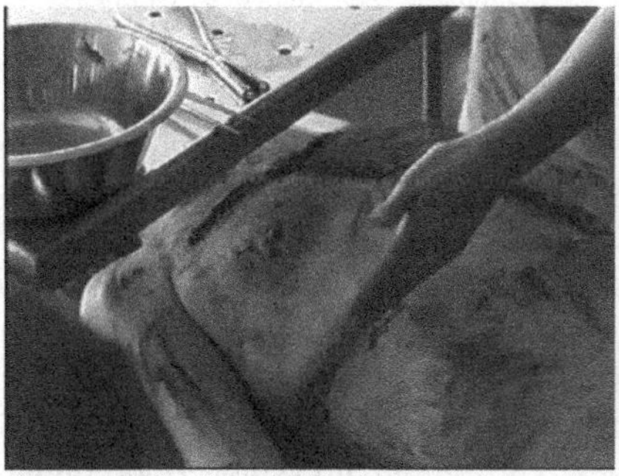

Tatort 2009, Folge 720: Kassensturz – Der gezeigte Körper wird nicht nur blutverschmiert sondern im Verlauf der Szene auch gänzlich unbedeckt dargestellt.

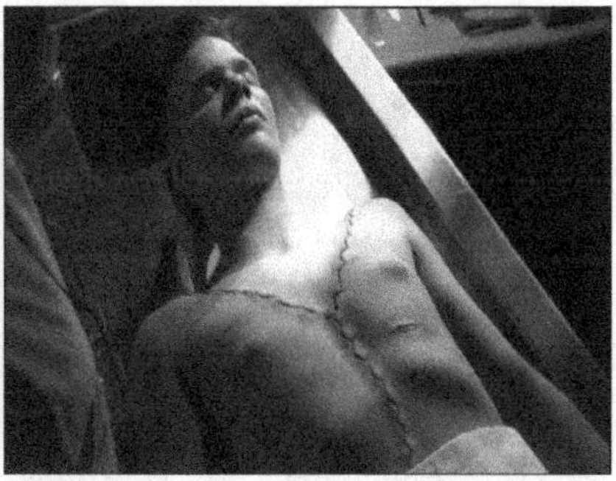

CSI, Episode 703 – Ein toter Körper in der Pathologie

Abb. 2: Unterschiedliche Darstellungskonventionen

Die amerikanischen Serien unterscheiden sich aber auch vor allem durch ihre schnellen Kamerafahrten und abwechslungsreichen Schnitte bei Sektionsprozeduren. So sind zum Beispiel invasive Maßnahmen, wie das Einschneiden der Haut zur Öffnung des Körpers oder Organentnahmen bei der gerichtsmedizinischen Sektion häufige, detailliert gezeigte Bildelemente. Diese Bilder werden allerdings nahezu immer von artifiziellen Geräuschen begleitet und farblich gefiltert. Diese in den amerikanischen Serien stark ästhetisierten Darstellungen werden in der deutschen Serie Tatort schlichtweg nicht gezeigt. Invasive Handlungen werden eher angedeutet und ähneln so den »Quincy-Shots«, bei denen die Kameraeinstellung den Blick auf das Objekt der dargestellten Handlung verwehrt (Abb. 3).

Tatort 2003, Folge 552: Das Böse

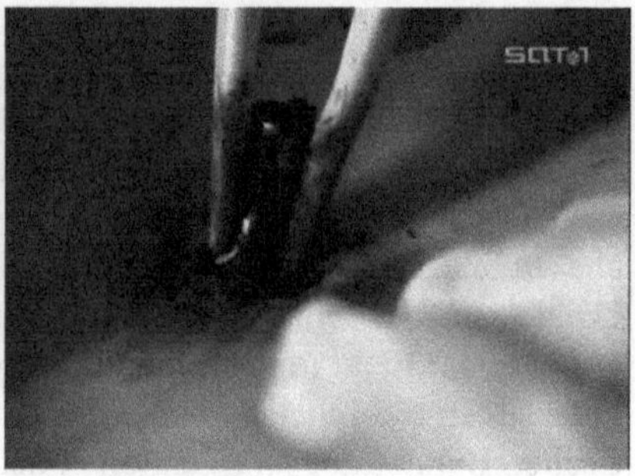

NCIS 2003, Staffel 1, Folge 3: Seadog (Erstausstrahlung in Deutschland: 07.04.2005)

Abb. 3: Unterschiedliche Darstellungsweisen von Sektionsprozeduren

Es sind allerdings für das letzte Jahrzehnt einige Modifikationen der Serie Tatort festzustellen. Mit dem Erfolg der amerikanischen Serien auf dem deutschen Markt stieg nicht nur die Anzahl der in der Pathologie gezeigten Leichen an, sondern es wurden auch häufiger Farbfilter bei der Darstellung von Pathologien eingesetzt und Leichen mit charakteristischer Y-Naht auf der Brust abgebildet. Es zeichnet sich hier also in jüngerer Zeit eine Tendenz zur Ästhetisierung im Sinne der bereits beschriebenen »modernen Darstellung« ab (vgl. Tab.3 und Abb. 1), wobei auf das Zeigen invasiver Handlungen, desintegrierter, mutilierter oder verkohlter Leichen nach wie vor verzichtet wird. Es ist zu vermuten, dass der Tatort die über die Jahrzehnte aufgebauten Sehgewohnheiten seiner Zuschauerschaft nicht mit zu vielen neuen amerikanischen Darstellungskonventionen konfrontieren kann.

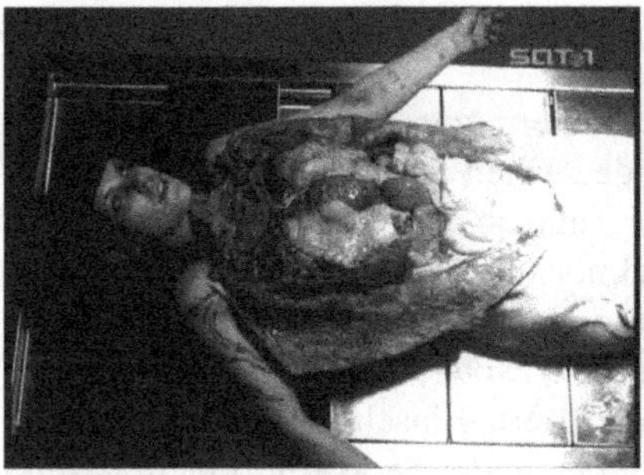

NCIS 2004, Staffel 1, Folge 16: Bête Noir (Erstausstrahlung in Deutschland: 14.07.2005)

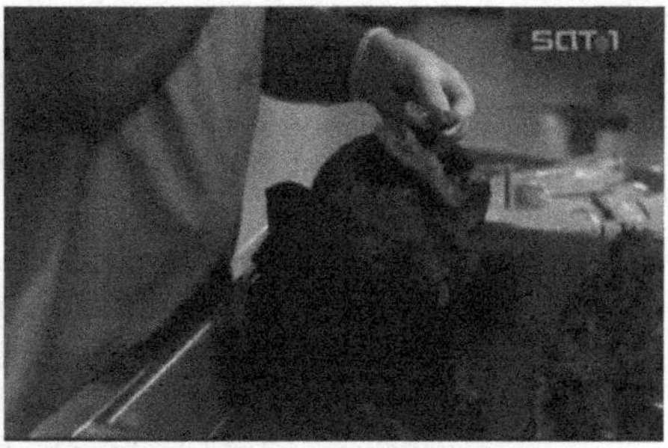

NCIS 2004, Staffel 2, Folge 1: See No Devil (Erstausstrahlung in Deutschland: 01.09.2005)

NCIS 2003, Staffel 1, Folge 7: Sub Rosa (Erstausstrahlung in Deutschland: 24.03.2005)

Abb. 4: Amerikanische »Stilbruch« Darstellungen

Zu explizite Darstellungen invasiver Handlungen (Abb. 4) oder Computeranimationen, die beispielsweise den Weg einer tödlichen Kugel durch den Körper simulieren, gehören nicht zu den deutschen Darstellungskonventionen. Eine Vermutung wäre, dass auch deshalb eher junge Zuschauer die amerikanischen Krimiserien schauen.[6] Explizite Gewalthandlungen gegen lebende und tote Körper werden hier narrativ durch den unbedingten Aufklärungwillen des Ermittlungsteams in wissenschaftliche Untersuchungen eingebettet und legitimiert.

Zusammenfassend konnte bei der vergleichenden Analyse der Reihe Tatort mit den von Weber ausgearbeiteten Abbildungsmodellen folgendes festgestellt werden:

[6] Bei den amerikanischen Serien *Heroes, Dead like me, Pushing Daisies, Castle* und *Navy CIS* waren in der Altersgruppe 14-49 Jahre mehr als doppelt so hohe Einschaltquoten in Deutschland verzeichnet als in der Gruppe der über 50 Jährigen. Hier ist also im Vergleich zum *Tatort* ein relativ homogenes, deutlich jüngeres Publikum vorhanden. Quelle: Die jeweils ausstrahlenden Sender auf unsere schriftlichen Anfragen. Genaue Zahlen dürfen von uns nicht veröffentlicht werden.

1. Die Darstellung des unbedeckten toten Körpers scheint im Gegensatz zu den USA kein Tabu darzustellen.
2. Ebenso ist die amerikanische Tendenz zur sterilen Darstellung von Leichen und der Pathologie in deutschen Serien nicht besonders ausgeprägt. Es werden in der Serie Tatort häufig verschmutzte Sektionstische sowie verschmutztes Sektionsbesteck und weniger normierte und sterile Körper von Toten gezeigt.
3. Dahingegen ist das Zeigen von invasiver Gewalt gegen den toten Körper in Deutschland stark tabuisiert. Einschnitte in die Haut und das Öffnen eines Leichnams, werden in der Serie Tatort nicht gezeigt.

Gegen Ende der Dekade ab 2000 allerdings, sind häufiger mit Farbfiltern unterlegte Pathologiedarstellungen zu sehen und vereinzelt schon geöffnete Körper (zum Beispiel Folge 734: Schiffe versenken, Abb. 5).

Abb. 5: *Tatort* 2009, Folge 734: Schiffe versenken

Bei der Darstellung des geöffneten Körpers ist zudem beachtlich, dass auf, für amerikanische Serien typische, Ästhetisierungen verzichtet wurde. So ist die Pathologie nicht mit farbigem Licht versehen, die dargestellte Leiche ist ein Mann gehobenen Alters und das Sektionsbesteck sowie die Handschuhe des Pathologen sind deutlich verschmutzt. Die Darstellung entspricht dem amerikanischen Typus »moderne Darstellung« jedoch ohne starke Ästhetisierungen.

Wie Knut Hickethier (1994) bemerkte, ist das Krimi-Genre in Deutschland breit ausdifferenziert. So haben deutsche Krimis schnellere Schnitte, eine spannendere Dramaturgie oder schlichtweg besondere Ermittler-Charaktere adaptiert, »[…] doch waren es letztlich immer nur neue filmische und literarische Konzepte, die auf einen Zustand des Genres reagierten und neue Erzählvarianten anboten« (ebd.: 290). Eine typisches »deutsches Krimigenre« scheint es also nicht zu geben – lediglich deutsche Ausdifferenzierungen des Genres, wovon die Neueste nun die Darstellung von Leichen bei Sektionsprozeduren ist. In Zeiten der Globalisierung sind es gerade die klischeehaften Unterschiede, die zur Identitätsstiftung in einer eigentlich »hybriden Kultur« stark gemacht werden (vgl. Terkessidis 2006: 7, 12). Unterschiedliche kulturelle Sehgewohnheiten werden aufrechterhalten, obwohl (oder besser: gerade weil) das Krimigenre nach Reduktion des Nationalspezifischen immer demselben Grundmuster folgt. Von diesem Grundmuster unterscheiden sich die Differenzierungen im Wesentlichen durch jeweils (national)spezifische Realitätsgehalte (vgl. Hickethier 1994: 287-288).[7]

Zusammenfassend kann festgehalten werden, dass trotz einer fortschreitenden Globalisierung und Standardisierung medialer Inhalte sich nicht notwendigerweise kulturspezifische Eigenschaften des einen Landes bedingungslos in ein anderes exportieren beziehungsweise importieren lassen. Die Differenzierung von Inhalten ist zudem ein wichtiges Alleinstellungsmerkmal für untereinander konkurrierende Fernsehsender (vgl. Sydow & Windeler 2004: 59). Anja Peltzer (2010) argumentiert darüber hinaus, dass Menschen Kultur nicht nur wahrnehmen, sondern etwas mit ihr »machen«. Die kulturellen Implikationen von zum Beispiel neuartigen Leichendarstellungen werden reflektiert und modifiziert, »bevor sie in das bestehende Sinnsystem integriert werden und so als modus operandi [oder Vorstellungsstruktur, Anm. d. A.] die Lebenswelt erweitern« (vgl. Peltzer 2010: 20-26). Die Analyse der unterschiedlichen Krimiformate und Leichendarstellungen scheint zu bestätigen: »Das Format ist global konzipiert und distribuiert und wird lokal rezipiert und respezifiziert« (Schneider 2007: 175). Diese kulturspezifischen Überformungen zeigen sich zum Beispiel recht deutlich daran, dass sowohl in den amerikanischen wie in der deutschen Serie nur jeweils Darstellungen von Sexualität *oder* Gewalt tabuisiert werden. Insofern lässt sich das vorherige Fazit etwas modifiziert auch für diesen Forschungsteil aufrechterhalten: Der tote Körper spiegelt in Fernsehserien den zivilisierten lebenden Körper mit all seinen (kulturell jeweils spezifischen) Darstellungstabus.

Literatur

Ariès, Philip (1984): *Bilder zur Geschichte des Todes*, München, Wien: Hanser.

Bostnar, Nils/Pabst, Eckhard/Wulff, Hans J. (Hg, 2008): *Einführung in die Film- und Fernsehwissenschaft*, 2. Aufl., Stuttgart: UTB.

Elias, Norbert (2001): *Über die Einsamkeit der Sterbenden in unseren Tagen*, 10. Aufl., Frankfurt/M.: Suhrkamp.

Feldmann, Klaus (2004): *Tod und Gesellschaft. Sozialwissenschaftliche Thanatologie im Überblick*, 1. Aufl., Wiesbaden: VS Verl. für Sozialwissenschaften, Online verfügbar unter http://www.gbv.de/dms/bs/toc/ 395903254.pdf.

Foucault, Michel (2005): *Die Geburt der Klinik. Eine Archäologie des ärztlichen Blicks,* 7. Aufl., Frankfurt/M.: Fischer.

[7] Zu vermuten ist, dass zumindest ein Teil der deutschen Fernsehzuschauer jedoch über »hybride« Sehgewohnheiten verfügt, da die amerikanischen Krimiformate mit Darstellungen invasiver Gewalt an toten Körpern nun seit 10 Jahren erfolgreich in Deutschland ausgestrahlt werden. Das Gewalttabu würde demnach »künstlich« in der Serie *Tatort* aufrechterhalten.

Hallam, Elizabeth/Hockey, Jenny/Howarth, Glennys (1999): *Beyond the Body. Death and Social Identity*, London: Routledge.

Hickethier, Knut (2001): *Film- und Fernsehanalyse*, 3. Aufl., Tübingen: Narr.

Hickethier, Knut (1994): »Der Fernsehkrimi: Stationen westdeutscher Genregeschichte«. In: *SPIEL* 13(2), S. 278-291.

Kahl, Antje (2010): »Klinische Sektionen: Umfrage zeigt allgemeine Zustimmung«. In: *Deutsches Ärzteblatt*, 107 (50), A 2492-3.

Kahl, Antje (2011a): »Die Einstellung der Bevölkerung zur klinischen Sektion«. In: *Der Pathologe*, 2011 (im Druck).

Kahl, Antje (2011b): »Der Niedergang der klinischen Sektion: Dysfunktionalität der Praxis statt Tabuisierung des toten Körpers«. In: *Sociologia Internationalis*, 2011 (im Druck).

Keppler, Angela (2006): »Die Einheit von Bild und Ton. Zu einigen Grundlagen der Filmanalyse«. In: Manfred Mai/Rainer Winter (Hg.): *Das Kino der Gesellschaft– die Gesellschaft des Kinos. Interdisziplinäre Positionen, Analysen und Zugänge*, Köln: Halem, S. 60-78.

Kuchenbuch, Thomas (2005): *Filmanalyse. Theorien–Methoden–Kritik*, Wien: UTB.

Macho, Thomas/Marek, Kristin (Hg, 2007): *Die neue Sichtbarkeit des Todes*, München: Wilhelm Fink.

Mikos, Lothar/Wegener, Claudia (2005): *Qualitative Medienforschung. Ein Handbuch*, Konstanz: UVK.

Moebius, Stephan/Weber, Tina (2008): »Die mediale Repräsentation des Todes. Der Tod in den Kulturen der Moderne am Beispiel des Films«. In: Markus Schroer (Hg.): *Die Gesellschaft des Films*, Konstanz: UVK, S. 264-308.

Monaco, James (2000): *Film verstehen*, Hamburg: Europa Verlag.

Mueller-Doohm, Stefan (1997): »Bildinterpretation als struktural-hermeneutische Symbolanalyse«. In: Ronald Hitzler/Anne Honer (Hg.): *Sozialwissenschaftliche Hermeneutik. Eine Einführung*, Opladen: Leske & Budrich, S. 81-108.

Peltzer, Anja (2010): *Identität und Spektakel: Der Hollywood-Blockbuster als global erfolgreicher Identitätsanbieter*, Konstanz: UVK.

Schneider, Irmela (2007): »Zur Relationierung von Medialisierung/Amerikanisierung und Globalisierung/Lokalisierung in Mediendiskursen des 20. Jahrhunderts«. In: Lars Koch/Petra Tallafuss (Hg.): *Modernisierung als Amerikanisierung?: Entwicklungslinien der westdeutschen Kultur 1945-1960*, Bielefeld: Transcript, S. 155-180.

Start, R.D./Saul, C.A./Cotton, D. W. K. /Mathers, N.J./Underwood, J.C.E. (1995): »Public Perceptions of necropsy« In: *Journal of Clinical Pathology* 48, S. 497-500, Table3.

Sydow, Jörg/Windeler, Arnold (2004): *Organisation der Content-Produktion. Wiesbaden*, VS Verlag für Sozialwissenschaften.

Terkessidis, Mark (2006): »Globale Kultur in Deutschland: - oder: Der lange Abschied von der Fremdheit«. In: Andreas Hepp/Rainer Winter (Hg.): *Kultur – Medien – Macht.: Cultural Studies und Medienanalyse*, Wiesbaden: VS Verlag für Gesellschaftswissenschaften, S. 311-326.

Trebess, Achim (2006): *Metzler Lexikon Aesthetic: Kunst, Medien, Design und Alltag*, Stuttgart Weimar: Metzler.

Walter, Tony (2008): *The Presence of the Dead in Society. Dying and Death in 18th-21st Century Europe.* Alba Iulia, Rumänien, September 2008. Online verfügbar:

http://www.bath.ac.uk/cdas/people/cdasmem/Romania%202008%20article%20(web%20version).doc [09.08.11]

Weber, Tina/Schubert, Patrick (2010): »Mediale Darstellung von klinischen Sektionen«. In: Hubert Knoblauch/Andrea Esser/Dominik Groß/Brigitte Tag/Antje Kahl: *Der Tod, der tote Körper und die klinische Sektion*, Berlin: Duncker & Humblot, S. 109-125.

Weber, Tina (2011): *Drop Dead Gorgeous: Representations of Corpses in American TV Shows*. Frankfurt/New York: Campus Verlag.

Zettl, Herbert (2002): »The essentials of media aesthetics«. In: Chitra Dorai/Svetha Venkatesh (Hg.): *Media Computing: Computational Media Aesthetics*, Boston, Dordrecht, London: Kluwer Academic Publishers, S. 11-38.

Zettl, Herbert (2008): *Sight, sound, motion; applied media aesthetics*, 5. Aufl., Belmont: Wadsworth Pub. Co.

Sebastian Haller

Abseits der Mechanismen der Herrschaftssicherung. Filmsoziologie des Zentralinstituts für Jugendforschung (ZIJ) im Dienste einer kritischen DDR-Meinungsforschung

Einführung

Im Zentrum dieser Arbeit stehen neben den allgemeinen diskursiven Praxen der DDR-Filmsoziologie deren Forschungsergebnisse zur Dichotomie von Lebenswelt und politischem System. Peter-Christian Ludz' Konzept des ›Mechanismus der Herrschaftssicherung‹, das maßgeblich die Wahrnehmung der DDR-Sozialwissenschaft mitgeprägt hat, soll dabei den wissenschafts- und geistespolitischen Rahmen der Analyse bilden.

Die DDR-Filmsoziologie soll als ›Diskursgesellschaft‹ verstanden werden, welcher die Aufgabe zukommt, »Diskurse aufzubewahren oder zu produzieren, um sie in einem geschlossenen Raum zirkulieren zu lassen und sie nach bestimmten Regeln zu verteilen, so daß die Inhaber bei dieser Verteilung nicht enteignet werden« (Foucault 1974: 27 f.). Die Regeln, nach denen sich diese verbreiten können bzw. dürfen, werden maßgeblich durch eine geistespolitische Doktrin reglementiert (vgl. Foucault 1974: 29). Den von der Doktrin ›verbotenen Aussagen‹, die von der Filmsoziologie ›produziert‹ und ›archiviert‹ wurden, soll nachgegangen und damit gezeigt werden, dass die nämliche Diskursgesellschaft in Bezug auf die Dogmatik der marxistisch-leninistischen Sozialwissenschaft ein kritisches und damit »abweichendes Funktionieren« (Foucault 1974: 27) etablieren konnte.

Auf diesen einführenden Thesen stützt sich zunächst eine kurze Einführung in die DDR-Sozialwissenschaft bzw. Jugendforschung und deren kritische Eingliederung in das Konzept des ›Mechanismus der Herrschaftssicherung‹, das vor allem auf dem Axiom von »Praxisverbundenheit und Sicherheitsbedürfnis der SED« (Ludz 1980: 183) aufbaut. Zentraler Aspekt dieser Arbeit ist weiters die Darstellung der wissenschaftsinternen wie -externen Zusammenhänge der Filmsoziologie: Dabei wird auf die Voraussetzungen für die Etablierung der Filmsoziologie, die Entwicklung des Konzepts eines

›aktiven‹ Rezipienten, die Auswahl der untersuchten Filme, die Praxis der Repressionen und Eingriffe gegen die Filmsoziologie und schließlich auf ausgewähltem Forschungsergebnisse eingegangen.

Das empirische und bisher nicht publizierte Untersuchungsmaterial stützt sich auf (a) filmsoziologische Studien, die im Deutschen Bundesarchiv archiviert sind, (b) die zeitgenössischen Filmzulassungsunterlagen der Hauptverwaltung Film (dem sog. ›Filmministerium‹) aus dem Bundesarchiv-Filmarchiv und (c) auf Gespräche mit einem damaligen Mitarbeiter der Filmsoziologie.

Empirische Sozialforschung in der DDR im Kontext der ›Mechanismen der Herrschaftssicherung‹

Die Definition der empirischen Sozialwissenschaft aus dem *Wörterbuch der leninistisch-marxistischen Soziologie* gibt in programmatischer Weise Einblick in deren systemfunktionale Bedeutung: »Die empirische soziologische Forschung erfüllt [...] eine direkte Funktion gegenüber der Leitung und Planung sozialer Entwicklungsprozesse der sozialistischen Gesellschaft. [...] Entsprechend ihrer parteilichen Position unterstützt sie durch empirische Analysen die Führungstätigkeit der Partei der Arbeiterklasse [...]. Sie schafft dabei wichtige theoretische Grundlagen für die Sozialpolitik der marxistisch-leninistischen Partei und für die Leitung und Planung sozialer Prozesse« (Aßmann 1977: 158).

Darin kommt (1) die politische ›Praxisverbundenheit‹, d.h. »die Bereitstellung von Entscheidungshilfen sowie die Erarbeitung von ›theoretischen Grundlagen‹ [...] für die Gesellschafts- und Sozialpolitik der SED« (Ludz 1980: 184) zum Ausdruck. Es wird explizit eine Koppelung an die Parteitätigkeiten gefordert und damit die politische und ökonomische »Service-Funktion« (Peter 1990: 621) verankert. Umfrageforschung, als die die empirische Sozialwissenschaft hier vornehmlich zu verstehen ist, diente in ihrer Aufgabe als Parteiinstrument aber nicht einzig der Informationssammlung, die in operative Prozesse der Sozial- und Wirtschaftspolitik umgeleitet werden sollte, sondern auch ganz wesentlich als (2) »Loyalitätserkundung, der Führungskontrolle wie schließlich als Krisenbarometer« (Ludz 1980: 198) um »die Beziehungen zwischen Partei, Staat und Bevölkerung noch enger zu gestalten« (Ludz 1980: 197). Damit geht im politischen Alltag der Umfrageforschung eine weitere Funktion einher, nämlich (3) »die Bevölkerung für jeweils *bestimmte* Ziele zu mobilisieren« (Ludz 1980: 199, Hervorheb. i. O.). Diese Ansätze legen in bündiger Weise die wissenschaftsfremden Aufgaben der Sozialwissenschaft dar (vgl. Peter 1997: 342), geben dabei dem Konzept des ›Mechanismus der Herrschaftssicherung‹ eine klare Kontur und vermitteln schließlich ein eng dimensioniertes Profil, das der Sozialwissenschaft als »machtkritische Subkultur« (Peter 1990: 611) zunächst klar entgegensteht.

Die gegebene Definition lässt keinen Zweifel am staatlich intendierten Konsens zwischen sozialwissenschaftlichem Diskurs und politischem System aufkommen. Es kulminiert die Bedeutung der Umfrageforschung darin, dass »die Informationen, die […] bereitgestellt werden, und die Mobilisierung, die mit ihrer Hilfe erfolgt, […] die Herrschaftsausübung durch die SED-Führung erleichtern« (Ludz 1980: 200) soll. Ein weiteres, zu berücksichtigendes Merkmal der soziologischen Forschung in der DDR ist die sogenannte ›Hierarchie des Wissens‹, die einerseits die Koppelung von Empirie und Theorie postulierte und andererseits die quantitative Forschung teilweise als ›Positivismus‹ zu disqualifizieren versuchte. »Empirisches Wissen ist gleichsam eine ›niedrige‹ Form« und »mit Hilfe eines ›qualitativen Sprungs‹ geht empirisches Wissen in theoretisches über« (Ludz 1972: XXVI), um darin seine Zweckbestimmung zu erreichen (vgl. dazu auch Sparschuh/Weiß 1997: 325f.).

Wolfgang Engler (1991) warnt in diesem Zusammenhang vor ›Alternativkonzepten‹, die eine klare Polarität zwischen Macht(-Sicherung) und Wissens(-Generierung) innerhalb der Wissenschafts-Community beschreiben. Er stellt fest, dass »kein Teilfeld der Gesellschaftswissenschaft […] der ideologischen Kopplung von Macht- und Wissensstrukturen entrann« (1991: 62) und plädiert dafür, das ideologische Profil für jede Disziplin verschieden abzustufen. Dennoch gilt festzuhalten: Die DDR-Sozialwissenschaft stand im Spannungsfeld von zwei Polen, dessen erster und gleichzeitig wohl dominanter bereits erörtert wurde: (1) Der in der genannten Definition sich klar akzentuierte politische Auftrag, der sich zum Teil zu einem ›Herrschaftsmechanismus‹ erweitern lässt und (2) der wissenschaftliche Erkenntnisdrang, dessen konkrete und auch machtkritische Ausformung maßgeblich in Abhängigkeit von den Diskursgesellschaften der Sozialforschung stand.

Der zweite Punkt soll anhand des Zentralinstituts für Jugendforschung (ZIJ) explizit werden. In der westdeutschen Wahrnehmung galt das Institut als »das vielleicht wissenschaftlich bedeutsamste Zentrum der Umfrageforschung […] vor allem auch [wegen, d. Verf.] der ständigen Verfeinerung der sozialwissenschaftlichen Methodologie und Methodik« (Ludz 1980: 192, vgl. dazu auch Meyer 1995: 43). Stärker als andere, wissenschaftlich ähnlich gelagerte Forschungseinrichtungen nahm das ZIJ, das politisch gesehen dem Amt für Jugendfragen beim Ministerrat unterstellt war (vgl. Friedrich 1999: 19 f.) gleichzeitig aber intensive Kontakte mit universitären Einrichtungen pflegte, »eine Art Mittelstellung zwischen der politisch orientierten akademischen und der partei- beziehungsweise staatseigenen Forschung ein« (Ludz 1980: 192). Das ZIJ konstituierte sich 1966 auch als Reaktion auf die Gründung des Deutschen Instituts für Jugendforschung (DIJ) in München und gilt im Kontext der Wissenschaftspolitik als Ausdruck einer kurzen Phase der Wissenschaftseuphorie in der politischen Administration Walter Ulbrichts. Weiters spiegelt sich in der damit vollzogenen Institutionalisierung der DDR-Jugendforschung, der bis dahin nur vereinzelt nachgegangen wurde, »ein

Indiz für die beginnende Sorge der Partei- und Staatsführung, die Jugend nicht mehr politisch zu erreichen« (Wiedemann 1998: 117) bzw. eine sich unter den DDR-Jugendlichen andeutende Erosion der Legitimation der SED-Parteiherrschaft. Denn, so wird insbesondere von Sigrid Meuschel hervorgehoben, die Legitimation der Herrschaft stellt den Grundstein der Fixierung derselben dar (vgl. Meuschel 1992).

In den Statuten des ZIJ wird ausgeführt, dass die Hauptaufgabe des Instituts darin liegt, »die Grundtendenzen, Grundprobleme und Grundprozesse der Entwicklung und sozialistischen Erziehung der jungen Generation sowie die Hauptmethoden der Jugendforschung zu erarbeiten und dadurch die Entwicklung der Jugendforschung in der DDR inhaltlich und methodisch zu fördern. [...] Das Zentralinstitut stellt enge Beziehungen zu den für die Leitung der sozialistischen Jugendpolitik verantwortlichen staatlichen Organen und Leitungen gesellschaftlicher Organisationen her, besonders zum Zentralrat der FDJ, berät mit ihnen Grundprobleme der Entwicklung der jungen Generation und der sozialistischen Jugendpolitik« (Statut des ZIJ, zit. n. Friedrich 1999: 21f.).

Im zeithistorischen Kontext der Sozialwissenschaft konnte sich, wie Walter Friedrich betont, die Bindekraft derart politisch-doktrinärer Statuten relativieren. Die konkrete Ausprägung der Forschungstätigkeit stand maßgeblich in Abhängigkeit vom wissenschaftlichen Personal: »Wie in vielen anderen Fällen war das Statut nur die eine Seite der Medaille, es definierte die allgemeinen Rahmenbedingungen. Was aus dem ZIJ im Laufe der Jahre wirklich geworden ist, welche Strukturen und Forschungsstrategien sich herausgebildet haben, [...] das ist entscheidend durch die Akteure des Instituts, durch Kooperationspartner und durch zahlreiche Förderer aus Kreisen der Wissenschaft, Kultur und verschiedener politischer Ebenen, wie auch durch bestimmte politische Entscheidungen und Repressionen sowie durch einflußreiche Gegenkräfte determiniert worden« (Friedrich 1999: 22).

So unterstreicht Dieter Wiedemann den Kontrast zwischen dem politisch-ideologischen Anspruch an die Jugendforschung und der Forschungsrealität mit dem Hinweis, dass »die Jugendforschung im ›inoffiziellen‹ gesellschaftlichen Diskurs aber nicht selten als Korrektor bzw. Kritiker der ›offiziellen‹ Jugendpolitik« (Wiedemann 1998: 119) fungierte. Schließlich sammelte man empirische Daten, die vom anthropologischen ›Sollwert‹ der ›sozialistischen Persönlichkeit‹ deutlich abwichen. Friedrich, der einzige Direktor der Leipziger Forschungseinrichtung, forcierte in seinem »anthropologische[n] Institut« (Friedrich 1999: 24) mithin Forschungsvorhaben abseits der Herrschaftssicherung der SED, die mittlerweile relativ konzise Darstellungen der Wertorientierungen und Mentalitätsentwicklungen der DDR-Jugend zulassen. Methodisch ermöglicht wurden diese Ergebnisse durch die Konzentration auf Langzeit- und Intervallstudien, die hauptsächlich auf standardisierten Fragebögen basierten. Sie stellten insbesondere durch »die hohe Auswertungseffektivität, die relativ niedrigen Kosten und das erreichte Niveau in der Fragebogenkonstruktion« (Wiedemann 1998: 123) die bevorzugte Umfragetechnik dar. Damit ging der »Indikatorencharakter« (Ludz 1980: 214) der Fragen einher, der in den 1970er Jahren zunehmend regressive Tendenzen der politisch-ideologischen Orientierung der Jugendlichen nachvollziehbar machte. Die Verwendung von Indikatoren war dadurch auch politisch massiver Kritik ausgesetzt und »von den zentralen Leitungen [wurde, d. Verf.] sogar verlangt, auf unsere bewährten Standard-Fragen zu verzichten, um exakte Trendaussagen von vornherein auszuschließen« (Friedrich 1999: 33). Um diesem Verbot ausweichen zu können, wurden etwa Zusatzbögen ausgegeben, die die Möglichkeit von freien Kommentaren zu allgemeinen Themen, wie etwa der Zufriedenheit mit der DDR, boten: »Für die Widerspiegelung und Darstellung der zunehmend kritischen Situation in der DDR in den Köpfen der Jugendlichen waren die oft sehr ausführlichen und offenen Antworten der Jugendlichen dann eine wahre Fundgrube [...]« (Förster 1999: 77).

Ein ›abweichendes Funktionieren‹ gegenüber der dogmatischen DDR-Wissenschaftspolitik und dem pädagogischen Idealbild der ›sozialistischen Persönlichkeit‹ konnte sich folglich partiell etablieren. In der Intention artikulierte es sich nicht vordergründig subversiv, dafür aber »im Sinne eines ›reformierten Sozialismus‹« (vgl. Lindner/Wiedemann 1999: 345) und gleichsam »gesellschaftskritisch« (Wiedemann 1998: 119). Entsprechend begründet sich die Motivation zur Jugendforschung der Kultur- und Medienforscher des ZIJ im »Dranbleibenwollen an dem, was auch in dieser Gesellschaft als kreativ, innovativ, originell und z. T. auch als oppositionell galt: an der jungen Generation« (Lindner/Wiedemann 1999: 301).

Filmsoziologie am ZIJ

Einführung

Die DDR-Filmsoziologie fällt methodisch in den Bereich der Wirkungs- bzw. Rezeptionsforschung und ist gegenüber der bisher besprochenen Meinungsforschung »ein ausgeprägter, auch theoretisch-methodologisch gesondert abgehandelter Zweig der empirischen Sozialforschung« (Ludz 1980: 209). Sie behandelt in erster Linie Fragen der Filmwirkung, welche definiert wird als »ein Resultat kommunikativer Prozesse zwischen Filmrezipienten und Filmproduzenten [...] vermittels des Mediums Film über für die Kommunikationspartner interessierende Fragen. Dieses Resultat äußert sich in Bestätigungen oder auch Veränderungen in Persönlichkeitsdispositionen und Verhaltensweisen der Kommunikationspartner« (Bisky/Wiedemann 1985: 94). Ferner widmete die Filmsoziologie ihre Untersuchungen zwei Schwerpunkten, deren Ausrichtung inhaltlich aber variierten: (1) Dem »Kinobesuch und [...] [der, d. Verf.] Aufnahme von Spielfilmen im Fernsehen durch verschiedene Gruppen der Jugend (Ergebnisse zur Häufigkeit der Rezeption, zu Interessen in bezug auf Spielfilme, Erwartungen Jugendlicher an die Gestaltung von Filmhelden, Motivation zum Sehen von Gegenwartsfilmen, Faktoren, die die Häufigkeit des Kinobesuchs beeinflussen u.a.)« (Bisky/Wiedemann 1977: 1 f.). (2) Der »Rezeption und Wirkung einzelner DEFA-Filme« (Bisky/Wiedemann 1977: 2), um »die Kenntnisse über Rezeptions- und ansatzweise über Wirkungsprozesse zu erweitern und zu vertiefen« (Bisky/Wiedemann 1977: 2). Trotz der Konzentration auf Wirkungs- und Rezeptionsforschung bestand man auf der Bezeichnung Filmsoziologie, wie folgendermaßen begründet wird: »[...] es darf Einvernehmen vorausgesetzt werden, daß die Soziologie innerhalb jener Disziplinen, die sich mit dem Thema Filmkommunikation beschäftigen, theoretische und methodologische Prämissen setzt als gemeinsamen Bezugsrahmen für Kooperation. Das ist evident, wenn Film nicht ›apart‹, sondern in seinem gesellschaftlichen Zweck, Kommunikationsmittel zu sein, gesehen wird. Und sie ist auch deshalb gerechtfertigt, da die meisten veröffentlichten und die Mehrheit der empirischen Arbeiten sich mehr oder minder umfangreich angelegter soziologischer Forschungen bedienen oder sich auf Ergebnisse beziehen, die mit ihrer Hilfe erhoben wurden« (Stiehler/Wiedemann 1979: 1).

Die Etablierung der Filmsoziologie im Bereich der Jugendforschung war verschiedenen Ursachen geschuldet. Hans-Jörg Stiehler führt vier Aspekte an, die hauptsächlich dem für die DDR-Sozialwissenschaft konstitutiven Axiom von ›Praxisverbundenheit und Sicherheitsbedürfnis der SED‹ geschuldet sind und damit unter anderem im Anschluss an Ludz' Konzept der DDR-Sozialwissenschaft als ›Herrschaftsmechanismus‹ zu verstehen sind: (1) Einer Gesellschaft, deren Fundamente maßgeblich von »Administration, Kontrolle und Erziehung« (Stiehler 1995: 112) geprägt waren, mussten die Bereiche der nicht politisch organisierten Freizeit ein gewisses ideologisches Unbehagen bereiten, waren diese doch schwer erreich- bzw. beeinflussbar. Das Resultat war eine Mischung aus »Interesse als auch mißtrauischer Fürsorge« (Stiehler 1995: 112). Das Bild, das man sich in politischen Kreisen durch die Jugendforschung zu machen erhoffte, sollte ein dementsprechend umfangreiches sein. Das Kino, als eine der wichtigsten ›Freizeitstätten‹ für DDR-Jugendliche[1], sollte folgerichtig in dieses ausgedehnte Bild der Jugend integriert werden. (2) Die Freizeit der Jugendlichen hatte sich seit den 1960er Jahren grundlegend geändert, denn »wohl kaum ein anderer Bereich im Leben der DDR-Jugendlichen war in den vergangenen Jahrzehnten so stark in die internationale Entwicklung eingebunden wie ihr Kulturverhalten« (Lindner 1991: 99). (3) Mit dem Kino verband man nach wie vor die Hoffnung ein pädagogisches Instrument im Sinne einer ›sozialistischen Erziehung‹ zu besitzen. (4) Schließlich hebt Stiehler den Jugendzentrismus hervor, der vor allem in der Ära Honecker einsetzte. Die angeführten Gründe können durch eine zumindest intendierte ›Praxisverbundenheit‹ ergänzt werden: (5) Die

[1] Die Gründe für die kulturelle und soziale Bedeutung des Kinos für Jugendliche werden von Dieter Wiedemann aufgelistet (vgl. Wiedemann 1995: 121).

Ergebnisse der Studien sollten nicht zuletzt in die Filmproduktion fließen. So heißt es etwa in einer Analyse der Repräsentativstudie ›Kino-DDR 80‹ durch die Hauptverwaltung Film (HV Film), dass sich »für die weitere Entwicklung der nationalen Spielfilmproduktion [...] aus den Feststellungen der Studie eine Reihe langfristiger Aufgaben« (BArch, DR 1/15025) ergeben, die den Auswertungen folgend unter anderem auf eine Steigerung des Marktanteils bei Jugendlichen zielen. So sollte beispielsweise in der DEFA mehr Rücksicht auf Literaturverfilmungen für Jugendliche genommen werden und »im Studio eine Kaderentwicklungskonzeption für den sogenannten ›Genrefilm‹ erarbeitet werden, in die vor allem der künstlerische Nachwuchs« (BArch, DR 1/15025) miteinbezogen werden sollte. Man kann von (zumindest anvisierten) Maßnahmen sprechen, die gemäß den Erwartungen und Bedürfnissen der Jugend den DEFA-Film für dieselben interessanter machen sollte.

Eine Berücksichtigung der Studienergebnisse in der Filmproduktion fand allerdings nur eingeschränkt statt, nachdem die Berichte – nicht anders als die Studienergebnisse der anderen Abteilungen des ZIJ – strengen Sicherheitsbestimmungen unterlagen. Die Filmemacher durften außerdem von den Studien zu einzelnen DEFA-Produktionen nicht ›offiziell‹ erfahren, obwohl ein informeller Austausch von Informationen eine gängige Praxis war. (vgl. Wiedemann 1998; Wiedemann 2011) So soll Konrad Wolf etwa den Beschluss gefasst haben, den ›Jugendfilm‹ *Solo Sunny* (1980) zu realisieren, weil eine aktuelle filmsoziologische Studie ein dahingehendes Interesse der Jugendlichen dokumentierte.

Die kommunikationstheoretische Konzeption des Zuschauers

Im Zusammenhang der These einer in Ansätzen subversiven Filmsoziologie soll es nicht einzig um die allgemeine Methodik und theoretische Fundierung der Studien gehen. In erster Linie muss an dieser Stelle die Entwicklung der Konzeption vom ›aktiven‹ Rezipienten nachgezeichnet werden, die auch internationalen Standards der Wirkungs- und Rezeptionsforschung folgte. Wieso aber hat das Verständnis eines ›aktiven‹ oder ›produktiven‹ Zuschauers an dieser Stelle eine derart zentrale Bedeutung?

Um in den Studien der ›Dichotomie von Lebenswelt und politischem System‹ nachgehen zu können, musste das Modell einer rein ›mechanistischen‹ Beziehung zwischen Medienprodukt und Zuschauer relativiert bzw. revidiert werden. Dem Publikum musste in der Filmrezeption eine gewisse Autonomie zugestanden werden, damit für die Studienteilnehmer der filmische Text mit deren Lebenswelt in Verbindung gebracht werden konnte. Dem liegt die Annahme zugrunde, dass einerseits »die Aneignung ein- und desselben Films durch verschiedene Zuschauer sehr unterschiedlich erfolgen kann« (Stiehler/Wiedemann 1985: 64). Zum anderen benennen Stiehler/Wiedemann (1985: 64ff.) anhand einer Analyse verschiedener ›Rezeptionsebenen‹ eine in diesem Zusammenhang grundlegende Erkenntnis: Es »wird das im Film

Gesehene und Gehörte in einen größeren gesellschaftlichen Zusammenhang gestellt, indem die Rezipienten ihre Erfahrungen, Kenntnisse und Wertorientierungen in ihre Filmerlebnisse einbringen« (Stiehler/Wiedemann 1985: 67). Nur unter diesen Voraussetzungen war es möglich »die Differenzen in der Realitätswahrnehmung zwischen politischer Führung und Publikum« (Stiehler 1995: 115) aufzuzeichnen.

Die Filmsoziologie konnte sich relativ früh innerhalb der Abteilung für Kultur und Medienforschung des ZIJ entwickeln. Wenngleich dies eher als Ursache einer »Zufallsbekanntschaft« (Stiehler 1995: 117) von Wissenschaftlern mit ›Filmaffinität‹ geschah, denn als gemeinhin intendierter Forschungsschwerpunkt. Der Fokus der frühen Forschungen richtete sich darauf, den »Anteil und Nutzen [zu präzisieren, die, d. Verf.] die sozial-orientierende und verhaltensdeterminierenden Funktion der Filmkunst bei der sozialistischen Persönlichkeitsentwicklung« (Bisky/Netzeband 1970: 193) hat. An anderer Stelle wird hervorgehoben, dass es »nicht um die Wirkung des Films auf die Jugendlichen [geht, d. Verf.], sondern um a) Habitualisierungseffekte, und zwar um solche, die b) in starkem Maße zur Realisierung ideologischer Zielfunktionen der sozialistischen Gesellschaft beitragen und die c) sich in einem komplexen System kulturell-ideologischer Einflüsse durchsetzen« (Bisky/Netzeband 1970: 86, zit. n. Stiehler/Wiedemann 1979: 14, Hervorheb. i. O.).

Die frühe Filmsoziologie kann methodisch in den Zusammenhang des auch international zeitgemäßen Stimulus-Response Modells gestellt werden, das die Medienwirkung in erster Linie als direkten Effekt des Medieninhalts begreift. In der Studie zu *Ich war 19* (Regie: Wolf, 1967), die die filmsoziologischen Forschungen am ZIJ 1969 eröffnete, lautet das Resümee weniger zur Wirkung des Films als viel mehr zu dessen ›ideologischer Zielfunktion‹ wie folgt: »Es zeigt sich insgesamt ein positives Bild, d.h. daß das ideologische Niveau der von uns untersuchten Gruppen hoch zu veranschlagen ist. [...] Andererseits zeigt sich, daß solche ideologischen Probleme, auf die der Film zielt, noch immer nicht den Grad der Zustimmung erhalten, wie es zu wünschen wäre. Das ist auch ein Zeichen dafür, daß dieser Film eine wichtige ideologische Funktion erfüllen kann« (BArch, DC 4/4832).

Die Anfänge des Forschungsgebietes mussten der gängigen Doktrin von ökonomischer und ideologischer Nutzbarkeit Folge leisten, um ihre Durchführung zu legitimieren: »Eine empirische Wirkungsforschung passte nun [d.h. Ende der 1960er Jahre, d. Verf.] also in das Kalkül einer Gesellschaft, die mit Hilfe kybernetischer Modelle versuchte, ihre wirtschaftlichen und ideologischen Probleme zu lösen. Wirkungsforschung wurde als eine Methode der Kulturprognostik interpretiert und damit auch von den Machthabern akzeptiert« (Wiedemann 2001: 68f.). Von Anfang bis Mitte der 1970er Jahre kommt etwa der sogenannte ›Bildtest‹ in Verwendung, der unter anderem die filmische Wirkung bzw. die ›verhaltensdeterminierende Funktion‹ von historischen Ikonen des Sozialismus, wie Karl Marx in *Mohr und die Raben von*

London (Regie: Dziuba, 1969) oder Ernst Thälmann im Film *Aus meiner Kindheit* (Regie: Stephan, 1974), auf das Publikum überprüfbar machen sollte. Der Forschungsmethodik folgend wird dabei ein Fragebogen einige Tage vor bzw. nach der Vorführung eines Films ausgegeben, um in einer vergleichenden Analyse die Wirkung des Films überprüfen zu können. Eher enttäuschend fällt für Lothar Bisky, dem wesentlichen Initiator der Filmsoziologie am ZIJ, das Resultat der *Mohr*-Studie aus: »Die Tatsache, daß Marx von allen Filmpersonen mit 1,41 die höchste Bewertung erfährt, kann nicht darüber hinwegtäuschen, daß es dem Film offensichtlich nicht gelungen ist, die Struktur des Marx-Bildes bei den Befragten entscheidend positiv zu verändern« (BArch, DR 1/4831).

Eine weitere frühe Studie widmete sich der Frage nach den ›Erwartungen Jugendlicher an die Gestaltung sozialistischer Filmhelden‹ (1972). Aufgabe war es, durch »die Ermittlung von Erwartungen Jugendlicher an die Gestaltung sozialistischer Filmhelden Schlußfolgerungen für Filmproduktion, Werbung und Einsatz von Filmen zu ziehen, damit die Filmkunst mit noch größerer Massenwirksamkeit für die sozialistische Persönlichkeitsbildung und Bewußtseinentwicklung Jugendlicher eingesetzt werden kann« (BArch, DR 1/4831).

Die Untersuchung hebt durch eine Differenzierung der ›Ideologietreue‹ verschiedener Besuchergruppen den Einfluss des Fernsehens (v.a. des Westfernsehens) auf die Rezeptionsgewohnheiten im Kino hervor. Dabei resümiert sie hinsichtlich des ideologischen Einflusses und Unterhaltungswerts des (Kino-)Films folgendermaßen: »Filmpolitisch wesentlich ist […] die Frage, womit wir unterhalten, mit welchen Filmen von welcher ideologisch-künstlerischen Qualität wir unterhaltend vom sogenannten Alltag ›ablenken‹ [...]« (BArch, DR 1/4831, Hervorheb. i. O.).
Und weiters:
Die »Vielseitigkeit der Erwartungen und Wünsche hinsichtlich der Filme bedingt, daß es keine fertigen Rezepte für den Filmhelden und den ›idealen Film‹ für Jugendliche geben kann« (BArch, DR 1/4831, Hervorheb. i. O.).

Eine ähnliche von ideologischen Prämissen dominierte Forschungstätigkeit bleibt bis in die 1970er Jahre hinein vorherrschend, differenziert sich dabei im Forschungsdesign aber zunehmend aus. Die beginnende Abkehr vom Wirkungs- hin zum Nutzenansatz war Ursache und Voraussetzung für eine neue Konzeption des Publikums. Die Veränderung stand dabei gleichsam im Zeichen des Übergangs vom »Erziehungs- zum Alltagsparadigma« (Stiehler 1995, 113), der von den gesamten DDR-Sozialwissenschaften getragen wurde.[2] Es wird demnach nicht mehr einzig »die Wirkung bestimmter Medieninhalte untersucht, sondern das Medienangebot wird zu den Bedürfnissen der Rezipienten in Beziehung gesetzt. Diese werden als aktives und

[2] Diese Wende hin zum ›Alltag‹ konnte sich allerdings nicht bei Sozial- und Meinungsforschungen mit politischen Inhalten vollziehen »wäre das aufgrund forschungshemmender und -verhindernder Eingriffe [doch, d. Verf.] undenkbar gewesen« (Stiehler 1995: 113).

heterogenes Publikum mit bestimmten Bedürfnissen konzeptualisiert« (Winter 1995: 9).

Die Studie ›Kultur 73‹, die sich der veränderten »(politischen) Medienkommunikation« (Stiehler 1995: 114) widmete, forcierte die »Hinwendung zum ›aktiven Rezipienten‹« (Stiehler 1995: 114) vor allem hinsichtlich des allgemeinen Freizeit- und Medienverhaltens Jugendlicher. Insbesondere die Korrelation und lebensweltliche Dominanz verschiedener Medienangebote stand im Vordergrund »um erste Aussagen zur differenzierten Funktion dieser Kunstgattungen für Jugendliche zu machen« (BArch, DC 4/2078). Auch wurde die »Kanalisierung und Filterung der Medieninhalte durch die interpersonale Alltagskommunikation« (Winter 1995: 8) zunehmend nachgewiesen. Sie maß derselben eine wesentliche Rolle im Rezeptionsprozess einzelner Medienprodukte zu und beeinflusste »die Entscheidung über den Besuch dieses Films z.T. stärker als die gesellschaftlichen Werbemaßnahmen zu diesen Filmen« (BArch, DC 4/2078). Damit wurde konsequent die »Vorstellung der Omnipotenz der Medien und der Gleichsetzung von Inhalt und Wirkung« (Winter 1995: 9) unterlaufen, die noch in den frühen Wirkungsstudien dominierte.

1977 zeichnete sich eine Standardisierung des Forschungsmodells in der Studie ›Zu Zusammenhängen zwischen Filmerwartungen und Filmrezeption Jugendlicher‹ (bei Hans-Jörg Stiehler (vgl. 1995) auch als ›Filmkommunikation 77‹ bezeichnet) ab, die nachzuzeichnen versuchte »wie Jugendliche mit dem Film umgehen« (Stiehler 1995: 114). Ebenso wurde die Rezeption von zwei Filmen untersucht: *Mama, ich lebe* (Regie: Wolf, 1974) und *Die unverbesserliche Barbara* (Regie: Warneke: 1976). Auch die Auswahl der Filme markiert den Wandel der Filmsoziologie hin zum durchaus alltagskritischen Genre des ›dokumentaren Realismus‹. Wesentlich ist zu dieser Zeit ebenso der beginnende personelle Wechsel der Forschungsleitung der filmsoziologischen Studien durch eine jüngere Generation von Wissenschaftlern. Hervorzuheben sind an dieser Stelle Dieter Wiedemann und Hans-Jörg Stiehler.

Das Wissen um die kulturelle und soziale Bedeutung des Kinos für Jugendliche sollte durch die erste Repräsentativstudie zum Kinobesuch der DDR-Bevölkerung (›Kino-DDR 80‹) durch ein empirisches Fundament bekräftigt werden; wenngleich eine derartige Untersuchung »nicht unbedingt in die Aufgabenpalette des ZIJ« (Stiehler 1995: 115) gehörte. So ist in der vorbereitenden Konzeption der Studie auch gleichsam die Legitimation für dieselbe angeführt: »Repräsentative Ergebnisse zu diesen Problemkreisen würden Leistungsempfehlungen, auch in Form von Prognosematerialien, Schlußfolgerungen und theoretische Aussagen für unsere Jugend-, Kultur- und Filmpolitik ermöglichen.« (BArch, DR 1/4835) Die Ergebnisse von ›Kino-DDR 80‹ belegten mit einem Anteil der Jugendlichen von 70 % an den gesamten Besucherzahlen, die quantitativ hohe Bedeutung des Kinos für die DDR-Jugend. Das in der Studie ›Kino-DDR 80‹ entwickelte Untersuchungsmodell wurde in verkleinerter Form (vgl. Stiehler 1995: 115) auch für

Studien zu einzelnen DEFA-Produktionen der 1980er übernommen – den sogenannten ›Sofortumfragen‹.

Schließlich kann hierzu zusammengefasst werden: (1) Die Entwicklung des Konzepts eines ›aktiven‹ Rezipienten eröffnete die Möglichkeit, dass auch Alltagswahrnehmung in die Rezeption der einzelnen Filme bzw. in deren Analyse einfließen konnte. Bezüglich der Methodik muss aber ebenfalls angemerkt werden, dass, wenngleich die Aktivität des Zuschauers und damit seine Alltagserfahrungen eine immer bedeutendere Rolle in den Studien spielte, dennoch »viele Untersuchungen zu wenig den politischen und kulturellen ›Eigensinn‹ der Filmrezeption Jugendlicher zum Ausdruck gebracht haben. [...] Die Filmrezeption wurde durchaus als aktiver Prozeß betrachtet, blieb aber konzeptionell ›werkorientiert‹« (Stiehler 1995: 117). (2) Zeitlich gesehen begann die hier in aller Kürze nachgezeichnete Entwicklung mit der Studie ›Kultur 73‹ und erreichte ihre endgültige Ausformung mit der Untersuchung ›Zu Zusammenhängen zwischen Filmerwartungen und Filmrezeption Jugendlicher‹. Die darin integrierte Rezeptionsanalyse des Films *Die unverbesserliche Barbara* weist erstmals explizit auf eine gesellschafts- und herrschaftskritische Perspektive der DDR-Jugend hin, die sich vor allem in den Studien der 1980er Jahre manifestiere. Die Studie betont, dass es die »Tendenz [gibt, d. Verf.], den Film auf der Basis eigener Realitätserfahrungen zu bewerten« (BArch, DR 1/4832, Hervorheb. i. O.). Ein bemerkenswertes Beispiel in den Auswertungen ist etwa die Antwortposition »Ein junger Wissenschaftler wird unter seinem Qualifikationsniveau eingesetzt«: 87 % der 18-20 Jährigen – also zumeist Jugendliche, die sich in der Ausbildung befinden – stimmten dieser Aussage zu. Eine Erkenntnis, die vermutlich in keinem anderen Sozialforschungsinstitut in einer ähnlichen Deutlichkeit vorgelegen hat und gleichsam das erste Ergebnis in einer filmsoziologischen Studie, das als subversiv bezeichnet werden kann.

Untersuchungsgegenstand und Forschungsauftrag

Bei der Auswahl des Untersuchungsgegenstandes hatte man im Vergleich zu anderen Gebieten der Sozialforschung einen gewissen Spielraum. Allerdings relativiert Stiehler diese vermeintliche Autonomie durch die auch hier aufgetragene ›Praxisverbundenheit‹: »Es gab keine finanziellen Probleme, Untersuchungen durchzuführen, sondern das Problem war die politische Legitimation für ein Forschungsprojekt. Das hat man natürlich am besten damit gerechtfertigt, daß es wertvolle Einblicke in die Struktur des Ganzen bringt – und dann entstehen die besseren Filme« (Stiehler zit. n. König/Wiedemann/Wolf 1995: 134).

Der Auftraggeber der filmsoziologischen Untersuchungen war in erster Linie die HV Film, die gegenüber dem Minister für Kultur die Agenden des Film- und Lichtspielwesens verantwortete. Der Forschungsvertrag, der zwischen dem ZIJ und der HV Film abgeschlossen wurde, regelte u.a. die Abgabe eines Schnellberichts und eines abschließenden Forschungsberichts, sowie alle ökonomischen und juristischen Belange, wie beispielsweise die restriktiven Sicherheitsbestimmungen der Forschungsergebnisse: »Alle Forschungsberichte, Expertisen, Studien etc., die empirische Forschungsergebnisse beinhalten, unterliegen den Sicherheitsbestimmungen des ZIJ und sind demgemäß aufzubewahren. Alle zwischen den Vertragspartnern ausgetauschten Materialien sind grundsätzlich als Dienstgeheimnisse zu betrachten, stets unter Verschluß aufzubewahren und entsprechend der Prinzipien der revolutionären Wachsamkeit und des Geheimnisschutzes zu behandeln« (BArch, DR 1/4835).

Die Sicherheitsbestimmungen trugen wesentlich dazu bei, dass kritische Ergebnisse nicht nach außen, d.h. an Leser außerhalb der ›offiziellen Empfängerliste‹, dringen konnten. Die Verhandlungen mit dem ZIJ über ein mögliches Forschungsprojekt führte ein Mitarbeiter der Abteilung Wissenschaft und Information der HV Film, meist Siegfried Friese. Dieser konnte bereits im Vorfeld sagen, ob ein Forschungsantrag bzw. ein bestimmter Film Möglichkeit auf eine Bewilligung hatte, wenngleich des Öfteren ein ›vorauseilender Gehorsam‹ geboten war, wenn es »hier [in der HV Film, d. Verf.] schon eine Meinung« (Wiedemann 2011) zu bestimmten Filmen gab. Einige Male konnte man sich über Vorbehalte hinwegsetzen, wie etwa bei der erwähnten Studie zu *Die unverbesserliche Barbara*. (vgl. Wiedemann 2011) Der letztendliche Beschluss über ein Forschungsprojekt lag dann aber nicht bei der Abteilung Wissenschaft und Information, der auch eine eher ›informelle‹ Sektion Filmsoziologie unterstellt war (vgl. Wiedemann 2011), sondern beim Direktor der HV Film. Dass Fragen bzw. konkrete Problemstellungen innerhalb des Fragebogens direkt von der HV Film bestimmt wurden, kann zwar zum Teil für frühe Studien bestätigt werden (wie aus dem folgenden Ausschnitt hervorgeht), muss aber vor allem für die späteren Studien relativiert werden: »Die folgenden Meinungen [zum Film *Ich war 19*, d. Verf.] sind vorwiegend aufgrund von praktischen Problemstellungen in der gegenwärtigen Filmproduktion interessant. Die Probleme wurden vom Auftraggeber vorgegeben« (BArch, DR 1/4831).

Die Auswahl der Filme folgte keiner strengen Systematik, sondern ergab sich aus verschiedenen, teils sehr heterogenen Impulsen: Klarerweise orientierte man sich an der aktuellen Kinoproduktion, schließlich sollte man mittels der Analyse gegenwärtiger Produktionen Erkenntnisse für das zukünftige Filmschaffen bzw. ab etwa 1980 für die Verwertung von aktuellen Produktionen gewinnen. Bei Forschungsanträgen waren es die Forscher des ZIJ selbst, die Interesse an einem Film bekunden konnten. Außerdem konnten Dramaturgen der DEFA-Studios oder auch Filmemacher an die Wissenschaftler herantreten. Grundsätzlich wurde eine Entscheidung aber im Dialog zwischen der HV Film und den Wissenschaftlern des ZIJ getroffen. Die Filmwahl lässt sich im zeitlichen Wandel grob nach Genre kategorisieren: Die frühen Studien bis ca. Mitte der 1970er Jahre, mit ihrem zum Teil ideologischen Impetus wie beispielsweise *Mohr und die Raben von London*, waren dominiert von Filmen, denen das Genreetikett des ›sozialistischen Realismus‹ entspricht und dabei ebenso zeithistorische Inhalte vermitteln konnten (z.B. *Ich war 19*). Mitte bis Ende der 1970er Jahre wendete man sich zunehmend dem ›dokumentaren Realismus‹ zu, der auch den sich ändernden Forschungsinteressen (Stichwort: Alltagsparadigma) entsprach. Die Studien heben aber schon früh die Präferenz, die teilweise auch ideologisch begründet war, für das nämliche Genre hervor. Der Gegenwartsfilm, so wird etwa in einem Thesenpapier der Filmsoziologie von ca. 1980 herausgearbeitet, sei für die »Auslösung filmkommunikativer Wirkungen« (BArch, DR 1/4827) besonders geeignet, weil einerseits ein Erkennen und andererseits ein Vergleichen mit der eigenen Lebenswelt des Rezipienten stattfindet. Diese Wirkungen sollten »später auch in der Realität mit den ihnen [den Jugendlichen, d. Verf.] bisher unbekannten Situationen, Anforderungen usw. konfrontiert [...] werden. Damit ist bei ihnen auch die Entwicklung von Verhaltensantizipationen möglich« (BArch, DR 1/4827). Ein Beispiel für das Genre des ›dokumentaren Realismus‹, der sich formal durch eine äußerst direkte, unverstellte und sachliche Erzählweise kennzeichnet (vgl. Schittly 2002: 183 f.), ist etwa *Die unverbesserliche Barbara*.

Mit Beginn der 1980er Jahre kamen verstärkt, nicht aber ausschließlich, Jugendfilme zur Untersuchung, die zwar immer noch die genrespezifischen Eigenschaften des ›dokumentaren Realismus‹ aufweisen, sich aber stärker an den Individualitätsansprüchen der Jugendlichen orientierten; so z.B. *Insel der Schwäne* (Regie: Zschoche, 1983), *Schwierig sich zu verloben* (Regie: Heymann, 1983), *Und nächstes Jahr am Balaton* (Regie: Zschoche, 1980) oder *Bockshorn* (Regie: Beyer, 1983/84). All diese Filme suggerieren eine starke Zielgruppenabhängigkeit, die auch einen grundlegenden Paradigmenwechsel in der Filmproduktion der DEFA Anfang der 1980er Jahre markierte. Der Mainstream war zu diesem Zeitpunkt bereits an US-amerikanische Produktionen verloren, dementsprechend versuchte man sich bei der DEFA innerhalb einer Zielgruppe zu etablieren.

Auffällig ist weiters das Ausbleiben von Untersuchungen zu Abenteuer- und Kriminalfilmen und vor allem zu Filmen aus dem ›Westen‹, die die größten kommerziellen Erfolge verzeichneten. Die Gründe hierfür sind verschieden gelagert: (1) Die US-amerikanischen Produktionen waren, so muss vermutet werden, wegen politisch-ideologischer Vorbehalte nicht zur Untersuchung gekommen – obwohl wiederholt ein dahingehendes Interesse von den Filmsoziologen artikuliert wurde. Einzig in der groß angelegten Studie ›Kultur 73‹ konnten US-amerikanische Filme erwähnt und ansatzweise untersucht werden. Dabei spielte Lothar Bisky, der vor seinem Ruf zur Humboldt Universität bzw. zur Akademie der Gesellschaftswissenschaft bis Ende der 1970er Jahre dem ZIJ angehörte, eine wichtige Rolle als »starker Mann« (vgl. Wiedemann 2011) der Medienforschung im ZIJ. Die Untersuchung argumentierte ihr Forschungsinteresse an US-amerikanischen Produktionen damit, dass »mit Hilfe dieser Typenstudie [d.h. eine Differenzierung der Zuschauer nach Gefallen oder Nicht-Gefallen von DEFA-Produktionen, d. Verf.] […] untersucht werden [sollte, d. Verf.], inwieweit der Besuch oder Nichtbesuch der DEFA- bzw. amerikanischen Filme Rückschlüsse auf bestimmte ideologische und kulturell-künstlerische Einstellungen und Verhaltensweisen zulässt, ob sich Besonderheiten im Filmverhalten dieser Jugendliche nachweisen lassen« (BArch, DC 4/2078).

So konnte etwa die US-amerikanische Produktion *The Strawberry Statement* (Regie: Hagman, 1970), die eine Studentenrevolte nachzeichnet und vermutlich gerade deshalb beliebtester Film der jugendlichen Studienteilnehmer war, nach Gefallen bewertet werden. In derselben Studie sticht weiters ein Hinweis ins Auge, der die herausragende Bedeutung des US-amerikanischen Kinofilms für DDR-Jugendliche andeutet: »Bei Jugendlichen wird der Filmbesuch offensichtlich stärker von den mit dem jeweiligen Herstellungsland und dessen bisher gesehenen Produktion verbundenen Erfahrungen (Einstellungen) beeinflußt als vom Ausprägungsgrad bestimmter Genreinteressen.« (BArch, DC 4/2078) Die Ergebnisse zur quantitativen Bedeutung der Produktionen aus dem ›Westen‹ wurden in den publizierten Studien, die meist in filmwissenschaftlichen Zeitschriften erschienen, aber gestrichen und mussten damit auf einer »informelle[n] Informationsebene« (Wiedemann 1998: 130) bleiben.

(2) Das Ausbleiben von Untersuchungen zu Abenteuer- bzw. Kriminalfilmen wird evident, wenn man die ›offizielle‹ Intention der Filmsoziologie berücksichtigt: Die Filmproduktion sollte mittels der Ergebnisse der Rezeptionsforschung optimiert und damit ›wirkungsvoller‹ gemacht werden – sowohl ökonomisch als auch pädagogisch. Die nämlichen Genres, die vor allem das Fernsehen dominierten, hatten nach den bisherigen Erkenntnissen der Filmsoziologie für das Publikum aber »wenig aktuelle Wirkungspotenzen, weil der Bezug dieser Filme zur eigenen Lebenssituation nur sehr gering ist.« (Bisky/Wiedemann 1985: 98) Darin manifestiert sich einerseits die teilweise Geringschätzung der ›primär unterhaltenden‹ Filme und andererseits deutet sich die Präferenz für den (sozialistischen) Gegenwartsfilm an. Folgerichtig kam Filmen, deren Wirkung »kaum über den aktuellen Zeitraum« (Bisky/Wiedemann 1985: 98) hinausgehen und »kaum Aufforderungscharakter« (Bisky/Wiedemann 1985: 109) haben, kein Nutzen als Untersuchungsgegenstand zu. Diese Argumentation rekurriert gleichermaßen auf die dogmatische Praxisverbundenheit. Die Filmsoziologen artikulierten zwar gegenüber der HV Film wiederholt ihr Interesse an entsprechenden Filmen, scheiterten aber an einer Genehmigung durch die HV Film (vgl. Wiedemann 2011).

Einschränkungen der Forschungstätigkeit

Einschränkungen der filmsoziologischen Forschung konnten in jeder der Phasen des Forschungsprozesses erfolgen – vom Forschungsantrag bis hin zum abschließenden Bericht. Diese restriktiven Maßnahmen sollen hier exemplarisch erläutert werden: Mit der Ablehnung eines Forschungsantrags bei der HV Film verband sich die erste Möglichkeit einer Studie Vorschub zu leisten. Interessant ist in diesem Zusammenhang beispielsweise die Ablehnung der HV Film einer prospektiven Studie zu *Erscheinen Pflicht* (Regie: Dziuba, 1984), dessen Produktion bereits zu Kontroversen geführt hatte. Kritikpunkte ergaben sich, wie aus den Akten der HV Film hervorgeht, bei einzelnen Szenen: »Die S-Bahn-Szene mit den betrunkenen Bauarbeitern hat durch Streichung der Sätze: ›Eine richtige kleine FDJ-Idiotin‹ und ›Ich sag dir, auf deine Partei scheiß ich, Freundschaft; Und wie ich darauf scheiße!‹ wenigstens etwas an Schärfe verloren. Trotzdem scheint mir nach wie vor diese Szene als nicht sehr glücklich, um Elisabeths politisches Bekenntnis zu dokumentieren« (BArch, DR 1-Z / HV 117 / F 66).

Nach Margot Honecker, der langjährigen Ministerin für Volksbildung, würde der Film »die Leistung des sozialistischen Bildungswesens in den Dreck schmeißen, wie die blaue Fahne am Schluß und so was dürfe doch nicht sein und dann hat die Hauptverwaltung Film Angst gekriegt und hat gesagt: ›Nein!‹« (vgl. Wiedemann 2011).

Konnte ein Forschungsprojekt zwischen dem ZIJ und der HV Film vertraglich vereinbart werden, mussten die Fragen der schriftlich fixierten Fragebögen von der Staatlichen Zentralverwaltung für Statistik genehmigt werden, welche ebenso politisch motivierte Eingriffe durchführte (vgl. Wiedemann 2011). Wesentlich erscheint hinsichtlich entsprechender ›Korrekturen‹ ebenso der sogenannte Primär- oder Zentralverteiler, dem alle Forschungsergebnisse vorgelegt werden mussten. Neben der HV Film waren dies die dem ZIJ übergeordneten politischen Stellen, wie etwa das Amt für Jugendfragen, der Zentralrat der FDJ und die Abteilung Jugend im ZK. Es gab seitens der Filmsoziologen (beschränkte) Möglichkeiten der Intervention gegen die Streichung von Fragen, wenn beispielsweise begründet werden konnte, dass eine Frage den Anschluss an eine andere bot (vgl. Wiedemann 2011). Wie bereits erwähnt regelte der Forschungsvertrag die Abgabe eines Schnellberichts, der die vorläufigen Ergebnisse der Studie präsentierte, und eines abschließenden Forschungsberichts. Resultate des Schnellberichts, die subversive Tendenzen andeuteten, sollten nach Hinweisen der jeweiligen politischen Institutionen wie bspw. »interpretiert das mal nicht so eindeutig« (vgl. Wiedemann 2011) von den Filmsoziologen im Forschungsbericht gelegentlich reduziert werden. Betroffen war davon etwa ein historischer Rezeptionsvergleich zu *Ich war 19*, bei dem Ergebnisse der Studie von 1969 mit jenen einer aktuellen Umfrage von 1986 verglichen wurden. Hier war eine wesentliche Erkenntnis zutage gefördert worden, die im sozialwissenschaftlichen

Diskurs bisher unberücksichtigt bleiben musste: Einerseits wurden »die prononcierten Vertreter des Faschismus eindeutig als unsympathischer bewertet [...] als 2 Jahrzehnte früher (!)« (vgl. BArch, DC 4/707), andererseits war die Sympathie für das NS-Regime bzw. ihre Vertreter signifikant gewachsen (vgl. Wiedemann 1998: 133; vgl. Wiedemann 2011).

Entscheidend war auch die Einschätzung eines weiteren ›Lesers‹ innerhalb des ZIJ: einem Mitarbeiter bzw. Vertreter des Ministeriums für Staatssicherheit, der einzelne Passagen diskussionslos streichen konnte. Ließen die dennoch oft zielgerichteten Restriktionen und Repressionen noch immer Freiraum für kritische Forschungen, die in anderen Abteilungen des ZIJ nicht möglich gewesen wären, so bestanden die wesentlichsten Eingriffe, so Wiedemann, dennoch wo anders: Den Studien war zu einzelnen DEFA-Filmen eine Publikation verwehrt worden, weswegen sie im Archiv der Diskursgesellschaft Filmsoziologie liegen bleiben mussten.

Kritische Ergebnisse

Um in der DDR-Filmsoziologie kritische Einstellungen der Studienteilnehmer zum politischen System oder auch zu Alltagsproblemen aufnehmen zu können, die in der Meinungsforschung kaum bis nie thematisiert werden konnten, musste man wegen der erläuterten Einschränkungen ausschließlich ›indirekte Methoden‹ anwenden. Diese lassen sich auf zwei Wege eingrenzen, die an dieser Stelle mit entsprechenden Studienergebnissen dargestellt werden sollen:
(1) Eine Möglichkeit bestand darin, über vorformulierte Fragen entweder zu selektiv gewählten Themen des Films oder über die Zustimmung bzw. Ablehnung von sogenannten ›Hauptproblemen‹ eines Films, die ab Mitte der 1970er Jahre einen festen Bestandteil der Befragungen darstellten, entsprechende Ergebnisse zu gewinnen. Dahingehend können folgende Resultate angeführt werden: Aus der bereits erwähnten Studie zu *Die unverbesserliche Barbara* kann Kritik an strukturellen Problemen hervorgehoben werden: In einem Zwischenergebnis wird etwa betont, dass 70 % der Studienteilnehmer »es für wahrscheinlich [halten, d. Verf.], daß in einem Betrieb eine nicht auslastbare EDV-Anlage gebaut wird. Immerhin noch 28 % halten den illegalen Bau einer Schwimmhalle für wahrscheinlich. Insgesamt gesehen wird deutlich, daß die im Film dargestellten Sachverhalte für relativ realitätsadäquat angesehen werden« (BArch, DR 1/4832). Sehr direkt wird darauf hingewiesen, dass mittels dieser Ergebnisse »Rückschlüsse auf die Art und Weise der Vorstellungen von bzw. Erfahrungen mit der Kader- bzw. Investitionspolitik in bestimmten Betrieben« (BArch, DR 1/4832) gezogen werden können.

Der Film *Schwierig sich zu verloben* (Regie: Heymann, 1983) thematisiert einen weiteren, vor allem in den 1980er Jahren virulenten Reibungspunkt innerhalb der DDR-Gesellschaft: den Generationskonflikt. So kommt die

Studie zum genannten Film zur Konklusion, dass »ausgehend von ihren persönlichen Erfahrungen […] junge Kinobesucher verschiedene Situationen im Film als weit weniger wirklichkeitsadäquat als ältere Kinobesucher [beurteilen, d. Verf.]. Während die Mehrheit der jungen Kinobesucher z.B. eine schnelle Schwangerschaftsunterbrechung *nicht* als typisch für junge Leute bezeichnen, sind die Mehrheit der erwachsenen Kinobesucher einer solchen Auffassung!« (BArch, DC 4/684, Hervorheb. i. O.). Deutlich äußert man sich in der Studie zu Verständnisproblemen zwischen den Generationen: »Diese erheblichen Unterschiede zwischen der Übereinstimmung des Gezeigten mit den Erfahrungen des jugendlichen Publikums einerseits und den Beobachtungen des erwachsenen Publikums anderseits signalisieren ein recht oberflächliches – von Vorurteilen bestimmtes – Bild von vielen dieser erwachsenen Kinobesucher […] über junge Leute bei uns. Als ein Beleg für die falschen bzw. unzulässigen verallgemeinerten Beobachtungen soll hier der Hinweis stehen, daß nur etwa ein Fünftel der Schwangerschaftsunterbrechungen bei uns auf junge Frauen unter 20 Jahren fallen, die Mehrheit auf Frauen über 25 Jahren entfällt!« (BArch, DC 4/684).

Bei einer Studie zu *Insel der Schwäne* (Regie: Zschoche, 1983) wird Kritik an den Wohnverhältnissen, etwa hinsichtlich der sogenannten ›Plattenbauten‹, artikuliert. Diese Ergebnisse scheinen im Kontext einer Untersuchung zum Alltagsverhalten Jugendlicher Mitte der 1980er interessant, bei der es von politischer Seite die Weisung gab die »Wohnbedingungen nicht [zu, d. Verf.] analysieren« (Wiedemann 1998: 126). In Bezug auf die Antwortposition »Stefans Sehnsucht nach der Insel der Schwäne, trotz des Wohnkomforts in der Stadtwohnung« haben 87 % der Besucher ein ›sehr gutes‹ Verständnis und die Aussage »Die Kinder und Jugendlichen zerstören den frisch betonierten Spielplatz« ist für 70 % der Besucher nachvollziehbar. Der zweite Wert wurde im Forschungsbericht als ein »Verständnis für […] anarchistische[s] Verhalten« (BArch, DC 4/685) gedeutet, das auf persönlichen sozialen Erlebnisse gründet. Die Filmsoziologen kommen infolge dieser Ergebnisse zu dem Urteil, dass es »hier also nicht um ästhetische Wertmaßstäbe der Kinobesucher und auch nicht um ihre Rezeptionsgewohnheiten [geht, d. Verf.], sondern eindeutig um soziale Erfahrungen und Wertmaßstäbe« (BArch, DC 4/685).

(2) Eine weitere Möglichkeit, kritische Einstellungen zu sammeln, eröffnete sich durch die von den Studienteilnehmern frei zu formulierenden Kommentare. Insbesondere in den Studien der 1980er Jahre wurden diese ausführlich im Anhang des Forschungsberichts dokumentiert.

Das Verhältnis zwischen Kirche und Staat wird in den Kommentaren einer Studie zum Film *Einer trage des anderen Last* (Regie: Warneke, 1988) thematisiert. Hier drückt sich die persönliche Einstellung der Studienteilnehmer zur konfliktbehafteten Situation zwischen Kirche und DDR-Staat Ende der 1980er Jahre aus. Dabei wird explizit erwähnt, dass der Gegenstand des Films nach der Verhaftung eines Oppositionellen (Stephan Krawczyk), der sich im Umkreis der Kirche bewegte, von besonderem Interesse ist. (vgl. BArch, DC 4/722) Die Kommentare lassen nach Ansicht der Filmsoziologen folgende Schlussfolgerungen zu: »Die hier zitierten Meinungen verweisen gleichermaßen auf Stimmungen in der Gesellschaft, auf die der Film nach Ansicht der Zuschauer aufmerksam macht, die er artikulierte als auch auf Anforderungen der Zuschauer an die filmische Gestaltung verschiedener gesellschaftlicher Stimmungen. Deutlich wird eine gewisse Diskrepanz zwischen den eigenen Erfahrungen mancher Zuschauer mit dem ›Dialog zwischen Andersdenken‹ und den im Film dargestellten ›Ideal‹, das Messen der Realität an diesem Ideal, das ja auch ein gesellschaftliches ist (›Koalition der Vernunft‹, ›Streit der Ideologien‹)« (BArch, DC 4/722).

In einer Studie zu *Märkische Forschungen* (Regie: Gräf, 1982) thematisieren die Kommentare meist »das Problem Macht und Machtmißbrauch in unserem Lande. Es wird deutlich, daß solche Stellungnahmen fast ausschließlich von Angehörigen der – wahrscheinlich wissenschaftlichen – Intelligenz formuliert werden und daß dabei Erfahrungen widergespiegelt werden, die unabhängig vom Film gemacht worden sind« (BArch, DR 1/4836, d. Verf.). Stellvertretend wird dazu ein Kommentar präsentiert: »...das unter UNSEREN konkret-historischen Bedingungen mögliche Unterdrücken der Wahrheitsfindung – der Zynismus des Kaufs (und Verkaufs) von Meinungen in festgefügten institutionellen Strukturen, die Brutalität dieses Gesellschaftsspiels: der kaputte Pötsch« (BArch, DR 1/4836, Hervorheb. i. O.).

In der Studie zum Film *Insel der Schwäne* wird in den freien Kommentaren, denen die Frage nach der ›Hauptaussage‹ des Films vorangestellt wurde, nochmals Kritik an der Wohnsituation in Neubaugebieten geübt:

»›Für mich bestand das Hauptproblem darin, das unmögliche Wohnen in den Neubaughettos darzustellen.‹ (22 Jahre, Studentin)

›Eine ehrliche Lösung zu finden zwischen Verwirklichung eigener Lebensansprüche und -vorstellungen und allgemeinem Anliegen. Kontrast zwischen herkömmlicher Lebensweise und moderner, durch den gesellschaftlichen Fortschritt bedienten, am Beispiel der Jugend in der DDR.‹ (20, weiblich)

›Ein Krebsschaden aller Neubaugebiete soll gezeigt werden – die Vermenschlichung unserer selbst, erst einmal in die Enge und Anonymität getrieben, die die Menschen hart im Umgang miteinander macht und keinem den nötigen Raum zur Entfaltung bietet.‹ (5 Studenten) [...]

›Hauptproblem: ist das Leben in einer Großstadt auf Dauer möglich? Wie können wirklich wissende Menschen ihren Interessen in der Großstadt nachgehen? Wie kann man den Menschen erklären, daß die Großstädte nicht überlebensfähig sind (auch ihre Bewohner nicht!)‹ (20, Facharbeiterin)

›Es geht hauptsächlich darum, daß bisher soziale Probleme in Neubaugebieten nicht gelöst sind‹ (25 Jahre, Fachschulabsolventin) [...]

›In Neubaugebieten bequem wohnen aber schlecht leben.‹ (33 Jahre, männl.)« (BArch, DC 4/685, Hervorheb. i. O.).

Konklusion

Im Hinblick auf die ausgehende Fragestellung dieser Arbeit nach den subversiven Studienergebnissen kann abschließend festgehalten werden:

(1) Es war insbesondere dem vermeintlich unpolitischen Charakter des Forschungsgegenstands Film geschuldet, dass kritische Einstellungen der Studienteilnehmer gesammelt werden konnten, genauso wie die Behandlung durch die übergeordneten politischen Stellen als »staatlich geförderte Spielwiese« (Wiedemann 1998: 134) dem zuträglich war. Dass auch die Studienteilnehmer eine derartige Artikulationsmöglichkeit nutzten, mag allgemein an der ›Ventilfunktion‹ der Meinungsforschung, wie vor allem bei den frei zu formulierenden Kommentaren (vgl. Ludz 1980, 37), und im Speziellen an den »soziokommunikativen Funktionen der Künste in der DDR« (Wiedemann 1998: 123) liegen. Der von einem Alltagsparadigma bestimmte Ansatz der Filmsoziologie, der politisch gesehen im Kontext des ›reformierten Sozialismus‹ zu verorten ist (vgl. Wiedemann 1995: 126), war in den Studien bereits seit etwa 1977 deutlich ausgeprägt. Es war zeithistorisch betrachtet auch der Moment, in dem sich durch die Ausbürgerung von Wolf Biermann (1976) ein allgemeines herrschaftskritisches Potenzial entwickelte, das dahingehend auch eine kritische filmsoziologische Forschung ›mobilisierte‹ (vgl. Wiedemann 2011). Günter Gaus hebt etwa hervor, dass mit 1977 »der Widerspruch nicht nur von namhaften Schriftstellern [kam, d. Verf.], sondern auch von unbekannten Intelligenzlern an Universitäten und Instituten in der Provinz« (Gaus 1983: 223).

(2) Zahlreiche aufschlussreiche Studien verschwanden damals als ›graue Literatur‹ in der gesellschaftlichen Bedeutungslosigkeit. Die grundlegendsten Eingriffe bestanden nicht primär in den erläuterten Repressionen, sondern im Verbot der Veröffentlichung von Studien zu einzelnen DEFA-Filmen. Verschiedene Untersuchungen, die methodische und theoretische Probleme sowie grundsätzliche Fragen der Filmrezeption und des Kinobesuchs erörterten, konnten zwar regelmäßig in filmwissenschaftlichen Zeitschriften veröffentlicht werden, aber zum Teil nur mit Zugeständnissen der Wissenschaftler. So vertrat man unter den Filmsoziologen teilweise auch die Meinung, eher eine Studie zu veröffentlichen, die auf ausgewählte statistische Werte verzichtet, als eine mögliche Fälschung der Daten zu riskieren. Die Studien haben nunmehr zwar eine zeithistorische Bedeutung, eine zeitgenössische aber blieb ihnen verwehrt: Womöglich fehlten dafür auch die kritischen Leser (vgl. Wiedemann 2011). Zumindest konnte sich in der Nische, die die Filmsoziologie innerhalb der DDR-Jugendforschung einnahm, zeitweilig ein kritisches, aber gesellschaftlich wirkungsloses *Abseits* der Herrschaftssicherung etablieren, das auch ein »abweichendes Funktionieren« (Foucault 1974: 27) der Diskursgesellschaft andeutete.

Literatur

Aßmann, Georg (Hg, 1977): *Wörterbuch der leninistisch-marxistischen Soziologie*, Berlin: Dietz.

Bisky, Lothar/Netzeband, Günter (1970): »Film und jugendliches Publikum«. In: Institut für Filmwissenschaft (Hg.): *Sozialistisches Menschenbild und Filmkunst*, Berlin: Henschel, S. 193-219.

Bisky, Lothar/Wiedemann, Dieter (1977): »Jugend und Spielfilm«. In: *Theorie und Praxis des Films: Kulturpolitik – Kunst*, 3/1977.

Bisky, Lothar/Wiedemann, Dieter (1985): *Der Spielfilm. Rezeption und Wirkung*, Berlin: Henschel.

Engler, Wolfgang (1991): »Stellung, Stellungnahmen, Legenden. Ein ostdeutscher Erinnerungsversuch«. In: Rainer Deppe/Helmut Dubiel/Ulrich Rödel (Hg.): *Demokratischer Umbruch in Osteuropa*, Frankfurt/M.: Suhrkamp, S. 48-75.

Förster, Peter (1999): »Die Entwicklung des politischen Bewusstseins der DDR-Jugend zwischen 1966 und 1989«. In: Friedrich/Förster/Starke: *Das Zentralinstitut für Jugendforschung 1966-1990*, Berlin: edition ost, S. 166-183.

Gaus, Günter (1983): *Wo Deutschland liegt*, Hamburg: Hoffmann und Campe.

König, Ingelore/Wiedemann, Dieter/Wolf, Lothar (1995): *Zwischen Bluejeans und Blauhemden: Jugendfilm in Ost und West*, Berlin: Henschel.

Lindner, Bernd/Wiedemann, Dieter (1999): »Kultur- und Medienforschung«. In: Friedrich/Starke (Hg.): *Das Zentralinstitut für Jugendforschung 1966-1990. Geschichte, Methoden, Erkenntnisse*, Berlin: edition ost, S. 301-351.

Lindner, Bernd (1991): »Jugend und Freizeit/Medien«. In: Walter Friedrich/Hartmut Griese: *Jugend und Jugendforschung in der DDR. Gesellschaftspolitische Situationen, Sozialisation und Mentalitätsentwicklung in den achtziger Jahren*, Opladen: Leske und Budrich, S. 99-115.

Ludz, Peter-Christian (1980): *Mechanismen der Herrschaftssicherung. Eine sprachpolitische Analyse gesellschaftlichen Wandels in der DDR*, München: Carl Hanser Verlag.

Ludz, Peter-Christian (Hg, 1972): *Soziologie und Marxismus in der Deutschen Demokratischen Republik*, Berlin: Luchterhand.

Meuschel, Sigrid (1992): *Legitimation und Parteiherrschaft in der DDR. Zum Paradox von Stabilität und Revolution in der DDR 1945-1989*, Frankfurt/M.: Suhrkamp.

Meyer, Hansgünter (1995): »Soziologie und soziologische Forschung in der DDR«. In: Schäfers/Bernhard (Hg.): *Soziologie in Deutschland*, Opladen: Leske + Budrich, S. 35-49.

Peter, Lothar (1990): Legitimationsbeschaffung oder ›machtkritische Subkultur‹? Marxistisch-leninistische Soziologie und Systemverfall in der DDR. In: Kölner Zeitschrift für Soziologie und Sozialpsychologie, (42) 1990, S. 611-641.

Peter, Lothar (1997): »Autonomiedefizit: Soziologie in der DDR«. In: Hans Bertram (Hg.): *Soziologie und Soziologen im Übergang*, Opladen: Leske + Budrich, S. 341-345.

Schittly, Dagmar (2002): *Zwischen Regie und Regime. Die Filmpolitik der SED im Spiegel der DEFA-Produktion*, Berlin: Links.

Sparschuh, Vera/Weiß, Johannes (1997): »Soziologische Theorie in der DDR«. In: Hans Bertram (Hg.): *Soziologie und Soziologen im Übergang*, Opladen: Leske + Budrich, S. 305-339.

Stiehler, Hans-Jörg/Wiedemann, Dieter (1979): »Film und Zuschauer: Materialien zur Filmsoziologie in der DDR«. In: *Theorie und Praxis des Films: Kulturpolitik – Kunst*, Sonderheft/1979, 2.

Stiehler, Hans-Jörg (1995): »Jugendfilm und Jugendforschung – Zweckehe auf Zeit?«. In: König/Wiedemann/Wolf: *Zwischen Bluejeans und Blauhemden: Jugendfilm in Ost und West*, Berlin: Henschel, S. 107-119.

Wiedemann, Dieter (1995): »Der DEFA-Jugendfilm und seine empirische Erforschung«. In: König/Wiedemann/Wolf: *Zwischen Bluejeans und Blauhemden: Jugendfilm in Ost und West*, Berlin: Henschel, S. 121-127.

Wiedemann, Dieter (1998): »DDR-Jugend als Gegenstand empirischer Sozialforschung«. In: Christoph Führ/Carl-Ludwig Furck (Hg.): *Handbuch der deutschen Bildungsgeschichte. Band IV 1945 bis zur Gegenwart*, Zweiter Teilband Deutsche Demokratische Republik und neue Bundesländer, München: Beck, S.117-136.

Wiedemann, Dieter (2001): »Filmwirkung – ein vergessenes Thema?«. In: Beiträge zur Film- und Fernsehwissenschaft, 60: *Nicht alleine das Laufbild auf der Leinwand*, Berlin: Vistas, S. 66-77.

Wiedemann, Dieter (2011). *Persönliches Interview*, geführt vom Verfasser. Potsdam, 28.02.2011.

Winter, Rainer (1995): *Der produktive Zuschauer. Medienaneignung als kultureller und ästhetischer Prozeß*, München: Quintessenz.

Archivalien

Thesen zum Thema: Empirische und theoretische Ergebnisse und Probleme der Filmwirkungsforschung unter Jugendlichen, ZIJ, o.J. (BArch, DR 1/4827)

Ergebnisse von Untersuchungen zur Wirkung des Films ›Mohr und die Raben von London‹ auf das Marx-Bild von Schülern, ZIJ, o.J. (BArch, DR 1/4831)

Information zur filmsoziologischen Untersuchung ›KINO DDR‹, HV Film, 11.12.1979 (BArch, DR 1/4835)

KINO DDR - Zur Rezeption des Films Märkische Forschungen, ZIJ, August 1982 (BArch, DR 1/4836)

Überlegungen zur Studie ›Kinozuschauer DDR 80‹, HV Film Abt. Künstlerische Produktion, 07.01.1982 (BArch, DR 1/15025)

Einschätzung der 2. Fassung des Szenariums ›Erscheinen Pflicht‹, HV Film, 15.03.1983 (BArch, DR 1-Z / HV 117 / F66)

Erste Informationen zu Ergebnissen der Studie: ›Schwierig sich zu verloben‹ und seinem Publikum, ZIJ, Mai 1989 (BArch, DC 4/684)

Forschungsbericht: der Film ›Insel der Schwäne‹ und sein Publikum, ZIJ, Juni 1983 (BArch, DC 4/685)

Forschungsbericht zur Studie: ›KINO 88 – Einer trage des anderen Last‹, ZIJ, Mai 1988 (BArch, DC 4/722)

Forschungsbericht zur Studie: ›Haltungen Jugendlicher zur künstlerisch vermittelnden Darstellung der Befreiung des deutschen Volkes vom Hitlerfaschismus durch die

rote Armee, dargestellt am Beispiel des DEFA-Spielfilms ›Ich war 19‹ – ein historischer Rezeptionsvergleich‹, ZIJ, Mai 1986 (BArch, DC 4/707)
Zusatzbericht zur Untersuchung ›Kulturell-künstlerische Interessen der Jugend‹ (Kultur 73), ZIJ, o.J. (BArch, DC 4/2078)

Oliver Berli

Grenzen des Aufstiegs. Soziale Ungleichheit und kulturelle Unterschiede als Gegenstand des Films

> »Im Mittelpunkt dieses Prozesses der Erziehung der Menschen zum Festhalten an ihren uneingelösten Ansprüchen stehen die kulturellen Prototypen des Erfolgs, lebende Beweise dafür, daß der Amerikanische Traum wahr werden kann.« (Merton 1995: 132)

Soziale Ungleichheit und kulturelle Unterschiede sind nicht nur Grundthemen der Soziologie, sondern auch des Films. Besonders eindrücklich lässt sich dies anhand US-amerikanischer Filme zeigen, in denen der soziale Aufstieg wichtiges Element der Handlung ist. Mit Howard S. Becker (2007) kann man Filme als Repräsentationen von Gesellschaft begreifen. Sie gehorchen Regeln, Becker würde sagen Konventionen, und sind das Ergebnis arbeitsteiliger Prozesse. Während Becker, wie sich hier andeutet, eher eine Produktionsperspektive auf die Prozesse des »telling about society« einnimmt, soll im Folgenden ein Blick auf filmische Darstellungen von sozialen Aufstiegsprozessen geworfen werden. Im Zentrum des Untersuchungsinteresses stehen filmische Darstellungen von sozialer Ungleichheit und »feinen« Unterschieden, die in Fällen von sozialer Aufwärtsmobilität besonders deutlich zu Tage treten. Diese filmischen Darstellungen sozialer Ungleichheit machen Deutungsangebote der (Un)Möglichkeit sozialen Aufstiegs global verfügbar, und erscheinen deshalb als lohnender Gegenstand der soziologischen Interpretation. Das Mittel der Wahl ist hier eine Produktanalyse, welche die in Filmen angelegten Rezeptionspotenziale auslegt. Vor diesem Hintergrund sind die Filme, die Woody Allen in den vergangenen zehn Jahren gedreht hat, von besonderem Interesse. In ihnen zeichnet er sich als subtiler Interpret habitueller Prägungen und ihrer Dauerhaftigkeit aus. Am Beispiel des Films *Schmalspurganoven* (2000) lässt sich zeigen, wie Logiken der Distinktion in Szene gesetzt werden, die einer schnellen Integration in die herrschende Klasse trotz ökonomischen Erfolgs entgegenstehen. Diese scheiternde Version des »American Dream« steht im deutlichen Gegensatz zu typischen filmischen

Darstellungen sozialen Aufstiegs, wie etwa in *Pretty Woman* (1990). Kritisch könnte eingewandt werden, dass es sich bei den gewählten Filmen nicht um aktuelle Filme handelt. Dem kann entgegnet werden, dass es sich um Produktionen handelt, die eine weite Verbreitung gefunden haben. Sie sind Vielen bekannt, werden regelmäßig im Fernsehen gesendet, haben eigene Einträge in Wikipedia und der Internet Movie Database (IMDb), auf YouTube finden sich Trailer, Songs aus den Filmen und im Falle von Pretty Woman sogar der gesamte Film.[1] Zudem, und das ist für die anvisierte Analyse entscheidend, lässt sich anhand der gewählten Filme der Möglichkeitsraum für filmische Darstellungen der »Grenzen des Aufstiegs« exemplarisch vermessen.

Als theoretischer Rahmen wird die ungleichheitsanalytische Kultursoziologie Pierre Bourdieus herangezogen. Da die beiden Filme in den USA spielen, sei vorausgeschickt, dass selbstverständlich nicht zu erwarten ist, dass die Kultursoziologie Pierre Bourdieus ohne Modifikationen zu übernehmen ist. Vergleichende Studien wie etwa Michèle Lamonts »Money, Morals, Manners« (1992) haben darauf hingewiesen, dass die Bedeutung von kulturellen Präferenzen und Praktiken in den USA und Frankreich strukturell sehr unterschiedlich ausfallen können. Dennoch soll hier versucht werden, die Bourdieusche Soziologie als Heuristik für die Analyse der filmischen Inszenierung sozialer Ungleichheit fruchtbar zu machen. In der Soziologie des Filmes lassen sich nur wenige Versuche identifizieren, explizit mit Bourdieuschen Kategorien zu verfahren. Beispielhaft sei an dieser Stelle auf eine Analyse von Tatiana Heise und Andrew Tudor (2007) verwiesen, in der eine historisch feldanalytische Perspektive auf den britischen Film entwickelt wird. Vergegenwärtigt man sich Studien wie »Die Regeln der Kunst« (Bourdieu 2001) erscheint ein solches Verfahren naheliegend. Zumal Bourdieu selbst Interpretationsansätze, die »rein« werkimmanent versuchen Lesarten zu entwickeln ebenso ablehnend gegenübersteht wie Perspektiven, die ausschließlich externe Faktoren zur Erklärung nutzen (vgl. Bourdieu 1991 und 2001). Mit dem Aufsatz *»A Head for Business and a Bod' for Sin«* von Sophia Prinz und Mareike Clauss (2011) liegt ein Versuch vor, das Potenzial der Soziologie Bourdieus für Produktanalysen auszuloten. Auf den folgenden Seiten soll ein ähnlicher Ansatz verfolgt werden, der jedoch aufgrund der Fragestellung und der gewählten Fälle andere Akzente setzt.

Insbesondere mittels des Habituskonzepts lassen sich die mit sozialem Aufstieg verbundenen Bewährungsproben (z.B. angemessenes Verhalten bei gesellschaftlichen Anlässen) und die sozialen Vorbedingungen ihrer Meisterung interpretieren. Während in vielen Filmen die Transformation der »Persönlichkeit« der Protagonisten im Zuge ihres sozialen Aufstiegs betont wird, sollen im Zuge des Beitrags aus Bourdieuscher Perspektive habituelle Prä-

---

[1] Eine erweiterte Produktanalyse müsste die Paratexte (Genette) bzw. Anschlusskommunikationen zu den genannten Filmen mit in die Interpretationen einbeziehen und so erste Hinweise darauf finden, inwiefern im Produkt angelegte Rezeptionspotenziale realisiert werden.

gungen und ihre Persistenz als Hemmnis dauerhaften, mit anderen Worten: auf Dauer gestellten, sozialen Aufstiegs thematisiert werden.

Im folgenden Kapitel werden der theoretische Rahmen und das Untersuchungsinteresse eingeführt. Anschließend werden die Auswahl der Filmsequenzen und Standbilder angesprochen, die den Interpretationen zugrunde liegen. Im zweiten und dritten Kapitel werden die beiden Filme nach demselben Schema vorgestellt. Auf eine kurze Erläuterung des Plots folgen Interpretation zu den habituellen Prägungen und der Kapitalausstattung der Akteure wie sie sich im jeweiligen Film abzeichnen. Wichtig sind in diesem Zusammenhang die Strategien der Kompensation, die von den Frauen in beiden Filmen genutzt werden, um einen wahrgenommenen Mangel an kulturellem Kapital anzugehen. Im Anschluss daran werden jeweils exemplarische Szenen analysiert, die als Bewährungsproben für die sozialen AufsteigerInnen zu verstehen sind. Ein Beispiel für eine solche Bewährung stellt der Besuch eines Konzerts bzw. der Oper dar, wie er in beiden Filmen vorkommt. Der Aufsatz schließt mit resümierenden Bemerkungen zu den beiden verglichenen Filmen und möglichen Erträgen von soziologischen Filmanalysen aus Perspektive einer an den Zusammenhängen zwischen kulturellen Differenzen und sozialer Ungleichheit interessierten Soziologie.

Problemstellung(en) und Erkenntnisinteresse

Soziale Ungleichheit und kulturelle Unterschiede als Heuristik für Filmanalysen

Zentral für die Interpretation der ausgewählten Filme ist das Verhältnis von sozialer Ungleichheit und kulturellen Unterschieden wie es in den Arbeiten von Bourdieu mehrfach diskutiert wurde (vgl. Bourdieu et. al. 1981; Bourdieu 1982). Gegen die Alltagsvorstellung quasi natürlicher Präferenzen für bestimmte Praktiken und Objekte setzt Bourdieu bekanntermaßen eine konsequente Soziologisierung des Geschmacks.

»Der Geschmack ist die Grundlage alles dessen, was man hat – Personen und Sachen –, wie dessen, was man für die anderen ist, dessen, womit man sich selbst einordnet und von den anderen eingeordnet wird. Die Geschmacksäußerungen und Neigungen (d.h. die zum Ausdruck gebrachten Vorlieben) sind die praktische Bestätigung einer unabwendbaren Differenz.« (Bourdieu 1982: 104f.)

Grundlegend für die Heuristik, die im Folgenden auf die untersuchten Filmbeispiele angewendet werden soll, sind Bourdieus Habitustheorie sowie seine Unterscheidung unterschiedlicher Kapitalsorten (vgl. Bourdieu 1992). Der Habitus ist sowohl Ergebnis der individuellen wie kollektiven Geschichte der Akteure und Gesellschaften, die wir in den Blick nehmen als auch das Prinzip der Erzeugung einheitlich interpretierbarer Lebensstile. Sowohl die alltägliche als auch die wissenschaftliche Beobachtung kann Lebensstile nur als solche konstruieren und unterscheiden, da sie einen systematischen Charakter aufweisen dank der zugrundeliegenden Erzeugungsschemata (vgl. Bourdieu 1982: 278). Als System von Wahrnehmungs-, Klassifikations- und Handlungsschemata ist der Habitus sowohl das theoretische Konzept, das es Bourdieu erlaubt, Lebensstile zu klassifizieren als auch die epistemologische Grundlage allen Klassifizierens in der Praxis (vgl. Bourdieu 1982: 277f.). Unsere kulturellen Präferenzen und Praktiken erklärt Bourdieu unter Zuhilfenahme dieses Konstrukts. Mit anderen Worten: Unser Geschmack, das sind die Praktiken, die uns für uns selbst und andere klassifizierbar machen. Welche Einflüsse die jeweilige soziale Position, die soziale Laufbahn sowie die damit verbundene Kapitalausstattung haben, dekliniert Bourdieu in vielen seinen Schriften durch. Für die anvisierte Filmanalyse stellt sich zunächst die Frage, welche Präferenzen und Praktiken sich sinnvoll in den Filmen vergleichen lassen. Besonders interessant erscheinen bei der Betrachtung der Filmbeispiele diejenigen Aspekte, die über den Besitz an ökonomischem Kapital hinausgehen. Wie agieren die Figuren auf Bühnen, die ihnen nicht vertraut sind? Welche Veränderungen lassen sich beobachten, wenn die Figuren plötzlich über mehr ökonomisches Kapital verfügen und im sozialen Aufstieg begriffen sind?

Aus der Vielfalt der filmisch darstellbaren und soziologisch interpretierbaren Dimensionen soll der Fokus hier auf drei Aspekte gelegt werden: a) Essen, b) Kleidung und c) Wohnen. Bourdieu stellt in »Die feinen Unterschieden« strukturelle Homologien zwischen den verschiedenen Bereichen kulturellen Präferenzen und Praktiken (wie bspw. Essen und Mobiliar) fest (vgl. Bourdieu 1982: 25f.).

Die Wahl von Speisen und Getränken, ihre möglichen Veränderungen im Zuge des sozialen Aufstiegs sowie die Stilisierung bzw. Nicht-Stilisierung der Nahrungsaufnahme ist eine der Vergleichsdimensionen. Wie Bourdieu zeigt, lassen sich die Unterschiede im Nahrungskonsum nicht allein durch die unterschiedliche Einkommenshöhe erklären (vgl. Bourdieu 1982: 288ff.). Vielmehr geht er davon aus, dass die beobachteten Unterschiede auf unterschiedlichen Lebensbedingungen beruhen, die einen unterschiedlichen Geschmack bedingen. Weitere Dimensionen des Vergleichs sind, wie bereits erwähnt, die Kleidung und das Mobiliar bzw. die Wohnsituation, aus denen sich der gesamte Lebensstil einer Klasse ablesen lässt. Die Sicherheit des geerbten Reichtums steht, laut Bourdieu, in deutlichem Kontrast zur »protzigen«, prätentiösen Arroganz des Neureichen. Der zentrale Gegensatz ist der aus Freiheit und Luxus geborene Geschmack zum einen, der aus der Not(-wendigkeit) geborene zum anderen. Bourdieu unterscheidet bekanntlich in *Die feinen Unterschiede* drei Geschmacksklassen, denen drei gesellschaftliche Klassen und drei Bildungsniveaus korrespondieren. Eine Einteilung der Figuren in den US-amerikanischen Filmen ist anhand dieser Kategorien natürlich nicht ohne weiteres möglich (vgl. Lamont 1992). Aber das dahinterliegende relationale Vorgehen lässt sich als Heuristik auf die Analyse der Filme übertragen. Wie werden die unterschiedlichen Figuren eingeführt? Durch welche Präferenzen und Praktiken zeichnen sie sich im Vergleich zueinander aus?

Methodische Anmerkungen

In beiden Filmbeispielen, *Pretty Woman* (1990) und *Schmalspurganoven* (2000), finden sich eine Reihe für die Entwicklung der Figuren relevante Szenen, die mit den Bourdieuschen Kategorien aufgeschlüsselt werden sollen. Grundlegend ist hier zunächst die Annahme, dass sich auch im Medium des Films relationale Unterschiede hinsichtlich der sozialen Positionen, kulturellen Präferenzen und Praktiken ausmachen lassen. Besonders augenfällig müssten diese sein, wenn sozialräumlich maximal getrennte Gruppen aufeinander treffen oder/und soziale Mobilität dargestellt wird. Zudem wird sich zeigen, dass hinsichtlich der Formbarkeit des Habitus bzw. seiner Trägheit maximal abweichende filmische Inszenierungen zu beobachten sind. Eine weitere Präzisierung des Möglichkeitsraums filmischer Darstellung von sozialer Mobilität und den Bedingungen seines Erfolgs lässt sich hinsichtlich der Strategien der Figuren und den zugrundliegenden »Glückungsbedingungen« (Goffman) vornehmen. Aus anhand der theoretischen Erkenntnisinteressen gewählten Schlüsselszenen der Filme wurden einzelne Standbilder beschrieben und interpretiert, um eine größere Detaildichte zu gewährleisten (vgl. Denzin 2004). Die ausgewählten Standbilder wurden als Grafikdaten in ATLAS.ti verwaltet und codiert. Die Arbeiten von Krzysztof Konecki (2008 und 2011) lieferten Anregungen für den Umgang mit visuellen Daten im Rahmen der Forschungstradition der Grounded Theory (Strauss 1987; Strübing 2004). Obwohl vereinzelt in der Interpretation auf den gesprochenen Text Bezug genommen wird, stehen die visuellen Elemente der Filme im Vordergrund der Interpretationen. Die objektiv möglichen Lesarten, die im Folgenden vorgestellt werden sind in den Eigenschaften des Materials angelegt und Ergebnis einer »reinen« Produktanalyse. In dieser werden objektiv mögliche Lesarten, mit anderen Worten: das Rezeptionspotenzial, der Filme ausgedeutet. Da die Relevanzen, die die RezipientInnen in der Rezeptionssituation aufweisen, andere sind als diejenigen wissenschaftlicher InterpretInnen,[2] sind von den konstatierten möglichen Lesarten abweichende Interpretationen immer möglich.

[2] Zur Differenz von alltäglichen und wissenschaftlichen Deutungen siehe exemplarisch: Schütz, Alfred (2004): *Common-Sense und wissenschaftliche Interpretation menschlichen Handelns.* In: Strübing, Jörg / Schnettler, Bernt (Hrsg.): Methodologie interpretativer Sozialforschung. Klassische Grundlagentexte, Konstanz: UVK, S. 155-197.

Pretty Woman: Käufliche Liebe schlägt um in romantische Liebe

Plot

In *Pretty Woman* wird im Genre der Liebeskomödie die Geschichte von Vivian Ward (Julia Roberts) und Edward Lewis (Richard Gere) erzählt. Die beiden Hauptfiguren des Films könnten unterschiedlichere soziale Positionen nicht einnehmen. Während Vivian Ward sich als Prostituierte durchschlägt, und in einer Wohngemeinschaft mit einer anderen Prostituierten lebt, verdient Edward Lewis sein Geld damit Unternehmen aufzukaufen, aufzuteilen und mit Gewinn wieder zu veräußern. In den ersten Einstellungen und Szenen finden sich Hinweise, dass Vivian Ward mindestens eine gescheiterte Beziehung hinter sich hat – ein Kameraschwenk über Fotos von ihr gibt Hinweise darauf. Auf diesen Bildern ist das Gesicht einer zweiten Person, den Händen nach evtl. ein Mann, ausgebrannt oder abgerissen. Es ist nicht entscheidbar, ob es sich immer um denselben Mann handelt. Es handelt sich um konventionelle Aufnahmen von Paaren. Dieser Hinweis verbindet sie mit Edward Lewis, der ebenfalls im Vorspann einen Anruf von seiner Partnerin erhält. Dieses Gespräch kulminiert in einer Trennung.

Abb. 1: *Pretty Woman*

Habituelle Prägungen und Kapitalausstattung

Auf den folgenden Seiten sollen zunächst die habituellen Prägungen und die individuelle Kapitalausstattung der zentralen Figuren – im Fall von Pretty Woman genügt zunächst die Fokussierung auf Vivian Ward und Edward Lewis – in Bezug auf (a) Essen, (b) Kleidung und (c) Wohnen vorgestellt werden.

(a) In beiden behandelten Filmen spielt das Essen eine herausragende Rolle bei der filmischen Kontrastierung der gesellschaftlichen Positionen der Akteure. Laut Bourdieu unterscheiden sich die sozialen Klassen und ihre Lebensstile in dieser Dimension nicht nur durch ihre Vorlieben für bestimmte Speisen bzw. ihre Abneigungen gegen andere, sondern vor allem auch durch die Art und Weise wie die Nahrungsmittel zubereitet, angerichtet und zu sich genommen werden.

»Dem ›freimütigen‹, ungezwungenen Essen, der ›einfachen Leute‹ setzt der Bourgeois sein Bemühen um formvollendetes Essen entgegen. ›Formen‹ sind zunächst einmal geregelte Abläufe, die Warten, Zögern, Zurückhaltung beinhalten: vermieden werden muß der Eindruck, als stürze man sich auf die Speisen [...].« (Bourdieu 1982: 315)

In *Pretty Woman* zeigt sich recht deutlich, dass Vivian und Edward über unterschiedliches inkorporiertes kulturelles Kapital auf diesem Gebiet verfügen. Als Vivian Ward Edward Lewis zum ersten Mal auf das Hotelzimmer begleitet, bestellt er beim Zimmer-Service Champagner und Erdbeeren. Das gefüllte Glas leert Vivian Ward mit fast einem Schluck ohne auf die Erdbeeren zu warten. Danach belehrt Edward Lewis sie über die Vorteile der Kombination von Champagner und Erdbeeren. Ähnliches ereignet sich in der Frühstücksszene am anschließenden Morgen. Ward wird von Lewis aufgefordert auf einen Stuhl statt auf dem Tisch zu sitzen – wo sie deutlich sichtbar auf dem Rande eines Tellers sitzt. Nachdem sie den Platz gewechselt hat, fällt auf, dass sie ein Bein nah an den Körper zieht und den Fuß auf die Sitzfläche stellt. Das Essen bearbeitet sie mit beiden Händen und unterbricht ihre Reden auch nicht, wenn sie etwas im Mund hat. Im Gegensatz dazu nimmt Edward Lewis immer Haltungen ein, die den konventionalisierten Tischmanieren entsprechen.

Zum inkorporierten kulturellen Kapital der oberen Klassen gehört es auch, sich bedienen lassen zu können. In *Pretty Woman* sieht man in mehreren Szenen die Selbstverständlichkeit, mit der Edward Lewis sich im Gegensatz zu Vivian Ward bedienen lässt. Ähnlich verhält es sich auch bezüglich dem Verteilen von angemessenen Trinkgeld bzw. Trinkgeld überhaupt.

Das Engagement Wards endet nicht wie vereinbart nach der ersten gemeinsamen Nacht, sondern wird auf die gesamte Woche ausgeweitet. Vor dem Geschäftsessen, das Vivian Ward gemeinsam mit Edward Lewis besuchen soll, nimmt sie Nachhilfe in Tischmanieren bei dem Manager des Hotels, in dem sie wohnen. Gegenstand des Unterrichts sind die richtige legiti-

me Haltung bei Tisch sowie die Wahl des richtigen Bestecks für die einzelnen Gänge. Trotz der Nachhilfe kommt es bei Tisch zu kleinen Fauxpas', die jedoch durch die anwesenden Akteure überspielt werden. Das Menu hat sie beispielsweise nicht selbst zusammengestellt, sondern von ihrer Begleitung Edward Lewis auswählen lassen. Eine Ausweichstrategie, um nicht aufgrund unpassender Kombinationen aufzufallen.
(b) Mit dem Fortschreiten der filmischen Zeit lässt sich eine *Änderung der Wahl der Kleidung* bei Vivian Ward feststellen. Nachdem sie die Woche mit Edward Lewis verbracht hat, möchte sie ihr Leben ändern. Dieser explizit geäußerte Wunsch – verbunden mit Aufgabe der Prostitution, Wiederaufnahme von Bildung sowie einem Ortswechsel – korrespondiert mit augenfälligen äußeren Veränderungen. Zu Beginn des Films zeigen uns Detailaufnahmen, wie Vivian Ward sich anzieht und schminkt. Zu ihrer Arbeitskleidung zählt ein enganliegendes weiß-blaues Kleid, das die Taille freilässt, schwarze Spitzenunterwäsche, hohe schwarze Stiefel, eine blonde Perücke, eine schwarze Mütze sowie eine Jacke, die wie ein von innen nach außen gewendetes Jackett aussieht. Sie trägt mehrere Armbänder, darunter ein Armband mit Pyramidennieten, Ringe sowie ein bis zwei Halsketten. Den Schmuck bewahrt sie in einem offenen Korb neben dem Bett auf, der auf einem Beistelltisch steht. Neben dem Korb liegt eine Uhr. Außerdem steht dort eine leere Flasche Alkohol. Vivian Ward »repariert« ihre schwarzen Stiefel mit einem Filzstift. Den beschädigten Reißverschluss sichert sie mit einer Sicherheitsnadel. Als sie später Edward Lewis begegnet und mit ihm verhandelt ist sie auffällig geschminkt. Auffällig heißt in diesem Fall, dass sie einen roten Lippenstift trägt sowie dunkles Make-up um die Augen aufgetragen hat, inkl. Wimperntusche. Der Kontrast zu der Kleidung, die sie später in Begleitung von Edward Lewis tragen wird, sowie die Kleidung am Ende des Films könnte nicht größer sein. Beim Geschäftsessen und in der Oper trägt sie teure Kleider bzw. Abendgarderobe und Schmuck. Der Schmuck ist eine Leihgabe eines Juweliers im Wert von 250.000 Dollar – Lewis sei schließlich »ein guter Kunde«. Der Schmuck und die passende Abendgarderobe werden von Vivian selbstbewusst getragen, sie zögert in der Oper nicht mehr wie beim ersten Betreten des Hotels, sondern lässt sich auf das musikalische Erlebnis ein.

Abb. 2: *Pretty Woman*

In der letzten Interaktion mit ihrer Mitbewohnerin zu Ende des Films verschenkt Ward ihre schwarze Mütze, die sie am Anfang des Films zusammen mit einer blonden Perücke trägt. Ihre Kleidung steht in deutlichem Kontrast zur Kleidung, die sie am Anfang trägt: keine Perücke, ein weißes Top unter einem schwarzen Blazer dazu Jeans. Die männliche Hauptfigur Edward Lewis macht in »Pretty Woman« zumindest auf der Oberfläche der Kleidung keinen sichtbaren Wandel durch. Er trägt zumeist dreiteilige Anzüge mit Krawatte, Hemd mit Manschetten sowie Einstecktuch.

(c) Edward Lewis wohnt in einem exklusiven Hotel im Stadtteil Beverly Hills. Er bewohnt das Penthouse, ist namentlich bekannt und laut Auskunft des Hotelmanagers ein gern gesehener Gast. Im starken Kontrast dazu teilt Vivian Ward mit Kat, die als Prostituierte arbeitet, eine Wohnung. Ein letztes Mal sieht man die Wohnung am Ende des Films, als sich Vivian Ward von Kat verabschiedet. Die Wohnung ist über und über voll mit abgelegten Kleidungsstücken. Teilweise sind Bilder, Aufkleber und Poster an den Wänden und Möbelstücken angebracht. Ihr Geld verstecken die beiden im Spülkasten im Bad, was auf ein geringes subjektives Sicherheitsempfinden hinweisen könnte. Die Umgebung der Wohnung verstärkt diesen Eindruck. Als Vivian Ward zu Beginn des Films das Haus verlässt, erfährt sie von einem Mord an einer drogensüchtigen Prostituierten in unmittelbarer Nähe.

Als Vivian Ward das erste Mal Edward Lewis in sein Hotel begleitet, kommt es zu mehreren Handlungshemmungen bei ihr. Damit sie mit ihrer Kleidung kein Aufsehen erregt, leiht Edward Lewis ihr seinen Mantel. Dennoch zieht sie die Blicke einiger Gäste auf sich. Auch sie mustert ihrerseits intensiv einige der Gäste. Vivian Ward zeigt mehrmals im Film Formen des Selbst-Engagements (vgl. Goffman 2009), die konventionalisierte Verhaltensstandards unterschreiten. So nutzt sie das Warten auf den Aufzug, um ihre Strumpfhosen zu richten, klopft sich auf die Oberschenkel während sie mit Edward Lewis spricht. Die einseitige Missachtung, sowie die Unsicherheit Vivian Wards auf diesem ihr unbekannten Terrain, kommen in diesen Augenblicken zum Ausdruck. Höfliche Gleichgültigkeit im Sinne Goffmans vollzieht sich anders.

Fasst man das bisher Gesagte zusammen, so wird deutlich, dass die beiden Hauptfiguren Vivian Ward und Edward Lewis sehr unterschiedliche Positionen im sozialen Raum einnehmen. Letztgenannter verfügt über ein sehr hohes Kapitalvolumen, wobei das ökonomische Kapital zu überwiegen scheint. Der abendliche Restaurantbesuch ist die Kulisse für die Diskussion eines Geschäfts und auch die gewählte Oper (La Traviata), welche die Hauptfiguren gemeinsam besuchen, gehört zu den bekannten Werken und damit aus Bourdieuscher Perspektive aufgrund ihrer Popularität zu den partiell delegitimierten Werken dieses Genres. Dennoch verfügt er über nicht geringes inkorporiertes kulturelles Kapital wie sich bei der selbstverständlichen Wahl der Speisen, der auf die Anlässe abgestimmten Kleidung, dem Umgang mit Servicepersonal und vielen anderen Indizien ableiten lässt. Vivian Ward hingegen verfügt zu Beginn des Films über ein geringes Kapitalvolumen, sowohl was das ökonomische als auch das kulturelle Kapital anbelangt. Bemerkenswert ist jedoch die Wandlungsfähigkeit, die sie im Film auszeichnet. Obwohl der Film nur eine Woche Zeit abdeckt, gelingt es ihr, kulturelles Kapital zu inkorporieren und gewinnbringend einzusetzen.

Strategien der Kompensation

In beiden Filmen – so viel sei vorweggenommen – sind es die weiblichen Hauptfiguren, die einen Mangel an inkorporiertem kulturellem Kapital verbalisieren und dagegen angehen. Vivian Ward wendet sich an den Hotelmanager, der ihr hilft passende Garderobe für den Abend zu bekommen. Im leeren Speisesaal des Hotels, der gerade eingedeckt wird, bekommt sie einen Crashkurs in der Wahl des richtigen Bestecks. Die Kamera, die in einer Aufsicht von den beiden wegfährt, verstärkt den Eindruck der Isolation. Im Falle von Vivian Ward ist die Nachhilfe insoweit ein Erfolg, da sie später von Edward Lewis anerkannt wird und er sie in die Welt der Oper einführt.

Vivian Ward setzt auf eine Strategie, die man als *unbezahlte Nachhilfe* bezeichnen kann. Unbezahlt ist diese Form des Erwerbs kulturellen Kapitals aber nur insofern als dass kein ökonomischer Tausch stattfindet. Ward nutzt ihr soziales Kapital, die Beziehung zum Hotelmanager, um sich auf das Geschäftsessen vorbereiten zu lassen. Allerdings muss an dieser Stelle gefragt werden, warum der Hotelmanager einer letztlich unbekannten Prostituierten helfen sollte. Schließlich ist das Renommee des Hotels durch die Indienstnahme sexueller Dienstleistungen durch Edward Lewis potenziell gefährdet. Das soziale Kapital, das Ward einsetzt, ist nicht ihr eigenes, sondern das von Edward Lewis, dem sich der Hotelmanager implizit verpflichtet fühlt. Wie der Film deutlich zeigt, scheint ihr bewusst zu sein, dass allein passende Kleidung für diese Bewährungsprobe nicht ausreicht. Die Rolle, welche der Hotelmanager gegenüber Ward einnimmt verweist bereits auf einen Aspekt, der für das Bestehen der Bewährungsproben von eminenter Bedeutung zu sein scheint – die Komplizenschaft der kopräsenten Akteure.

Bewährungsproben

Unter einer *Bewährungsprobe* sollen im Folgenden soziale Situationen verstanden werden, in denen Personen, die im sozialen Aufstieg befindlich sind oder bereits neue Positionen im sozialen Raum eingenommen haben, die Legitimität dieses Positionswechsels gegenüber anderen Akteuren behaupten müssen. Somit ist deutlich, dass allein das Verfügen über ökonomisches Kapital nicht ausreichen muss, um die situative Anerkennungsproblematik zu eigenen Gunsten zu entscheiden. Vielmehr geht es darum, dass bspw. der Neureiche als solcher nicht erkannt wird und damit die Auswirkungen der unterschiedlichen sozialen Laufbahnen verkannt werden.

In *Pretty Woman* muss die Figur Vivian Wards mindestens vier Bewährungsproben bestehen: (a) den ersten Einkauf in Beverly Hills, (b) das Geschäftsessen, (c) den Besuch der Rennbahn sowie (d) den Opernbesuch. Hier sollen nicht alle Bewährungsproben nachgezeichnet werden, sondern nur das Geschäftsessen und der Opernbesuch. Während des Geschäftsessens kommt es vonseiten Vivian Wards zu kleineren Missgeschicken (zum Beispiel im Umgang mit dem Besteck für die Schnecken), die jedoch von den anderen Anwesenden entweder ignoriert oder entdramatisiert werden. Das faktische Unwissen über eine gelungene Menüfolge kontert sie, indem sie sich der Bestellung von Edward Lewis anschließt. Während Lewis also geschäftlich verhandelt, arbeiten alle am Tisch und auch das Personal mit daran, dass Ward nicht aus der Rolle fällt. Diese unauffälligen Reparaturpraktiken verdeutlichen die *Relevanz der Komplizenschaft* für soziale AufsteigerInnen – solange diese als »MitspielerInnen« bzw. KomplizInnen agieren, wird die eigene Position nicht gefährdet. Am Beispiel des Opernbesuchs lässt sich verdeutlichen wie schnell Vivian Ward sich an die neuen Erfahrungen anpasst. Zudem stellt die Welt der Musik, folgt man Bourdieu, jenes Feld dar, in dem sich habituelle Unterschiede und ihre soziale Bedingtheit besonders deutlich zeigen (sollten). Denn die »Musik verkörpert die radikalste, die umfassendste Gestalt jener Verleugnung der Welt, zumal der gesellschaftlichen, welche das bürgerliche Ethos allen Kunstformen abverlangt« (Bourdieu 1982: 42). Der Opernbesuch von Edward Lewis und Vivian Ward verläuft relativ reibungslos. Einmal über die korrekte Handhabung des Opernglases aufgeklärt, gibt sich Ward der Oper hin und vergießt sogar Tränen. Einzig der verbale Kommentar, den sie nach Ende der Aufführung verlauten lässt, erscheint unangemessen, wird jedoch von Lewis »übersetzt«, so dass die Logennachbarn Zustimmung signalisieren. Laut Bourdieu ist Kunstkonsum bekanntlich nicht voraussetzungslos. Zum Verständnis von Kunstobjekten und -praktiken gehört ein implizites Wissen über diese. In Ermangelung dieses Wissens wenden Akteure Alltagskategorien auf ästhetische Praktiken und Objekte an, um »Sinn« aus ihnen zu machen. Interessanterweise wird in der Oper an diesem Abend La Traviata gegeben. Die Rahmenhandlung – Prostituierte verliebt sich in reichen Mann – weist thematische Ähnlichkeiten zur filmischen Handlung auf. Somit könnte die persönliche Erfahrung Wards als Grundlage der »glückenden« Rezeption dienen.

Schmalspurganoven: Wirtschaftlicher Erfolg als unerwartete Nebenfolge devianten Verhaltens

Plot

Ray Winkler (Woody Allen) und seine »Gang« haben sich zunächst für die Strategie der »Innovation« (Merton) entschieden, um ökonomisches Kapital zu akkumulieren. Diese Anpassungsform wird von Merton als Anerkennung der kulturellen Ziele bei Ablehnung der institutionellen Mittel definiert (Merton 1995). Statt ihre Energien in Unternehmertum oder Erwerbsarbeit zu investieren, setzen sie darauf eine Bank auszurauben. Zu diesem Zweck mieten sie zwei Häuser neben der Bank einen Laden an, um von dessen Keller aus mittels eines Tunnels zum Ziel zu kommen. Im Erdgeschoß verkauft Frenchy Winkler (Ray Winklers Frau, darstellt von Tracy Ullman) selbstgebackene Kekse – zunächst als Tarnung. Eine unbeabsichtigte Nebenfolge dieses Tarnunternehmens ist sein wirtschaftlicher Erfolg. Die ehemalige Tarnung für die Strategie der Innovation wird zum eigentlichen Hauptengagement (vgl. Merton 1995: 136) der Akteure. Aufgrund des unerwarteten Erfolgs stellen sie ihre Strategie auf eine Form des »*Konformismus*« um, wie Merton die Anerkennung von kulturellen Zielen bei gleichzeitiger Anerkennung der institutionellen Mittel bezeichnet. Binnen kurzer Zeit sind die beteiligten Akteure BesitzerInnen eines erfolgreichen Unternehmens.

Im weiteren Verlauf des Filmes werden die Integrationsprobleme der zu ökonomischen Kapital gekommenen Akteure in der Welt der herrschenden Klasse thematisiert. Diese Probleme machen einen Großteil der filmischen Handlung aus und kulminieren im ökonomischen Scheitern – die Unternehmensleitung wird durch ihre eigenen BuchhalterInnen betrogen und die Insolvenz ist unausweichlich. Am Ende des Films realisieren Ray und Frenchy ihre »ursprünglichen« bescheidenen Ziele und fügen sich in ihr ökonomisches Schicksal.

Habituelle Prägungen und Kapitalausstattung

(a) Bevor die beiden Hauptfiguren Ray und Frenchy Winkler zu Geld kommen, sieht man sie bei einem gemeinsamen Essen. Die Mahlzeit besteht aus Spaghetti mit Tomatensoße und Hackfleischbällchen, dazu gibt es weißes Toastbrot und fertig geriebenen Parmesan aus der Dose. Das Besteck steht in einem gelben Plastikbecher auf dem Tisch.

Abb. 3: *Schmalspurganoven*

In deutlichem Kontrast dazu steht die Dinnerparty der Winklers, die später im Film gezeigt wird. Ein Koch übernimmt die Zubereitung der Speisen, während die Gastgeberin lediglich Rücksprache mit ihm hält und letzte Anweisungen erteilt. Der Dialog, der sich zwischen beiden entspannt ist sehr bezeichnend. Obwohl in der Menüfolge keine Speisen auftauchen, die Fingerschalen erfordern, besteht die Frenchy Winkler darauf, dass Fingerschalen auf dem Tisch vorbereitet werden. Ebenso bezeichnend erscheint, dass sie den Koch auffordert, die Trüffel für den Kartoffelsalat nicht fein zu schneiden. Er soll »klotzen«, wie es in der deutschen Sprachfassung heißt. Mit dieser Handlungsanweisung demonstriert die Gastgeberin die ökonomische Macht, die sie aufgrund des wirtschaftlichen Erfolgs der Keksfabrik errungen hat. Diese Strategie der *demonstrativen Verschwendung* stößt bei dem Koch auf wenig Verständnis – wie Gestik und Mimik des Kochs als plausible Lesart nahelegen. Hier werden also bereits zwei Strategien der Inszenierung der eigenen (gehobenen) Position im sozialen Raum konfrontiert: die Vergeudung bzw. Verschwendung auf der einen Seite (ökonomisches Kapital dominiert) und die Verfeinerung des Geschmacks (kulturelles Kapital dominiert).

Ray Winkler bleibt hingegen seinen bisherigen Wahlen was Essen und Trinken anbelangt »treuer« als seine Frau. Analytisch wird an ihm und seinen gleich bleibenden Präferenzen für »einfache« Speisen und Getränke die Trägheit habitueller Prägungen sichtbar. So lässt er sich an einem Abend, während er gemeinsam mit seiner Schwägerin einen Film ansieht, einen Softdrink in ein Glas mit Goldrandverzierung füllen. Der Softdrink befindet sich in einer großvolumigen Plastikflasche, so dass zwischen dem hochpreisigen Glas und dem Softdrink ein augenscheinlicher Kontrast entsteht.

(b) Das Ehepaar Winkler und seine Komplizen bzw. GeschäftpartnerInnen tragen vor ihrem ökonomischen Erfolg einfache, funktionale Kleidung. Beispielsweise trägt Ray Winkler an warmen Tagen kurzärmlige Hemden und kurze Hosen. Seine Frau Frenchy Winkler tendiert in der Regel zu auffälligeren Farbkombinationen als er. So gemahnt vor allem die Kleidung von Ray Winkler an das, was Bourdieu über die Kleidung der unteren Klassen festhält: »Die Angehörigen der unteren Klassen machen von der Kleidung einen realistischen, oder wenn man will, funktionalistischen Gebrauch; Substanz und Funktion über die Form stellend und gewillt, für ihr Geld auch etwas ordentliches in den Händen zu halten, entscheiden sie sich für das ›Zweckmäßige‹.« (Bourdieu 1982: 322)

Interessant ist die Entwicklung, die sich durch den ökonomischen Erfolg einstellt. Die Kleidung der Winklers wird im Zuge ihres sozialen Aufstiegs optisch auffälliger. Ähnlich wie bei der Wohnungseinrichtung neigen sie zur großen Geste, indem sie Kleidung mit exotisierenden Tierfellmuster oder Goldornamenten wählen.

Abb. 4: *Schmalspurganoven*

Der Kunsthändler David, dargestellt von Hugh Grant, ist nach dem Aufstieg der Winklers die zentrale Kontrastfigur mit der die Differenzierungen des sozialen Raums dargestellt werden. Er wird innerhalb der herrschenden Klasse anerkannt, da er über viel inkorporiertes kulturelles Kapital verfügt. Dieses äußert sich beispielsweise in der Wahl seiner Kleidung. So trägt er stets farblich aufeinander abgestimmte Kleidung, die in der Regel den Anlässen angemessen ist. Als er Besuch von den Winklers in seiner Wohnung erhält, kombiniert er eine Anzugshose mit einem farblich passenden Hemd und einer Krawatte. Einzig der Verzicht auf ein Jackett deutet darauf hin, dass er sich in einem nicht-öffentlichen Rahmen bewegt.

(c) Geht man wie Bourdieu von einer gewissen Dauerhaftigkeit der individuellen Dispositionen aus, die Ergebnis der Verinnerlichung der Strukturen sind, unter denen sie entstanden, ist davon auszugehen, dass auch bei plötzlichen wirtschaftlichen Erfolg gewisse Ähnlichkeiten im Lebensstil zu erwarten sind. Rays und Frenchy Winklers alte Wohnung nimmt bereits einige Eigenschaften voraus, die sich auch in der neuen Wohnung wieder finden. Nachdem Ray und Frenchy Winkler wirtschaftlichen Erfolg haben, ziehen sie um. Ihre neue Wohnung ist nach den Vorstellungen Frenchy Winklers eingerichtet. Sie sucht die Einrichtungsgegenstände aus und weist die Bediensteten an, wo sie unterzubringen sind. Neben zahlreichen, zum Teil goldfarbenen, Tierfiguren fällt der häufige Einsatz von Tierfellmuster auf. Im Schlafzimmer der neuen Wohnung begegnet dem Blick eine Anzahl von mindestens einem Dutzend Stofftieren, die auf dem Bett liegen. Bereits in der vorherigen Wohnung fanden sich Stofftiere in dem Schlafzimmer. Ein besonderes Symbol der Exklusivität stellt die goldfarbene Harfe dar, die in einem der Zimmer zentral positioniert ist, so dass sie von allen Durchgängen aus auffällt. Resümierend lässt sich festhalten, dass als Strategien um Exklusivität zu erschaffen, der Einsatz von Gold, exotischen Tierfiguren (Zebra, goldene Reiher etc.) und teuren Accessoires (Harfe) dominiert. Die Wohnung von David setzt den Besitzer völlig anders in Szene. Bei dem Kunsthändler finden sich zwar Holzskulpturen und -masken, die aus »fremden« Kulturen stammen könnten und der Exotisierung dienen. Zudem wird aber deutlich, dass David über kunstweltspezifisches kulturelles Kapital verfügt.

Abb. 5: *Schmalspurganoven*

Das Haus in dem er wohnt wird mit der derselben Einstellung und demselben Kameraschwenk vorgestellt wie das Haus in dem Ray und Frenchy ihre Wohnung haben. So legen auch die Kamerahandlungen den Vergleich dieser beiden Wohnsituationen nahe. Während bei David das kulturelle Kapital in der Kapitalstruktur überwiegt, verhält es sich bei Ray und Frenchy genau umgekehrt. Ein »Missverhältnis«, das zumindest Frenchy als solches empfindet und verändern möchte. Das objektivierte kulturelle Kapital mit dem sich die Figuren in Schmalspurganoven umgeben, erfordert unterschiedliche Mengen inkorporierten kulturellen Kapitals. Wie Bourdieu betont gibt es im Falle von Kunstwerken eine doppelten Aneignung: der ökonomischen sowie der symbolischen Aneignung.

»Von Bedeutung und Interesse ist Kunst einzig für den, der die kulturelle Kompetenz, d.h. den angemessenen Code besitzt. Die bewusste oder unbewusste Anwendung des Systems der mehr oder minder expliziten Wahrnehmungs- und Bewertungsschemata, das künstlerische Bildung ausmacht, bildet die verborgene Voraussetzung jener elementaren Form von Erkenntnis [...].« (Bourdieu 1982: 19)

Wie charakterisieren die Gegenstände mit denen sich die Figuren im Film umgeben, die Figuren? Der Kunsthändler David hat in seiner Wohnung sowohl verschiedene Kunstgattungen (Skulpturen und Gemälde) als auch innerhalb einer Gattung (Gemälde) unterschiedliche Stilrichtungen. Bei letzteren handelt es sich nicht nur um figürliche, konkrete Darstellungen, sondern auch um abstrakte Gemälde.[3] In der Wohnung von Ray und Frenchy Winkler finden sich vor allem dem Zweck der Exotisierung dienende Objekte, wie Tierskulpturen und -figuren sowie die bereits erwähnte Harfe.

[3] Zu Kunstwerken in US-amerikanischen Haushalten vgl. Halle, David (1993): *Inside Culture: Art and Class in the American Home,* Chicago: University of Chicago Press.

Der Kunsthändler David ist was die Kapitalstruktur anbelangt genau das Gegenteil der Winklers. Er verfügt über verhältnismäßig viel inkorporiertes kulturelles Kapital und bewegt sich ungezwungen in der Welt der herrschenden Klasse. Ray und Frenchy Winkler sowie ihre GeschäftpartnerInnen steigen vorübergehen in die herrschende Klasse auf. Sie sind im Film »Neureiche«, die von den etablierten VertreterInnen dieser Klasse belächelt werden aufgrund ihres geringen inkorporierten kulturellen Kapitals.

Strategien der Kompensation – Die bezahlte Nachhilfe

Frenchy Winklers Bemühungen um ein angemessenes kulturelles Kapital setzten verstärkt ein, nachdem die Dinnerparty in ihrer Wohnung nicht den gewünschten Erfolg gebracht hat. Sie wird ungewollt Zeugin wie sich Partygäste über das Gastgeberpaar und ihren »unmöglichen« Geschmack mokieren. Wie Bourdieu unterstreicht, äußert sich Geschmack im Alltag mittels der affektiven Ablehnung anderer Geschmackspositionen (Bourdieu 1982: 103).
In *Schmalspurganoven* setzen die Hauptfiguren Frenchy und Ray Winkler auf den Einsatz ihres ökonomischen Kapitals. Besonders zynisch ist dabei die Position von Ray Winkler, die von seiner Frau Frenchy nicht geteilt wird, wie die folgende Sequenz deutlich macht:
Frenchy: Ach um Kohle geht es gar nicht. Du musst dich in den feinen Sachen auskennen.
Ray: In waas! So was wie-wie die Oper?
Frenchy: Im Essen und in Wein und Malerei und in Büchern.
Ray: Ach lass das doch, mich lässt das völlig kalt.
Nach der gescheiterten Dinnerparty schlägt er vor, einfach einen Posten (z.B. in einem Kuratorium) für sie zu kaufen. Diese Strategie lehnt sie klar ab. Sie will »richtig« dazugehören und artikuliert den wahrgenommenen Mangel an inkorporiertem kulturellem Kapital. Sie setzt darauf, dass sie gemeinsam ökonomisches Kapital und Zeit einsetzen, um bei dem Kunsthändler David »Nachhilfe« zu nehmen. Wie Frenchy Winkler diese Investition angeht deckt sich stark mit den Annahmen Bourdieus hinsichtlich der Transformierbarkeit von ökonomischem in inkorporiertes kulturelles Kapital (vgl. Bourdieu 1992). So geht Bourdieu davon aus, dass die Delegation nicht möglich ist und die Ressource Zeit muss von der Investorin persönlich eingebracht werden muss. Das reine ökonomische Aneignen von exklusiven bzw. teuren Gegenständen hat, wie angedeutet, nicht zum Erfolg geführt.

Schließlich sucht Frenchy gemeinsam mit Ray, auf den sie Druck ausübt, den Kunsthändler David auf, der ihnen Nachhilfe gegen Bezahlung zukommen lassen soll. Während Vivian vor allem von sozialen Beziehungen profitiert, versuchen diese beiden Figuren ökonomisches Kapital in kulturelles Kapital zu transformieren. In dem Film Allens werden für die Entwicklungen wesentlich mehr Zeit eingeräumt, während in »Pretty Woman« die gesamte Handlung binnen einer Woche abläuft. Wie jedoch Bourdieu in Bezug auf die

Transmission von inkorporierten kulturellen Kapital hingewiesen hat, bedarf diese der Zeit (vgl. Bourdieu 1992: 50).

Bewährungsproben

Von den möglichen Szenen, die im oben genannten Sinn als Bewährungsproben verstanden werden können, sind vor allem zwei Episoden für eine komparative Analyse in Bezug auf *Pretty Woman* besonders interessant: (a) die Dinnerparty sowie (b) der Konzertbesuch.

Die erstgenannte Bewährungsprobe ist, wie oben beschrieben, der Anlass für die kompensatorische Strategie der Winklers, die eine Verkennung der ökonomischen Grundlagen ihres sozialen Aufstiegs und somit eine Sicherung ihrer neuen Position mittels Anerkennung zum Ziel hat. Die Demonstration ihrer ökonomischen Macht wird nicht honoriert, vielmehr sind sie Anlass für Spott und Bekundungen des Widerwillens unter den eingeladenen Gästen. Die Geschichte der Dinnerparty ist somit eine Geschichte des Scheiterns einer Strategie, die auf demonstrative Verschwendung setzt. Da in *Pretty Woman* die kompensatorische Strategie Vivian Wards in letzter Konsequenz erfolgreich ist, wie es sich beispielsweise beim Geschäftsessen und Opernbesuch zeigt, bietet sich der Vergleich zum Konzertbesuch in *Schmalspurganoven* an. Während Frenchy Winkler ihre Ambitionen verfolgt, entfremdet sie sich zeitweise von ihrem Mann Ray. In dieser Phase befindet sie sich allein mit David auf einer Reise im europäischen Ausland. Während der Reise kommt es zu einer Szene in der Frenchy Winkler mit David ein Orgelkonzert in einer Kirche verfolgt. Anders als Vivian Ward lässt sie sich nicht auf die Musik ein, sondern geht an das Mobiltelefon, das während des Konzerts klingelt. Sie bleibt im Publikum sitzen und beginnt zu telefonieren, worauf sie zunächst mit Blicken und später verbal negativ sanktioniert wird. Diese Szene versinnbildlicht die Persistenz der habituellen Prägungen. Frenchy Winklers Verhalten stellt einen klaren Verstoß gegen die Logik der Situation dar, der bei Vivian Ward nach den ersten negativen Erfahrungen nicht denkbar ist. Während Ward im Verlauf des Films lernt ihr Selbst- und Kernengagement (vgl. Goffman 2009) dem Anlass bzw. der Logik der sozialen Situation anzupassen, wird bei Frenchy Winkler im Konzert ein (illegitimes) Nebenengagement zum Kernengagement. Die Transformation ökonomischen Kapitals in inkorporiertes kulturelles Kapital kann zudem in der Folge nicht weiterverfolgt werden, da der Anruf die finanziellen Probleme des Unternehmens offenbart. Damit endet auch das Interesse Davids an Frenchy Winkler, in der er eine gute Partie gesehen hat.

Resümee

Als heuristischer Rahmen für die vorangehenden Ausführungen zu *Pretty Woman* und *Schmalspurganoven* wurde die ungleichheitsanalytische Perspektive Pierre Bourdieus herangezogen. Wie der vorliegende Beitrag und die Analyse von Clauss und Prinz (2011: 160f.) zeigen, gibt es gute Gründe, die Bourdieuschen Konzepte auch für eine Produktanalyse von Filmen fruchtbar zu machen. Auf Basis der exemplarischen Analysen der oben vorgestellten Filme erscheint der Mehrwert dieses theoretischen Rahmens vor allem darin begründet, dass er es erlaubt, filmische Inszenierungen kultureller Unterschiede und sozialer Ungleichheit interpretativ aufzuschließen. Wie sich gezeigt hat, bietet das erste Filmbeispiel, vereinfacht gesagt, eine präferierte Lesart an, nach der sozialer Aufstieg und die Adaption an kulturelle Praktiken der herrschenden Klasse mit minimaler Kapitalausstattung möglich ist (wobei Ward über Körperkapital verfügt), während das zweite Filmbeispiel gerade die Persistenz habitueller Prägungen als Hindernis des »Ankommens« in der neuen Position – im Sinne der Anerkennung, d.h. Zuweisung symbolischen Kapitals – unterstreicht. In *Schmalspurganoven* geht die filmische Narration so weit, dass der Versuch der Anpassung an die Kultur der herrschenden Klasse zu einer zeitweiligen Entfremdung zwischen den beiden Hauptfiguren Ray und Frenchy Winkler führt, die erst im sozialen Scheitern wieder aufgelöst wird. Gemeinsam ist beiden Beispielen, dass zunächst deviante Strategien des Gelderwerbs vorgeführt werden, welche die Akteure im Verlauf der filmischen Handlung aufgeben. Zudem thematisieren beide Filme die Anpassung an die Kultur der herrschenden Klasse im Zuge des sozialen Aufstiegs. Die Figuren – eine Ausnahme bildet hier Ray Winkler – erkennen die Legitimität dieser Kultur an und streben ihr nach. Die Entscheidung für den legitimen Geschmack führt zur Entfremdung von der Kultur der Herkunftsklasse.

Die Darstellung der Geschlechterverhältnisse war in diesem Beitrag anders als bei Prinz und Clauss (2011: 162ff.) nicht primärer Fokus der Analyse, obwohl die Filmbeispiele auch in dieser Hinsicht gewinnbringend interpretiert werden könnten. Bezeichnenderweise sind es in beiden Filmen die weiblichen Hauptfiguren, die objektive Defizite in der Dimension des inkorporierten kulturellen Kapitals an sich wahrnehmen aber je unterschiedliche Strategien anwenden, um diese zu kompensieren. Die Männer an ihrer Seite sind für Veränderungen weniger offen: Ray Winkler bleibt sowohl hinsichtlich der Wahl der Kleidung, des Essens und der Getränke seinen bisherigen Präferenzen »treu«. Edward Lewis macht zwar eine Wandlung durch, diese äußert sich jedoch nicht im Hinblick auf Präferenzen und Praktiken des kulturellen Konsums, sondern betrifft die normative Dimension seiner Geschäftspraktiken. Ebenso kennzeichnend für die Kommunikation traditioneller Deutungen von Geschlechterverhältnissen ist, dass in *Pretty Woman* Vivian Ward den sozialen Aufstieg durch die (romantische) Liebe zu einem sozial höher gestellten Mann realisiert, während Frenchy Winkler ähnliches über die Bindung an den kultivierten Kunsthändler David versucht.

Wo liegen die Stärken der Bourdieuschen Perspektive auf das filmische Material? Erstens zeigt sich in den Beispielen die zu erwartende Klassengebundenheit kultureller Präferenzen und Praktiken. Zweitens wurde deutlich, dass die Kultur der herrschenden Klasse als legitime Kultur bei gleichzeitiger Abwertung der eigenen kulturellen Praxen anerkannt wird. Drittens lassen sich zudem, mittels des Habituskonzepts und der grundlegenden Kapitalformen die mit sozialem Aufstieg verbundenen Bewährungsproben (z.B. angemessenes Verhalten bei gesellschaftlichen Anlässen) und v.a. die Vorbedingungen ihrer Meisterung interpretieren. Während in vielen Filmen die Transformation der »Persönlichkeit« der Protagonisten im Zuge ihres sozialen Aufstiegs betont wird, lassen sich anhand *Schmalspurganoven* aus Bourdieuscher Perspektive habituelle Prägungen und ihre Persistenz als Hemmnis sozialen Aufstiegs thematisieren. Dem steht die Formbarkeit der Figur Vivian Ward in *Pretty Woman* als starker Kontrast gegenüber. Eine zentrale Dimension der Filme ist also das Spannungsverhältnis von *Beharrungsvermögen vs. Wandlungsfähigkeit des Habitus* im Erwachsenenalter. Ein weiterer Schwerpunkt der Analyse lag auf den Strategien der Akteure, die auf die Kompensation von wahrgenommenen bzw. antizipierten Defiziten im Verfügen über inkorporiertes kulturelles Kapital abzielen. Im Wesentlichen wurden zwei Strategien unterschieden: *die unbezahlte vs. die bezahlte Nachhilfe*. Gemeinsam ist den beiden Filmen, dass sie ebenso wie Bourdieu davon ausgehen, dass die Akkumulation dieser Kapitalform nicht delegierbar ist. Allerdings ist die Zeit, welche die Akteure investieren, sehr unterschiedlich bemessen. Während Vivian Ward sich sehr schnell anzupassen scheint, scheitert Frenchy Winkler in letzter Konsequenz an den Bemühungen, die sie zudem von ihrem Ehemann Ray Winkler vorübergehend trennen. Ein weiterer Unterschied liegt in der investierten Kapitalform, die transformiert werden soll. Während Ward vor allem auf soziales Kapital setzt, das sie aufgrund ihrer Beziehung zu Lewis nutzen kann, versucht Winkler ihr ökonomisches Kapital einzusetzen. Diesen beiden Strategien ist unterschiedlicher Erfolg beschieden.

Bei den Strategien und den Bewährungsproben zeigen sich allerdings auch die Grenzen der Bourdieuschen Perspektive. Unter Bewährungsprobe wurden zuvor soziale Situationen gefasst, in denen soziale AufsteigerInnen ihren Positionswechsel gegenüber anderen Akteuren legitimieren müssen. Dass beispielsweise Neureiche oder BildungsaufsteigerInnen auf Ablehnung der Etablierten stoßen (können) war Bourdieu durchaus bewusst und wurde von ihm artikuliert. Dennoch fehlt es an mikroanalytischen Werkzeugen, um aufzuzeigen wie diese Prozesse vonstattengehen können. Eine mögliche theoretische Ergänzung, die hier nur angedeutet werden kann, stellt die Soziologie Goffmans dar. Oben wurde auf die Bedeutung der »Komplizenschaft« hingewiesen, die im Falle Wards das Geschäftsessen glücken lässt, während die Dinnerparty der Winklers daran scheitert, dass sie keine Komplizen gewinnen können. Eine Delegitimierung ihrer sozialen Position ist anzunehmen. Bei Goffman findet sich im Aufsatz »Techniken der Imagepflege« (Goffman 1986) ein ähnlicher Gedanke, den er unter der Überschrift »Kooperation in den Techniken der Imagepflege« verhandelt (vgl. Goffman 1986: 34ff.). Eine systematische Ergänzung der Bourdieuschen Perspektive durch eine Sensibilität für Interaktionsprozesse, welche die gelingende oder scheiternde Transformation von Kapitalformen oder Prozesse der sozialen Mobilität aufschließen kann steht noch aus – erscheint aber als lohnenswerte Aufgabe für zukünftige empirische Analysen (vgl. König 2007). Denkt man in dieser Richtung weiter, so wird erkenntlich welchen Beitrag die soziologische Analyse von Filmen für die Weiterentwicklung soziologischer Konzepte bringen kann.

Literatur

Becker, Howard S. (2007): *Telling About Society,* Chicago: University of Chicago Press.

Bourdieu, Pierre (1982): *Die feinen Unterschiede. Kritik der gesellschaftlichen Urteilskraft*, Frankfurt/M.: Suhrkamp.

Bourdieu, Pierre (1992): »Ökonomisches Kapital – Kulturelles Kapital – Soziales Kapital«. In: Ders.: *Die verborgenen Mechanismen der Macht. Schriften zu Politik & Kultur 1*, Hamburg: VSA, S. 49-80.

Bourdieu, Pierre (1991): »Einführung in eine Soziologie des Kunstwerks«. In: Ders.: *Die Intellektuellen und die Macht*, Hamburg: VSA, S. 101-124.

Bourdieu, Pierre (2001): *Die Regeln der Kunst. Genese und Struktur des literarischen Feldes,* Frankfurt/M.: Suhrkamp.

Bourdieu, Pierre/Boltanski, Luc/Castel, Robert/Chamboredon, Jean-Claude/Lagneau, Gérard/Schnapper, Dominique (Hg, 1981): *Eine illegitime Kunst. Die sozialen Gebrauchsweisen der Photographie*, Frankfurt/M.: EVA.

Denzin, Norman K. (2004): »Reading Film - Filme und Videos als sozialwissenschaftliches Erfahrungsmaterial«. In: Uwe Flick/Ernst von Kardorff/Ines Steinke (Hg.): *Qualitative Forschung. Ein Handbuch*. Reinbek: Rowohlt, S. 416-428.

Goffman, Erving (2009): *Interaktion im öffentlichen Raum*, Frankfurt/M./New York: Campus.

Goffman, Erving (1986): »Techniken der Imagepflege«. In: Ders.: *Interaktionsrituale. Über Verhalten in direkter Kommunikation*, Frankfurt/M.: Suhrkamp, S. 10-53.

Halle, David (1993): *Inside Culture: Art and Class in the American Home,* Chicago: University of Chicago Press.

Heise, Tatiana/Tudor, Andrew (2007):»Constructing (Film) Art: Bourdieu's Field Model in a Comparative Context«. In: *Cultural Sociology* 1/2, S. 165-187.

König, Alexandra (2007): *Kleider schaffen Ordnung. Regeln und Mythen jugendlicher Selbst-Repräsentation,* Konstanz: UVK.

Konecki, Krzysztof T. (2008): »Touching and Gesture Exchange as an Element of Emotional Bond Construction. Application of Visual Sociology in the Research on Interaction between Humans and Animals [93 paragraphs]«. In: *Forum Qualitative*

Sozialforschung/Forum: Qualitative Social Research, 9(3), Art. 33, http://nbn-resolving.de/urn:nbn:de:0114-fqs0803337. (06.11.11)

Konecki, Krzysztof T. (2011): »Visual Grounded Theory: A Methodological Outline and Examples from Empirical Work«. In: *Revija za sociologiju*, 41/2, S. 131-160 (06.11.11)

Lamont, Michèle (1992): *Money, Moral & Manners. The culture of the French and the American upper-middle class,* Chicago: University of Chicago Press.

Merton, Robert K. (1995): »Sozialstruktur und Anomie«. In: Ders.: *Soziologische Theorie und soziale Struktur*, Berlin/New York: de Gruyter, S. 126-154.

Prinz, Sophia/Clauss, Mareike (2011): »›A Head for Business and a Bod' for Sin‹. Klasse und Geschlecht im Hollywood-Frauenfilm«. In: Daniel Šuber/Hilmar Schäfer/Sophia Prinz (Hg.): *Pierre Bourdieu und die Kulturwissenschaften. Zur Aktualität eines undisziplinierten Denkens*, Konstanz: UVK, S.157-178.

Schütz, Alfred (2004): »Common-Sense und wissenschaftliche Interpretation menschlichen Handelns«. In: Jörg Strübing/Bernt Schnettler (Hg.): *Methodologie interpretativer Sozialforschung. Klassische Grundlagentexte*, Konstanz: UVK, S. 155-197.

Strauss, Anselm L. (1987): *Qualitative analysis for social scientists*, Cambridge u.a.: Cambridge University Press.

Strübing, Jörg (2004): *Grounded Theory. Zur sozialtheoretischen und epistemologischen Fundierung des Verfahrens der empirisch begründeten Theoriebildung*, Wiesbaden: VS Verlag.

Filme

Pretty Woman (1990), R: Garry Marshall, D: Richard Gere, Julia Roberts, Hector Elizondo, Farbe, 119 Minuten.

Schmalspurganoven (2000), R: Woody Allen, D: Woody Allen, Tracey Ullman, Hugh Grant, Michael Rapaport, Farbe, 90 Minuten.

Hermann Pfütze

Erleben und Erschließen. Jean Rouch *Les Maitres Fous* (1957)

Geschichte und Aktualität des Films

Der Film wurde bereits 1954 in Farbe gedreht, mit einer schweren Kamera und parallel laufendem Tonband, aber erst 1957 veröffentlicht. Er dauert etwa 25 Minuten und ist mit Jean Rouchs Protokoll des Films über das Ritual der Hauka französisch untertitelt. Er spielt zwar in Accra, der Hauptstadt der damaligen britischen Kolonie »Goldcoast«, aber die Hauka sind französisch sprechende Wanderarbeiter aus Niger. Der Film gilt als »klassische Dokumentation und Analyse eines Colon-Kultes«, in dem Afrikaner in »ekstatischer Form des Rollentauschs« (Kramer 1983: 213) europäische Herrschaften, *Colons,* verkörpern und deren Geist ausagieren, um sich davon zu befreien. Dieser Film unterscheidet sich jedoch von anderen ethnologischen Filmen seiner Zeit, auch von den Dokumenten Lévi-Strauss', in zweifacher Hinsicht: Er ist weder objektiv noch ethnophil, sondern ist eine Auftragsarbeit für die Akteure. Jean Rouch wurde von den Priestern des Hauka-Kults gebeten, den Film für sie zu machen, damit sie ihn später als Verstärker in ihren Kult einbauen könnten. Dazu ist es nicht mehr gekommen, weil der Film von den britischen und französischen Behörden sofort verboten wurde und weil der Hauka-Kult sich im Prozeß der Entkolonisierung überlebt hatte. Aber die Idee, sich selbst in Trance beim eigenen verrückten Treiben zuzugucken, statt in Ohnmacht zu fallen, um gestärkt und geläutert daraus hervorzugehen, ist ziemlich modern. Der Film ist eine »Retourkutsche auf Kolonialismus und Völkerschau«, so Erhard Schüttpelz in seiner grundlegenden Analyse (Schüttpelz 2002: 257). Er zeigt die europäischen Geister der Kolonisierung – Drill, Arbeit, Schule, Großstadt, von denen die Afrikaner besessen sind, und zwar auf drastische, ›wilde‹ Art. Der Film ist Verbündeter der Akteure. Er führt sie nicht vor, sondern will und soll den Kult stärken. Das ist methodisch und theoretisch ein Bruch mit den Regeln wissenschaftlicher Ethnologie, aber filmisch eine neue Perspektive. Der Film bricht auch mit der Tradition ›weißer‹ Ethno-Dokumentarfilme über die Schwarzen aus der Warte der Forscher, Eroberer oder Missionare. Er ist sozusagen schmutzige Ethnologie, deshalb gab es bei der Uraufführung im Musée de l'homme in Paris 1957 heftige Proteste der weißen und der schwarzen Franzosen. Diese schockierte das grausame Ritual des Hundeopfers, jene wollten nicht sehen, daß sie die verrückten Meister, die Colons waren.

Die Hauka sind Wanderarbeiter, die seit 1925 aus Niger (daher sprechen sie im Film auch französisch) an die Goldküste, das spätere Ghana, gekommen sind. Ihr Kult ist ein Migrantenkult, entstanden aus Vertreibung, Migration und Exil. Die Hauka (d.h. ›verrückt‹ auf Haussa) waren soziale und religiöse Rebellen gegen die Kolonialbehörden, gegen lokale, animistische Besessenheitspriester und gegen muslimische Imame und wurden deshalb aus Niger verbannt. Aus diesen Erfahrungen entstand der Hauka-Kult, mit der »riskanten Autonomie von Gastarbeitern« (Schüttpelz 2002: 255). Deshalb ist es auch ein Männerkult, ganz untypisch für Besessenheitskulte in Afrika, wo sonst meistens Frauen die Medien sind.

Die Bewegungsform der Akteure ist der Drill, die fremdbestimmte Körpersprache des Militärs und der Arbeit, ohne die der Kolonialismus nicht erfolgreich gewesen wäre. Der Drill ist eine »wahre Weltmacht unter den Körpertechniken« (Schüttpelz 2002: 251) und das erklärt auch die globale Modernität und Aktualität der Fremdgeister dieses Kults: der Götter der Macht, der Technik, der Geschwindigkeit und der Stadt. Schüttpelz spricht von der »Isometrie« dieser Fremdsteuerung der Körperbewegungen, die wie bei der Fließbandarbeit und beim Exerzieren in steter Wiederholung in sich aufgehen. Der Gleichtakt der Arbeitsbewegungen und der Handgriffe am Fließband ist förmlicher Zwang und Ornament zugleich, also die Ästhetik der Fabrikarbeit, während Trance und Raserei die Besessenen ins Schlingern bringt, ihre Bewegungen abrupt unterbricht und unberechenbar macht. Diese katastrophische Dynamik ist jedoch dem Drill inhärent, hat nichts mit afrikanischen Ursprüngen zu tun.

Das historische Ursprungsereignis des Kults ist typisch kolonial: Der französische Kommandant von Niamey sperrte die Hauka 1927 ein, zwang sie, die Existenz ihrer Geister zu leugnen und öffentlich zu sagen: »Es gibt keine Hauka«. (Diese Blasphemie bekennt ›Lokomotive‹ im Film als schwere Sünde.) Darauf sprengten die Hauka mit einem Besessenheitsritual das Gefängnis, indem sie sich den »Bösen Geist« des Kommandanten einverleibten, dessen Ordnung sich dienstbar machten und aus Niger auswanderten. Die neuen Geister der Moderne sollen die Hauka stark machen, sogar stärker als das, was den Europäern heilig ist – wie der Union Jack, der Gouverneur, das englische Zeremoniell, die Speisetabus. Dieser gemeinsame Zweck des Kults und des Films ist typisch für Fremde und Neuerer, um sich mit Selbstbewusstsein zu behaupten. Der Film wurde sofort in den englischen und französischen Afrika-Kolonien und etwas später auch im 1960 unabhängig gewordenen Ghana verboten wegen Majestätsbeleidigung und Tierquälerei.

Der erklärende Kommentar im Film hat die Funktion des Experten, des Insiders und Drehbuchautors. Der Kommentator Jean Rouch hat den Kult miterlebt, er weiß und erschließt als Regisseur das, was Zuschauer, Laien und Nicht-Initiierte sonst nicht erkennen und verstehen können. So vermittelt, leuchtet auch das Groteske ein und kann nicht mehr als absolut Fremdes ausgeschlossen werden. Die Hauptpersonen und Motive des Films, nämlich die personifizierten Geister der Lokomotive und des Tempos, der Ordnung der Kolonialmacht, der Abenteuer und Moden der Stadt, waren damals höchst modern und zeitgenössisch. Vor allem die treibende Figur des Films, Guerba, die Lokomotive, scheint in ihrer ungebremsten Trance befeuert vom Ursprung der Modernisierung Afrikas aus dem Geist des Eisenbahnbaus.

Rituale

Robert K. Mertons klassische Unterscheidung zwischen normkonformen, echten Ritualen als Glaubens- und Traditionsverstärkern und bloß routiniertem, bildkonformem Ritualismus (vgl. Merton 1957) passt nicht auf das Ritual der Hauka. Denn hier geht es um einen unabgeschlossenen Kult, der für neue und fremde Götter offen ist, und in dem die Besessenheit wirklich erlebt wird. Die neuen und fremden Götter der Technik, der Maschinen, des Militärs werden ausagiert, ähnlich wie Schauspieler in ihren Rollen sich ausagieren. »In den überprägnanten Bewegungen der Initianten erscheint die autoritäre Gestik der Kolonisatoren und die Motorik der Maschinen als mimetische Ekstase« (Kramer 1983: 213). Das zeigt der Film nicht nur, sondern dazu ruft er auf. Das war die propagandistische Absicht des Unternehmens.

In *Les Maitres Fous* haben *die Irren Meister, The Mad Masters,* sich an entlegenem Ort versammelt, werden durch Opfer und Rhythmen von den Kultgöttern ergriffen und werden mit ihnen identisch: einer ist General, einer Gardekorporal, ein anderer eine Lokomotive, wieder einer die Frau des Arztes. Und die Kultgegenstände, also Holzgewehre, Stofftücher, Flaschen, Eier und ähnliches, sind Requisiten wie auf dem Theater, keine Fetische oder Reliquien. Es gibt auch keine heiligen Handlungen mit geweihten Gegenständen, und das Opfertier ist nicht etwa eine Ziege, ein in vielen Kulturen und Religionen erlaubtes Opfer- und Speisetier, sondern als Tabubruch und Provokation ein Hund. Und das ist, so Jean Rouch, »ein absolutes Nahrungsverbot. Wenn die Hauka Hunde töten und essen, beweisen sie, daß sie stärker sind als alle Leute, seien sie schwarz oder weiß« (Jean Rouch zit. nach Schüttpelz 2002: 263).

Die Hauka imitieren das jährliche Ritual des Gouverneursempfangs in Accra am Geburtstag der englischen Königin auf groteske Weise. Die fremden Geister dieses Zeremoniells werden von den Akteuren in der Ekstase dabei zugleich erlebt und erschlossen. Die Trance ist nämlich weniger religiöse oder narkotische Entrücktheit wie etwa in Voodoo-Kulten, sondern mehr eine der Psychoanalyse ähnliche Dynamik des Erinnerns, Wiederholens und Durcharbeitens. Viele Momente des Rituals der Hauka: die Lust an der Maskerade, der szenische Aufwand, die provozierenden Details – aber auch die antiritualistische Ketzerei, der Protest gegen die Rituale der Kolonialmächte

–, haben *rituelle Entängstigung* zur Voraussetzung und zum Ziel: nämlich Erwartung und Erfahrung gelungener Initiation. Vielleicht ist es so, dass Rituale von ihrer ursprünglichen Bindungskraft, Faszination und Exklusivität jedesmal ein wenig abgeben an die Initiierten und Gläubigen, und daß darum die Macht der Fremdgeister und neuen Götter im Lauf der Wiederholungen schwächer wird. Das hat religionsphilosophisch mit der Entfernung vom Ursprung zu tun, denn jedes Ritual erinnert an seinen Ursprung, an die reale Aufregung und Angst, die man beim ersten Mal durchmacht und die im Ritual gebändigt repräsentiert, d.h. in beherrschter und symbolischer Form wieder gegenwärtig wird (vgl. Pfütze 1998: 95f.).

Nur selten ergreifen Rituale auch im Wiederholungsfalle derart, daß die Ergriffenen einen Moment ekstatisch dem Ursprung nahe sind und das Sakrament nicht nur äußerlich, sondern innerlich funktioniert, also mit Mertons Begriffen nicht nur bildkonform, sondern normkonform. Die Hauka scheinen das zu wissen und halten die Balance zwischen Ekstase und Routine. Auch die direkte, beobachtende Teilnahme durch die Kamera und die teilnehmende Beobachtung des Filmteams durch die Hauka war sowohl rituelles Abenteuer und nicht ohne Angst in einem Spiel mit unbekannten Regeln, als auch kritisches Hin und Her, ein »zoom« zwischen detailscharfer Nahaufnahme und begrifflicher Totale, zwischen Mitmachen und perspektivischer Distanz.

So ist es immer in der Ethnologie und manchmal auch im Kino – im Kultfilm wie im Filmkult: Auch die genauesten und aufklärerischsten Ritualforschungen ändern daran nichts. Echte Rituale bleiben exklusiv und obsessiv, d.h. enthalten neben dem sozialen auch ein Triebmoment. Das wissenschaftliche und kritische Erschließungs-Wissen über sie ist ein anderes Wissen als das rituelle Erlebnis-Wissen der Eingeweihten. Ja, es kann sogar passieren, wie hier den Hauka, daß die Ritualkritik selbst ritualisiert wird, weil das kritisierte Ritual den Kritikern buchstäblich stark in den Knochen sitzt und sie davon besessen sind, jene Besessenheit loszuwerden.

Der Film

Jean Rouch schildert in seinem Film das Ritual des Geheimbunds der Hauka in Accra in moderner Perspektive, und nicht in traditioneller Perspektive der Suche nach den Ursprung. Jeden Sonntag trafen sich Zuwanderer aus dem Norden, beschäftigt als städtische Arbeiter, kleine Beamte, Markthändler und Kleinunternehmer, »zu einer noch kaum bekannten Zeremonie. Sie beschwören die ›Neuen Götter‹, die ›Götter der Technik‹, die ›Götter der Stadt‹, die ›Götter der Stärke‹«.[1] Sie fahren mit Mietautos aus der Stadt heraus und

---

[1] Dies und die folgenden Zitate sind aus Jean Rouchs Protokoll des Films über das Ritual der Hauka. Deutsch in: Jens Jahn (Hg.) (1983): COLON, das schwarze Bild vom weißen Mann; S.217-232. Die deutsche Fassung ist eine recht genaue Übersetzung der Untertitel des Films. Ich zitiere und referiere das Wesentliche, ergänzende Bemerkungen von mir stehen in Klammern.

»laufen eine Stunde bis zum Gehöft von Mountyéba, einem Mann aus Niger, der Kakao anbaut. Er ist der Hohepriester aller Hauka. Bunte Stofffetzen, ›Union Jack‹ genannt, hängen am Himmel, die Figur des Gouverneurs mit Schnurrbart, Säbel, Flinte und den Pferden steht darunter.

»Die rituellen Handlungen beginnen mit der Vorstellung eines Neulings, der von einem Hauka besessen ist. ... Dem Neuling ist es verboten, einen Helm zu tragen, und es kann noch zwei oder drei Monate dauern, bis er initiiert wird. Für heute bleibt es nur bei der Vorstellung. Er verläßt den Hof mit zwei hölzernen Flinten, die er gegeneinanderschlägt«, damit er auch künftig begrüßt wird.

Nachdem die Neulinge weggeschickt und die Initiierten versammelt sind, geht es weiter mit der öffentlichen Beichte. Schuldige Hauka stehen um einen Altar aus Zement und klagen sich selbst fingierter und lächerlicher Vergehen an. Einer sagt: »Ich bin nie parfümiert, ich bin niemals gewaschen, ich bin schmutzig und überhaupt nicht elegant«, einer bekennt sich impotent, nachdem er mit der Frau seines Vorgesetzten geschlafen hat, ein anderer pfeift auf die Hauka und verleugnet sie.

»Zur Strafe müssen ein Huhn und ein Hammel geopfert werden. ... Das Blut spritzt über den Altar und einen schwarz-weiß bemalten Termitenhügel, den ›Palast des Gouverneurs‹. Die Bestraften geloben, nicht rückfällig zu werden«. Andernfalls wollen sie ihren Hauka bitten, sie mit dem Tod zu bestrafen. ... »Zur vollkommenen Reinigung werden die heiligen Bäume, die Stange des ›Union Jack‹ und der Gouverneurspalast mit Gin begossen. Am Palast hängt als ›Brieftelegramm‹ (Symbol wichtiger und eiliger amtlicher Bekanntmachungen) ein Filmprogramm ›Das Zeichen des Zorro‹«.

»Es ist zehn Uhr morgens. ... Alle warten darauf, daß ein Hund gebracht wird. Der Hund ist tabu; töten ihn die Hauka dennoch, um ihn zu essen, beweisen sie damit, daß sie stärker sind als alle Weißen und Schwarzen. Man bereitet die Gewehre und die roten Schärpen vor, alle sind um den Opferaltar versammelt«. Dann beginnt der Tanz. Noch nicht Besessene und die Bestraften werden verjagt, Wachposten richten die Gewehre auf diejenigen, die bald besessen sein werden.

»Langsam beginnt die Besessenheit im linken Fuß, dann im rechten; sie wandert hinauf zu den Händen, den Armen, in die Schultern und den Kopf. Der erste Besessene erhebt sich, der Gardekorporal. Er salutiert, begrüßt alle und bittet um eine brennende Fackel, um zu zeigen, dass er kein Mensch mehr ist, sondern ein Hauka. Ein anderer Besessener brüllt, es ist Gerba, der Lokomotivführer ... Und der dritte Besessene erhebt sich, es ist Kapitän Maliya, der Kapitän des Roten Meeres, der den ›slow march‹, den Paradeschritt der britischen Armee, nachahmt. Und da – der vierte Besessene, der sich ziert und Frauenkleider bekommt – Mme.Lokotoro, die Frau des Arztes«. Immer mehr Besessene kommen hinzu, schließlich auch der Gouverneur, der französisch spricht und alle beschimpft. ...

»Eine Frau ist zu Boden gefallen. Es ist Magasiya, eine der Königinnen der Prostituierten von Accra. Sie ist von einem weiblichen Hauka besessen: von Mme. Salma, der Frau des Leutnants Salma, einem der ersten französischen Offiziere, die im vergangenen Jahrhundert an den Niger kamen. Mme. Salma hat das Kolonialkostüm und den Kolonialhelm bekommen. Sie wird die neue Statuette des Gouverneurs inspizieren. Der Leutnant zerbricht ein Ei auf dem Kopf der Statuette, um so den Federbusch auf dem Helm der britischen Gouverneure zu imitieren«. (Die Statuette ist ein kostümiertes Affenbalg und diese Szene hat unter Laien und Fachleuten lange Spekulationen über Eiersymbolik ausgelöst; sie wollten den profanen Sinn der Geste nicht wahrhaben.)

Und dann folgt in den Film montiert eine dokumentarische Szene, die den wirklichen Gouverneur zeigt anläßlich der Parlamentseröffnung in Accra. »Auch wenn die Ordnung anders ist, bleibt das Protokoll in beiden Fällen doch gleich. Der Generalstab versammelt sich, den Gouverneurspalast zu inspizieren. Am Eingang steht der Gardekorporal, und der Gouverneur und sein Leutnant kommen, um zu sehen, ob das Gebäude neu gestrichen worden ist. Mountyéba, dafür verantwortlich, zeigt sich besorgt«. Der Gouverneur ist jedoch zufrieden, die restlichen Besessenen, Hauptmann, Sekretär, der böse Kommandant, kommen aus dem Busch und der Gouverneur versammelt alle zu einer ›round-table-Konferenz‹. »Es geht darum, daß der Hund geopfert und gegessen werden muß. Jetzt sind alle Hauka gekommen«. Der Hund wird zeremoniell erwürgt, zerlegt, gekocht und gegessen, wobei es Streit um das beste Stück gibt – den Kopf. Auch für die Leute, die nicht kommen konnten, werden Stücke vom Hund in Bananenblätter gewickelt und leere Parfümflaschen mit Hundebrühe gefüllt.

»Es ist spät. Die Taxis und Lastautos sind für einen Tag gemietet, und wenn das Fest nicht vor dem Abend zu Ende ist, wird er Nachttarif fällig. Nach und nach gehen die Hauka. ... Das Fest war dieses Jahr sehr schön, sagt Lokomotive zu Moukayla, aber nächstes Jahr müssen wir zwei solche Feste machen, und wir, die Hauka, werden sehr zufrieden sein«. Und so festigt und etabliert sich das Ritual von Fest zu Fest.

Die Schlußszenen spielen am nächsten Tag im Berufsalltag der Hauka in Accra. »Den Salzmarkt regiert Moukayla. ... ›Mme. Lokotoro‹, ein vielleicht etwas weiblich geratener Knabe, ist Verkäufer (in einem indischen Kleidergeschäft). Der ›Gardekorporal‹ besitzt drei Lastautos und hat das Monopol für den Verkauf von Kies an das Straßenbauamt von Accra. Der ›Leutnant‹ ist ein kleiner Taschendieb; ... der ›General‹ ein einfacher Soldat – und per Zufall finden wir vor der Nervenklinik von Accra den ›Generalstab‹: ›Gouverneur‹, ›Lastwagenfahrer‹ und ›Lokomotive‹ sind bei den Wasserwerken der Stadt beschäftigt«. So endet der Film beiläufig mit der Frage, wer die Psychiatrie braucht: Das Kolonialsystem braucht sie gegen die Unterworfenen, aber die Hauka brauchen sie nicht, weil sie bessere Heilmittel gegen das Kolonialsystem haben.

Nachgeschichten

Der Film selbst war »der letzte Entfesselungsversuch der Hauka« (Schüttpelz 2002: 255), den sie zur Stärkung ihrer Position nutzen wollten, als der Kult in Ghana schon stagnierte, weil die Hauka dort sozial und ökonomisch integriert waren und auch nach Niger zurückkehren konnten, da ihnen der dort populäre Geistergott Dongo, den sie damals als einzigen gelten ließen, die Rückkehr erleichterte. Die Hauka orientierten sich nicht an den gewohnten Formen und sozialen Beziehungen der Europäer, sie ahmten sie nicht nach, sondern am Geist ihrer Bewegungen und Kräfte – bei der Arbeit, beim Militär, im städtischen Leben. Ihre Frage war schon zu Beginn: Wem gehorcht der böse Kommandant, wes Geistes Kind ist er und wie gewinnen wir seinen Geist der Bosheit für uns?

Das Hundeopfer ist, wie gesagt, der totale Tabubruch: Schon in Niger, bei den moslemischen Songhai, aßen die Hauka Schweine, wodurch sie sich und anderen bewiesen, daß sie stärker waren als die Mehrheit (vgl. Schüttpelz 2002: 263). In der Trance verwandeln sie sich in Leute, die nicht mehr normale Mitglieder ihrer Kultur und Umgebung sind, sie machen sich zu Fremden, auch wenn es nur noch ein sonntäglicher Geheimbund ist und sie am Montag wieder die tüchtigen Arbeiter und gut integrierten Leute aus Niger sind. Das Ritual der Hauka ist ein Kult der Stärke und des Protests, der Ende der 50er Jahre nicht mehr nötig war fürs Leben als Migranten-Minderheit an der Goldküste. Deshalb hat er sich überlebt und ist ›gestorben‹. Auch in den heterogenen, modernen Großstadt-Gesellschaften Afrikas funktionieren soziale Bindung und Inklusion heute durch schwache, anschlußfähige Kulte und lockere Bindungen eines bildkonformen Ritualismus, während starke und normkonforme Rituale eher exklusiv funktionieren und traditionalistisch orientiert sind.

Was sind das für Leute, die mit ihren heimischen Göttern brechen und sie verspotten bis auf einen, den sie zum stärksten erklären? Die daraufhin von der Kolonialmacht als soziale und religiöse Störenfriede eingesperrt und zum Abschwören gezwungen werden, sich aber den Geist der Macht in einem Besessenheitskult aneignen und so gestärkt ausbrechen? Die fliehen und als moderne Migranten ihren Kult der Stärke so lange praktizieren, bis er nicht mehr nötig ist, weil die ursprünglichen Antagonismen weggefallen oder schwach geworden sind, wie Kolonialherrschaft und innerafrikanische Grenzen, wie der Animismus als reale Stammesmacht? Ist der Hauka-Kult nicht auch Bekräftigung eines erfolgreichen Exodus-Mythos, vergleichbar dem der Juden aus Ägypten und dem der Amerikaner aus Europa, nämlich des Aufbruchs in die Zukunft und in ein neues Land »ohne Präzedenzfall in ihrer eigenen Erfahrung« (Walzer 1995: 99)?

Das Besondere dieses modernen Rituals ist: Die Teilnehmer müssen weder aufgeklärt noch im Glauben gelassen werden über ihr Tun; sie sind Eingeweihte und Außenstehende, Gläubige und Ketzer, Besessene und Kritiker in einem. Die Hauka sind ritualkritische Ritualisten: Sie brechen zwar die Kolonialrituale, denen sie im Alltag immer noch unterworfen sind, etwa durch Titel, Dienstkleidung und englischen Habitus, machen sich jedoch vom Zwang, sie zu brechen, selbst rituell besessen. Und das wissen sie. Die Zutaten sind lächerlich, sie verspotten sich selbst. Aber sie sind sehr zufrieden und so »festigt und etabliert sich das Ritual von Fest zu Fest«.

Sie müssen nicht trennen zwischen Erleben und Erschließen. Wie schon Hegel in der *Phänomenologie,* hat auch Hans Blumenberg in *Höhlenausgänge* daran erinnert, daß die Grenze zwischen Erlebbarem und Erschließbarem unsicher ist. Es ist ja ein alter, zum Glück unentscheidbarer Streit, ob wir mehr erleben würden, wenn wir nicht so aufs Erschließen versessen wären, oder ob das Erschließen der Dinge – eines Kults, eines Films oder archäologischer Funde – ihr Nacherleben erst ermöglicht. Einiges im Leben ist im strikt wissenschaftlich-empirischen Sinn unerlebbar und kann nur erschlossen werden, wie Geburt und Tod, Schlaf und Traum. Dennoch wird, was an diesen Dingen nicht zu fassen ist, ihr Schreck und Geheimnis, leibhaftig und unvermittelt erlebt, während mit Beschreiben und Erzählen eine Sache zwar erschlossen und vermittelt, aber nicht erlebbar wird. Erlebt wird vielmehr der Nachhall des Erlebens während des Erschließens. Wenn ich von Musik, Theater, einem Film oder einem Bild erzähle, erschließe ich das Kunsterlebnis im Nachhinein. So wird mir das Erlebnis bewußt, aber dabei erlebe ich wiederum das Erzählen oder Erschließen. Wenn freilich das Erschließen nichts erleben läßt außer der Bestätigung der Fähigkeit, eine Sache erschließen und erklären zu können, wie es im Kreisverkehr wissenschaftlicher Zitierkartelle manchmal zum Ritual wird, ist auch das Erschließen kein Erlebnis mehr.

Les Maitres Fous indes ist nach über fünfzig Jahren immer noch ein Erlebnis, das aufs Neue soziologisch erschlossen werden kann. Den Film gibt es als DVD bei ARTE in einer Jean-Rouch-Kassette.

Literatur

Kramer, Fritz (1983): »Die Fremdheit afrikanischer Colon-Figuren«. In: Jens Jahn (Hg.): *COLON, das schwarze Bild vom weißen Mann*, München: Rogner & Bernhard, S. 205-215.

Merton, Robert K. (1957): *Social Theory and Social Structure*, Glencoe: Free Press.

Pfütze, Hermann (1998): »Ohne Rand und Band. Zur nachlassenden Bestätigungskraft von Ritualen«. In: Alfred Schäfer/Michael Wimmer (Hg.): *Rituale und Ritualisierungen*, Opladen: Leske+Budrich, S. 95-108.

Rouch, Jean (1983): »Protokoll des Films über das Ritual der Hauka«. In: Jens Jahn (Hg.): *COLON, das schwarze Bild vom weißen Mann*, München: Rogner & Bernhard, S. 217-232.

Schüttpelz, Erhard (2002): »Die Einfahrt des Zuges. Jean Rouch' Film *Les Maitres Fous* und die Hauka«. In: Iris Därmann/Christoph Jamme (Hg.): *Fremderfahrung und Repräsentation*, Weilerswist: Velbrück Wissenschaft, S. 248-276.

Walzer, Michael (1995): *Exodus und Revolution*, Frankfurt/M.: Fischer-tb.

Autor_innenverzeichnis

Fehmi Akalin ist Lehrbeauftragter für Soziologie an der Goethe-Universität Frankfurt am Main. Forschungsschwerpunkte: Film- und Mediensoziologie, Soziologie der Intimbeziehungen, Systemtheorie. Aktuelle Publikation: *Die kulturellen Dimensionen des Sozialen. Ein Vergleich handlungstheoretischer und systemsoziologischer Kulturkonzepte*, Hamburg 2011.

Olaf Behrend, Soziologe, seit 2009 AR/LfbA an der Universität Siegen, Seminar für Sozialwissenschaften. Vorher: Medien- und Marktforschung; Dozent im Nebenamt an der VHF Thüringen, Fachgruppe Polizei. Promotion über die Neurobiologie der Wahrnehmung und Handeln (2007 abgeschlossen, Stipendiat des evang. Studienwerks Villigst). Außerdem Sprachdokumentation und Hilfen zum Spracherhalt bei der First Nation der Nuuhchahnulth auf der Vancouver Island/Kanada.

Oliver Berli ist wissenschaftlicher Mitarbeiter am Lehrstuhl für Allgemeine Soziologie an der Universität Trier. Er beschäftigt sich gegenwärtig mit den Zusammenhängen und Formen von kulturellen Differenzen und sozialer Ungleichheit am Beispiel von Musikgeschmack unter besonderer Berücksichtigung von »grenzüberschreitenden« Geschmacksphänomenen. Zu seinen Schwerpunkten in Forschung und Lehre gehören: Methoden der interpretativen Sozialforschung, ungleichheitsanalytische Kultursoziologie sowie Wissenssoziologie.

Moritz Böttcher, Goethe-Universität Frankfurt am Main, Arbeitsschwerpunkte: Mediale Heldeninszenierungen im Sport, Sport im Film, Sport und Religion, Jüngste Publikation: *Körper, Kult und Konfession. Religiöse Dimensionen des Sports und des Körperkults*, Wiesbaden: VS-Verlag, 2012 (Hg. zusammen mit Robert Gugutzer).

Eva Flicker, Institut für Soziologie der Universität Wien. Arbeitsfelder: Film-, Medien-, Kommunikationssoziologie, Visuelle Soziologie, Gender Studies, Organisationsforschung, Gruppendynamik. Leitung der Forschungsspezialisierung »Visuelle Soziologie« im Masterstudium Soziologie an der Universität Wien (gemeinsam mit Roswitha Breckner). 2011 Forschungssemester an der Deakin University und Melbourne University/Australien.

Robert Gugutzer, Leiter der Abteilung »Sozialwissenschaften des Sports« am Institut für Sportwissenschaft der J.W. Goethe-Universität Frankfurt am

Main. Arbeitsschwerpunkte: Körper- und Sportsoziologie, Film- und Kultursoziologie, sozialwissenschaftliche Identitätsforschung, Leibphänomenologie. Publikationen (Auswahl): (2012): *Verkörperungen des Sozialen. Neophänomenologische Grundlagen und soziologische Analysen*, Bielefeld: transcript; zusammen mit Moritz Böttcher (Hg.) (2012): *Körper, Kult und Konfession. Religiöse Dimensionen des Sports und des Körperkults*, Wiesbaden: VS-Verlag; (2010): »Körperbilder im Film. Eine soziologische Analyse von ›Million Dollar Baby‹«. In: Dagmar Hoffmann (Hg): Körperästhetiken. Filmische Inszenierungen von Körperlichkeit, Bielefeld: transcript, S. 121-142; (2008): »Sport im Film«. In: Markus Schroer (Hg.). Gesellschaft im Film. Konstanz, S. 230-263.

Sebastian Haller ist Absolvent der Theater,- Film- und Medienwissenschaft und der Kunstgeschichte an der Universität Wien. Studienschwerpunkte: Materialsemantische Aspekte des Films, DEFA-Filmgeschichte.

Carsten Heinze ist Lehrbeauftragter für besondere Aufgaben (LfbA) an der Universität Hamburg, Fachbereich Sozialökonomie, Fachgebiet Soziologie. Seine Arbeitsschwerpunkte sind Medien-, Kultur- und Filmsoziologie sowie Biographieforschung und Erinnerungskulturen. Zurzeit arbeitet Carsten Heinze an einem Buchprojekt mit dem Titel »Soziologie des Dokumentarfilms«.

Lutz Hieber lehrt am Institut für Soziologie der Leibniz Universität Hannover und ist als Kurator für Ausstellungen tätig. Forschungsschwerpunkte: Kultursoziologie, Mediensoziologie, Politische Soziologie, Queer Studies. Publikationen (Auswahl): *Ästhetisierung des Sozialen – Reklame, Kunst und Politik im Zeitalter visueller Medien*, Bielefeld 2011 (Hg. zusammen mit Stephan Moebius); *Avantgarden und Politik – Künstlerischer Aktivismus von Dada bis zur Postmoderne*, Bielefeld 2009: transcript (Hg. zusammen mit Stephan Moebius); *KörperFormen – Mode Macht Erotik*, 2008, Schriften des Historischen Museums Hannover, Bd. 32 (zusammen mit Andreas Urban); *Technische Reproduzierbarkeit – Zur Kultursoziologie massenmedialer Vervielfältigung*, Bielefeld 2007 (Hg. zusammen mit Dominik Schrage).

Il- Tschung Lim, Studium der Sozialwissenschaften an der Humboldt-Universität zu Berlin; von April 2005 bis September 2007 Stipendiat im Promotionskolleg »Formations of the Global – Globalisierung aus kulturwissenschaftlicher Perspektive« der Universität Mannheim; von Oktober 2007 bis Juni 2008 Junior Fellow am IFK Internationales Forschungszentrum Kulturwissenschaften Wien; seit Oktober 2008 Wissenschaftlicher Assistent am Soziologischen Seminar der Universität Luzern; seit Oktober 2009 Postdoc beim NFS Bildkritik eikones (Modul: Bild und Sozialität). Aktuelles Forschungsprojekt: Falschgeldbeobachtung aus soziologisch-historischer Perspektive. Letzte Publikationen: *Die Spionage, der Krieg und das Virus – Populäres Globalisierungswissen im zeitgenössischen Hollywood-Kino*, München: Fink, 2012 (Dissertation); »Operative Bilder der Weltgesellschaft. Visuelle Schemata als Globalisierungsmedien am Beispiel von Kunst- und Finanzmärkten«. In: Martina Baleva, Ingeborg Reichle, Oliver Lerone Schultz (Hrsg.), *IMAGE MATCH. Visueller Transfer, ›Imagescapes‹ und Intervisualität in globalen Bild-Kulturen*, München: Fink 2011, S. 255-272.

Paulo Menezes ist Professor am Soziologieinstitut der Universität von São Paulo, Brasilien. Seine Forschungsschwerpunkte liegen im Bereich der Soziologie des Kinos, mit Arbeiten über Sexualität und das Imaginäre in fiction films der 1970er sowie epistemologische Fragen hinsichtlich der Beziehungen zwischen Fiktion und Dokumentarfilmen als Weg zu sozialem Wissen.

Stephan Moebius ist Universitätsprofessor für Soziologische Theorie und Ideengeschichte an der Karl-Franzens-Universität Graz. Er ist Sprecher der Sektion Kultursoziologie in der Deutschen Gesellschaft für Soziologie und Sprecher der Sektion Soziologische Theorie der Österreichischen Gesellschaft für Soziologie. Forschungsschwerpunkte: Soziologiegeschichte, Kultursoziologie, Soziologische Theorie, Religions- und Wissenssoziologie. Publikationen (Auswahl): *Symbolische Gewalt*, Schwerpunktheft der Österreichischen Zeitschrift für Soziologie ÖZS (hrsg. mit A. Wetterer) 2011; *Kultur. Theorien der Gegenwart* (2. Auflage, hrsg. mit D. Quadflieg), Wiesbaden 2011; *Kultur*, Bielefeld 2010 (2. Aufl.).

Anja Peltzer ist akademische Rätin a.Z. am Seminar für Medien- und Kommunikationswissenschaft an der Universität Mannheim. Forschungsschwerpunkte: Film- und Mediensoziologie, qualitative Methoden, Populäre Kulturen. Publikationen (Auswahl): »No Guns, No Rules – Just Pure Capitalism! Hollywood's Representations of Wall Street«. In: Jostein Gripsrud, & Graham Mudock (Hg.): *Money Talks: Media Representations of Capital*, London (i.E.); *Identität und Spektakel. Der Hollywood-Blockbuster als global erfolgreicher Identitätsanbieter*, Konstanz 2011.

Hermann Pfütze war von 1972-2006 Professor für Soziologie an der Alice-Salomon-Hochschule in Berlin. Seit 1989 schreibt er regelmäßig Kunstkritiken und Essays für Kunstforum international und war von 1999-2002 Präsident der Deutschen Gesellschaft für Ästhetik. Zahlreiche Publikationen zu Soziologie, Sozialarbeit und Kunst, z.B.: »Kreativer Widerstand gegen die Eventkultur«. In: Udo Göttlich, Ronald Kurt (Hg), *Improvisation, Spontaneität und Kreativität*, VS-Verlag 2012; »Die Grundrechte sind schön«. In: *Ästhetik & Kommunikation* Heft 151/2011; »Die globale Minimalethik der Weltgesellschaft«. In: *Soziale Arbeit* Heft 1/2009, dzi Berlin.

Dieter Reicher ist Assistenzprofessor am Institut für Soziologie der Karl-Franzens-Universität Graz. Forschungsschwerpunkte: Nationalismusforschung, Staatsbildungsprozesse, Soziologie des abweichenden Verhaltens, Historische Soziologie. Publikationen (Auswahl): »›Interethnic Alliance‹ and National We-Images: An Analysis of Internet Fora Related to Sport and Migration«. In: Franz Höllinger, Markus Hadler (Hg.) *Crossing Borders, Shifting Boundaries. National and Transnational Identities in Europe and Beyond*, Campus: Frankfurt/M. & New York. 289-309; »Der banale Internationalismus. Internationale Wettkampfkultur und die Transformation nationaler Wir-Bilder und Wir-Ideale«. In: *Leviathan. Berliner Zeitschrift für Sozialwissenschaft*, 2011, Vol. 39/3: 315-351.

Markus Schroer ist Universitätsprofessor für Allgemeine Soziologie an der Philipps-Universität Marburg. Forschungsschwerpunkte: Soziologische Theorie, Geschichte der Soziologie, Kultur- und Wissenssoziologie. Publikationen (Auswahl): *Räume, Orte, Grenzen. Auf dem Weg zu einer Soziologie des Raums*, Frankfurt/M. 2012 (3. Aufl.); *Diven, Hacker, Spekulanten. Sozialfiguren der Gegenwart*, Frankfurt/M. 2010 (hg. mit Stephan Moebius); *Gesellschaft im Film*, Konstanz 2008.

Patrick Schubert ist studentischer Mitarbeiter im von der Volkswagenstiftung geförderten Forschungsprojekt »Tod und toter Körper. Zur Veränderung des Umgangs mit dem Tod in der gegenwärtigen Gesellschaft« an der TU Berlin. Forschungsschwerpunkte: visuelle Wissenssoziologie, Filmsoziologie, visuelle Analysemethoden, Medientheorie. Publikation: Weber, Tina & Schubert, Patrick (2010): »Mediale Darstellung von klinischen Sektionen«. In: H. Knoblauch, A. Esser, D. Groß, B. Tag, A. Kahl: *Der Tod, der tote Körper und die klinische Sektion*, Berlin: Duncker & Humblot, 109-125.

Tina Weber ist wissenschaftliche Mitarbeiterin im VW Forschungsprojekt »Tod und toter Körper – Zur Veränderung des Umgangs mit dem Tod in der gegenwärtigen Gesellschaft« an der Technischen Universität Berlin. Sie erhielt ihr Diplom im Fach Sozialwissenschaften an der Humboldt Universität zu Berlin in 2005 und promovierte 2012 im Fach Soziologie an der Technischen Universität Berlin. Forschungsschwerpunkte sind Thanato-Soziologie, Filmsoziologie und Religionssoziologie. Publikation: *Drop Dead Gorgeous. Representations of Corpses in American TV Shows*, Campus 2012

Rainer Winter ist Universitätsprofessor für Medien- und Kulturtheorie an der Alpen-Adria Universität Klagenfurt. Er ist Sprecher der Sektion Medien- und Kommunikationssoziologie der Deutschen Gesellschaft für Soziologie. Zahlreiche Publikationen zur Medien-, Kultur- und Filmsoziologie. Forschungsschwerpunkte: Medien- und Kultursoziologie, Cultural Studies, Filmsoziologie. Publikationen (Auswahl): *Die Zukunft der Cultural Studies* (Hg.). Theorie, Kultur und Gesellschaft im 21. Jahrhundert, Bielefeld, 2010. *Der produktive Zuschauer. Medienaneignung als kultureller und ästhetischer Prozess*, Köln, 2010 (überarbeitete und erweiterte zweite Auflage). *Ethnographie, Kino und Interpretation. Die performative Wende der Sozialwissenschaften. Der Norman K. Denzin Reader*, (Hg. mit Elisabeth Niederer), Bielefeld, 2008. *Das Kino der Gesellschaft – die Gesellschaft des Kinos. Interdisziplinäre Positionen, Analysen und Zugänge*, (Hg. mit Manfred Mai). Köln, 2006. *Filmsoziologie. Eine Einführung in das Verhältnis von Film, Kultur und Gesellschaft*, München, 1992

Ulrike Wohler ist freiberufliche Beraterin, Trainerin, Dozentin, Referentin, Mediatorin und Tänzerin. Sie ist Mitglied der Sektion Kultursoziologie der Deutschen Gesellschaft für Soziologie. Forschungsschwerpunkte: Kultursoziologie, Gender Studies, Queer Studies, Sexualität, Filmsoziologie, Performance Studies und Soziologische Theorie. Jüngste Publikationen: *Weiblicher Exhibitionismus. Das postmoderne Frauenbild in Kunst und Alltagskultur*, Bielefeld 2009: transcript; »Tanz zwischen Avantgarde und Moderne – Anita Berber und Mary Wigman«. In: Lutz Hieber/Stephan Moebius: *Avantgarden und Politik*, Bielefeld 2009: transcript, S. 67–88; »Wie der wissenschaftliche und kulturelle Diskurs weiblichen Exhibitionismus unsichtbar macht«. In: Sophia Könemann, Anne Stähr (Hg.) (2011): *Das Geschlecht der Anderen. Figuren der Alterität: Kriminologie, Psychiatrie, Ethnologie und Zoologie*, Bielefeld 2011: transcript, S. 153–170; Zusammen mit Bodo Lippl: »›Germany's next topmodel - by Heidi Klum‹ als Schule ästhetischen Auftretens. Unterhaltung und normative Strategie zu Durchsetzung eines Schönheitsideals«. In: Lutz Hieber, Stephan Moebius: *Ästhetisierung des Sozialen. Reklame, Kunst und Politik im Zeitalter visueller Medien*, Bielefeld 2011: transcript, S. 227–259.

Irene Zehenthofer, Dissertantin am Institut für Theater- Film- und Medienwissenschaft der Universität Wien. Seit 2010 Mitarbeit am Institut für Soziologie (derzeit beschäftigt als externe Lektorin). Arbeitsschwerpunkte: Filmsoziologie, österreichischer Film, Sozialstruktur, Milieu und Habitus.